Craig S. Fleisher, Babette E. Bensoussan

戦略と競争分析
ビジネスの競争分析方法とテクニック

工学博士 菅澤　喜男　監訳
岡村　　亮
藤澤　哲雄　共訳

コロナ社

Strategic and Competitive Analysis

Methods and Techniques for Analyzing Business Competition

Craig S. Fleisher
University of Windsor

Babette E. Bensoussan
The MindShifts Group Pty. Ltd.

Authorized translation from the English language edition, entitled STRATEGIC AND COMPETITIVE ANALYSIS: METHODS AND TECHNIQUES FOR ANALYZING BUSINESS COMPETITION, 1st Edition, ISBN: 0130888524 by FLEISHER, CRAIG S.; BENSOUSSAN, BABETTE E., published by Pearson Education, Inc., publishing as Prentice Hall, Copyright © 2002

All rights reserved. No part of this book may be reproduced or transmitted in any form or by any means, electronic or mechanical, including photocopying, recording or by any information storage retrieval system, without permission from Pearson Education, Inc.

JAPANESE language edition published by CORONA, Copyright © 2005

Japanese translation rights arranged with Pearson Educations, Inc., publishing as Financial Times Prentice Hall, Upper Saddle River, New Jersey, USA through Tuttle-Mori Agency, Inc., Tokyo

（プレンティス・ホールとして出版を行うピアソン・エジュケーション・インク刊，クレイグ・S・フライシャー，バベット・E・ベンソーサン著『STRATEGIC AND COMPETITIVE ANALYSIS: METHODS AND TECHNIQUES FOR ANALYZING BUSINESS COMPETITION』と題する英語版初版（ISBN: 0130888524）の公認の訳本．著作権© 2002年．

不許複製．本書のいかなる部分も，ピアソン・エジュケーション・インクの許可なくして，写真複写，記録または情報記憶再生システムによるものを含むあらゆる電子的もしくは機械的な形態ないし方法によって，複製または送信することはできない．

日本語版，コロナ社刊，著作権© 2005

訳者まえがき

　バブル経済崩壊後，日本経済再生の議論が盛んになされてきた中で，とりわけ技術経営（Technology Management あるいは Management of Technology）への取り組みが産学官連携を模索する中で積極的になされてきました。また，ビジネスそしてあらゆる局面での競争もグローバル化し，近視眼的な環境を基準とした「新たな価値創造」の困難な社会が顕在化したといえます。さらに，グローバル化とともに「新たな価値」などを追求するためのスピード化にもますます拍車がかかり，既存価値の陳腐化を早めることとなった要因であると考えます。

　多くの日本企業は，プロセスイノベーションと呼ばれるプロセスとしての改良・改善を中心とした「競争相手が見える」競争には，きわめて強い企業構造を築き上げてきたのではないかと思います。しかし，グローバルな競争が急速に進展する市場環境の中で，最も重要なのは「新たな価値創造」を求め企業として成長を成し遂げるためには，新たな創造性のある製品・技術を開発し価値あるプロダクトとして市場に送り込むための一連の考え方あるいは過程として，プロダクトイノベーションをより強く意識したイノベーションを起こせる企業組織と企業文化が求められます。そのためには，市場ニーズを適確に把握し新たな研究・開発に生かす仕組みを確立しなければ，追従者として他社と同じプロセスを歩むことになりかねません。イノベーションに関する定義は数多くありますが，概念的に捉えたイノベーションとは，「アイデア＋価値」ではないかと思います。しかし，アイデアが簡単に価値に結び付くことはありません。アイデアを産み出す源泉は，小さな変化を見逃さないことだとすれば，普段からの情報に気を配り変化を読み取ることが肝要かと思います。小さな変化を奇抜なアイデアとして具体化することで新たな価値が創出されることもあります。

　戦略と競争分析（Strategic and Competitive Analysis）は，企業として必要な戦略とビジネスにおける競争を適確かつ正確に把握するための分析を行うための必携書です。競争に勝つためには必要な情報を収集・分析・評価したうえで，具体的な行動に結び付けることができる組織でなければならないことはいうまでもありません。つまり，自社情報の活用と他社情報の収集などを通じて，己を知り攻めるための分析が重要であるといえます。競争上での優位性とは，組織が市場でライバル（競合）相手より優位に立つための明確な方法です。本書では，このような考え方と一連のプロセスを，コンペティティブインテリジェンス（Competitive Intelligence）として情報収集・分析・評価に基づく具体的な行動，つまりアクショ

ナブル・インフォメーションの重要性についても丁寧に紹介されています。

　原書は世界のベストセラーとして，米国を中心としたビジネススクールで戦略と競争分析を学ぶための最も優れた教科書として利用されるとともに，ビジネスマンが多様な局面で競争分析をする際に必用な考え方と分析を丁寧に紹介しています。本書の特徴として，その内容を二つのパート，①　分析および戦略とコンペティティブインテリジェンスとの関係，②　戦略および競争分析テクニックとに分け，カテゴリー別に20種類以上の競争分析を紹介しています。また，紹介されている競争分析の弱点そして利点について，すべての競争分析を体系的に捉える中で，競争環境と内容を考慮したうえでの解説がされています。また，本書で紹介されている競争分析の具体的な利用として，多くのケースも紹介されており，より具体的な利用がなされているように工夫されています。

　原著者のフライシャー（Craig S. Fleisher）教授とは，幸運にも2001年8月にデトロイトでお会いする機会に恵まれ，同年11月に来日されセミナーの講師を務めていただきました。さらに2002年8月には，カナダのウィンザー大学の研究室において有意義な意見交換をすることができました。温厚な人柄の中にも巨大なエネルギーを秘め，熱い議論を絶え間なくできるグローバルに活躍している教授であり，世界を代表する専門家の一人であるとの印象を強く持ちました。その後も，幸運にも折に触れご指導をいただいていることに感謝しております。

　ビジネスを生き抜くこととは学ぶことです。学ぶことで変わることができます。己を知り相手を攻めることこそがビジネスの基本ではないでしょうか。

　原書を翻訳するにあたり，多くの方々から支援をいただきました。特に原著者フライシャー教授からは貴重な助言をいただいております。また，会計・財務に関する専門的知識については，税理士松林勝氏に多くの助言をいただきました。最後になりましたが，本書を出版できたことは，コロナ社の新しい分野に挑戦したいとの意気込みのおかげであり，あらためてお礼を申し上げます。

2005年4月
日本大学大学院グローバル・ビジネス研究科
研究室にて
監訳者　菅澤　喜男

まえがき

　企業において競争力が優先課題となった現代，コンペティティブインテリジェンス（Competitive Intelligence：CI）の担当者は経営・競争分析とはなにか，そしてそれがどのように役立つかを把握していなければならない。さらに重要なのは，豊富なデータや情報を意思決定や行動に役立つような形に加工する能力も必要となるという点である。収集したデータは有益情報に加工しなければならない。そしてこれこそが分析なのである。

　戦略と競争分析は，分析について扱った本である。これまでに私たちが顧問，研修を行ったグループには，この言葉に抵抗を持つ人もいる。眼鏡をかけた天才が微分方程式や高度な統計が書かれた何枚もの紙をめくりながら，大量のデータを難解なコンピュータプログラムに入力するイメージを抱く人もいる。これらのイメージは，分析が必ずしも複雑で，難解で入り組んだものでなくてもよいことを理解している今日の有能なアナリストとは相容れない。有能なアナリストになるためには，大学卒業後さらに10年も学問を続ける必要などはなく，基本的な常識と明晰さ，そして物事を知ろうとする意欲さえあればいいのだ，ということにしている。それでもやはり分析とは，コンサルタントやストラテジスト，インテリジェンスの専門家に要求されるより困難で重要な役割の一つである。近年，戦略プロジェクトやインテリジェンスプロジェクトの企画，データ収集などの分野では大きな進歩が見られたが，分析において同じことはいえない。

　1990年代，CIは急速に成長した。豊富なCI研究・実践経験を持つ個々人により，CIのマネジメントに関する会議やワークショップ，大学での講義が世界中で開催された。*Competitive Intelligence Review*，*Competitive Intelligence Magazine*，*AGSI Journal*，*Long Range Planning* などに掲載された論文からもわかるように，この分野の研究は数も，成熟度も増した。Amazon.com や BarnsandNoble.com などのオンライン書籍検索でもわかるように，CIに関する一般書も手に入れやすくなった。

　CIの分野ではこのような進歩・成長が見られるが，この新しい分野においても，とりわけ注目を集めている領域とそうでない領域がある。ディジタルコミュニケーションや情報技術，特にインターネットの成長によりデータ収集のプロセスとそのテクニックに大きな注目が集まるようになった。戦略的な企画がより広く注目されるようになったことにより，CIプロジェクトの企画が大きく躍進した。このような領域が多くの注目を集めている一方で，注目を集めていない領域に，分析と分析結果の発信の二つがある。実際の調査でも，担当者

の多くは，この領域の根底にある課題の広さと深さを完全には理解していないという筆者らの主張が裏づけられた。そこで競争分析の管理のみを対象とした初めての本を出版することにより，この状況を是正していきたいと思う。

　本書では，戦略，競争，顧客，環境，進化，時系列分析モデルなどの経営・競争データ・情報の分析に必要なさまざまなテクニックを包括的に取り上げている。本書は，経営アナリストや意思決定者が限られたデータから効果的な結論を導き出し，最初は相容れないと思われる情報を組み合わせていく際に役立つだろう。

　文字どおり何百種類もの戦略・競争分析のテクニックを本書で取り上げることはできただろう。しかし，まず確実に実施できるものを，との思いから本書ではこれらのテクニックをやみくもに羅列することは避けた。その代わりに，私たちはこの分野における文献を精査し，調査研究結果や私たち自身の経験を踏まえて，分析プロセスのさまざまな側面に最も応用できるであろうと思われるテクニックを取り上げた。

　従来のテクニックと最新のテクニックの双方をできる限り網羅してはいるが，コンサルティングや業界で実際に使用されているにもかかわらず，本書では扱われていないテクニックもあるかもしれない。分析とは工夫と技術的知識が要求されるプロセスであるため，本書では読者が綿密かつシステマチックに技術的知識を獲得できることを目指した。本書では扱っていないが，各分析領域でより大きな成果を発揮することにつながるテクニックをアナリスト自身が編み出していただけることを願う。

　また，多くのテクニックの羅列は，かえって意味や定義の混乱を招いてしまうという事実も認識しておいていただきたい。また，本書で取り上げるテクニックには複数の名称で知られているものもある。そのテクニックの起源となった特定の組織（例：BCGマトリックス），特定の企業が使用していること（例：GEビジネススクリーン），特定の書籍の著者（例：ポーターの「5つの力」モデル）と結び付けられるようになったため，あるいは一般名称のまま残っている（例：環境分析）ためであると考えられる。また，本書で取り上げるテクニックの中には，長年にわたり活用された過程で改良されたものや，密接に関連するほかのテクニックから派生したものもある。いずれにせよ，あるテクニックから派生したテクニックをすべて網羅するのではなく，その中で最も広く認知されているテクニックを取り上げることを目指した。また，同じテクニックが本書のほかの箇所でも取り上げられている場合，参照箇所として特記した。

　さらに，分析テクニックを新たに作り直すことは，意図していないことも理解いただきたい。本書で取り上げるテクニックにはおのおのの歴史がある。そしてそのテクニックはこれまで，そして現在でも実在の組織で活用されており，理論上のみで存在するものではない。

　本書で取り上げるテクニックの多くの概念は，一流の経済学者，会計士，原価会計担当者，

未来予想家，経営学の教授，コンサルタントなど洞察に優れた専門家や理論家らが確立したものである。中には，自らが直面した分析課題を差し迫った状況において解決しようとする過程で確立されたものもある。このような専門家のおかげで，私たちが戦略・競争分析についての理解を深められたことをありがたく思うとともに，これらのテクニックを確立した専門家らに謹んで感謝を述べたい。しかし，中には広く急速に受け入れられ，いまやその領域の基本的な知識になってしまった（例：SWOT または TOWS）ために，感謝を述べるのが難しい場合もあるだろう。

日本語版への序

Dear Readers of the Japanese version of Strategic and Competitive Analysis (SCA):

It is my genuine pleasure to share some thoughts about SCA with you. This book was the result of over ten years of research, teaching and consulting assignments. During those efforts, my co-author Babette Bensoussan and I tried to help our analyst, manager, and student clients, learn the techniques that served as a critical foundation of the larger process for performing strategic analysis of the competitive environment. This book represents our view of one of the enduring issues we observed that our clients faced, that being a lack of a reference source that would walk them through the steps needed to apply well-known and tested tools of competitive analysis.

The book has now been applied in a large number of companies as well as in classrooms of some of the world's leading university programs in close to two dozen countries, including the University of Pennsylvania's Wharton School, MIT's Sloan School, Cornell, and at top schools in Europe, Africa, and Asia. We have tested these methods at workshops hosted by a variety of organizations, including most prominently the international Society of Competitive Intelligence Professionals (SCIP), a leading organization to which we have both belonged for over a decade. We have also used these methods with individuals of varying levels of experience, including beginners to competitive analysis, individuals with several years of analytical background (i.e., intermediate experience), as well as very experienced analysts that were needing to update their skills or use techniques that they ordinarily did not apply in the course of their assignments. The book will offer something for each of these groups, although individuals at these different experience levels will ordinarily draw upon it uniquely to meet their specific needs.

This book should be most useful in helping the following readers:

1. Consultants ? the list of techniques are ones that can be used in a wide variety of management, business development, marketing and strategy-oriented consulting projects, particularly ones where the assignment requires the consultant to produce outputs for senior managers and decision-makers.

2. Business analysts ? individuals will use many of the techniques in this book in just-in-time fashion by pulling the book out to review when they embarking on applying strategic or competitive analytical techniques.

3. Entrepreneurs ? these techniques serve as a backbone of the analytical process needed for producing researched proposals that satisfy the competitive information needs of funding sources.

4. Managers ? whether they have responsibilities for producing analysis themselves or require it from their employees, managers will find knowledge of these techniques invaluable in ensuring that they produce or receive systematically generated and logically tight analytical products.

5. Students ? the techniques in this book are the ones ordinarily applied in producing analyses of the cases that one is assigned in undergraduate and graduate-level business or commerce programmes.

The book has been translated into an international edition as well as several other languages, prominently including Chinese, Korean, and Russian versions. Having been a visitor and admirer of Japanese business for many years, it has been a wish of mine to have it made available in the primary language of Japanese readers. Fortunately, my colleague and friend Dr. Yoshio Sugasawa of the Graduate School of Business at Nihon University had a similar belief that these methods would be valuable to Japanese readers and undertook the critical process of translating it. Dr. Sugasawa is a leader in the research and teaching of competitive intelligence (CI) in Japan. He has the unique ability to not only produce an effective Japanese version, but also to have the vision and understand how Japanese readers can effectively utilize these techniques. I am appreciative to Dr. Sugasawa for helping us to complete this important effort and for bringing these concepts to Japan.

November, 2004

Professor Craig Fleisher, Odette Research Chair in Business
Odette School of Business
University of Windsor, Ontario, Canada

本書の使い方

　本書の大部分は一連の分析テクニックと，それぞれについてさらに深い内容を知るための参考文献の紹介で構成され，読者には活用しやすい自己完結型となっている。本書は大きく2部構成となっている。1部は導入部分で，分析ツールを使用する状況について述べている。そしてこの部分は分析についての基本的な事実や分析そのものが，戦略およびCIとどのように結び付くかを述べた章で成り立っている。1部の最終章では，多様なツールの応用における理解を深めることを目的に確立されたFAROUT©法について述べる。分析テクニックそのものについて述べた後半部分を読む前に，まずこの章をじっくり読んでいただくことを強くお勧めする。

　本書は読者が活用しやすいよう配慮した。分析テクニックについて述べた2部の各章は基本的に下記の構成となっている。

- **章　の　要　約**[†]　　アナリストが素早く，簡単に参照できるよう分析モデルの趣旨と目的をまとめたもの。
- **背　　　景**　　分析モデルをマネジメントする状況に応用するために，ここでは分析テクニックが確立された経緯を幅広く取り上げる。
- **戦略的根拠と意味**　　ある特定のツールが適当かを判断するためには，分析テクニックに必要な戦略的思考と意味を理解することが重要である。この項目ではそれぞれのテクニックに特有の戦略的な事柄について述べる。
- **強みと利点**　　分析モデルにはそれぞれ分析の趣旨に応じて重視すべき強みと利点がある。この項目ではこの強みと利点を簡単に述べる。
- **弱みと限界**　　同様に，分析モデルにはそれぞれ固有の弱みと限界がある。実際に分析を行う際に，この項目で取り上げる弱みと限界を考慮する必要がある。
- **テクニック適用のためのプロセス**　　各章で最も詳細な点にまでふれている項目である。この項目は分析テクニックの「使い方」で，このツールを使用するために必要な手順を述べている。ケーススタディや図表もあり，アナリストは各分析モデルに必要な戦略的思考を学ぶことができる。
- **FAROUTのまとめ**　　本書ならではのFAROUTをまとめた項目で，アナリストは各モデルの使いやすさ，実用性，有用性を素早く把握できる。
- **関連するツールとテクニック**　　分析モデルは分析テクニックと相関・補完関係を

[†]　（訳注）原書では「章の要約（Short Description）」というタイトルで掲載されているが，本書では特にタイトルは付けず，単に章のイントロダクションとして掲載した。

持っており，それがアナリストの作業の支援・向上につながることがある。この項目では各分析モデルの目的と趣旨の達成を支援する関連ツールやテクニックを効果的に紹介している。

- **参考文献** 特定のテクニックについてさらに理解を深めたいというアナリストのために，各章の末尾で参考文献を紹介している。

この構成に従って読み進めることで本書を有効活用することができるだろう。本書は読者が一度読めば終わりというような読み物としてではなく，便利な比較資料，参照情報として何度も活用できるように構成している。つまり大規模なコンサルティング，戦略，CIプロセスの過程で分析が必要な場合に備えて，もしくは必要となったときに「ジャストインタイム」に活用できるのである。

本書は戦略・競争分析の概念に焦点を当てているが，実践への応用も重視している。本書の特徴の中でも，下記の点については読者に有益であると感じてもらえるだろう。

- 本書は，ビジネスにおいて最も広く，一般的に使用される二十数種類の分析モデルを一冊にまとめた本である。企業幹部や学生がそれぞれのモデルについて調べる場合，通常は複数の情報源を検索する必要がある。しかし本書は，最も広く活用されているモデルをこの一冊で定義・解説している。
- 各モデルの使いやすさ，実用性，有用性を把握するための評価プロセスであるFAROUTを用いて各モデルを独自に評価している。FAROUTが一般に紹介されるのは本書が初めてである。FAROUTによってアナリストや意思決定者は各テクニックの強みと弱みを把握することができる。
- 使いやすくかつ一貫性のある構成（テンプレート）が用いられているため，読者はテクニックの応用法を素早く把握することができる。
- 本書は，いわゆる古典的な戦略テクニック（価値連鎖分析など）と，頻用される新しいテクニック（機能性・経営資源分析など）の双方を網羅している。
- 本書は，組織が競争を繰り広げる環境や業界を対象とした対外的なテクニックと，その組織の内部に焦点を当てた対内的なテクニックの双方を網羅している。
- 本書は，テクニックについてさらに理解を深めたいという読者のために参考文献を紹介している。

感謝のことば

Craig Fleisherは友人と同僚に感謝の意を述べたい。彼らの協力なくして本書の完成はありえなかっただろう。特に，背景資料の収集と編纂助手を引き受けてくれたとても有能な

研究助手である University of Sydney の Jessica Smith と Wilfrid Laurier University（WLU）の Stuart Rutledge に感謝する．また長年私の研究助手である Wilfrid Laurier University の MBA 院生 Victor Knip には，資料の検索と整理につねに協力してくれたことに感謝する．UNBSJ および WLU で私が担当するさまざまな CI の講座を受講する多くの優秀な MBA の学生からは，WLU で私とともに CI 講座を担当した David L. Blenkhorn 博士と同様，本書のアイデアについての議論で貴重な意見をもらった．さらに，Society of Competitive Intelligence Professionals（SCIP）の主催で開催された貴重なワークショップやカンファレンスを通じて，Babette と私は本書のアイデアにさらに磨きをかけることができた．Boston Consulting Group（BCG）の創業者 Bruce Henderson 氏や University of Pittsburgh の John Prescott 教授，Barry Mitnick 教授，John Grant 教授，Donna Wood 教授，John Camillus 教授（元教授または現教授）ら，数十年にわたり私に戦略を教授してくださった恩師にも多大な協力をいただいた．また，楽しく作業させてくれた共著者の Babette Bensoussan にも心からの感謝を述べたい．本書の共同執筆の期間全般にわたり CI の分野において豊富な経験と深い知識，才能を発揮してくれたことにたいへん感謝している．本書は私の家族である，妻の Angela，子供たちの Zachary, Austin, Kieren に捧げる．家族はその愛情，忍耐，支援，理解で私に協力してくれた．本当にありがとう！

　Babette Bensoussan は，本書の完成までは長く険しい道のりだったが，人生で起こる出来事すべてにも当てはまるように，素晴らしい友からほんの少し助けてもらうことでなにごともやり遂げることができる，とここに書きとめておく．私が本書に注いだ努力を知る人は皆，本書を執筆する中で私に新たな一面を加えてくれたとともに，多大な支援をしてくれた．しかし中でも特筆しておきたいのは，共著者であり，私と同じビジョンを持ち，それを本当に実現した人物である Craig Fleisher 博士，そして 8 年以上も前に CI という分野を紹介してくださった Chris Hall 博士，オフィスで私がつねに正気でいられるようにしてくれた Diane Santucci，本書のアイデアをずっと同僚に宣伝してくれた Cyndi Allgaier，そしてもちろん最も大事な人，私の夫であり親友でもある Garry Johnston．私は本書を皆に捧げる．

　この二人の著者は校閲いただいた Southwest Missouri State University の Mary Coutler, Rutgers University の dt Ogilvie, Marist College の Helen Rothberg, Acadia University の Conor Vibert, University of Pittsburgh の John Prescott, SIS International Research の社長兼 CEO の Ruth Stanat にも感謝を述べる．

　本書のような本は Prentice Hall の同僚の多大なる貢献なくして完成しなかったことには微塵の疑いもない．本書をまとめあげるうえで多くの人に協力いただいたが，中でも David Shafer, Renata Butera, Donna King の支援と尽力に感謝したい．皆の助言なくして本書を書き上げることはできなかっただろう．

原書の著者について

原書の著者である Craig S. Fleisher と Babette E. Bensoussan は戦略・競争分析の分野における専門家の中でもユニークな位置づけにある。ともに幅広い企業コンサルティング，リサーチ，戦略・CI の指導経験を持ち，世界各国で出版，講演を行っている。この二人が共同して執筆したことにより，本書は理論と応用のバランスの取れたものに仕上がった。

Craig S. Fleisher は University of Windsor, Odette School of Business の経営学（MBA）教授である。また Canadian Who's Who and Who's Who in Canadian Business の会員でもあり，University of Pittsburgh（米国），University of Sydney（オーストラリア），University of Calgary（カナダ）および Wilfrid Laurier University（カナダ）の教授会にも席を置く。カナダで初めての Society of Competitive Intelligence Professionals（SCIP）のフェローに選任され，現役の作家・研究者としてこれまでに 5 冊の書籍と 100 を超える論文を執筆し，SCIP 地域支部の理事会を創設，自らも理事となる。また世界各国で CI に関するワークショップの開催や招待講演を行い，Competitive Intelligence Review の編集委員会委員も務める。

Babette E. Bensoussan はオーストラリアのシドニーを本拠地として，戦略計画・CI およびアジア太平洋地域における戦略的マーケティング / プロジェクトを専門とする MindShifts Group Pty. Ltd. のマネージングディレクタである。10 年以上にわたって大きな研究を手がけ，オーストラリア国内およびグローバルフォーチュン上位 500 社に対し，航空宇宙，情報技術，廃棄物処理，製薬，公共サービス，鉱業，製造業など幅広い業界・市場向けの戦略経営，マーケティング計画，CI，戦略分析のコンサルティングを行っている。Babette は Society of Competitive Intelligence Professionals in Australia（SCIP Aust）のヴァイスプレジデント，NSW Board of Adult and Community Education の会員，Competitive Intelligence Review の編集委員会委員でもある。また 1996 年度 SCIP フェローアワードの初めての海外受賞者でもある。

簡略目次

1部 分析および戦略とコンペティティブインテリジェンスとの関係 ……… 1
 1. 戦略およびコンペティティブインテリジェンスプロセス ……… 2
 2. 分析とその落とし穴 ……… 11
 3. FAROUT システム ……… 23

2部 戦略および競争分析テクニック ……… 29

セクション1 戦略分析テクニック ……… 30
 4. BCG 成長率／市場シェアポートフォリオマトリックス ……… 30
 5. GE ビジネススクリーンマトリックス ……… 49
 6. 業界分析 ……… 63
 7. 戦略グループ分析 ……… 80
 8. SWOT 分析 ……… 100
 9. 価値連鎖分析 ……… 114

セクション2 競争と顧客分析テクニック ……… 135
 10. ブラインドスポット分析 ……… 135
 11. 競争相手分析 ……… 160
 12. 顧客セグメンテーション分析 ……… 178
 13. 顧客価値分析 ……… 199
 14. 職務能力と経営資源分析 ……… 226
 15. マネジメントプロファイリング ……… 248

セクション3 環境分析テクニック ……… 274
 16. イッシュー分析 ……… 274
 17. マクロ環境（STEEP）分析 ……… 293
 18. シナリオ分析 ……… 310
 19. ステークホルダ分析 ……… 327

セクション4 発展分析テクニック ……… 344
 20. 経験曲線分析 ……… 344
 21. 成長ベクトル分析 ……… 364
 22. 特許分析 ……… 375

23. 製品ライフサイクル分析 ………………………………………… 391
24. S曲線（技術ライフサイクル）分析 …………………………… 406

セクション5　財務分析テクニック ……………………………………… 422
25. 財務比率と財務諸表分析 ………………………………………… 422
26. 戦略的資金プログラミング ……………………………………… 443
27. 持続的成長率分析 ………………………………………………… 459

索　引 …………………………………………………………………………… 476

目　　次

1部　分析および戦略とコンペティティブインテリジェンスとの関係 ………… *1*

  1．戦略およびコンペティティブインテリジェンスプロセス …………… *2*
    1.1　戦略プロセス ……………………………………………………… *2*
        戦略思考の必要性 ……………………………………………… *4*
    1.2　CIプロセス ………………………………………………………… *6*
        競争の激化 ………………………………………………………… *7*
        グローバル経済は知識経済 ……………………………………… *7*
        模倣の増加 ………………………………………………………… *8*
        増す複雑性とスピードの加速 …………………………………… *9*
    参　考　文　献 …………………………………………………………… *10*

  2．分析とその落とし穴 ………………………………………………… *11*
    2.1　分　　　析 ………………………………………………………… *11*
        分析の領域と焦点 ………………………………………………… *13*
        分析に質のよいデータが必要なわけ …………………………… *15*
    2.2　分析の落とし穴 …………………………………………………… *18*
    2.3　分析を行う際の注意点 …………………………………………… *21*
    参　考　文　献 …………………………………………………………… *22*

  3．FAROUTシステム ………………………………………………… *23*
    3.1　分析を管理するためのFAROUTソリューション ……………… *24*
    3.2　FAROUT評価システムの使用 …………………………………… *26*

2部　戦略および競争分析テクニック …………………………………………… *29*

セクション1　戦略分析テクニック ……………………………………………… *30*
  4．BCG成長率／市場シェアポートフォリオマトリックス ………… *30*

4.1 背景 …… 30
4.2 戦略的根拠と意味 …… 32
経験曲線とのつながり …… 32
製品ライフサイクルとのつながり …… 33
経験と製品ライフサイクルとの結合 …… 33
全体的な戦略の順番 …… 36
4.3 強みと利点 …… 36
企業のポートフォリオの全体像 …… 36
4.4 弱みと限界 …… 37
概念的な欠陥／誤った仮定 …… 37
市場定義への依存 …… 38
脆弱な周囲にある戦略ポーズの低下 …… 38
実際に実現するうえでの問題 …… 39
現状での満足化 …… 39
4.5 テクニック適用のためのプロセス …… 39
ステップ1：企業を戦略的事業単位に分割する …… 39
ステップ2：各戦略的事業単位の市場の成長率を測る …… 40
ステップ3：各戦略的事業単位の相対市場シェアを測る …… 40
ステップ4：各戦略的事業単位をマトリックスにポジショニングする …… 40
ステップ5：全戦略的事業単位の競争のマトリックスを構築する …… 41
ステップ6：最適な包括的戦略を各戦略的事業単位に割り当てる …… 42
ステップ7：分析をさらに分解する …… 42
ステップ8：解析力学を導入する …… 43
ステップ9：繰り返し …… 44

FAROUTのまとめ …… 46
関連するツールとテクニック …… 47
参考文献 …… 47

5. GEビジネススクリーンマトリックス …… 49
5.1 背景 …… 49
5.2 戦略的根拠と意味 …… 51
業界の魅力 …… 51
ビジネスの強さ …… 51
5.3 強みと利点 …… 55

　　　　一連の分析変数をより豊かなものにする……………………………… 55
　　　　柔　軟　性 ……………………………………………………………… 55
　　　　直感にアピール ………………………………………………………… 55
　5.4　弱 み と 限 界 ………………………………………………………………… 55
　　　　問題提起可能な仮定 …………………………………………………… 55
　　　　誤用の危険性 …………………………………………………………… 56
　　　　あいまいさ ……………………………………………………………… 56
　5.5　テクニック適用のためのプロセス ……………………………………… 57
　FAROUT のまとめ ………………………………………………………………… 61
　関連するツールとテクニック …………………………………………………… 62
　参　考　文　献 …………………………………………………………………… 62

6．業　界　分　析 ………………………………………………………………… 63
　6.1　背　　　景 ………………………………………………………………… 63
　6.2　戦略的根拠と意味 ………………………………………………………… 64
　6.3　強 み と 利 点 ………………………………………………………………… 67
　　　　静的な分析 ……………………………………………………………… 67
　　　　動的な分析 ……………………………………………………………… 68
　　　　環境分析の重要な機能拡張 …………………………………………… 69
　　　　正式なシナリオ理論の前触れ ………………………………………… 69
　6.4　弱 み と 限 界 ………………………………………………………………… 69
　6.5　テクニック適用のためのプロセス ……………………………………… 70
　FAROUT のまとめ ………………………………………………………………… 78
　関連するツールとテクニック …………………………………………………… 78
　参　考　文　献 …………………………………………………………………… 78

7．戦略グループ分析 …………………………………………………………… 80
　7.1　背　　　景 ………………………………………………………………… 80
　7.2　戦略的根拠と意味 ………………………………………………………… 81
　　　　戦略グループへの参入の脅威が与えるインパクト ………………… 81
　　　　戦略グループ内部のライバル企業のインパクト …………………… 82
　　　　バイヤとサプライヤの戦略グループに対する交渉力のインパクト … 82
　　　　戦略グループが代替製品から受ける脅威のインパクト …………… 83
　7.3　強 み と 利 点 ………………………………………………………………… 86

		包　括　的 ………………………………………………………………	86
		業界の進展のための戦略的なガイダンス …………………………	87
		サプライサイドの方向づけ …………………………………………	87
		異種混交状態の業界と均質的な業界の線引き ……………………	87
		グループアイデンティティが強いときのよい効果 ………………	87
	7.4	弱 み と 限 界 ………………………………………………………	88
		導入に成功するために必要な指導能力の不足 ……………………	88
		社会政治学的なインパクトに関する明白な認識の不足 …………	88
		企業に認知能力および学習能力があるという仮定 ………………	88
		グループアイデンティティが強いことのネガティブ効果 ………	88
		計測上の問題 …………………………………………………………	89
		経験に基づいたサポートの欠如 ……………………………………	89
	7.5	テクニック適用のためのプロセス …………………………………	90
		ステップ 1：6 章で概要を示した方法をベースに五つの力に関する業界分析を完了する ………………………………………………	90
		ステップ 2：競争変数に基づいた業界内の主要な競争相手をすべて識別する …	90
		ステップ 3：戦略グループマップ …………………………………	90
		ステップ 4：グループ間の移動障壁の強さを測る ………………	92
		ステップ 5：グループと業界のバイヤとサプライヤの交渉力の強さを測る ……	93
		ステップ 6：グループ間の代替製品の脅威を測る ………………	93
		ステップ 7：グループ間の内部での競争の激しさを測る ………	93
		ステップ 8：戦略グループの五つの力の分析 ……………………	93
		ステップ 9：最適な戦略グループのメンバーを選択する ………	94
		ステップ 10：業界の進展分析 ………………………………………	94
		ステップ 11：グループアイデンティティの機能障害に注意の目を向ける ………	95
	FAROUT のまとめ …………………………………………………………		97
	関連するツールとテクニック ……………………………………………		97
	参　考　文　献 ……………………………………………………………		97

8. SWOT 分析 ……………………………………………………… 100

8.1	背　　　　景 ………………………………………………………	100
8.2	戦略的根拠と意味 …………………………………………………	103
8.3	強 み と 利 点 ………………………………………………………	105
8.4	弱 み と 限 界 ………………………………………………………	106

8.5　テクニック適用のためのプロセス …………………………… 107
　　FAROUTのまとめ ……………………………………………………… 112
　　関連するツールとテクニック ………………………………………… 112
　　参　考　文　献………………………………………………………… 113

9．価値連鎖分析……………………………………………………… 114
　9.1　背　　　　景……………………………………………………… 114
　9.2　戦略的根拠と意味………………………………………………… 119
　9.3　強みと利点………………………………………………………… 120
　9.4　弱みと限界………………………………………………………… 121
　9.5　テクニック適用のためのプロセス ……………………………… 123
　　ステップ1：企業の戦略的事業単位を定義する ………………… 124
　　ステップ2：企業にとって重要な価値創造活動を識別する …… 124
　　ステップ3：内部コスト分析の実行 ……………………………… 124
　　ステップ4：内部の差別化分析を実行する ……………………… 125
　　ステップ5：業界のプロフィットプールを策定する…………… 125
　　ステップ6：垂直リンク分析 ……………………………………… 126
　　ステップ7：繰　り　返　し ……………………………………… 128
　FAROUTのまとめ ……………………………………………………… 132
　関連するツールとテクニック ………………………………………… 133
　参　考　文　献………………………………………………………… 133

セクション2　競争と顧客分析テクニック ………………………… 135
10．ブラインドスポット分析 ……………………………………… 135
　10.1　背　　　　景…………………………………………………… 135
　　ブラインドスポットの七つのよくある源泉 …………………… 137
　10.2　戦略的根拠と意味……………………………………………… 144
　　生産能力の拡大 …………………………………………………… 144
　　内部開発を通じてのビジネスへの新規参入 …………………… 145
　　買収を通じてのビジネスへの新規参入 ………………………… 146
　10.3　強みと利点……………………………………………………… 147
　　企業の早期警報システムのための早期警報システム ………… 147
　　包　括　的 ………………………………………………………… 147
　　柔　軟　性 ………………………………………………………… 147

コスト効率がよく導入しやすい ……………………………………… *147*
　10.4　弱 み と 限 界 …………………………………………………… *147*
　10.5　テクニック適用のためのプロセス ………………………………… *148*
　FAROUT のまとめ ………………………………………………………… *157*
　関連するツールとテクニック ……………………………………………… *158*
　参 考 文 献 ………………………………………………………………… *158*

11. 競争相手分析 ……………………………………………………… *160*
　11.1　背　　　　景 …………………………………………………… *160*
　11.2　戦略的根拠と意味 ……………………………………………… *161*
　11.3　強 み と 利 点 …………………………………………………… *164*
　11.4　弱 み と 限 界 …………………………………………………… *165*
　11.5　テクニック適用のためのプロセス ………………………………… *165*
　　　ステップ1と2：現在そして潜在的な競争相手がどこであるか判断する ……… *165*
　　　ステップ3：これらのライバル企業のどのような情報が必要かを判断する …… *166*
　　　ステップ4：これらの情報を確保するために，競争相手分析の能力を構築
　　　　する ……………………………………………………………… *167*
　　　ステップ5：収集した情報の戦略分析を実行する ……………………… *168*
　　　ステップ6：利用しやすい形式で情報を提供する ……………………… *171*
　　　ステップ7：タイムリーに適切な意思決定者が適切な情報を入手できるよう
　　　　にする …………………………………………………………… *172*
　　　ステップ8：分析に基づいた戦略を構築する ………………………… *173*
　　　ステップ9：既存または潜在的なライバル企業を継続的に監視する ……… *173*
　FAROUT のまとめ ………………………………………………………… *175*
　関連するツールとテクニック ……………………………………………… *176*
　参 考 文 献 ………………………………………………………………… *176*

12. 顧客セグメンテーション分析 ……………………………………… *178*
　12.1　背　　　　景 …………………………………………………… *178*
　12.2　戦略的根拠と意味 ……………………………………………… *180*
　12.3　強 み と 利 点 …………………………………………………… *187*
　　　競争優位への効率的，効果的ルート ……………………………… *187*
　　　マーケティング志向になるためのツール …………………………… *187*
　　　CI プロセスを効果的に補完するもの ……………………………… *187*

　　　　　新製品開発の弾み……………………………………………………188
　　　　　柔　軟　性……………………………………………………………188
　12.4　弱みと限界…………………………………………………………………188
　　　　　セグメンテーションではセグメントの総合的なプロフィールしかわからない …188
　　　　　マスカスタマイゼーションへの適応性………………………………188
　　　　　セグメンテーションは戦略パズルの１ピースでしかない ……………188
　12.5　テクニック適用のためのプロセス………………………………………189
　　　　　ステップ１：セグメンテーション……………………………………189
　　　　　ステップ２：ターゲッティング………………………………………191
　　　　　ステップ３：戦略的ポジショニング…………………………………196
　FAROUTのまとめ……………………………………………………………………196
　関連するツールとテクニック………………………………………………………197
　参　考　文　献………………………………………………………………………197

13．顧客価値分析…………………………………………………………………199
　13.1　背　　　景…………………………………………………………………199
　13.2　戦略的根拠と意味…………………………………………………………201
　　　　　顧客価値の属性／コストモデル………………………………………204
　　　　　期待される利益…………………………………………………………204
　　　　　期待されるコスト………………………………………………………205
　　　　　顧客価値の目標／モチベーションモデル……………………………207
　13.3　強みと利点…………………………………………………………………209
　13.4　弱みと限界…………………………………………………………………209
　13.5　テクニック適用のためのプロセス………………………………………210
　　　　　第一段階：顧客との親交………………………………………………210
　　　　　第二段階：正式な顧客価値分析………………………………………212
　　　　　第三段階：顧客価値の戦略的マネジメント…………………………219
　FAROUTのまとめ……………………………………………………………………223
　関連するツールとテクニック………………………………………………………224
　参　考　文　献………………………………………………………………………224

14．職務能力と経営資源分析……………………………………………………226
　14.1　背　　　景…………………………………………………………………226
　14.2　戦略的根拠と意味…………………………………………………………228

　　　　　　　五つの市場テストアプローチ 230
　　　　　　　VRIO モデル — もう一つの有用なアプローチ 233
　　14.3　強みと利点 236
　　14.4　弱みと限界 237
　　14.5　テクニック適用のためのプロセス 238
　　　　　　　ステップ 1 ：企業の主要成功要因を割り出す 238
　　　　　　　ステップ 2 ：企業の経営資源の特定 239
　　　　　　　ステップ 3 ：企業の経営資源の評価 239
　　　　　　　ステップ 4 ：企業の経営資源と CSF の間のギャップを特定する 239
　　　　　　　ステップ 5 ：現在の戦略の診断 240
　　　　　　　ステップ 6 ：合理的な将来の戦略を策定する 240
　FAROUT のまとめ 245
　関連するツールとテクニック 245
　参 考 文 献 246

15. マネジメントプロファイリング 248
　　15.1　背　　　景 248
　　15.2　戦略的根拠と意味 251
　　15.3　強みと利点 252
　　15.4　弱みと限界 252
　　15.5　テクニック適用のためのプロセス 253
　　　　　　 1 ．背 景 分 析 253
　　　　　　 2 ．経営者のパーソナリティ分析 254
　　　　　　　適　　　合 263
　　　　　　　スタイル 263
　　　　　　 3 ．環境 / 企業文化 267
　FAROUT のまとめ 271
　関連するツールとテクニック 272
　参 考 文 献 272

セクション 3　環境分析テクニック 274
16. イッシュー分析 274
　　16.1　背　　　景 274
　　16.2　戦略的根拠と意味 275

16.3	強みと利点	278
16.4	弱みと限界	278
16.5	テクニック適用のためのプロセス	279
	ステップ1：イッシューの予測	280
	ステップ2：イッシューの評価	284
	ステップ3：イッシューへの対応パターンとタイプの選択	286

FAROUTのまとめ ……………………………………………………… 290
関連するツールとテクニック ……………………………………… 291
参 考 文 献 …………………………………………………………… 291

17. マクロ環境（STEEP）分析 …………………………………… 293

17.1	背景	293
	環境の基本的な構造	295
17.2	戦略的根拠と意味	300
17.3	強みと利点	302
17.4	弱みと限界	303
17.5	テクニック適用のためのプロセス	304
	ステップ1：分析される環境のセグメントを理解する	305
	ステップ2：トレンド間の相互関係を理解する	306
	ステップ3：トレンドをイッシューと関連づける	306
	ステップ4：イッシューの将来的な方向を予測する	306
	ステップ5：意味合いを引き出す	307

FAROUTのまとめ ……………………………………………………… 307
関連するツールとテクニック ……………………………………… 308
参 考 文 献 …………………………………………………………… 308

18. シナリオ分析 ……………………………………………………… 310

18.1	背景	310
18.2	戦略的根拠と意味	313
	定量的方法	314
	定性的方法	314
18.3	強みと利点	316
	資源ベースの企業観（RBV）の戦略選択肢をテストする	316
	組織上の柔軟性	316

予測のすき間を埋める……………………………………316
情報過多管理ツール……………………………………317
18.4 弱みと限界…………………………………………………317
戦略の策定をシナリオ分析のみにゆだねること…………317
内在する偏り……………………………………………317
グループでコンセンサスを得ることの困難さ……………317
シナリオを競争および財務的な関心事に結び付けること…317
18.5 テクニック適用のためのプロセス……………………………318
FAROUTのまとめ………………………………………………324
関連するツールとテクニック……………………………………325
参考文献…………………………………………………………325

19. ステークホルダ分析……………………………………………327
19.1 背　　　景…………………………………………………327
19.2 戦略的根拠と意味……………………………………………329
19.3 強みと利点…………………………………………………330
19.4 弱みと限界…………………………………………………331
19.5 テクニック適用のためのプロセス……………………………332
ステップ1：だれが組織のステークホルダか………………332
ステップ2：ステークホルダのステーク（利害）はなにか…333
ステップ3：ステークホルダは，企業と市場の競争相手に対しどのような機会と挑戦を提示するか………………335
ステップ4：ステークホルダに関して，経営者はどのような戦略あるいは行動をとるべきか……………………340
FAROUTのまとめ………………………………………………342
関連するツールとテクニック……………………………………342
参考文献…………………………………………………………343

セクション4　発展分析テクニック……………………………………344
20. 経験曲線分析……………………………………………………344
20.1 背　　　景…………………………………………………344
経験曲線理論の概念的基盤………………………………345
20.2 戦略的根拠と意味……………………………………………348
市場シェアの重要性……………………………………348

業界構造のモデル化と分析に経験曲線を用いる ……………… 350
市場参入の判断 ……………… 351
価格戦略 ……………… 352
入札，コスト管理，ベンチマーキング ……………… 353
20.3 強みと利点 ……………… 353
20.4 弱みと限界 ……………… 354
　柔軟性を欠いた戦略―隠れたブラインドスポット（盲点）………… 354
　選択の妥当性 ……………… 355
　危険な仮定 ……………… 355
　データの正確性と導入問題 ……………… 356
　戦略の推奨 ……………… 356
　強みと弱みの結論 ……………… 356
20.5 テクニック適用のためのプロセス ……………… 357
　ステップ1：製品市場が経験曲線分析に適合するかを判断 ……………… 357
　ステップ2：製品市場を定義する ……………… 357
　ステップ3：企業の経験曲線を定義する ……………… 357
　ステップ4：競争相手の経験曲線を判断する ……………… 358
　ステップ5：業界の価格経験曲線の見極め ……………… 359
　ステップ6：経験曲線での価格弾力性を決定する ……………… 359
　ステップ7：定期的にステップ1から6を繰り返す ……………… 361
　ステップ8：戦略を構築する ……………… 361
FAROUTのまとめ ……………… 361
関連するツールとテクニック ……………… 362
参考文献 ……………… 362

21. 成長ベクトル分析 ……………… 364

21.1 背景 ……………… 364
21.2 戦略的根拠と意味 ……………… 366
21.3 強みと利点 ……………… 366
21.4 弱みと限界 ……………… 367
21.5 テクニック適用のためのプロセス ……………… 368
　定量的判断 ……………… 368
　質的判断 ……………… 369
FAROUTのまとめ ……………… 373

関連するツールとテクニック……………………………………………374
参　考　文　献………………………………………………………………374

22. 特　許　分　析……………………………………………………375
22.1　背　　　景……………………………………………………375
22.2　戦略的根拠と意味……………………………………………376
22.3　強　み　と　利　点…………………………………………378
22.4　弱　み　と　限　界…………………………………………379
22.5　テクニック適用のためのプロセス…………………………379
FAROUT のまとめ……………………………………………………389
関連するツールとテクニック…………………………………………389
参　考　文　献…………………………………………………………389

23. 製品ライフサイクル分析………………………………………391
23.1　背　　　景……………………………………………………391
　　　　　PLC 四つの段階………………………………………………392
23.2　戦略的根拠と意味……………………………………………393
　　　　　第一段階：導入時の戦略……………………………………393
　　　　　第二段階：成長時の戦略……………………………………394
　　　　　第三段階：成熟時の戦略……………………………………396
　　　　　第四段階：衰退時の戦略……………………………………397
23.3　強　み　と　利　点…………………………………………397
23.4　弱　み　と　限　界…………………………………………398
23.5　テクニック適用のためのプロセス…………………………399
　　　　　ステップ 1：潜在需要の評価…………………………………399
　　　　　ステップ 2：価格帯の決定……………………………………399
　　　　　ステップ 3：販売可能価格帯の売上げ予測…………………399
　　　　　ステップ 4：競争相手の価格引下げリスク…………………399
　　　　　ステップ 5：成長段階の市場戦略決定………………………399
　　　　　ステップ 6：分類の定義………………………………………400
　　　　　ステップ 7：転換期を予測……………………………………400
　　　　　ステップ 8：各段階での戦略修正……………………………401
　　　　　ステップ 9：新しい PLC に注意………………………………401
FAROUT のまとめ……………………………………………………403

関連するツールとテクニック ……………………………………………… 403
　　　参　考　文　献 ………………………………………………………………… 404

24. S曲線（技術ライフサイクル）分析 …………………………………… 406
　24.1　背　　　景 ………………………………………………………………… 406
　24.2　戦略的根拠と意味 ………………………………………………………… 409
　24.3　強みと利点 ………………………………………………………………… 412
　24.4　弱みと限界 ………………………………………………………………… 413
　24.5　テクニック適用のためのプロセス ……………………………………… 414
　　　段階1：企業が直面する技術的な脅威を評価 …………………………… 414
　　　段階2：技術的な脅威に対するタイムリーな対応 ……………………… 415
　FAROUTのまとめ ………………………………………………………………… 420
　関連するツールとテクニック ……………………………………………………… 420
　参　考　文　献 …………………………………………………………………… 420

セクション5　財務分析テクニック ……………………………………………… 422
25. 財務比率と財務諸表分析 …………………………………………………… 422
　25.1　背　　　景 ………………………………………………………………… 422
　　　財務比率および財務諸表の根底にある基本的な概念 …………………… 423
　25.2　戦略的根拠と意味 ………………………………………………………… 424
　25.3　強みと利点 ………………………………………………………………… 426
　25.4　弱みと限界 ………………………………………………………………… 426
　25.5　テクニック適用のためのプロセス ……………………………………… 428
　　　主要な比率の種類 …………………………………………………………… 429
　　　比率または測定の比較の方法 ……………………………………………… 436
　　　連結およびセグメント分析 ………………………………………………… 439
　FAROUTのまとめ ………………………………………………………………… 441
　関連するツールとテクニック ……………………………………………………… 441
　参　考　文　献 …………………………………………………………………… 442

26. 戦略的資金プログラミング ………………………………………………… 443
　26.1　背　　　景 ………………………………………………………………… 443
　26.2　戦略的根拠と意味 ………………………………………………………… 445
　26.3　強みと利点 ………………………………………………………………… 448

26.4　弱みと限界 …………………………………………………………… 449
26.5　テクニック適用のためのプロセス …………………………………… 450
　　　ステップ 1：企業の既存の財務能力を判断する ……………………… 450
　　　ステップ 2：オペレーショナルメインテナンスとは別の戦略プログラム ……… 451
　　　ステップ 3：競合する戦略的投資機会を分析する …………………… 452
　　　ステップ 4：競合する戦略投資機会をランクづけする ……………… 453
　　　ステップ 5：戦略的資金提案を選択する ……………………………… 453
　　　ステップ 6：戦略的資金を正式に導入する …………………………… 454
　　　ステップ 7：業績を評価および制御する ……………………………… 454
FAROUTのまとめ ……………………………………………………………… 457
関連するツールとテクニック ………………………………………………… 458
参　考　文　献 ………………………………………………………………… 458

27. 持続的成長率分析 …………………………………………………… 459
27.1　背　　　景 …………………………………………………………… 459
27.2　戦略的根拠と意味 …………………………………………………… 461
　　　キャッシュの流入 ………………………………………………………… 462
　　　キャッシュの流出 ………………………………………………………… 463
　　　キャッシュ流入の梃子（レバレッジ） ………………………………… 465
　　　キャッシュ流出の梃子（レバレッジ） ………………………………… 466
27.3　強みと利点 …………………………………………………………… 468
27.4　弱みと限界 …………………………………………………………… 469
27.5　テクニック適用のためのプロセス …………………………………… 470
　　　ステップ 1：企業の財務諸表から情報を収集する …………………… 470
　　　ステップ 2：企業の既存の持続的成長率を計算する ………………… 470
　　　ステップ 3：戦略的資金プログラミングと統合する ………………… 471
FAROUTのまとめ ……………………………………………………………… 474
関連するツールとテクニック ………………………………………………… 474
参　考　文　献 ………………………………………………………………… 474

索　　　引 ……………………………………………………………………… 476

1部

分析および戦略とコンペティティブインテリジェンスとの関係

1. 戦略およびコンペティティブインテリジェンスプロセス

1.1 戦略プロセス

　多くの経営用語と同様に，戦略は使用しつくされた用語であり，人はさまざまな意味で戦略という用語を用いる。優れた経営学者や上級マネージャでさえ，それを明確に定義するよう求められた場合，返答に窮する。戦略とはダイナミックなプロセスである。時は移り，技術は変革し，市場や競争のルールまた競争相手も変わる。それに伴い戦略も変わるので，彼らは答えに窮するのである。

　しかし戦略の部分的かつ基本的な教義は，この期間に変わっていない。勝利できる戦略は，顧客が価値があるとみなす方法で競争相手と相違点がなければならない。つまり独創性に富んだものでなければならない。例えば Michael Porter（1996）は，企業は顧客に長期間持続可能な違う価値をもたらすことができたときのみ，ライバルを抑えることができると述べている。これらの違いは，経済の専門家によりコンピタンス（戦略用語で表現するのであれば，「際立ったコンピタンス」）と定義されている。これは組織が所有する経営資源や能力と定義され，競争相手の能力にはない，企業が創出した経済価値の原点となる際立った能力の追及は，経営幹部の興味を何十年もひきつけている。

　競争上の優位性とは，組織が市場で競争相手より優位に立つための明確な方法である。組織が優位にあるということは，持続して業界標準より高い利益を上げることができる能力を持っているという特徴がある。不均衡な状態を生み出す機会を見つけることができた組織は，完全競争から得られる経済的超過利潤以上のものを合法的に得て，その状態を可能な限り長く持続および保持できる。競争上の優位性を持続できるかどうかは，組織の際立ったコンピタンスにより生み出された経済的価値を，競争相手の模倣または代用から擁護できるかどうかである。

　組織が競争上の優位性を獲得するための助けとなるプロセスは，おもに戦略的計画と関連している。ここでは戦略的計画のプロセスを，組織戦略の完全な設計，およびプロセスを実行するための責任が割り当てられた統制のとれた明確な取り組みと定義する。**図 1.1** はこ

1. 戦略およびコンペティティブインテリジェンスプロセス　　3

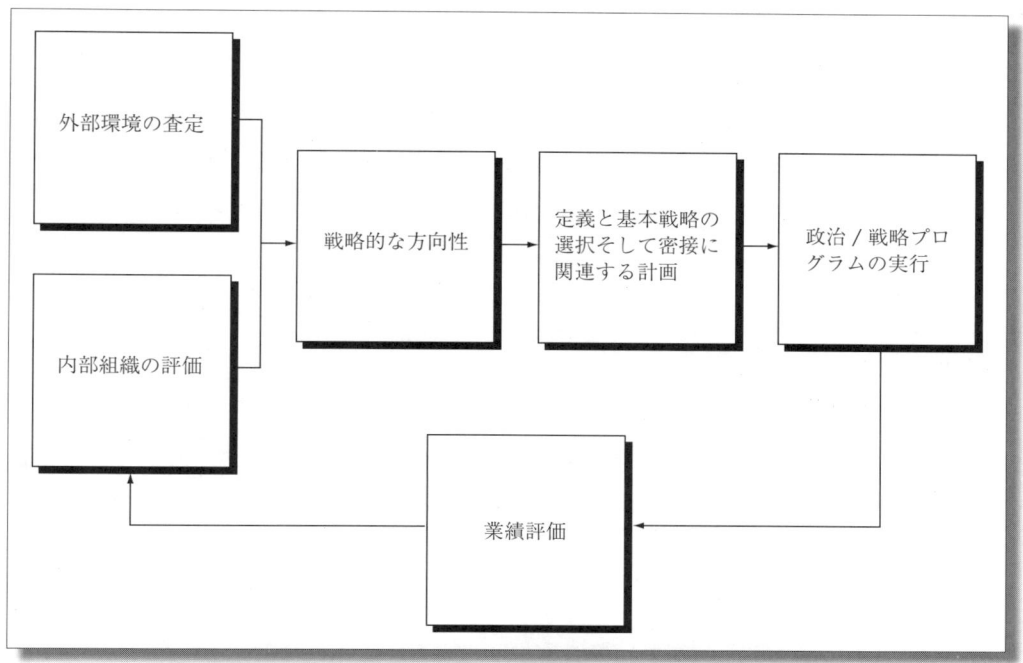

図 1.1　包括的な戦略的計画プロセス

れを図示したものである。

　戦略的計画もより大きなプロセスの一部であり，このプロセスを所有していることは組織の持久力を示すものでもある。戦略的マネジメントとは，価値，経営能力について組織としての責任の創出を究極の目標とする組織のマネジメント方法で，これらの目標は全階層および全権限系統の戦略的意思決定と実務上の意思決定を結び付けることである。このコンセプトは図 1.2 のとおりである。

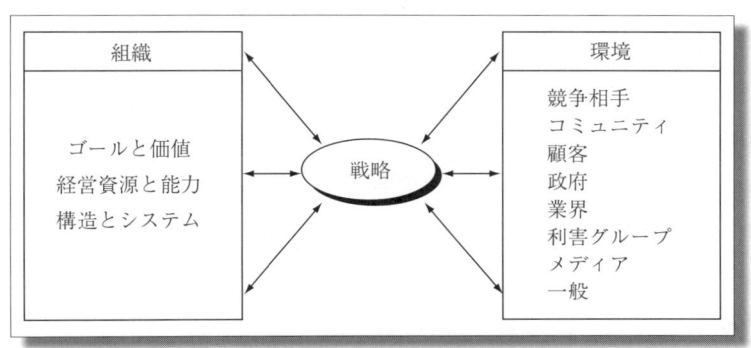

図 1.2　汎用的な戦略マネジメントの枠組

双方向の矢印は，どの要素も戦略を制約または推進できることを示している。各要素はほかのすべての要素に影響を与える。各要素はそれぞれ重要であるが，空間および時間的に見た場合，要素を相互に関連（適合または位置合わせとも呼ばれる）づける戦略のほうがやがては重要性を増す。戦略的マネジメントの枠組みは，戦略的意思決定を効率的に行うために各要素を理解していなければならない，意思決定者を支援することである（**表 1.1** を参照）。

表 1.1 戦略的意思決定の要素

戦略的意思決定は以下と関連している。
1. 組織の活動範囲。どこで事業を展開するか（地理，製品／サービス市場，価値連鎖など）。
2. 組織の活動はどの組織の環境と適合するか。これらは通常これらの細目間の「適合」と捉えられる。
3. 組織の活動とその経営資源との適合。つまりその組織の経営資源内で物事を行う。
4. 組織の至るところに変革の示唆がある。これは複雑になりがち
5. 組織の重要な経営資源の割り当てまたは再割り当て，つまり経営資源の最適化
6. 影響を与えるそれらの戦略の価値，期待するもの，ゴール
7. 長期的な組織の方向性。これは 10 年または数十年の期間

　組織とその（ビジネスまたは競争）環境との間に，適合または一致を見つけ出す方法を探すのは，戦略および競争分析を行ううえで重要な職務である。最大限の適合を実現するために，分析者は組織をどのように位置づけたらよいかをつねに理解しようとする。このような理解を得るためのプロセスの根底に，コンペティティブインテリジェンス（Competitive Intelligence：CI）「プロセス」がある。CI は，組織がより効率的に戦略的意思決定を行うことを助ける。CI プロセスを考えない単なる戦略的意思決定では，企業が競争力を持続するために密接に関係すること，それに続く決定により多くの影響を与えることなどについて，より実務的または戦術的な決定を覆すことは困難である。

戦略思考の必要性

　Henry Mintzberg や Tom Peters などの著名人を含む多くの専門家は，いままで行ってきたような戦略計画はやめ，戦略的思考を持たなければならないと述べている。ではこれらの概念の間にある違いはなんであろうか。そしてなぜ意思決定者は戦略的思考を考慮しなければならないのか。

　多くの戦略計画は，20 世紀初頭の経済理論家が行ってきた作業を体系化するために膨大

な作業とプロセスに焦点を当てている。このプロセスは，業界および競争を取り巻く環境のイノベーションとペースが遅かった時代には有用であった。今日のような急速に変化するペースの速い競争社会では，段階を追って進める融通の利かない計画は，経営者のダイナミックで革新的な意思決定および市場での活動を妨げることとなる。多くの企業が戦略計画を立てている間，それら企業の競争相手は外の市場で勝利を収めるために策定された戦略を遂行しているのである。

　Mintzbergは，計画とはカテゴリーを定義し維持するものだと述べている。企業の日常業務を担当しない専門家が戦略計画を立てることが多いために，マネージャはしばしば自社の計画から切り離されてしまう。この場合，思考と実際の行動とが関連しなくなる。これは長期的に見た場合，失敗を意味するものである。また，マネージャが戦略を考える必要があることも示唆される。それでは戦略的思考とはなんであるか。**表 1.2** はその概要である。

表 1.2　戦略的思考

戦略的思考とは，
・直感と創造性の統合（Mintzberg, 1994）
・新たなそしてしばしば不連続な前後関係において，要素をどのように順序づければよいかを明確に理解するための情報と洞察力（つまりインテリジェンス）の結合（Ohmae, 1982）
・組織を大局的に見ることができる。
・各構成要素ではなく相互の関連で見ることができる。
・環境を「スナップショット」としてではなく「動画」として見ることができる。
・独創力を包括的なセットとして競争，環境，ステークホルダに対応する。
・状況を構成部分に細分化し，重要性と関連性に基づき，望ましい結果のパターンにそれらを再結合する。
・プラグマチックな夢を存立させる — 左脳（例：線形的，論理的，合理的）と右脳（例：全体的，空間的，統合的，時間を超越した）の思考パターンの結合

　数十年前の速度の遅い国内志向の産業優位の環境とは異なり，今日の企業は，ますますグローバルな脱工業化時代の知識および情報に基づいた競争環境の中にいる。いまでも依然一部のマネージャの考えを支配する階層的なリニアモデルは，より新しい，柔軟性のある，永久に自己再編を続けているネットワーク型の社会構成に取って代わられている。過去の巨大な産業および軍事指導者ができたように，今日の競争上の領域全体を把握できる上級マネージャはいない。それゆえ CI を向上および強化する戦略的思考の必要性は急務である。

1.2 CIプロセス

　組織が進むべき方向とそれが終結するときが戦略と計画とに分かれる一方で，インテリジェンスは地平上の嵐を識別そして解明し，パイロットに最良の航空路を知らせる。最良の選択ができるかどうかは，利用可能な情報の質に左右される。インテリジェンスはしばしば成功と失敗との間で差異を生み出す。

　CIは1980年ごろから顕著になりだした比較的新しい専門分野と一般的にみなされている。経済学，マーケティング，軍事理論，および戦略的マネジメントの発展から派生し，組織内の別の機能へと進化しつづけている。CIが会計士などの専門的職業と同等な地位を得たかどうかは疑問であるが，その方向に進んでいることは確かである。

　インテリジェンスは，経営幹部の一つ以上のニーズと関係する，意思決定に現在そして将来とも重要になる可能性がある利用可能なすべての情報を収集，評価，分析，統合および解釈した付加価値の付いた製品であると定義できる。このインテリジェンスの定義は，つぎの三つの役割を果たす。

1. インテリジェンスと情報（評価されていない資料）を区別する。
2. インテリジェンスのダイナミックおよび周期的な性質を捉えている。
3. 上級マネージャとインテリジェンススタッフ間のパートナーシップを強調する。

　インテリジェンスは，意思決定における不確実性およびリスクを削減するのに必要である。組織がとれる選択肢は，問題を識別した早さによりしばしば変わる。いい換えると，最良の選択肢は，起こりそうな結果を知ることだといえる。一度とるべき行動を決定したら，必要な途中での調整ができるよう，その決定の影響はなんであるかを知る必要がある。

　CIは，組織の現在と将来の競争力に影響を与えるビジネス環境のすべての外部要素が生む潜在的な影響（例：脅威や機会）を網羅する。CIは，組織のゴールにさらに近づくために，競争相手の活動，組織のビジネス環境，ビジネス傾向の情報を体系的または周期的（図1.3を参照）に収集および分析するプロセスである。つまり，CIとは組織をやがては支配的な形で参加させ，あるいは組織を打破するために，何段階にもわたる倫理的で合法なステップである。

　競争分析の目的は，競争相手よりも優れた業績を継続的に向上させることができる競争優位性を築くために，必要な意思決定を行い，戦略を立て，業界と競争相手をよりよく理解することである。分析結果は実行可能である必要がある。つまり未来志向で，意思決定者がよりよい競争戦略を立てるのを助け，競争相手の戦略よりも理解しやすく，現在または将来の競争相手，計画および戦略を識別できる必要がある。分析の究極の目標は，よりよいビジネ

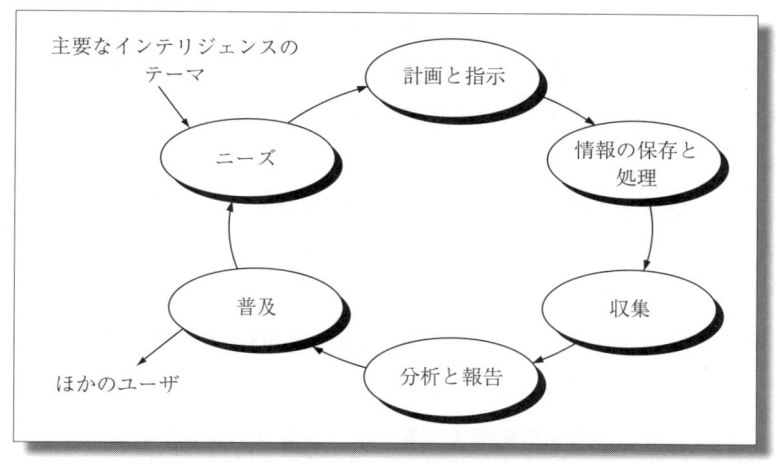

図1.3 インテリジェンスのサイクル

スの結果を生み出すことである。これらの結果を競争分析から抽出することは，つぎの理由から重要である。

競争の激化

まず，グローバリゼーションにより，ほとんどの市場に存在する競争の絶対的レベルが押し上げられた。いままでの競争相手は，適時適切な場所にいるだけで市場での優位性を維持することが可能であった。地理的，物理的そして社会政治学的な障壁があったため，競争相手を多くの市場に寄せ付けることができなかった。しかし，通信，通商政策，技術および輸送の大きな進歩のため，これらの多くの障壁が崩壊しているか，あるいはしようとしている。これらの障壁が崩壊した市場では，新しい競争相手がすぐに出現する。

これらの新しい競争相手は既存の競争相手とはきわめて異なる手法で競争を挑んでくる。彼らは異なる背景状況から物事を学び，異なる顧客の需要にも頻繁に直面してきているので，独自の経営資源を用いる。また独自の背景状況と経験に基づいて競争を理解している。もはや競争相手が旧態依然の競争のルールや手段を用いることを期待することはできない。競争の方法が論理的でなかったり，洞察力がない，または合法ではあるものの道徳に沿ったものではないようにときおり映ることもある。このような新しいグローバル競争下で，競争相手とそのビジネスの背景状況をよく理解することはますます重要になっている。

グローバル経済は知識経済

2番目に，グローバル経済はますます知識経済の特徴を帯びてきている。パラダイムシフト（つまり，多くの人々が物事を新しい見方で見るように変わること）が起こり，過去2世

紀のほとんどの期間，われわれを支配してきた産業経済のパラダイムから大きくかけ離れようとしている。有形なものではなく，サービスやそれに関連する無形物が，世界のほとんどの主要経済のGDPの最大部分を占めるようになってきており，サービスは物質ではなく，より知識ベースになってきた。

　企業はデータや情報を蓄積しているが，知識と情報は同一ではないということを彼らは理解していない。通信チャンネルの改良により，いままでにはあり得なかったような多量の情報が利用できるようになっている。情報はだんだんと意味のないものに変わってきている。情報は多くの先進国で経済学者が「供給過剰」と呼ぶ状態になっており，先進国以外でもそうなりつつある。競争上の優位性を維持するには，混沌または複雑さの中から秩序を生み出したり，専門知識を得ながら知識を梃子（レバレッジ）入れあるいは移転するために，企業は独自の方法でデータと情報を応用しなければならない。

　知識とは行動するための力であり，ほとんどの場合，言葉に表されないものである。つまり，人々は語れる以上にそのことを知っているのである。CIプロセスの根底にある知識をインテリジェンスと行動に変換する重要な職務を遂行するには能力が必要である。能力には，経験，業界や組織の状態に関する事実に基づいた理解，意思決定および管理能力，人脈，洞察に満ちた価値判断が含まれる。能力は，間違いを犯したり，練習，回想，反復および訓練することにより開発される。組織が競争上の優位性を維持したいと考えるのであれば，かつてないほどに経営資源，才能，能力，そして最終的には専門知識を開発する必要があることが，知識経済は意味するようになってきている。

模倣の増加

　3番目に，ニューエコノミーの特徴として模倣の増加を上げることができる。企業は競争相手の新製品またはサービスを迅速に模倣する能力をかつてないほど身に付けている。市場の複雑さ，そしてその結果としての他組織と提携，競争相手と多局面での共同作業，これに加え拡大する社会および物理的ネットワーク，スピンオフそして組織間で絶え間なく変わるアウトソーシングの人材または社員の配置のため，模倣者の攻撃をかわすのはますます難しくなってきている。著作権，特許そして商標権など，法律で製品またはサービスを守るには多数の情報を収集しなければならないので，競争相手にとっては企業の新しい製品を模倣するのは簡単である。新しい提供物の存在を法律で守るために，現在，政府と国際機関間ではたがいにこれらの情報を共有しなければならなくなっているため，これらの情報を入手するのは容易になっている。企業の中には，オリジナルの製品に改良を加えた製品を市場に送り込み，それを自社の競争上の優位性として強調し，「すばやく2番手」として成功している場合がある。

増す複雑性とスピードの加速

4番目に，ますます物事が複雑になってきており，スピードが加速しているということである。市場のこのような変化は，かつてないほどの速い割合でのデータ送信を実現した通信および情報技術のためである。しかし人間がデータを処理する能力は基本的に変わっていない。10年前はスーパーコンピュータを用いてしか処理できなかった量や割合の計算が，ほとんどのオフィスで行えるようになっている。昔，企業は他社よりも数年前に製品またはサービスを市場に投入することにより圧倒的なリードを確立することができたが，今日では，いままでにないほどの短期間でしかトップの座にいつづけられなくなっている。新製品およびサービスの投入のサイクルタイムは短くなっており，企業はそれを短くしつづける努力をする一方で，競争相手に追いつかれないようにするために，投入数を増やさなければならない。

インテリジェンスおよび分析の価値を永続的にするには，ユーザ主導にする必要がある。ここでユーザ主導とは，まずユーザの判断または方針決定のニーズにプロセスの焦点をまず当てるということである。**図1.4**を見てほしい。この図はあなたの顧客を理解する骨格となっている。しかし，ユーザが自分のニーズを明確にすることができなかったり，または本当になにが必要なのか明確に理解していない場合もあるため，これは必ずしも簡単な職務ではない。そのため，競争分析では，組織として方針を決定するキーとなる人物とつねに対話を継続していかなければならない。

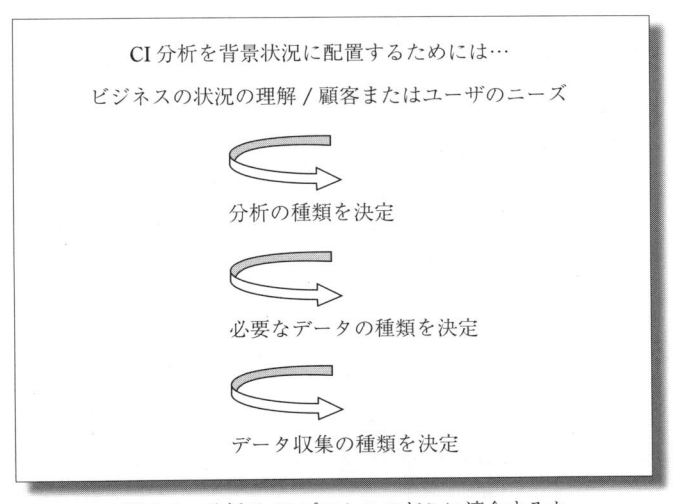

```
CI 分析を背景状況に配置するためには…
  ビジネスの状況の理解／顧客またはユーザのニーズ
        ↓
    分析の種類を決定
        ↓
    必要なデータの種類を決定
        ↓
    データ収集の種類を決定
```

図 1.4 分析は CI プロセスのどこに適合するか

組織の上級意思決定者の目にも CI が信頼のおけるものであると見てもらえるようにするには，分析を組織の戦略および実務上のニーズと密接に結び付けなければならない。これはラインマネージャをプロセスに巻き込むことによりしばしば起こる。つねに時間の制約に縛

られている上級意思決定者は，これ以上データ，事実，また情報をほしくないと思っている。そしてそれらがフィルタリングされていなかったり，分析されていない場合は特にそうである。彼らが必要としているのは，戦略の構築および指導のために使用できる正確で完全な分析のフローである。

Herring（1996, pp.70-73）は，インテリジェンスの分析には，基本的につぎの五つのタイプがあると述べている。

1. 早期警告を発することで，組織が不意打ちをくらわないようにする。
2. 意思決定プロセスのサポート
3. 競争相手の評価と監視
4. 計画および戦略開発のためのインテリジェンスの評価
5. 収集および報告の主要部分の作成

モデル化，計算，表示および双方向対話用のツールがこの数年間で高度化したことにより，インテリジェンス分析のスピード，受容能力，理解が拡大した。企業内でCIが広く受け入れられるようになったり，分析の教育が向上したり，新しいコンピュータベースの分析ツール，データベースおよび通信方法などができたことによる管理面での進歩により，速度が加速した。さまざまな場所からCIに参加できるようになり，その結果多数の分析者，ツールまたはデータソースをリンクできるようになったので，受容能力が増えた。より広範囲な見解や視点を入力データに統合できる能力が向上したので，理解が深まった。

質の高い競争および戦略インテリジェンスを得るには，分析を効率的に行う必要がある。ビジネスおよび競争分析での成功には，環境，業界そして組織に関する理解が徹底していなければならない。これはなによりも経験，内容の充実したデータと情報，適切な分析テクニックの選択と使用，および組織としての制度化された競争モデルの確立および競争方法の確立が必要である。

参 考 文 献

Herring, J. (1996). "Creating the intelligence system that produces analytical intelligence." In B. Gilad & J. Herring (Eds.), *The art and science of business intelligence analysis* (pp.53-81). Greenwich, CT: JAI Press.

Mintzberg, H. (1994). *The rise and fall of strategic planning.* New York, NY: Free Press.

Ohmae, K. (1982). *The mind of the strategist—The art of Japanese business.* New York: McGraw-Hill.

Porter, M. (1996). "What is strategy?" *Harvard Business Review*, November–December. Vol. 96, Issue 6, pp.61-78.

2. 分析とその落とし穴

2.1 分　　　析

　今日の国際競争のスピードは，いままでの歴史に記録にないほどの最速のペースで進んでいる。企業は競争相手の先を行くため，または追いつくため，自社のポジションをつねに見直している。企業は戦略および競争分析のために，より使い勝手のよいツールを自由に使用しているに違いない。『戦略と競争分析』は，分析者，戦略家，マネージャ，および意思決定者が，環境およびその環境の中で発展する自社のダイナミックなポジションを効率的かつ効果的に理解することを助ける。これが，戦略および競争分析をマネジメントするためのプロセスの主要な目的である。

　20世紀初頭に科学的経営の原則ができて以来，原則なしの決定をすることを推奨した経営学者や経験豊かな実践者はあまりいなかった。その代わり，ビジネスの意思決定者たちには，系統だった調査や過去の反省をもとに意思決定をすることが求められた。一時的に流行したり，ファッションであったり，形式ばった多くの経営手法が時の経過とともに時代遅れとなり，新しいものに代わった。しかしその根底には，形式的な分析，つまり，経営に関連のある重要な事柄を系統立てて調査することで，組織はよりよい意思決定ができるというメッセージがつねにあった。この一見もっともらしく見える仮説は，なんの助けもない人間の判断には，欠陥がしばしばあるということを力説してきた認知心理学の多くの文献で説明がなされてきた。例えば調査では，人間は最近の出来事または鮮烈な出来事には必要以上の影響を受け（つまり新近性バイアス），つねにチャンスが果たす役割を過小評価し，楽観的な考えを持つことに過度に罪悪感を持つ（つまり物事をバラ色のグラスのように楽観的に見るバイアス）ことがわかっている。本書で説明している形式的な分析テクニックを正しく応用できれば，このような問題の悪影響を回避できたり，最小限に食い止めることができる。

　『競争の戦略』で Michael Porter は，現代の組織には高度な競争分析が必要で，「プロセスが効率的であることを保障する組織立ったメカニズム，つまりある種のコンペティティブインテリジェンス（CI）システムが必要だ」（Porter, 1980; p.72）と述べている。現代の組織

と対面する競争環境の中にいる多くのマネージャは，競争においてより組織立った分析を行う必要があるということを認識している．しかしこの能力の必要性を認識し，システム，構造およびこの能力を活用するためのスキルを構築することはまったく逆のことである．つまり，長年の調査により，組織の意思決定はなにを必要としているのかを考えていることと（つまり期待），組織の競争分析システムが提供するもの（つまりパフォーマンス）との間には，永続的な溝があることがわかっている（Goshal and Westney, 1991; p.19）．

　すでに説明したとおり，戦略的マネジメントにはビジネスのすべての局面が関連しており，それをもとに正しい判断をするためには，環境が組織に与える影響についての知識とその理解が必要である．もっとも，環境との適合を単に探すだけではなく，複数のステークホルダのニーズを考慮し，よい戦略を練るために必要な要素を分析する必要がある．

　それではどのように戦略を練り，その妥当性を判断するのであろうか．組織の資源と要件の観点から見た場合，事実を丁寧に収集，調査，評価することによってのみ，適切な代替戦略を選択することが可能である．

　今日，情報が供給過剰になっている世界では，データまたは情報の収集は重要な問題ではないと私は考える．適切な戦略を定義するためのキーとなる分析を通じて，情報の調査および評価が重要である．このプロセスは，スキル，時間そして努力を要する．ほとんどの組織ではなんらかの競争に関する情報を収集するが，それを形式的に分析し事業戦略に取り組んでいる企業は少数である．

　われわれは分析という言葉を，各「部品」の価値，種類，量，質を理解するために全体から分割するという意味で用いる．単に全体から細部を推論したり，収集した情報の要約をするのではなく，ある問題を「部品」に分けていくのである．すべての組織に最低数人は，各「部品」を調査および評価するプロが必要だと今日の戦略では考えられている．

　分析とは，個人が意味のあるものとしてデータおよび情報を解釈することであり，多側面および多くの専門分野にわたる科学的または非科学的なプロセスである．分析を使用すれば，相関関係の導出，傾向およびパターンの評価，業績のギャップの識別，そしてなによりも組織が利用できる機会の識別および評価が可能である．分析は，収集したデータから「だからなんだ？」という重要な質問の回答を導き出し，意思決定者のニーズに直接沿う内容で実態を提供する（図 2.1 を参照）．

　効率的に分析を行うには，経験，適切な入力，直感，そしてモデルが必要である．人によっては，数少ない偶然を手に入れる才能が必要だという人もいる．また効率的な分析には，人文科学，常識，詳細な情報に基づくモデル，直感および習得した知識の組み合わせをつねに変えることが必要である．効率的な分析能力は，一部の人が考えるほど十分に満たされているものではなく，価値ある資源である．

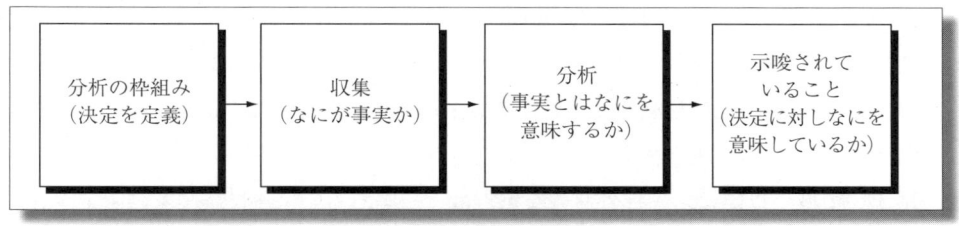

```
┌─────────────┐   ┌─────────────┐   ┌─────────────┐   ┌─────────────┐
│  分析の枠組み  │→  │    収集     │→  │    分析     │→  │ 示唆されて  │
│ (決定を定義) │   │(なにが事実か)│   │(事実とはなにを│   │  いること   │
│             │   │             │   │ 意味するか) │   │(決定に対しなにを│
│             │   │             │   │             │   │意味しているか)│
└─────────────┘   └─────────────┘   └─────────────┘   └─────────────┘
```

図 2.1 分析の汎用的なアプローチ

われわれがなぜ分析を行うかというと，たとえ情報が豊富にあったとしても，分析している問題はかなり複雑であり，一見して状況の全体像を把握することが困難だからである。

分析の領域と焦点

ビジネス分析および競争分析を行う際，明確な対象領域および焦点が必要である。膨大な分析作業の焦点には，つぎの六つの分野が分析領域として含まれるものとわれわれは理解している。

1. **決定領域**——これは分析が影響を与える組織のレベルである。マネジメント判断はどのレベルでなされたか，だれが行ったか，どれだけ長い期間の効力があるか，どれくらいの頻度で判断がされているか，判断がどのような構造になっているのかにより異なる。決定領域は，戦略，戦術または実務としてしばしば分類される。

A. 戦略的決定分析は，組織生命体の中では一般的にあまり行われず，経営資源の割り当てに大きな影響を与え，組織階層の下位までの決定としての先例または風調を作り，市場の中での組織の競争力に実質的な影響を与える可能性がある。この決定は経営最高責任者（Chief Executive Officer：CEO）によってなされ，組織の長期的なゴールや目標の判断に関係する。戦略的決定は，組織のビジネスの方向性に影響を与え，どの市場で競争すべきか判断する助けとなる。長期的に影響力を持つため，これらの種類の決定は頻繁に実行されるものではない。戦略的決定は，通常，構造化されていない。

B. 戦術的決定分析は，戦略的決定よりも狭い範囲に適用する決定を支持するものである。組織の方針の構築および導入に関係する。実務上の決定よりも方針上の決定のほうが組織では長く継続して使用される。戦術的決定は，通常，中間レベルのマネージャによりなされる。それらは組織全体ではなく，組織の一機能（例：マーケティング，経理，人事など），事業単位，または製品に，しばしば実質的な影響を与える。戦術的決定と戦略的決定とを比較した場合，経営資源を通常は必要とせず，一般に半構造的であり，そして決定手順は明確に定義されていない。

C. 実務的決定分析は，組織の日々の運営に必要な決定を支えるために実行される。これ

らの決定は，数日あるいは数週間の短期間に組織に影響を与える。これらの決定は通常，組織の下位レベルのマネージャによりなされる。実務上の決定は頻繁になされるという意味で，戦術的または戦略的とは異質である。実務上の決定は，通常，高度に構造化されており，これらの決定をするための明確な手順や計算式が準備されている。

2. **地理領域**——以前は，分析のおもな焦点は，一国あるいは一民族国家に限定されていた（例：米国の化学市場）。しかし今日では，組織はしだいに世界市場で競争するようになってきている。今日の戦略および競争分析において，分析者はさまざまな形式の地域競争および組織（国レベル，多国籍レベル，グローバルレベル）を考慮することが求められている。多角的に競争する企業が，さまざまに異なった市場の領域で，同一の企業と複数の拠点で競うことは珍しくなくなってきている。これは，分析者が何十というほかの企業と同時に競争するにはなにをする必要があるのかを考えなければならないことを示唆している。企業はしばしば複数の国の複数の市場で競争している。それぞれの市場には，独自の競争ルール，顧客，方針がある。企業が15箇国の市場で競争しているとすれば，従わなければならない15の異なる競争環境があるはずである。

3. **環境セクタ**——17章でマクロ環境（STEEP）分析に関して説明するが，MotogomeryとWeinberg（1998）は，CIシステムは理想的にはつぎの六つの環境セクタに焦点を当てるべきだと述べている。(a) 競争——分析者は現在の競争相手と将来競争相手になる可能性のある企業との，両方を分析しなければならない。(b) 技術——分析者は現在と新興の技術，製品，プロセスイノベーション，研究開発の基本状況の両方を考慮しなければならない。(c) 顧客——これには企業の現在の顧客，企業の競争相手の顧客，将来的に顧客になる可能性のある顧客（つまり，現在はその企業またはその競争相手から製品またはサービスは購入していないが，将来は購入する可能性のある顧客）が含まれる。(d) 経済——分析者はGDP/GNP，インフレ，金融市場，投入した製品の価格と金利，財政および金融政策，為替の変動を考慮しなければならない。(e) 政策および規制——これには「競争ゲームのルール」作り，制度，そしてステークホルダが関係する。(f) 社会——分析者は，競争が起こる背景状況を形作る人口統計学，富の分布，人々の姿勢そして文化的な特徴を考慮しなければならない。

4. **経過時間**——一連の活動や出来事が，時の経過とともにどのように進展していったかが分析のおもな焦点の一つとなる。分析者は現在と過去の特定な出来事に関連性はあったか，どのような変動要因によって好ましい関連性を維持できたかを分析しなければならない。また現在および過去の変動要因また背景状況が，どの程度将来に影響するかを評価する必要がある。

5. **意思決定者のポジション**——インテリジェンスの分析者は，顧客の重要なインテリジェ

ンスニーズ（CIN）に，つねに注目している必要がある。これらは，つぎのようなグループにいる人々が，それぞれが違うものを分析することで得ようとしている。だれが企業のための戦略上の選択肢からうまい利益を得るか，上級または最高管理職者，機能領域（例：マーケティング，経理，人事など）のトップ，監督者，そして前線の意思決定者である。本書で説明するFAROUTシステムは，選択した分析方法をどのように使用すれば，これらの意思決定者の異なる分析ニーズに応えることができるかを考えるための助けとなる。

6. **製品の技術領域**—製品およびサービスを顧客に提供するには，どのような重要な行動が必要なのかを，分析者は考慮する必要がある。これには，需要，供給および価値連鎖（9章を参照）などの概念が含まれ，プロセス，製品，サービスの基礎となる新規技術も含まれる。

分析に質のよいデータが必要なわけ

分析には加工されていない生データが必要である。しかしどのようなデータからも効果的な分析ができるわけではない。ユーザ要件のニーズに合わせて収集されたデータセットは，有用な結論を導き出すことができるようになるまで，いくつかの基準で評価されなければならない。この中で重要なおもな基準は正確さである。すべてのデータの質は同等ではなく，それゆえ正確さが必要である。データにはすばらしいデータだけではなく，最低レベルのもの，質が低いもの，また人を惑わそうとしているものさえある。入力されたデータが正確で信頼のおけるものであるかを知るために，データソースを確認および評価する必要がある。ほかのすべてが同等である場合，分析者は信頼のおけるソースから情報を得ることを望む。「屑入れ屑出し」というよく知られているフレーズがあるが，これはデータソースにも当てはまる。

ソースはいろいろな理由でデータを提供する。そして収集したデータは，さまざまな目的のために使用される。データを分析用に適合させるには，個々またはグループのデータソースを知っておく必要がある。例えばもとのデータに欠陥があった場合，ほかのデータソースから得た多数のデータセットも不正確になってしまう。また，長期間にわたってあるグループが作成した多数のデータをさかのぼってみると，一個人に行き着き，その個人の方法が最初から間違っている場合もある。

データセットが偏ったものになってしまう悪評の高いデータソースもある。例えば，なにか考えのある権利擁護団体は，都合のよいようにゆがめたデータを政策立案者に提供する。ビジネスの競争相手は故意に競争相手を混同させる目的で，偽情報や徹底した不正な手段や偽の確認を使用して，あいまいで矛盾があり，また偽のサインを送ってくる場合がある。偽

情報とは，ほかを誤った方向に導くことを意図とした不完全または偽のデータである。不正な手段とは，ほかを誤った方向に導いたり利用するために誤りのある，または偽の情報を提供することである。不正が確認できるのは，別の情報源からきたデータが特定の情報源からきたデータと一致しない場合である。

インプットされたデータを評価するもう一つの重要な基準は信頼性である。正確さを評価するプロセスと同様，信頼できるかを評価するために，分析者はデータソースを確認する必要がある。

分析時には，インプットあるいはアウトプットされたデータをじっくり調べることが重要である。これを行う方法の一つに「変則的指標構成要素（Anomalies Indicators Disaggregation：AID）」がある。

矛　　　盾　ほかとしっくり適合しないようなデータ，また正しく思えないデータはさらに調査したほうがよい。矛盾したデータは，仮説が間違っていたか，予期せぬ現象が起きていることをしばしば示唆する。これらのデータは，分析者にとって最も強力なデータである。

指　　　標　探そうとしている現象の最も直接的で最もはっきりした（二次的または間接的ではなく）指標を探すのがつねに重要である。例えば，ハイテクビジネスの分析を行っている場合，総収入の中で基礎研究に費やした費用が何％になっているかを示す式から競争相手の方式に変更があったかどうか，主要な熟練社員の回転率，特定のプロセスまたは製品特許の開発への取り組み，または最近研究施設を建設あるいは売却したかどうか知るのは有益である。

分　　　割　「ほし草の山の中から針を探し出す」という英語のことわざがあるが，このことわざの針を競争相手のほし草の中から見つけ出すのはきわめて困難である。ときには針そのものを探すのではなく，一歩下がってほし草自体を探してみることも効果的である。ほし草を見直してみると，分析者が不要と考えるものに関連するすべてのデータを取り除くことができる。取り除いてしまえば本当に必要な情報の概略を得ることができる場合がある。例えば，競争相手が新しいマネジメントインフォメーションシステム（MIS）のなにに支出しているのかわからない場合，その企業の財政状況全体を調べ，それからMISでない支出を除去できる。残ったものからMISに関する支出の範囲を割り出すことができる。

効率的な分析は，効率的なデータ収集により可能であるが，その逆も同様である。つねにそうであるように，データが不完全であったり欠落している場合，分析者はつぎの五つの中から一つの基本的な問題解決方法を使う必要がある（Belkine, 1996）。

1．類　推　法　これは分析者が類例から推論するときに使用する。このアプローチでは，「学問的」ではなく分析の「こつ」が特に力を発揮する。補間法により生成された

数字や式から欠落しているデータが得られない場合，この方法は有用である。

2. **推論法**　これは最も一般的な分析方法で，完全なデータセット（つまり，全体と詳細がそろった）からパターンを識別する能力である。分析者は，一部の事実や情報要素が欠落していたとしても，結論を導き出すことができる。欠落しているデータを入手できる割合が低ければ，根拠の確実な結論を導く確率も低くなる。推論は，予測テクニックを使用するときに特に有用である。

3. **補外法**　補間法と類似した予測プロセスで，データを伸張していく。補外分析の中で特に知られているものは，トレンド補外法と呼ばれるもので，分析者は過去の傾向から将来を予測する方法である。補外法は保険統計や人口統計調査（例：事故率，出生率，死亡傾向）でよく使用される。しかし「システムをゆるがす」ような出来事があった場合には使用することはできない。

4. **帰納法**　これは限定されたデータセットからパターンを導き出すことである（つまり，特定の事例から一般的な法則を推論すること）。出来事や物事などの特定な現象の認識から，一般の真実を推論する方法である。

5. **補間法**　データセットに欠落しているものを補間する方法で，連続したデータを使用するときに起こる。クロスワードパズルの欠落している文字を探すのと似ている。これをCIで用いるのは，分析者が特定の事業単位の財務状況を調べるために，企業の財務データを分解することに似ている。

最適な競争分析方法は一つには限定できない。われわれは，神話の分析の泉から水を飲みたいと考える人々に会ったことがある。より一般的に表現するのであれば，インテリジェンスあるいは分析ソフトと呼ぶことができるこの神話の泉は存在せず，将来も存在するとは思えない。しかし例えば，つぎのようないくつかの職務において，個人の専門知識を磨くことはできる。データおよび投入された情報をどのように選択し分類するか（つまり，「知っていてよかった」または「どうでもよいこと」から「知る必要がある」こと），特定のニーズがあるときにどの分析テクニックを用いるか，組織の行動や決定を効率的に伝えるときになにを理解している必要があるか。

分析者が正確に分析を実行するにはなにが必要であろうか。分析者はつぎのような「能力」を発揮できなければならない。SCIP（Society of Competitive Intelligence Professionals）が，能力についてうまくまとめたものとしてつぎのような項目を挙げている。

・収集および分析段階間の相互作用を理解する。
・創造性を発揮する。
・推論法と帰納法の両方を用いる。
・二者択一思考を用いる。

- 基本の分析モデルを理解する。
- 無味乾燥な調査アプローチよりも，発見したいという気持ちを引き出すエキサイティングで魅力のあるモデルを使用する。
- さまざまな分析ツールをいつなぜ使用するかを理解する。
- すき間や落とし穴は，つねに存在することを理解する。
- 「分析の停滞」を避けるために，分析をいつやめるべきかを理解する。

2.2 分析の落とし穴

　本書でさまざまな分析テクニックを紹介するにもかかわらず，意思決定のプロセスにつぎのような一般的な個人の偏った認識がある場合，組織は依然として質の低い戦略を採用してしまうかもしれない。

　激しさを増すコミットメント　失敗の兆候があるにもかかわらず，プロジェクトに対する資源のコミットメントが増大している場合がある。個人が責任を感じていたり，自分の過ちを認めなかったり，当初の決定のもとになっていた仮説が変わったにもかかわらずそれを考慮しないなど，理性が働かなくなっている。

　集団思考　これは意思決定者グループ（例：上級マネージャチーム）が，決定のもとになった仮説を徹底的に追及せず行動を起こした場合である。どのような行動をとるべきか客観的に評価せず，むしろ感情的に判断してしまったり，強力なリーダがいる場合である。これらは強い社風がある企業においてしばしば起こる。高度な CI システムがあるにもかかわらず，不正な判断をしてしまう組織が多々あるが，その一原因として，つぎのような偏向を挙げることができる。

　管理の迷い　これはことを自分の能力で制御できると過信してしまう人物がいる場合に起こる。例えば，宝くじが何回か続けて当たった人がいたとする。そのような場合に，その人物が実際の自分の能力を過信してしまうことがある。これは自信過剰が引き起こすことであり，上級マネージャはこのような偏りを示しがちである。

　仮説を出す前の偏り　ある変動要因と関係があると個人が強く信じ込んでいる場合，それに反論する分析結果を示されても，信じ込んだ偏った考えをもとに判断をしてしまう場合に起こる。また，このような人は自分が信じていることを証明するデータは使用するが，それに反論するようなデータは無視しがちである。戦略の例を用いて説明するのであれば，それが不適切だということを示す証拠があるにもかかわらず，CEO が組織の現在の戦略がまだ利用できるものだと考える場合に起こることがある。

　類推による推論　これは個人が簡単な類推を行い，複雑な問題のつじつまを合わせよう

とするときに起こる。複雑な問題を過度に単純化しようとするのは危険で，場合によっては組織が誤った判断をしてしまうことがある。このことについては本書に含まれるテクニックを応用するときに，特に注意することの一つである。

代 表 例　個人が小さな例（自分の経験など）を引き合いに出して，それよりも大きい現象や多くの人がかかわる事柄を一般論化しようとし，統計的な法則を無視する場合に起こる。

分析の職務を実行する際に，これらの偏りはつぎの四つのうちの一つの形で通常現れる（Bernhardt, 1996; Katz and Vardi, 1991）。

1. **不　明　瞭**　分析者が，定義をあいまいにした重複する要因に直面したときの難しさである。つまり，分析者が外国の競争相手の新しい宣伝プログラムの理由や動機を推測しなければならない場合，売上げを長期的に増やそうとしているのか，減少ぎみの売上げに対する戦術なのか，新しいマーケティングキャンペーンのテスト目的なのか，また競争相手のプロモーション攻撃を受けてたつ意思があることを示そうとしているのか，などの判断に困るときなどである。

2. **背景状況を用いての評価**　特定の物や出来事は，背景が異なれば，受け止め方も異なる。例えば，「不明瞭」の部分で示した例が自動車メーカの Lexus または Kia である場合の分析者の反応を考えてみてほしい。

3. **パラメータの妥当性**　パラメータは分析者にとっての評価の基準となり，分析を進める際に，しばしば分析を開始する枠組みとなる。これらのパラメータは，彼らの主観的または個人的な価値観，態度，意見，個人の経験と密接に関連している。これは，データ収集と分析を行う際の解析的な設定を最初から明らかにしておくことにより，分析と生成のどちらかの重要なアプローチを分析者が採用しなければならないことをもたらす。

4. **意識していない知識**　これは自分の意見の直感的な部分を客観的に説明しなければならない場合に，個人が陥る困難な問題である。これを理解するには，5歳の子供に自転車をプレゼントし，その乗り方を教える方法について，どのように教えればよいかを考えるときのことを考えてみてほしい。これは，通常，客観性またはチームワークにあまりよい影響を与えない。

認識の偏りや集団思考があることを考慮した場合，組織の決定が現実的で最良の入力および分析に基づいたものになるように，インテリジェンスが与える影響について考えなければならない。形式的な分析の使用方法を考える場合，その背景にあるさまざまな動機を考慮する必要がある。March と Feldman（1981）は，組織内の人々はほかの人に影響を与えるため，あるいは論理的に自分を見せるため，意思決定に必要以上の量の情報を集めがちだと述べて

いる。いい換えれば，客観的な判断をするためだけではなく，政略的な目的のために分析を用いると述べている。

　Langley（1995）は，分析の背後にある目的を，幅広い意味で（1）情報目的，（2）コミュニケーション目的，（3）指示と管理目的，（4）象徴目的，の四つに定義している。

1. **情　　　報**　意思決定者はしばしば，「なにもわからない」あるいは「あてずっぽうの推測」として意思決定をするのではなく，自分の決定を支持してもらえるよう情報を使用することがある。関連する情報がさらに得られれば，意思決定者の不確かさを軽減できる。情報収集は，特定の事柄を熟考するために使用する場合，攻めの目的で使用され，だれかがすでに考えている事柄を支持してもらえるように使用する場合には守りの目的で使用される。

2. **コミュニケーション**　回答するように求められた事柄に確信が持てない場合，人はしばしば形式的な分析を開始する。このような場合，自分の見解をわかってもらうために，または特定の決定がより信頼性のあるというほかの見解を納得してもらうために分析は使用される。

3. **指示と管理**　マネージャは問題を解決するため，または決定を実行するために分析を開始する。特定の期限までに，部下，社員，コンサルタントまたは特別調査団に分析を依頼する。

4. **象　　　徴**　分析を開始した人物がその問題に取り組む意欲がなかったり，無関心であったりしても，形式的な分析を行うことは，その人物が合理的行動，懸念，そして行動をとる意欲があることを示す。分析は決定を遅らせたり，ほかの方向に向けるべきエネルギーの方向を変えたり，そのとき仕事がない人に仕事を与えるために使用されることもある。

　したがって，自分で自分の決定を実行できたり，だれかを説得する必要がない場合，形式的な分析を行う必要は減る。実際，完全におたがいを信頼しきれない人々が意思決定を行っている場合，形式的な分析はより重要になる。Langley（1995）は，形式的な分析は，必ずしも政治のための道具ではなく，無条件で皮肉であっても無視されるべきであり，むしろつぎの二つの役割に着目すべきだと述べている。情報収集に使用する場合，ほとんどの文献が示すとおり，形式的な分析は決定の質を直接改善することができる。一方，コミュニケーション，指示と管理，象徴を通じて，人々の意見をまとめそれを組織の決定として通すために使うことができる。2番目の政治的な役割についてであるが，1番目と同様に重要である。形式的な分析を行えば，考えを徹底的に議論および確認し計画に誤りがあった場合，事前にそれを識別できる。それによって非直接的に判断の質を向上させることができる。これは違う組織に属するメンバーがゴールを同一にしないとき，また情報源が同一でないときに特に重

要である．まとめると，完成度の高い形式的な分析は，有用なものになる可能性が高いことになる．

2.3 分析を行う際の注意点

　特定の分析方法が役に立つかどうかは，いくつかの要因に関係する．形式的な分析を行う際，われわれの経験と理解から，つぎのいくつかの事柄に注意することが必要である．

　まず，多くの組織は形式的な方法を使用して，マネージャが「外見上は手っ取り早く」意思決定を行ってきた．本書で説明する方法は，すべて実証的研究に基づくものであり，さまざまな経営上の判断をもとにした確固たる理論が裏づけている．簡易化した方法を個別に紹介しているが，われわれはこれが「特効薬」的な答えになるとは思っていない．

　「金づちしか持っていない場合，すべてが釘のように見えてくる」ということわざのとおり，すべての状況に適用できる分析ツールはない．分析の深さと複雑さはビジネス状況またはユーザのニーズによって変わってくる．その状況と重要なインテリジェンスニーズ（CIN）を判断するのは，分析者の責任である．顧客がこれを把握していない場合もあるし，それを十分に伝えることができないこともあるので，これは簡単ではない．意思決定者が競争力を高めるために必要とする答えを一つの方法で得ようとすることは不可能である．特定の目的のために複数個の方法を組み合わせて使用しなければ，意思決定において最良の結果を得られない．

　2番目に，人はしばしば少数のテクニックに過度に依存してしまう傾向がある．この傾向は経験不足な分析者の場合には，特に顕著である．特定のテクニックを使用したことによりよい結果が得られたことがあったり，そのテクニックを使用すればある程度の安心感が得られると感じていたり，特定のテクニックを使用すれば問題がないことを示すデータが都合よく手元にあった場合など，このような傾向が起こるのにはいくつかの理由がある．

　意思決定者は，傾向として人は限られたツールしか使用しなくなってしまうということに注意しなければならない．FAROUTシステムは，分析者が分析を行う際に，各テクニックの使用の検討を求めることにより，このような傾向に対処することを支援する．

　3番目に，ある企業とその競争相手がこれらのテクニックを使用すれば同じ判断を両者とも下してしまい，戦略がよかったとしてもそれにより競争力は付かないということになってしまうのではないかと考える意思決定者も中にはいるであろう．いい換えれば，特定のテクニックに使用していることを競争相手が知っている場合，つぎの戦略的な動きを正確に知られてしまう可能性があるのではないかということである．ここでもわれわれは，分析者および意思決定者に，すべての戦略的意思決定を行わなければならない状況において，特定のテ

クニックの組み合わせをなぜ採用するのかよく考えてみることを強く勧める。本書では，分析者と意思決定者が，さまざまなテクニックがあることに敏感になり，同じ判断を下すことがないように助けることを実際の目的としている。

　これらのテクニックを使用すれば，効率的で競争力のある戦略を構築および導入するのに，分析の質と量を落とすことができると考える分析者と意思決定者がいるのではないかということを注意したいと思う。これらのテクニックが多数あったとしても，不完全または欠陥のあるデータから簡単に誤った結論を導き出すことができることを，われわれは経験から知っている。企業のビジネス，および，今日または将来の競争環境を徹底的に調査するのに必要な戦略的思考をたくみに回避するために，これらのテクニックを使用しないようにしなければならない。

参 考 文 献

Belkine, M. (1996). "Intelligence analysis as part of collection and reporting." In B. Gilad, J. Herring (Eds.), *The art and science of business intelligence analysis* (pp.151-164 of Part B). Greenwich, CT: JAI Press.

Bernhardt, D. (1993). *Perfectly legal competitor intelligence: How to get it, use it and profit from it.* London: financial Times/Pitman Publishing.

Feldman, M. S., & March, J. G. (1981). "Information in organizations as signal and symbol." *Administrative Science Quarterly*, (26), 171-186.

Ghoshal, S., & Westney, D. E. (1991). "Organizing competitor analysis systems." *Strategic Management Journal*, 12(1), 17-31.

Katz, Y., & Vardi, Y. (1991). "Strategies for data gathering and evaluation in the intelligence community." *International Journal of Intelligence and Counterintelligence*, 5(3), 313-328.

Langley, A. (1995). "Between 'paralysis by analysis' and 'extinction by instinct'." *Sloan Management Review*, 36(3), 63-76.

Montgomery, D. B., & Weinberg, C. B. (1998). "Toward strategic intelligence systems." *Marketing Management*, 6(4), 44-52.

Porter, M. (1980). *Competitive strategy.* New York: Free Press.

3. FAROUT システム

　分析について執筆する人は少なく，それについて議論する人はさらに少なく，その専門家だという人はそれよりも少数である。商業的に見て有効性のあるものとして認知されているデータ収集を伴うデータ分析を比較してみる。データを収集している人はどこにでもおり，一般的な収集方法もあり，データを収集する人はそれを使用することが可能である。またデータ収集業者もあふれている。

　それでは，なぜ分析は不当に無価値なものと考えられているのであろうか。われわれはつぎのような理由で，戦略またはコンペティティブインテリジェンス（CI）の議論で分析があまり人気がないのではと考える。

1. 分析は多くの人にとって難しいものである。人は分析に取り組んだり，分析にエネルギーを費やすための道を拒もうとする。今日の大変革を遂げているディジタル世界では，それをどのように使用するかということよりも，収集するほうがはるかに容易である。

2. 分析の専門家として公に認められ，またはその地位を確立している人はあまりいない。しかし，それらの人たちでさえ，教育したり知識を広められるわけではない。分析の熟練は，人が経験を積み知識を蓄積していくのと同様に，身に付けていくことが可能である。しかし一部の分析技術には，言葉に表すことができない暗黙のスキルまたは生来の創造性が必要である。

3. 戦略および CI プロセスの一部として，分析技術を理解する枠組みがいくつかある。三つの E，すなわち，Efficiency（効率），Effectiveness（有効性），Efficacy（効果）。したがって分析について詳しく説明できる人は少数しかいない。

　データ収集は，分析よりもはるかにうまくマネジメントされていると見ており，いくつかの大規模な CI 調査の結果にも示されている。分析がうまくマネジメントされていないのは，一般的につぎのような兆候があるからだと，われわれは経験から考えている。

1. **おきまりのツール**　　金づちを見るとすべてが釘に見えてしまう人と同様に，人はどのようなプロジェクトでも同じツールを使用してしまう。われわれは同じツールを使いすぎてしまう人の傾向を，「おきまりのツール」と表現する。これは，絶え間なく変わる世界の複雑さに対応した価値のあるものを提供するには，分析者は多数のモデルを見

る必要があるという原則とは逆である。

2. **ビジネススクールのレシピ**　分析を課せられている多くの人は，財務の知識あるいは管理会計学の知識があり，従うべき標準化された青写真または「レシピ」のみ提供できる指導者のもとでMBAを取得している。戦略が会計と違うように，競争分析は会計分析とは大きく異なる。なぜ少数の会計士しかCI機能を主導しないのか，またその逆についても，これから理解できると思う。

3. **視野の狭度**　多くのビジネスマンは，過去のデータまたは財務比率をベースに分析を行う。これでは，特定のデータポイントまたはデータセットにおける2組織間の違いしか分析者にはわからない。それでは，なぜ違いが存在するのか，またどうすればその違いを埋めることができるのか，分析者が理解する助けとはならない。これはバックミラーを使用して前に進もうとすることと似ている。

4. **都合のよいショッピング**　人はしばしば，入手すべきデータではなく偶然手に入れたデータをもとに分析を行ってしまう。実際に出されたユーザの質問や情報を中心にして分析を行うのではなく，手元にある特定のデータに適した手法で分析を行ってしまう。会計士に分析を依頼したとき，財務管理に関するものしか反映されていないアウトプットを出してくる場合などがこの例である。

戦略およびCI事業において，なぜ分析が問題であるのかという理由を認識したら，分析のプロセスを最も上手にマネジメントするためのシステムについて説明する。

3.1 分析を管理するためのFAROUTソリューション

　長年の戦略および競争分析の指導経験を通じ，すべての高い価値のある分析アウトプットには，共通的な特徴が少数あることがわかっている。これらの特徴は，いずれも特定の分析方法自体ではなく，分析の内容とプロセスに関連している。

　本章ではFAROUTシステムという，分析者が分析をマネジメントする最適な方法とテクニックを決定するのに有効な使い勝手のよい枠組みを紹介する。FAROUTシステムは戦略および競争分析のマネジメントにおいて，特定の状況に対応する分析テクニックを発見できるように設計されている。

　分析のアウトプットが高度であり，ビジネスの意思決定者にとって価値をもたらすためには，いくつかの共通の特徴がなければならないということをFAROUTシステムは前提にしている。アウトプットは未来志向（Future oriented）で，正確（Accurate）で，資源効率性（Resource Efficient）で，客観性（Objective）で，有用性（Useful）で，時宜を得た（Timely）なものでなければならない。これらの基準を完全に満たさない場合，分析のアウトプットは

ビジネスの意思決定者にとって価値が下がってしまう。ここで，六つの要素を簡単に説明する。

未来志向性　　将来を予測するとき，過去を引き合いに出すのは危険であり，周知のとおり不正確でもある。今日，市場がますます複雑化している状況下で不正確さが増加していることから，現在あるいは将来そして過去に共通部分が少ない場合，これは特に重要である。インテリジェンスとは将来志向ではっきりしない不確実な将来を深く広範囲に見るもので，予測したり創意工夫することで，リスクをいとわないものでなければならない。将来のことは，バックミラーをのぞき込んだり，過去のことを指し示すデータを使用することでは予測できない。戦略およびCIのよりよい分析方法は，過去ではなく未来志向でなければならない。

正確性　　分析者は非常に正確な分析をアウトプットできるように取り組まなければならない。分析の基礎となっているデータがつぎのような状態にある場合，正確さを得るのは困難である。

・一つの情報源から入手した。

・ハードとソフトの両方の情報に対して厳密に妥当性を確認していない。

・元来はそのように設計されていないのに，情報源から変換しなければならない。

・非常に偏った情報源からのデータである。

理論上は完全に正確であることが望ましいが，実際はそれほど正確性は必要ではなく，分析者にはFAROUTのほかの五つの要素を含む，ほかの概念的および実利的な考慮事項とそれを相殺することが要求される。一部の著者は，理解や予測と比較した場合，戦略およびCI意思決定時においては，それほど正確性にこだわる必要はないと述べている。

資源効率性　　効率的に分析を行うには，分析に要したコストが結果のアウトプットの価値よりも低くて済む情報源からだけデータを得るのでなく，実際に得た結果を用いて判断するときに，結果が古いものになってしまわないように収集に時間をかけないようにしなければならない。分析で使用するデータを一次情報源（人的インテリジェンスあるいはHUM-intともいう）から得る場合，分析の正確さのレベルに影響を与える場合もある。また一次情報源からどのような情報を引き出すかについては，熟練と理解が必要である。多くの二次データベースは，非常に正確で時宜を得たものであるかもしれないが，未来志向でなく，コストが高くつく場合がある。

客観性　　これは分析者あるいは組織にある偏りに関係する（詳細については2章と「分析の落とし穴」を参照）。分析がよいものであったとしても，認識または社会的な偏向，仮説を立てる前から生じている偏向の可能性，リスクや不確実さを緩和するための集団思考のために客観性がかげってしまうことがある。これらの危険性をはらんだ典型的な偏りを最小限にとどめる為に，データあるいは情報は，理論的かつシステマティックなアプローチで

見る必要がある。別のいい方をすれば，成功する分析は，分析と意思決定の偏りからの危険性を最小化している。

有　用　性　価値あるアウトプットは，特定の意思決定状況における意思決定者の重要なインテリジェンスニーズ（CIN）を満たすものでなければなければならない。価値ある分析アウトプットは，意思決定者の責任，組織の背景状況，コミュニケーションスタイルに適合していなければならない。分析者は「知っていてよかった」ではなく「知っている必要があった」というアウトプットを作成することが重要で，顧客の重要なインテリジェンスニーズを上回るものでなければならない。

適　時　性　分析者が分析を開始するまでにどれくらいの期間があったかによっては，組織としてインテリジェンスの使用が支障となる場合と助力となる場合とがある。特にダイナミックで，競争が激しく騒然とした状況で意思決定がなされる場合には，多くのビジネス情報または競争に関係するデータには使用期限があり，組織がとる行動のもととなる決定に，その情報を組み込まない期間が長ければ長いほど，情報の価値は下がる。特定の分析方法を採用すれば必要なインテリジェンスを得られる場合でも，その構築に時間が非常にかかることがある。ほかの方法を採用すれば時間はかからないかもしれないが，客観性，正確性，有用性そして資源の効率性に欠けるものしか得られないかもしれない。分析が価値あるものであれば，分析からわかった結果に従って，組織として取るべき行動を開始する時間が十分に確保できる。

3.2　FAROUT評価システムの使用

　ビジネスおよび競争に関するデータ分析のマネジメントは容易ではなく，技術および創造性の両方をバランスよく持っていることに勝る「10分で理解できる分析」というような書籍やソフトウェアをわれわれは知らない。質の高いデータ分析が，単一の分析方法やツールを使用して結果を出せるということはない。むしろ，いくつかのテクニックを組み合わせて出されるのが通常である。

　各分析方法には，それぞれ独自の制限があり，組織の特定の背景状況で使用された場合には，より制限が増加する。FAROUTシステムを使用すれば，分析者は適切なツールを組み合わせた分析を使用することによって，インテリジェンスの価値を増大させることができる。われわれは，よい分析者は特定の分析方法の制限を認識し，それに敏感であるということを理解している。このような敏感な分析者は，CIプロセス全体の問題を解決し，その制限を打破できるとわれわれは考えている。

　本書では2部にある各分析テクニックを，5段階の評定尺度で評価する。5段階の評定尺

表 3.1　FAROUT スケール

未来志向	尺度 1 は，モデルのアウトプットがあまり未来志向ではないことを示す．尺度 5 は，モデルが非常に未来志向であることを示す．
正確性	尺度 1 は，データソースを考慮に入れ，このモデルが正確でないことを示す．尺度 5 は，モデルの要件に基づき非常に正確であることを示す．
資源の効率性	尺度 1 は，モデルに大量の資源が必要なことを示し（財務的，人的，データ的），効果が低いことを示す．尺度 5 は，この分析テクニックは資源とアウトプットの使用効率が非常に高いことを示す．
客観性	尺度 1 は，特定のツールが，偏向と思考のためにあまり客観性がないことを示す．尺度 5 は，偏向を減らすことができる可能性があることを示す．
有用性	特定のツールの有用性は，特定のツールが提供する戦略アウトプットを基準にしている．尺度 5 はアウトプットの有用性が高く，尺度 1 はアウトプットの有用性が低いことを示す．
適時性	尺度 5 は尺度 1 と比べた場合，特定のモデルにかかる時間が少ないことを示す．尺度 1 は，完了するのにこの分析方法は非常に時間がかかることを示す．

度は，低（1）から高（5）に及ぶ．**表 3.1** を参照．本書の各テクニックは FAROUT の六つの要素に対して評価されている．最良の分析は，理想的には現在から未来に方向づけられたものであり，正確で，資源効率が高く，客観的で，有用で，時宜を得たものでなければならない．もちろん最良の分析結果は，FAROUT の六つの要素間で妥協点を見いだしている．われわれが FAROUT を提供する目的は，異なる分析方法のアウトプットを評価することによって，最高に価値のあるインテリジェンスを得ることができるようにすることである．分析のアウトプットが六つの特徴すべてを満たしていれば，インテリジェンスによって違いをもたらすことができるのだと，分析者および意思決定者は自信を持ってよい．すべてのテクニックとその評価は，**表 3.2** にまとめられている．

　インテリジェンスを使用する人たちは，組織の競争力を高める決定や活動の手引きとなる洞察力がある適切なアウトプットを必要としている．実行可能な戦略および競争分析のアウトプットは，未来志向で，マネージャがより質の高い競争戦略を構築するのを助け，現在および将来競争相手になる可能性のある企業の計画や戦略を識別し，自分に匹敵する競争相手の意思決定者よりも自社のビジネスおよび競争環境をよりよく理解できるものである必要がある．

表3.2　FAROUT メソッドのまとめ

章	分析方法	未来志向性 Future	正確性 Accurate	資源効率性 Resource efficincy	客観性 Objective	有用性 Useful	適時性 Timely
セクション1―戦略分析テクニック							
4	BCG 成長性/シェアポートフォリオマトリックス	3	2	4	3	3	4
5	GE ビジネススクリーンマトリックス	2	3	3	3	3	4
6	業界分析	3	3	4	3	4	3
7	戦略グループ分析	5	2	3	3	5	3
8	SWOT 分析	2	3	4	3	4	4
9	価値連鎖分析	2	3	2	4	5	1
セクション2―競争および顧客分析テクニック							
10	ブラインドスポット分析	3	4	5	3	5	5
11	競争相手分析	4	4	1	5	5	2
12	顧客セグメンテーション分析	2	3	2	3	5	1
13	顧客価値分析	5	3	1	5	5	1
14	機能能力と経営資源分析	4	2	5	5	4	5
15	マネジメントプロファイリング	4	2	5	3	5	2
セクション3―環境分析テクニック							
16	イッシュー分析	4	3	2	3	4	2
17	マクロ環境（STEEP）分析	4	2	3	2	3	2
18	シナリオ分析	5	4	2	3	4	2
19	ステークホルダ分析	2	2	3	1	3	3
セクション4―発展分析テクニック							
20	経験曲線分析	3	1	3	3	4	3
21	成長ベクトル分析	3	3	3	3	4	3
22	特許分析	5	4	2	4	5	1
23	製品ライフサイクル分析	2	2	3	3	3	4
24	S 曲線分析	5	3	1	2	5	1
セクション5―財務分析テクニック							
25	財務比率と財務諸表分析	1	3	5	5	2	5
26	戦略資金プログラミング	5	3	3	3	4	2
27	持続的成長率分析	4	4	5	4	4	5

2部

戦略および競争分析テクニック

セクション 1　戦略分析テクニック

4. BCG 成長率／市場シェア ポートフォリオマトリックス

　ボストンコンサルティンググループ（Boston Consulting Group：BCG）の成長率／市場シェアポートフォリオマトリックス（BCG Growth/Share Portfolio Matrix）は，多角的に事業を展開する多品種，多数市場，多国籍企業のマネージャが，企業レベルの戦略を構築・診断できるように設計されている。この分析の枠組みは，製品またはビジネスの最適なポートフォリオを割り出すことであり，製品またはビジネスの最適なポートフォリオに経営資源を割り当てるための一連の汎用的な戦略を規定するものである。また，競争力のあるビジネスポートフォリオを分析するための枠組みでもある。

　BCG マトリックスは，多角的に事業を展開する企業が，それぞれのビジネスの長所を比較することにより適切な市場戦略を決定しようとするものである。ビジネスは，そのビジネスが競争を行っている業界がどれだけ魅力的であるかということと，そのビジネスが占める相対的な業界でのポジションを基準に評価される。その後，ポートフォリオマトリックスの中で各ビジネスの位置により，汎用的な戦略が推奨される。

4.1　背　　　景

　戦略立案の核となるのは，組織が目指す目標と能力，そして組織が事業を展開する環境の三つをいかにしてうまく適合させるかである。戦略で考えなければならないことは，内部で競争する機会に対し，どのように経営資源を割り当てるかということである。これはすでに焦点が絞られている企業にとっても十分すぎるほど取り組み甲斐のある職務であるが，多角経営企業の場合，すぐにマネジメント不能で複雑な状態に陥ってしまうことも考えられる。しかし，1950 年代および 1960 年代には多角経営はリスクを分散し，企業にさまざまな機会を提供するものだと考えられてきた。これは，管理過程学派（Management Process School）が主張するように，専門家のマネジメントスキルは，異なる種類のビジネスに対し汎用的に

適用可能だという考えにより正しいとみなされていた（Gould and Luchs, 1993）。

　多くのMBAプログラムは，基本原則はビジネスの広範囲な分野に適用可能である科学としてマネジメントを学問として扱い始めた。新しいビジネス環境では，学術的な支持に支えられた楽観的な買収が横行してきた。このような状況から複雑で多様な企業レベルの戦略は，ますます正しいものであると信じたMBAプログラムの卒業者たちは，多岐の業界にわたり関連性のないさまざまなビジネスを扱う巨大複合企業を作り上げてきた。巨大複合企業の個々の事業単位が，独立形態で運営されていた場合よりも，企業レベルの戦略があれば巨大複合企業という形態で運営されていたほうが価値があるという考え方の背景には，マネジメントスキルの過信があった。このような戦略のもと，巨大複合企業が作りつづけられた何十年もの間，経験的，あるいは，理論的，ケーススタディ的な試みは行われなかった。

　しかし，巨大複合企業の多くは，1960年代後半から利益を上げられない期間を長く経験することとなった。1969年初頭に市場が崩壊したとき，それまでは受け入れられていたマネジメントの理論に対し疑問がもたれるようになった。多角的な巨大複合企業の目標，能力そして競争環境を適合させるために増大した複雑さは，非常に高く評価されているプロのマネージャの能力にとってさえも扱えないほど難しいものになってきた。企業戦略を構成するポートフォリオの中で，多岐に広がったビジネスの間で経営資源を割り当てるための手引きとなる実際的な枠組みが必要とされてきた。市場では管理過程学派が見直しされ，新たなマネジメント理論が求められていた。つまり，複雑さが増大し環境が混乱する中，経営者にとって，依然，多角企業を定量分析および普遍的なマネジメントの原則によってマネジメントすることが可能であることを肯定する理論が必要とされていたのである。BCGマトリックスは，ますます多角化かつ複雑化する企業レベルの戦略を簡略化することができる実用的なモデルとして，この必要性に応えることができた。

　経済的な状況もBCGマトリックスの発展にプラスに働いた。1950年代から60年代の高度成長期には資金需要が増大し，その後の1970年代のインフレ圧力により，企業は外部資本を回避するようになった。その結果，企業は内部金融を通して成長する方法を模索し始めた。

　興味深いことに，ポートフォリオ計画モデルは，General Electric（GE）とBCGの二つの計画グループにより開発された。しかしGEが，包括的なポートフォリオマトリックスを最初に発表した企業としての評価を得ている。1960年代初頭にGEの経営コンサルタントMcKinsey & Co. は，独立した戦略的事業単位（Strategic Business Unit：SBU）の概念を作り上げた。この新しいアプローチでは，企業は，企業の利益と成長に貢献する戦略的事業単位のポートフォリオであると考えられた。多角化した企業は，供給している異なる製品／サービス市場を基準に，事業を戦略的事業単位として分けた。競争上のポジションおよび市場で

の力に基づいて，各戦略的事業単位は3×3マトリックスに配置される。その後，マトリックス内の戦略的事業単位のポジションによって経営資源が割り当てられる（GEビジネススクリーンマトリックスの詳細については，5章を参照）。

　GEのこの先駆的な開発の直後，BCGが成長率／市場シェアマトリックスで経済界を驚かせた。この概念を最初に使用したのは，1969年のMead Corporationとの間で交わした顧客契約である。強固な定量分析と組み合わさったその直感的に理解できる鮮やかなイメージは，多角的な複合単位組織をマネジメントしなければならない多くの戦略を計画する人たちが興味を持った。

4.2　戦略的根拠と意味

BCGマトリックスでは，すでに確立されている二つの経営理論，つまり経験曲線分析（20章を参照）と製品ライフサイクル分析（23章を参照）が統合されている。

経験曲線とのつながり
　BCGは調査の結果，経験曲線の影響により生産量の累積が増えるにつれ単位当りのコストは下がることが多いことを見いだした。経験はおもに，習熟，技術的向上，そして規模の効果の三つの作用からなる。習熟はその仕事に携わっている人すべてが時間の経過とともに上達していくことを示す。蓄積された経験が2倍になるたびごとに，人件費は約10から15％下がる。技術向上の作用は，仕事を個々の職務に分けることにより，各社員の職務経験を上げることで，習熟したことでコストを下げる。規模の作用は，能力の成長とともにさらに能力を増やすために必要な資本コストを減らす。

　これらの三つの作用が，順次，利益に影響していく様子を図4.1に示す。

　この理論的シーケンスに基づいて戦略に対する最大の示唆は，経験曲線の理論から引き出すことができる。すなわち最大の市場を持つ企業は，経験曲線の効果により単位コストを削減でき，優れた競争上のポジションをもたらす最大の累積生産量を上げることが可能となる。

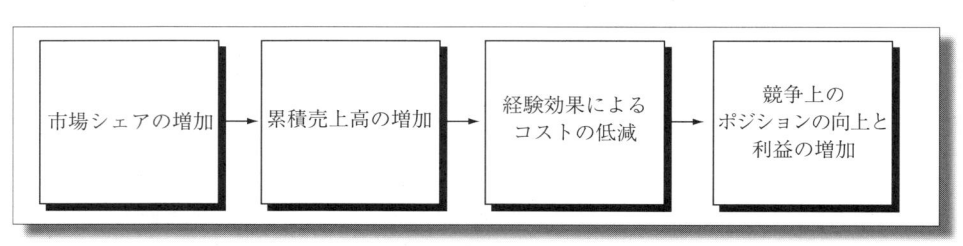

市場シェアの増加 → 累積売上高の増加 → 経験効果によるコストの低減 → 競争上のポジションの向上と利益の増加

図4.1　経験曲線を背景とした流れ

BCGはこの理論から，市場シェアをマトリックスの従属的な変数として用いている。つまり，市場シェアを単位原価の代わりとしている。

製品ライフサイクルとのつながり

BCG成長性マトリックスのもう一つの基本要素は，製品のライフサイクルの概念であり，製品ライフサイクル（Product Life Cycle：PLC）は経験曲線を補うものとして，つぎのような説明により使われてきた。

1. 高い市場シェアがあれば確実に累積生産量が増加し，その結果としてコスト削減と利益の増大が実現されれば，企業の経営資源は高成長市場に投入されるのが最良である。
2. 企業の総利益を最大にする方法は，戦略的事業単位のポートフォリオ全体において市場シェアを上げることである。これを実現するには，成熟し市場シェアが下降している製品から製品ライフサイクルを導入，および成長段階の製品へ利益を移すことにより製品ライフサイクルを操作する。
   - 新しい成長により企業の市場シェアが守られているときは，それほどひどい競争上の報復はないので，市場シェアを守ることは高成長市場が最も簡単である。また市場シェアを守ることは新規ユーザが特定のブランドを求めないので容易である。
   - 成熟段階の製品は大量のキャッシュを生むが，成長段階の製品はキャッシュを消費してしまう。

したがって，製品ライフサイクルの理論で説明したように，市場成長率はポートフォリオマトリックスの一つの変数として選択された。

経験と製品ライフサイクルとの結合

図4.2のBCGマトリックスは，経験曲線理論と製品ライフサイクル理論を統合したものである。BCGマトリックスには，市場の魅力（製品ライフサイクル理論から得た市場成長によって測定）と競争上のポジション（経験曲線理論から得た市場シェアにより測定）を示すことにより，異なる製品／戦略的事業単位を比較している。市場の魅力は業界の成長率により測定されており，競争上のポジションは業界内での最大のライバル（競合）企業の市場シェアと比較した事業単位の市場シェア（市場全体に対するシェアではなく）により測定されている。例えば，事業単位の市場シェアが20％であったとして，最大のライバル企業の市場シェアが40％であったとする。この場合，事業単位の相対的な市場シェアは0.5ということになる。この比較の目的は，各事業単位にふさわしい市場戦略を定義することである。

BCGマトリックスが前提とする多角的企業の総合戦略は，多くの高成長市場においてできるだけ多くの戦略的事業単位が市場シェアを最大化することである。モデルは内部での

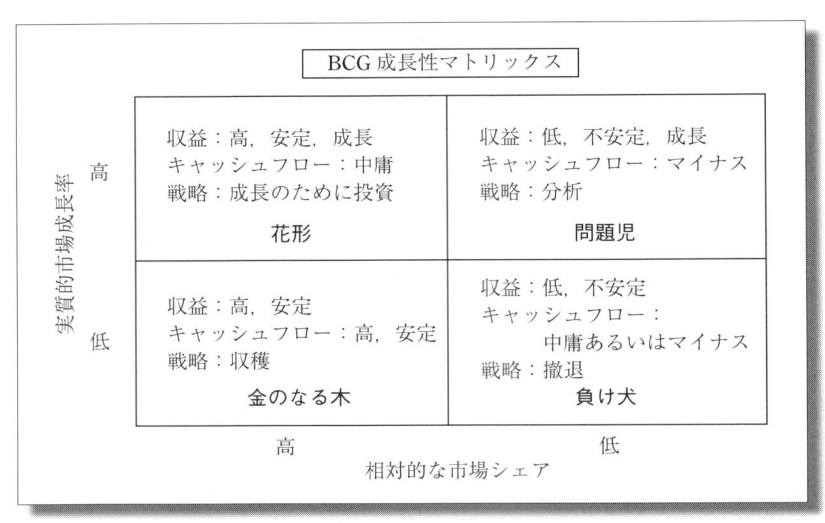

```
               BCG 成長性マトリックス
        ┌─────────────────────────┬─────────────────────────┐
        │ 収益：高，安定，成長     │ 収益：低，不安定，成長   │
    高  │ キャッシュフロー：中庸   │ キャッシュフロー：マイナス│
  実    │ 戦略：成長のために投資   │ 戦略：分析               │
  質    │        花形              │        問題児            │
  的    ├─────────────────────────┼─────────────────────────┤
  市    │ 収益：高，安定           │ 収益：低，不安定         │
  場    │ キャッシュフロー：高，安定│ キャッシュフロー：       │
  成    │ 戦略：収穫               │   中庸あるいはマイナス   │
  長    │                          │ 戦略：撤退               │
  率 低 │      金のなる木          │      負け犬              │
        └─────────────────────────┴─────────────────────────┘
             高                           低
                      相対的な市場シェア
```

図4.2

キャッシュの消費と生成との間でバランスを取ることを想定しているため，市場シェアを最大化する可能性のある上限は，キャッシュフローによって制限される。したがって，上級管理者の戦略目標は，企業の採算性を最大限にするために，制限のあるキャッシュを戦略的事業単位間に割り当てることである。BCGマトリックスのそれぞれの四角内には，キャッシュ・経営資源が制限されている状況において，最大限の収益を上げることができるようにするための汎用的な戦略が記載されている。

花形―高い成長率，高い市場シェア　高成長率を上げている花形には大量のキャッシュ・経営資源が必要である。しかし，経験曲線上最も経験をつんでいるはずの花形は大きな市場シェアを埋め合せる要因となる。つまり，花形は近い将来大きなキャッシュフローを生み出す可能性があり，高い利益率を上げるようになるはずである。これら二つの効果のバランスによって，通常，持続可能なキャッシュポジションが得られるはずである。モデルは，花形はやがては金のなる木になることを仮定している。BCGマトリックスは，花形はキャッシュが不足するようにしておくことを推奨しており，現在の市場シェアを維持できるレベルのキャッシュでの投資が行われるべきである。もし花形がキャッシュを提供する側であったならば，黒字分は再投資すべきである。

金のなる木―低成長率，高い市場シェア　金のなる木の低い成長率によりキャッシュフローは多くなる。成熟した市場の製品や戦略的事業単位に対しては，多くの投資は必要ではない。そこから生まれる資金は，より見込みのあるビジネスを進めるための資金を供給するためのキャッシュフローを生み出す。BCGマトリックスからは，金のなる木は現在のポジションを維持するためだけに投資する戦略の場合のみ，収穫を得ることができることがわか

る。余剰なキャッシュフローは，花形または問題児に再投資されるべきである。

負け犬―低成長率，低市場シェア　　負け犬の低成長率は，市場シェアを増大させるとコストがかかることを意味する。また負け犬の少ない市場シェアは，経験曲線効果が低いためコスト構造に競争力がないことを示す。したがって負け犬は収益性が悪く，低い市場シェアを維持するためだけに，大量の投資をしなければならないのがつねである。BCGマトリックスでは，負け犬にはつぎのいずれかを推奨する。まず，特定の魅力あるニッチまたはセグメントへ集中戦略をとることにより収益性を向上させる。2番目に，負け犬が生むことができるキャッシュを収穫している間は，さらなる投資は控えるべきである。3番目に，負け犬は撤退するかゆっくりと休眠状態にすべきである。

問題児―高成長率，低市場シェア　　問題児を高成長率のビジネスにするには，多額のキャッシュの投資が必要である。ここでの大きな問題は市場シェアの低さである。この問題は，経験曲線上経験を積んでいないことによるコスト構造として，競争力がないことに起因している。成熟段階に入るにつれ，問題児はマトリックスにおいて，つぎのいずれかの道を進む。市場シェアを増大させることができない場合，問題児は負け犬になる。また，かなり市場シェアを増大させることができれば，問題児は花形，そしてやがては金のなる木に昇格する。BCGマトリックスでは，最も見込みがある問題児には，市場シェアを拡大するため

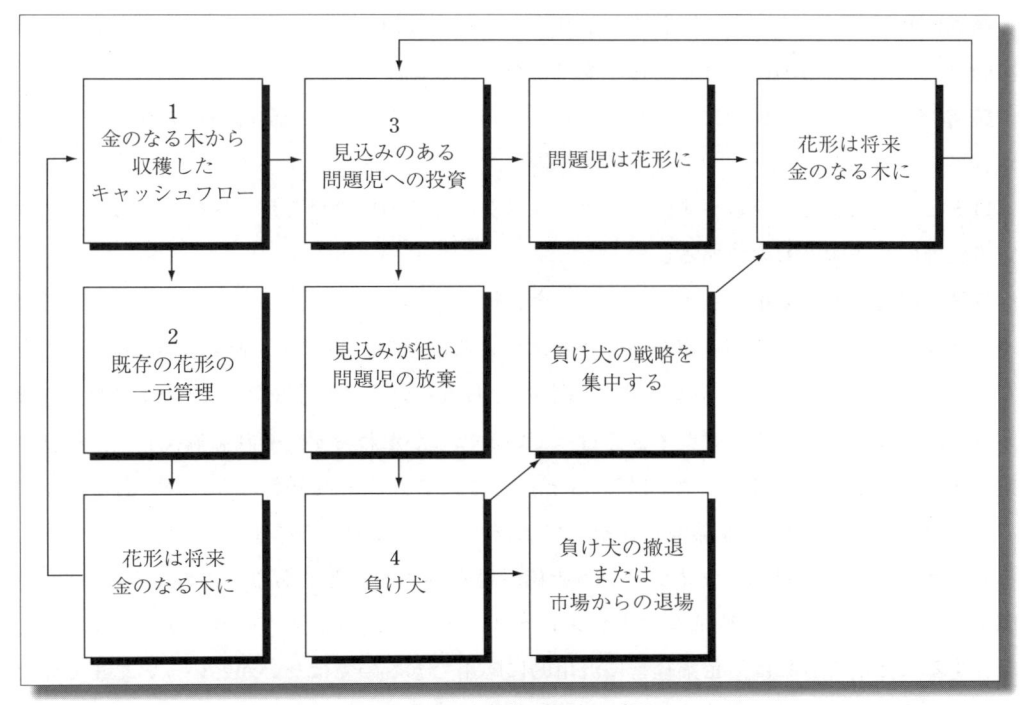

図4.3　全体的な戦略の手順

に投資することを推奨している。見込みがない問題児には投資はもうすべきではない。

全体的な戦略の順番

これらの分類を統合したもの，そして必須の戦略は図4.3のとおりである（番号は戦略上の優先順位を示す）。

4.3 強みと利点

企業のポートフォリオの全体像

BCGマトリックスは，一つの図に大量の情報を含んでいる。多角的企業の複雑な戦略を，直感的に捉えることができる。一つの成長性／シェアマトリックスに含まれる情報の深さと広さは，多くの管理ツールでは対応できない。この単純さゆえ，さらに徹底的な分析が必要な箇所を簡単にすばやく探すことができる。

将来的な需要の想定 BCGマトリックスは，内部投資は過去の業績を基準に行う，あるいは過去に高い業績を上げた管理者に報いるために行うという以前のやり方に対抗するものである。このポートフォリオのアプローチは，市場の将来的な需要も考慮して投資判断を組み立てようとする企業をひきつけた。

傾向分析 さまざまな期間のマトリックスを複数使用することにより，それぞれの戦略的事業単位での市場における変化を簡単に判別できる。

競争分析 時系列的に描画していくことにより，ライバル企業の戦略を判断する作業が容易になる。

コミュニケーションがしやすい マトリックスとその結果得られる推奨事項は，意思決定者に理解しやすいものである。

管理者の考え方の変革 ポートフォリオ分析の強みの一つは，ユーザに見方を変えるように仕向けることができる。ポートフォリオによる計画の中心には，企業戦略は事業単位・レベルの個々のビジネス戦略を統合するものであるという考えがある。これは，個々の事業単位が異なる製品市場でビジネスを行っているにもかかわらず，それを無視して，複合企業が包括的な戦略を採用する傾向があるとしたこれまでの発想を変えるものである。BCGポートフォリオの役割は，企業レベルそしてビジネスレベルでの戦略を統合することにより，この発想の必要性に対してマネジメントの感受性を高めることである。このような意味で，BCGマトリックスは，一般的なマネジメントスキルを科学的なツールおよびテクニックと結合することができれば，企業経営に汎用的に応用できるのではないかといういままでのビジネスマネジメントの考え方を変革しようとしたものである。今日，この実務的モデルは，

それほど頻繁に使用されることはなくなったが，その基礎となっている多くの概念的な教えは，いまだにマネジメントの考えに影響を与えている。

4.4 弱みと限界

最盛の1970年代以降，時代遅れのポートフォリオ計画の理論はあまり注目を集めなくなった。BCGマトリックスは，分析しなければならない箇所を簡単にすばやく判別することができる概念的なツールであるが，いくつかの限界がある。

概念的な欠陥／誤った仮定
1. **経験曲線との関連性**　BCGマトリックスに結び付けられた経験曲線のパラメータは，特定の製品市場での競争上のパラメータに対応しない場合がある。相対的な市場シェアは，必ずしも競争上のポジションを代用するものとはならない（市場シェアと収益性に定義可能な明確な関係は全業界にはない）。

　　例として，低付加価値生産に依存している業界，技術イノベーションまたは新製品の導入による経験曲線が変化している業界，累積生産量よりもより影響力のある長期的なコストが変数となる業界，そして生産量を使用している業界を挙げることができる。

　　市場シェアが高い場合，必ずしも市場シェアが低い場合よりも高い利益を上げることができるとは限らない。低成長の成熟市場で高い利益を上げている企業は多数あることから，低成長の成熟市場で高い利益を上げようとする戦略を選択することを無条件に捨てるべきではない。同様に市場を独占している企業も，差別化を行って成功しているニッチ企業によりつねにおびやかされている。

2. **製品ライフサイクルとの妥当性**　BCGマトリックスの一つの主要な理論的バックグラウンドである製品ライフサイクルの理論上の妥当性にも疑わしいものがある。また実証的研究から，必ずしも高成長市場では，低コストで市場シェアを維持できることは証明されていない。

　　成長している業界は必ずしも魅力的ではない。すべての業界で，成長と収益性との間に関連性があるわけではない。高成長市場が企業にとり，市場シェアを獲得するのに最も簡単でコスト効率のよい方法をもたらすということもない。AakerとDay (1986) は，高成長市場に進出して成功するには，過激な競争，淘汰のリスク，拡張の限界，経営資源の制約，変化する成功の主要な要因，変化する技術，有力なライバル企業の参入，期待はずれの市場の低成長を乗り越えなければならないと述べている。

3. **決定論対戦略的選択**　市場シェアは内因性または従属的な変数であるとみなされて

おり，市場成長は外因性または独立的な変数であるとみなされている。市場成長率はマネジメントで制御できない外因性の変数であるという想定は，効率的な戦略との因果関係を混乱させている。成長によって戦略が必要になるのではなく，戦略によって成長するようにしなければならない。

4. **多角化に関する間違った前提**　BCGマトリックスでは，企業内への投資機会は企業外の投資機会よりも本質的に優れていることを前提としている。つまり，ポートフォリオを使用したアプローチは，企業の経営者は株主よりも投資リターンをより拡大するのが上手であることを想定している。高度な資本市場の出現および特定の市場に関する知識がない中で，多角化企業を経営する困難さは，ポートフォリオ管理の有用度が下がったことを示唆している。配当の増加と金のなる木の余剰資金を資本市場へ投資することは，内部の花形や問題児に投資するよりも多くのリターンを得られる可能性がある。

5. **戦略的事業単位の相乗効果に対する認識の欠如**　戦略的事業単位は明確に定義する必要がある。BCGモデルでは，企業の生産機能は実際には非加算であるにもかかわらず，加算であると仮定している。相互関係（共通費用，相乗需要相互依存）を持ち階層構造をなす戦略的事業単位の集まりは，マトリックス上に位置づけられても，よくて無意味，最悪の場合は誤解を招くものにしてしまう。

6. **限界収益点の概念の無視**　象限に分けられたカテゴリーの中に投資期待をひとまとめにすることは，マージンにおいて次善のリターンをもたらすかもしれない。負け犬に投資した最初のお金は，潜在的な花形に投資した最後のお金より高い収穫をもたらすかもしれない。

市場定義への依存

製品市場をどのように定義するかにより，このモデルから得られる推奨事項は大きく変わる。競争をしてきた経験効果を含む実務上の幅と意味のある分割を考慮した深さとをトレードオフすることは，間違いを起こす可能性を多く含んでいる。

脆弱な周囲にある戦略ポーズの低下

負け犬をポートフォリオ内に維持しておくことは企業の戦略にしばしば価値がある場合がある。それにより安全を確保したり，コンペティティブインテリジェンス（CI）の情報源として使用したり，特定の業界での参入障害の障壁を回避することに使用できる場合がある。戦略が柔軟であることにより受けるメリットは，しばしば収益性に勝る。例えば，ポートフォリオ理論を厳密に適用すると，多くの自動車ディーラは新規自動車ビジネスから撤退したほうがよいという答えを得てしまう。しかし新車販売は非常にもうかるサービスセグメントの

マーケットメーカである。

実際に実現するうえでの問題

入力されるいくつかの変数は，客観的に判断できない場合がある（戦略的事業単位または製品市場の正確な定義）。その結果，次善の戦略を立ててしまうことで分析が偏ったものになってしまうことがある。さらに経営者が自分の管理領域の花形ラベルを目指し，偏ったデータ選択と定義選択を行ってしまう場合がある。BCGマトリックスでは，意図せずに主観的な分析パラメータで「政治」または「ゲーム」をしてしまう場合がある。

現状での満足化

BCG成長性マトリックスは，最も優勢なライバル企業の市場シェアしか競争上の脅威として捉えないため，多くの機会に対して無防備になっていることになる。急成長しているライバル企業は，ほとんどが手遅れという状況にならない限り（つまり，ライバル企業が市場で有力な参加者になるまで），BCGのレーダースクリーンには出現しない。

ポートフォリオ分析では話題にもならない戦略分析上の重要な領域がかなりあり，ほとんどは市場の供給側のダイナミックスである。BCGマトリックスを用いて，戦略を構築する際には，ほかの技術やツールとともに使用することで，おおよその戦略を策定するものとしておもに使用されるべきである。

4.5 テクニック適用のためのプロセス

BCG成長率/製品マトリックスは，きわめて手順的でつぎのステップのように一般化することができる。

ステップ1：企業を戦略的事業単位に分割する

企業を経済的見地から見て，または製品市場セグメントに応じて分割する。戦略的事業単位（Strategic Business Unit：SBU）のマトリックス上のポジションとその結果として出される推奨事項は，この定義により最初に決定するので，このステップは慎重に行う必要がある。事業単位は，戦略的な状況および性質の類似性，成長率の不連続性，シェアのパターン，分布のパターン，代替製品の交差弾力性，地理，相互依存プライス，競争の類似性，顧客の類似性，そして共通の経験をする可能性がある単位で分割する（Day, 1977; Coate, 1983）。経験則では経営陣は約30の戦略的事業単位の戦略しか実際にはマネジメントできない。これ以上の数をマネジメントしようとすると，マネジメント不能となり，かえって生産性が落

ちてしまう。したがって製品市場の定義の中でセグメントに分けるには，優れた判断力が必要である。短期および長期戦略間の最適なバランスを得るため，そしてその中での広いあるいは狭い意味で戦略的事業単位を定義するため，繰り返し分析をする必要がある。伝統的または直感的に判断できる範囲を越えて競争機会および脅威を的確に把握するには，十分に広い視野を持つ必要がある。逆にいえば，使用可能な分析にするためには戦略的事業単位の定義を十分せばめる必要がある。個々の戦略的事業単位を正確に定義するのは難しいことであるが，この分析プロセスによって戦略上重要となる洞察を得られる場合がある。

ステップ2：各戦略的事業単位の市場の成長率を測る

市場成長率を求めるために有用な伸び率を計算するための式はつぎのとおりである。

$$\text{市場成長率, 年}_x = \frac{[\text{市場サイズ, 年}_x] - [\text{市場サイズ, 年}_{x-1}]}{\text{市場サイズ, 年}_{x-1}} \times 100$$

ステップ3：各戦略的事業単位の相対市場シェアを測る

ステップ2の式とは異なり，相対的な市場シェアはパーセンテージでは出すことができず，戦略的事業単位の市場シェアとその最大のライバル企業の市場シェアの比で出す。式はつぎのとおりである。

$$\text{戦略的事業単位の相対的な市場シェア, 年}_x = \frac{\text{SBUの売上げ, 年}_x}{\text{最大の競争相手の売上げ, 年}_x}$$

例えば，市場シェアの割合が2であることは，その戦略的事業単位は，主要なライバル企業の2倍の相対的な市場シェアがあることを示す。割合が0.5であることは，主要なライバル企業の半分の市場シェアしかないことを示す。名目または実質的な売上データのどちらも使用できる。

ステップ4：各戦略的事業単位をマトリックスにポジショニングする

縦軸上に描画する—市場成長率　縦軸上にパーセンテージを示す。つぎに，徐々に市場シェアを拡大している戦略的事業単位から急成長している戦略的事業単位を区別するために，しきい値点を決める。BCGマトリックスでは，境界にある水平なラインを平均市場成長率として使用する。代わりに，企業の目標がこのしきい値を定義するために使用されるかもしれない。また，企業の目標を使用して，しきい値が定義される場合がある。製品ライフサイクルと同様に，このラインの上の戦略的事業単位は現在成長段階にあるとみなされる。

これ以下のものは成熟または下降段階にあるとみなされる。10%の市場成長率を高成長市場に分類するおおざっぱな方法もある。どの方法を使用するかにかかわらず，市場成長率を決定したときと同様に，しきい値に対して同レベルのインフレ調整（実質または名目）をする必要がある。

横軸上に描画する―相対市場シェア　経験曲線理論では，市場シェアは総累積生産量と関連しているとされており，それがコストが減る主要な要因である。そして相対市場シェアを半対数メモリに描画する。市場シェアの大小を区別するカットオフポイントも横軸上に作る必要がある。BCGマトリックスでは，この縦の軸を1.0の相対的市場シェアにするよう推奨している。1.0の相対市場シェアは，市場における競争力のしきい値を示す。しばしば分析者はヘッジとして1.5をカットオフポイントに設定し，この線よりも左側に位置する戦略的事業単位は，市場においてかなり力があることを示すように区別する。

貢献度を風船状で表示する　描画した二つのカットオフポイント（高い対低い成長，高い対低い市場シェア）により，BGCマトリックスの四つの四角ができあがる。成長率対相対的市場シェアをマトリックス上に描画しても，その場所がマトリックス上でピンポイントに表示されるだけである。各戦略的事業単位の企業の売上げに対する貢献度を示すために，ポイントの周りを風船状に囲み，各戦略的事業単位の相対的なサイズを示す有用なテクニックである。

$$風船の相対的なサイズ = \frac{(SBUの売上げまたは収益性)}{企業の総売上または収益性}$$

風船のサイズを決定するために，通常，売上げを使うことが望ましい原則である。それは，ライバル企業と比較しやすかったり（ステップ5を参照），ライバル企業の戦略的事業単位が上げている利益の数字を得るのは難しかったり，内部の利益にかかわる数字は，しばしば無原則に収集されているため曲解されるからである。各風船は番号や数字など一般的な法則を使用し識別する必要もある。

マトリックスに各事業単位を配置したら，各事業単位のサイズ，安定度，収益の増大の可能性を推測することができ，各事業単位が提供するキャッシュフローを予測できる。

ステップ1から4を実行すると，**図4.4**のようになるはずである。

ステップ5：全戦略的事業単位の競争のマトリックスを構築する

ステップ1から4を繰り返し，ライバル企業の戦略的事業単位のマトリックスを作成する。これにより外部の競争環境が理解できるようになる。

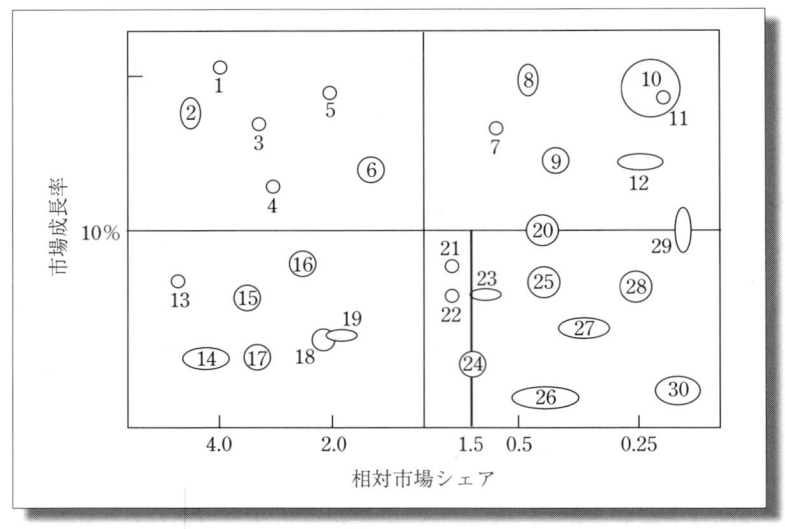

図4.4

ステップ6：最適な包括的戦略を各戦略的事業単位に割り当てる

戦略的事業単位の配置後BCGマトリックスからわかる推奨される戦略は，**表4.1**のとおりである。結果的に，負け犬は撤退し，金のなる木からは収穫を行い，花形には投資し，問題児は花形になることができるかまたは負け犬になってしまうかを分析することで戦略を要約できる。

表4.1　規範となる戦略

ビジネスカテゴリー	市場シェアを攻撃	収益性	投資の必要性	ネットキャッシュフロー
花形	現状維持/増大	高	高	0に近いかわずかにマイナス
金のなる木	現状維持	高	低	かなりのプラス
問題児（a）	増大	なしまたはマイナス	非常に高	かなりのマイナス
問題児（b）	収穫/撤退	低またはマイナス	撤退	プラス
負け犬	収穫/撤退	低またはマイナス	撤退	プラス

Source: Adapted from "The Use of Growth Share Matrix in Strategic Planning," by A. Hax and N. S. Majluf, 1983, *Interfaces*, 13(1), p.51.

ステップ7：分析をさらに分解する

各戦略的事業単位内の複合製品の相対的なポジションを図示するために，さらにマトリッ

クスを使ったアプローチをすることで，ステップ6を実行するときの助けとなる場合がある。

ステップ8：解析力学を導入する

ステップ1から7は，静的な分析結果を得られることができる。(a) 市場の発展の履歴と (b) 持続可能な成長率をこれに組み込むために，この段階で二つの分析ツールを使用する。

シェア勢力グラフを構築する（Lewis, 1977） シェア勢力グラフの目的は，売上げが増加しているにもかかわらず相対的市場シェアが徐々に減ってしまう現象に対し，警告を促すものである。このツールでは，長期的な市場成長と長期的な売上げを描画することにより売上げが伸びているにもかかわらず，市場シェアを失っている戦略的事業単位を識別する。マトリックスと同じデータを使用するので，このツールは簡単に使うことができる。このツールでは，マトリックスのみを使用しているだけでは見落としてしまう可能性のある重要な特徴を際立たせることができる（**図4.5**参照）。

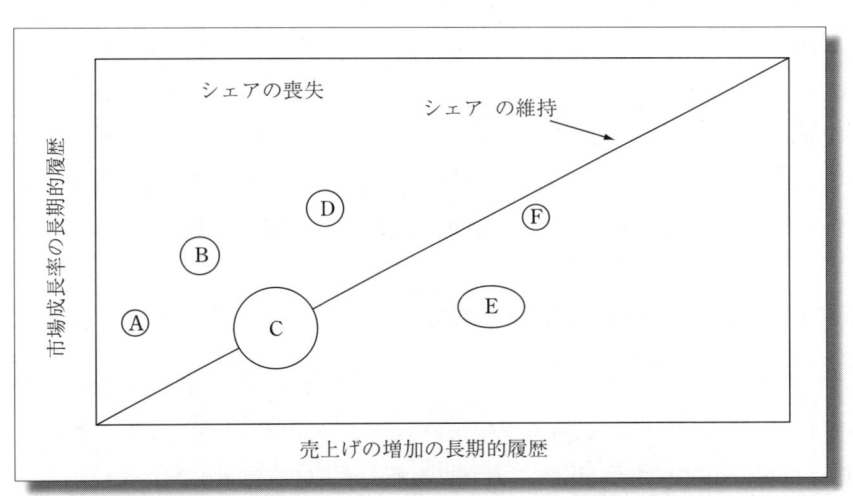

図4.5 シェア勢力グラフ (Source: Adapted from "The Use of Growth Share Matrix in Strategic Planning," by A. Hax and N. S. Majluf, 1983, *Interfaces*, *13*(1), p.52.)

持続可能な成長率の分析 1970年代の高度インフレ期に導入されたBCGモデルでは，企業の成長には内部金融を行うことを前提としている。しかし今日の低インフレ環境では，つぎの式を使用し（この式の詳細については，27章を参照），自己資本を増やすことなく実現できる最大成長率を計算することができる。これはBCGマトリックスと金融戦略を統合するのに有益な方法である。

$$g = p \times [ROA = D/E (ROA － i)]$$

なお，この式の詳細はつぎのとおりである。

g ＝ 持続可能な成長率の上限，p ＝ 保留した収入の割合，ROA ＝ 税引き後の総資本利益率，D ＝ 全負債，E ＝ 全自己資本，i ＝ 負債に対する税引き後のコスト

ステップ9：繰り返し

手順1から8を繰り返すことにより動的な戦略を構築することができる。

戦略を評価する　マトリックスを時系列的に重ねていくことにより，選択した戦略が正しく，戦略的事業単位が期待しているマトリックス上のポジションに移動していることを確認できる。最もよい場合，問題児は市場シェアと市場成長率の両方を増加させることで花形になっており，花形は成長率は落ちてはいるが市場シェアを維持することにより金のなる木になっている。そして負け犬は撤退しているか問題児あるいは花形になっており，金のなる木は安定したポジショニングを築いている。

競争分析　ライバル企業の状況は（a）ライバル企業のマトリックスを時系列的にまとめこの手順を実行するか，（b）ライバル企業のシェア勢力グラフを更新することによって得られる。これらのツールを使用することによって，競争上の脅威や機会を識別できる。HaxとHajluf (1983) は，マトリックス形式での最良の競争分析は，つぎの二つの理由からシェア勢力グラフだと述べている。それは，一時的に脱線してしまっても，分析がゆがんでしまうことがない。カットオフポイントは時間の経過とともに変わる場合があるためである。

BCGポートフォリオ思考様式のにがい収穫

BCGマトリックスの基礎となっている二つの概念である，製品ライフサイクルと経験曲線は，しばしば技術戦略の盲点を作りやすい。ポートフォリオを中心に考えてしまったために起きたつぎの二つの戦略上の失敗を考えてみる必要がある。

1. 自己満足の技術戦略

a. 未熟な標準化

- Oxirane Corporation：Oxiraneはエチレングリコール業界で最大の経験曲線効果を上げるために，段階的に技術を学習することはせず，一気に本格的な生産体制に入った。研究開発費を削減し標準化を急いだため，この企業は倒産してしまった。
- Bowmar Calculators：粗悪な技術プラットフォームで経験曲線効果を上げようとした同社の集積回路技術は脆弱なものになってしまった。陳腐化の結果，市場を

Texas Instruments と Fairchild に譲り渡すことになってしまった。

b. イノベーションにより打ちのめされた金のなる木

- Baldwin Locomotive：一時は市場のリーダであった Baldwin は，ディーゼル発電技術の採用に遅れてしまった。その結果，製品市場を GM に譲ることになった。
- スイスの時計メーカ：革新的なクォーツおよび LCD 技術を採用した Seiko と Texas Instruments は，時計業界の再編に成功し，スイスの時計メーカから市場シェアを大幅に奪った。

c. 自己達成感の衰え

- Fiat：ポーランドと旧ソ連に「完成品引渡し方式」の自動車組立工場を建設した Fiat は，収穫に失敗した。両国とも現在では Fiat の国内市場に輸出を行っている。
- Westinghouse と GE：時期尚早にも重電機器が成熟していると考え，フランス，スイス，ドイツそして日本の企業にライセンスしようとした両社は，どの国からも工場建設のための計画を勝ち取ることができなかった。

2. **キャッシュフローに対して近視眼的になったケース** BCG マトリックスによってキャッシュフローの増加を生み出すことができると考えた企業は，ほかにもある同様に重要な競争上のパラメータの戦略的価値を軽視していた。

   - GE, Siemens, Philips, Honeywell：IBM が 1960 年代に汎用コンピュータ市場で享受していた高収益に魅了されたこれらの企業は，同市場に参入した。高収益を上げることができる可能性と市場の成長性があったため，これらの企業は BCG モデル以外の必要な成功要因（つまり製造技術，対応可能な社風，その業界にあったマーケティングおよび財務管理能力）を無視した参入戦略を立てた。供給サイドの市場のダイナミックスやほかの内部能力の重要性が関係するにもかかわらず，成長率／シェア戦略の普遍性を盲目的に信じてしまった。収益を上げることができない年が数年続き，4 社はすべて業界から撤退した。

3. **ある企業にとっての負け犬は別の企業にとって花形となる**

   - 米国のテレビ業界：1970 年代中ごろ，米国のテレビ製造業界は成熟しており下降しかかっていると考えられていた。成長率／シェアモデルに従い，企業は積極的に収穫戦略を採用した。米国のテレビ製造業界には技術イノベーションがなく，マーケティングによって下支えされることもなかったため，適切な方向性を持っていた日本のライバル企業に負けることになってしまった。テレビ市場は長期的には利益を生む可能性があると楽観的に考えていた日本の業界は，マーケティングおよび製品の向上（4 チャンネルステレオ音響，安価なポータブルモデル，モ

ジュール設計，大画面，リモコンなど）に大量の投資を行った。今日，日本は世界のテレビ市場を支配しており，高解像度テレビ技術（HDTV）と500チャンネル放送により市場の復活を模索している。

Source for No.1: Adapted from "Rejuvenating the Life Cycle Concept," by Robert U. Ayrees and W. A. Steger, 1985, *The Journal of Business Strategy*, 6(1), pp.66-76.

Source for No.2: Adapted from "Pitfalls in Using Portfolio Techniques—Assessing Risk and Potential," by Frans, Derkinderen, G. J. and R. L. Crum, 1984. *Long Range Planning*, 17(2), pp.129-136.

FAROUT のまとめ

	1	2	3	4	5
F	■	■	■		
A	■	■			
R	■	■	■	■	
O	■	■	■		
U	■	■	■		
T	■	■	■	■	

未来志向性　現在から中期的将来。BCGマトリックスの使用は，今後の市場戦略を戦略的事業単位で遂行するよう示唆している。

正確性　低から中。市場の成長率とその市場のシェアは将来の収益性を予測するためには不十分。

経営資源効率性　中から高。市場の成長とその市場でのシェアがわかっている場合，実施は簡単。

客観性　中。市場の成長性とその市場でのシェアを知るために使用した情報ソースによって異なる。主観的になってしまうと客観性を失う。

有用性　中。組織のポートフォリオ計画を立てるためには簡単。有用性を高めるのに，さらにより正確なツールを使用する必要がある。

適時性　中から高。市場の成長とその市場でのシェアがわかっている場合，実施は簡単，または簡単に評価可能。

関連するツールとテクニック

・経験曲線分析
・持続的成長率分析
・製品ライフサイクル
・市場のセグメンテーション

参 考 文 献

Aaker, D. A., & Day, G. S. (1986). "The perils of high growth markets." *Strategic Management Journal*, *7*(5), 409-421.

Bettis, R. A., & Hall, W. K. (1983). "The business portfolio approach—where it falls down in practice." *Long Range Planning*, *16*(2), 95-104,

Coate, M. B. (1983). "Pitfalls in portfolio planning." *Long Range Planning*, *16*(3), 47-56.

Day, G. S. (1977). "Diagnosing the product portfolio." *Journal of Marketing*, *41*(2), 29-38.

Davidson, K. (1985). "Strategic investment theories." *The Journal of Business Strategies*, *6*(1), 16-28.

Derkinderen, F., Crum, G. J., & Crum, R. L. (1984). "Pitfalls in using portfolio techniques—assessing risk and potential." *Long Range Planning*, *17*(2), 129-136.

Gould, M., & Luchs, K. (1993). "Why diversify? Four decades of management thinking." *Academy of Management Executive*, *7*(3), 7-26.

Grant, R. M., "Contemporary Strategic Analysis," 2nd edition, 1995, Malden, Mass: Blachwell Publishers.

Hammermesh, R. G., & Silk, S. B. (1979). "How to compete in stagnant industries." *Harvard Business Review*, *57*(5), 161-168.

Hammermesh, R. G., Anderson, M. J., & Harris, J. E. (1978). "Strategies for low market share businesses." *Harvard Business Review*, *56*(3).

Haspeslagh, P. (1982). "Portfolio planning: Uses and limits." *Harvard Business Review*, *60*(1), 58-73.

Hax, A. C., & Majluf, S. N. (1983). "The use of the growth share in strategic planning." *Interfaces*, *13*(1), 46-60.

Hedley, B. (1977). "Strategy and the business portfolio." *Long Range Planning*. *10*(1), 9-15.

Kiechel, W., III. (1981). "Oh where, oh where has my little dog gone? Or my cash cow? Or my star?" *Fortune*, *104*(9), 148-154.

MacMillan, K. (1986). "Strategy: Portfolio analysis." *Journal of General Management*, *11*(4), 94-112.

Porter, M. "From competitive advantage to corporate strategy." *Harvard Business Review*, 1987, May/June, Vol 65, 3, pp.43-59.

Seeger, J. A. (1984). "Reversing the images of BCG's growth/share matrix." *Strategic Management Journal*. *5*(1), 93-97.

Varadarajan, R. P. (1999). "Strategy content and process perspectives revisited." *Academy of Marketing*

Science, *27*(1), 88-100.

Walker, R. F. (1984). "Portfolio analysis in practice." *Long Range Planning*, *17*(3), 63-71.

Wensley, R. (1981). "Strategic marketing: Betas, boxes or basics." *Journal of Marketing*, *45*, 173-182.

Wensley, R. (1982). "PIMS and BCG: New horizons or false dawn?" *Strategic Management Journal*, *3*(2), 147-158.

Wind, Y., & Mahajan. V. (1981). "Designing product and business portfolios." *Harvard Business Review*, *59*(1), 155-165.

Woo, C. Y., & Cooper, A. C. (1982). "The surprising case for low market share." *Harvard Business Review*, *60*(6), 106-113.

Yelle, L. E. (1983). "Adding life cycles to learning curves." *Long Range Planning*, *16*(6), 82-87.

5. GE ビジネススクリーンマトリックス

GE ビジネススクリーンマトリックス（General Electric Business Screen Matrix）は，評価的であり規範的な戦略を示唆するものである。内部ビジネスの強さの分析と外部の業界分析とを結合させたマトリックスからなり，さまざまな戦略的事業単位（SBU）の競争状況を示し，全戦略的事業単位に経営資源を分配する助けとなる。

5.1 背　　　景

ビジネススクリーンマトリックスの基本原理は，巨大複合企業体（Conglomerate）がビジネスモデルとして優勢であった 1930 年代にさかのぼる。多くの関連しない事業からなる巨大組織は，税法上の特典を最大限に受けることができるように，持ち株企業のもとに編成されていた。1950 年代に GE やほかの複合企業体が陥る一般的な管理面での問題に直面するまで，このモデルはうまくいっていた。企業は事業単位間で経営資源を合理的に配分する方法で困窮していたが，従来の理論は資本予算の継続か中止かを決定する単一のビジネスモデルに集中していたので，助けとなるものはなかった。ますます複雑になる多角化企業経営の経営資源を分配する助けとなる枠組みが必要であった。

変革を促す 2 番目の変数は，外部の競争環境で生じた。1950 年代から 60 年代の高度成長期になると，キャッシュが流出し急成長する事業単位に供給する資金需要が急増した。1970 年代になると，インフレ率の上昇により資本市場で資金を調達するのが困難になってきた。これらの外部環境から，企業は経営資源を分配するために，内部で資金調達ができる戦略的枠組みに焦点を置くようになった。

ますます激しくなる競争環境で増えつづける不正確な予測が変革を促す 3 番目の変数であった。間違った予想や予測を立てたことが，巨大複合企業体の資本の分配プロセスに深刻に影響しだした。その中で最も顕著であったのが，GE のコンピュータ，原子力，そして航空機部門であった。1960 年代の GE は利益なき成長を強いられた。その 10 年間，GE は Westinghouse の総売上高に匹敵する売上げ増があったにもかかわらず，ROI（Return on Investment）は減少し，EPS（Earnings per Share）は横ばいのままであった（Thackery,

1978)。いい換えると GE の 1965 年から 1970 年の間の売上げは，40％増であったが利益は急減し，この利益なき成長の時代は最悪の財務成績であったと表現することができる（Goold and Luchs, 1993）。おそまつな予測しかできなかったため，投資しても見込みはまれにしか当たらなかったのが原因であった。

　ビジネススクリーンの開発につながった4番目の変数は，現在の経営哲学では企業をマネジメントしきれなくなったことである。企業が多角的になっていくにつれ，企業レベルの戦略家とその戦略では，広範囲の部門を制御しきれなくなった。ポートフォリオマネジメントでは，幹部経営者がほかの独立した部門，おそらくより多くの利益を上げている部門に再投資するよりは，経営資源を企業全体に分散することにより，中央分散の傾向を抑えることができる手段として考えられてきた。

　5番目の変数も現在の経営哲学と関係していた。別々の二つの研究が長期にわたって信じられてきた「自然の法則」がビジネス領域にも存在し，これが科学的なマネジメントとして世界的に適用できるということに拍車をかけた。ボストンコンサルティンググループ（BCG）によるコストに関する経験曲線効果の研究と戦略計画研究所（Strategic Planning Institute）のプロジェクトによる収益性に関する市場シェアのインパクトの研究により，ビジネス戦略は，科学であると考えられることが示唆された。これは科学的なポートフォリオアプローチを喜んだマネージャたちの反響を呼んだ。彼らはこのような考え方により，戦略上の成功を収めることができたのと同時に，本社での失われた力を取り戻すことができた。

　これらの事柄の集積がビジネススクリーンの開発につながった。1960 年代後半，GE はコンサルタント会社 McKinsey & Co. と，なぜ GE の一部のビジネスがほかよりもうまくいっているのかを探る研究を開始した。その結果，得られたのが新しい基本的な戦略教義の概念化，つまり戦略的事業単位であった。戦略的事業単位の概念は，多角化企業は供給を行っている市場ごとに明確に分割すべきというものであり，この基準に従い，多くの部門が生まれ，または再定義された。1970 年になると，不正確な予測の代わりに GE は各部門の外部環境をしっかり分析する正式な戦略プラン構造を立てることも決定した。同年 GE は，永久に BCG ポートフォリオマトリックスを組み入れると述べたが，戦略的事業単位の戦略計画には，実際に成長性マトリックスを1年間しか取り入れなかった。市場の成長性とシェアの二つの変数のみに依存する BCG モデルの信頼性には限界があると感じたことと，不正な判断および予測をしてしまう可能性があると感じたためであった。その代わりに GE は McKinsey & Co. に，よりしっかりした競争および内部分析が実行できる，より包括的なマトリックスを作成するよう要請した。1971 年には McKinsey のコンサルタントである Mike Allen は，GE の部品・材料部門の分析をしながらビジネススクリーンを構築した。GE はただちにビジネススクリーンを全社で採用し，43 の戦略的事業単位のマネジメントを開始し

た。財務成績はすぐに向上し，GE の ROE は 13.4％（1970 年）から 19.4％（1977 年）に増加した（Thackery, 1978）。GE の成功を知った巨大複合企業体はビジネススクリーンマトリックスを使用し始めた。1979 年には，GE ビジネススクリーンはポートフォリオアプローチの中で最も人気のあるものになった。フォーチューン 1 000 社の 45％とフォーチューン 500 社の 35％がポートフォリオプランをなんらかの形式で取り入れた（Haspeslagh, 1982）。

5.2 戦略的根拠と意味

多角経営企業は，ビジネスポートフォリオの進展を追跡するため，またポートフォリオのパフォーマンスを改善し，簡単な財務戦略を立てるためにビジネススクリーンを使用することができる。図 5.1 で示すとおり，ビジネススクリーンの最重要部分である 3×3 マトリックスでは業界の魅力とビジネスの強さを比較している。

業界の魅力

業界の相対的な魅力に応じ，いずれかの行に分析者は業界を配置しなければならない。通常それぞれの行は，高，中，低に区別される。魅力は市場の絶対的な規模，市場の可能性，競争構造，財務上の変数，経済上の変数，技術的な変数，そして社会および政治的な変数など，広範囲のさまざまな変数を入れて考慮される。

ビジネスの強さ

ビジネスの強みを基準に，いずれかの列に分析者は事業単位を配置する必要がある。通常それぞれの列は，強，中，弱に区別される。分析者は，通常，事業単位を配置する場合，事業単位の規模，市場シェア，ポジショニング，そして本書に記述されているさまざまな分析方法を用いて，比較優位などを考慮する必要がある。

マトリックスの三つの部分は，基準の評価結果に基づき「全体的にあまり魅力がない」，「全体的に中程度の魅力がある」，「全体的にたいへん魅力がある」の三つに分類される。右下の斜線のセルに配置された事業単位は，魅力のない業界で相対的に弱いポジションにあるので，全体的にあまり魅力がない。左上のグレーのセルに配置された事業単位は，相対的に魅力のある業界で相対的に強い位置にあるので，全体的にたいへん魅力がある。マトリックスの対角線上にある透明なセルに配置された事業単位は，全体的に中程度の魅力がある。

なお，両軸上の変数は質と量の両方の変数を混合したものである。さらに，二つの軸は，企業によりマネジメントができる可能性を基準として比較することが可能である。ビジネスの強さを示す横の軸は，企業の大きな影響力を示す内部変数を示す。反対に業界の魅力を示

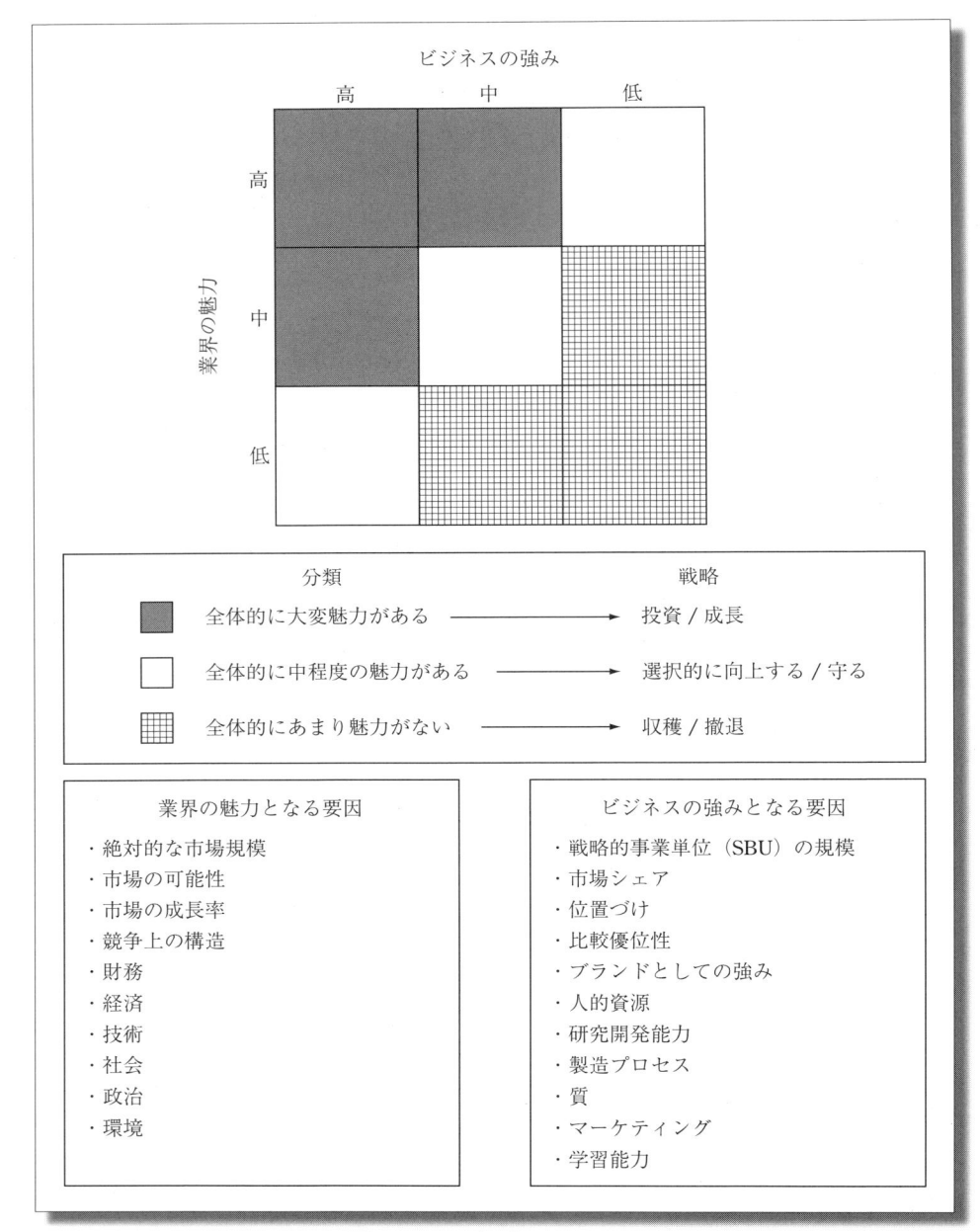

図5.1 GEビジネススクリーン

分類 / 戦略
- 全体的に大変魅力がある → 投資／成長
- 全体的に中程度の魅力がある → 選択的に向上する／守る
- 全体的にあまり魅力がない → 収穫／撤退

業界の魅力となる要因
- 絶対的な市場規模
- 市場の可能性
- 市場の成長率
- 競争上の構造
- 財務
- 経済
- 技術
- 社会
- 政治
- 環境

ビジネスの強みとなる要因
- 戦略的事業単位（SBU）の規模
- 市場シェア
- 位置づけ
- 比較優位性
- ブランドとしての強み
- 人的資源
- 研究開発能力
- 製造プロセス
- 質
- マーケティング
- 学習能力

縦軸は，通常の企業がビジネスの強さよりははるかに制御可能でない外部変数を示す。このモデルでは，これらの変数を組み合わせることにより，しっかりとした戦略分析とそれに続くとるべき行動を得ることができる。

戦略的事業単位をマトリックス上に配置したら，ビジネススクリーンからはつぎの六つの

規範となる戦略がわかる。

1. **維持するために投資を行う**　外部変数により競争上のポジションが脅威にさらされるような危険性を回避するために，最低限の投資を戦略的事業単位に行い，それを累積的に増分していく。
2. **参入するために投資を行う**　戦略的事業単位のビジネスを増強するため，投資を増大させる。
3. **再構築するために投資を行う**　以前のより魅力のあった状態に戦略的事業単位を立て直したり，もはや適切でなくなった戦略によって負ったダメージを回復するため投資を行う。
4. **選択的な投資を行う**　予想されるポジティブな費用便益比率で最低限のリターンがある戦略的事業単位に投資する。費用便益比率がネガティブであるが魅力がない戦略的事業単位の投資をいったん停止する。
5. **投資を減らす**　キャッシュを使用可能な状態にするために，戦略的事業単位への投資を最小化し，収穫戦略を採用する。
6. **処　　分**　戦略的事業単位を売却することにより市場から撤退する。

ビジネススクリーンでは，通常，ビジネス的に強く，業界的にたいへん魅力がある戦略的事業単位に投資を行う戦略を推奨する。ビジネス的に弱く，業界的に魅力がない戦略的事業単位には投資を減らすよう推奨する。選択的に投資を行うよう推奨される戦略的事業単位は，これらの中間にある戦略的事業単位で，戦略的事業単位によりビジネスの強弱，および業界の魅力の有無の度合いは異なる。これらの六つの戦略をビジネススクリーンの九つのセルに適用した場合，**表5.1**のとおりとなる。

McKinseyとGEによるビジネススクリーンのアプローチは，BCGポートフォリオマトリックスと似ている。両方とも成功しているビジネスの余剰黒字を，将来的に成功するチャンスがあると見込まれるビジネスに，選択的に分配することで巨大複合企業体をマネジメントしようとするものである。両方とも分析の基本単位として，独立した戦略的事業単位を使用している。また両者ともビジネスの強みと市場の魅力を基本パラメータとしている。

しかし似ているのはここまでで，二つのアプローチには大きな違いがある。ビジネススクリーンでは，ビジネスの強さ（BCGマトリックスでは市場シェアの変数しか盛り込んでいない）と市場の魅力（BCGマトリックスには市場の成長性しか盛り込んでいない）の定義により，多くの変数を取り入れている。ビジネススクリーンマトリックスは九つのセルから構成されるのに対し，BCGマトリックスは四つのセルから構成される。したがって，分析者は，BCGマトリックスよりもビジネススクリーンマトリックスを使用したほうが，よりシャープなポジションおよび戦略を得ることができる。BCGマトリックスはキャッシュフ

表 5.1　ビジネススクリーンのそれぞれのセルに対する特定の戦略

業界の魅力	ビジネスの強さ		
	高	中	低
高	・**奨励**：成長するために投資する。 ・最大の投資をする。 ・ワールドワイドに多角的に行う。 ・ポジションを一元化する。 ・中短期の利益を受け入れる。	・**選択**：成長するために投資する。 ・選択したセグメントに大量の投資をする。 ・最高限度をシェアする。 ・強さを適用できる魅力ある新しいセグメントを探す。 ・収益を上げるために選択的に投資する。	・**守る／再び焦点を定める**：収益を上げるために選択的に投資を行う。 ・強みを守る。 ・魅力あるセグメントに再び焦点を定める。 ・業界の再活性化を評価する。 ・収穫または処分のタイミングを監視する。
中	・**挑む**：成長するために投資する。 ・強さを選択的に構築する。 ・リーダシップとしての課題（チャレンジ）の意味を定義する。 ・脆弱な部分をなくす―弱点を補う。	・**優位**：セグメント市場 ・脆弱性を克服するための緊急時対策を立てる。	・**再編成**：収穫するか，資金を引き上げる。 ・本質的ではないコミットメントを提供しない。 ・撤退のためのポジション ・もっと多くの魅力ある部門に移行
低	・**便宜的になる**：収益を上げるために選択的に投資を行う。 ・マーケットに乗る。 ・ニッチまたは特化できることを探す。 ・買収によって増強できる機会を探る。	・**便宜的になる**：収穫するために保護する。 ・保護するための行動をとる，キャッシュフローを外に押し出す。 ・日和見的に売却できる可能性を探す。 ・強さを増強するために便宜的に合理化できる機会を探す。	・**収穫または売却する**： ・製造ラインを減らすために市場から撤退する。 ・現在の価値を最大化するためにタイミングを決定する。

Source: "An Overview of Marketing Planning," by D. D. Monieson, 1978, in *Executive Bulletin* no. 8, Ottawa: The Conference Board of Canada, p.5. Used with permission of the Conference Board of Canada.

ローに焦点を当てているのに対し，ビジネススクリーンマトリックスは ROI に焦点を当てている。ビジネススクリーンの概念の基礎には，競争上の優位性という一般的な理論がある。BCG マトリックスは，経験曲線と製品ライフサイクルとより密接な関係を持っている。

5.3 強みと利点

一連の分析変数をより豊かなものにする

ビジネスの強さと市場の魅力の定義により，多くの変数を組み合わせることで，ビジネススクリーンはより洗練され正確になっている。分析者は，より適切な変数の有無を考えるようになったことで，診断ツールの効果は増している。そのためBCGマトリックスと比較した場合，より広範囲な例に適用できる可能性があり，経験曲線と強い関係がある大量生産型の業界にふさわしいといえる。このビジネススクリーンの包括的な魅力は，戦略プロセスへの重要なリンクの一部である。業界の魅力度や競争相手の無防備さを考慮したビジネスの強さに合わせて修正可能である。

柔　軟　性

つぎの二つの理由により，ビジネススクリーンモデルよりBCGマトリックスのほうが柔軟性がある。(1) ビジネスの強さと業界の魅力を定義するとき，異なる変数を盛り込むことができるので，個々に対応した分析ができる。(2) 選択した変数に対し異なる加重を課すことができるため，ビジネススクリーンを各戦略的事業単位に対する固有の状況に応用できるようになる。

直感にアピール

ビジネススクリーンでは，分析者はより包括的に企業のポートフォリオを見ることができる。BCGマトリックスのようにあざやかなものではないが，それでも依然として直感的に利用できるため，導入とそれを使用しての報告が比較的簡単にできる。

5.4 弱みと限界

問題提起可能な仮定

1. **戦略的事業単位の定義**　BCGマトリックスの場合と同様，独立した事業単位という考え自体が，間違いを生じさせる場合がある。分析している多数の戦略的事業単位が相互に関連している場合（共通費用，戦略オプションのサポート），分析のアウトプットも欠陥のあるものになってしまう。
2. **変数の選択肢**　ビジネススクリーンでは，ビジネスの強さと業界の魅力を定義する変数は正確な総合テストであることを仮定している。さらに各変数に対する加重に偏り，

または間違いがある場合がある。
3. **無視されるリスク**　ROIのみに集中しているので，企業内の戦略的事業単位が安定した経営資源を取り合う場合，リターンの変動性は必ずしも明確ではない。

誤用の危険性
ビジネススクリーンは，つぎのように誤用されてしまう場合がある。
1. **静的な分析**　ビジネススクリーンからは，戦略的事業単位の競争状況の一時的かつ静的なスナップショットしか得ることができない。動的に分析するには，その中の変数の変化を継続的に監視している必要がある。
2. **既存戦略への依存**　ビジネススクリーンは，戦略分析を助ける記述的なモデルとしてのみ使用すべきである。既存戦略は，戦略的意思決定を支援する指標としてのみ提供されている。
3. **戦略的事業単位または業界の不正定義**　戦略的事業単位や業界の定義を若干誤るだけで，マトリックスの九つのセルのうち，不正な箇所に戦略的事業単位を配置してしまう可能性がある。両変数とも確固たる定義づけをすることが難しいために分析を間違い，その結果誤った戦略ができあがってしまう可能性がある。
4. **単純な戦略**　ビジネススクリーンにより提供される三つの一般的な戦略は，"箱から外れた"側面を阻止してしまうことにもなる。洞察力に富んだ分析，正式なモデルによる拘束がない，いやそうしてもよいものもある。例えば，収穫する代わりにイノベーションを追いかけて投資するか，あるいは戦略上の柔軟性を保証することを勧めるというような場合である。特に，正確に萌芽期にある産業の魅力を測定することは難しく，新しい市場に適用すれば誤る確率は高くなる。

あいまいさ
ビジネススクリーンのおもな強みである多数の分析変数を盛り込むことができるという点では，皮肉にも弱さの原因になってしまう場合がある。分析チームのメンバーそれぞれに主観があるので，変数の選択，加重およびポジショニングの選択で合意が得られず，あいまいさが出てしまうことがある。さらに，各戦略的事業単位は，異なる変数で評価される。これが各戦略的事業単位のユニークな状態として考慮されることを保証している間に，戦略的事業単位への投資見通しを対比するときに，好きな戦略的事業単位と同種のものと比較してしまうという障害がある。未投資ビジネススクリーンでは，戦略的事業単位固有の状況を考慮できるという利点があるが，企業の戦略的事業単位への投資見通しを比較する際に，好きな戦略的事業単位と同じような種類と比較してしまうという障害がある。

5.5 テクニック適用のためのプロセス

図5.1のビジネススクリーンには，事業単位レベルでプロセスを実行した結果が示されている。プロセスでは，おもに二つの職務を実行する。まず，分析者は業界の魅力と事業単位の強さのポジションを決定するための変数を識別する必要がある。つぎにこれらの変数の関係を決定する。

ビジネスマネージャなどに業界で最も重要な市場，そして競争上，財務上，技術上，社会政治上最も重要な特質はなんであるかを調査し決定する。このステップを実行する際に，環境を厳密に調査した結果を補うこともできる。一度決定したら主観に基づき，あるいは加重して評価をまとめる。

図5.2a のシナリオのとおり，マネージャは業界の魅力を構成する六つの変数を挙げた。各変数につき，分析者は，それに精通しているマネージャまたは外部のエキスパートに魅力と重要度をスコアづけしてもらう。魅力には 0 から 1 の評価を付ける。なお 0 は「魅力がない」，1 は「魅力がある」である。

業界要因	A. 魅力のスコア		B. 重要度の比率		A.×B. 全体的なスコア	
年	現在	将来	現在	将来	現在	将来
市場規模	.5	.7	25	20	12.5	14
成長率	.2	.4	10	15	2	6
競争の激しさ	.9	.5	15	20	13.5	10
財務	.3	.3	20	15	6	4.5
技術	.7	.5	10	20	7	10
社会政治学	.3	.1	20	10	6	1
合計			100	100	47	45.5

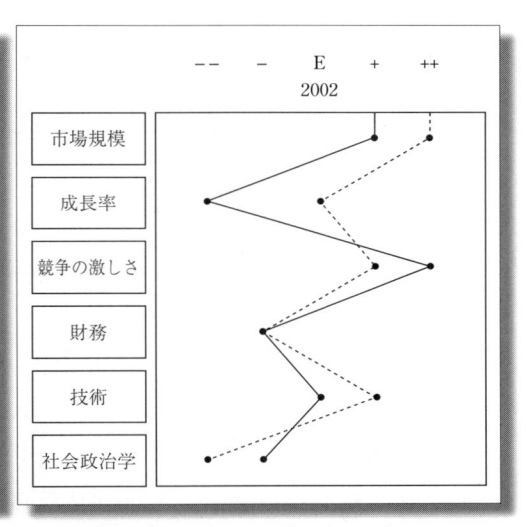

図5.2a 分析変数への加重　　　　**図5.2b** プロファイルチャート

列Aにはマネージャ間で意見の一致を得た六つの変数のスコアが0.1のスケールで割り当てられている。同様に，マネージャ間の意見の一致により得た重要度の比重を列Bに記述する。最後の列は，列Aの結果と列Bの結果を掛け合わせたものを示している。この例では，現在の合計は47であるが，将来は若干魅力が落ち45.5である。このスコアは，同じような

変数を使用し，同じようにして得たほかの業界のランキングと比較すると意味のあるものになる。図5.1のどこに業界を配置するのかを決めるために使用することができる。また図5.1のスクリーン上の三つの列において，戦略的事業単位の業界の強さのポジショニングを行うためにも使用できる。

　風船図または円グラフを使用し，各戦略的事業単位の相対的なポジションと貢献度を示すことにより，より視覚的にわかりやすく表示することもできる。HaxとMajluf（1983）は，ビジネススクリーン分析にプロファイルチャートを使用することを推奨している。各戦略的事業単位に割り当てたビジネスの強さと業界の魅力を別のチャートとして作成する。各プロファイルチャートでは，戦略的事業単位を5段階のスケールで評価する。その際，－－はかなり魅力がない，－はあまり魅力がない，Eは五分五分または中間，＋は若干魅力がある，＋＋は非常に魅力があるである。**図5.2b**は，図5.2aのプロファイルチャートである。数年間継続した結果を重ね，戦略的事業単位の変数がどれだけ変化したかを動的に表示すれば，

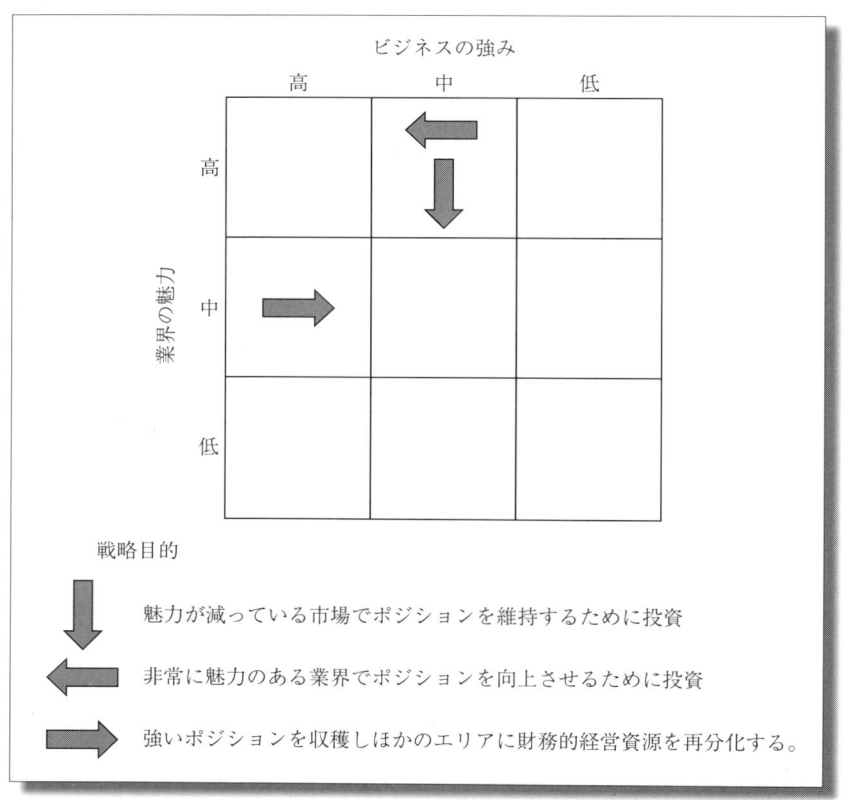

図5.3　戦略のオペレーション　（Source: figure 5.3 adapted from "The Use of the Industry Attractiveness-Businesss Strength Matrix in Strategic Planning," by C. A. Hax and N. S. Majluf, 1983, *Interfaces, 13*(2) pp.54-71.）

プロファイルチャートから明確なパフォーマンスを得ることができるので有用である。

先を見越して戦略を変更することにより環境が変化したり，事業単位のポジションが変化した場合，ビジネススクリーンから規範的な戦略を明らかに得ることができる。例えば**図5.3**で示すとおりである。

これはすでに説明した現在の状況の静的な分析と途中まで同じである。予測とは，既知の事実や経験から得た知識から推測するものである。この場合，業界の魅力を構成するすべての変数に対し，傾向分析やその他の予測テクニックを適用し，相対的に見た将来的な魅力の近似値を得る。予想した業界の魅力を考慮に入れ，つぎにビジネスの強さの構成変数の理想的で望ましいポジションを予測し決定する。つぎに，分析者は，これらの新しい値をマトリックスのセルに入れ，現在の状況と比較する。これに加え，業界の魅力とビジネスの強さの新しい値をもとにプロファイルチャートを作成することもできる。予想したプロファイルチャートを現在のチャートに重ね合わせる。これは図5.2bの点線部分に当たる。

この段階でビジネススクリーンの最重要部分のできあがりである。分析者と経営陣は，戦略上の挑戦に内部経営資源と可能性をマッチさせることにより，ダイナミックな市場における競争上の優位性を得るための適切な受身的な戦略を決定するか，または内部経営資源と可能性をマッチさせ，企業の利益になるよう業界の構造にインパクトを与える積極的な戦略をとる。図5.3はビジネススクリーン分析に基づき，予想した戦略計画である。

GEでのビジネススクリーンの栄枯盛衰

　1970年代のGEほど，ポートフォリオを正式な戦略計画に集中的に取り組み熱心に取り組んだ企業はない。ピーク時にはGEは200人以上のプランナを雇っていた。GEがなぜBCGマトリックスではなくMcKinseyのビジネススクリーンを採用したのかコメントを求めたところ，副社長の**Mike Allen**は，「われわれは簡単なものさしを使うよりも，業界の利益構造とそれがどのように変化していっているのかを理解するのがより重要だと考えた。両者のコンセプトには違いがある。これは経営者のために決定をする手段ではない。これは経営者がよりよい判断をするのを助けるものなのである」と答えている。

　このようにしてGEの43の事業単位にビジネススクリーンが導入された。これらの戦略的事業単位の売上げ規模は，5 000万ドルから15億ドルの範囲であった。各戦略的事業単位の戦略プランは，形式においても異なっていた。これについて**Allen**は「航空機のエンジンビジネスとコーヒービジネスと同じようなプランを作ることはできない」と述べた。

　当初，GEは，自社の戦略的事業単位の業界の魅力とビジネスの強みを定義するのに，

40の異なる変数を使用していた。しかしすぐにその数は15に減らされた。業界の魅力は、全体的な規模、市場の成長性、市場の多様性、競争構造、業界全体の収益性、技術、社会的変数、環境的変数、法律的変数、そして人的資源を基準に測定された。ビジネスの強さは、相対的な市場シェア、製品の質、技術力、垂直統合、そして流通などを基準に測定された。

業界または企業の変化に応じ、GEは変数を追加または削除してきた。例えば1970年代中盤から後半にかけて、インフレ、ビジネスサイクル、そしてエネルギー危機が構成変数として追加された。

GEのほとんどの戦略プランナは、戦略的事業単位の所在地以外で活動し、少数のみがGEのフェアフィールド、コネティカットの支社および本社で活動していた。つぎに、ビジネススクリーンを使用し、GEがどのように計画を実施したかを示す。

- トップマネジメントが戦略的事業単位のプランナに、例えば米国の膨大な外国直接投資など、さまざまな社会経済学的なテーマの「計画と課題」を渡す。
- 戦略的事業単位は、これらの課題に合わせ、積極的または受身的な戦略を、セクタと呼ばれる中間的な計画の単位と合うようにする。
- これらのセクタでは、つぎの三つの役割が実行される。(1) 複雑さを抱える世界最大の複合企業体が成長し、その成長を制御するためにトップマネージャとともに活動する。(2) 戦略的事業単位のプランナとともに活動し、各事業単位の現在の戦略に関して進捗を本部と調整するために伝達する。(3) 戦略的事業単位のプランナの範囲外の戦略計画プロジェクトに取り組む。
- これらの計画プロジェクトは、企業の変化する基本戦略の推進力となるセクタにおける計画で明白になる。各セクタの計画のかなりの部分には、最適な成長率や成長しながらもバランスの取れたポートフォリオを維持する戦略計画も含まれている。

これにより計画がより均質的になり、一体化されたことでより制御しやすくなり、GEはビジネススクリーンをもとに構築したこの組織構造にたいへんに満足した。

ビジネススクリーンから得た事柄により、多くの革新的な戦略が生まれた。コンピュータネットワークサービス、金融サービス、そして放送やケーブルテレビなどのサービス業界に大規模な投資が行われた。国際的な多角化により世界的に見た売上げも増え、総収入は1966年の13％から1976年には40％に増加した。ビジネススクリーンの教義に沿い、ビジネス的に弱く業界の魅力もない業績がおもわしくないビジネスの経営資源は、より見込みがある戦略的事業単位に移転された。この戦略に従って、コンピュータ、教育機器および教材、ベルギーでの医療手術、そしてヨーロッパの小売店など広範囲にわ

たるビジネスが売却された。これに加え，ビジネススクリーンのいわゆる制御不可能な変数を制御可能にするような大がかりな取り組みが開始された。例えばワシントンでロビー活動を開始し，社会政治学的な戦略に基づいた戦略を構築しようとした。

　1983年にCEOのJack Welchが，一時は歓迎された計画部門を徹底的に規模縮小するまで，GEとビジネススクリーンはすべてうまくいっていた。Welchは，日々企業の前線で起こっている問題からマネージャたちがますます疎遠になってしまっているにもかかわらず，競争上の優位性を高めるかわりにGEはかなりの数のプランナをささいな事柄に使いすぎていると主張した。多くの企業はこれに従い，新しい戦略の枠組み，トータルクオリティーマネジメント (Total Quality Management) のための地ならしを行った。これにより企業は，多数の部門を売却したり，ビジネスプロセスを再設計したり，コアコンピタンスの再編成に取り組んだ。

Source: Adapted from "GE's Planned Prognosis," by John Thackaray, 1978 *Management Today*, pp.66-69

FAROUTのまとめ

	1	2	3	4	5
F	■	■			
A	■	■			
R	■	■			
O	■	■			
U	■	■			
T	■	■	■	■	

未来志向性　現在から短期的な未来。より有用なものにするには，長期間トラッキングする必要がある。

正　確　性　中程度。意見の一致を得ることによって主観的に得ることができる。意見の一致が得られれば，正確性のレベルは上がる。

経営資源効率性　中程度。高い正確性を得るには，業界の変数やビジネス上のポジションなど，定量的なデータの生成がある程度必要になる。主観的にのみなった場合，経営資源の効率性はかなり高まる。

客　観　性　中程度。使用したデータに依存する。主観的なデータには客観性が欠ける。

意見の一致を得ることと専門家を利用することによって客観性を増加させることができる。

有　用　性　　中。戦略ポジションを評価するのに比較的簡単な方法。有用性を高めるのは，通常より正確なツールをさらに使用する必要がある。成長，依存，収穫あるいは撤退の代わりとして，比較的単純な戦略を作成する。

適　時　性　　中から高。分析者が主観的な方法を使用した場合，すばやく実行できる。意見の一致を得る方法により，意見の一致を計るための定量的なデータが生成された場合はより遅くなる。

関連するツールとテクニック

- BCG マトリックス
- ポートフォリオ理論
- 競争相手分析
- 業界分析
- 環境の調査

参　考　文　献

Anonymous. (1975, April 28). "General Electric's stoplight strategy for planning." *Business Week*, 49.

Borgeois, L. J. (1988). *Note on portfolio techniques for corporate strategic planning.* Charlottesville, VA: University of Virginia Darden School Foundation.

Goold, M, & Luchs, K. (1993). "Why diversify? Four decades of management thinking." *Academy of Management Executive, 7*(3), 7-25.

Haspeslagh, P. (1982). "Portfolio planning: Uses and usefulness, uses and limits." *Harvard Business Review, 60*(1), 58-73.

Hax, A. C., & Majluf, N. S. (1983). "The use of the industry attractiveness—business strength matrix in strategic planning." *Interfaces, 13*(2), 54-71.

MacMillan, K. (1986). "Strategy: Portfolio analysis." *Journal of General Management, 11*(4), 94-112.

Monieson, D. D. (1978). "An overview of marketing planning." (Executive Bulletin no. 8). Ottawa: The Conference Board of Canada.

Rothschild, W. E. (1976). *Putting it all together: A guide to strategic thinking.* New York: AMACOM.

Segev, E. (1995). *Corporate strategy: Portfolio models.* London: International Thompson.

Thackaray, J. (1978). "GE's planned prognosis." *Management Today*, 66-69.

6. 業界分析

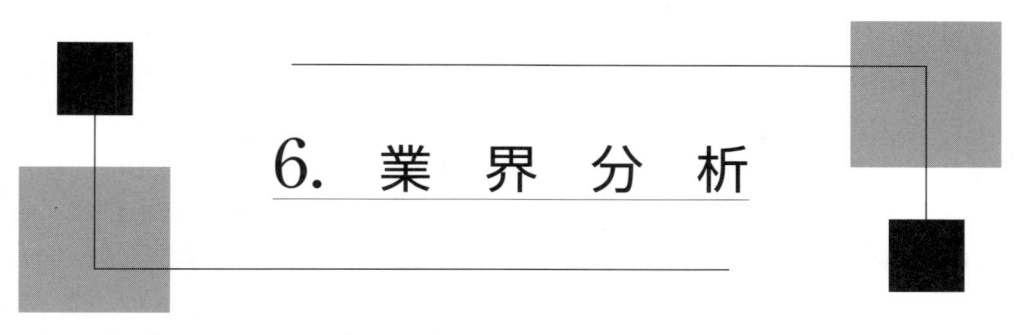

業界分析（Industry Analysis）は，業界の構造と概要（参加者と特徴）を明らかにする。このプロセスでは，業界の潜在的な収益性の推進力とその収益性に悪影響を及ぼす力を防ぐことにより競争上の優位性を守る，有利なほうに力を利用して競争上の優位性を高める，そして業界構造の変化の先を見越して予測することを目的としている。

6.1 背景

業界分析は産業経済学と戦略分野が融合して形作られている。この新しい革新的な分析手法は，産業組織論が戦略的な業界分析の枠組みとして不適切だということから誕生した。この理論は業界の均質性を前提にしていた。つまり，企業の経済的特質としてその規模以外は，すべて類似しているというものであった。1950年代中盤以来，多くの研究機関がこの仮定に挑んだが，その中で最も有名なのがハーバード大学のJoe S. Bainの先駆的な研究である。同氏は，業界構造は規模だけに制限されるものではなく，移動障壁にも左右されると述べ，産業組織論に異論を唱えた。移動障壁は市場への参入を防ぎ，不完全な競争により専門特化した企業の利益を守るものであると述べた。しかし，同氏は，市場力がもたらす「共有資産」と呼べる利益は，企業の規模に比例して業界内に均質比として均等に分配されていると主張していた。

1970年代初頭になると，市場力による利益の均質性という確立された概念に挑む多くの実証的研究や事例が蓄積されてきた。萌芽期の業界構造の理論は，企業の異なる収益率が業界間および企業内の構造によって動かされる市場力の機能であるということを前提としていた。1972年になると，家庭電化製品業界の研究を行っていたハーバード大学のMichael Huntは，戦略グループという概念を導入することにより，市場力の概念を拡大した。戦略グループは，同一の戦略を基本的に採用する企業グループであると一般的に定義できる（戦略グループの詳細については，7章を参照）。戦略グループは，参入するための障壁を識別したり，あるいは張り合っている勢力範囲により，業界への利益分配に影響を与えている。

1980年には，Huntのハーバードでの同僚であったMichael Porterが，すでに確立されて

いた移動障壁と戦略グループという概念に業界構造と収益性を説明する新しい変数を追加することにより，この戦略理論を大幅に進化させた。同氏は産業経済学とこの新しい認識を組み合わせ，ビジネス戦略の研究に応用することにより，業界分析に関するいくつかの有用な識見および分析手法を生み出した。

Michael Porter は，1980 年の著書「Competitive Strategy : Techniques for Analyzing Industries and Competitors」で，分析の三つの主要分野，業界構造分析，ライバル（競合）企業分析，業界進展分析を統合することにより，競争的業界分析として包括的な新しいモデルを構築した。このモデルは Porter のファイブフォースモデルとして広く知られるようになり，1970 年代初頭に Ken Andrews により構築された SWOT（力，弱さ，機会，脅威）モデルをよく補うものになっている。

6.2 戦略的根拠と意味

ファイブフォースモデルの目的は，業界の潜在的利益にいずれは影響する経済または技術上の主要な力を分析することである。業界の潜在的利益（つまり魅力）の特定は，企業の外部環境と経営資源間の隔たりを埋める基礎となる。Porter は「競争のルール」の五つの力を，つぎのように分類している。

1. 新規参入者の脅威
2. サプライヤの交渉力
3. バイヤの交渉力
4. 代替製品またはサービスの脅威
5. 既存のライバル企業間の競争

Porter は，これらの競争上のルールを深く理解したうえで競争戦略を構築する必要があり，究極的には企業にとって有利となるようにこれらの力に対処すること，また理想的には影響または変化を及ぼすことができることを目標とすると述べている。五つの力の詳細はつぎのとおりである。

1. **新規参入者の脅威**　　参入障壁は，業界に参入しようとしている企業の困難の度合いを定義するものである。これらの障壁が低い場合，新しい競争相手が業界に生産能力を追加し，生産財の需要と価格が上がり，その結果として，業界の収益性は下がる。新規参入者の脅威に対し，つぎのような参入障壁がある。

    ・**参入を阻止するコスト**　　予測した参入限界費用が予測した限界収益を超える場合，新規参入企業は業界に参入したがらない。すでに参入している企業は，しばしばその企業が提供している製品・サービスの売価をしきい値以下に下げ，競争相手の参入を

阻む。
- **既存の参加者による報復**　戦いをまかなうための大量の経営資源が制御されたり，業界の成長率が制御された場合など，いくつかの要因が既存の企業を競争相手の参入に対し反応させる。
- **高いコスト**　特にスタートアップにかかるコストの大部分を取り戻せない場合など，業界に参入するために多額な資本が必要な場合は，企業の参入を思いとどまらせる。さらに新規参入者は，通常，資本コスト構造に高いリスクプレミアムを組み込んでいる。
- **経験効果**　既存の企業は，規模と習熟のため，すでに経験曲線効果によって新規企業の参入を阻止する価格以下まで，価格設定が可能な場合がある。
- **ほかのコスト面での強み**　既存の企業は経験曲線効果とは別にコスト面で有利な面がある。それには，価値ある生産財へのアクセス，専有技術，最良の立地条件などを挙げることができる。
- **製品の差別化**　忠実な顧客を獲得している場合，あるいはほかの製品との共通ブランド化に柔軟性がある場合など，ブランドのアイデンティティが確立されているときには，既存の企業には多くの強みがある。マーケティングには多額な費用がかかり，多くは取り戻せないことは大きな参入障壁である。
- **ディストリビューションアクセス**　新規参入者が新しい市場に参入する場合，既存企業とディストリビュータ間で確立した関係を打破しなければならないので，市場にアクセスするのが困難である場合がある。たとえこれに成功した場合でも，ディストリビュータに新規企業の新製品を扱ってもらえるようになるには，しばしば高額なインセンティブを支払う必要がある。
- **政　　府**　既存の企業への助成金，資本コストを増やさなければならない規制および参入規制は，干渉主義政府の政策によりもたらされる参入障壁の例である。
- **切り替えコスト**　顧客が新製品に切り替えるには犠牲が大きい場合がある。これは既存企業の競争上のポジションにかなり有利に働く。

2. **サプライヤの交渉力**　この力は，サプライヤが業界内の企業に対し，コスト，入手可能性，そして品質に影響を及ぼすことができるかを意味する。交渉力がいくつかの原因となる要素を持っている。
   - **集　　中**　サプライヤ側が少数の企業による独占状態であり，バイヤ側よりも集約体制になっている場合，サプライヤの力は強くなる。代わりとなる提供元がある場合には，この状態は解消される。
   - **多　様　性**　この影響は，サプライヤのビジネスモデルについて，業界の安定性を

保つために，結果として共生しなければならないとする動機づけの重要性とで相殺されている。

- **切り替えコスト** 業界がサプライヤを効率的に切り替えることができる場合，サプライヤの影響力は低下する。川下統合できる場合，サプライヤの影響力は強まり，選択肢として川上統合がある場合，サプライヤの力は弱まる。
- **組　　織** サプライヤが所属する組織（例：カルテル，労働組合，特許，著作権）により，団体交渉力が強まり，サプライヤは力を強める。
- **政　　府** 混合経済において，政府はしばしばサプライヤとして機能し，かなりの交渉力を行使する。

3. **バイヤの交渉力** 企業の顧客が比較購入およびより高品質なものを要求することにより与えられる影響力は，業界構造の定義に重要な影響を与える。バイヤの交渉力に影響を与える要因はつぎのとおりである。

- **差　別　化** 製品の特性が豊かでかつ独特である場合，バイヤの交渉力は下がる。逆に，日用品である場合，バイヤの交渉力は強まる。
- **集　　中** 特定のバイヤが企業の売上げの大部分を占める場合，バイヤの交渉力が強まる。
- **重　要　性** 業界に占める特定のバイヤの購入額の比率が高い場合，バイヤはコストを下げるため，業界の製品の価格に対し制御を強めようとする。
- **収　益　性** 利益を少ししか生めないバイヤは価格にいっそう敏感である。
- **質の重要性** バイヤのビジネスモデルに製品の質が重要である場合，バイヤは価格をそれほど重要視しない。
- **情報へのアクセス** 業界の構造について詳しいかどうかによって，バイヤの交渉力は異なる。
- **切り替えコスト** 選択肢として川上統合がある場合，バイヤの力は強まる。

4. **代替製品またはサービスの脅威** 既存または潜在的な代替製品およびサービスによって市場から撤退を促されてしまう場合のリスクは，いくつかの要因により決定する。

- **相対的なコスト/パフォーマンス** より優れた特性または低コストの製品/サービスが既存または潜在的に存在する場合，代替製品/サービスに取って代われる可能性が高くなる。
- **切り替えコスト** 切り替えコストが低い場合，代替製品/サービスに取って代われる可能性が高くなる。
- **収　益　性** 確かな代替製品/サービスを提供する高収益企業が存在する場合，代替製品/サービスに取って代われる可能性が高くなる。

5. 既存のライバル企業間の競争　五つの力のうち最も影響力があることが，経験的に数多くの実例を通して示されている。業界内での競争の激しさは，いくつかの要因によって決定される。

- **市場の成長性**　成長著しい市場では，ある企業の売上げ増は，他社の売上げを奪った結果ではないので，競争は激化しない。したがって報復を受ける可能性は低くなる。
- **コスト構造**　固定コスト構造が高い場合，通常，需要の谷間に急激に生産能力が過剰になってしまうため，各企業は適当な生産量を確保するために，市場シェアを奪い合う結果となってしまう。
- **撤退障壁**　収益が低い企業は，資産の特殊化，撤退にかかる固定コスト，感情的執着，政府規制，戦略選択肢としての企業プラットフォームにおける製品市場の重要性から，しばしば業界にとどまらざるを得ない場合がある。
- **切り替えコスト**　日用品は価格により切り替えの対象となり，それにより市場シェア/ボリュームの競争につながる場合がある。逆に，製品の差別化が図られている場合，企業が望んでいない既存顧客の製品切り替えを回避することができる。
- **経験効果**　生産量を急増させることによってしか経験曲線を下げることができない場合，生産能力過剰と価格競争のリスクは高まる。
- **多様性**　規模や競争上のポジションが同等な多数の企業によって構成される業界では，競争は激しくなる。ウェブを介してであれば容易に起こりうる遠隔地への企業の参入も競争を激化させる。さらにさまざまな戦略を持つライバル企業間で戦略的意図が衝突する場合，競争は増加する。

分析者は，五つの力の個々または総合的な強さを識別する目的で，業界はどのように魅力的か，最良の競争を挑むにはどうすればよいかという答えを最終的に出す必要がある。

6.3　強みと利点

静的な分析

静的な分析は，現在の業界構造内での企業の強みと弱みに適応する受動的ポジショニング戦略を構築する助けとなる。競争上の力の分析は，競争上の原動力およびこれらの圧力に対抗している力を識別するために使用される。なぜ競争上の力が重要であるかというと，成功するには競争上の圧力に対し効率的な対処ができるように戦略を設計しなければならないからである。その後ファイブフォースモデルの究極的な目標である，競争上の優位性に基づいた強い市場ポジションを構築する。

競争が激しく，参入障壁が低く，代替製品の圧力が強く，そしてサプライヤとバイヤにか

なりの交渉力がある場合，競争環境は魅力がない。

適度な競争しかなく，参入障壁が比較的高く，優良な代替製品がなく，サプライヤとバイヤに交渉力がない場合，競争環境は魅力的である。

競争上の力が弱ければ弱いほど，業界の収益性は高くなる。企業の戦略または市場のポジションが五つの力に対するよい防御となっている企業は，五つの力のうちの一部または全部が強い場合でも平均以上の収益を上げることができる。ファイブフォースモデルは，分析者にありのままの分析結果として，企業が競争上の力から影響を受けないようにし，「なんで競争というゲームを行うべきか」という観点から強いポジションを与えるものであり，競争上の優位性を創造するためには必要不可欠である。

動的な分析

ファイブフォースモデルは，業界発展のために役立つ動的な分析にも使用できる。分析者は，動的な分析により，業界の競争上のルールを自社にとって有利となるようにオペレーションすることで，積極的な戦略を構築することができる。業界の発展は，業界構造の五つの力のどれかに変化があったとき，分析者が戦略的チャンスを識別して利用できるので，ファイブフォースモデルの重要な構成要素である。

業界の発展の理論は，創造的破壊の概念を生み出したハーバードの経済学者 Joseph Schumpeter により 1943 年に初めてまとめられた。同氏のおもな主張は，資本主義経済の強さは技術イノベーションや概念のイノベーションによりたえず起こる変化にあるというものであった。進展の根本にはイノベーションがあり，現在のビジネスモデルは，つねに新しいよりよいモデルに取って代わられる。破壊的イノベーションの理論は 1960 年代初頭の製品ライフサイクル（PLC）の概念によって補足される（製品ライフサイクル分析の詳細については 23 章を参照）。製品ライフサイクルの概念が経験曲線理論と結合されたことにより，戦略的に業界の発展を管理するモデルの初期のものが誕生した。しかし製品ライフサイクルの妥当性に対する疑問として，業界の発展方法はいくつかあるが，経験曲線理論の限界から，Porter は業界の発展を分析するにはファイブフォースモデルのほうが優れた分析方法であると主張した。

業界の発展理論の中心となったのは，五つの力は相互に関連しているというものであった。一つの力に変化があった場合，ほかの力も影響を受け，その結果，業界構造全体が影響を受けやすくなる。業界の発展を分析する際，基本となる分析すべき事項はつぎのとおりである。

・五つの力の将来的な変化を予測する。

・上記のそれぞれの力における変化が，どのようにほかの力に影響するかを見極める。

・相互に関連性があるこれらの変化の累積が，業界の将来的な収益性にどのように影響を

するか見極める。
・この将来を示唆するシナリオにおいて，現在の戦略を使用しつづけた際に予測される企業ポジションの強さを見極める。
・競争相手の行動に反応する，あるいは戦略を変更し主体的に競争上の優位性を得ようとするどちらかの手段で，変化している業界構造を利用するためには，戦略をどのように変えることができるのかを見つけ出す。

環境分析の重要な機能拡張

ファイブフォースモデルは，SWOT 分析および戦略理論の「経営資源環境」部分の重要な拡張であった。その結果，戦略領域に産業経済学という学際的な領域が適用された。ファイブフォースモデルは，戦略を構築したり導入したりする際の環境部分の分析を大きく向上させたことで，高い確率で戦略の適合性を達成できる。

正式なシナリオ理論の前触れ

ファイブフォースモデルを業界発展理論上にポジショニングするということに重きを置いたことが，シナリオ分析の強力な基礎となった。五つの力を分析することにより，長期的な計画の立案において分析者は物事を正しく見極めることができるようになる。特に，力の相互依存関係の概念，時間の経過に伴い力は変化するということ，ビジネス戦略を利用しこれらの力から受身的にビジネスを守ることが可能であること，また競争上の優位性を向上させるために，積極的にこれらの力を制御することが理解できるようになる。

6.4 弱みと限界

ファイブフォースのおもな弱点は強みの逆である。つまり，業界の経済構造により競争が推進されるという想定である。ファイブフォースの枠組みを批判する人たちは，このモデルは企業の市場での短期的なポジションに集中しており，長期的には競争上の優位になる可能性がある企業のコアコンピタンスを過小評価しているのではないかと指摘している。さらにこの枠組みは個々の事業単位を分析するように設定されており，企業のポートフォリオ全体の相乗効果および相互依存性が考慮されていないと指摘している。

ファイブフォースのもう一つの弱点は，社会政治学（Sociopolitical：SP）的な要因の重要性についての明確な認識が欠けているという点である。このモデルは SP 要因の影響を五つの力に対し暗黙的にしか組み込んでいない。しかし SP 戦略はますます重要になってきており，政府やほかの社会的要因を別の六つ目の力として扱う必要が生じている。これを組み入

れない場合，五つの力以外のものであるにもかかわらず同様に業界の競争上のパラメータに作用するSP要因の影響リスクを見過ごしてしまうことになる。

　当初，Porterの業界分析はしっかりとしたものではなく，低コスト，差別化または規模という一般的な三つの戦略を選択または導入するための方法論を提供しなかったことが批判された。それを受け，Porterは1985年に価値連鎖モデルを提案し，この問題を解決しようとした（価値連鎖の詳細については9章を参照）。

　またこの枠組みは冗長性があるとも考えられる。すなわち，この枠組みは，魅力的な業界の企業は成功していることを仮定しており，企業が成功しているのは，企業が魅力的な業界にいるからである（Black and Boal, 1994）。しかし，企業体また業界のどちらが先に成功すべきであるかとした問題は依然解決されていない。

　Porter自身は，この枠組みのもう一つの重要な限界を指摘している。つまり，この枠組みは横断面的問題を分析するものであり，長期的な変化を扱うものではない。横断面的問題は，なにが一部の業界および業界の中でのポジションをより魅力的にしているのかに焦点を当てている。横断面的問題は，なぜ，またはどのようにして一部の企業がそもそも有利な立場につくことができたのか，そしてとどまることができない企業があるにもかかわらず，なぜ一部の企業はそのポジションに長くとどまることができるのかを直接的には解決してくれない（Black and Boal, 1994）。

　ほかの限界は，戦略を構築するマネージャに対し，暗黙的なアドバイスを与えるところにある。McWilliamsとSmart（1993）は，この枠組みは，暗黙的なアドバイスにより企業が利益を受けない場合があるにもかかわらず，マネージャに業界の特徴に焦点を当てさせ，業界構造に影響するように経営資源を分配することを推奨することで，マネージャを間違った方向に導いてしまうと述べている。その結果，競争相手がほかの企業の経営資源から労せずして利益を受けてしまう場合があると述べている。もし業界構造が，企業業績の支配的な決定因子なら，この行動も正当化されるであろう。しかし，数人の学者の最近の研究は，そうではないことを示唆しており，業界構造は企業業績に対し，最高でも8%から15%の変動割合しか占めないと述べている。さらに市場力を基本とした戦略は，企業に危害を加える場合がある。例えばCarr（1933）は，自動車部品業界の分析で，市場力を基本とした戦略を採用した企業は，経営資源を基本とした戦略を採用した競争相手と比較したさまざまな業績の尺度でかなり伸び悩んだと述べている。

6.5　テクニック適用のためのプロセス

　ファイブフォースモデルを利用する場合，最初にそれぞれの力（図6.1を参照）の特性

6. 業　界　分　析　　71

```
           ┌──────────┐
           │ 潜在的参入者 │
           └─────┬────┘
                 ↓
┌───────┐    ┌──────────┐    ┌─────┐    ┌─────┐
│ サプライヤ │ → │業界内の競争相手│ ← │ 顧客 │ ← │ 消費者 │
└───────┘    └─────┬────┘    └─────┘    └─────┘
                 ↑
           ┌──────────┐
           │  代替製品  │
           └──────────┘
```

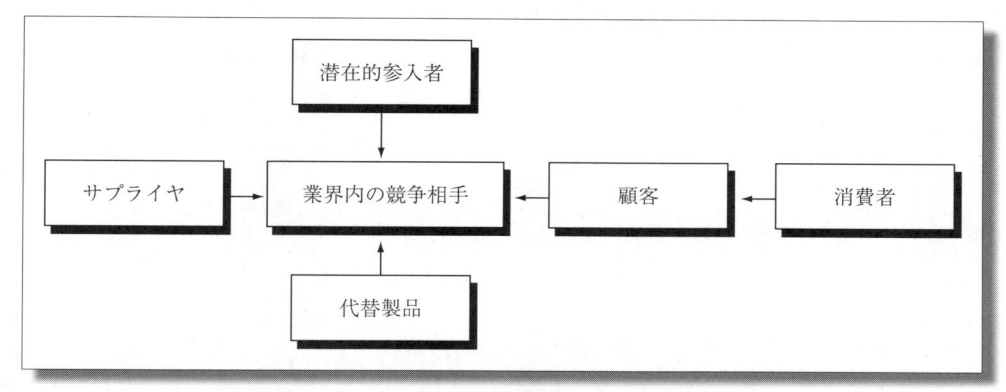

図6.1　テクニックを適用するための汎用的なプロセス

を識別するために，情報を収集し，収集された情報が業界に与えるインパクトを調査および評価しなければならない。**図6.2**には，それぞれの力のインパクトの度合いを決定するのに利用することができる要因が示されている。このステップで必要な情報は，ほとんど二次情報源から入手できるが，客観的な分析をするには一次情報源も利用する必要がある。

　五つの力を分析する場合，競争上の圧力はおもにどこからくるのかをまず識別しなければならない。競争上の圧力とは，競争相手との競争，代替製品，潜在的参入者，サプライヤの交渉力，バイヤの交渉力である。

　つぎにそれぞれの要因に強い，中程度，弱いなどの相対的な強さを決定する値を付ける。力が強い場合は5の尺度を割り当て，弱い場合は1の力を割り当てることもできる。それぞれの力はどのように作用するか，またそれが競争全体でどのような役割を果たすのか，論理的に説明できるようにする必要がある。

　2番目に自社の競争力を考え，五つの力を全体的に評価する。最終的には，五つの力を全体で考え，どの能力を使用すれば企業は業界内でうまく競争することができるかを識別する。企業の経営資源の強さを比較することによって，価値ある戦略的な機会および脅威を知ることができる。

　3番目に，分析者は，前の二つのステップを繰り返すことにより，業界の進展を考え積極的な戦略を立てることに焦点を当てる。これを有用なものにするには，業界の傾向を長期的に分析し，業界の収益は持続可能なものであるか識別する。とりわけ，政府法案および規制，社会および消費者，世界的，経済的，および技術的傾向を分析する。

　つぎに，分析者は環境分析をより広範囲な意味での企業戦略と統合しなければならない。企業戦略を統合するには，競争相手が取りそうな動きに対する受身の戦略，すでに変化している力を利用する積極的な戦略，五つの力の一つあるいはすべてに対し，明示的に変化を及ぼすように積極的な戦略分析を行う。

参入障壁

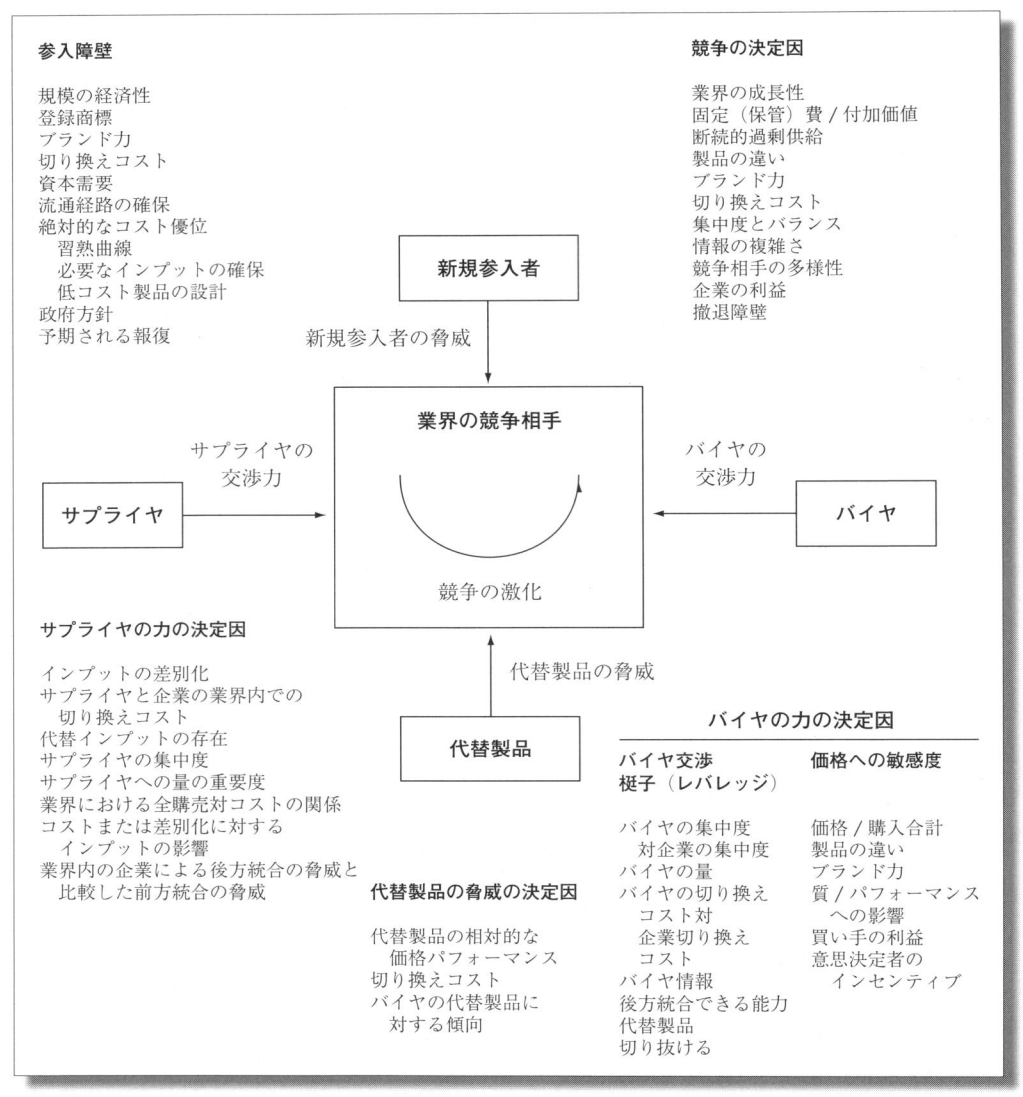

規模の経済性
登録商標
ブランド力
切り換えコスト
資本需要
流通経路の確保
絶対的なコスト優位
 習熟曲線
 必要なインプットの確保
 低コスト製品の設計
政府方針
予期される報復

競争の決定因

業界の成長性
固定（保管）費／付加価値
断続的過剰供給
製品の違い
ブランド力
切り換えコスト
集中度とバランス
情報の複雑さ
競争相手の多様性
企業の利益
撤退障壁

サプライヤの力の決定因

インプットの差別化
サプライヤと企業の業界内での
 切り換えコスト
代替インプットの存在
サプライヤの集中度
サプライヤへの量の重要度
業界における全購売対コストの関係
コストまたは差別化に対する
 インプットの影響
業界内の企業による後方統合の脅威と
 比較した前方統合の脅威

代替製品の脅威の決定因

代替製品の相対的な
 価格パフォーマンス
切り換えコスト
バイヤの代替製品に
 対する傾向

バイヤの力の決定因

バイヤ交渉
梃子（レバレッジ）

バイヤの集中度
 対企業の集中度
バイヤの量
バイヤの切り換え
 コスト対
 企業切り換え
 コスト
バイヤ情報
後方統合できる能力
代替製品
切り抜ける

価格への敏感度

価格／購入合計
製品の違い
ブランド力
質／パフォーマンス
 への影響
買い手の利益
意思決定者の
 インセンティブ

図 6.2 Porter のモデル （Source: Reprinted with the permission of The Free Press, a Division of Simon & Schuster, Inc., from *Competitive Advantage: Creating and Sustaining Superior Performance* by Michael E. Porter. Copyright © 1985, 1998 by Michael E. Porter.）

ファイブフォースモデルを使用した戦略の構築

静的分析 ― 二つの業界の極端な例

1. **航空業界の五つの力の評価** （5 = 強い，1 = 弱い）
   a. 参入障壁 ― 重みづけ 5
      ・1980 年代の大幅な規制緩和により法的な障壁は減少している。

- 資本集約度が航空機のリース能力および請負で地上クルーを雇うことによって相殺されている。
- ターミナル数の制限が第二空港が使用可能なことにより相殺されている。

b. バイヤの交渉力 ― 重みづけ 5
- 過当競争が空の旅を日用品にしてしまったことで結果的に供給過剰になっている。
- 消費者の価格敏感度はロイヤルティプログラムによっても相殺しきれていない。
- 市場シェアの争奪が業界で当たり前になっている。

c. サプライヤの交渉力 ― 重みづけ 5
- 戦略的なパイロットと機械工労働組合が，生産者の得られるべき余剰に付随した経済利益を侵食してしまった。

d. 市場成長性 ― 重みづけ 3
- 総合的な成長性は比較的が高いが，価格に敏感はエコノミークラスにおいてのみである。
- より大型の飛行機や競争相手の参入によりエコノミークラスの成長が相殺されている。その結果，供給過剰になり，利ざやも薄くなっている。
- IT技術の発展のため，顔を向かい合わせてコミュニケーションをとる必要がなくなったため，収益性の高いビジネスクラスの市場はあまり成長していない。

e. コスト構造 ― 重みづけ 5
- 大多数の経費は，積載量に関係なく固定化されている。
- 過剰な供給から，最大限のマージンを上げようとするため，かなりのディスカウントを行っており，結果的に価格が変動費化している。

f. 撤退障壁 ― 重みづけ 5
- 手ぬるい破産法により，航空会社は，事実上，労働協約を破棄し，営業を継続することができる。
- 政府による国際航空会社の保有は，社会政治的な配慮から，撤退や輸送能力の削減を困難にする。

結論：競争の力は強く，航空業界の収益性は低い

2. 製薬業界の五つの力の評価 (5 = 強い，1 = 弱い)

a. 参入障壁 ― 重みづけ 1

- 大量の資本が必要（平均的な薬で研究開発に2億ドルかかる。それに加え，回収不可能なマーケティング費がかなりかかる）。
- したがって新規参入したい場合，ニッチ戦略を採用するしか方法がない。しかし成功した場合，強引な買収の申し入れがある。

b. バイヤの交渉力 — 重みづけ1
- 製品の特質および効き目によって，通常，医者ではなく患者が購入の決定をする。この場合，価格はそれほど重要視されない。
- 消費者が購入を決定する際，強いブランドロイヤルティを見せる。これは，プライベートブランドの薬に対する対抗力として働く。
- 特許権保護がイノベーションを推進し，保護する。

c. サプライヤの交渉力 — 重みづけ3
- 製薬業界へ投入されるもととなるものは日用品化されている。
- 薬物療法に代わるものはほとんどなく，通常外科手術を行うよりも安い。
- バイオテクノロジーや遺伝子治療はまだ開発段階にある。
- 多くの見込みのある新興バイオ企業は大手にすでに買収されているか買収されてしまう。

d. 市場成長性 — 重みづけ1
- 製品のイノベーションを継続的に行っていくことにより需要を生む。
- ベビーブーマー世代が年を取ることが成長要因となる。
- 寿命の伸び。

e. 撤退障壁 — 重みづけ2
- 研究開発，マーケティングおよび流通費のほとんどが回収不能であることが撤退を困難にしている。
- 既存の企業が高いお金を払い小規模企業を買収することによって相殺されている。

結論：競争力は弱く，製薬業界の収益性は高い。

Source: Adapted from "Understanding Industry Structure," by R. Suutari, 2000, *CMA management*, 73(10), pp.34-37.

ファイブフォースモデルを使用しての戦略の構築

動的な分析 — U.S. メモリプロジェクト

1970年代,米国のセミコン業界は安全な先行者利益を享受していた。しかしこれに対抗するため,エレクトロニクスの分野で,世界的に独占的な地位を獲得しようとする動きを後押しできるよう,日本政府は産業政策を変えた。まもなく日本は,米国よりも多くの資金をDRAM技術,製品開発および製造設備に投資するようになった。その結果,日本は1985年には1K DRAM市場の15％を獲得するという大きな成長を実現した。これに加え1984年の64K DRAM市場では,日本は世界市場の40％を獲得していた。1989年にPrice Waterhouseは,米国のメーカの企業連合体(IBM, ADM, Digital, Intel, LSI Logic, National Semiconductor)である米国産メモリのために,競争分析を行った。ここでの目標は,市場の世界的な支配を日本から取り戻すことであった。1990年代初頭,圧倒的地位にあった日本メーカは,4MBのチップを製造する計画を持っていた。そこで,米国産メモリは,1990年代の中ごろまでに,日本の市場シェアを抜くことができる戦略を模索していた。そのため1993年Price Waterhouseは,業界が使用する今後の競争構造のシナリオを構築しなければならなかった。

われわれは,Price Waterhouseがとったアプローチから業界分析をほかの概念的なツールとどのように統合すればよいかを知ることができる。まず業界分析の利用は,業界の現在の競争上の地位,および戦略目標を達成するため,なぜ,またどのようにして地位を向上できるのかを識別する助けとなった。Price Waterhouseが採用した分析手法はつぎのとおりである。

ステップ1 — 戦略の調査

内部のビジネスモデルを理解するために,価値連鎖が分析された。さらに日本がどのような反応をしてくる可能性があるか(規模の拡大,技術イノベーション,次世代64MBチップなど)を知るために,シナリオ分析が実施された。

ステップ2 — 業界分析

必要に迫られて,業界分析は明らかに将来に焦点を合わせていた理由として,タイミングが重要な問題であるとの考えであった。業界はつぎの事柄に注視して分析を行った。

- どのようなタイプのDRAMを製造すべきか。
- どの技術によって競争上の優位性を獲得できるか。
- どの製造プロセスを採用すればコストを最も低くに抑えることができるか。
- 競争相手の今後の価格決定方針,および市場参入時の米国産メモリの経験曲線上のポジションの予測と業界の経験曲線による競争分析

多くの内部情報は、Semiconductor Industry Association の企業連合体のメンバーから得ることができた。また、Aerospace Industries Association of America, Society of Automotive Engineers および University of Michigan の Office for the Study of Automotive Transport などの二次ソースから得た情報も業界分析に使用された。この二次情報を使用し、コンサルタントが仮説を構築し、米国産メモリ製造業のラインマネージャにテストした。このプロセスの分析結果は、分析の範囲がわかりやすく、そして意味のある製品市場の定義を制限するために、業界の仮の境界線を決めることができた。

ステップ3 ― 価値連鎖分析

製品市場の定義をしたあとに、顧客に対する価値連鎖調査が焦点となった。一度、パラメータが識別できれば、日本対米国産メモリの戦略上の違いを明らかにすることができた。またベンチマーク分析から、最も重要な変数は、歩留り（良質品から不良品を除いたもの）であることがわかり、歩留りの推進役となる最も重要な経済変数は規模の経済であることが明らかとなった。ほかに重要な変数としては、ウェーハのサイズ、生産量、設計の複雑さ、材料およびオーバーヘッドであった。外部のベンチマークから、日本企業はより梃子（レバレッジ）入れされており、焦点を絞っており、付加的であり、米国のメモリ製造業界よりも低コストで製造を行っていることが判明した。また日本の競争上の優位性の一要因として、有名な「チームでのアプローチ」であることが見いだされた。

経験曲線分析から重要な事柄がわかったことは、生産量を増やすと大幅にコストを削減できるということであった。実際 1MB の DRAM の価格は、1980 年代から毎年 25 から 30％減少した。分析結果により、米国産メモリプロジェクトの仮説が不正であったことが明らかになった。プロジェクトの初めのころ、日本側のセミコン工場には一つしか製造ラインがないと想定されていた。開発費を抑えるため、いくつかの米国企業から技術をライセンスするという戦略が初めはあったが、ライバル企業が複数の製造ラインを保有しているということがわかったことで、ライセンシングにより持続的に競争上の優位性を確保できるという想定は間違ったものであるということがわかった。

ステップ4 ― 設計戦略

業界構造に影響を与える不確定な要素として、つぎのような変化があった場合のシナリオ分析が行われた。

・日本の直接外国投資および米国での製造が与えるインパクト
・米国産メモリが合弁を設立することのインパクト
・製品のイノベーション
・価値連鎖

米国産メモリに対して行われた戦略上の推奨は最終的にはつぎのとおりであった。
- IBMの専門的知識を使用し長期の技術コストを無視しても，競争上対等になることはできるが優位に立つことはできない。
- 製造ラインを一つしか活用しない場合，日本と比較したとき単位当りの製造コストが大幅にかかる。
- 競争するためのデザインとプロセスの改良が，1994年までに米国のコスト優位が勝る。
- フラットテクノロジーライセンシングフィーと製造プロセス上のコスト削減がない場合，持続可能な競争上の優位性は実現できない。
- 生産量および技術は，当初の想定よりも大幅に向上させなければならない。

企業連合体の組織構造が複雑であったことが大きな要因で，これらの推奨事項を守れなかったため，米国産メモリのプロジェクトは失敗に終わった。ほかに，1990年のDRAM市場の崩壊，ライセンス契約の更新の失敗，長期的な技術コストに対する経験曲線の重要性の無視，ライバル企業のイノベーションの優秀性などのすべてが要因であった。それでも革新的なこの業界分析の利用は，業界のイノベーションが戦略的に意味していることを正確に把握するために非常に重要な役割を果たした。

Source: Adapted from "U.S. memories: The Secrets of Successful Competitive Analysis," by S. J. Berman, 1991, *Planning Review*, 19(6), pp.28-35.

　これらの戦略は，価値連鎖分析により得られる持続可能な競争上の優位性を支配的なものとする枠組みを利用し，構築された。つまり，差別化をはかることができる低コスト戦略として，低コスト，あるいは経営資源を基本とした戦略について，持続可能な競争優位を保つための三つの基準を満たす範囲にある戦略として：まねできない，重要，そして希少性，を選択している。

　業界の構造は戦略上の選択に影響する。戦略を選択しやがてはマネジメントする際に，その方向を決定するために業界のイノベーション分析がある。競争上の優位性を持続させるには，競争上のそれぞれの力，および現在の戦略に対する，それらのインパクトおよび機会を継続的に監視している必要がある。

　最後に，すべての業界は同一ではないということをいいたい。したがって，さまざまな業界でポートフォリオを展開している多角化企業は，それぞれの業界にこのモデルを適用する必要がある。

FAROUT のまとめ

	1	2	3	4	5
F	■	■	■		
A	■	■	■		
R	■	■	■	■	
O	■	■	■		
U	■	■	■	■	
T	■	■	■		

未来志向性　現在から中期な未来。業界を取り巻く力の状態は変わるので定期的に調べる必要がある。

正確性　中程度。使用する情報源によって正確性は変わる。業界の専門家に何度も確認すれば正確性を上げることができる。

経営資源効率性　中から高。企業は必要な情報をすでに利用できるようになっていなければならない。分析費用は採用した分析者の数とポジションにより変わる。

客観性　中程度。主観的なデータは客観性が減る。したがって使用している情報による。定性分析は有用であるとみなされている。

有用性　中から高。注視すべき競争上の要素を目立たせるために，戦略を正しく導入する際に業界の全体像をつかむことができる。

適時性　中程度。五つの力を正確に分析するには時間が必要。

関連するツールとテクニック

・競争相手分析　　　・環境分析　　　　　・経験曲線分析
・業界発展分析　　　・製品ライフサイクル分析　・戦略グループ分析
・SWOT 分析　　　　・価値連鎖分析

参　考　文　献

Bain, J. S. (1956). *Barriers to new competition*. Cambridge, MA: Harvard University Press.

Berman, S. J. (1991). "U.S. memories: The secrets of successful competitive analysis." *Planning Review*, *19*(6), 28-35.

Black, J. A., & Boal, K. B. (1994). "Strategic resources: Traits, configurations and paths to sustainable competitive advantage." *Strategic Management Journal*, [Special summer issue], *15*, 131-148.

Black and Boal (1994) paraphrasing Porter, M. E. (1991). "Towards a dynamic theory of strategy" *Strategic Management Journal* [Special summer issue], *12*, 95-117.

Carr, C. (1993). "Global, national, and resource-based strategies: An examination of strategic choice and performance in the vehicle components industry," *Strategic Management Journal, 14*(7), 551-568.

McWilliams, A., & Smart, D. L. (1993). "Efficiency v. structure conduct performance: Implications for strategy and practice." *Journal of Management, 19*, 63-79.

Porter, M. E. (1979). "How competitive forces shape strategy." *Harvard Business Review, 57*(2), 137-145.

——. (1979). "The Structure within Industries and Companies Performance," *The Review of Economics and Statistics, 61*(2), 214-227.

——. (1980). *Competitive strategy: Techniques for analyzing industries and competitors.* London: Collier Macmillan Publishers.

——. (1980). "Industry structure and competitive strategy: Keys to profitability." *financial Analysts Journal, 36*(4), 30-41.

——. (1985). *Competitive advantage: Creating and sustaining superior performance.* London: Collier Macmillan Publishers.

Roquebert, J., Phillips, R., & Duran, C. (1995), "How much does strategic management matter?" Presentation at the meeting of the National Academy of Management, Atlanta, GA.

Rumelt, R. P. (1991). "How much does industry matter?" *Strategic Management Journal, 12*(3), 167-185.

Scherer, F. M. (1970). *Industrial market structure and economic performance.* Chicago, IL: Rand McNally.

Schumpeter, J. A. (1943). *Capitalism, socialism and democracy.* London: Gorge Allen and Unwin Ltd.

Suutari, R. (2000). "Understanding industry structure." *CMA Management, 73*(10), 34-37.

7. 戦略グループ分析

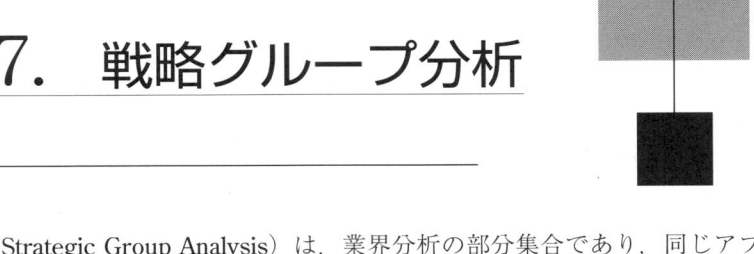

戦略グループ分析（Strategic Group Analysis）は，業界分析の部分集合であり，同じアプローチおよび戦略ポジションを持つライバル（競合）企業を基準に分けられた同じ業界内のグループを分析する。戦略グループマップは，複数のライバル企業の競争上のポジションを示すものである。戦略グループ分析では，つぎの事柄を識別するために使用する。

・複数のライバル企業のさまざまな競争上のポジション
・業界グループ間またはグループ内の競争の激しさ
・業界内のさまざまな戦略グループがどの程度の利益を上げることができるか。
・分析対象となる企業の競争上のポジションから推察される静的または動的な戦略

7.1 背　　　景

戦略グループの概念は，Michael Hunt が 1972 年にハーバード大学に提出した「1960 年代の大手家庭電化製品業界のパフォーマンス」を扱った博士論文で初めて明確にされた。論文の中で，同氏は業界内の企業の経済的なパフォーマンスの違いを説明するには三つの要因の前提条件である前方統合，つまり製品の多様化の度合いそして製品の多様化の違いがあると述べた。これらの要因を用い，同氏は業界を四つの戦略グループに分けた。戦略グループ分析は，家庭電化製品業界に参入しようと考えている企業がそれぞれの戦略グループに参入するための障壁を識別するのに役立った。

論文の発表直後，Hunt のハーバード大学の同僚である Newman（1973）と Porter（1973）は，それぞれの学術論文で，戦略グループの概念に関する新しい適用方法を発表した。それ以来，多くの研究者たちは戦略グループの概念を広範囲にわたる業界に適用した。これらの研究（例：McGee and Thomas, 1986）は質が高く，そして経験主義に基づいた優れた戦略研究となった。

このような研究がなされる前は，一般的であった戦略分析手法は，業界で境界線を引き，市場（例えば需要の交差弾力性や製品ライフサイクル）や技術または製造プロセス（例えば経験曲線）を基準とした戦略を推奨するというものであった。1970 年代の馴染み深いポー

トフォリオアプローチでは，市場と技術または製造の両方を組み込んでいる。これとは対照的に業界分析では，より広範囲な競争上の変数を使用し，業界の境界線の定義と境界内での競争を説明しようとするものであった。初期の業界構造分析手法は，ポートフォリオアプローチが人気のピークを迎えたころに開発された。

　業界分析の人気がBCGマトリックスやGEビジネススクリーンなどのポートフォリオアプローチをしのぐようになったのは，1980年にPorterが独創性にとんだ「Competitive Strategy : Techniques for Analyzing Industries and Competitors」という書籍を発刊してからである。また戦略分析の枠組みに産業経済理論を明確に使用したことも，この書籍は新天地を開くものであった。戦略グループ分析は，この理論を変革することに顕著に貢献し，現代の戦略理論およびその実践をするために重要な構成要素となった。

7.2　戦略的根拠と意味

　戦略グループは，競争上必要な戦略の主要な局面が一つ以上異なるため，類似してはいるがほかの業界内のグループとは異なる，単一業界内の企業グループと定義できる。異なる戦略は，業界のイノベーションの履歴，企業にあるさまざまな異なる経営資源や能力，ユニークなゴール，異なる地点での参入の履歴，セグメント化，異なるリスクプロファイルなどの機能の役割を果たす。競争上の変数はグループ，およびグループ内の類似するものとの間にどのような違いがあるかを識別する。特定のグループ内の個々の企業の収益性について研究している分析者は，戦略上の重要な事柄を得ることができる。

　6章で説明したとおり，Porterのファイブフォースモデルでは業界構造は五つの相互作用がある力の結果だと説明されている。五つの力とは（1）新規参入者の脅威，（2）サプライヤの交渉力，（3）バイヤの交渉力，（4）代替製品やサービスの脅威，および（5）既存のライバル企業間の競争である。戦略グループ分析では五つ目の力，つまり競争相手間のライバル企業関係，およびそれがどのようにほかの四つの力にインパクトを与えるか，またインパクトを受けるかを明確にするものである。五つの競争上の力は，それぞれの戦略グループおよびそれに関連した各戦略グループ内の個々の企業の収益性に異なる度合いのインパクトを与える。分析者は，戦略グループの構造とそれらが五つの競争上の力に与えるインパクトを分析することにより，業界が発展する過程で戦略上どのような選択肢があるのか知ることができる。

戦略グループへの参入の脅威が与えるインパクト
　競争相手の模倣から競争上の地位を守るために，企業は移動障壁を形成することにより他

企業の参入を邪魔し，自社の利益を守ろうとする。移動障壁は同様に，企業が戦略を変更し別の戦略グループに入ろうとするのを困難にし，戦略グループ間の競争構造を複雑にする。そして実際に，これらの移動障壁が，戦略グループの境界と構造を定義している。移動障壁をよく見る例としては，より優れたコスト構造，規模の経済，製品/サービスの属性の差別化，切り替えコスト，ディストリビュータへのアクセス，垂直的または水平的な多様化，資本集約度，専有技術，有利に作用する社会政治学的な要因などを挙げることができる。

　分析者は移動障壁が時間の経過に伴い変化するものであるということを認識していなければならない。市場経済における創造的破壊の波は，確立されている競争上のパラメータを根本的に変えるものである。イノベーションは業界構造を根本的に変えるものであり，確立された移動障壁を取り払うにはイノベーションが有効である。この移動障壁と戦うための効果的な戦略はまれである。創造的または差別化を図るような戦略を利用するというよりはほかの戦略を真似するだけであり，それによって移動障壁が取り払われることはめったにない。向こう見ずに確立された移動障壁に身を投じる危険性は，ユニークで革新的な戦略よりも模倣された戦略のほうが可能性が高い。したがって別の戦略グループに入るため，または新しい戦略グループを定義するため，既存の戦略グループ内での競争を再定義するには，創造的な破壊を急に引き起こすか，あるいは少なくとも「時代の先を行く」必要がある。

戦略グループ内部のライバル企業のインパクト

　戦略グループ内の競争の激しさを決定する要因は，つぎの三つである。(1) 業界内のグループ数とそのグループ間の市場シェア，(2) グループ間の戦略の違い（つまり，グループ間での戦略の違いの大きさ），(3) グループと市場の相互依存関係（つまり，グループ間での市場セグメントの重複とグループ間での製品/サービスの差別化）。

　これらの三つの要因と競争の関係は正比例する。まず，戦略グループ内の企業数が多ければ多いほど，また企業の市場シェアが類似していればしているほど，競争は激しくなる。つぎに，戦略に違いがあればあるほど，競争も激しくなる。3番目に，市場との相互依存が強ければ強いほど，競争は激しくなる。

　例えば，異なる戦略を追求しているはずの戦略グループが，同じ顧客セグメントをターゲットにしてしまった場合がある。顧客シェアの奪い合いとなり，戦略グループ間での競争が激しくなる。いい換えると，業界内の複数の戦略グループが異なる市場セグメントをターゲットにしている場合，顧客属性が衝突しないので，前述の競争は回避されることになる。

バイヤとサプライヤの戦略グループに対する交渉力のインパクト

　戦略グループは，つぎの2通りの方法でバイヤとサプライヤの交渉力にインパクトを与え

る。

1. **バイヤとサプライヤが同一**　業界内のすべての戦略グループが同じ（複数の）タイプのサプライヤから供給を受けている場合がある。この場合，グループ間の戦略によってしか差別化を図ることができなくなり，一部のグループは他グループよりも交渉力の影響を受けやすくなってしまうことがある。
2. **バイヤとサプライヤが異なる**　戦略グループが異なるタイプのサプライヤから供給を受け，異なる顧客セグメントに対して販売している場合，別の局面の影響を力の均衡は受ける。この場合，戦略グループ間での戦略の違い，バイヤとサプライヤのタイプの違い，またはこの両方によって交渉力が違ってくる。

戦略グループが代替製品から受ける脅威のインパクト

　異なる戦略グループは，通常異なる戦略または競争変数を追及する。つまり，各戦略グループが持つ明確な戦略は，業界の異なる価値連鎖部分に影響を与えることになる。戦略グループの競争上の優位性の源となっている価格連鎖のリンクが代替製品によって脅かされる場合，グループの収益に影響を与えるか，それよりも悪い場合，立ち退きを迫られてしまうことがある。この場合，価格連鎖のどの部分で競争をしているかにより，または代替製品がどの連鎖に脅威を与えているかによって，代替製品の影響を受けやすいグループもあれば，あまり影響を受けないグループもある。

　戦略グループ内の企業の競争上のポジションは，グループの収益性に影響を与える。Porterは，つぎの四つの要因によって戦略グループの競争構造に影響があると述べている。

1. **同一グループ内企業の競争激化**　戦略グループ間の競争の激しさを決定する三つの要因は，同一グループ内の企業間の競争にも当てはまる。また，各要因と企業の収益性が正比例するというのも当てはまる。
   - 戦略グループ内の企業数とその企業間の市場シェアの分布
   - 企業間の戦略の違い（つまり，グループ内での戦略の違いの大きさ）
   - グループと市場の相互依存関係（つまり，戦略グループ内での市場セグメントの重複とグループ間での製品／サービスの差別化）
2. **規模の効果**　戦略グループの市場に規模の経済がある場合，市場シェアが最大である企業が低コスト構造を享受する。
3. **戦略グループに参入するためのコスト**　戦略グループに参入するためのコストは，いくつかの要因によって決定される。
   - ほかの戦略グループや業界で得た梃子（レバレッジ）となるコアコンピタンスによって守られた優れた経営資源が参入企業にある。

・参入のタイミング

4. **企業が選択した戦略を実施する組織の能力**　ほかの競争変数が変わらなかったとしても，よりよいものを導入したり，高収益を生むスキルや能力があれば，その企業はほかの企業よりも高収益を上げることができる。

Porter（1980）は，業界の収益性，業界の戦略グループの収益性，および戦略グループ内の個々の企業の収益性を決定するには五つの力の「段階的な配列」があると述べている。分析者は，競争環境内の脅威から逃げるために機会を利用し，企業の経営資源と能力を最良の状態に配備しなければならない。このプロセスでは，競争上最も魅力がある業界グループを選ぶことが重要である。この概念的なモデルの戦略目的は，低コストで，差別化を図ることができる集中戦略を選択することによって，企業が最大の収益を上げることである（**図7.1**を参照）。

戦略グループ分析は，現在の戦略上の問題を解決するためだけではなく，業界の進展に伴う挑戦に対応するためにも利用することができる。Porter（1980）は変化があるときには，いくつかの戦略機会があると述べている。

1. 企業の既存の戦略グループの既存の戦略構造の向上または企業のそのグループ内における相対的なポジションの向上
2. より戦略的に合う戦略グループへの移動
3. 別のグループに移動し，そのグループの競争構造を向上させる。
4. まったく新しい戦略グループを作る。

（1）最も少なく先を見越す，（4）最も先を見越す戦略で，先を見越すことができる戦略の強さに注目することが戦略グループ分析の核心となる価値である。戦略グループ分析を用いることで，分析者は先を見越す戦略の強さとの間でトレードオフのセットマインドを行うことになる。先を見越し，そして反作用的な戦略との間に，伝統的な戦略とをトレードオフすることで比較する。多くのほかの戦略モデルが奨励する先を見越すモデルと反作用的な戦略モデルとの間で，伝統的な戦略モデルをトレードオフすることで比較する。

業界が進展することで，新たな戦略上のリスクも増加する（Porter, 1980）。

1. ほかの戦略グループからの参入の脅威
2. 移動障壁の低減
3. 交渉力の低減
4. 既存の移動障壁を高くするためのリスク
5. 移動障壁を打破するための投資のリスク

図7.1の下のボックスから，このモデルは現在の戦略の手引きとしてだけではなく，業界の進展に伴う重要な問題を解決するための汎用性のあるモデルであることがわかる。戦略グ

レベル 1 – 業界の構造分析

1. 新規参入の脅威
2. サプライヤの交渉力
3. バイヤの交渉力
4. 代替製品の脅威
5. 内部の競争

レベル 2 – 戦略グループ分析

1. 移動障壁
2. 交渉力
3. 代替製品の脅威
4. ほかの戦略グループとの競争

レベル 3 – 競争の範囲の選択

どの戦略グループで競争するかの選択

好ましい
- 移動障壁が高い
- 交渉力が強い
- グループ間での競争が少ない

好ましくない
- 移動障壁が低い
- 交渉力が弱い
- グループ間での競争が激しい

レベル 4 – 企業レベルでの分析

戦略グループ内の企業のポジションを定義する競争上のパラメータ

1. 企業間の競争
2. 規模の効果
3. 参入コスト
4. 実施できる能力

戦略グループ内で企業のポジションを最大限に上げるために，リソースを基準とした戦略を採用する。

1. 低コスト
2. 差別化
3. 集中

→ まねのできない希少な需要 → 競争上の優位

業界の進展の分析

戦略会議
- 新しい戦略グループの作成
- 以前よりよい戦略グループへの移動
- 既存のグループまたはグループ内の企業のポジションの強化
- 新規グループに移動し，グループのポジションを強化する

戦略リスク
- ほかのグループから参入の脅威の増大
- 移動障壁低減
- 交渉力の低減
- 代替製品の脅威の増大
- 移動障壁を高くするための投資のリスク
- 移動障壁を打破するための投資のリスク

図 7.1 業界分析構造における戦略的グループ分析のポジション （Source: Schematic adaptation of concepts from Porter, M. E. *Competitive Strategy: Techniques for Analyzing Industries and Competitors*, 1980, London: Collier Macmillan Publishers.）

ループがどのように収益を生むことができたか，この収益を生む根源にはなにがあったのか，これらの五つの力がどのように戦略グループ内のさまざまな強い移動要因を生むために作用したかを知るために，上述の現在の戦略の構築はたいへんに有用である。この分析を行うことによって，分析者は確立された，または選択した戦略グループ内の企業が直面する競争環境に関する詳細な知識を収集できる。この知識を活用し，業界の進展が業界内の戦略グループに与えるインパクトを分析することができる。

内因性としての競争上のイノベーションによるインパクト，または戦略グループ間の移動障壁の内因性としてのイノベーションを予測する際に，分析者は参入の脅威の結果としてなにが起こるか，または戦略グループ内または戦略グループ間でどの程度競争が激化するかを予測することができる。この分析から，分析者はさまざまなシナリオを想定して，企業の業界構造における戦略グループの将来の相対的な競争上のポジションを判断することができる。分析者は戦略グループ分析を使用し，おもにつぎの二つの戦略を作成することができる。

1. **穏やかで積極的な戦略**　この戦略は，業界のイノベーションによって再定義された競争上のパラメータに対処するための経営資源および能力を確保することに焦点が当てられている。対処するには，企業の既存の戦略グループまたは企業のそのグループにおける相対的なポジションを向上するために，既存の移動障壁の強化を目的とした投資を行うことになる。

2. **激しく積極的な戦略**　対照的に，業界のイノベーションに対処するための激しく積極的な戦略は，変化に対応しないようにすることだといえる。いい換えると，企業は口語表現を用いるのであれば「自分で自分の姿を変えるもの」になるということである。つまり，企業はイノベーションのインパクトを受けるのではなく，イノベーションによって業界の変革を促進させることを明示的に選択するということである。極端な場合，この種類の戦略は，煽り立てるライバル企業によって引き起こされた変革に対応するのではなく，企業の条件に沿って競争上のパラメータを再定義することになる。

ますます激しくなる積極的な戦略は，より魅力のある戦略グループに移動したり新しいグループを作れるよう，既存の移動障壁に打ち勝つか，またできれば避けて通り，経営資源や能力への投資を増やしてゆかなければならないために，リターンもリスクも高くなる。

7.3　強みと利点

包括的

戦略グループ分析のおもな強みの一つは包括的であるという点である。環境を分析する際，この分析手法は考えられるすべての変数を対象としている。さらに重要なことは，標準的な

SWOTモデルよりも，環境分析とのリンクがより強固である。戦略グループ分析は，数段階からなる優れた分析手法であり，広範囲な業界構造から企業固有の戦略を得るためのリンクを得ることができる。

業界の進展のための戦略的なガイダンス

業界の進展と関連する戦略機会とリスクの識別は，変革に対応するためには非常に有用である。さらに業界の進展を分析することによって全体像を得ることができれば，現在の戦略を新しいものに変える助けとなる。戦略グループ分析では，企業は柔道の原則に従うことになる。つまり，ボクサの伝統的なアプローチと柔道選手を比べた場合，柔道選手は競争上の五つの圧力を利用することで直接対決を避ける戦略を採用している。このモデルは，分析者がすべてのグループ領域を対象に入れた広い範囲を見ることによって，少なくとも抵抗できるように，またできればイノベーションをもたらすことができるようにする。

サプライサイドの方向づけ

戦略グループ分析は，ほかの戦略分析では対応できなかった分析上の真空部分にも対応している。この手法のサプライサイドの方向づけは，これまで圧倒的であったデマンドサイドモデルを補間している。

異種混交状態の業界と均質的な業界の線引き

戦略グループの存在からわかるように，業界構造間の違いを最初に識別せずに業界を比較するのは，良くても無意味で最悪の場合は誤った方向を導く。製品／市場をセグメント化したり，戦略的事業単位におきまりの定義づけをする従来の手法よりも，戦略グループ分析では，より正確な戦略分析を実行できるのが通常である。

グループアイデンティティが強いときのよい効果

PeterafとShanley（1997）は，企業が特定の戦略グループの一員として提携した場合に得られるよい効果として三つ挙げている。

- **協調の効果**　一つの業界の競争側面を形成するさまざまなパラメータ間のリンクと相互依存性の明白な認識は，コオペティション（競争と協調）によい刺激を与える。これは，ジョイントベンチャー，提携，協調など，さまざまな形で明白となり，ともに移動障壁や購買力を増強させたり，戦略グループ全体の収益性を向上させることになり，個々の企業の利益につながる。
- **効率性の効果**　より明確な戦略グループにいる企業は，進んで情報を共有しようとす

る傾向がある。これにより，通常，イノベーションにかかるコストを削減できたり，効率的にものごとを運べるようになる。
- **名声の効果** 顧客の情報検索コストの削減につながる強いグループアイデンティティを顧客が認識することにより，企業グループが提示する相対的な価値を増大させることになる。

7.4 弱みと限界

導入に成功するために必要な指導能力の不足

戦略グループ分析では，選択した戦略を導入するための指導員が不足気味であるとともに，組織内部で必要な能力を軽く扱っている。この弱点は価格連鎖分析によって補強可能であるとし，Porterが価格連鎖分析を開発した要因ともなった。

社会政治学的なインパクトに関する明白な認識の不足

戦略グループ分析では，行政や社会的な側面の問題を別の変数として明確に分析に組み入れていない。社会政治学的な事柄の効果は，ほかの競争上の変数や移動障壁のインパクトを介してしか明確に認識されていない。

企業に認知能力および学習能力があるという仮定

PeterafとShanley（1997）は，戦略グループを「人格化」するのは間違いだと述べている。グループの標準化効果および代理人理論などの効果により，戦略グループ内の企業が大きくなればなるほど，この仮定はあいまいになる。大多数の企業が真に学ぶ組織にならない限り，戦略グループ理論には疑問が残る。

グループアイデンティティが強いことのネガティブ効果

PeterafとShanley（1997）は，戦略グループの一員として強く提携することのネガティブな効果には，つぎの三つであると述べている。
- **柔軟性の喪失** 戦略グループ内の協力関係が強くなることで，集団規範のようなものが働き，グループ外の環境の変化に対応するグループの能力を阻害する場合がある。強いアイデンティティを持つグループは，業界という観点から物事を見ようとするよりも，グループ内の問題に目を向けてしまう場合がある。情報の新しい経済的側面を考えた場合，イノベーションを通じ，脅威というものはしばしば「泥棒のようにどこからともなく」出現する。脅威はほかの戦略グループや業界からの移動を許容し，新しい能力や経営資

源を使用した企業が、戦略グループが競争を行っている既存の価値連鎖を破壊することになる。まったく新しい価値連鎖を前提とした業界移住の流行は、さらに破壊力がある。

- **近視眼的な戦略**　強いグループアイデンティティに経営陣が気を取られていると、外部に目を向けた戦略がおろそかになってしまうことがある。内部での競争を減らそうとすると、まったく異なる業界から盲点を突かれてしまう場合がある。
- **次善の行動**　強いグループアイデンティティを伴う場合があるグループレベルの戦略やゴールに気を取られていると、企業レベルのゴールは達成できなくなってしまうことがある。決定が偏ってしまったり、リスクのプールや代理人問題などが例としてある。グループアイデンティティを強めるため以前の投資を守ろうとするとき、回収不能コストに関し間違った認識を持っているために偏った決定をしてしまう場合などが、決定が偏ってしまうときの例である。確立されたグループアイデンティティとの系列化を維持するため、イノベーションするのではなく模倣を行うことで、道理に反するインセンティブが強いグループアイデンティティによって引き起こされるリスクプールがよい例である。代理人問題は、戦略グループ内の権威のあるメンバーの戦略をマネージャが模倣した場合、株主に流れないように、あるいは企業の収益には関係のない心理上の利益を与える。

計測上の問題

戦略グループ分析を正しく行えるかどうかは、競争上重要な戦略を正確に識別できるかどうかにかかわっている。これらの変数を不正に識別してしまったり不正に加重をかけてしまうと、戦略グループを不正に識別してしまい、効力のない戦略が推奨されてしまう結果になってしまう。したがって、モデルは明らかに主観的なインプットから正確なものを得られるかどうかに依存している。

経験に基づいたサポートの欠如

業界の発展を動的に分析するモデルとして支持されているにもかかわらず、今日の経験に基づいた研究のほとんどは、このモデルの規範的な妥当性を試そうとするのではなく、記述的な静的分析に焦点を当てている。ほとんどの研究が類似した理論的な定義から始められる間に、はっきりしない記述的なすべての面で受け入れられる戦略を定義するために、大きな市場占有率からいろいろな業績を表示するための道具まで、戦略グループを定義することで、つねに異なった作戦上の定義を用いてきた。

7.5 テクニック適用のためのプロセス

ステップ1：6章で概要を示した方法をベースに五つの力に関する業界分析を完了する

業界内のすべての企業に同じ程度の競争上の圧力をかける五つの力を分析することにより，業界の競争上の全体構造像を把握する。

1. 参入の脅威
2. 代替製品の脅威
3. サプライヤの購買力
4. バイヤの購買力
5. 内部での競争

最初のステップが完了したら，メンバー企業にユニークな影響を促すため，メンバー企業が激しいライバル関係にある特定な戦略グループのメンバーにユニークな影響を与えることで，分析にさらに磨きをかけるために，戦略グループ分析のプロセスを開始する。

ステップ2：競争変数に基づいた業界内の主要な競争相手をすべて識別する

業界のさまざまな戦略変数に基づき，業界内の主要な参加者を識別する。Porter (1980) は，つぎの一覧を提示している。

- 専門
- ブランドとの同一視
- プッシュかプルか
- チャンネルの選択
- 製品の品質
- 技術的なリーダシップ
- 垂直統合
- コストポジション
- サービス
- コストポリシー
- 梃子（レバレッジ）
- 親会社との関係
- ホームとホストガバメントとの関係

Rumelt (1981) は，競争局面の要素を決定するのに**図7.2**の枠組みを提案している。またGailbraithとSchendel (1983)，Ackoff (1970)，Dill (1958) およびAldrich (1979) は，競争局面の要素を決定するのに**図7.3**の枠組みを提案している。一覧はけっして包括的なものではないが，ブレインストーミングを開始するための打ち上げ台としては適している。

ステップ3：戦略グループマップ

ステップ2の主要な競争相手の一覧を戦略グループ，つまり類似する戦略を持ち同じような競争上のポジションにある企業グループに分ける。

7. 戦略グループ分析

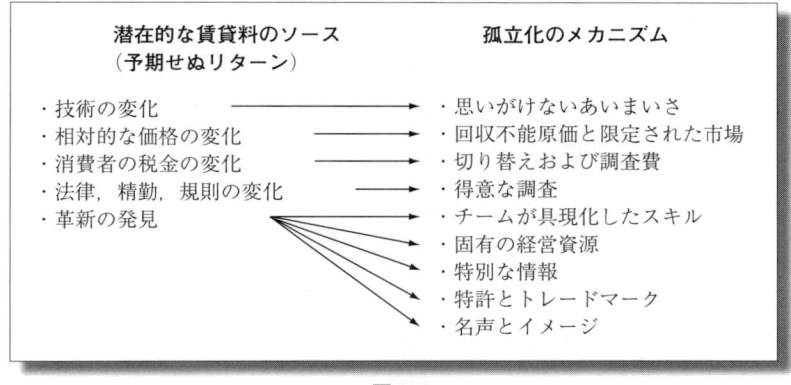

```
潜在的な賃貸料のソース            孤立化のメカニズム
（予期せぬリターン）

・技術の変化          ─────→   ・思いがけないあいまいさ
・相対的な価格の変化    ─────→   ・回収不能原価と限定された市場
・消費者の税金の変化    ─────→   ・切り替えおよび調査費
・法律，精勤，規則の変化 ─────→   ・得意な調査
・革新の発見                    ・チームが具現化したスキル
                               ・固有の経営資源
                               ・特別な情報
                               ・特許とトレードマーク
                               ・名声とイメージ
```

図 7.2

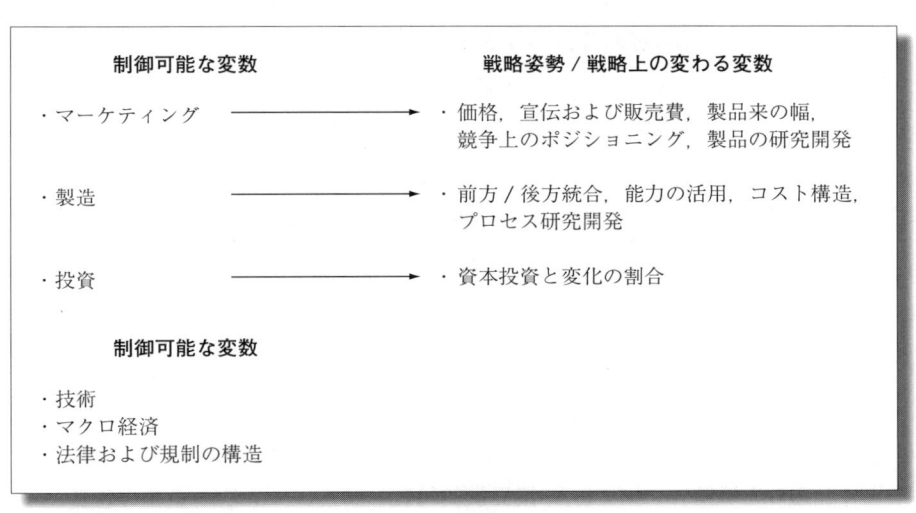

```
制御可能な変数           戦略姿勢／戦略上の変わる変数

・マーケティング  ─────→   ・価格，宣伝および販売費，製品来の幅，
                          競争上のポジショニング，製品の研究開発

・製造         ─────→   ・前方／後方統合，能力の活用，コスト構造，
                          プロセス研究開発

・投資         ─────→   ・資本投資と変化の割合

制御可能な変数
・技術
・マクロ経済
・法律および規制の構造
```

図 7.3

Sudharshan et al.（1991）は戦略グループの基準を選択する際，機能別の戦略（例：製品戦略，市場戦略）で変数をグループ分けにするのが効果的であることを見いだした。

情報を得るための最良の情報源は企業内の CEO または機能別に見た専門家である。Mascaranhas と Aaker（1989）は，CEO に徹底的にインタビューを行い，別の戦略，キーとなる成功要因，資産および熟練，移動障壁に関する情報を得るのは最良の情報源の一つであることを見いだした。

分析者が直面する問題の一つに，戦略グループを構成する企業の収益に関するデータへのアクセスがある。また非公開会社に関しても問題になる場合がある。公開されている企業の場合でも，多角企業の場合，財務情報はしばしば合計で出されている。これらを解決するための最良の方法は，収益に関するデータを公の情報源から入手し，これに比較原価調査およ

び非集計的財務比率分析を補う。

つぎに,異なるグループを差別化する強い戦略上の変数の上位二つをグラフに組み入れる。本章の最後に示してある戦略グループマップのようになる。風船の大きさは,しばしば各戦略グループの市場シェアに比例し描画される。業界に関する十分な知識を持つことと,繰り返しの学習が戦略グループマップの両軸にとって最適な二つの局面を選択するには必要である。二つ以上の競争上の変数が重要であると判断された場合,マップを一つ以上作成できる場合がある。また,オーバーラップするグループもあれば,一貫した戦略がないため,または二つの極端な戦略のどちらに該当するか根本的に決めかねるため,モデルで定義することができないグループもある。

ステップ4:グループ間の移動障壁の強さを測る

一つの戦略グループ内にある企業が,戦略グループのほかの企業と競争するのを阻む要因を突き止める必要がある。Porter(1980)は,分析の中で業界の競争上の構造によって,つぎのような移動障壁があると述べている。

- 規模の経済
- 製品の差別化
- 切り替えコスト
- コスト優位
- 流通へのアクセス
- 親会社との関係からの恩恵
- 資本集約度
- 政府の方針

またMcGeeとHoward(1986)は,移動障壁にはつぎの三つの分類があると述べている。

市場に関連した戦略	業界供給特質	企業の特質
・製品ライン	・製造,マーケティング,管理における規模の経済	・所有権
・ユーザの技術		・組織の構造
・市場のセグメント		・制御システム
・流通経路	・製造プロセス	・管理スキル
・ブランドネーム	・研究開発能力	・多角化
・地理的にカバーしている範囲	・マーケティングおよび流通システム	・垂直統合
・販売システム		・企業の規模
		・営業を与えるグループとの関係

このリストですべてというわけではない。通常,分析を通じて業界には固有の移動障壁がいくつかあることが発見される。

ステップ5：グループと業界のバイヤとサプライヤの交渉力の強さを測る

戦略グループ間の交渉力の二つの源泉，つまり，共通のサプライヤとバイヤおよび異なるサプライヤとバイヤの相対的な重要性を識別する。

ステップ6：グループ間の代替製品の脅威を測る

各グループの代替製品の脅威に対する弱さを識別するために，異なる戦略グループが競争する価値連鎖内の異なるリンクを分析する。

ステップ7：グループ間の内部での競争の激しさを測る

グループの競争を決定づける四つの要因の相対的なインパクトを判断する。
- 同一グループ内の企業間の競争の激しさを識別する。これには戦略グループ内の企業数とそれらの企業の市場シェア分布，グループ間の戦略的な違い，グループの市場への依存度を含む。
- 規模の効果
- 戦略グループへの参入コスト。これには優れた経営資源およびタイミングが含まれる。
- 企業が選択した戦略を導入するための企業の能力

ステップ8：戦略グループの五つの力の分析

各戦略グループの相対的な競争上のポジション，各グループの相互依存度の激しさ，またつぎに示す基準から業界の不安の程度を判断するために，ステップ4からステップ5の分析を統合する。
- グループ間の移動障壁の強さ
- グループと業界のバイヤとサプライヤ間の交渉力の強さ
- グループ間の代替製品に対する脅威
- グループ間の内部での競争の激しさ

Porter（1980）はステップ3で作成したものと同様なマップを，垂直軸に競争上の変数を一つだけ含め，戦略グループが競争を行っている業界の異なる市場セグメントを水平軸に配置するよう変更してこの段階で作成すべきだと述べている。**図7.4**はそれを図にしたものである。この図は，どのグループの戦略が衝突するかを図によって明らかにしている。定義上，戦略グループは異なる戦略を採用するが，対象となる顧客が同一である場合には衝突が起きる。

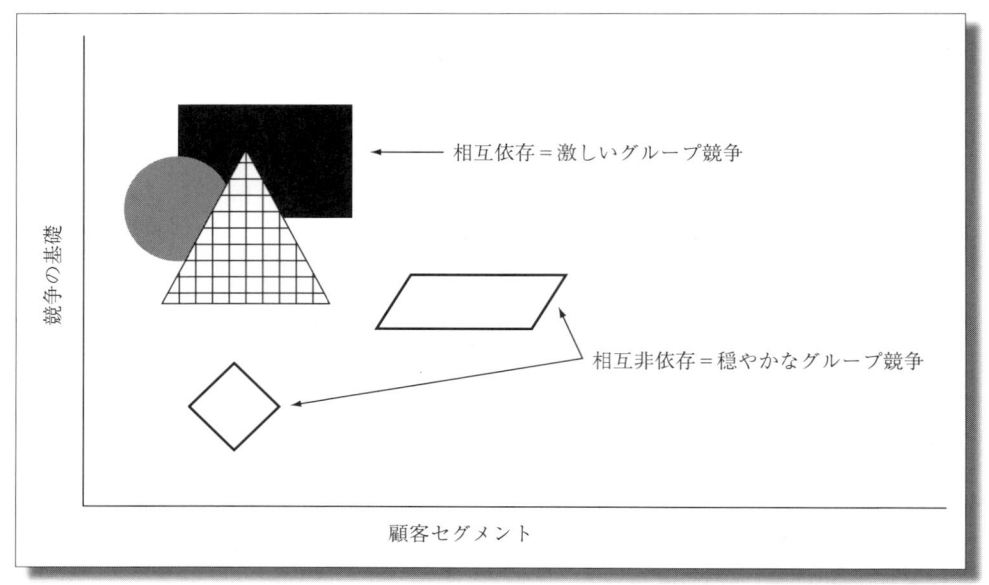

```
                                    ← 相互依存＝激しいグループ競争

 競
 争
 の
 基
 礎
                                    ← 相互非依存＝穏やかなグループ競争


                      顧客セグメント
```

図7.4 戦略グループ間の競争　（Source: Adapted from *Competitive Strategy: Techniques for Analyzing Industries and Competitors*, by M. E. Porter, 1980. London: Collier Macmillan Publishers.）

ステップ9：最適な戦略グループのメンバーを選択する

戦略グループの五つの力のモデルを心の中で，企業の強みと弱みとを重ね合わせる。つぎの分析することによって，企業の強みを利用するのに最大限の機会がある，または企業の弱みを最小限にすることができる戦略グループを識別する。

・グループの移動障壁
・グループの交渉力
・グループに対する代替製品の脅威
・ほかのグループからの競争の脅威

このようなグループ固有の要因に加え，Porter（1980）はつぎのいくつかの企業固有の要因が選択の決定に影響を与えていると述べている。

・グループと比較した企業の経済の規模の機会
・グループ内のほかの企業と比較した参入コスト
・グループ内で選択した戦略を導入するのに必要な内部能力
・将来より魅力のあるグループに入るために移動障壁に打ち勝つために必要な十分な経営資源

ステップ10：業界の進展分析

急激な業界の変化を伴う戦略機会および脅威を分析する。

・業界の変化の戦略機会
  1. 企業の既存の戦略グループの競争上の構造，または企業のこのグループにおける相対的なポジションを改善する。
  2. より戦略的に適合するグループを探して，よりよい戦略グループに移動する。
  3. 別のグループに移動し，この新しいグループの競争上の構造を改善する。
  4. まったく新しい戦略グループを作る。
・業界の変化の戦略的脅威
  1. ほかの戦略グループからの参入の脅威
  2. 移動障壁の弱体化
  3. 交渉力の弱体化
  4. 既存の移動障壁の強さを増強するために投資することのリスク
  5. ほかの戦略グループへの移動，またはまったく新しい戦略グループ作りを支援するために，移動障壁に打ち勝つために投資をするためのリスク

企業が使用できる経営資源，組織の能力，および企業はどの程度危険を好むかに応じて，業界の進展の挑戦に対応するために，戦略的に二つの異なる志向を追及できる。

・中庸に積極的 ― コピー戦略
  a. 戦略機会1と2に集中する。
  b. 戦略機会1，2，3，4に集中する。
・激しく積極的 ― 輪郭シフトレバー戦略
  a. 戦略機会3と4に集中する。
  b. 戦略機会1，2，3，5に集中する。

もとの戦略グループマップを再度見て，動的で視覚的なツールとして活用するとよい。業界の進展という観点から見て，グループの戦略がどこで衝突するかを矢印を挿入して示すことができる。

ステップ11：グループアイデンティティの機能障害に注意の目を向ける

柔軟性の喪失，近視眼的な戦略の採用，次善の行動など，強い戦略グループのアイデンティティの結果生じる一般的な危険の兆候に，分析者はつねに目を光らせていなければならない。

製薬業界のおける戦略グループ分析の応用

戦略グループの存在を示し，製薬業界の利益が業界を横切る形で対称的に分配されることはない。戦略グループ分析では，三つのはっきりとした戦略上のグループに現れる

であろう。処方箋（倫理的な製薬会社）の特許をとっているかブランドがない製造業者である。

　チャートが示しているように，それぞれのグループが際立った戦略，そしてそれぞれのグループがライバル関係にあるファイブフォースにより影響の与え方が異なってくる。

戦略上の ディメンジョン	倫理的な製剤メーカ	処方箋なし	一般的なブランド
独占技術	はい	いくつかのライセンス	なし
資本の強さ	最も高い	中くらい	中くらい/低い
イノベーションのレベル	有利	中くらい	低い
R&D能力	高い	有利	たいへんに低い
何パーセントの製品が処方箋を必用としているか	高い	低い	中くらい
消費者広告	低い	高い	低い
流通	医者に直接/薬局	ドラッグストア/ディスカント小売	薬局
参入のタイミング	第一位	第二位	第三位
コスト構造	高い	中くらい	低い

戦略グループマップ

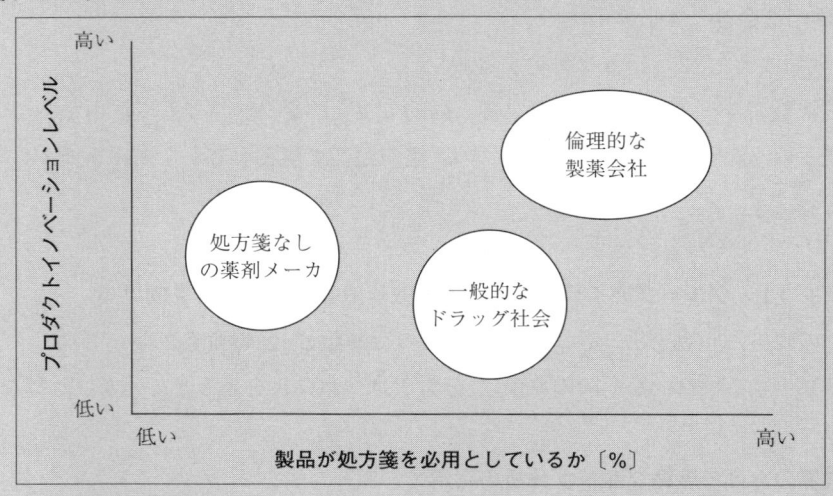

Source: Adapted from *Strategic Management* (pp.95-96), 3rd ed., by A. Miller, 1998, New York, NY: Irwin/McGraw Hill.

FAROUT のまとめ

	1	2	3	4	5
F	■	■	■	■	
A	■	■			
R	■	■	■		
O	■	■	■		
U	■	■	■	■	
T	■	■	■		

未来志向性　高。シナリオ分析および業界進展分析には優れたツールである。

正　確　性　低から中。非常に定性的なインプットで，統計的に証明できず，分析が広範囲な業界分析の一部でない場合，正確性は減少する。

経営資源効率性　中程度。複数の変数を正しく識別するには，一次，二次，両方のデータソースからのインプットが必要な場合がある。

客　観　性　中程度。かなりのインプットは主観的で，分析者の判断に依存しなければならない。繰り返しによって客観性が減ることがある。確認せずにいた場合，グループアイデンティティ効果は大幅に客観性を減らす。

有　用　性　高。現在および動的な戦略の構築に使用可能。

適　時　性　中。戦略グループ分析は比較的短時間で実行可能。

関連するツールとテクニック

- ブラインドスポット分析
- 競争相手分析
- 五つの力の業界分析
- SERVO 分析
- 持続的成長率分析
- 比較コスト分析
- 顧客セグメンテーションとニーズ分析
- 業界発展分析
- シナリオ分析
- SWOT 分析

参　考　文　献

Ackoff, R. L. (1970). *A concept of corporate planning.* New York, NY: John Wiley.

Aldrich, H. (1979). *Organizations and environments.* Englewood Cliffs, NJ: Prentice Hall.

Barney, J. B., & Hoskisson, R. E. (1990), "Strategic groups: Untested assertions and research proposals." *Managerial and Decision Economics, 11*, 187-198.

Kim, W. C., & Mauborgne, R. (1999). "Creating new market space." *Harvard Business Review, 77*(1), 83-93.

Dill, W. R. (1958). "Environment as influence on managerial autonomy." *Administrative Science Quarterly, 2*, 409-443.

Dranove, D., Peteraf, M., & Shanley, M. (1998). "Do strategic groups exist? An economic framework for analysis." *Strategic Management Journal, 19*(11), 1029-1044.

fiegenbaum, A., & Thomas, H. (1995). "Strategic groups as reference groups: Theory, modeling, and empirical examination of industry and competitive strategy." *Strategic Management Journal, 16*(9), 461-476.

Galbraith, C., & Schendel, D. E. (1983). "An empirical analysis of strategy types." *Strategic Management Journal, 4*(2), 153-173.

Harrigan, K. R. (1985). "An application of clustering for strategic group analysis." *Strategic Management Journal, 6*(1). 55-73.

Hunt, M. S. (1972). *Competition in the major home appliance industry 1960-1970.* Unpublished doctoral dissertation, Harvard University.

Mascarenhas, B., & Aaker, D. A. (1989). "Mobility barriers and strategic groups." *Strategic Management Journal, 10*(5), 475-485.

McGee, J., & Thomas, H. (1986). "Strategic groups: Theory, research and taxonomy." *Strategic Management Journal, 7*(2), 141-160.

Miller, Alex. (1998). *Strategic management* (3rd ed.). New York, NY: Irwin/McGraw Hill.

Nayyar, P. (1989), "Research notes and communications, strategic groups: A comment." *Strategic Management Journal, 10*(1), 101-103.

Newman, H. H. (1973). *Strategic groups and the structure/performance relationship: A study with respect to the chemical process industries.* Unpublished doctoral dissertation, Harvard University.

Olusoga, S. A., Mokwa, M. P., & Noble, C. H. (1995). "Strategic groups, mobility barriers, and competitive advantage." *Journal of Business Research, 33*(2), 153-164.

Peteraf, M., & Shanley, M. (1997). "Getting to know you: A theory of strategic group identity." *Strategic Management Journal, 18*(Special Issue), 165-186.

Porter, M. E. (1973). *Consumer behavior, retailer power, and manufacturer strategy in consumer goods industries.* Unpublished doctoral dissertation, Harvard University.

――. (1979). "The Structure of industries and companies performance." *The Review of Economics and Statistics, 61*(2), 214-227.

――. (1980). *Competitive strategy: Techniques for analyzing industries and competitors.* London: Collier Macmillan Publishers.

Reger, R. K., & Huff, A. S. (1993). "Strategic groups: A cognitive perspective." *Strategic Management Journal, 14*(2), 103-124.

Rumelt, R. P. (1984). "Towards a strategic theory of the firm." In R. B. Lamb (ed.). *Competitive Strategic Management* (pp.556-570). Englewood Cliffs, N.J: Prentice Hall.

Sudharshan, D., Thomas, H., & fiegenbaum, A. (1991). "Assessing mobility barriers in dynamic strategic group analysis." *The Journal of Management Strategies*, *28*(5), 429-438.

Thomas, H., & Venkatraman, N. (1988). "Research on strategic groups: Progress and prognosis." *Journal of Management Studies*, *25*, 537-555.

8. SWOT 分析

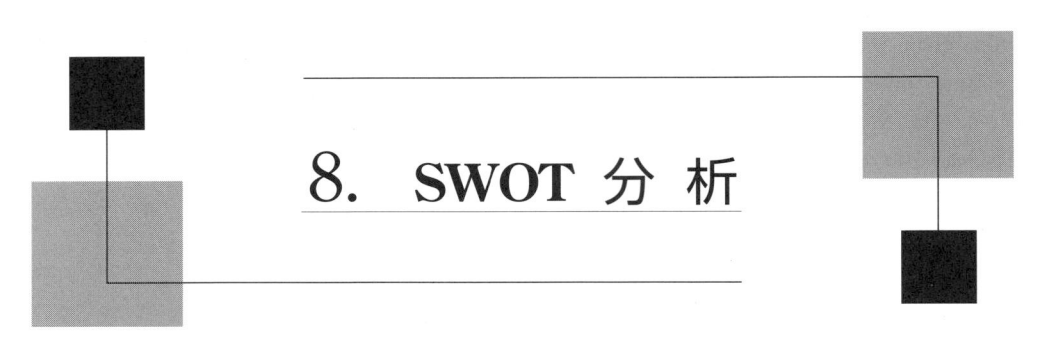

　SWOT（または TOWS）は，強み（Strengths），弱み（Weaknesses），機会（Opportunities）および脅威（Threats）を略したものである．SWOT 分析は，より広範囲な状況分析の部分集合であり，組織の戦略，内部能力（つまりその強みと弱み）および外部の可能性（つまり，機会と脅威）の間の適合性を評価するために使用される．

8.1　背　　　　景

　SWOT 分析を最初に提唱したのは，一般的に Ken Andrews だとみなされている．同氏は 1971 年に企業の経営資源と能力嗜との戦略適合性の概念を，外部環境を伴なった形で戦略を正式に表現した戦略理論家の一人であった．同氏はこの方法はニッチ戦略を決定するためのアプローチとしてよい方法，すなわち，企業が機会を利用し，企業の弱みおよび強みを脅威から防御する最善の方法だと主張した．

　図 8.1 は，SWOT 分析の先行モデルとなった Andrews の戦略モデルである．モデルはつぎの四つの質問をする（Andrews, 1971）．
1. なにができるか（すなわち，弱みと強み）．
2. なにをしたいのか（すなわち，組織と個人の価値）．
3. なにをする機会があるか（すなわち外部機会と脅威）．
4. 他者はわれわれになにを期待しているか（すなわち株主の期待）．

　これらの戦略上の選択に対する答えは，戦略的マネジメントの源泉となる．図 8.1 で示したとおり，Andrews の最初の SWOT モデルは，四つの関連する質問を追加することによって補強することができる．この四つの質問は，最初の SWOT モデルによる戦略分析をさらに改善することになる．
1. どのような経営資源と能力を開発したいか．
2. なにを身に付けるべきか．
3. どのような機会を開拓できるか．
4. ほかの利害関係者の間で，共通の期待をどのように築いていけるか．

8. SWOT 分析

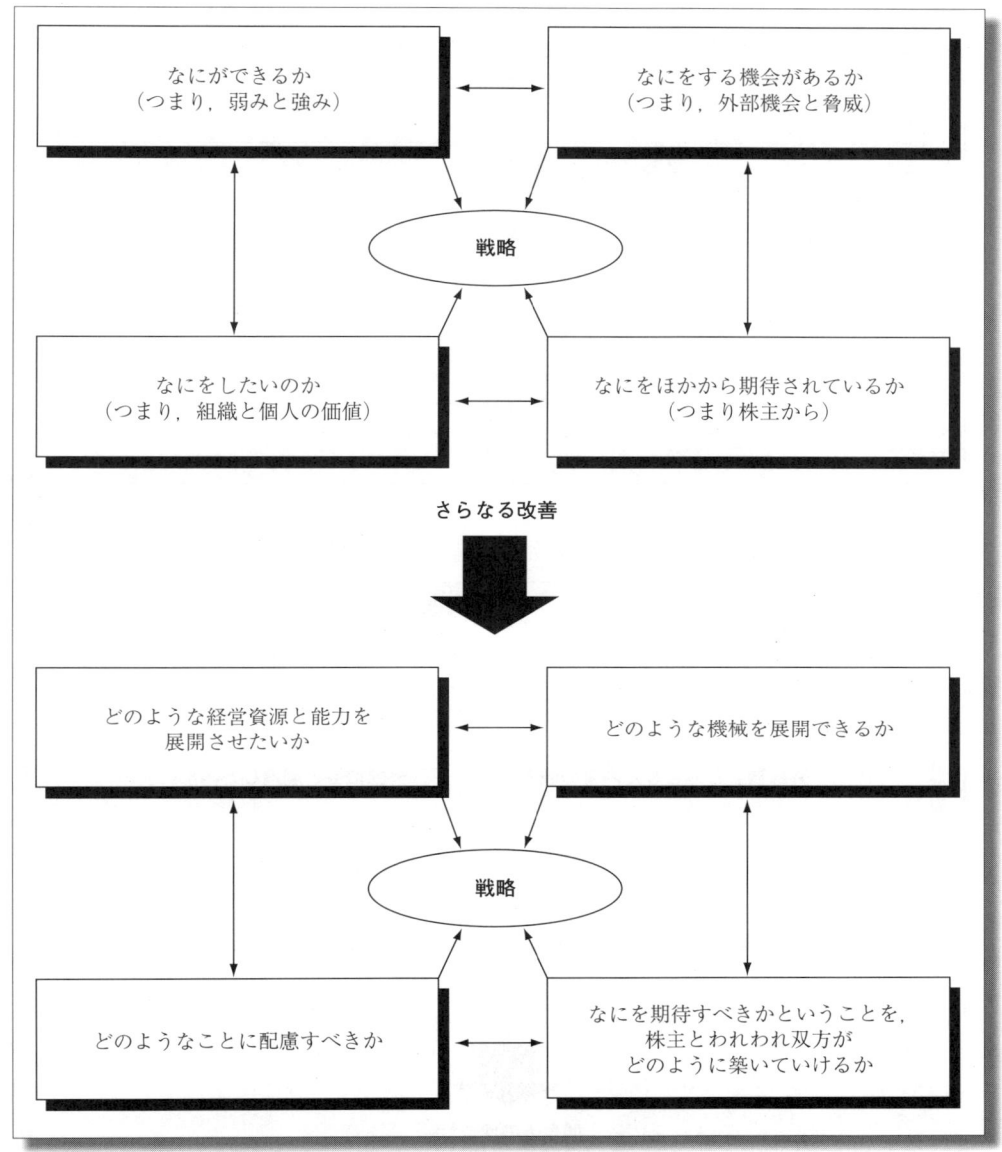

```
┌─────────────────────┐         ┌─────────────────────┐
│   なにができるか    │◄───────►│ なにをする機会があるか │
│ （つまり，弱みと強み）│         │（つまり，外部機会と脅威）│
└──────────┬──────────┘         └──────────┬──────────┘
           │            ╱─────╲            │
           │           │ 戦略  │           │
           │            ╲─────╱            │
┌──────────┴──────────┐         ┌──────────┴──────────┐
│  なにをしたいのか   │◄───────►│なにをほかから期待されているか│
│（つまり，組織と個人の価値）│     │  （つまり株主から）  │
└─────────────────────┘         └─────────────────────┘
```

さらなる改善 ⬇

```
┌─────────────────────┐         ┌─────────────────────┐
│ どのような経営資源と能力を │◄──►│ どのような機械を展開できるか │
│    展開させたいか   │         │                     │
└──────────┬──────────┘         └──────────┬──────────┘
           │            ╱─────╲            │
           │           │ 戦略  │           │
           │            ╲─────╱            │
┌──────────┴──────────┐         ┌─────────────────────┐
│ どのようなことに配慮すべきか │◄─►│ なにを期待すべきかということを， │
│                     │         │ 株主とわれわれ双方が │
│                     │         │ どのように築いていけるか │
└─────────────────────┘         └─────────────────────┘
```

図 8.1 SWOT のツール：戦略上の選択の手引きとなる主要な質問　(Source: Adapted from *Strategic Thinking* (UVA-BP-0391) (pp.4-5), by J. G. Clawson, Charlottesville, VA: University of Virginia Graduate School of Management, Darden Graduate Business School Foundation.)

今日の多くの SWOT 分析モデルは，**図 8.2** のとおり図表化されている。これは，Andrews のオリジナルモデルを単純化したものである。部分的には，大まかな環境分析のために，より理解しやすい概念ツール作成のために単純化された側面がある。部分的には，純然たる SWOT 分析とあまり関係のないもとのモデルの一部の分野が，以降に開発された

A. 最初のドラフト：戦略的な環境問題の識別，分析及びランクづけ

内部の強み	内部の弱み
1. _____ 2. _____ 3. _____ 4. _____ など	1. _____ 2. _____ 3. _____ 4. _____ など

外部の機会	外部の脅威
1. _____ 2. _____ 3. _____ 4. _____ など	1. _____ 2. _____ 3. _____ 4. _____ など

B. 二番目のドラフト：SWOT変数の明細と適合を向上するための戦略の構築

		内部要因	
		強み	弱み
外部要因	機会	1. 外部機会と適合した内部の強み	2. 外部機会と関連した内部の弱み
	脅威	3. 外部の脅威と適合した内部の強み	4. 外部の脅威と関連した内部の弱み

↓

競争上の優位性

図 8.2 一般的な SWOT モデル

より高度なマネジメントテクニックおよびツールに移行されたために単純化されたものであろう。しかし，今日の環境分析の基礎となるものを築いたのは，Andrews のモデルである。

　SWOT 分析の概念は簡単で理解しやすいものである。SWOT 分析は，企業のさまざまな面に適用することができる。このため SWOT 分析は，特に企業がその環境に対応するための能力を判断するのに最も人気のあるモデルの一つになっている。また大学の学部課程や

MBA の戦略コースで 25 年以上も教えつづけられており，コンサルタントによってもしばしば使用されている。

8.2　戦略的根拠と意味

　SWOT は企業が置かれている状況をより網羅した分析を本分としている。状況分析は，戦略を構築する際に必要な基本的要素の一つとみなされている。広い意味でいえば，状況分析は，組織が利用できる最良のデータ，情報の概観，力，傾向そして競争のある市場に参入することになった根本的な要因に関して定義した背景・状況を提供するために実施されるものである。そしてこれらの洞察は，組織の競争優位性を利用し，企業の使命を満たし企業の目標・目的を達成する可能性を増加させ，広範囲な行動境域に関して知識に裏打ちされた選択を行うために利用される。

　状況分析は，通常，外部（マクロ環境）コンポーネントおよび内部（ミクロ環境）コンポーネントの両方からなる。環境分析は，企業の業績上の目標達成能力に影響を与え，現在および将来の正（つまり，機会）および負（つまり，脅威）の両方の傾向を識別するために環境を詳細に検討し監視するプロセスである。

　企業のマクロ環境は，分析を目的として二つのセグメントあるいはレベルに分けることができる。(1) 通常の業界を構成する，サプライヤ，競争，顧客，労働者または国際的構成要素などの運用および職務環境。(2) 業界および組織が置かれている社会的，技術的，経済的，環境および政治／法律（STEEP）的構成要素を伴う一般的環境（詳細は 17 章を参照）。

　環境分析によって，意思決定者はつぎのような重要な問題について回答を得ることができる。

・業界のおもな経済的特質はなにか。
・競争上の力はなにか。そしてそれはどれほどの威力を企業に対して持つか。
・競争に影響するダイナミックスにおいて，どのような要因が変化を生んでいるのか。
・競争相手に対して，変化している環境に関する仮定はなにか。
・組織が競争するうえで成功のキーとなる環境上の要因はなにか。
・現在および将来において，業界の環境は魅力があるかないか。

　企業のミクロ環境も同様に状況分析が重要である。分析者は企業の内部の状況をよりよく理解するためにミクロ環境を分析する。分析者は，企業の現状をレビューし，コスト，経営資源，能力，そして内部組織に関する問題を調査する。組織を研究する際，McKinsey 7S フレームワーク（Waterman, 1982）を利用するのが特に強力である。この方法では，組織の戦略，構造，スキル，システム，共有する価値，スタイルおよび社員を研究する。本書のほかの章

で，分析者が組織の環境を評価する際に必要なほかのテクニックを紹介している。14章では，機能的な能力および経営資源分析について，15章では，マネジメントのプロファイリングについて紹介している。

環境分析は，上級意思決定者にとって重要事項を決定するための情報ニーズ（つまり，CIN）を完全に理解し，満たさなければならない。経営幹部が必要とする情報はしばしば変化するので，分析者は環境分析を変化に対応すべく調整しなくてはならない。トップマネージャは有効な環境分析を支援しつづけるであろう。なぜならば，有効な環境分析は，つねにトップマネージャのよりよい意思決定の手助けになるからである。

環境分析は，企業環境の構成要素が示唆する既存および潜在的な強み，弱み，機会および脅威を識別することに焦点を当てなければならない。戦略家は環境分析の結果を，企業運営の深い理解のもとで解釈する必要がある。効果的な戦略に貢献するために，分析者は戦略家のスキルを共有しなくてはならない。

SWOT分析は，企業が活動する環境を理解し管理するために，一般的な枠組みを適用する。このモデルでは，SWOTの四つの要素を注意深く分析することによって，組織が直面する主要な問題を，分析者が分離することを可能にする。その結果，マネージャはキーとなる問題を解決する戦略を構築することができる。これらの質問は，SWOT分析を指揮するうえで手助けになるかもしれないが，質問に正しく答え，質問を的確に見通すには，洞察力のある作業が必要である。例えば分析者は各問題の相対的に見た重要性と，企業および企業戦略に対する問題の潜在的影響を評価しなければならない。さらに戦略に対する各問題の優先順位あるいは相対的に見た重要性は，戦略を決定する企業，ビジネス，または機能レベルが異なれば，それに応じて変化するかもしれない。

SWOT分析は，組織のパフォーマンスに関する実際的または潜在的にかなり重要と思われる要因を，マネージャによりよく理解させ対応させることを余儀なくする。これらの要因は組織の戦略上の問題と呼ばれている。戦略上の問題は，社内または社外に存在する要因で，企業が競争上の目的を実現する能力に大きく，そして長期的な影響を与える可能性のあるものである。戦術または運用上の問題とは異なり，戦略上の問題は，それほど頻繁に起こるものではなく，通常は企業全体に影響を与え，効率的に解決するには組織の経営資源をより多く割り当てなければならない。

戦略上の問題は，意思決定者の机の上にきちんとラベルづけされた状況で整理されるものではないことを強調しておく。その代わりにSWOT分析から得られた情報は，新しい技術，市場の傾向，新しい競争相手，顧客満足の傾向を認識する手助けとなる。戦略上の問題にラベルづけする前に，解釈と翻訳，つまり分析を行う必要がある。マネージャはしばしば経験に頼り，問題が制御可能であるか不可能であるか，また脅威であるか機会であるかを識別し

てしまう。分類された問題を個々の管理者がどのように見るか，ほかのマネージャをいかによく説得できるか，そして取ることができるとしたら，どのような行動をつぎに企業が取るべきかを決定する。

　SWOT分析は，おびただしい大量の情報およびデータをまとめるうえで直感的にアピールする方法として価値がある。最初の分析を行い，関連する戦略上の問題が識別されたら，図8.2で示したとおりに四つの場所に問題を記入する。これはSWOT分析の中間結果として，それまでの分析の概要を視覚的に表示するものである。マトリックスの上部にその企業を置くことにより，企業内部の強みおよび弱みを強調することを好む分析者もいる。またSWOT分析の環境的側面を際立たせるために，機会および脅威をマトリックス上部に置くことを好む分析者もいる。

8.3　強みと利点

　状況分析の中で，おそらく最も広く認知され利用されているのが，従来からのSWOT分析である。長い年月をかけ，この分析の普遍的状況は達成され，組織という設定だけではなく，個人およびチームパフォーマンスレベルにおいても競争優位を実現するのに貢献している。

　SWOT分析の大きな強みは，広範囲に適用できるという点である。個々の管理者，意思決定者，チームプロジェクト，製品/サービス，組織内の機能単位（つまり，会計，マーケティング，製造および営業），事業単位，企業，巨大複合企業体，製品市場を含む，しかしそれらに限定されないさまざまな単位を分析するのに利用できる。また，営利企業そして非営利企業に対しても利用できる。またビジネス教育の場において，最も広範囲に教えられている分析ツールである。その単純さゆえに，この分析は，外部環境と組織との適合を際立たせる，主要因に関する組織的考えを素早く整理するためのすばらしい手法となっている。

　SWOT分析は大量の資金や計算に必要な資源を必要とせず，広範囲な情報収集をしなくとも，ある程度効果的にかつ迅速に実行することができる。限られた時間内で複雑な問題に対処しなければならない場合，すべての戦略上の問題を解決しようとしてもできるものではない。むしろ，戦略家は状況に最も影響を与え，そして企業が蓄えている能力と経営資源を利用し効果的に取り扱うことができる問題に，労力を集中すべきである。SWOT分析は，これらの重要な問題を識別するための効果的な枠組みである。

　この分析は，組織の競争上の環境のダイナミックスに対応するために実行可能な戦術または戦略の幅を持たせることで，戦略を補強する考え方も与えてくれる。加えて，組織のコアコンピタンスおよび経営資源を評価する効果的な手段としても機能する。

　SWOT分析をマーケティング，製造，財務など機能単位の専門家が共同で行う際は，効

果的なチーム形成手法ともなりえる。分析の専門家は環境内の自分の専門とするところをレビューし，重要だと考えるところを問題として，同僚あるいはSWOT分析全体または個々のSWOT分析を統合する責任ある統括マネージャが注目するようにする。このように大きなグループでSWOTに取り組むことで，組織の変革を促すような役割を果たすことがある。グループが変化を理解しコンセンサスを得るのを助け，また組織の活動に触媒作用を及ぼす。

SWOT分析を行えば，なぜ組織は戦略を遂行することに成功し，また組織は失敗するのかを理解する手がかりを得ることができる。多くのソースから得たデータをSWOTのグリッドに収集・解釈および整理すれば，戦略分析を継続するためのよい指針として優れた基礎を築ける。例えると，SWOT分析ではボード上のチェスのコマと相手が取りうる動きが識別され，分析者次第で，ビジネスの世界で究極的には勝利する，つまり競争優位を得る一連の動きが計算される。

8.4 弱みと限界

SWOTモデルは，分析者に明確かつシステム的な戦略上の勧告を提示してくれるわけではないので，純粋で描写的モデルであるということができる。SWOT分析では意思決定者に特定の回答を出さない。むしろ，ビジネス上の戦略または運用上の計画を構築する基礎として，良きにつけ悪しきにつけ，情報をまとめ，起こりうる出来事の可能性を特定化する。非常に一般化された，自明で常識的ともいえる典型的な勧告として，脅威から企業を逃れさせよ，企業の強みを機会とマッチさせよ，撤退または強化を通じ，弱みを防御せよ，などが提供される。

SWOTの単純さは多くの複雑な部分を隠す。状況分析を完成しなければならない分析者の主要な関心事は，最も重要な環境に関する大量のデータを収集および解釈し，それに対しなにを行えばよいかを決定することである。解釈とは一種の判断で，個々のマネージャによって異なる判断が下されることである。例えば，あるマネージャは，政府が国家間の貿易障壁を緩和するという環境要因を市場を拡大するための機会と見るのに対し，別のマネージャは新しいライバル（競合）企業の出現によって競争が激化するため，これを脅威だとみなす場合がある。

このモデルを中傷する人は，SWOT分析では特定の行動が推奨されないので，限界があると指摘する。個々のビジネスの複雑さゆえに，一般的な勧告は，高いレベルの抽象概念までが必然的に分析対象となる。

さらに，弱みを和らげるような戦略だけを導入しようとした場合は，企業が有する能力を最大限に発揮した場合にのみ得ることができる，最も魅力のある機会を見逃してしまうこと

になる．SWOT分析を非難する人たちは，定量的データではなく質的データに依存していると述べ，積極的なものではなく受身的な戦略に集中していると述べている．また強みおよび弱み，そして機会および脅威を区別するのが簡単すぎると述べている．最後に，弱みというのは予期しているものよりしばしば広範囲であり，強みは思っているよりも少ないものである．分析者がテストすることも経験もなしに，企業の弱みや脅威と比べ，強みと機会を楽観的に評価している傾向がしばしばある．

これら多くの弱みを克服するには，分析者は事実を固守し，組織で圧倒的に「信じられている」ことに過度に影響されないようにする必要がある．マネージャに企業の能力に関する盲点がある場合，このモデルはしばしば失敗する（盲点への対処についての詳細は，10章を参照）．したがって，偏ったところがない外部の人間に分析を助けてもらい，偏りが最小限に抑えられるように努める必要がある．

このモデルを正しく適用するには，厳格に，秩序だてて，しかし創造性を持って分析を行うということが重要である．この重要な要素が欠けているという注意がいくつかある．

- 過度にリストが長いということは，戦略に関連する事柄をデータと情報から分離するための選択基準が十分でないことを示す．
- 重みづけ要因の欠如は，優先順位がないことを示す．
- 各SWOT要因の説明が短くあいまいであるということは，戦略が考慮されていないことを示す．

8.5 テクニック適用のためのプロセス

現在そして将来の戦略を評価するためにSWOT分析を活用する最初のステップとして，企業の強み，弱み，機会および脅威をリストアップし，評価する必要がある．これらについてつぎに述べる．

1. **強　　み**　強みとは，市場のほかの参加者と比べてより競争力が持てる要因のことを指している．強みとは，企業が明確に優位性を持つもの，あるいは競争相手と比べ持っている優れた経営資源のことを指す．実際，強みとは企業が効果的に業績上の目的を実現するために必要な能力および経営資源を指している．

2. **弱　　み**　弱みとは，企業が目的を実現するのを阻む，限界，欠点，問題を指す．競争相手と比較し，程度の低い能力および経営資源が劣った箇所を示す．

3. **機　　会**　機会とは，企業が競争力を増強させることができる，組織環境において製品またはサービスの需要のもとになる傾向，変化，見過ごされているニーズ，好ましい現在または将来的な状況を指す．

4. 脅　　威　　脅威とは，組織環境において組織の競争力を現在または将来阻害または脅威を与える，好ましくない状況，傾向，差し迫る変化を指す。企業にとって障壁，制限，問題を引き起こす可能性のある事柄がある場合や，損害や危害となる事柄である。

企業の強みと弱み（つまり，内部環境）は，組織自分で十分に制御できる要因で構成されている。これらの要因には，組織の経営資源，風土，システム，社員の規律，企業のマネージャの個人的な価値観を含む。それに対し，組織の機会とは，企業側が十分に制御できない事柄で構成されている。特に，全体的な需要，市場の飽和状態の度合い，政府の方針，経済状態，社会，文化および倫理観，技術の進展，環境開発，Porterの五つの力を構成する要因（つまり，競争の激化，新規参入の脅威，代替製品の脅威，バイヤの交渉力，サプライヤの交渉力）などを挙げることができる。五つの力のモデル，つまり業界分析については，6章を参照。

情報を収集し解釈するために使用される方法は，相互に関連づけられ，繰り返され，経営陣，機能単位の専門家，チームで議論およびコンペティティブインテリジェンス（CI）によって補強されなければならない。

分析の中間結果は図8.2Aのようになる。この図では，戦略に関連する内部の強み，内部の弱み，外部機会そして外部の脅威をランクづけしている。ここで最も重要なことは，分析者が同一の基準を使用してランクづけを行うことで，意思決定者がこれらの問題を優先順位づけした基準を理解するためである。

つぎに分析者は，企業の能力と外部環境を考慮に入れ，企業の戦略上の適合性を識別する必要がある。適合しているかいないかは，戦略を変える必要性の度合いを示すための一助となるべきものである。図8.2Bの四角を埋めることによって四つのシナリオが明白になる。

- 四分区間1—外部機会と適合した内部の強み
- 四分区間2—外部機会と関連した内部の弱み
- 四分区間3—外部脅威と適合した内部の強み
- 四分区間4—外部脅威と関連した内部の弱み

Winnegargo Industries社のSWOT分析

同社は，アイオワ州フォレスト市に本拠を置く世界最大のRV車のメーカである。1970年初頭に同社の競争環境をSWOT分析したところ，戦略においてつぎのようなことがわかった。

最終的にわかったことはSWOTチャートに示してある。この図を作成するに前にかなりの分析が行われていたことを心にとどめておく必要がある。同様に，分析を完全なものにするには，それぞれの戦略上の問題を個々に分析する必要がある。SWOTマトリッ

クスは，どのように関連する問題を識別できるかを示し，また戦略分析を継続するにあたっての枠組みとなる。戦略オプションの後部の番号は，問題との相互関係を示す。

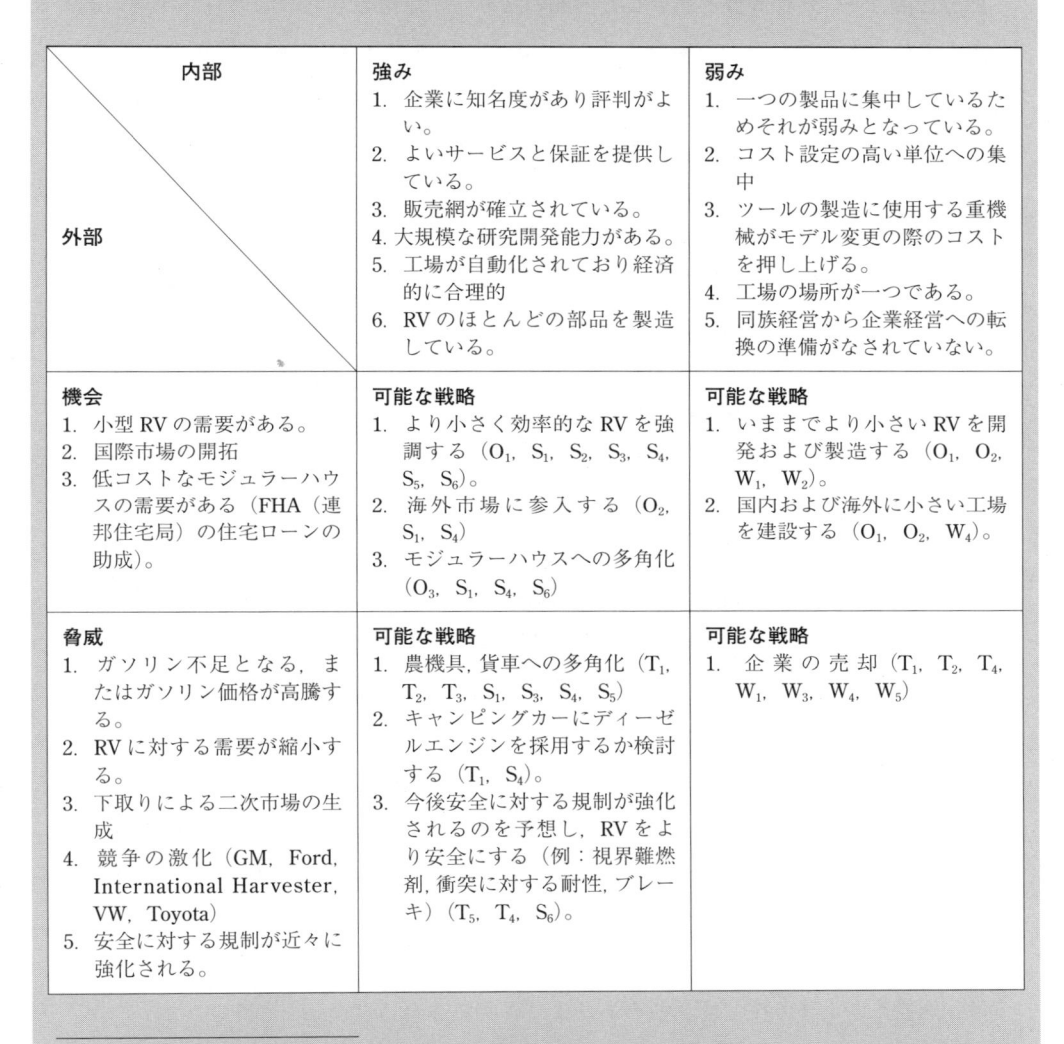

内部／外部	強み	弱み
	1. 企業に知名度があり評判がよい。 2. よいサービスと保証を提供している。 3. 販売網が確立されている。 4. 大規模な研究開発能力がある。 5. 工場が自動化されており経済的に合理的 6. RVのほとんどの部品を製造している。	1. 一つの製品に集中しているためそれが弱みとなっている。 2. コスト設定の高い単位への集中 3. ツールの製造に使用する重機械がモデル変更の際のコストを押し上げる。 4. 工場の場所が一つである。 5. 同族経営から企業経営への転換の準備がなされていない。
機会 1. 小型RVの需要がある。 2. 国際市場の開拓 3. 低コストなモジュラーハウスの需要がある（FHA（連邦住宅局）の住宅ローンの助成）。	可能な戦略 1. より小さく効率的なRVを強調する（O_1, S_1, S_2, S_3, S_4, S_5, S_6）。 2. 海外市場に参入する（O_2, S_1, S_4）。 3. モジュラーハウスへの多角化（O_3, S_1, S_4, S_6）	可能な戦略 1. いままでより小さいRVを開発および製造する（O_1, O_2, W_1, W_2）。 2. 国内および海外に小さい工場を建設する（O_1, O_2, W_4）。
脅威 1. ガソリン不足となる，またはガソリン価格が高騰する。 2. RVに対する需要が縮小する。 3. 下取りによる二次市場の生成 4. 競争の激化（GM, Ford, International Harvester, VW, Toyota） 5. 安全に対する規制が近々に強化される。	可能な戦略 1. 農機具，貨車への多角化（T_1, T_2, T_3, S_1, S_3, S_4, S_5）。 2. キャンピングカーにディーゼルエンジンを採用するか検討する（T_1, S_4）。 3. 今後安全に対する規制が強化されるのを予想し，RVをより安全にする（例：視界難燃剤，衝突に対する耐性，ブレーキ）（T_5, T_4, S_6）。	可能な戦略 1. 企業の売却（T_1, T_2, T_4, W_1, W_3, W_4, W_5）

Source: Adapted from "The TOWS Matrix—A Tool for Situational Analysis," by H. Weihrich, 1982, *Long Range Planning, 15*(2), pp.54-66.

図8.2Bは戦略的に適合するかどうか判断するのによい指針となる。また，予測される環境の問題に対して，効率的な戦略を考案できる。戦略的に適合するかどうかを判断するには，分析者は今後の企業の業績を予測しなければならない（つまり，戦略を変更せず，内部および外部環境に変更がない場合，企業の今後数年の業績を明確にする必要がある）。

最後に，企業にとって競争優位を提供する代わりとなる戦略を同じ手法で評価する。競争

優位となる戦略がない場合でも，少なくとも SWOT 分析を行えば，現在およびその代わりとなる戦略を評価できる。

- **四分区間 1 ── 外部機会と適合した内部の強み**　企業の経営資源と外部環境にある競争上の機会が最もぴったり適合するので，ここに位置するものの適合度が最も高くなる。ここで採用すべき戦略は，競争優位を実現するために必要なユニークな経営資源の組み合わせを見つけるか，それらの経営資源を増強し，すでに存在する競争優位をさらに強化する。そして，強みを梃子（レバレッジ）にして，ほかの分野（四分区間 2 において最も顕著）で強化できる弱みの機会を探す。

- **四分区間 2 ── 外部機会と関連した内部の弱み**　この場合に採用すべき戦略は，機会を利用するために弱みを強みに変換するための投資において，最適なトレードオフを選択するか，撤退を選択することである。

- **四分区間 3 ── 外部機会と適合した内部の強み**　この場合に採用できる戦略の一つとして，企業の経営資源の競争優位を再構築することによって，外部にある脅威を機会に変換することを挙げることができる。また，守りの戦略を採用し，ほかの四分区間のより有望な機会に注力することもできる。

- **四分区間 4 ── 外部脅威と関連した内部の弱み**　企業にとって最悪を避けるべきポジションである。しかし，競争には予測できない変化が伴うので，ここにあってもいくつかの戦略を採用できる。企業の存続が危うくなっている場合，積極的な戦略しか採用できない。もし戦略の実行が付随的なものであるならほかの四分区間におけるより見込みのある事柄に集中できるよう撤退するのも採用できる戦略の一つである。しかし，ただちにこの四分区間から問題を取り除く可能性を退けてしまうのは避けるべきである。これは，そう見えるように二次的ではなく，むしろ数多くの戦略オプションを企業に提供する可能性を考えるか，ほかの四分区間のより利益を上げることができる活動を支援する必要がある。この四分区間において，ブラインドスポット（盲点）分析のテクニックは，逆効果があまり生じず利益のあるように実施される。

各問題の戦略を決定したら，継続的にそれを監視し，また定期的にその問題に繰り返し立ち返り，積極的に戦略を考え，進展中の問題を解決する必要がある。この繰り返し作業は，環境のレーダースクリーンに映るシグナルの動きを見るために走査するのに例えることができる。SWOT テクニックでは，このように早い時点での警告を受けることができる。

多くの戦略上の問題の複雑さをマネジメントするための有用な方法に，相互作用マトリックスがある。Weihrich（1982）は，図 8.3 のようなマトリックスは，異なる四分区間の間の関係の異なる組み合わせを分析者がマネジメントするのを助けると述べている。各問題には＋（強みと機会が強力にマッチ）または 0（強みと機会のマッチが弱いかマッチしない）

8. SWOT 分析

弱み＼強み	1	2	3	4	5	6	7	8	9	10
1	+	0	0	+	+	0	0	+	0	1
2	0	+	0	0	+	+	0	0	+	1
3	+	+	+	0	0	0	0	+	+	0
4	0	0	0	0	+	0	0	+	+	0
5	+	+	+	0	0	0	0	+	+	0
6	0	0	0	0	0	0	0	0	0	0
7	+	+	+	+	+	+	+	+	0	0
8	0	0	0	0	+	0	0	+	+	0

機会7には良好な適合があるように見える。
機会6には良好な適合がないように見える。

図 8.3 作用のマトリックス （Source: Reprinted from *Long Range Planning*, Vol. 15, No. 2, H. Weihrich, "The TOWS Matrix—A Tool for Situational Analysis," pages 54-66, Copyright 1982, with permission of Elsevir Science.）

が割り当てられている。マトリックスは，企業の強みと外部環境にある機会との適合（つまり，＋）を識別する助けとなる。マトリックスは，各四分区間の適合を比較するように構築されている。

ここで重要なのは，根拠ある正確さをこのマトリックスに求めてはいけないということである。分析者は，定性的データと情報を定量的にランキングする際のリスクを認知していなければならない。二項式のランキングでは，微妙な事柄は正しく捉えられず，しばしば，問題間のつかみどころのない相互依存性や企業の競争上のポジションに影響を与えるそれらの相互関連も正しく捉えることができない。しかし，このマトリックスは，SWOTモデルにおける理論構成内の機会のおおまかな近似を簡潔に可視化する有用な道具として機能する。

最終的には，個別のSWOT分析は，それぞれのビジネスあるいは製品市場を典型的な例として分析することが必要である。これらの分析は，何度も何度も繰り返し，定期的に行わなくてはならない。

FAROUT のまとめ

	1	2	3	4	5
F	▓	▓			
A	▓	▓	▓		
R	▓	▓	▓	▓	
O	▓	▓	▓		
U	▓	▓			
T	▓	▓			

未来志向性　現在から短期的な未来。業界が抱える問題は変わり，組織は改善されるので，定期的にレビューする必要がある。

正確性　中程度。どの程度の偏りがあるかによって正確性は異なる。外部の専門家と相互確認することによって，分析の正確性は増す。

経営資源効率性　中から高程度。外部の専門家をどれだけ採用したか，また内部および外部情報をどれだけ利用できるかによっても異なる。通常使用できる分析テクニックで，SWOT 分析が最も経営資源の効率性が高い。

客観性　中程度。外部の専門家からの支援を受ける場合，客観性は増す。上級管理職者や機能部門の専門家からのインプットにブラインドスポット（盲点）や認知上の偏りがある場合，それが取り入れられる。

有用性　中から高。企業の現在のポジションと競争上の能力をすぐに把握できる。

適時性　中から高。SWOT 分析の実行にはあまり時間がかからない。

関連するツールとテクニック

・ブラインドスポット分析
・国および政治上のリスク分析
・イッシュー分析
・シナリオ分析
・STEEP 分析
・価値連鎖分析
・競争相手のプロファイリング
・五つの力の業界分析
・SERVO 分析
・ステークホルダ分析
・戦略グループ分析

参 考 文 献

Andrews, K. (1971). *The concept of corporate strategy.* Homewood, III: R. D. Irwin.

Clawson, J. G. (1998). *Strategic thinking* (UVA-BP-0391). Charlottesville, VA: University of Virginia Graduate School of Management, Darden Graduate Business School Foundation.

Grant, R. (199S). *Contemporary strategy analysis.* Cambridge, MA: Blackwell Publishers.

Hill, T., & Westbrook, R. (1997). "SWOT analysis: It's time for a product recall." *Long Range Planning, 30*(1), 46-52.

Rowe, A. J., Mason, R. O., & Dickel, K. E. (1986). *WOTS-UP analysis, strategic management—A methodological approach.* Reading, MA: Addison-Wesley.

Stevenson, H. H. (1976). "Defining corporate strengths and weaknesses." *Sloan Management Review, 17*(3), 51-68.

Waterman, R. H. Jr. (1982). "The seven elements of strategic fit." *Journal of Business Strategy, 2*(3), 69-73.

Weihrich, H. (1982). "The TOWS matrix—A tool for situational analysis." *Long Range Planning, 15*(2), 54-66.

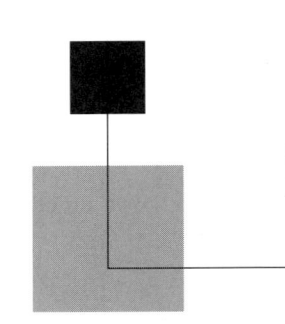

9. 価値連鎖分析

価値連鎖分析（Value Chain Analysis）は，最適な経営資源配分を行うために，企業内部のコアコンピタンスと企業外部の競争環境とをいかに統合できるかを提示し，それにより経済的優位点の潜在的源泉を特定するために使用される手法である。企業の価値連鎖は，原材料のサプライヤから最終の消費者までを含む，業界のすべての参加者による価値創造活動を含むより大きな業界の価値システムの一部とみなされている。価値連鎖分析では，戦略に関連する企業の価値創造活動を分解する。このように分解して分析することにより，業界にプールされた利益を理解し，競争優位を生成するためにどのような戦略を採用すればよいかを理解することができる。

9.1 背　　　景

図 9.1 にある価値連鎖のコンセプトは，ハーバード大学ビジネススクールの教授，Michael Porter の 1985 年の著書「Competitive Advantage」によって広まった。Porter の先駆的な仕事は最初，MIT の Jay Forrester によって構築され，システム分析として知られる

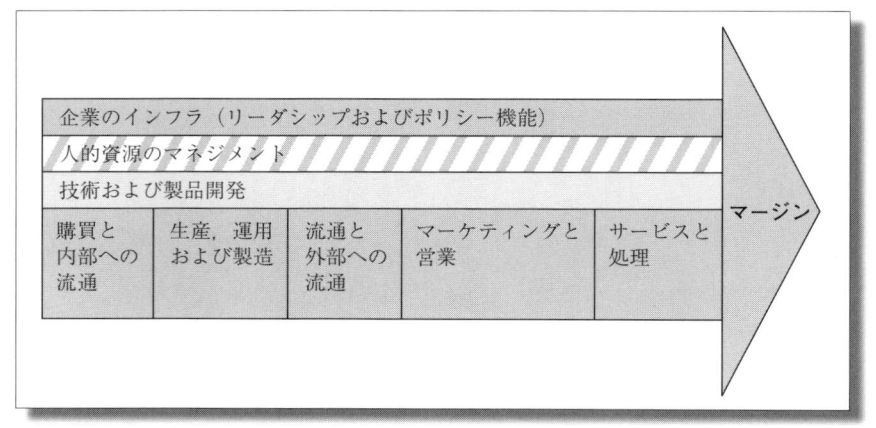

図 9.1　価格連鎖　（Source: Porter, M. (1985): *Competitive Advantage*. The Free Press, New York.）

戦略分析の分野を拡大したことである。1961年にさかのぼるが，Forrester はインダストリアルダイナミックスの手法を発展させ，業界を活動ごとに分解した（Forrester, 1961 を参照）。この種の活動ごとに業界を分析する競争分析は，コンサルティング会社 McKinsey & Co. が，価値連鎖分析とそう大きくは違わないビジネスシステムを開発する1970年代まで発展しつづけた。

　Porter は，自分のモデルが，企業の内部能力と外部の競争環境との間の戦略的なすき間を特定し埋める客観的な研究になると考えた。価値連鎖分析が持つ固有の強みは，企業が企業の能力と，外部競争環境にある機会と脅威との間の戦略のすき間を埋めるのを助けるツールとして利用できるところにある。価値連鎖分析の二つの主要な目的は，(1) コスト優位を確保する機会 (2) 製品／サービスの属性の差別化を図る機会を識別することができるところにある。企業はこれらの活動の一部またはすべてを低コストで，または競争相手と比較し顧客に大きな価値を提供することによって差別化を図ることにで競争優位を得る。

　価値連鎖分析は，その価値を提供するコスト以上の顧客価値を創造するための，競争上の戦略を構築することを目標に開始される。これは企業の利益の源である。顧客価値は，企業が実行する相互に関連する価値を生み出す活動から生まれる。Porter（1985）は，企業の価値連鎖は，企業の製品またはサービスを設計，生産，売買，配達およびサポートするために実行するすべての活動およびプロセスから構成されると見ている。企業の価値連鎖および企業が個々の活動をどのように行っているかは，活動自体の固有の歴史，戦略，導入のためのアプローチ，根底にある経済行為を反映している。Porter はこれらのすべてを，つぎの二つの活動に分類している。

1. **主　要　活　動**
   - 社内物流 ─ 在庫の保管と取り扱い
   - 運用 ─ 投入資材から最終製品またはサービスへの変換
   - 社外物流 ─ 流通
   - マーケティングと営業 ─ マーケティングコミュニケーション，価格とチャンネルマネジメント
   - サービス ─ 販売後のサポート

2. **サポート活動**
   - 技術開発 ─ エンジニアリング，研究開発，情報技術など
   - 人材開発 ─ 採用，インセンティブなシステム，動機づけ，訓練，昇進，労使関係など
   - 企業のインフラ ─ 会計，法務，企画やすべての形式の利害関係者との関係（つまり，政府業務，広報業務，コミュニティへの投資，IR など）

企業の顧客に対して課せられたコストからこれらのすべての活動に伴うコストを引いたものが企業の利益となる。企業にインプットを提供するすべての人たち，および企業の製品やサービスを購入する人たちすべてにも，自分たちの主要なサポート活動で構成された価値連鎖がある。まとめると，これらすべての価値連鎖が，図9.2で示した業界の価値システムを構成する。

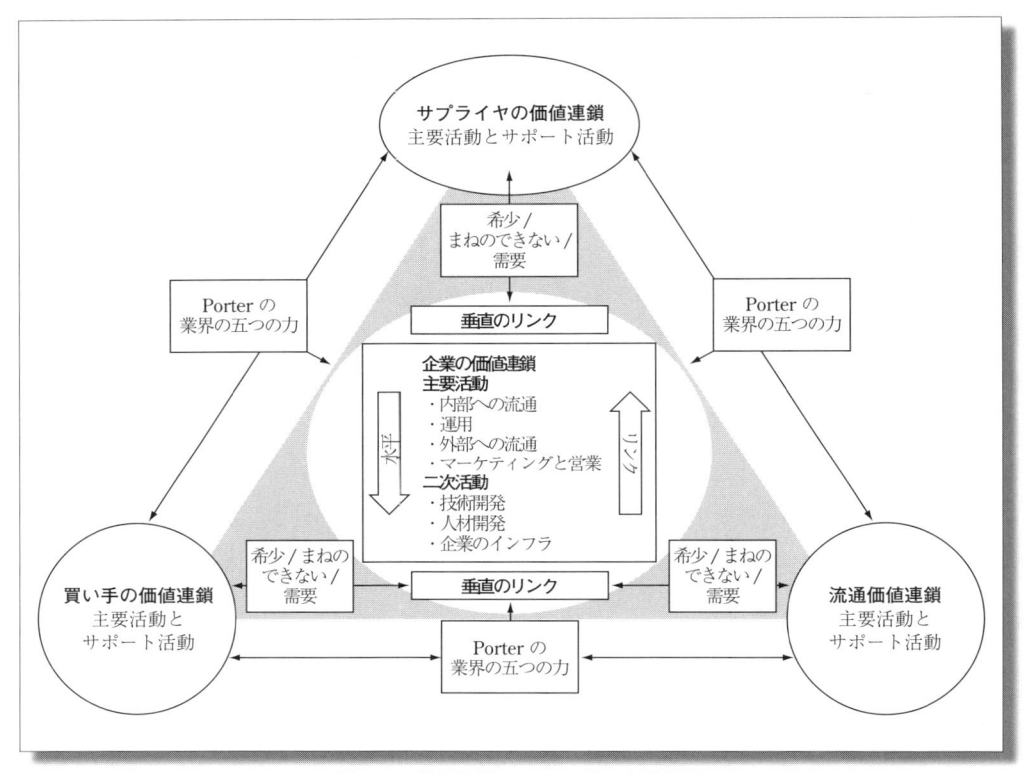

図9.2 業界価値システム内の価値連鎖

業界全体の価値システムにおける活動の合計が，創造される顧客価値の合計を決定する。業界価値システムのすべての参加者が稼ぐ利ざやを払っているのは顧客である。それぞれの参加者によって稼ぎ出されたその業界の利益の配分は，Porterの五つの市場の力によって決定される。Porterの五つの力（6章を参照）は，強力に市場構造を形作っている。五つの力とは，新規参入の脅威，サプライヤの交渉力，代替製品の脅威，バイヤの交渉力，そして業界内の競争である。それぞれの力の相対的強さは，その業界の利益を決定する。価値システムにおける企業の相対的強さは，業界全体の利益におけるその企業のシェアを決定する。価値連鎖分析は，企業の現在の強さを決定するために使用される。また，競争上の優位を確保

することにより，より高いシェアを得ることを目的とする際に，その力の増加のさせ方を提示するためにも使用される。

　価値連鎖内のほとんどの種類の活動は別個のものであり，独立しているわけではない。実際はほかの種類の活動と相互に関連している。競争優位は個々の活動から得られるかもしれないが，通常，最も強い競争優位は価値連鎖内の高位のものから得られる。関連が無形で，複雑であればあるほど，企業の戦略によって生成された地代を複製または奪うことは困難となる。つぎに，さまざまな種類の価値連鎖のリンクをランクづけすることにより，その関係を示す。

- **企業の価値連鎖内の別個の各活動** ― （例えば，社内物流において，業界リーダになる）
- **企業の価値連鎖内で相互に関連している主要活動** ― （例えば，作業のやり直し，廃棄，客からの返却を減らす品質検査の増強と顧客価値の増大）
- **企業の価値連鎖内で相互に関連している二次的活動** ― （例えば，その企業にとってふさわしい活動領域のすべてにおいて，学習を促進するような組織構造）
- **業界のコストシステムにおける垂直リンク** ― （例えば，サプライヤおよび顧客と密接な関係を築くこと。しかし，通常は価値連鎖システムにおけるそれぞれの企業の交渉力により不均衡となる利益のために，低コストまたは差別化戦略を構築するためである）

　企業の独自の価値連鎖内または業界の価値システム内に，これらのリンクの組み合わせがあることによって，企業は業界構造内で力を増大させ，業界の利益のシェアを支配できる。場合によって，価値連鎖分析では，業界の価値システム内のすべての価値連鎖を撤廃あるいは回避し，根本的に業界の価値システムを再構築することにより，機会が正確に見えてくることがある。このよく知られている例がAmazon.comである。同社は革新的な技術と，取引先のマネジメントによって，出版社と密接な関係を築き，従来の本の小売チャンネルを通さず，インターネット上でのみ販売を行うという手法を採用している。

　競争戦略を得るための価値連鎖分析には，二次的なもの，あるいは部分集合的なものが多数ある。

- **ライバル（競合）企業分析**　ライバルのコスト構造の分析と差別化のもとを分析することは，広範囲な経済学的な学問を通して立証された全体的枠組みを使用して戦略を構築するために本質的なことである。
- **顧客価値分析**　顧客価値創造活動を，戦略構築のプロセスに組み込むことは，分析者に，投入資材を最小にして利益を上げるための洞察を与えてくれる。顧客コストの推進力を決定するためのガイダンスおよびライフサイクルコスティングの概念は，価値連鎖分析モデルの最大の貢献の一つである。

- **企業の範囲の決定**　価値連鎖分析では，どのビジネス上の活動およびどの競争上の分野に企業の戦略を導入するかという戦略上の核となる問題の回答を得ることができる。製品と市場の範囲の従来のコンセプトを価値連鎖の価値創造の活動に広げるには，事業単位独自の戦略からなる企業戦略を追求しなければならない。Porter（1985）は，競争優位に影響を与える範囲は，セグメント，垂直，地理および業界の四つであると述べている。集中戦略は低コストまたは差別化戦略とともに使用できる。

- **戦略コストマネジメント**　コストマネジメントのパラメータを，従来のその企業にある普遍的費用抑制および削減手法から，それぞれの価値活動に対するユニークなコスト要因を認識し，よりよいコストマネジメントが可能な手法へ拡張する。例えば，企業は価値連鎖分析でサプライヤと顧客の垂直のリンクを利用できる。コストの水平軸の拡大は，価値連鎖内のほかの活動（例えば，作業のやり直し）を守るため，企業がほかの活動（例えば，品質管理）に投資を変更する場合があり，その結果，顧客価値が上がる場合がある。

- **統合**　価値連鎖分析は，企業が上手に垂直または水平統合戦略に投資する手助けとなる。または逆に，投資あるいは撤退の決定が企業の価値連鎖に与える影響や，最終的な業界の価値システムにおける企業の戦略ポジションを評価するのに役立つ。

- **サプライチェーンマネジメント**　サプライヤの交渉力を判別し，また同じ業界における彼らの業界価値システムを認識することによって，おたがいにとって利益となる機会を生む場合がある。

- **戦略的アウトソーシング**　価値連鎖分析によってもたらされるコアコンピタンスの知識が必要である。企業のコアコンピタンスと価値連鎖内のさまざまな活動のしっかりとした理解があれば，企業の競争優位を損なうことなく，コスト削減，差別化および柔軟性の向上を図ることを可能にする戦略的なアウトソーシングを行う決定をすることができる。

- **買収，合併，提携または合弁**　相乗作用または戦略的に適合することは価値連鎖分析を利用し有利に構築できる。業界の価値システムにおいて買収がどのように企業の力を増強させるかということを基準に，対象の企業を選択することができる。

- **組織の構造**　個別の価値創造活動および価値連鎖の垂直リンクを基準に，組織単位の境界を引くことは，企業をその競争優位の源泉とより調和させることが必要である。

- **世界戦略**　価値連鎖分析は，しばしば混乱のもとである競争優位と比較優位の違いを明確にする。これによって企業は国別の戦略を基準とした比較優位と企業別の戦略を基準とした競争優位のトレードオフを効率的に最適化することができる。

9.2　戦略的根拠と意味

　Michael Porter は，当時支配的であった戦略マネジメントシステムの実用性への不満から，価値連鎖分析を開発した。1970 年代および 1980 年台初頭，ボトムアップ計画システムと分権組織構造を伴うポートフォリオ理論の概念がひとり勝ちの状況であった。その結果，当時のほとんどの企業は，ポートフォリオ分析を使用し，別個の多角的な事業単位を別々にマネジメントしていた。ポートフォリオ理論は，大企業を買収し，その一部を売ることによって大きな利益を得ていた企業，または長期にわたり利益なき成長を遂げていた巨大複合企業体により，ますます疑問視されるようになった。ポートフォリオ理論が機能不全となった結果，戦略事業単位間での協調はなくなり，ビジネスおよび企業レベルでの戦略の相乗作用が得られなくなった。マネージャたちはポートフォリオ理論によって，ビジネス戦略の成功の二つの兆候，つまり，市場シェアおよび市場成長のみをマネジメントすれば企業戦略の構築は成功するものと信じ，その結果として，想定を誤るようになった。

　Porter は，業界においていかに顧客価値を創造するか，つまりマネージャはビジネスを成功に導く根本にある原因の包括的な分析を行わなければならないと主張した。そこで，企業の戦略事業単位，戦略事業単位間，企業戦略全体，そして業界の価値システムの参加者に存在を無視されがちな垂直方向の相乗作用の可能性を探るために，価値連鎖分析は提案された。価値連鎖分析を動かす主要な理論は，競争優位のほとんどの源は（しばしば実体がない）これら参加者の結合関係にあるというものであった。Porter は，競争優位のこれらの源を探る優れた手法，つまり価値連鎖分析の採用により，従来のマネジメント理論に挑んだ。

　価値連鎖分析の開発は，Porter の 1980 年の著書「Competitive Strategy」に対する批判に対応するためでもあった。この本の中で Porter は，競争優位を得るには 3 段階のプロセスを踏む必要があると述べている。第一段階で分析者は，現在では有名になっている業界構造の五つの力のモデルを使用するよう推奨されている。このモデルの主張は，業界の収益性はこの五つの競争上の力によって決まるというものである。第二段階はこの分析を利用し，持続可能な競争優位を構築する汎用的な競争戦略を決定することである。企業は持続可能な競争優位を実現するために，低コストあるいは差別化戦略を追及できる。企業は汎用戦略の中で，集中したあるいは集中していない戦略を追及できる。Porter が批判を招いたのは，導入に関する方法論的な指導がなかったことであり，企業が選択した戦略を導入する第三段階目である。Porter のものも含め，それまでのモデルには，企業の内部能力と外部の競争環境との間の戦略的なニッチを識別あるいは埋める分析はあっても，そのニッチを埋める指導がなかった。このような問題への対応として Porter は価値連鎖分析を構築することによっ

て競争戦略を導入した。

9.3 強みと利点

　価値連鎖分析では，それまでのマネジメントツールの重要な欠点のいくつかが修正されている。1980年代中盤，同分析は，組織および業界の競争相手の間にある競争優位の源をあいまいに一般化すること，および定性的に憶測してしまうことに対する大きな飛躍を提供するものとなった。

　企業の観点から見た場合，価値連鎖分析は企業の強みと弱みを理解する便利なツールである。業界という観点から考えた場合，価値連鎖分析は主要な顧客やサプライヤのそれと比較し，競争上のポジションをよりよく理解できる。

　分析者は，価値連鎖分析により，企業の経営資源および能力が潜在的にまたは実際に生み出す利点の本質，その利点はどれくらい持続可能であるか，そして今後の競争力にはどのような新しい経営資源や能力が必要かを知ることができる。それゆえ，従来のSWOT分析（8章参照）および能力および経営資源分析（14章を参照）をいかにして競争優位を実現し持続できるかという利点を詳細に補強するものとなる。

　従来の戦略計画の枠組み，特に管理会計は，生成された収益から投入原価を引くという付加価値の限定された定義に焦点を当てていた。このような従来のコスト分析は，始まりは遅く終わりは早いということで批判を浴びていた（Shank and Govindarajan, 1992）。管理会計はコスト分析のプロセスを購買から開始し，客に売買することで終了させていた。このような狭い定義には，企業とほかの業界参加者間の価値創造活動の垂直または水平のリンクが考慮されていなかった。例えば，管理会計は従来，購入価格から開始し，サプライヤとの間の垂直リンクを通じて創造できる価値の利用機会をすべて無視していた。同様に，製品またはサービスの総所有コストを競争分析から除外すると，企業から多くの競争優位の潜在的源泉および顧客価値の生成機会を奪う。価値連鎖分析では，顧客に価値を提供する価値創造活動を包括的にほどこす戦略コスト分析を企業に採用するよう推奨している。また構造の推進役（つまり，規模，範囲，経験，技術，複雑さ）および実行上の推進役（つまり，経営スタイル，全社的品質管理，工場のレイアウト，キャパシティの使用，製品の構成，サプライヤおよび顧客との垂直リンク）など，顧客への提供価値計算式に影響を与える複雑な経済上のコスト要因をより含んでいる。このコスト要因を，通常は量的な一つの要因に減らすことによって，内部に焦点を当てる従来のコストシステムと比較してみると，価値連鎖分析では外部の顧客や業界に焦点を当てているため，経済をより現実的にモデル化する実際的なコストおよび価値分析を行うことができる。価値連鎖分析は，一般的な管理会計ツールのコスト（Cost）/

販売量（Volume）／売上げ収益（Profit）（CVP）を，より適切なコスト（Cost）／価値（Value）／売上げ収益（Profit）に変えている。

9.4 弱みと限界

価値連鎖分析には独自の強みがあるが，革新的なマネジメントツールに関連した弱みもいくつかある。価値連鎖分析の有効性は情報技術による急激な変化によって挑戦を受けている。その結果として，情報の広さと深さの間の従来のトレードオフが消滅し，多くの既存の価値システムの直接的脅威となっている。この考えの一派は増えつづけており，垂直リンクの周りに形成さたれ従来の価値連鎖分析においては，この新しい体系における成功戦略に必要とされるスピードでは価値を再び作り出すことはできないと主張している。その結果，この新しい理論的枠組みで必要とされているツールは時代遅れなものとなり，改定が必要であるとの議論がなされている。従来の価値連鎖分析は物理的な資産のために構築され，知的資産の競争に用いるのは適切でない場合がある。仮想価値連鎖（Virtual Value Chain：VVC）のコンセプトは，価値連鎖分析に四次元目を追加するより包括的なアプローチとして提供されている。Eコマースの従うべき法則は，確立された経済の法則の一部を書き直しており，現在使用しているツールに組み込まれなければならないかもしれない。RayportとSviolka（1995）は，経済の法則を書き換える，従来のマネジメント理論および価値連鎖分析などのツールを基礎とする新しい五つの法則を提案している。

1. **ディジタル資産の法則**　顧客価値を創造するディジタル資産の最低限の変動コストは，0か限りなく0に近い。
2. **新しい規模の経済**　いまや大企業だけでなく，中小企業も安い単位原価にアクセスでき，同様なコスト効率を享受できる。
3. **多角化の経済性**　単一のディジタル資産は，市場集中の深さと広さを同時に提供する場合がある。
4. **取引コストの削減**　従来の物理的な価値連鎖よりも，仮想的価値連鎖のほうが取引コストははるかに安い。これは情報仲介業者に新しい機会を提供し，従来の切り替えコストの効力を減らす。
5. **需要と供給のリバランス**　市場をセグメントの集合として見るよりも，むしろ集中戦略を，一つのセグメントの市場に分解することができる。この新しい現実は，供給側戦略よりも需要側戦略に重要性を与える。

同様な背景状況の説明として，AndrewとHahn（1998）は，価値連鎖分析を補うものとしてバリューウェブマネジメント（Value Web Management：VWM）を提供している。この

コンセプトは，価値連鎖間の直線的なリンクとして戦略を見るのではなく，VMW はバリューウェブを各ノードが各ウェブおよびウェブ間のノードの目もくらむような多次元のリンクの配列との仮想的なパートナーであるウェブの複数の層であると仮定している。彼らはこれらの複雑なウェブマトリックスを，つぎの二つの原則が牽引していると述べている。

1. **同　　時**　　バリューウェブ内の各メンバーに，同時にリアルタイムで完全な情報が提供された場合のみ，仮想価値連鎖において価値を創造できる。これによって価値連鎖の集合としてではなく，一単位として，バリューウェブ内の参加者は戦略を機能的に構築できる。

2. **バリューウェブの従うべき原則**　　仲介業者抜き，再仲介，情報仲介，役割変更，非物質化およびディジタル化が競争のルールに影響を与えている。

Porter の価値連鎖モデルを理論的に強化するというこの議論は，けっして完全なものではない。まだ未発達の状態で，完全に明確にされていないが，これらの理論は，ダイナミックな競争環境で受け入れられている慣習を継続的に再評価する必要があることを示している。しかし，結論として VVC および VWM などのこれらのコンセプトは類似している。情報通信および技術の脈絡の中での価値連鎖をマネジメントする場合，分析者は，Porter の価値連鎖分析モデルでは明示的に解決されていない，新しい挑戦となる経済の現実を含めることが求められている。価値連鎖では，情報は企業の戦略を支援する要素として取り扱っており，よくても二次的な活動の一部として取り扱っている。しかし VVC および VWM などの新しいモデルでは，情報を，物理的な価値連鎖とともに平行して絡み合わせることで，別にしかも一緒にきちんとマネジメントしなければならない価値創造要因として取り扱っている。

Porter は圧倒的に製造業に焦点を当てた事例を構築して価値連鎖分析を組み立てている。それ以来，価値連鎖分析は，サービス企業には利用できないといっていた批判家たちの主張は間違いであることが証明された。価値連鎖分析がインターネットの E コマースへの使用に対応できないと述べている人たちにも，おそらく同じ結論が下されるであろう。それでも，普及する情報技術のインパクトを取り込むために，分析者が現在のマネジメントツールおよびテクニックに組み込むことができる，新しい革新的な改良を探すことは間違いではない。

Porter の定性的な処方の多くは量的に利用するのが困難であり，単純化されすぎているためにも批判を受けていた。したがって，最も目立つ欠点は，これにはかなりの量の経営資源が必要だということになる。効率的に価値連鎖分析を行うには，しばしば手当たり次第あるいは容易に入手できないデータを使用し，顧客調査，競合分析，業界構造分析に大量の投資を行わなければならない。価値連鎖分析の実行は理論上は簡単に見えるかもしれないが，実際行うには比較的困難で時間がかかる。

包括的な価値連鎖分析には広範囲なデータが必要であり，分析が困難である理由となって

いる。組織内部あるいは業界および競争相手が保有するこれらのデータの大部分は，入手が困難である。企業のほとんどの内部の会計データは，つぎのいくつかの理由により分析には適していない。

- 従来の管理会計システムでは，めったに戦略事業単位周辺からデータを収集しない。
- 従来の管理会計システムでは，めったに価値創造活動からデータを収集しない。データは，製品／サービスそして期間費用から収集される。
- 従来の管理会計システムでは，めったに製品またはサービスの期間費用を収集せず，価値創造プロセスに一般費用を割り当てるのが困難になっている。
- 従来の管理会計システムの譲渡価格と任意のコスト配分は，企業の価値連鎖または業界の価値システムの垂直リンクによって生成された相乗作用を適切に包含していない。
- 従来の管理会計システムでは，めったにコスト要因周辺からデータを収集しない。価値創造活動の実際のコストを決定するのに，部門別予算が正確な情報源となることはめったにない。

もし，企業が活動基準会計（Activity-Based Accounting：ABC）を採用している場合，ABCによって従来の管理会計の多くのゆがみがなくなるので価値連鎖分析のプロセスはより容易になるかもしれない。なぜならば，ABCの論理的根拠は価値連鎖分析だからである。したがってABCの採用を検討している場合，ABCシステムで価値連鎖分析をサポートするのに，どのような情報収集が必要であるかを知るため，まず価値連鎖分析を最初に行うのが賢明である。実際，ABCは，価値連鎖分析と多くの点で類似している。

したがって価値連鎖分析で成功するには，均等な部分判断，詳細への注意，競争に関する知識，および量的な分析が必要であるが，このたいへんさは我慢できる。なぜならば，そのたいへんさは，この種の分析の戦略的価値と正比例するからである。企業の業界構造の理解，そしてそれよりも重要なことに，企業の能力とこの知識をかみ合わせることは，成功する戦略の構築に内在するからである。さらにそのような包括的なコンペティティブインテリジェンス（CI）システムの構築自体が，競争相手にとって真似が困難な，持続的な競争優位の源となるかもしれない。

9.5 テクニック適用のためのプロセス

価値連鎖分析のプロセスは，企業の価値連鎖の内部分析から始まる。そこから業界の価値システムの外部の競争環境に広がっていく。競争優位を識別，創造そして維持するこれら二つの分析によって終結する。

ステップ1：企業の戦略的事業単位を定義する

最初のレベルでは，さまざまな分析セグメントに境界を引き，ビジネスを分解する。これに関するPorterの理論的説明は，異なるビジネスセグメントには異なる競争優位の源が必要であるため，異なる戦略が必要だというものである。通常企業の組織構造または会計システムは，戦略事業単位と同じ事業単位には分類されていない。そこで分析者は，部門，機能，またはコスト，収益そして投資センターによる通常の分類から離して考えなければならない。分析者には，つぎの二つの矛盾する基準が残ることになる。(1) 自治体別に戦略事業単位を定義する（すなわち，一つの戦略事業単位のマネージャの決定がほかの戦略事業単位には影響ない）。(2) 価値連鎖分析を支える最終的に分解された能力によって戦略事業単位を定義する（すなわち，その企業内の共有されたつながりや価値システム内の価値連鎖間の共有されたつながり）。

これらの二つの基準が矛盾するときには，多くの判断が必要である。二つの基準が衝突する場合，価値連鎖分析の焦点は，競争優位のソースとして潜在的に可能性が高い共有リンクを梃子（レバレッジ）入れするものであり，おそらく後者を選択したほうがよい。

ステップ2：企業にとって重要な価値創造活動を識別する

企業で活動基準会計を採用していない限り，従来の管理会計データはあまり役に立たない。その代わり，Porterは価値創造活動を定義するものとして，つぎのいくつかの有益な区別を挙げている。

- 経済構造が違う。
- 総費用の多くを占める，または成長している項目に貢献している。
- 製品／サービスの差別化に貢献，あるいは貢献する可能性がある。

ステップ3：内部コスト分析の実行

内部コスト分析は，つぎのいくつかのサブステップで構成されている。

- ステップ2の重要なそれぞれの価値創造活動のコストを出す。能力を完全に活用する全コスト手法か，製品ライフサイクル（PLC）コスト手法を採用することを勧める。
- 複数のコスト要因を使用し，それぞれの価値創造活動のコスト要因を探す。構造上のコスト要因は長期的な性質を持ち，企業の製品およびサービスの経済コスト構造に影響を与える。分析者が考慮しなければならないコスト要因の例として，規模，範囲，経験曲線，技術および複雑さがある。実行上のコスト要因は，その性質により運用にかかわってくる（経営スタイル，トータルクオリティマネジメント，工場のレイアウト，能力の使用，製品の構造，サプライヤおよび顧客との垂直リンク）。

- 低コストの強みを享受できそうな分野を探すために，企業の現在の戦略を診断する。企業の価値連鎖内で，共生によってコスト削減が実現する価値創造活動の水平リンクを探す。戦略的コストマネジメントの機会を探るということがここでのポイントである。この時点では，ベンチマーキングや関連する比較方法で，企業のコスト構造を競争相手のそれと比較すること，つまり外部に目を向けていることが重要である。それからビジネスのプロセス設計およびリエンジニアリングのアプローチを活用し，潜在的な低コストの強みを確保する。

ステップ4：内部の差別化分析を実行する

内部コスト分析と類似する内部差別化分析は，企業の価値創造活動およびコスト要因を探すことから始まる。つぎに分析者は，一連のサブステップを通して顧客知識を適切な戦略に融合する。

- 顧客調査を実行し，顧客価値を正確に定義する。この知識を得るには（1）顧客と対話する（2）顧客の価値連鎖を分析し，いかにすれば企業の製品とサービスに付加価値を付けることができるかを探る。
- 企業の製品またはサービスを差別化するには，いくつかの差別化戦略がある。それには，製品またはサービス属性，販路のマネジメント，カスタマーサポート，販売前販売後のサポート，ブランド化，価格がある。
- 希少で，需要があり，競争相手がなかなか模倣できない，競争優位を実現する企業のコアコンピタンスに基づく最適な差別化戦略を選択する。

ステップ5：業界のプロフィットプールを策定する

a. 業界のプロフィットプールを定義する　業界のプロフィットプールのパラメータは，企業が現在および将来利益を生むことができる能力に影響を与える価値連鎖プロセスに左右される。分析者は，ほかの産業から移動しつつある競争上の機会の潜在性を取り入れるために，十分に広い範囲の見本を切り出さなくてはならない。これは，マネジメント可能な詳細レベルを損なうことを制限する必要から，バランスよく行われなければならない。原材料のインプットから始まり，最終顧客にとっての総所有コストで終わるすべての関連する価値創造活動を分析に組み込むため，企業，競争相手，顧客の見通しを仮定することは，有益である。

b. 業界のプロフィットプールの全体サイズを見積もる　正確に測定するため，ここではいくつかの異なる評価方法を採用する必要がある。例えば，プロフィットプールの全体サイズの判断には，企業，製品，チャンネルまたは地域を使用することができる。通

常，利益の種類としては会計上の利益の使用で十分である。しかし海外からの参加者がいるときに，業界のプロフィットプールを図解する最も効果的な利益単位が，経済的付加価値（Economic Value Added：EVA）である。なぜならば，EVA は，国によって異なる一般的に受け入れられている会計原則（Generally Accepted Accounting Principles：GAAP）による多くのゆがみを解消しているからである。これらの見積もりとなる情報源の一部は，分析者によるレポート，財務諸表，証券取引委員会のレポート，業界の専門家である。

c. **プロフィットプールの分布を評価する**　業界内のライバル企業の外部分析に向けて，企業の利益構造を活動によって（ステップ 1-4）梃子（レバレッジ）入れするのが，最初の一歩として最適である。この段階では，一般的な経験側としてつぎのように行う。

- 企業の経済的状況に関する知識を利用し，各活動による利益を出す。注意して配賦費用を理性的に分配する。この情報は，業界内のライバル企業の活動利益の見積もりを基準として使用できる。
- 競争上の情報は，財務諸表，アナリストレポート，証券取引委員会のファイル，業界紙，ビジネスプレス，企業団体，政府政策者などの情報源から得られる。
- 有用なヒントは，資産の市場価値あるいは代替コストを使うことである。それら資産は，価値創造活動と，同じ価値創造活動を生み出すために必要な全能力のもとで全コストに対するアプローチを行うことを支援するものである。
- 80/20 のルールを使用する。つまり，業界内の企業の 20％が業界利益の 80％を生み出すので，まず最大の企業に集中すべきである。
- 業界の垂直統合度によって分析的な分解のレベルは異なる。まず集中している企業から始める。つぎに自社の経済状況および業界内の集中している企業に関する知識を調整し，多角企業の活動利益を出す。サンプリングに基づき，このあとに小さい企業（業界利益の 20％を生み出す 80％の企業）に移行していく。
- 正確を期すために，このステップで出した活動利益を加え，ステップ b で出した業界プロフィットプールの合計と比較する。二つの見積もりが大きく異なる場合，仮説を変更し，二つの見積もりがかなり近くなるまで方法に手を加えつづける。

業界のプロフィットプールを図解したものが，**図 9.3** である。業界の最大の収益シェアを生み出している活動が，業界利益をあまり生み出さない驚くべき結果が出ることがある。

ステップ 6：垂直リンク分析

ここで価値連鎖分析の真髄を掘り下げてみる。この段階では，企業の価値連鎖内で達成可能なコストおよび差別化の利益を得る機会は，ステップ 1 から 4 の間で使い尽くされている。

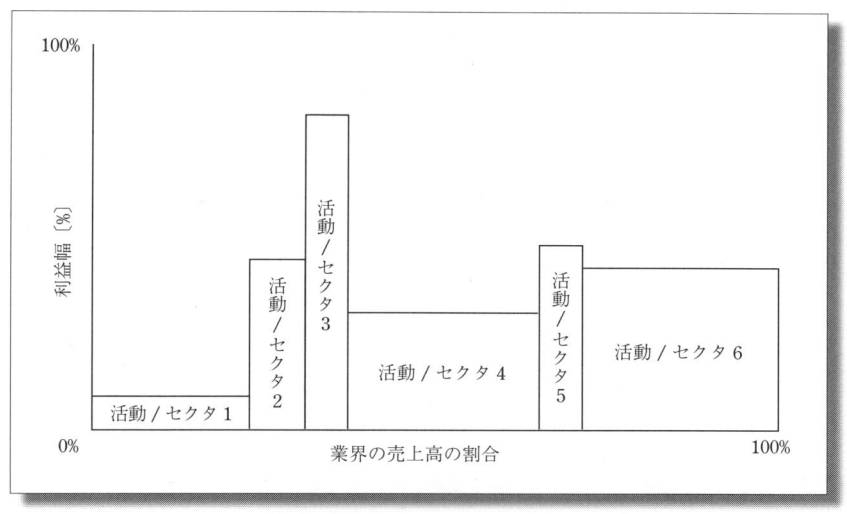

図 9.3 業界プロフィットプール図

　垂直リンク分析によって，分析者は業界の価値システムにおいて，最も大きな競争優位を獲得できる機会を見つけることができる．分析者は，ステップ5で，企業が戦略的に業界のプロフィットプールの浅いほうまたは深いほうのどちらにいるかを判別できたと思う．分析者は，自分の企業の経済状況，顧客価値および外部競争環境に関する知識を使用して，垂直リンク分析によって業界のプロフィットプールの深いほうに自社を再ポジショニングおよび，ダイナミックな競争環境で深いほうに居つづけることができるかを判断できる．

　これらの目的を実現する方法こそ，垂直リンク分析においては重要である．業界の価値連鎖におけるこれらの垂直リンクのほとんどはあまり明確なものではなく，排除することも非常に困難であり，最も難しい段階だということができる．しかし難しいからこそ，価値連鎖分析はしばしば競争優位への直接の道筋を提供するのである．方法はつぎのいくつかのサブステップからなる．

・業界の経済構造を判別するのに Porter の五つの力の分析を使用する．
・競争相手のコスト要因および低コストまたは差別化の要因となっている価値創造活動を判別する．
・企業の既存のコアコンピタンスを評価する．コアコンピタンスとは，顧客価値に対し，低コストまたは差別化を生み出す能力，スキル，技術のことを指す．通常コアコンピタンスとは，団体での学習および経験を通じて取得される．欠けている能力を確保または低コストあるいは差別化戦略を構築，維持または強化することによって，競合する顧客への提供物に勝る機会を識別する．
・価値システム内のほかの価値連鎖の交渉力に基づき，価値システム内のサプライヤ，販

路，バイヤとの垂直リンクを通じて，必要な能力を獲得または強化できる機会を判別する。
- 差別化と低コストの混合戦略を採用したいという誘惑から逃れる。これは簡単な逃げ道で，通常の企業には競争優位をもたらさない。むしろ企業は，業界のプロフィットプールの深いほうにいる積極的な泳ぎ手を追い越そうとして，浅いほうを目的もなく苦労して進むようなことになってしまう。以下のことを主張した実際に証明された学術研究が数多くあり，その数はいまも増えているであろう。成功する戦略の構築は，その困難さゆえに非常に価値があることということと，この戦略が経営者に苦痛の伴うトレードオフという形でその困難さに対峙せざるを得なくなることを主張している。二つのアプローチを取ろうとする企業で成功するのは，製造の可能性の新境地を開拓しようとしている企業か，真に統合された世界戦略を持つ企業だけである。
- 企業自身の価値連鎖とサプライヤ，販路または顧客の価値連鎖間の垂直リンクに競争優位の機会がないか識別する。業界の価値システム内のほかの価値連鎖を吸収あるいは協力することにより，企業はしばしば競争相手がまねすることができない低コストまたは差別化戦略を構築できる。
- 複雑で明確でない垂直リンクは，競争優位の基礎である，最も入り込めない絶妙な組み合わせ，需要そして模倣不可能性を提供する。

ステップ7：繰 り 返 し

企業のCIおよび戦略開発システムの中心に価値連鎖分析を据え，業界の発展および進化を積極的に管理するために，ステップ1から6を定期的に繰り返す。

IKEA家具の価値連鎖分析

　スウェーデンのIKEA家具は，価値連鎖分析のコンセプトを使用し，自社の利益となるように業界の価値連鎖を再構築した非常によい例である。小さく国内に限定されていた，通信販売方式のこの家具会社が，1992年には世界に9 600万人もの顧客を持つ収益43億ドルの100店舗に及ぶ多国籍チェーンに成長することができたことに，価値連鎖分析は大きな役割を果たした。販売利益が薄いといわれるディスカウント家具業界で，同社は8％から10％の利益幅を上げる成長を遂げたことは，さらに重要である。IKEAのビジネスモデルの最初の分析からは，内部の価値連鎖，つまり低コストのコンポーネント，効率的な倉庫，顧客によるセルフサービスの効率的および効果的なマネジメントによって，同社が競争相手より20％から25％安いコストで製品を提供することを可能

にしたことがわかる。しかしIKEAの成功の真の源泉は，業界の価値システムをうまくマネジメントしたためである。

　価値システム内の垂直リンクを利用することによって，IKEAは業界の価値システムを再構築するのに成功した。価値システム内の多くの価値連鎖をマネジメントすることによって，家具業界内で力を増大させ，同社は再構築を行った。

サプライヤの価値連鎖

　IKEAが低コストを実現できた理由は，おもに広範囲にアウトソーシングを行ったためである。IKEAはサプライヤと緊密に協働し，おたがいにシナジーを発揮できるよう務めた。低コストおよび高品質を求め，IKEAの30の仕入れ配給店は50箇国の1 800のサプライヤを事前に評価した。スウェーデンAlmhut本社の家具デザイナーが現在の製品ライフサイクルよりも2，3年前に，どのサプライヤにパーツの供給を依頼するか検討した。それが受け入れられると，IKEAのサプライヤは，世界市場に関連する経済圏を得，IKEAから技術指導および設備のリースを受けた。また価値あるアドバイスをIKEAのエンジニアから受けることもあった。原材料の調達とサプライヤ同士のマッチングをコンピュータデータベースを利用して行い，IKEAのビジネスサービス部門は，サプライヤとの関係を深めていった。

流通の価値連鎖

　グローバルネットワークおよびサプライヤをマネジメントするために，IKEAは世界で14の製品保管所を運用している。同社が在庫を多く抱える必要のないコスト削減戦略を採用できたのは，おもに各店舗の各レジがこの製品保管所と直接にリンクされているためである。またこれは，IKEAが需要と供給を一致させ，顧客価値を支えるのにも役立っている。

顧客の価値連鎖

　IKEAの戦略の要は，顧客が低コストで高品質な家具を得る代わりに，選択，オーダー，配送および組立業界の価値システム内の価値創造活動を顧客自身に行ってもらうことによって，自分たちが利益を受けることができるということを顧客自身に確信させることである。価値システムを過激にまた自発的に変えるために，IKEAは顧客にこの再設計をいかに簡単に，楽しく，価値あるものとして行ってもらうかを自社のコアコンピタンスとして採用している。

・IKEAは4 500万部以上のカタログを10箇国語で作成している。全部で1万品目扱っているのに，各カタログにはその30％から40％しか掲載されていない。従来，カタログとは単に発注時に利用するツールであったが，同社のカタログは役割を演ずるガイドとしての役割を果たし，高品質の家具を特別割引で入手するには，顧客はなにをすればよいのかを基本的に説明するものとなっている。

・IKEAでは楽しく買い物ができる。IKEAはショッピングの価値を増大させる，多くの価値創造設備を提供している。ベビーカー，託児所，遊び場，カフェ，レストラン，障害者のための車椅子がものによっては無料で提供されている。

・IKEAでは，簡単にすばやく生産的にショッピングできる。IKEAはIKEAとのパートナーシップを通じ，顧客が自身の価値を創造できるいくつかのツールを提供している。カタログ，メジャー，ペン，紙などが無料で提供される。レイアウトのアイデアはIKEA店舗のディスプレイによって示されている。ディスプレイ内の各アイテムには，製品名，価格，寸法，材料，色，取り扱い表示，オーダー，受け取り場所など，必要な情報にしかタグづけされていない。顧客が購入したものが車に乗せられない場合は，IKEAから自動車に取り付けるルーフラックを借りることができる。価値連鎖分析はIKEAにほかのだれもが提供し得なかったことを顧客に提供するのを可能にした。つまり，同社は高品質な家具を低コストで広範囲な選択肢の中から選択できるようにした。これらの組み合わせによって，業界で長く聖域とされていた価値システム内のトレードオフを破壊した。価値システム内の垂直リンクを利用することにより，IKEAは希少で需要のある，まねのできない戦略を採用することができた。IKEAが業界のプロフィットプールの深いところで泳いでいるサメであることはさほど不思議ではない。

Source: Adapted from "From Value Chain to Value Constellation: Designing Interactive Strategy," by R. Normann and R. Ramirez, 1993, *Harvard Business Review, 71*(4), pp.65-77.

U-Haulでの価値連鎖分析

　従来の米国のトラックレンタル業界の競争分析によると，1990年のU-Haulの戦略は失敗しているように見える。古いトラックの悲惨な組み合わせ，高いメンテナンスコスト，低価格は，競争相手のRyder，Hertz-PenskeやBudgetよりも数段水をあけられて，収支がとんとんであるように思えた。しかし驚くべきことに，業界で収益は最高である。

従来のビジネス分析では，本当の姿が映し出されないのである。

U-Haul は，戦略を構築するのに効率的な価値連鎖アプローチを採用しているので，業界平均の 3% をはるかに上回る 10% の販売利益を稼いでいる。業界の価値システムの水平リンクを利用することにより，同社は同業者がそれに気づくことなく競争相手を葬り去ることができた。

顧客の価値連鎖

U-Haul は顧客の価値連鎖を分析し，自社の製品およびサービスの全所有利益を増大させるいくつかのイノベーション的な機会があることを発見した。平均以下の販売利益でトラックを貸し，U-Haul は利益の流勢である販売利益の高い，ボックス，連結装置，保険証書の保管場所などアクセサリ事業に顧客を誘い込んだ。実際，同社は単にトラックを貸すだけではなく，これらを抱き合わせて販売することにより競争力の範囲を広げた。さらなる競争優位の地固めとして，同社は多くの都市ではあまりない安価な保管場所を確保することによって，コスト削減を実現した。そしてつぎのようなサイクルを作ることができた。

- トラックを安価で貸し出すことにより，高い販売利益を上げることができる付属品を販売できた。
- 低コストのトラックと保管所によって収益性を向上させることができた。
- 価格の差別化を図ることにより，高いトラック賃貸料によって資本コストをカバーしなければならない競争相手と相対的な顧客価値をさらに上昇させることができた。
- トラック賃貸料が安いというだけの理由で，比較購入客は何度も U-Haul に戻ってきた。

価値連鎖分析の力はここにある。特定の活動の業界収益のシェアにかかわらず，その価値創造活動を行う革新的な企業には，不釣合いなほどの業界利益を与えるような，多くの業界のプロフィットプールの構造が存在する。このような例は多く見受けられる。自動車業界で最も利益を上げているのは，リースおよび販売後のメンテナンスサービス業である。ガソリンスタンドで最も利益幅が高いのは，スナックやドリンクの販売である。クレジットカード会社は，継続的に最低月額支払いしか生み出さない市場のほんのわずかでしかない部分を渇望している。このような場合，価値連鎖分析は，企業戦略を輝かせるこれらの隠れた宝石を根こそぎ見つけ出す優れた分析ツールである。

Source: Adapted from "Profit Pools: A Fresh Look at Strategy," by O. Gadiesh and J. L. Gilbert, 1998, *Harvard Business Review, 76*(3), pp.140-147.

FAROUT のまとめ

	1	2	3	4	5
F	■	■			
A	■	■	■		
R	■	■			
O	■	■	■	■	
U	■	■	■	■	■
T	■				

未来志向性　現在に集中している。価値連鎖分析は，企業の競争上のポジションのスナップショットを映し出す。分析結果の適合性を確認するために，定期的に繰り返し行うことが重要。シナリオの構築，仮定に対する戦略的な挑戦，そして新しい経済と情報の融合を用いて，希望的な分析を，段階的なダイナミックスを通して現実を見積もる過程に組み入れていくべきである。

正　確　性　中程度。価値連鎖分析には，仮定，見積もり，不完全，不適切または欠落している情報源および定性的な判断によってなされている。

経営資源効率性　低から中程度。コストの観点から見ると，価値連鎖分析は経営資源集約型である。価値の観点から見ると，皮肉なことに，競争優位をもたらす可能性が高いため，非常にコスト効率が高いといえる。

客　観　性　中程度から高。分析中に散らばっているマクロ経済理論の適用は，分析を通じて得られたキーとなる仮定を再評価することを分析者に強要するため，実際との確認を強化する。

有　用　性　高。価値連鎖分析のプロセスは，ほかのほとんどの戦略的マネジメントテクニックが及ばない競争戦略に対する洞察に深みを与える。企業を戦略の最低の共通分母に減らし解体することによって，学習する組織を構築するためのサポートをする。

適　時　性　低。価値連鎖分析は性質的に時間がかかる。業界の変革を組み入れる動的な調整は，分析者が経験曲線を高めるのでかなり少ない時間しか消費しない。

関連するツールとテクニック

- ABC（活動基準原価計算）
- ベンチマーキング
- 顧客価値分析
- 競争相手のプロファイリング
- 非集計的財務分析
- 戦略的コストマネジメント
- トータルクオリティーマネジメント
- SWOT分析
- 活動基準マネジメント
- ビジネスプロセスリエンジニアリング
- コンペティティブインテリジェンス（CI）
- コアコンピタンス分析
- シェアホルダの価値ベースマネジメント
- サプライチェーンマネジメント
- シナリオ分析

参 考 文 献

Andrews, P. P., & Hahn, J. (1998). "Transforming supply chains into value webs." *Strategy and Leadership*, *26*(3), 7-11.

Cartwright, S. D., & Oliver, R. W. (2000). "Untangling the value web." *Journal of Business Strategy*, *21*(1) 22-27.

Clarke, C. J. (1987). "Acquisitions: Techniques for measuring strategic fit." *Long Range Planning*, *20*(3), 12-18.

Forrester, J. (1961). *Industrial dynamics,* Cambridge, MA: MIT Press.

Gadiesh, Orit, & Gilbert, J. L. (1998). "Profit pools: A fresh look at strategy." *Harvard Business Review*, *76*(2), 139-147.

——. (1998). "How to map your industry's profit pool." *Harvard Business Review*, *76*(2), 149-162.

Hergert, Michael, & Morris, D. (1989). "Accounting data for value chain analysis." *Strategic Management Journal*, *10*, 175-188.

Heskett, J. L., Jones, T. O., Loveman, G. W., Sasser, W. E., & Schlesinger, L. A. (1994). "Putting the service-profit chain to work." *Harvard Business Review*, *72*(1), 164-174.

Kogut, B. (1985). "Designing global strategies: Comparative and competitive value-added chains." *Sloan Management Review*, *26*(4), 15-28.

Magretta, J. (1998). "The power of virtual integration: An interview with Dell Computer's Michael Dell." *Harvard Business Review*, *76*(1), 73-84.

McTavish, R. (1995). "One more time: What business are you in?" *Long Range Planning*, *28*(2), 49-59.

Normann, R., & Ramirez, R. (1993). "From value chain to value constellation: Designing interactive strategy" *Harvard Business Review*, *71*(4), 165-177.

Porter, M. E. (1980). "Industry structure and competitive strategy: Keys to profitability." *financial*

Analysts Journal, 36(4), 30-41.

——. (1985). *Competitive Advantage*. New York: The Free Press.

Prahalad, C. K., & Hamel, G. (1990). "The core competence of the corporation." *Harvard Business Review, 68*(3), 79-91.

Quinn, J. B., & Hilmer, F. G. (1994). "Strategic outsourcing." *Sloan Management Review, 35*(4), 43-55.

Rayport, J. F., & Sviokla, J. F. (1995). "Exploiting the virtual value chain." *Harvard Business Review, 76*(2), 75-85.

Reimann, B. C. (1989). "Sustaining the competitive advantage." *Planning Review, 17*(2), 30-39.

Shank, J. K., & Govindarajan, V. (1992). "Strategic cost management and the value chain." In B. J. Brinker, (ed.), *Handbook of cost management* (pp.D1-1-D1-37). Boston: Warren Gorham Lamont.

Society of Management Accountants of Canada, (1997). *Value chain analysis for assessing competitive advantage*. Management Accounting Guideline 41.

セクション2　競争と顧客分析テクニック

10. ブラインドスポット分析

　ブラインドスポット（盲点）分析（Blindspot Analysis）では，戦略的な意思決定のプロセスにおいて不正な，または欠陥のある判断をしてしまう根底にある理由を検証する。認知心理学，戦略理論，ダイナミックな組織行動論を結合し，なぜしばしば分析者が競争環境を読み間違えるのか，そしてなぜ内部で行った綿密な調査では，企業の競争能力を過大評価しがちなのかを検証する。この分析を使用すれば，組織の意思決定プロセスに重大な欠陥がある場合，判断ミスに気づきやすくなり，戦略的意思決定を改良することができる。

10.1　背　　　景

　現在の戦略理論は，業界および競争分析の手引きとなる分析テクニックやマネジメントツールであふれている。これらの大多数は，古典的な経済理論に起源があり，競争優位を確保および維持する戦略意思決定の最終結果に焦点を当てている。一方，心理学的な観点から，実際の戦略的意思決定プロセスに焦点を当てる行動主義学派がある。何十年にもわたり，この二つの理論が統合されることはなかった。つまり，競争および業界分析では，戦略分析および意思決定がつねに個人そして組織の心理的なフィルタを事実上無視していた。これは古典的な経済理論が，合理的で最適な決定を前提とすることを考えた場合，理解できる。逆に，行動主義者は，戦略的意思決定は競争のある経済および金融を背景とする状況下で，決定が下されるという重要な問題をしばしば見落としがちであった。

　ブラインドスポット分析は，このような統合の欠如を直接解決するために発展してきた。「合理的で最適」であるとした前提を緩和し，競争のある環境での戦略的意思決定のプロセスに焦点を当てている。戦略的意思決定にブラインドスポットが存在することの重大さを認識する高まりは，経済学者そして戦略の行動主義学派との両方が，同時にその必要性を認識し発展してきたことは驚くべきことである。

Michael Porter（1980）は，業界組織および経済学派とともにブラインドスポットを正式に解決しようとした最初の戦略家の一人である。Porterは，問題をおもに（1）企業による自社自身の仮定，（2）企業の企業が競争をしている競争相手および業界に関する仮定の二つのカテゴリーに分けた。通常，これらの仮定には欠陥があり，欠陥が生じたときに知覚的なバイアスまたはブラインドスポットが生じる。

ブラインドスポットが明らかになるのは3箇所ある。まず，企業が戦略的に重要な事柄の発展を理解していない場合がある。2番目に，戦略的に重要な事柄の発展を間違って理解しているかもしれない。そして3番目に，正しく理解していたとしても，その速度が遅すぎて，適宜対応できない場合がある。Porterは，業界の分析シナリオに対して企業が計画した戦略で成功するには，ブラインドスポットの排除は重要であると述べている。また，いったん企業に戦略が導入されたあとに，実際に競争上の偶発の事態に対応することで，企業の競争力を正しく評価するキーがわかる。

ブラインドスポット分析で本当に重要なのは，偶発の事態への対応である。1970年代後半から1980年代初頭にかけて，組織の行動主義者たちは，意思決定の複雑さを分析しマネジメントできる範囲を緩和することができるように，数学からゲーム理論を借りてきて産業組織／経済学者たちを真似するようになった。ゲーム理論の強みの一つは，偶発の事態を明示的に組み入れているという点である。つまり，一人の合理的なプレーヤの判断は，ゲームのほかのプレーヤの反応と独立したものではないということである。実際，企業とその意思決定者は，計画した戦略に偶発の事態への対応を完全な形で組み込んでいない。

いかなるマネージャも，ビジネス「ゲーム」に参加している競争相手は，合理的な意思決定をしないように見えるか，実際にそうは見えないと述べている。同様に，マネージャは，合理的な意思決定から逸脱しているということを完全に理解していなければ，合理的な意思決定と同じ運命に苦しむことになる。この古典的な経済理論に挑戦を挑んだ先駆的な研究の中で最も有名なのが，1970年代後半から1980年代初頭のKahnemanとTverskyであった。実際に多くの戦略的な決定は，心理的な側面において欠陥を含んでいるので，非理性的な行動，不正な分析，戦略の失敗，そして結果的には競争力のないおそまつなビジネスの業績につながっている。

ブラインドスポット分析は，正しい分析を行い，企業が正しいことを行うための，正しい判断を下すことにより，戦略的に成功することができるということを前提にしている。しかし，この理想的なシナリオに必要な先駆者は，なぜそしてどのようにして企業は欠陥のある分析を行い，不正な戦略的決定をするかということを知ることである。ブラインドスポット分析は，このような問題について説明する。

10. ブラインドスポット分析　137

ブラインドスポットの七つのよくある源泉

すべての種類のブラインドスポットは，複雑，あいまい，そして不統一な判断に対する人の反応がある。人は，不確実性に関連する真理的な苦痛および認知的な不協和を減らすために，試行錯誤を繰り返し，そして判断のプロセスを簡略化する。この心理的に対処するメカニズムが，複雑さ，そしてあいまいさをマネジメント可能なレベルまで減らすものの，同時に深刻な偏りをもたらす。戦略的競争分析の複雑さ，あいまいさ，そして分析構造の明らかな欠如など，多くの判断の誤りを煽り立てるような条件を伴う。その結果，意思決定者はほかの分析と比べ，この複雑な現象に最も陥りやすい。そのため，企業内にあるブラインドスポットの源泉は多様かつ多数ある。内部調査に欠陥があったり，競争分析が不正であったり，戦略上の判断がおそまつなものは，つぎのようなブラインドスポットが一つ以上存在するためだと考えることができる。

1. 実効性のない仮定　Gilad（1994）は，ブラインドスポットは欠陥のある仮定が原因で起きるという，Porterの最初の主張を拡張したものであった。Giladは，企業ではしばしばつぎの3種類の危険な仮定がなされ，競争上のポジションに悲惨な効果をもたらすと述べている。

これは「議論されていない仮定」と呼ばれ，企業の競争環境に関するさまざまな要素に対する実効性のない仮定である。これには，競争相手，顧客，サプライヤまたは企業の価値連鎖内のほかの構成員に関する実効性のない仮定を含んでいる。これらは，企業内のだれもが仮定について議論せず，最初から正しいものであると決め込んでいる場合である。Gilad（1994）は，より大手の競争相手からしか深刻な競争はもたらされないものであると考えていたSchwinn Bicycle Companyを例にとり説明している。1番目は，小規模でそれほど重要視していなかったライバル（競合）企業に，成長著しいマウンテンバイク市場を奪われてしまった例である。

2番目は，「企業にはびこる神話」と呼ばれ，企業の競争上の能力に関する実効性のない仮定である。これらの種類の仮定は，企業の実際の競争環境から完全に企業内部の問題を切り離して調査を行ったことで，その結果が不明確なものになってしまった。Gilad（1994）は，変化する市場の需要に対し，Compaq Computer Corp. がとった反応を，つぎのように述べている。Compaqは，エンジニアが創業した企業であり，同社の過去および現在の成功のおもな理由は，その卓越した技術にあると考えていた。しかし，顧客は急速に価格に敏感になり，Dell，ASTやGateway 2000などの安いPCを求めだすようになった。Compaq内では，価格よりも技術の卓越性のほうがはるかに重要であると考えられていた。また，1991年の売上げが17％下がったときでも，企業はそれを経済の停滞のせいにしていた。これに対し，同社は経営最高責任者(CEO)を変えたことで，

戦略を変更することとなり，企業にはびこっていた神話を捨て去り，低コストで競争する企業へと転換した。

3番目は，「企業のタブー」と呼ばれる実効性のない仮定である。企業のタブーとは，企業風土の中で聖域とみなされ触れることができない仮定である。これらの欠陥のある仮定は，ほとんどの挑戦を回避してしまう。Giladは，Apple Computer, Inc.の例を使用し，企業のタブーが与えるネガティブなインパクトを説明している。1983年にApple社が迎えたPepsi社の前最高幹部は，Pepsiで実証済みの割り増し価格設定をApple社の戦略にすばやく移転した。ここで得た利益幅は，研究開発および宣伝に再投資される予定であった。しかし，多くの顧客は，低コストのIBMやPCベースのコンピュータを選んだため，高い利益幅は実現しなかった。Apple社の技術の卓越性を上回る低コストのコンピュータをIBMが開発するまで，新任の経営最高責任者（CEO）は，Pepsi社で大成功したお気に入りの割り増し価格設定を捨て去る決定をすることはできなかった。Apple社の営業担当者が，何度も価格を下げたほうがよいと申し出たにもかかわらず，Apple社の競争上のポジションがひどく傷付くまで，企業のタブーであった割り増し価格設定は断念されることがなかった。

2. **勝者の呪い／傲慢な仮定**　オークションの落札者は，しばしば無意識に高額の金を払いすぎている。出品者は商品の本当の価格を知っており，脅迫されない限り，この価格以下では商品を売らない。落札者は，どうしてもそれをほしいと思ってしまうため，不当に楽観的な価値で商品を入札してしまう。勝者をこのような事態に陥らせる戦略は，儲けのない買収を行ってしまう理由を十分に説明している。勝者の呪いの予見とその明確な認識がない場合，意思決定者は，特許，企業，人員に過剰な支払いをしてしまい，予定していたリターンを得られずに，結果的に儲けのない買収をしてしまう可能性がある。

このような選択をした結果，根拠のない楽観的な行動を説明する要因がいくつかある。確かに複数の落札者がいて，商品の本当の経済価値がわからないという状態では，入札をさらに加熱させる。これに加え，入札になる前の段階で，分析上の欠陥があることがしばしばある。企業が支配している市場では，相乗作用のコンセプトは，しばしば過大評価されている。ほとんどのマネージャが自覚している以上に，包括的な戦略との相関性はまれである。真の相乗作用が識別された場合でも，ほとんどの場合，二つの障害がそれを捉えることを阻止している。まず買収後の予期せぬ多くの出来事として最も著名なのは企業風土の衝突であるが，これは予期していた相乗作用を最大限に実現することを妨げている。つぎに，多くの企業は，ほかの入札者と目標とする企業との間にある潜在的な相乗作用を正確に捉えることができない。競合入札者が潜在的な相乗作用に対し，

高い価値を設定する可能性があることを考えないと，企業は勝つことができない入札戦争に無意識のうちに参加してしまうことがある。企業は，目標とするものを得られないばかりか，それよりも悪い場合，潜在的な相乗作用を手放さなければならない状態になり，結果として「成功していた」企業にネガティブなリターンを与えることとなる。つまり，おなじみの勝者の呪いに陥ってしまうことがある。企業と目標とする企業，および競争入札者と目標とする企業との間の相乗作用に対して，現実とは違う評価を下してしまうのは，買収を伴う戦略意思決定においてしばしば存在するブラインドスポットである。

　この勝者の呪いをさらに拡大したシナリオとして，企業が生産能力や市場シェアを拡大したり，新規ビジネスに参入したりすることにより，戦略目標を達成するために企業が過剰な投資をしてしまう場合である。このような状況において，成功していた企業は，勝者の呪いにより徐々に破綻することになる。つまり，最上部にいつづけることができる企業よりも，その立場を失ってしまう企業を見る機会のほうがはるかに多い。

3. **コミットメントのエスカレート**　経営資源への投資がネガティブなリターンをもたらすのは，最初の分析に欠陥があったか，競争環境に変化があったか，内部の能力が徐々に低下しているかのいずれかである。このようなよくあるシナリオに対し，削減，戦略の変更，または活発な経営資源を配置することができる。戦略的意思決定者は，戦略的な悲劇を回避するために，経営資源への投資を増やす傾向が強い。盗人に追い銭をするこの行動は，皮肉にもさらにロスを招き，やがてはポリシーの失敗へとつながる。このような現象は，方向的に勝ち目がないことへのコミットメントのエスカレートと呼ぶことができ，競争分析および戦略的意思決定において，ブラインドスポットを生じさせる主要な要因の一つとなっている。このブラインドスポットは，豚に真珠と等しいようにも見えるが，これが頻繁になされてしまう論理的な理由がいくつかある。合理的とはいえない直感に反した行動を説明する要因は，つぎのとおりである。

　従来からの説明は二つある。まず，結果について多大な説明責任がある意思決定者個人は，過去の判断を内部および外部で正当化するために，勝ち目のないことへのコミットメントをエスカレートさせる。過去の判断が原因のネガティブな結果を，実際よりも不当に楽観的に偏って理解する処理メカニズムは，マネージャがよく用いる手段である。これは合理的に見せかけ，自身のエゴを守り，同僚からの評価を維持するための，間違った方向へと導くものである。自分がなにをしているかを理解しているように見えるマネージャは，コミットメントをエスカレートさせることにより，逆境にもかかわらず企業風土内の一貫した基準のもとにことを遂行しているように見せかける。しかし，実際は，なにをしているか理解していない場合もあり，初期の投資を正当化する思いがけ

ない状況が到来しないかというはかない望みをもとに，投資を拡大している可能性がある。したがって，従来の説明のとおりに考えると，意思決定者がマネージャとしての能力を内部および外部で正当化する心理的な必要性がある。経済的合理性が個人的な説明責任と絡み合うときに深刻なブラインドスポットとなる。

4. 条件付きの見込み／限定された理論構成の枠組み　これに対し，コミットメントをエスカレートさせる行動に対する従来の説明に挑んでいるのは期待理論である。期待理論では，特定の行動に対するコミットメントのエスカレートにつながる，しばしば理性的でない判断を意思決定者がリスクに対し下してしまう理由として，つぎの二つを挙げている（Kahneman and Tversky, 1979, 1982a, b, 1984; Whyte, 1986）。1番目の理由は，人はリスクを判断する際に，企業の富の効果に対してではなく，中立的な基準点に対して測ろうとしている。2番目の理由は，判断の結果の可能性が予想よりも低下する影響は，幾分可能性があると考えられていた場合よりも，当初は必然と考えられていた場合のほうが大きいという「確実性のリスク」に関係している。

　図10.1には，不確実な多数の戦略的判断に，包括的な価値機能をオプションとして割り当てた，可能性理論を示している。曲線は基点よりも上のときには凹状で，基点より下のときは凸状であることに注目。ゲインと比較した場合，価値機能はロスよりも深くなっている。これから，通常，ゲインに魅了されるよりもロスを嫌うことがわかる。

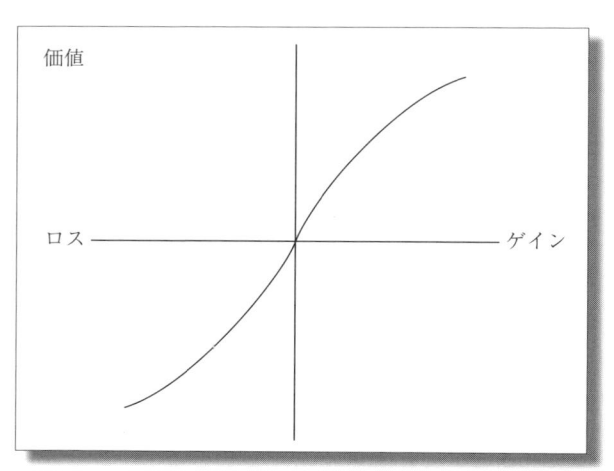

図10.1　可能性理論価値機能　（Source: Copyright © 1984 by the American Psychological Association. Reprinted with Permission.）

　実際の判断は，意思決定者の価値機能に対する理論構成の枠組みによる。当初10万ドルの経営資源を配置した意思決定者が，予期せぬ競争上の要因によりそれを失ってしまったとする。さらに5万ドルを投資した場合，それがペイオフする可能性は10：1で

ある。マネージャが下す判断は，価値曲線のマネージャ自身の評価基準による。さらなる投資を行うことによりさらに5万ドル失うと考える場合もあれば，5万ドル得られると考える場合もある。この決定の枠組みでは，さらなる投資に対するより最近の判断に対し，多くの加重をかける。また，マネージャがプロジェクトの開始時からの富の総合計で投資判断を行う場合がある。この場合，投資判断の結果は，当初の10万ドルのロスまたはロスの累積の15万ドルとして考えられる。この場合，選択した理論構成の枠組みと関連する「確実性の効果」のために，勝ち目のないことにコミットメントをエスカレートしそうになる誘惑に屈してしまう可能性は高くなる。つまり，ロスとゲインだけの選択肢があるのではなく，二つのロスの選択肢の中から選ばなければならない場合，マネージャはリスクを合理的に回避できなくなる。

　理論構成の枠組みが限定されているためによく起きるもう一つの問題は，当然，意思決定者は戦略的な挑戦を企業の観点から見るために起こる。つまり，自社の戦略だけを考慮した限定された理論構成の枠組みのもとでしか活動していないかもしれない。しかし，戦略が革新的であるには，従来の競争分析でもそうであったように，ライバル（競合）企業の戦略も考慮する必要がある。協業および協力関係を構築するとき代では，競争相手の戦略を明確に知り，予測している必要性はますます強くなってきている。理論構成の枠組みを拡大しない限り，業界の価値連鎖内でほかの企業と協力することにより競争優位を確保しようとする競争で，企業はライバル企業にそれを奪われてしまう可能性がある。

5．過　　　信　多くのマネージャは，意思決定の際に使用する知識および専門知識を過信している。しかし過信の逆は，戦略的な判断においてはしばしば同程度重要なパラメータでもあり，知らないことがあるということにマネージャが気づいていないということがある。RussoとSchoemaker（1992）は，自分の知識に限界があることに気づいているかどうかを「メタ知識」と呼んでいる。分析および決定の信頼範囲を正確に把握できていない意思決定者は，知らないことがあるということに対して無知だと述べている。この結果は，もう一つの致命傷となりえるブラインドスポット，つまり過小評価のリスクである。

　人が過信してしまう根底には，多くの戦略決定に関連する複雑さ，および不確実性に対する心理的な反応が関係している。複雑さおよび不確実さに対処するメカニズムとして，認知単純化が使用される。戦略的意思決定者は，無意識のレベルでこれを行い，現実を簡略化したものをやがては正確なものと信じてしまう。このような理由で，分析が正しく，それを採用した戦略決定もまた正しいものであると自分の能力を過信してしまう。特に，固着，有効性，確認の偏り，後知恵，制御に関する錯覚や情報ボリュー

ムなどが，過信の原因とみなされている（Langer, 1983; Schwenk, 1984, 1986; Rosso and Schoemaker, 1992）。

- **固着**とは，最初の，そしてしばしば非公式な評価または予測のスラングである「当て推量」に関係している。マネージャは無意識のうちに「当て推量」に固着し，その周辺に正式な分析を構築する。実際，「当て推量」は，正式で明確な分析およびそれに引き続いてなされる決定の範囲を制御する絶対的な基準点となる。その結果，戦略ビジョンは，当て推量の基準点の範囲に人為的に制限されることになる。

- **有効性**とは，下せる判断数を減らすために，可能性および選択肢の範囲を制限する人の傾向を意味する。しばしばありがちな可能性のみが考慮される。その結果，判断の選択肢，および出来事に対する結果についての可能性として，ごく少量のものしか考慮されず，それをもとに判断が下され過信の状態に陥る。当初はありそうもないように思えた判断の選択肢，および出来事に対する結果が実際に起こるときに，ブラインドスポットとなる。

- **確認の偏り**とは，証拠に対する荷重のかけ方に関係する。意思決定者の最初の見解および信念または本能的直感は，予想される考えに挑む証拠よりも分析に多くの比重がかけられる。したがって，不正な本能的直感は，正しいものだとみなされてしまう。

- **後知恵**とは，過去の判断を正確に予測することができたために生じてしまうゆがみに関係している。「後知恵の洞察力の明敏さ（Hindsight Acuity）」の現象は，競争環境は実際よりも予測しやすいと考えさせがちである。その結果，マネージャは予期せぬ事柄に対する緊急時対策をよく怠ってしまう。

- **制御に関する錯覚**とは，マネージャが自分の能力やスキルを信じているために，組織や競争上の現実を制御できると考えてしまうことである。過去にマネージャによって制御されていることが確認された以前の仮定を確認する情報がしばしば採用されるため，これは確認の偏りと密接に関係している。

- **情報ボリューム**とは，情報のボリュームは判断のもととなる分析の質と直接関係があるとマネージャが結論づける現象のことをいう。さらに，ボリュームの多いそれぞれの項目が，マネージャの判断を支える理由としてみなされる。しかし，これらは間違っている場合もある。

6. **代表的な発見的教授法／類推による推論**　　TverskyとKahneman（1974）により代表的な発見教授法（Representativeness Heuristic）と呼ばれる現象は，限定されたサンプルまたは不十分な情報から無分別な一般化がなされることをいう。企業が現在対峙している問題は，過去の戦略的な挑戦と同じであると考えたり，因果関係が紛らわしかったり，かなり正確に将来の結果を予測できると考える場合などにブラインドスポットが

生じることがある。分析に対して少なすぎるサンプルしかないにもかかわらず，意思決定者は「少数の法則」にしたがって不正な推測をしてしまう。代表的な発見教授法の重要な要因は，厳密な定量統計分析よりも，華やかなケーススタディに影響を受けてしまい，その結果，サンプルサイズや分析インプットの種類を制限してしまうマネージャの顕著な傾向である。この意味で，類推により推論（Steinbruner, 1974）をしてしまうことに関連する概念は，マネージャが現実をより簡単なものだと考えてしまい，ケーススタディに色づけを行ってしまうところから，代表的な発見教授法の操作方法であるということができる。残念ながら，戦略的な判断を支える類推は現存する判断の戦略パラメータに類似するものでも代表するものでもない場合がある。その結果，企業の競争環境が抱える複雑さ，および不確実性を過度に簡略化してしまうことになり，それがブラインドスポットになることがある。

7. **情報のフィルタリング**　経営の最上層部は，しばしば企業の階層の下位にいるマネージャたちから判断のもととなる分析を得ることがある。そのため，上述の六つのブラインドスポットの源泉としてのインパクトも，最上層部の意思決定プロセスにフィルタバックする必要がある。経営の最上層部へのブラインドスポットに情報のフィルタリングが与えるインパクトの範囲について，Gilad（1994）は，組織内でブラインドスポットの成長を促進するつぎの四つの要因を挙げている。

　最初に，企業の組織構造を挙げることができる。戦略的挑戦，責任の共有，構造が分散化されているがゆえの意見の多様性は，ブラインドスポットを解消できる場合がある。しかし，組織構造が際立って横方向である場合，戦略的判断が遅々として進まない傾向があり，これらはトレードオフされる。ここで必要なのは，正しいバランスを見つけることである。ブラインドスポットが生じる2番目の要因は，企業の戦略の失敗の扱い方である。企業が失敗を公然と学習の機会だと捉える場合，ブラインドスポットが生じることは少ないであろう。ブラインドスポットにインパクトを与える3番目の特徴は，企業の競争環境の不安定さである。急激な変革は，より早く最下層ラインの業績にインパクトを与えるため，政治的，経済的，社会的，および技術的な混乱の中で競争する企業は，より安定した業界内にいる企業よりも早くブラインドスポットに気づく。ブラインドスポットが生じる4番目の条件として，企業内にある組織のたるみのレベルを挙げることができる。成功している企業は，逆境時に自社を保護する経営資源を蓄積していることが多い。このような企業の場合，業績の低下が組織のたるんだ部分を浸食するようになったときにやっと明らかになる。

10.2 戦略的根拠と意味

　ここまでは，ブラインドスポットが生じる心理的および組織的な要因について説明してきた。しかし，これはブラインドスポット分析の条件の半分にすぎない。残りの半分は，競争においてこれらのブラインドスポットが分析および戦略的意思決定にどのように作用するかである。組織行動論者（例えば，Zajac and Bazerman, 1991）は，競争環境においてなされた最も重要な三つの戦略的判断に対し，ブラインドスポットがどのように影響を与えるかを，最初の産業経済学者（例えば，Porter, 1980）の見方を拡大して説明している。三つの重要な戦略的判断とは，生産能力の拡大，内部開発を通じての新規ビジネスへの参入，そして買収を通じての新規ビジネスへの参入である。

生産能力の拡大

　需要拡大に対し，多くの企業は先手を打とうとするため，生産能力の超過が多くの業界構造に共通の特徴となっている。先手を打つのが最も早かった企業のみが成功し，同等の早さで拡大できなかったライバル企業は，それに気づき，生産能力拡大計画を中止すべきだということを，合理的な競争分析では予言すべきであるが，実際にはそうでない場合が多い。競争分析および内部調査が不正であるにもかかわらず，多くの生産能力の拡大シナリオにおいて，自分たちの計画が正当であるということを信じている企業が多すぎる。このように業界および競争分析にブラインドスポットが生じてしまうのは，おもに偶発時への対応アクションおよびリアクションが考慮されていないからだということができる。生産能力拡大の判断を誤ると，つぎのようなブラインドスポットが直接生じる。

- **過　　　信**　企業は多くの場合，自社を過信している。実際は，ライバル企業が先に行っているにもかかわらず，自社こそが先手を打っている企業だと考えてしまう。このような場合，生産能力を拡大しても，市場の需要を過剰供給状態にしかしない。
- **論理的構成の枠組みの制限**　企業自身の生産拡大計画あるいは市場成長機会に対する，競争リアクションの間違った予言は，論理的構成の枠組みから受ける。戦略判断は，ゲイン（例えば，売上げの増加，操業度，安い単位コスト）のみを基準に構成され，ライバル企業が生産能力を拡大する判断をした結果生じる可能性があるロスについては十分に考慮していない。この問題の根底には，通常，偶発時のリアクション，あるいは自社がこれらに十分に対応できると過信してしまっているということがある。
- **特定のアクションに対しコミットメントをエスカレートする**　一度，マネージャが生産能力に経営資源を配分し始めると，自社が先手を打っている企業ではないという明確

なサインが出ているにもかかわらず，コミットメントをエスカレートすることにとらわれてしまう場合がある．自分の責任を踏まえて生産能力拡大の判断が内部で認められるようにするため，マネージャたちは拡大にさらに経営資源を注いでしまう．しかし，コミットメントを増大させれば先制できるというこのような考え方は，経済の現実を捉えているというよりは，合理的でない心理を反映しているということができる．

- 勝者の呪い　　生産能力の拡大を考慮する際，企業はよくライバル企業の狙いを読み間違える．競争分析では，ライバル企業が生産能力の拡大により力を注いでおり，競争相手が先手を打とうとしているにもかかわらず，ライバル企業の動向を把握できない場合がある．ライバル企業が先制競争において態度を和らげるであろうという実効性のない仮定により，先手を打って成長をしよとする企業にしばしば不意打ちをくらわせる．その結果，業界の生産能力過剰により，利益なき成長をすることになり，よくいわれる勝者の呪いにより，企業は戦利品の多くを安値で手放さなければならない結果となってしまう．

内部開発を通じてのビジネスへの新規参入

業界の生産能力に関する判断同様，内部開発を通じてのビジネスへの新規参入にも，ブラインドスポットがはびこっている．

- 過　　信　　偶発時のリアクションをしばしば過小評価しすぎるため，能力を過信し，新規市場に参入できると考えてしまうマネージャが多い．
- 理論的構成の枠組みの制限　　ビジネスへ新規参入するかどうかの判断を支える分析は，企業が参入を果たしたあとも，業界の魅力は以前と同じであることを前提としている．しかし，現実には，企業の参入前に行った業界構造の財務分析は，現実のライバル企業を正確に表しているものではない．企業が参入した場合，ライバル企業および顧客にどのような刺激を与えるか，また業界の魅力をどのように変えるかを財務分析は考慮に入れておく必要がある．
- 特定のアクションに対しコミットメントをエスカレートする　　一度企業が市場に参入すると，予期せぬ競争上の報復や顧客の反抗にもかかわらず，マネージャはよく最初にとったアクションにコミットメントをエスカレートしてしまう．
- 勝者の呪い　　戦略的意思決定者は，新しい業界内のライバル企業が報復攻撃する可能性をよく過小評価している．ライバル企業は回収不可能な資産を投資して撤退障壁を作ってしまったために，参入企業の利益分岐点よりも低い価格設定をして，既存の市場シェアを積極的に守とうとするかもしれない．その結果，企業が市場に参入しても，予想していた利益を得られない場合がある．

買収を通じてのビジネスへの新規参入

内部開発を通じてのビジネスへの新規参入と同様に，買収をする際にもブラインドスポットは存在する。

- **過　　　信**　市場価値に比例した持続性のある過剰な支払いの指示に関して，マネージャは買収後，相乗作用を実現できる能力があると過信している。

- **理論的構成の枠組みの制限**　買収の可能性について分析する際，マネージャは期待している相乗作用を完全に利用できると考えているので，限られた意思決定の枠組みに苦しむ。これらのゲインは通常企業の株主に入札プロセスにおいて安値で手放さなければならないにもかかわらず，それらは通常忘れ去られている。

- **特定のアクションに対しコミットメントをエスカレートする**　期待している相乗作用を実現できる能力が企業にあると過信している場合，企業はライバル企業も同様な相乗作用を実現できる可能性があるということを無視している。その結果，マネージャはコミットメントをエスカレートするというわなにはまってしまう。

- **勝者の呪い**　前述のブラインドスポットの結果，期待していた相乗作用の多くは過剰な支払いにより陳腐化しているので，買収側の企業の成功はしばしばあやしいものである。

ZajacとBazermanは，これらの三つの戦略的判断の際に，計画した戦略に対する競争相手の偶発時のリアクションを十分に考えていない場合に，ブラインドスポットになると述べている。図 10.2 では，前述の三つの戦略的判断の結果生じるブラインドスポットが意味することを図示している。

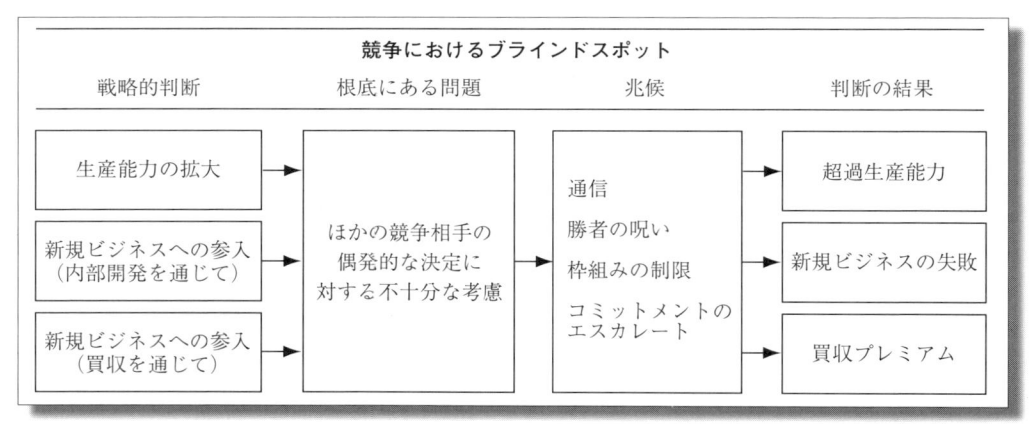

競争におけるブラインドスポット

戦略的判断	根底にある問題	兆候	判断の結果
生産能力の拡大	ほかの競争相手の偶発的な決定に対する不十分な考慮	通信　勝者の呪い　枠組みの制限　コミットメントのエスカレート	超過生産能力
新規ビジネスへの参入（内部開発を通じて）			新規ビジネスの失敗
新規ビジネスへの参入（買収を通じて）			買収プレミアム

図 10.2　ブラインドスポットの戦略的な意味　(Source: *Academy of Management Review* by E. J. Zajac and M. H. Bazerman. Copyright 1991 by Acad of Mgmt. Reproduced with permission of Acad of Mgmt in the format textbook via Copyright Clearance Center.)

10.3 強みと利点

企業の早期警報システムのための早期警報システム

競争力が落ちてきていることを感知する早期警報システムとして，企業のコンペティティブインテリジェンス（CI）システムは機能する。そのように考えた場合，これにブラインドスポット分析を加えると，企業の早期警報システムに保険をかけているようなものだと考えることができる。つまり，業績が悪くなってしまう前に積極的に企業のCIシステムに欠陥がないか調べることができるところに，ブラインドスポット分析の本当の力がある。このような意味で，ブラインドスポット分析は学習組織を構成する基本的な要素であるとみなすことができる。

包括的

簡単にいえば，ブラインドスポット分析は，効率的に分析や意思決定を行うのに必須のものであるといえる。戦略的な分析ツールとしての強みは，強調しても強調しすぎることはない。ブラインドスポット分析は，包括的なものであり企業内のすべてに行き渡る。同様に，ブラインドスポット分析は，独立した分析ツールとして使用するのではなく，企業が用いるほかのすべての分析ツールの手引きとして，すべてを包含するものであると考えて使用すべきである。

柔軟性

ブラインドスポット分析は，企業の現在の意思決定プロセスの欠陥を分析するツールとして使用することができる。また，企業のCIシステムや意思決定者の間で生じそうなブラインドスポットや潜在的な弱みを監視するために，継続的に使用するには扱いやすいといえる。

コスト効率がよく導入しやすい

ブラインドスポット分析自体にはコストがかからず，比較的導入しやすい。これが採用されていない場合，あるいは戦略が失敗する可能性が高いようなときには，この分析テクニックから得られる利益／コスト率は高いといえる。

10.4 弱みと限界

ブラインドスポット分析は，一見理論は簡単に見えるが，戦略分析および意思決定プロセ

スは不確実性およびあいまいさを多く含むために非常に複雑なものとなり，やり遂げるには困難さがある。多くの意思決定者は不確実なことや複雑なことを説明するのに苦労し，これに政治がかかわってきたり，意思決定や計画を即急に行わなければならないなどの条件と重なると，さらに分析はたいへんである。

　ブラインドスポットを認識しているのは重要であるが，それに対処するのは難しいといえる。自分のブラインドスポットを認識している多くの意思決定者や組織でさえ，どのように対処すべきか決められない，あるいは進んで決めようとしない。組織内の政治，歴史，風土，力構造，そして組織設計のすべてが，この状況の一因となることがある。

　効率的であるには，ブラインドスポット分析を組織の意思決定の哲学としての基礎とする必要がある。これは理論的には簡単であるが，実際には実行が困難である。ブラインドスポットを自覚するように広めている企業は少数であり，継続的にブラインドスポット分析を行うよう計画あるいは制度化している企業は，さらに少数である。

　ほとんどの意思決定者は，ブラインドスポット分析でもブラインドスポットをつかれるということを最後に知っておくべきである。このテクニックは，マネージャのレーダー網でつねに確認できるわけではなく，マネージャ対象の実務教育で教えられることもない。ブラインドスポット分析を体系的または実証的に研究，また企業の意思決定または競争力へのインパクトを研究した例はごく少数しかない。しかしこれはその重要性を打ち消すものではなく，分析者およびマネージャにその利益と適用性を学んでほしいと願うものである。

10.5　テクニック適用のためのプロセス

　ブラインドスポット分析は，ほかのマネジメントツールやテクニックを適用するプロセスとはかなり違う。ブラインドスポット分析は体系的に適用されるものではなく，むしろ競争分析および戦略的意思決定のすべての分野に普及する哲学としてのアプローチであるといえる。つまり，戦略を構築するために企業が採用しているほかのマネジメントツールやテクニックに，組み込まれていなければならない。ブラインドスポット分析は幅が広いため，厳格に導入する必要はないが，これを組み込むには，いくつかのコアとなる方針がすべてを含有する枠組みの役割を果たすこととなる。ここで説明するブラインドスポット分析の方法は，Gilad（1994）が推進しているものである。

　本質的にブラインドスポットを明らかにするのは困難である。多くの企業はその存在にすら気づかず，それに苦しんでいる。したがって，ブラインドスポット分析を導入するにあたっての最初のステップは，企業内にあるブラインドスポットの源泉を識別することだといえる。企業がどれだけブラインドスポットを許容してしまう可能性があるか，またそれらが競争分

析，内部調査，戦略的意思決定にどのような影響を与えるかを調べるテストが三つある。

1. **非理知的なテスト** これは，企業がどれだけ自社の競争環境と内部能力の全局面を知っているかを知るテストである。どの分析でもこれは行われると思うかもしれないが，ブラインドスポット分析においては非常に厳格に行われる。ライバル企業がどこでどのように競争しているか，業界の境界，戦術の詳細，戦略の概要，そしてこれらの間にある事柄すべてを調べる。積極的なCIプログラムおよびベンチマーキングの二つは，自社，市場および競争相手のことを，企業が心の底から非理知的な知識としてよく理解しているかを示すものである。長期間にわたり成功している企業は，自社ではすべてのことを把握していると考えてしまいがちなため，非理知的なテストで失敗する。特に，速いペースでの変化および今日の世界市場の構造のあいまい性を考えた場合，これは無理だということがわかる。

2. **リアクションテスト** このテストでは，企業が偶発時に，計画した戦略に対して明確なリアクションを考えているかどうかをテストする。企業は，しばしば市場調査をCIの代わりだと考えてしまう。しかし，それは大きな間違いである。

3. **沈黙，ブラインド，難聴テスト** このテストでは，企業に競争分析をする能力があるかを調べる。つまり，企業が真に学ぶ組織であるかどうかがテストされる。

　これらのテストは，いずれも単純で修辞的であるように見える。多くのマネージャは，自社では，それぞれのテストに合格しているものと考えてしまう。しかし，それぞれのテストの単純さは，知らぬ間に生じるブラインドスポットの性質を示している。例えば，まったく違う業界から未知の競争相手が市場に参入しているにもかかわらず，企業は競争上のブラインドスポットがないと非理知的なテストで回答するかもしれない。ブラインドスポット分析において，無知はおめでたいのではなく危険なのである。ブラインドスポットは，通常，被害を受けるまで気づかない。したがって，ブラインドスポット分析の目的は，それを早期の段階で発見し，企業の競争上のポジションにネガティブなインパクトを与える前に，それを排除することである。ブラインドスポット分析の直感的な論理のほかに，この危険性を高める十分な事例を証拠として挙げることができる。30年以上ビジネスを継続できる企業は，きわめて少数であるというのがその中のおもな例である。ブラインドスポットを見つけ出し排除しないと，企業は活動不能になり，やがては倒産に追いやられるというのが冷酷な現実である。

　つぎに，ブラインドスポットがどの程度生じるかを調べる4段階にわたるテストとして，ブラインドスポット感受性テストがある。

　ステップ1 ブラインドスポット分析を行うためには，最上層部からしっかりとした支持を得て，企業内のすべての意思決定者にこのコミットメントを象徴的に伝えることが

ステップ 2　企業内で戦略に挑戦する役割を果たす「大事なものをぶち壊す人」を任命する。これは多くの場合，外部の，非伝統的な水平思考の考え方を持った人間により遂行される。このポジションは内部から一人と外部から一人で担うこともできる。

ステップ 3　企業内にブラインドスポットが生じる可能性がないかを調べるために，戦略の挑戦者に無条件のアクセスを与える。その人物には，企業に関する事柄すべてについて質問する役割が与えられている。したがって，少なくともすべての戦略会議にオブザーバーとして出席していなければならない。さらに，戦略の挑戦者は，企業の戦略分析の全局面の証人にならなければならない。

ステップ 4　企業を調査するプロセス，競争相手分析のプロセス，そして意思決定のプロセスにおいて，三つの感受性テストを行うように戦略の挑戦者に勧める。

ステップ 4 を完了したら，戦略の挑戦者は，結果を上級マネージャグループに報告する。企業にブラインドスポットが生じる可能性が見つかった場合，つぎのステップでブラインドスポットを見つけ，それを排除する。これらは，つぎの 4 段階のプロセスで行う。

第 一 段 階　調査する戦略上の判断を選択する。手始めに，企業の新しい製品開発および市場参入決定プロセスを調べるのがよい。

第 二 段 階　決定に関連する分析パラメータおよび情報ニーズを決定する。この分析は，企業内部および外部の専門家の両方にインタビューすることにより確保される。

第 三 段 階　調査中に選択した戦略のキーとなる意思決定者および導入者を決める。

第 四 段 階　重要度および使用可能性を基準に，各意思決定者に，戦略判断と関連する各分析パラメータおよびキー項目をランクづけしてもらう。その後，CI は非常に重要ではあるが，わずかに使用可能な領域だけを分離するために，ランクづけは平均化される。その後，**表 10.1** で示したようなチャートで反応を要約する。

表 10.1　CI の重要度と使用可能なマトリックス

	参加者 1	参加者 2	参加者 3
インテリジェンス項目 1	重要度と使用可能性	重要度と使用可能性	重要度と使用可能性
インテリジェンス項目 2	重要度と使用可能性	重要度と使用可能性	重要度と使用可能性
インテリジェンス項目 3	重要度と使用可能性	重要度と使用可能性	重要度と使用可能性

Source: "Identifying Gaps and Blindspots in Competitive Intelligence," by B. Gilad, G. Gordon, and E. Sudit, 1993, *Long Range Planning*, 26(6), pp.107-113; *Business Blindspots*, by B. Gilad, 1994, Danvers, MA: Probus Publishing Company.

重要度／使用可能性の反応マトリックスは，使用可能な CI（つまり，内部調査，競争相手分析）と効率的に意思決定を行うのに必要な CI との間の深刻なすき間を明らかにする。ブラインドスポットは，こういったすき間に気づかれずに存在する。

最も効率的なルートは，表 10.1 を使用し，最もすき間が大きい CI 項目を調べることである。機能分野別に重要度／使用可能性のインタビューを行い，各参加者を分けることにより，さらにいろいろなことがわかる。同様に，各 CI 項目を種類別に分けることができる。つぎに，**表 10.2** で示すように，機能分野と情報の種類を比較するマトリックスを構築する。この表は，十分に CI が供給されているユーザにより重要であるとランクづけされる CI 領域を要約し，この重要な職務を達成していない領域をハイライトする。表 10.2 を使用すると，企業の機能領域がどのように CI を効率的に共有しているかを測ることができる。この知識により，企業は機能領域間で CI が十分に共有されていない領域を分離できる。

表 10.2　機能領域別 CI の種類の使用可能性

チームメンバーの機能	情報の種類			合計（N = 14）
	マーケティング	技術	競争相手の戦略	
管理全般	63％	76％	91％	73％
マーケティング	48％	43％	42％	45％
技術	47％	54％	45％	49％
合計（n = 11）	51％	57％	58％	

注：　N = 重要またはクリティカルと評価された項目の数
　　　n = 機能別回答者数

Source: "Identifying Gaps and Blindspots in Competitive Intelligence," by B. Gilad, G. Gordon, and E. Sudit, 1993, *Long Range Planning, 26*(6), pp.107-113; *Business Blindspots*, by B. Gilad, 1994, Danvers, MA: Probus Publishing Company.

ブラインドスポット分析の戦略的価値は，企業の戦略および CI プロセスにおいてブラインドスポットを発見できるところにある。つぎの手順を実行することにより，CI の三つの重要な局面および企業の戦略意思決定プロセスからブラインドスポットを排除するために，それが与えるインパクトを識別することができる。そして，さまざまな戦略決定に必要な特定の CI を使用する機能分野の個人。企業の学習能力を高めるための CI の共有を高める機会を見いだすことができる。

この段階のブラインドスポット分析になると，現在の CI 構造および戦略が競争力を確保するのに十分であるかどうかを知ることができる。欠陥が発見された場合には，CI 能力および企業の戦略構築経路を総点検しなければならない。確固とした CI プログラムの全体的

な設計のために、分析者は多くの経営資源を使用できる。特定の要件のために、CI 機能を個別化する手引きを前の分析から得ることができる。

　企業の CI 機能が十分である場合でも、個々の経営幹部がブラインドスポットを持っていることがある。つまり、意思決定者が重要な戦略パラメータに関し、十分な CI を供給されている場合でも、この分析を解釈する精神的なプロセスに欠陥がある場合がある。この場合、さまざまなブラインドスポットのソースに関する知識を使用し、特定の要件のために、企業全体に戦略上必要な挑戦に対する考え方を浸透させることができる。

　この種のブラインドスポットを根絶するために、Russo と Schoemaker（1992）は、過信のブラインドスポットに対処するためのテクニックを五つ紹介している。

- **加速したフィードバック**　若いマネージャに当てはまるが、自分の企業の知識および責任領域に関し、この処置は将来の意思決定者を質問攻めにする。知識がどれだけ限定的なものであるか、そしてそのプロセスに過信がある場合、それを減らすことを納得させるためのフィードバックが与えられる。

- **反　　　論**　現在そして計画した戦略の根底にある前提に挑戦することにより、明示されているまたは暗示されている仮定を識別することができる。このプロセスでは、過信のもととなっている欠陥のある仮定を発見することができる。

- **トラブルへの道筋**　これらは、失敗する戦略への道筋を示す欠点を探す樹形図である。マネージャにこの図への追加を依頼することで、企業がどれだけ戦略で失敗しやすいかとの意識を高めることができる。

- **将来への道筋**　シナリオ分析では、トラブルへの道筋を複数列挙することで、これらの別々の道筋はどのように将来リンクできるかを分析する。

- **新世界の意識を独力で進める**　過信のためブラインドスポットが生じる頻度を知っていることは、内部で制御することができたり、処理機構を見つけることができるので、マネージャにはそれだけで刺激となる。

　ブラインドスポット分析は、心理面で手引きとなる三つの方針の混合と考えることができる。まず、CI および戦略機能の実効性を内部で客観的に調査することにより、企業は自身に戦略的に挑まなければならない。つぎに、しばしば忘れがちであるが、欠陥のある CI および戦略インフラをいかにして改善することができるか判断する必要がある。3 番目に、企業のマネージャは、内部で調査をする際、競争分析をする際、そして戦略的な判断をする際、無意識のうちに行ってしまっている心理面でのゆがみを知る必要がある。これらの三つの方針は、たがいに補強するものであり、意思決定者が適時正しい情報と分析を持っており、正しい判断を行うために適切な人が、それを使用していることを保障する役割を果たす。口でいうほど容易ではないが、ブラインドスポット分析がない場合よりもあった場合のほうが容

易である。

ブラインドスポット：二つの小売業の物語

SEARS

1971年から1990年の間，Sears, Roebuck & Co. は，急激に変化する米国の小売市場についていくことができなかった。つぎの表で示すとおり，Sears のマネジメントは特定の仮定に挑戦しておらず，社内神話にとらわれており，いくつかのブラインドスポットを持っていた。

社内神話	競争上の挑戦
国内でのソーシング，高い価格設定，定期的なセールスを基準にした基本戦略	Wal-Mart や Kmart そして Target などの安売り店の市場参入は，連日の低価格，外国からのソーシング，効率的な供給チェーンの管理を前提としている。
競争環境やアイテムごとの収益性に関係しない現状維持の販売	低価格で少数の製品ラインのみを扱う Home Depot などのニッチチェーンの市場参入は，ボリュームと特化を前提としている。
企業の確立時に使用した同じカタログデザインや時代遅れのオーダーシステムを使用した従来の戦略の使用	L.L. Bean や Land's End などの精通している特殊性のあるカタログ会社の市場参入は，フリーダイヤル番号を通じた365日，24時間，7日間のサービスを前提としている。

Sears の企業神話の強さのため，マネージャたちは競争上の挑戦に挑むことができなかった。実際，ブラインドスポットは，マネージャたちに，フランチャイズに直接の脅威となる，これらの競争上の挑戦を理解することさえ阻んでいた。たいへん長い間成功を享受してきた Sears の企業幹部たちは，現実がわからなくなってしまい，100年も前の競争上の仮定をもとに企業運営を継続していた。また，Sears は，新たな経営陣を内部で起用していた。戦略への挑戦者または「大事なものをぶち壊す人」が企業内の大量のイエスマンによって沈黙させられているのは驚くべきことではない。Wal-Mart, Home Depot や L.L Bean などでの高給の働き口を求めて企業を去った人がいたことも想像できる。

Sears の経営陣をひどく苦しめたブラインドスポットの結果生じた損害は，ブラインドスポット分析の実行の重要性を立証している。

・1971年から1990年の間，市場シェアは15%落ちた。
・1984年から1989年の間，収入は7.7%落ちた。

- 1991年Searsはオペレーションで13億ドル失った。
- 経営最高責任者（CEO）の交代が必要。
- Searsは当時最大であった，その保険会社と不動産会社の清算を迫られた。

WAL-MART

Wal-Martの成功はSearsの失敗とは正反対であるということができる。Wal-Martの創業者Sam Waltonは，競争の進展に無防備でいることなく，競争相手のブラインドスポットの存在を競争上の武器として利用した。つぎに示す表は，Wal-Martが競争相手に対して使用した効率的な戦略を示している。

ライバル企業のブラインドスポット	Wal-Martの戦略
KmartやSearsなどの従来からの小売店は，大量の集客を目当てに大都市に店舗を構えていた。	Wal-Martは，確立された大型小売店の市場シェアを奪うより，家族経営の店舗から奪ったほうがはるかに簡単であると考え，平均人口15000人の小さい都市に店舗を構えた。
大型の小売店は，多角化に多額の投資をしていた。	Wal-Martは，自社の仕事に専念し，店舗に多額の投資を行い，大規模な確立された小売店の設備よりも魅力のある店舗を構築した。
確立された店はあまり顧みられなくない，輝きを失っていた。	小都市で得た利益を，大都市に参入するための資金に使用した。
Searsの流通システムは，その価格連鎖において比較的弱いものであり，その結果，共通的な在庫が品切れになったり，注文に遅延が生じていた。	Wal-Martは，ロジスティックスと流通に多額の投資を行い，それを企業の中核能力および強力な競争優位のソースにした。
ブラインドスポットの存在により，低賃金やトレーニング不足などのため，店舗のスタッフのやる気が失われていることに，確立されていた小売店の経営者は気づかずにいた。	Wal-Martは象徴的に，事務職員を「アソシエート」に昇進させたり，利益分配計画を始めたり，マーチャンダイジングトレーニングに多額の投資を行った。
経営陣とラインスタッフとの間に長い年月をかけ，企業内の情報規制	Wal-Martでは，経営最高責任者（CEO）がしばしば現場を訪れ，多くとコミュニケーションをとり，社員をパートナーとして扱った。

Source: Adapted from Gilad, Benjamin, *Business Blindspots*, by B. Gilad, 1994. Danvers, MA: Probus Publishing Company; "Reversing the Downward Spiral: Lessons from W. T. Grant and Sears Roebuck," by W. Weitzel and E. Jonnson, 1991, *Academy of Management Executive*, 5(3), pp.7-22.

ブラインドスポット分析の実施 ― プロセスの例

　大手の薬品企業が，新しい栄養食品製品の開発を考えていた。同社は，最初の生産工程が完了した直後，なぜそれをやめなければならなかったかブラインドスポット分析を行った。

　この分析を開始するにあたり，新製品を開発する判断をさせた 15 の競争上のインテリジェンスパラメータが，企業の内外からの分析をもとに作成された。これらの CI 項目は，その後，二つの主要な機能領域に分割された。

マーケティング	テクニカル
・競争相手を識別する ・現在の市場規模 ・将来の市場規模 ・競争相手の価格	・代替品および競争製品の製造および流通コスト ・原材料の入手可能性 ・この製品カテゴリーにおける競争相手の研究開発への取り組み ・同程度の価値を付与するのに競争相手にはどれだけコストがかかるか ・技術の状態
市場参入者	未分類
代替品の供給および能力の状態 既存の商品での競争相手の経験 企業の顧客との競争相手の関係 製品および代替品に対する顧客の認知	競争相手の親会社との関係

　このリストを作成するにあたり，ドット付きの項目は，新製品開発の判断にインパクトを与える重要な CI パラメータであると考えた。つぎに，キーとなる意思決定者は，ジェネラルマネージャ，マーケティングマネージャ，技術マネージャである。それをもとに，各機能の意思決定者が重要なそれぞれの種類の CI 情報の使用可能性をどのようにランクづけしているかによりつぎの表を作成した。

機能領域	種類別情報の入手可能性スコア		
	マーケティング〔％〕	技術〔％〕	合計（N=14）〔％〕
ジェネラルマネージャ	71	25	54
マーケティング	75	42	60
技術	78	50	65
合計（n = 10）	75	40	

注：N = 重要またはクリティカルと評価されているアイテムの数
　　n = 機能別に分類された回答者の数

この結果，意思決定者間の仮定の違い，彼らが得ていたCIの支援，競争の現実に多くのブラインドスポットがあることがわかった。

仮定／ブラインドスポット	CIの支援	インパクト
技術的な優秀性	日本に関するCIが欠如していることを知っていたにもかかわらず，特に日本のライバル企業の競争市場への参入に関するCIが欠如していた。 日本の研究者が工場を訪問したにもかかわらず，調査担当重役は会わなかった。	日本が市場に参入した場合，影響を受けやすい。
業界全体のコストは類似ライバル企業の競争ついての認識の誤り	ヨーロッパにあるライバル企業の親企業のCIから低コストの処理技術があることがわかった。 仮定に欠陥があったのと，CIを普及させるメカニズムがなかったため，マネージャたちはこの情報を無視した。	ヨーロッパ企業が低コストの処理技術を使用した競争製品を導入した。 企業の小売価格以下に日本が価格を下げてきた。
北米の競争相手は大きな脅威とはならない ライバル企業がどこで競争しているのかに関する認識の誤り	技術マネージャは，北米の企業に対し，異なる技術を使用する類似製品を導入する価値あるCI計画を持っていた。 マネージャたちは，このCIを無視した。 マーケティングマネージャは，事前にこのCIがあれば，自分の予測を大幅に変えていたとあとになって嘆いた。	北米のライバル企業の参入に経営陣は驚いた。
安定した社会政治学的な環境	あとから振り返ってみると戦略的事業単位（SBU）のマネージャは，彼のCIパラメータの予想はお粗末なものであったことを認めた。 ほかのマネージャたちは，この進展を「社会政治学的な環境は通常どおり」として片付けていた。 技術マネージャは，この進展について弁護士から事前に知らされていたが，FDAに問い合わせなかった。	FDAが新しい栄養食品カテゴリーに厳しい規制を導入した。

製品を導入する前にブラインドスポット分析を行っていたならば，これらの誤った仮定の多くは防げたはずである。例えば技術CIの使用可能性のスコアが低い場合，それが警告となりマネージャは，この分野へのCIの取り組みを増やせたであろう。さらに機能分野とCIの使用可能性との間の差異は，そのCIの普及プロセスに衰弱の原因となる欠陥があることを企業に警告したであろう。これらがわかっていれば，製薬会社が競争の舞台を読み間違える原因となった「戦略に目隠しをした状態」を排除することができたかもしれない。企業が新製品の導入戦略で失敗したのは，ブラインドスポット分析の欠如によるところが大きい。

Source: Adapted from "Identifying Gaps and Blindspots in Competitive Intelligence," by B. Gilad, G. Gordon, and E. Sudit, 1993, *Long Range Planning, 26*(6), pp.107-113.

FAROUTのまとめ

	1	2	3	4	5
F	■	■	■		
A	■	■	■	■	
R	■	■	■	■	■
O	■	■	■		
U	■	■	■	■	■
T	■	■	■	■	■

未来志向性　中。ブラインドスポット分析は，CI機能の早期警告システムの役割を果たすという意味で，未来志向である。企業の内部調査，競争分析，および戦略的な意思決定プロセスで発見された欠陥は，現在および将来の成功への確固とした基礎となる。しかし，テクニック自体は，必ずしも将来の特定の判断を明らかにするものではなく，改良する役割しか果たさない。

正確性　中から高。固定された仮定に対し，水平思考を行わなければならず，また戦略へも挑戦しなければならない。分析は，どれだけインサイダ，または戦略理論，認知心理学，CI，そして組織のダイナミックスの多方面に広がるアプローチに精通していない分析者に依存しているかにより変わってくる。

経営資源効率性　高。ブラインドスポット分析の実際のプロセスは，コスト効率が非常に高い。ブラインドスポット分析は，企業のCIインフラの総点検につながることから，そのコストへのインパクトは重くなる。しかし，見つからないブラインドスポットは，戦略の失敗さらには企業の破綻にもつながる可能性があることを考えれば軽減される。オプションとして見た場合，ブラインドスポット分析から利益を得る可能性は高く，準損失の可能性は低い。

客観性　中程度。外部の戦略への挑戦者がいない場合，集団思考に陥りがちになってしまい，長く確信していたことを絶対的に確信してしまうことになる。

有用性　高。ブラインドスポット分析は，戦略の将来的な成功には重要であり，企業の存続自体にも重要なことが多い。ほかの多くのマネジメントツールおよびテクニックを充実させるために，方針の広範囲なセットとして多種多様に適用することにより，有用性は

拡大できる。

適時性 高。通常，ブラインドスポットは短期間で発見できる。しかし，それを排除するとなると，組織を変えたり，CIプログラムを総点検したりする必要があるなど，時間がかかる。

関連するツールとテクニック

- 比較原価分析
- カントリーリスク，政治リスク
- 顧客価値分析
- 業界分析
- マネジメントプロファイリング
- S曲線分析
- STEEP分析
- SWOT分析
- 競争相手のプロファイリング
- 顧客セグメント分析
- 職務能力と経営資源分析
- イッシュー分析
- シナリオ分析
- ステークホルダ分析
- 戦略グループ分析
- 価値連鎖分析

参 考 文 献

Barnes, J. H. Jr. (1984). "Cognitive biases and their impact on strategic planning." *Strategic Management Journal*, 5(2), 129-137.

Barney, J. B. (1988). "Returns to bidding firms in mergers and acquisitions: Reconsidering the relatedness hypothesis." *Strategic Management Journal*, 9 (Special issue), 71-78.

Bateman, T. S., & Zeithaml, C. P. (1989). "The psychological context of strategic decisions: A model and convergent experimental findings." *Strategic Management Journal*, 10(1), 59-74.

Duhaime, I. M., & Schwenk, C. R. (1985). "Conjectures on cognitive simplification in acquisition and divestment decision making." *Academy of Management Journal*, 10(2), 287-295.

Dowie, M. (1977). "How Ford put two million firetraps on wheels." *Business and Society Review*, 23, 46-55.

Elkington, J. & Trisoglio, A. (1996). "Developing realistic scenarios for the environment: Lessons from Brent Spar." *Long Range Planning*, 29(6), 762-769.

Gilad, B., Gordon, G., & Sudit, E. (1993). "Identifying gaps and blindspots in competitive intelligence." *Long Range Planning*, 26(6), 107-113.

——. (1994). *Business Blindspots*. Danvers, MA: Probus Publishing Company.

Kahneman, D., & Tversky, A. (1979). "Prospect theory: An analysis of decisions under risk." *Econometrica*, 47, 263-291.

――. (1982a). "The framing of decisions and the psychology of choice." *Science, 211*, 453-458.

――. (1982b). "The psychology of preferences." *Scientific American, 246*, 160-173.

――. (1984). "Choice, values, and frames." *American Psychologist, 39*, 341-350.

Langer, E. J. (1983). *The Psychology of Control*. Beverly Hills, CA: Sage.

Mintzberg, H., Raisinghani, D., & Theoret, A. (1976). "The structure of unstructured decision processes." *Administrative Sciences Quarterly, 21*(2), 246-275.

Porter, M. (1980). *Competitive Strategy*. New York: Free Press.

Prescott, J. E., & Smith, D. C. (1987). "A project-based approach to competitive analysis." *Strategic Management Journal, 8*(5), 411-423.

Roll, R. (1986). "The hubris hypothesis of corporate takeovers." *Journal of Business, 59*(2), 197-216.

Russo, J. E., & Schoemaker, P. J. H. (1990). *Decision Traps*. New York: Simon and Schuster.

――. (1992). "Managing overconfidence." *Sloan Management Review, 33*(2), 7-17.

Schwenk, C. R. (1984). "Cognitive simplification processes in strategic decision making." *5*(2), 111-128.

――. (1986). "Information, cognitive bias and commitment to a course of action." *Academy of Management Review, 11*(2), 298-310.

Staw, B. M. (1976). "Knee-deep in the muddy: A study of escalating commitment to a chosen course of action." *Organizational Behavior and Human Performance, 16*(1), 27-44.

――. (1981). "The escalation of commitment to a course of action." *Academy of Management Review, 6*(4), 577-587.

Steinbruner, J. D. (1974). *The cybernetic theory of decision*. Cambridge, MA: MIT Press.

Tang, M.-J. (1988). "An economic perspective on escalating commitment." *Strategic Management Journal, 9*(Special issue), 79-92.

Tversky, A., & Kahneman, D. (1974). "Judgment under uncertainty: Heuristics and biases." *Science, 185*, 1124-1131.

Utal, B. (1979). "Texas Instruments wrestles with the consumer market." *Fortune, 100*(11), 50-57.

Weitzel, W., & Jonnson, E. (1991). "Reversing the downward spiral: Lessons from W. T. Grant and Sears Roebuck." *Academy of Management Executive, 5*(3), 7-22.

Weigalt, K., and Camerer, C. (1988). "Reputation and corporate strategy: A review of recent theory and applications." *Strategic Management Journal, 9*(5), 443-454.

Whyte, G. (1986). "Escalating commitment to a course of action: A reinterpretation." *Academy of Management Review, 11*(2), 311-321.

Zajac, E. J., and Bazerman, M. H. (1991). "Blindspots in industry and competitor analysis: Implications of interfirm (mis)perceptions for strategic decisions." *Academy of Management Review, 16*(1), 37-56.

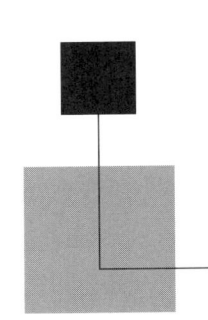

11. 競争相手分析

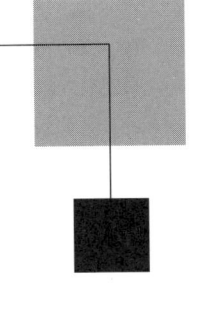

　競争相手のプロファイリングでは，現在および潜在的なライバル（競合）企業の強みと弱みを全体的に把握することができる。この分析では，機会および脅威を捉えるための守りおよび攻めの戦略の両方を得ることができる。競争相手のプロファイリングは，競争相手分析（Competitor Analysis）に関連するすべての源を一つの枠組みに統合したものである。

　競争相手のプロファイリングのおもな目的は，つぎの四つである。競争相手の将来の戦略および計画を識別する。競争にかかわるイニシアティブに対し，競争相手がどのようなリアクションをとるか予測する。競争相手の戦略が，その能力とどれだけ適合しているか（ふさわしいか）を判断する。競争相手の弱みを理解する。

11.1 背　　　景

　競争相手のプロファイリングのコンセプトは，企業部門が軍事インテリジェンスを効率的かつ効果的にマネジメントするために，軍事戦略家が長年使用してきたプロファイリングテクニックを借りてきたものである。戦う軍司令官には，敵に関する交戦域のすべてのポイントの情報が，軍事階層のさまざまなレベルから大量に提供される。しかし，これらのデータや分析は，なんらかの方法で，戦闘計画として体系化されなければならない。この必要性から，軍事作戦司令室のコンセプトは誕生した。

　軍事作戦司令室では，適切なインテリジェンスのみが使用される。データ収集，情報の蓄積そして分析などの活動は，軍事作戦司令室の外で行われる。軍事作戦指令室は，このようにして過剰な情報を非常に効率的かつ効果的に処理するものとして機能する。軍事作戦司令室の中の軍司令官およびそのスタッフは，戦闘計画にのみ関連する分析に集中することができる。軍事作戦司令室のコンセプトは，ビジネスの戦略およびコンペティティブインテリジェンス（CI）に応用されている（Shaker and Gembicki, 1999）。

　長年，企業の戦略家たちは，戦争における戦場よりもはるかに敵意の少ない「交戦域」で活動を行ってきた。必ずしも競争相手を軍事作成司令室でプロファイリングする必要はなかったわけである。第二次世界大戦後の経済成長による大きな需要は，国際競争をあまり伴

わないものであった．しかし，環境の急激な変化の前触れとなった1970年代のエネルギー危機は，このシナリオを急激に破壊した．競争は，1980年代の貿易の自由化とグローバリゼーションにより，さらに激化した．これに加え，恐ろしい速さで技術イノベーションが進行し，この新しい競争環境を固定化した．Attanasio（1988）は，企業戦略が別の原則体系または慣習として存在し始めたこの200年の間に，つぎの四つの段階を経たと述べている．

第 一 段 階　企業は，機能効率を前提とした年間予算目標を達成するための財務計画をもとに運用を行っていた．

第 二 段 階　将来を予測するために過去の事柄から推定し，予測に基づいた計画を企業は使用していた．この新しいテクニックにより，予算期間を長く設定し，経営資源のギャップ分析を実行できるようになった．

第 三 段 階　企業は，外部の分析を基本とする戦略マネジメント手法を採用するようになった．このとき優勢であった戦術マネジメントは，戦略分析のコンセプトにとって代わられた．

第 四 段 階　将来起こりうるイノベーションに対応するために，待つよりも「企業は将来を創造」するために，自分をポジショニングしようとしている．

競争に伴うこのようなイノベーションにより，競争相手のインテリジェンスの必要性が急激に増加した．Michael Porterは，競争相手分析により起こった変化を，彼の二つの影響を及ぼす仕事である1980年の競争戦略と1985の競争優位において声高に呼びかけた．彼が，戦略はライバル企業とは違う固有の差別化を図ることができる顧客価値を探すものであるため，競争相手分析は戦略の中心となるコンポーネントにふさわしいものであると仮定した．

競争相手分析の分野でのPorterの先駆的な仕事以来，多くの人がこの分野に貢献した．今日，多くの企業が第四段階に達するにつれ，競争相手のプロファイリングは，「企業は将来を創造」するために必要な戦略プロセスの重要な構成要素になっている．

11.2　戦略的根拠と意味

競争相手分析が企業戦略の重要な構成要素であるとしたとき，ほとんどの企業はこの種の分析を十分に体系的に行っていないとPorterは主張した．むしろ多くの企業は，彼が「すべてのマネージャが頻繁に感じる，競争相手に関する断片的な情報の正式ではない印象，推測，直感」と呼ぶものを基準に運用を行っていると述べた．その結果，しっかりとした競争相手分析を行っていないため，従来からの環境を入念に調べてみると，多くの企業が競争上の危険なブラインドスポット（盲点）にさらされている状態であった．

Porterは，この状況を是正するために，競争相手に関する情報を収集するための体系的

なプロセスを最初に記述した一人となった。彼のモデルは，**図 11.1** と**表 11.1** で示したとおり，明確な将来志向である。ライバル企業の将来の戦略的なアクションを予測することがおもな設計目的であるため，意図的に将来志向で競争相手をプロファイリングしている。つまり，モデルでは，企業自身の戦略，業界内のほかの企業の戦略，またビジネス戦略外の競争環境での変化への対応として，競争相手が追求する可能性がある将来の戦略的な動きを予測するために，分析者にライバル企業に関する現在および過去の情報を使用することを推奨している。この知識があれば，分析者は守りの戦略も攻めの戦略も構築できる優位なポジションに自分を置くことができる。

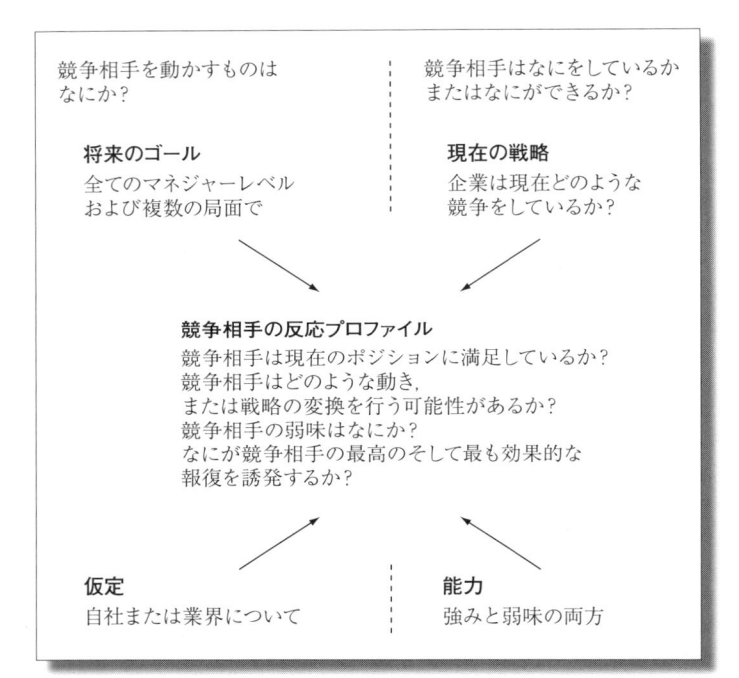

```
競争相手を動かすものは              競争相手はなにをしているか
なにか？                          またはなにができるか？

将来のゴール                       現在の戦略
全てのマネジャーレベル               企業は現在どのような
および複数の局面で                   競争をしているか？

        ↘                    ↙
        競争相手の反応プロファイル
        競争相手は現在のポジションに満足しているか？
        競争相手はどのような動き，
        または戦略の変換を行う可能性があるか？
        競争相手の弱味はなにか？
        なにが競争相手の最高のそして最も効果的な
        報復を誘発するか？
        ↗                    ↖

仮定                             能力
自社または業界について              強みと弱味の両方
```

図 11.1 競争相手分析のコンポーネント　(Source: Reprinted with the permission of The Free Press, a Division of Simon & Schuster, Inc., from *Competitive Strategy: Techniques for Analyzing Industries and Competitors*, by Michael E. Porter. Copyright © 1980, 1988 by The Free Press.)

競争相手のプロファイリングモデルは，すばらしいもので理論上合法的なものであるにもかかわらず，競争相手プロファイリング分析で求められている体系的で厳密な方法を使用して，ライバル企業を正式にプロファイリングしている企業はごく少数である。米国企業の競争相手プロファイリング状況を調べた九つの研究の最近の調査から，Ram と Samier（1998）は，つぎの結論を得ていた。彼らの 1998 年の調査によると，調査対象の 24％の企業が，完

表 11.1　代表的なカテゴリーと競争相手のプロファイル情報のタイプ

背景情報	製品／サービス	マーケティング
・名前 ・所在地 ・簡単な説明 ・歴史 ・主要な出来事 ・主要な変遷 ・オーナシップ構造	・製品／サービス数 ・製品ラインの多様性／幅の広さ ・質，組み込まれた顧客価値 ・プロジェクト化された新製品／サービス ・製品および製品ラインの現在の市場シェア ・プロジェクト化された市場シェア	・セグメント戦略 ・ブランド設定とイメージ ・可能な成長ベクタ ・広告／宣伝 ・市場調査能力 ・顧客サービスの重視 ・4P（Product，Price，Promotion，Place）パラメータ製品，価格，宣伝，場所 ・主要な顧客

人材	運用	マネージャのプロファイル
・社員の質とスキル ・回転率 ・人件費 ・訓練のレベル ・柔軟性 ・労使関係	・製造能力 ・マスカスタマイゼーション能力 ・サイクルタイム，製造の早さと柔軟性 ・トータルクオリティーマネジメント（TQM）の導入 ・オーバーヘッドコスト ・リーン（Lean）製造方法	・人柄 ・背景 ・モチベーション，野望 ・スタイル ・過去の成功と失敗 ・マネージャとしての才能の深さ

社会政治学	技術	組織構造
・政府との契約 ・ステークホルダの評判 ・社会政治学的資産のポートフォリオの広さと深さ ・公務の経験 ・政府契約の性質 ・取締役会メンバーのコネクション ・問題および危機マネジメント能力	・プロセス技術 ・研究開発の専門知識 ・専有技術，特許，コピーライト ・情報および通信インフラ ・内部でイノベーションを起こす能力 ・ライセンシング，提携，合弁を通じての外部へのアクセス	・階層の性質 ・チームの組み立て ・横断的な機能 ・主要なオーナシップ ・文化的な団結

CI 能力	戦略	顧客価値分析
・正式な CI 能力のあかし ・関係の報告 ・プロフィール ・経営最高責任者（CEO）と最上層部レベルからのサポート ・脆弱性 ・統合 ・データ収集と分析資産	・ポジショニング ・将来設計 ・ミッションとビジョン ・目標 ・企業ポートフォリオ ・シナジー ・経営資源／能力 ・中核能力 ・強みと弱み	・質の属性 ・サービス属性 ・顧客のゴールとモチベーション ・顧客の種類と数 ・オーナシップの正味資産（利益引きコスト）

金融		
・財務諸表 ・セキュリティーファイリング ・絶対および相対比率分析 ・非集計的比率分析 ・キャッシュフロー分析 ・持続的成長率 ・ストックパフォーマンス ・コスト		

全に機能する高度な競争相手プロファイリングプログラムを保有していることがわかっている。すでに高度な競争相手プロファイリングを行ってきた北東アジアの企業と比べて少なくとも10年は遅れている西欧の企業は，徐々にではあるが価値のある事柄を学んでいるようである。

競争相手プロファイリングの戦略的論拠は，非常に簡単である。ライバル企業に関する高品質な知識は，競争優位の合法的な源泉となる。競争相手を優位とする源泉は，企業が選択した市場で優れた顧客価値を提供することである。顧客価値の決定的な特徴は，「優れた」という形容詞である。顧客価値は，ライバル企業が提供するものと比例して定義され，競争相手に関する知識を企業戦略に内在する構成要素としている。プロファイリングは，この戦略目的を三つの重要な方法で促進させる。まず，プロファイリングを行うことにより，利用できる可能性のあるライバル企業の戦略的弱みを明らかにする。2番目に，競争相手のプロフィリングを積極的に行おうとすることにより，企業が計画している戦略，ほかの競争相手の戦略，環境での変化に対するライバル企業の戦略的対応を予想することができる。3番目に，この知識があることで，企業は戦略的に敏捷になる。機会と強みを利用するために，攻撃の戦略をより早く実施できる。同様に，企業の弱みを利用しようとするライバル企業の脅威に対応するための守りの戦略もより手際よく実施できる。

高度な競争相手のプロファイリングを体系的に行っている企業は，明らかに有利である。そのため，競争相手に勝利するためには，包括的にプロファイリングを行う能力は，急速に中核能力となってきている。例えるならば，チェスで対戦している相手のつぎの動きが読めているようなものである。一歩先を行っていることで，相手を行き詰まらせるのに一歩近づくことができる。実際，ビジネスでもチェスのように，上手な攻撃は最良の守りだといえる。

11.3　強みと利点

競争相手のプロファイリングと競争相手優位の密接な関係を考えると，このツールの多くの強みは自明である。しかし固有の利点もいくつかある。まず，プロファイリングすることにより，企業は競争相手の戦略に対し，自信に満ちた，積極的な，攻めのスタンスを取ることができる。プロファイリングにより得られたライバル企業の知識により，企業は競争相手の側面からの衝突に対処するのではなく，戦略パラメータを定義できる。これがうまくできれば，競争相手のプロファイリングは企業の中核能力の一つとなり，競争優位につながる。

組織のパフォーマンスの観点から見た場合，プロファイリングの包含的な性格は，企業の従来の機能部門の境界間で統一した見解を持つことを促進させる。そのため，プロファイリングを正式に行っていなければ明らかにはならなかった多くのユニークな機会が明確にな

る。しばしばプロファイリングのプロセスは，企業の多くの社員が集結する場所となる。

11.4 弱みと限界

　競争相手のプロファイリングが非難されるおもな理由は，企業が競争戦略のすべてを含む基礎として，それを使用しようとすることに関連している。皮肉なことに，業界のリーダになろうと考える場合，現在のライバル企業とあまりにも近くにリーダシップを定義すると，企業はやがては追随者となってしまうということである。この矛盾にはいくつかの理由がある。ライバル企業と比較するとき，顧客価値をつねに考慮する必要がある。戦略グループまたは業界間の競争という考えを基準に，つねに企業の戦略をライバル企業と比べていると，企業はやがて業界外から革新的なアプローチを取り，優れた顧客価値を提供するライバル企業に気づかないことになってしまう。

　競争相手のプロファイリングのもう一つの弱点は，競争相手を追い越すために模倣という手段をとる性質と関係している。そのような戦略では，いかなる競争優位の維持も不可能だと批判者たちはいうであろう。模倣ではなく，イノベーションをもたらす顧客価値のみに企業は集中すべきである。

11.5 テクニック適用のためのプロセス

競争相手のプロファイリングのプロセスには，つぎの九つの段階がある。
1. 競争相手がどこであるか判断する。
2. 潜在的な競争相手がどこであるか判断する。
3. これらのライバル企業のどのような情報が必要かを判断する。
4. これらの情報を確保するために，競争相手分析の能力を構築する。
5. 収集した情報の戦略分析を実行する。
6. 利用しやすい形式で情報を提供する。
7. タイムリーに適切な意思決定者が適切な情報を入手できるようにする。
8. 分析に基づいた戦略を構築する。
9. 既存または潜在的なライバル企業を継続的に監視する。

ステップ 1 と 2：現在そして潜在的な競争相手がどこであるか判断する
　最初の二つのステップは，たいへんに密接な関係にある。通常，現在の競争相手は，簡単な分析でわかる。しかし，深く分析していくと，これが不明瞭になってくることがある。顧客ベー

スとは正確になんのことか。それらの顧客は同一製品の顧客か。同一製品のカテゴリーか。これらを考えていくと、同じ可処分所得を得ようとしているということから、すべての企業がライバル企業であるという考えにたどりつく。これは極端だとしても、分析の初めに企業のレーダースクリーンに、潜在的なライバル企業を効率的に含めるために十分な道を作ることが重要である。今日、一般的である業界の移行および価値連鎖の腐食を考えた場合、狭い範囲のみに分析が集中しないように、これらの重要な仮定を初めに固定させる必要がある。

競争相手を定義する非常にわかりやすい方法は二つある。従来の方法は、供給面を重視しており、戦略グループの定義を中心に据えている。戦略グループは密接な関係がある企業で、類似する戦略、業界の価値連鎖で同様なリンク、類似する経営資源能力を持っていることを前提としている。そのため、戦略グループまたは業界内で現在の競争相手を識別するのに、この方法はより巧妙である。実際には、従来のライバル企業を最初に描画した二つの軸があるグラフに戦略グループを描画する。つぎに、市場内のニッチを占有しているライバル企業を描画する。最後の描画により、代替可能な技術を採用している企業、前方統合を選択しそうな企業、逆統合しそうな顧客など、業界の従来のパラメータの周辺で運用を続けている潜在的なライバル企業を識別できる。最小でも戦略マップの完成後、業界の価値連鎖内のすべてのメンバーを含める。これは、最も激しい現在のライバル企業や業界周辺に潜んでいる潜在的なライバル企業を含む。潜在的なライバル企業は、通常、明瞭ではないので、この時点では想像力が必要である。

市場を定義するほかの方法では、潜在的なライバル企業を明確にできる。潜在的なライバル企業は、通常は隠れており、完全に新しい競争環境とはまったく異なる方法で、顧客価値の提供方法を構築する。顧客価値と、顧客がどの企業が最大のライバル企業であると見ているかという簡単な質問に集中することにより、企業は異なるプラットフォームを通じて比較可能な顧客価値の条件に従い、潜在的なライバル企業を定義できる。この段階の分析では、顧客の変わる嗜好、好み、モチベーション、製品またはサービスの開発、技術イノベーションを基準に潜在的なライバル企業を定義することに集中する。

現在および潜在的な競争相手を識別する最も有効な情報源は、通常、企業の顧客、販売スタッフ、マーケティング担当者、営業担当マネージャである。業界名簿、同業組合の資料やその他の二次的な経営資源から探せるものは、これよりも価値が低い。

ステップ3：これらのライバル企業のどのような情報が必要かを判断する

このステップを開始するには、まずインテリジェンスの内部のエンドユーザ、つまり企業内の戦略意思決定者のところまで行く必要がある。彼らは、どのような種類の情報が最も適しているかの明細を出すには、最適なポジションにいる。競争相手のプロファイリングの周

辺で行われる CI への取り組みは，ユーザ志向でなければならない．このためには，情報収集自体，最初から需要志向でなければならない．

この要件に関連し，内部での CI の需要に対して敏感でいるには，外部需要，つまり顧客価値にインパクトを与える競争相手パラメータと情報収集活動を密接に関連づける必要がある．これだけに限らないが，表 11.1 には，この段階で考慮すべき情報の種類およびカテゴリーが列挙されている．

これら主要要件とは別に，さまざまな CI 調査およびベンチマーキングから有用なアイデアを得ることができる．すでに述べた Ram と Samier（1998）の研究では，主要な九つの研究がうまく要約されている．例えば，Conference Board によって実施された調査では，308 の企業に最も有用な情報の種類をたずねている（**表 11.2** と **表 11.3** を参照）．これから分析者は潜在的に有用な種類の情報を知ることができる場合がある．しかし，情報のニーズは，業界固有または企業固有で，時間の経過とともに変化するものだということを認識していなければならない．

表 11.2 最も有用な種類の情報

	合計〔％〕	工業製品〔％〕	消費者製品〔％〕	工業および消費者の両方〔％〕
価格	23	26	20	19
戦略	19	20	15	22
売上げデータ	13	11	18	12
新製品，製品ミックス	11	13	8	10
宣伝/マーケティング活動	7	3	19	4
コスト	6	8	3	5
主要な顧客/市場	3	3	6	1
研究開発	2	2	1	3
マネジメントスタイル	2	1	3	1
他	4	4	−	8
回答なし	10	9	7	15
	100%	100%	100%	100%
回答企業数	308	158	72	78

Source: Competitive Intelligence. (1988). Conference Board Report No. 913. New York: The Conference Board.

ステップ 4：これらの情報を確保するために，競争相手分析の能力を構築する

このステップでは，この章で取り扱っている範囲外のことになるが，一部の基本的な部分は関連している．まず，CI 能力に当てはまるインテリジェンスサイクルのコンセプトである．

表11.3　有用またはかなり有用と評価した競争相手に関する情報の種類

現在の状況	合計〔%〕	見込み	合計〔%〕	コスト	合計〔%〕	組織と運営	合計〔%〕
価格	97	戦略計画	93	製造コスト	83	企業の運営方法	76
売上げ統計	94	新製品計画	91	マーケティングコスト	71	サービス能力	76
市場シェアの変化	93	拡大計画	91	宣伝コスト	48	製造プロセス	75
主要顧客	91	買収/合併の見込みまたは活動	83			企業の組織構造	62
宣伝/マーケティング活動	81	研究開発活動	80			幹部の交替	58
企業の評判	77	製品デザイン	79			資金調達手法	47
ディストリビュータ	63	特許	56			法的行為	46
サプライヤ	50					役員報奨	20

Source: Adapted from Competitive Intelligence. (1988). Conference Board Report No. 913. New York: The Conference Board.

CIシステムのインフラは，収集，処理，分析そして普及の四つの明確な組織スキルを基礎とした能力がなければならない。また，必要な情報のほとんどは，すでに企業内に存在するということを念頭に入れていなければならない。つまり，営業スタッフ，マーケティングスタッフ，運営など，社内のすべての人間は貴重な競争相手に関連する情報をおそらく保有している。これら一次情報源としての象徴的な情報源は，企業と関連する顧客やサプライヤである。これは，内部ソースが最も価値があるとしている協議会幹部会議レポートのCIに関する部分で確認されている。表11.4および表11.5は，競争相手に関する情報の一般的な情報源をランクづけしている。

ステップ5：収集した情報の戦略分析を実行する

図11.1のPorterの枠組みを使用し，収集した情報の分析をすることができる。

- **将来のゴール**　ライバル企業の将来のゴールを決定することによって，ほかのライバル企業に対する彼らの戦略および分析者の企業の戦略を予測することができる。競争相手の方向性を理解するには，市場シェア，収益性，組織の業績などの方向性を知る必要がある。将来の方向性に関し，どのようなことが述べられているか，将来企業がどのような経営を行っていると考えるかなどである。
- **現在の戦略**　まず，企業が三つの一般的な戦略（低コスト，差別化，集中）のうちのどれを追求しているか判断する。つぎに分析を，ライバル企業の各機能分野の戦略ごと

11. 競争相手分析

表 11.4 最も有用な情報源

	合計〔%〕	工業製品〔%〕	消費者製品〔%〕	工業および消費者の両方〔%〕
営業スタッフ	27	35	18	23
印刷物，データベース	16	13	15	22
顧客	14	13	11	17
市場調査，追跡サービス	9	3	24	9
財務報告	5	7	3	1
ディストリビュータ	3	4	1	1
社員（未指定）	2	2	6	–
製品の分析	2	1	3	3
他	8	6	8	13
回答なし	14	16	11	11
	100%	100%	100%	100%
回答企業数	308	158	72	78

Source: Competitive Intelligence. (1988). Conference Board Report No. 913. New York: The Conference Board.

表 11.5 非常にまたはかなり重要と評価されている情報源

企業内の情報源	合計〔%〕	同業内でのコンタクト	合計〔%〕	印刷物の情報	合計〔%〕	ほかの情報源	合計〔%〕
営業スタッフ	96	顧客	92	業界紙	89	証券アナリスト	40
市場調査スタッフ	83	ミーティング，トレードショー	74	企業の宣伝資料	84	追跡サービス	38
競争相手の製品の分析	81	ディストリビュータ	70	企業の10Kレポート	77	電子データベース	35
計画スタッフ	63	サプライヤ	65	証券アナリストのレポート	74	投資銀行	22
エンジニアリングスタッフ	53	同業組合	59	金融誌	64	裁判暦	16
以前競争相手で働いていたスタッフ	49	コンサルタント	43	マネージャのスピーチ	55	求人広告	15
購買スタッフ	42	小売	37	一般的なビジネス誌	54	商業銀行	11
		競争相手のスタッフ	37	全国版の新聞	43		
		広告会社	24	競争相手の施設がある都市での新聞	42		
				ディレクトリー（Standard & Poor's など）	31		
				政府の刊行物	26		

Source: Adapted from Competitive Intelligence. (1988). Conference Board Report No. 913. New York: The Conference Board.

に分離する。競争相手の現在の戦略は，ライバル企業がどのように述べているか，また現在なにをしているかを基準に識別できる。ライバル企業が発表している短期的なゴールはなにかなどである。将来のゴールと現在行っていることの違いを識別することから始める。そこに相乗作用はあるか，長期ゴールを実現するには大変革を遂げなければならないか，短期的に行っている活動が将来のゴールと一致しているかなどを考える。変革のための力がない場合，過去と同様な方法でライバル企業は競争をしつづけると考えることができる。

・能　　　力　ステップ2で収集した情報を使用し，それぞれのライバル企業のSWOT分析を実行する。ここでの目的は，競争相手がなにをしているか，そして実際はなにができるかを識別することである。これは能力，スキル，経営資源についてである。競争相手が戦略を発表していても，現在の企業と能力と比べた場合異なることがあり，それは企業内部での考え方に疑問を投げかける。

・仮　　　定　ライバル企業自身，業界，そしてほかのライバル企業に対する仮定から，ライバル企業に不正な仮定やブラインドスポットがないかを知ることができる。しばしば，これらのブラインドスポットから競争上利用できる機会を発見することができる。これが分析において最も重要なことである。競争相手は自社を取り巻く環境に対しどのような仮定を行っているか，そしてそれは現在そして将来の両方の戦略に反映されているか。一般的に，企業の仮定は能力，現在の戦略，そして将来のゴールの間にミスマッチから判別することができる。一方，三つの分野すべてが同一の競争相手は，かなり手ごわいということができる。しかし，すべての企業は自社を取り巻く環境，および将来に対する仮定および見解を持っているので，この仮定は明らかにする必要がある。

　競争相手分析を行う際に重要なことは，競争相手の経営チームがたてた主要な仮定を理解することである。これから，それらの企業の競争の仕方における弱さの根本，また彼らが市場をどのように見ているかを理解することができる。彼らは現在のポジションに満足しているか，彼らの計画はなにか，彼らの弱点はなにかを理解することにより，戦略の構築に必要な情報を入手でき，競争相手と対戦できる。

　その後，四つの分析すべてを競争相手のプロフィールに組み入れる。ライバル企業がどのようにさまざまな競争上の圧力に対し反応するかをある程度正確に予測するには，この組み入れが必要である。まず，ライバル企業の攻撃に対する姿勢を決定し，どのような攻めの動きをとるか予測する。次いで，さまざまな競争上の圧力に対しライバル企業がどのように反応するかを予測するために，ライバル企業の守りに対する姿勢を決定する。これらの決定をする際，定性的な要因がしばしばビジネス分析の従来のより定量的なアプローチをきわだたせる。

ステップ6：利用しやすい形式で情報を提供する

分析にはさまざまな表現形式がある。レポートとして記述するよりも視覚的に表現するほうが効果的である。形式は多数あるが，その中から三つを図 11.2，図 11.3 そして図 11.4 に示す。

- **比較グリッド**　ライバル企業のポジション（業績，能力，主要な成功要因など）を軸上に描画する。その際，評価の基準として，分析者の企業の業績または業界平均を使用する。比較グリッドは，競争上の二つのパラメータの相対的な業績をうまく視覚的に表現する（図 11.2 を参照）。

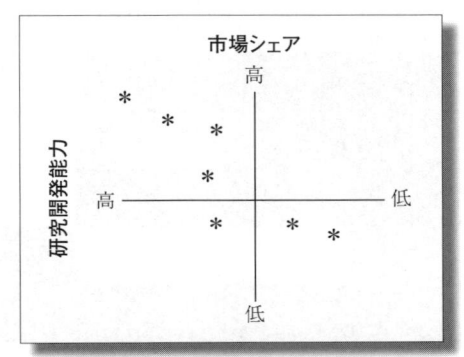

図 11.2　表現のためのツール　比較グリッド

- **レーダーチャート**　理解しやすく情報が凝縮されているレーダーチャートは，プロファイリング分析を表現するのによく使用される。レーダーチャートは，円周の上にいくつか点がある業界標準を示す円上に構成されている。その上に分析中のライバル企業または企業の業績を示す幾何学的な図形が重ね合わされる。業績が優れているか劣って

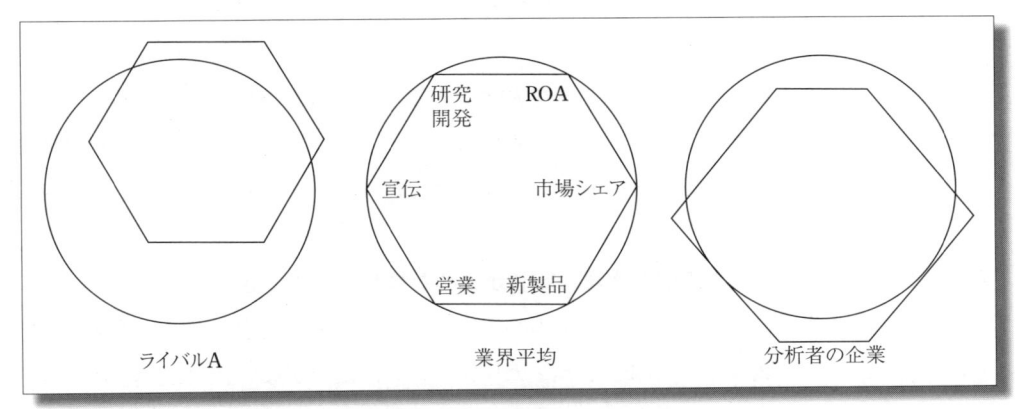

ライバルA　　業界平均　　分析者の企業

図 11.3　レーダーチャート

いるかにより変わる幾何学的な図形の重ね合わせが，相対的な業績を視覚的に示す（図11.3を参照）。

- **色分けされた競争相手の強さを示すグリッド**　Aaker（1998）によって構築されたこのグリッドは，シンプルであるが，任意の数の競争上のパラメータを使用し，ライバル企業間の相対的な優位性を示すのに非常に強力である。競争上劣っていること，同等であること，優れていることを示す色を割り当てることにより，ライバル企業間の相対的な競争優位を効果的かつび効率的に示す（図11.4参照）。

資産および能力	Ralston Purina	Nestlé	Mars	Heinz	Hill's	Iams	Doane
名前の認知度							
製品ラインの幅の広さ							
カバーしているチャネルの広さ							
カバーしている専門/獣医							
金融資産							
コスト構造							
地域範囲：米国							
地域範囲：国際的							

■ 強い　■ 標準以上　■ 平均　□ 平均以下　□ 弱い

図11.4　競争相手の強さを示すグリッド　米国市場でのペットフードの競争相手　（Source: *Strategic Market Management* 2e by D. A. Aaker, Copyright © 1988 John Wiley and Sons, Inc. This material is used by permission of John Wiley & Sons, Inc.）

これらのチャートまたは類似する視覚的な表現形式は，軍事作戦司令室の壁に貼っておくべきである。関連する戦略パラメータをまとめたものに囲まれていることにより，戦略構築プロセスのブレインストーミングセッションを大幅に促進させるであろう。

ステップ7：タイムリーに適切な意思決定者が適切な情報を入手できるようにする

環境および競争相手に関係する事柄は急激に変化するので，意思決定者がタイムリーにそれを入手できなければ競争相手に関するインテリジェンスは価値がない。これを考えた場合，完全に正確であるよりはタイミングおよび妥当性のほうが重要である。

ステップ8：分析に基づいた戦略を構築する

この時点の分析では，企業の強みを生かし，ライバル企業の弱みに付け込み，競争上の脅威を中和し，弱みから守る戦略を構築することにより，どこで，どのようにそしてだれと企業は競争するのかなど，戦略ポジション内での取り組みのルールを決定したり，取り組みのための舞台を選択したりするなど，競争相手のプロフィールは戦略を構築するために使用される。

これらの質問への回答を得るために，戦略的に最適な方法で競争相手が対応できないように，競争相手がどのような反応を示すかの知識が使用される。ライバル企業が，企業の戦略を侵害するような決定をした場合，コストがかかるトレードオフを強要する戦略が選択される。

ステップ9：既存または潜在的なライバル企業を継続的に監視する

つねに，分析者は，ライバル企業も同時に同じようなプロファイリングを行っているということを念頭に入れていなければならない。これは，ライバル企業の競争上の動きに対応するために継続的に監視を行う十分な理由になる。不安定な市場，過当競争，業界の移行，価値連鎖の分断は，現在および潜在的なライバル企業を継続的に監視するのに十分な理由となる。

顧客に競争相手のプロファイリングをしてもらう

競争相手を区別する源泉としてイメージと評判を使用し，米国の銀行，貯蓄貸付組合，信用組合がプロファイリングされた。特に，つぎの二つの質問が，ランダムに選択された1016の家庭に電話調査された。

1. 顧客が感じている銀行，貯蓄貸付組合，信用組合の競争上の強みと弱みはなにか。
2. どのようなイメージ特性変数が大手と大手ではない金融機関に対する認識の違いを生むか。

使用したイメージプロファイル変数は，つぎのとおりである。

1. いつも名前で呼んでくれる金銭出納係がいる。
2. 熟練した金銭出納係がいる。
3. つねにほかの金融機関に先駆け新しいサービスを提供している。
4. 当座預金口座のサービス料が平均以下
5. 車に乗ったまま預金の出し入れができ，金銭出納係が平均以上に速いサービスを提供する。

6. 貯蓄の金利が平均以上
7. 顧客に対し平均以上に配慮してくれる。
8. 金銭出納係が，平均以上に速いサービスを提供する。
9. ローンの金利が平均以下
10. 営業時間が自分のニーズに合っている。
11. 車に乗ったまま預金の出し入れができる平均以上に便利な窓口がある。
12. ローンを組みやすい。
13. お金のマネジメントに関することに金銭出納係が親切に対応してくれる。
14. お金のマネジメントに関する支援を進んでする姿勢を見せる。
15. オフィスが平均以上に親切
16. 近くにオフィスがある。

調査の結果，競争相手に関しつぎのようなプロフィールが構築された。

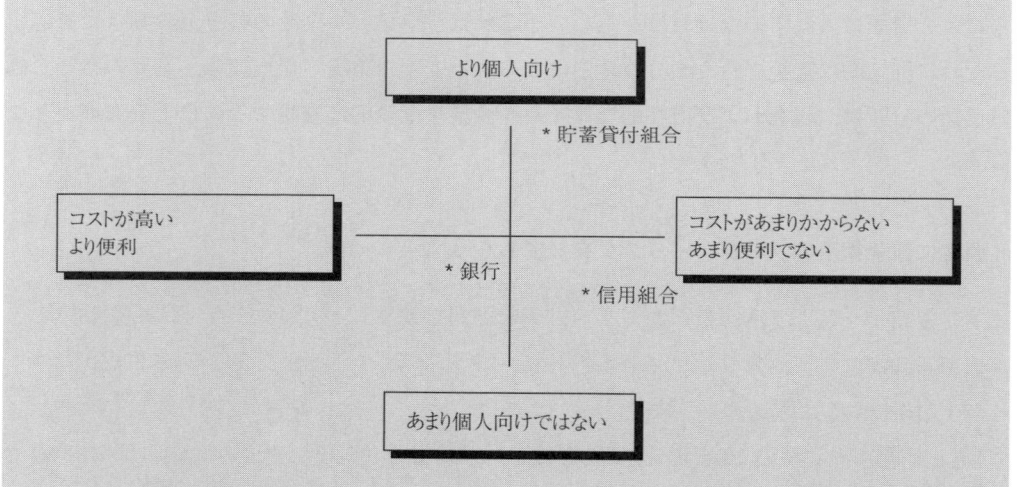

```
                    より個人向け
                         │
                         │  ＊貯蓄貸付組合
    コストが高い          │           コストがあまりかからない
    より便利    ─────────┼─────────   あまり便利でない
                   ＊銀行 │  ＊信用組合
                         │
                         │
                  あまり個人向けではない
```

結論

顧客の銀行，貯蓄貸付組合，信用組合に対する認識には大きな開きがあることがわかった。

・銀行：コストは高いが，便利
・信用組合：コストは低いが，あまり便利ではない。
・貯蓄貸付組合：銀行と信用組合の中間

戦略的に示唆されているもの

競争相手のプロファイリングからわかったことから，戦略的に示唆されるものをいくつか要約することができた。

- 便利であることを魅力に感じ，それの代償を払おうとする裕福な顧客に対し，銀行は強い競争優位を持っているが，信用組合は持っていない。銀行の競争優位の源泉は，所在地と早いサービスである。しかし，サービスコストが高く，ローンの金利も高いと顧客は考えている。
- 信用組合は，余計なサービスは必要なく，その代わりにコストを下げてほしいと考える顧客に対し，銀行と比べ競争優位を持っている。
- 個人に対するサービスの評価は，高いものの（便利さや価格と比べた場合インパクトは比較的低い），貯蓄貸付組合は銀行や信用組合に対し競争優位はなく，その中間に位置しつづけている。

顧客シェアを拡大するには，銀行は既存の顧客に対し抱合せ販売を行い，相対的に多角的な製品およびサービスを提供することにより信用組合の顧客を銀行に切り替えさせ，成長を追及すべきである。信用組合と貯蓄貸付組合は，顧客の目に主要な金融機関として映るように，顧客関係重視マーケティングを強調するであろう。

Source: Adapted from "The Competitive Marketing Profile of Banks, Savings and Loans, and Credit Unions," by T. R. Kenneth and J. P. Wong, 1988, *Journal of Professional Services marketing*, 3(3, 4), pp.107-121.

FAROUT のまとめ

	1	2	3	4	5
F	■	■	■	■	
A	■	■	■	■	
R	■				
O	■	■	■	■	■
U	■	■	■	■	■
T	■	■			

未来志向性 中から高。顧客により定義された潜在的なライバル企業に注目する未来志向性は，戦略グループおよび業界分析により定義された現在のライバル企業を強調すること

正　確　性　　中から高。競争相手を定義する際，顧客価値の概念を含めることにより正確性を増大させることができる。また情報源と分析アプローチの多様性は，かなりの相互参照性を許容する。

　　経営資源効率性　　低。しっかりと競争相手をプロファイリングする能力を養うには，人材開発およびインテリジェンスのインフラに多額の投資が必要である。

　　客　観　性　　高。競争相手のプロファイリング分析の包括性は，一貫性を内部でチェックすることにより増す。

　　有　用　性　　高。正しく用いれば，このツールは競争優位を実現するために最も普及するものの一つである。

　　適　時　性　　低から中。基礎から開始した場合，使用可能なインテリジェンスが作成されるまで，かなりの遅延が生じる。CIシステムの運用は，現在そして潜在的なライバル企業の両方に対し，使用可能なインテリジェンスを収集，まとめ，評価，分析および普及させるのに，かなり時宜を得たものである。

関連するツールとテクニック

- ブラインドスポット分析
- 顧客セグメント分析
- 職務能力と経営資源分析
- 経営者のプロファイリング
- 持続可能な成長率分析
- 構造グループ分析
- 価値連鎖分析
- 比較原価分析
- 顧客価値分析
- 業界分析
- 比率および財務諸表分析
- シナリオ分析
- SWOT分析

参　考　文　献

Aaker, D. A. (1998). *Strategic market management*. New York: John Wiley and Sons.

Attansio, D. B. (1988). "The multiple benefits of competitor intelligence." *The Journal of Business Strategy, 9*(3), 16-19.

Cvitkovic, E. (1989). "Profiling your competitors." *Planning Review, 17*(3), 28-30.

Conference Board, *Competitive Intelligence*, 1988, Conference Board Report No. 913. New York: The Conference Board.

Kenneth, T. R., & Wong, J. P. (1988). "The competitive marketing profile of banks, savings and loans, and credit unions." *Journal of Professional Services Marketing, 3*(3,4), 107-121.

Porter, M. (1980). *Competitive strategy: Techniques for analyzing industries and competitors.* New York: Free Press.

———. (1985). *Competitive advantage: Creating and sustaining competitive advantage.* New York: Free Press.

Ram, S., & Samir, I. T. (1998). "Competitor analysis practices of U.S. companies: An empirical investigation." *Management International Review, 38*(1), 7-23.

Shaker, S., & Gembicki, M. (1999). *The war-room guide to competitive intelligence.* New York: McGraw Hill.

12. 顧客セグメンテーション分析

顧客セグメンテーション分析（Customer Segmentation Analysis）の第一歩は，グループ間での明らかに異質な顧客ニーズと，グループ内での比較的同質な顧客ニーズとに基づいて，市場をグループ分けするという外部分析を行うことである。このモデルでは，企業の製品およびサービスに組み込まれている価値を，その価値に最も魅了される顧客グループとマッチングさせることにより，競争優位につなげることができる。

12.1 背　　景

20世紀初頭においては，古典的な経済理論が企業戦略よりも優位にたち，需要と供給が均質であると仮定する完全競争理論が支配的であった。当然のことながら，分析の基本的単位は総需要と総供給関数となった。すべてのコスト差は，もっぱら情報の非対称性とその他の市場の欠陥に帰せられていた。需要と供給が異質であるためにこのようなコスト差が生まれるのではないかという考えは，これら市場要因が均質なものの集合であるとする正説と矛盾するため却下された。

こうした観点は企業戦略の中にも現れ，規模の経済と大量生産を実現することに注力が向けられた。需要と供給が均質だという理論から，どの企業も類似しており，基本的に同じ製品を製造すると考えられていた。同様に顧客も，類似するニーズを持つ一つの大きなグループと考えられていた。このためコストだけが競争上のパラメータとして関係してきた。したがってそれまでのビジネスの知恵から考えると，最適な収益を上げるには，できるだけコストを抑えるために標準化された製品を大量生産することであった。

これに異議を唱えた卓越した研究者も何人か輩出したが，この状態は長年続いた。その一人が1933年に「The Theory of Monopolistic Competition」を出版した経済学者 Edward Chamberlain だった。彼は，総需要と総供給の概念に反論し，消費者の異なるニーズに対応するための差別化戦略の結果，市場には多数の需要曲線が存在することを示唆した。彼の主張で最も重要な違いは，もし製品の差別化が嗜好や好みとしっかり適合して，選択された複数の需要曲線を推進するとき，その需要曲線は右に長期にわたって傾き，そのセグメント内

の顧客はコストにそれほど敏感でなくなるため，コストの弾力性はなくなるという指摘である。Chamberlain の業績は洞察に富むものだったにもかかわらず，企業戦略には適用できない学問的な主張とみなされた。そしてそれ以降何十年も無視され続けた。

1956 年に Wendell Smith が The Journal of Marketing で「Product Differentiation and Market Segmentation as Alternative Marketing Strategies」という論文を発表し，再び関心が呼び起こされた。Smith は，需要はコストと競争の関数であると定義されていた伝統的経済理論を拡大し，需要を決定するおもな要因の一つとして，価値に対する顧客の認識の違いを追加した。彼はマネージャたちに，顧客ニーズ，嗜好および好みに違いがあることに対して，マーケティング戦略の中で明確に認識することを通して，注意を払うべきだとした。Smith のおもな主張は，不完全な市場においては供給と需要の両方の間で，不均性が存在するというものであった。

Chamberlain の見解と同様に，この見解も完全競争のもとでの需要と総供給の仮定を前提とする伝統的経済モデルとは正反対のものであった。Smith は現在の市場の特性は，伝統的経済理論ではますます説明できなくなっていると主張した。Smith の理論では，総需要曲線は一つしかないのではなく，複数の需要スケジュールに市場が分割されると考えていた。同様に，市場内の企業は多様な供給関数のうえで活動していると考えていた。Smith の研究が戦略上重要な意味を持つのは，企業がマーケティング戦略に立ち返り，視点を拡大すべきだと主張したことである。大量生産の時代のマーケティング戦略は，一般に標準化された製品に適合するように総需要曲線を曲げようと試みるものだった。Smith は，製造技術が高度化し，市場が豊かになるに従い，企業には別の戦略選択肢がある―つまりマーケティングおよび製造戦略（すなわち企業の個々の供給関数）を「曲げ」，不完全な市場においてますます多様化する消費者の需要（すなわち総需要関数を構成する複数の需要関数）に適合させる―ことを示唆することで，この慣例を引っくり返した。

Smith の理論は，環境が変化した結果，その妥当性が確認されるまで広範囲に採用されることはなかった。グローバル化が進み競争が激しくなるとともに，消費者が豊かになりだしたことで，プッシュ経済からプル経済への移行が始まった。その結果，企業は供給過剰と激しい競争に直面するようになり，規模の経済を前提とする大量生産の有効性は，ますます受け入れがたいものとなった。そして徐々にセグメンテーション理論がそれに取って代わるようになった。

顧客セグメンテーション分析は，マーケティングが現代の戦略理論に対して果した最も重要な貢献の一つといえる。企業は競争優位を得るという究極のゴールと密接に関係するこのテクニックを，環境分析の第一ステップとして恒常的に使用している。

12.2 戦略的根拠と意味

　顧客セグメンテーション分析を使用することで，分析者は企業戦略の範囲，つまり企業が焦点を当てる製品またはサービス市場の枠組みを合理的に構築することができる。範囲はつぎの二つの理由から限定する必要がある。第一に，最も明白な理由は，企業はすべての顧客の要求には応えられないということである。2番目の理由は，それがダイナミックな競争の真髄にふれるものなので，より捕らえにくく，そして戦略に関連している。つまりたとえそれがすべての顧客の要求に応えることができたとしても，企業が追求すべき最も収益が上がる戦略ではないかもしれない。

　顧客セグメンテーションは，競争優位の重要な源泉である。この戦略的関係は，市場内の顧客も競争相手も共に不均質であるという前提に基づいている。顧客によって異なる価値観を持っている。つまり，製品またはサービスのトータルな利益と総所有コストの間に差異がある。同様に競争相手も，顧客価値を満たすのに必要な能力および経営資源に違いがある。単一企業は，多様な顧客価値を満たすための多様な経営資源を持ち合わせていない。すべての顧客を満足させようとすると，必然的に一部の顧客だけを満足させるか，あるいはどの顧客も満足させない結果になってしまうために，そうしようとすることは間違った試みであった。

　市場または業界内のすべての企業がすべての顧客に対し販売しようとする場合，製品の差別化に違いがなくなり，業界の魅力はしだいに低下する。顧客は極端にコストに敏感になり，その結果，コスト戦争が起こり，個々の企業の競争上のポジションは低下する。最も低コストの企業だけが収益を上げることができるが，大多数の消費者を満足させることができない。

　この状況を，顧客セグメンテーション分析を伴う，より賢明なシナリオと比較する。ここでは企業は，顧客が認知した価値を自社の固有の経営資源で満足させることができるとすれば，特定の顧客グループのみをターゲットとすることになる。このセグメントの顧客は，自分の嗜好や好みを満足させるために進んで高い値段を払う。その結果，企業はより強い競争上のポジションと収益を享受できる。これがセグメンテーションの理論的根拠である。

　企業の存在基盤は顧客にあり，セグメンテーション理論にはこの需要志向が織り込まれている。しかしこの理論は，競争優位を確保するには顧客を満足させるだけでは不十分であることをマネージャに喚起している。むしろ利益になる顧客を満足させることが，優れた財務成績を上げる基礎であり，セグメンテーション理論の適切な枠組みである。

　セグメンテーション理論のプロセスでは，企業が優れた顧客価値を提案し推進する資産，能力そして競争力を識別するために，分析が掘り下げられる。すべての成長戦略はこれらの

経営資源を使用することを前提としている。適切な成長戦略および多角化戦略は，選択された顧客セグメントに対し異なる価値を提案するかもしれないが，企業の基本的強みに基づいたものでなければならない。この相乗作用の使用は，競争優位の実現に固有のものである。

多くの潜在的な顧客は，自分たちが認識する価値と，企業の経営資源および能力から得られる価値とがマッチしない限り，実益を得られない。あまり満足の得られない顧客は，完全に満足している顧客と比べ，高い値段を払おうとはしない。同様にもっとよい製品があれば，逃げてしまう。企業の経営資源が限定されていることを考えた場合，企業は最大の収益を上げることができるセグメントにすべてのエネルギーを注ぐべきである。

顧客セグメンテーション分析は，競争優位を追求する際に，戦略上の需要感と供給感の両方を統合する全体的な枠組みである。需要の検討は，特定の顧客セグメントのニーズ，好みおよび嗜好を探すことによって満たされる。供給戦略も，企業からの価値ある提案で顧客ニーズを最大に満たすことができるセグメントに経営資源を重点的に投入することが重要である。セグメンテーション分析が適切に実行された場合，これらの対象セグメントは企業が提供する優れた価値提案に対して高い値段を払う。それとは違う一連の経営資源を使用するライバル（競合）企業は，そのレベルの顧客価値を提供できないので，対象セグメントに対するロイヤルティも高くなる。このようにして競争優位の二つの条件，つまり永続的でかつ優れた財務成績が，セグメンテーション理論によって満たされる。**図12.1**は，企業の経営資源と顧客価値が強く合致した場合に約束される競争優位を示している。

この最適なシナリオに対し二つの警告がある。まず企業は道理にかなった"おとり商品"が存在することに注意しなければならない。つまり収益の上がらない活動が，対象となるセグメントに価値を提供するために，大きな活動の一部になることがある。例えば，自動車販売店では，あまり収益のない新車販売でも，新車販売に必ず付随する，非常に収益の上がるサービス，メンテナンスおよび修理に効果的につながっていく。2番目に，セグメンテーション戦略はダイナミックな前後関係の中で設定されなければならない。継続的に顧客価値分析を行うことによって，セグメンテーション戦略によって確保した最初の競争優位を維持してゆかなければならない。つまり企業はつねに顧客価値が変化する可能性，経営資源の価値が低下する可能性，ライバル企業が提供するものの相対価値が上昇する可能性に注意しなければならない。

もちろん，セグメンテーションがなぜ戦略的意義を持つかという一般的主張には，市場の状況を判断するために，セグメンテーションを通じて競争優位を実現する可能性を拡大する，より堅固な分析が必要とされる。有効な成長戦略および多角化戦略は，範囲の経済を前提としている。DavisとDevinney（1997）はこの点に関して**図12.2**に要約される内容で洞察に富んだ分析をしている。

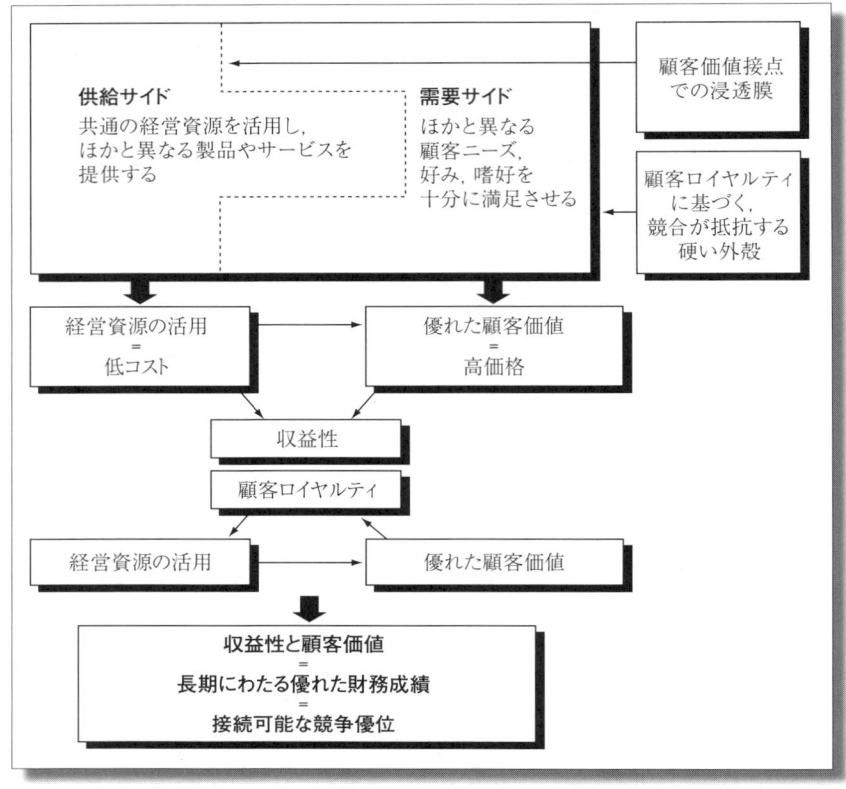

図 12.1 セグメンテーション分析の戦略的ロジック

図12.2からもわかるように，顧客価値が価格よりも好みや嗜好をより重視する市場，複数の顧客グループが存在する市場，そのなかで規模の経済よりも範囲の経済および集中の経済のほうが支配的である市場においては，セグメンテーション戦略は実行可能である。このような市場では，顧客セグメンテーションに基づく成長戦略および多角化戦略は，強力で差別化された競争ポジションを通して，利益ある成長を実現できる。

利益になる顧客を探すことが，企業の成長を促進し，多角化へ向かわせる。Ansoff（1957）が提唱して以来，企業は成長のためにつぎの四つの基本的な戦略を持っている。

1. 市場浸透
2. 製品開発
3. 市場拡大
4. 多角化

これらの戦略のうちどれが利益ある成長へつながるかを判断するために，セグメンテーションは最良の分析ツールである。最も利益を上げることができる戦略は，企業独自の製品およびサービスに最高の相対価値を与える顧客セグメントをターゲットとすることである。

条件1
前提：セグメンテーションはつぎの場合に戦略的に意義のあるものとなる。
・市場内の消費者が，価格感受性を上回る異なる異質なニーズ，好みおよび嗜好を持っている。

自社が提供する顧客価値		ライバル企業が提供する顧客価値
顧客価値 = $V_A(X) - P_X$ ここで A = 顧客グループ 　　　　X = 企業の製品特性 　　　　P_X = 企業の製品価格	対	顧客価値 = $V_A(Y) - P_Y$ ここで A = 顧客グループ 　　　　Y = ライバル企業の製品特性 　　　　P_X = ライバル企業の製品価格

Y < X であり，$P_Y < P_X$（つまり，製品Yは劣ってもいるが価格も低い）であるので，ライバル企業が提供する顧客価値が自社が提供する顧客価値を上回った場合，顧客は製品Yを購入する。
つまり $V_A(Y) - P_Y > Y_A(X) - P_X$
また逆に同じ条件下のとき，企業の優れた製品の特性が低価格の製品Yの価値を上回る場合，消費者は製品Xを購入する。
つまり $V_A(X) - P_X > Y_A(Y) - P_Y$

条件2
前提：セグメンテーションはつぎの場合に戦略的に意義のあるものとなる。
・異なる好みおよび嗜好を持った顧客グループが存在する。
・規模の経済よりも，範囲の経済および集中が市場を支配している。

ロジック：
仮定：顧客グループAは製品Xを好む。
　　　顧客グループBは製品Yを好む。
しかし各顧客グループの嗜好は各製品の相対的価格に影響される。セグメンテーション戦略が意味を持つのは，つぎのときである。
　つまり

$$V_A(X) - V_A(Y) > P_X - P_Y \text{ および } V_B(Y) - V_B(X) > P_Y - P_X$$

このシナリオの場合，企業は顧客グループAを獲得するために $P_X = V_A(X)$ で価格を設定をし，ライバル企業は顧客グループBを獲得するために $P_Y = V_B(Y)$ で価格設定をする。これは市場がつぎの二つの状況の場合のみ実行可能である。
・集中の経済が支配的：範囲が狭いことの効率性から，特化している企業は顧客の切り替え価格の基準値以下で顧客に高価値を提供することができる。
　（例えば $V_A(X) - V_A(Y) > P_X - P_Y$）
・範囲の経済が支配的：複数のセグメントを対象としているための相乗作用から，企業は顧客の切り替え価格の基準値以下で顧客に高価値を提供することができる。
　（例えば $V_A(X) - V_A(Y) > P_X - P_Y$）
規模の経済が支配的な市場では，顧客の差別化価値の基準値以下にコストを下げることができるメーカが一部ある。例えば，$V_A(X) - V_A(Y) < P_X - P_Y$ となるようにライバル企業が（規模の経済によって）コストを下げることができるとき，顧客グループAは製品Yに移行する。このようなマーケットでは，セグメンテーションは意味がない。

図 12.2 市場セグメンテーション分析の経済的ロジック （Source: Adapted from *The Essence of Corporate Strategy: Theory for Modern Decision Making*, by J. Davis and T. Devinney, 1997, St. Leonards, Australia: Allen & Unwin.）

これらの顧客グループは最高の値段を進んで払い，ライバル企業の提供するものへの移行に対して，影響を受けにくい。

　図 **12.3** の Ansoff のマトリックスが示すとおり，各戦略がターゲットとするセグメントが異なる顧客価値を認識していても，独特の価値は，その企業に固有な，同じ中核的経営資源によって推進されなければならない。これ以外の前提に基づく成長および多角化では，利益ある成長は望めないし競争優位も確保できない。つまり，成長および多角化の選択肢に対し，肯定するのと同様に否定することも重要である。セグメンテーションでは，利益あるセグメントにターゲットを絞ることと，ほかはすべて無視することの間の戦略上のトレードオフを熟慮することで意思決定の枠組みが提供される。

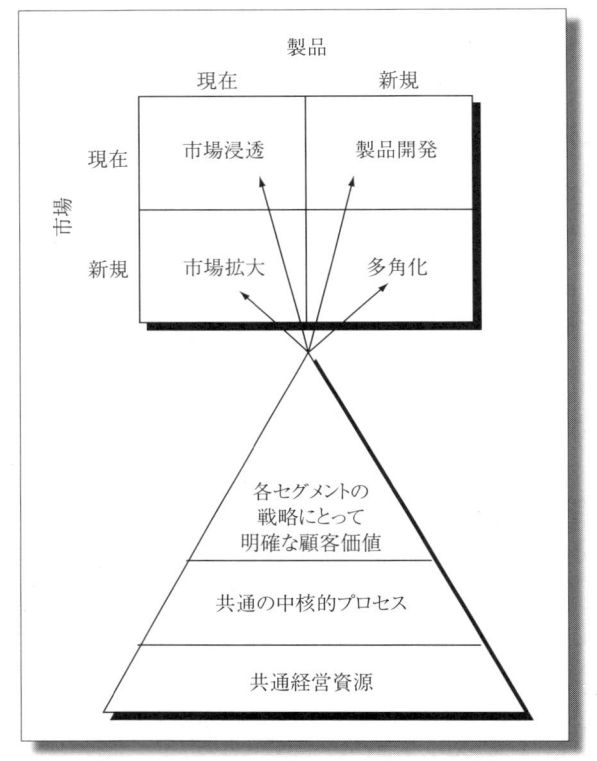

図 12.3 セグメンテーションを通じての戦略的成長
（Source: Matrix in upper half of figure is adapted from Ansoff, 1957）

　1980 年代後半，市場セグメンテーションはニッチマーケティングに発展し，それによって顧客セグメントはより細かな特徴に細分化された。この発展の究極の姿は，伝統的な市場セグメンテーション戦略の基礎となる多くの前提に現在でも挑んでいるマスカスタマイゼーションのコンセプトである。

12. 顧客セグメンテーション分析

　マスカスタマイゼーションは，情報革命がもたらした最も革新的な考え方の一つである。コンピュータ支援設計および製造（CAD/CAM）などの新技術は，規模の経済と範囲の経済の間の伝統的トレードオフをあいまいにしている。これらを使用し柔軟に製造できるようになったことで，企業は大量生産を実現しながら，さらに個々の顧客の仕様に合わせ，各単位をカスタマイズできるようになった。さらに情報技術によって，サービスも個々の顧客に合わせて提供することが可能となった。以前は差別化，生産量，品質，そして低コスト間に明確なトレードオフが存在していたが，現在ではこれらの生産の関数は同時に達成されるようになった。

　マスカスタマイゼーションの例が，日本のモジュール形式の住宅である（Davis, 1989）。住宅購入者は，自分の住宅を数時間で設計することができる。それぞれの仕様ごとにコンピュータプログラムが工程のスケジュールや必要な材料などに関するすべてのプランを自動的に変更することができる。その後，プランは電子的に工場に送られ，30日から60日で完全なカスタマイズによるデッキと温室を備えた2階建て3寝室の住宅が，リーズナブルなコストで建築できる。これは以前であればまったく不可能なことであり，驚くべき成果である。この種のマスカスタマイゼーションは，われわれの経済のあらゆる局面で広がる傾向にある。

　興味深いことだが，マスカスタマイゼーションは，直線的に発展したものとみなすべきではなく，むしろマーケティングのコンセプトをまっとうなものに回帰させた，円を描く進化とみなすことができる。産業革命以前，小さな商店はそれぞれの顧客に対して個別の販売とサービスを行ってきた。それぞれの顧客の馬に合った馬蹄を作っていた蹄鉄工のことを考えてみる。その後，産業革命の中で規模の経済を前提とする大量生産が，それに付随するマスマーケティング理論を促進させた。セグメンテーションのコンセプトは，市場が同質であるという考えを拒否することで，限られた技術によって生まれた理論の呪縛に挑んだ。現在，皮肉なことに技術は，セグメンテーションという確立されたマーケティング理論に挑戦している。市場は異質な顧客グループにより構成されているとみなすのではなく，市場はいまや個体とみなすことができる。つまり，多くの市場において，セグメンテーションのレベルは一人を対象とする市場に線引きされてきた。市場シェアやセグメントシェアではなく，今日ふさわしい測定単位は，個々の消費者，すなわち一人を対象とする市場である。

　セグメンテーション理論のこうした発展が，戦略的に意味することはたくさんある。伝統的なセグメンテーションの規範は，市場内の利益が上がる市場を狙おうとしていた。しかし今日，マスカスタマイゼーションを実行する企業は，比較的明確なセグメントをターゲットとするのではなく，個々の消費者の間の固有の差異に合わせ，提供物を調整することができる。セグメンテーション分析は，マスマーケティングの平均的な提供物と，種々のセグメントのためのより洗練された平均的な提供物との間のギャップを埋めるものとして発展したこ

とを思い出してほしい。マスカスタマイゼーションを通じて顧客価値を提供する機会は，いまやセグメンテーション手法によって作られたギャップと，セグメント内のおのおのの顧客が本当に必要とするか欲するものの中に存在する。GilmoreとPine（1997）はこのギャップを「顧客犠牲ギャップ」と呼び，これらのギャップの本質に関する詳細な知識に基づいてマスカスタマイゼーション戦略を追求するために，四つの戦略を提唱している。**図 12.4**の上部にマスカスタマイゼーションへの四つのアプローチを図示している。このマトリックスの下の表には，いつ各戦略を使用すべきかについての手引きが記述されている。

より広い視点から見ると，マスカスタマイゼーションはセグメンテーション理論の妥当性

		変える	製品 変えない
		透明戦略	協調戦略
		適応戦略	外装戦略
		変えない	変える
		提示	

戦略	説明	使用時期	例
協調	正確な仕様を設計するため，顧客から明示的なインプットを受ける。	顧客は多くの選択肢が提示されるとき，ニーズを正確に説明できなかったり，それに煩わされたくない。	Custom Foot は，ディジタルフットイメージャ，フィッタの手による測定，顧客との会話によって，ぴったり合うことを保証したカスタムメイドのイタリア製シューズを作っている。
適応	消費者がカスタマイズできる標準品	製品をどのように適用するかによって，顧客は製品を違ったように使用する。	Lutron Electronics Company は，プログラム可能な照明装置を製造している。
外装	製品は標準化されたものだが，デリバリーをカスタマイズしている。	顧客は同じように適用するが，それから受ける利益を違ったように知覚する。	Planters Company は，小売業の異なる用途に合わせ，ピーナッツ製品のパッケージをカスタマイズできる。
透明	製品はカスタマイズされるが，顧客はその独自性を完全には知っていない。	繰り返し同じニーズを持っているが，製品を使用するたびに，この同じニーズを明記したくない。	Ritz Carlton ホテルチェーンには，ゲストのデータベースがあり，滞在するたびにカスタマイズの程度を高めたサービスを提供できるようにしている。

図 12.4 マスカスタマイゼーション（Source: Reprinted by permission of *Harvard Business Review*, (The Four Approaches to Customization). From "The Four Faces of Customization," by J. H. Gilmore and J. Pine: II, Jan./Feb. 1997. Copyright 1997 by the President and Fellows of Harvard College; all rights reserved.）

に挑むのではなく，むしろまだ十分に進展していないといえる。この観点からは，マスカスタマイゼーションはセグメンテーションの究極的な結論と見ることができる。しかし，セグメンテーションがマーケティング戦略理論の最終的な成果と見られていたのと同様に，技術は再びマスカスタマイゼーションのコンセプトさえも拡大しつつある。いまでは，一人一人の顧客に複数のセグメントが存在すると見られている。つまり，一人の顧客は異なる市場に，異なるときに，そして異なる場所にいる（Gilmore and Pine, 1997）。彼らは，商談のための往路の飛行機ではソーダを頼み，復路ではアルコール飲料を注文する飛行機の旅客の例を挙げている。マーケッタのつぎの挑戦は，個々の顧客に存在する複数のセグメントを首尾よくターゲットとすることである。

12.3 強みと利点

競争優位への効率的，効果的ルート

一般的な比喩としては，ショットガンで場当たり的に攻撃をするかのような伝統的マスマーケティングと，ライフルで獲物の心臓を正確に撃つかのようなセグメンテーション分析とを比較するものである。企業の経営資源が生み出す価値に最も魅了されるセグメントに正確にマッチングさせることにより，企業は経営資源の獲得／アップグレードおよび販促費への投資を最小限にしながら，効果的なマーケティング戦略を達成することができる。さらに，この新たな成長は，顧客価値の密接な相対的満足から構成されていることで，競争相手の囲い込みから守られるであろう。

マーケティング志向になるためのツール

企業は，セグメンテーション分析によって合理的な市場志向になれる。製品を作ってからそれを販売しようとしたり，同質なマーケティング戦略で同質な市場をターゲットとするのではなく，企業に顧客価値を識別させ，次いで顧客のニーズを満足させるための最適なマーケティング戦略および製品戦略を構築させる。

CIプロセスを効果的に補完するもの

セグメンテーション分析の重要な構成要素に，企業の製品またはサービスが，競争相手のそれにどのように匹敵するかを探るための競争分析がある。同様に，セグメンテーションは，このプロセスの中で市場の変化を発見することができるので，早期警戒システムの強化につながる。

新製品開発の弾み

セグメンテーションに含まれるニーズ分析を通じて未充足ニーズを発見することは，しばしば新製品を開発する機会の発見につながる。リードユーザを識別することによって，社内で生み出すことができるものよりも，かなり価値の高い設計情報を得ることができる。

柔　軟　性

セグメンテーション分析は，検討中の将来の成長戦略の評価だけでなく，現在の戦略の評価にも同様に応用することが重要である。さらに，セグメンテーション分析は，マーケティング戦略の構成要素である製品，コスト，流通チャンネル，広告・販促，そして人材の戦術的マネジメントのための優れた手引きとなる。

12.4　弱みと限界

セグメンテーションではセグメントの総合的なプロフィールしかわからない

この分析方法は強固なものではあるが，セグメンテーションがいろいろな要素からなっていることによって制約されるということを理解しなければならない。例えば顧客の特質に基づいた予測を行っても，セグメンテーション分析では識別できなかった，より影響力のある行動上の要因が影響したために売上げにつながらない場合がある。

マスカスタマイゼーションへの適応性

ますます複雑になってきている市場と顧客セグメントの急増が，セグメンテーションをいっそう困難にしている。さらに，広範囲に広がっているマスカスタマイゼーションの可能性は，セグメンテーションの妥当性について問題提起しつづけるであろう。マスカスタマイゼーションの強い支持者は，この発展がセグメンテーションを陳腐化させたと主張する。

セグメンテーションは戦略パズルの1ピースでしかない

企業のセグメンテーション分析がどれほど明確に考察され遂行されたとしても，戦略的になんの利益も得られない場合がある。マーケティング戦略の5Pからのサポートとともに，適切かつ総合的な戦略が依然として必要である。さらに，効果的に実施するには，トップマネジメントが正しいマーケティングに賛同することが不可欠である。

12.5 テクニック適用のためのプロセス

　顧客セグメンテーションのプロセスは体系的に見えるが，各段階においてかなりの創造的な考え方が必要とされる．顧客セグメンテーション分析を実施している間は，水平思考で行うことが推奨される．

　顧客セグメンテーション分析は，つぎの三つの基本的な段階を含む分析の枠組みとみなされる．(1) セグメンテーション (2) ターゲッティング (3) 戦略的ポジショニング

ステップ1：セグメンテーション

　市場をセグメントする方法は多数あるため，セグメンテーションの目的を概括することが，分析を正しく位置づける助けとなる．セグメンテーション分析の目的は，セグメント間で異なり，そしてセグメント内で類似する顧客グループを識別することである．この目的のために，つぎのリストから各セグメンテーションカテゴリーの中のいくつかの異なる種類の変数を選択することが助けとなる．これらのリストはけっしてすべてを網羅したものではなく，一般的な手引きおよび出発点として提示されている．

消費者市場のセグメンテーション基準

顧客の特性性質 ―「だれがなにを購入するか」を問うユーザを基準としたアプローチ	
デモグラフィック変数 　年齢 　家族のサイズ 　配偶者の有無 　性別	社会経済的変数 　収入 　階層 　職業 　教育 　宗教 　民族性
地理的変数 　グローバル，半球，国，州，市，郵便番号 　天候 　田舎 VS 都会	ライフスタイル / 性格 　態度 / 意見 　興味 　職業 　好みと嗜好

製品に関連したアプローチ—「なぜ彼らは購入するのか」を問う行動上のアプローチ	
ユーザの種類 　レギュラーユーザ 　非ユーザ 　最初のユーザ 　潜在的ユーザ	価格感受性 　低コスト志向 　高コスト・高品質／差別化
消費パターン／使用頻度 　低 　中 　高	知覚される利益 　業績 　品質 　イメージアップ 　サービス
ブランドロイヤルティ 　忠実／満足 　実験者 　不満足／離反者 　認知なし	応用 　購入機会／購買状況 　メディアへの露出

　消費者市場と業界市場を区別することは重要である。業界市場は，さまざまな点で消費者市場とは相当に異なる。地域がかなり広い，一回の購入が大量ではあるが回数が少ない，組織の購入意思決定は個人の購入意思決定よりも複雑，個人レベルでの販促が重要であるなどがその例である。これらの違いにより，業界市場のセグメンテーションには異なる変数が必要である。

業界市場のセグメンテーション基準

顧客の特性—「だれがなにを購入するのか」を問うユーザを基準とするアプローチ	
業界の種類：例，SIC コード 地理的 業界のポジション	企業の規模 採用している技術

製品に関連するアプローチ—「なぜ彼らは購入するのか」を問う行動上のアプローチ	
消費パターン／使用頻度 最終ユーザの用途 知覚される利益 購入量	売り手／買い手の関係 買い手のサイコデモグラフィックス 購買方針

　通常，消費者市場のセグメンテーションの基準は，製品に関連する行動上のアプローチにより焦点を絞り込む。また，業界市場のセグメンテーション基準は，ユーザを基準とする顧客の特性上のアプローチにより密接に前提を置いている。一般的に，ユーザを基準とする分

析は，より使用しやすく，実行にかかる費用が少なく済むが，洞察に欠ける。逆に製品を基準とした分析は，しばしば困難で，実行するのにコストがかかるが，より洞察に富む。各アプローチがもたらす相対的メリットが決定的でない以上，いずれの方法もユニークな洞察を得ることができるので，両方のアプローチとも適時使用するのが最善である。

セグメンテーション分析の基礎となる重要な基準を選択したあと，セグメント内で相対的に同質で，かつセグメント間で異質なセグメントを特定するための探索が始まる。これらの基準を満たすセグメントを識別するのに，統計分析やより定性的な分析を含め，多数のツールおよびテクニックが使用できる。

- **定量的手法**　回帰分析，要因分析，クラスタ分析など，多くの統計分析ツールがある。
- **定性的手法**　消費者調査，交流分析，リードユーザ分析，現在の顧客との対話，特性要因図，ブレインストーミング，セグメントツリーなど。

セグメンテーションの基礎となる基準は多数あり，考えられる組み合わせは膨大なものとなるため，絞り込むプロセスは非常に繰り返しが多くなる。市場調査の教科書には，これらの技法が詳しく解説されている。

ステップ2：ターゲッティング

見込みのあるセグメントが絞り込まれたら，さらに分析をすすめるために特定のセグメントを選択する必要がある。そのセグメントが適しているかどうかを決定するために，4Rテストが四つの質問を投げかける。

a. **R1 ― 市場を評価（Rating）する**：　セグメントは定量および定性評価を施すことができるか。

b. **R2 ― 現実的（Realistic）な規模か**：　セグメントは実行可能なセグメント戦略を支えるだけ十分に大きいか。

c. **R3 ― リーチ（Reach）**：　セグメントは実行可能なコミュニケーション戦略によって到達可能か。

d. **R4 ― 反応（Responsiveness）**：　セグメントはマーケティングコミュニケーション戦略および製品提供に反応するか。

4Rテストは明らかに実行不能なセグメントを排除するためのおおまかなドラフトである。しかし複数のセグメントが4Rテストをパスする。この時点でおのおののセグメントは，より詳細な分析をパスしなければならないが，それらの分析の多くは本書のほかの章で説明されている。競合のプロファイリング，戦略グループ分析などのツールや技法を含む競争分析がその一つだ。また，ほかにSTEEP分析，SWOT分析，業界構造分析などの外部分析がある。

各セグメントが競争分析および外部分析の観点からフィルタにかけられたあと，内部をしっかりと精査する必要がある。これは，セグメンテーションの戦略的な目的，つまり企業の経営資源をセグメントが知覚する顧客価値とマッチさせることを直接的に扱うので，一連のプロセスの中で最も重要な局面である。各セグメントのニーズ，ウォンツ，欲求と，企業の強みとの間の最も密接な適合を探すプロセスは，顧客価値分析などの技法を使用することで実現できる。この分析から，各セグメントの顧客はなにを重視しているのかが洗練された形で定義される。13章では，品質および価格プロフィール，バリューマップなど，詳細な分析を行うためのツールおよび技法を紹介している。また，各セグメントの顧客価値をサポートするのに必要な経営資源を決定するための内部経営資源分析もある。ここでは機能別能力および経営資源分析，そして価値連鎖分析が内部精査を行うための有用なツールとなる。

顧客価値分析と内部経営資源分析の間で最も強く適合したセグメントを選択する。企業が優れた価値あるポジションを提供できるよう，選択に際しては競争分析および外部分析を考慮に入れる必要がある。セグメントの魅力度とビジネスの強みを比較するマトリックス上で，おのおののセグメントを比較することによって分析をまとめるアプローチもある。

ターゲッティングのプロセスの最後の段階は，各ターゲットセグメントの収益性を判断するための厳格な財務テストに選択されたセグメントをかけることである。単に市場機会が存在しているか，あるいは企業がその機会を有利に満たすことができるということだけでは，収益性は保証されない。各セグメントの生涯価値がそのセグメントのマーケティングコストを上回った場合のみ，収益性がでてくる。また，収益性は企業の経営資源と顧客価値との間に適合性が実際に存在するかどうかを直接テストするものである。このアプローチのフォーマットはつぎのとおりである。

顧客獲得のコスト

- 選択したセグメントに初めて販売するコストを算出する。
- 初めての販売から得られる利益マージンを算出する。

生涯価値の算出

予想される年間のマーケティングコスト×予想される年間の反応率
×粗利益×現在の価値要素−獲得にかかったコスト＝生涯価値

熟年マーケットのセグメンテーション ― シニアのスポーツクラブ

50歳以上の熟年マーケットが，ますます魅力的な市場セグメントになってきている。ここで，この文章の矛盾にお気づきだろうか。この市場を単一セグメントと表現するこ

とは，マーケティング担当者が自ら危険を犯して何年間も固定観念を持ってきたことを意味する．実際，熟年市場には多数の明白なセグメントが存在し，そのセグメントを特定できたマーケッタはユニークな機会を見いだすことができる．これを実現するにはセグメンテーション分析が有用なツールとなる．スポーツセンター施設のマーケティング戦略に関連して，熟年市場をセグメンテーションした1999年の英国の研究からこの有用性がわかる．

セグメンテーションの第一の階層では，この市場が年齢で細分化されるという仮説が否定される．今日の高齢者の寿命と健康を考えた場合，より適切なセグメンテーション変数は健康と社会的な自立である．当初のセグメンテーションでは，つぎの四つのセグメントが定義される．

若い高齢者
・定年前，健康上の制約はない．
・自立している，レジャーに費やす時間に制限がある．
新しい高齢者
・最近定年になった，健康上の制約はほとんどなし
・自立している，かなりレジャーに費やす時間がある．
中程度の高齢者
・若干健康上の制約がある．
・ある程度支援を必要とする，かなりレジャーに費やす時間がある．
非常に高齢
・かなり健康上の制約がある．
・かなり支援を必要とする，かなりレジャーに費やす時間がある．

新しい高齢者が，スポーツ施設の最大の対象セグメントとして選択された．さらに実像を把握するため，可処分所得の変数を導入することが検討された．

消費者A
・可処分所得がかなりある，健康状態良好
・社会的な支援／スポーツ活動からの市場交流がかなり必要
消費者B
・可処分所得は少ない，健康状態良好
・社会的な支援／スポーツ活動からの市場交流がかなり必要
消費者C
・可処分所得がかなりある，健康状態良好
・スポーツ活動からの社会的交流はあまり必要でない．
消費者D
・可処分所得は少ない，健康状態良好
・社会的な支援／スポーツ活動からの市場交流はほとんど必要としない．

熟年市場を同質なものとみなすことは，企業が非常に有望な市場のポジショニング戦略に気づかなくなってしまうということがわかる．特に，消費者AとBは，新しい高齢者市場の中で最も利益の上がるニッチ市場として焦点を絞られた．両グループのプロ

フィールは，健康，レジャーに費やす時間，独立性，高レベルな社会的交流の傾向という点で類似ている。二つのグループ間の唯一の違いは，差別化された価値の提供の基礎となりうる相対的な裕福さである。消費者Aは高級会員制クラブの主要な候補者となるだろう。また，消費者BはYMCAなどのような使用者負担の公共施設に敏感に反応するだろう。

　リレーションシップマーケティングが重要な競争の前提になってきつつあることを考え，さらに熟年市場のモチベーション面を基本としたセグメンテーション分析が行われた。

	モチベーション	
	内因性	外因性
裕福/社会的サポートの必要性が高い	"楽しむ人" 楽しみ中心 集団活動 スタッフによる指示 顧客配慮/顧客関係 高品質な施設	"健康を求める人" 健康促進 健康維持 医師の紹介 スタッフによる指示 顧客配慮/顧客関係 ボランティアコーチング 高品質な施設
裕福/社会的サポートの必要性が低い	"裕福な人" 個人的活動 自主的 スタッフの関与が少ない 高品質な施設	"裕福な健康を求める人" 健康促進 医師の紹介 自主的 スタッフによる関与が少ない 高品質な施設
裕福でない/社会的サポートの必要性が高い	"親しみやすい人" ディスカウント スタッフによる指示 楽しみ中心 集団活動 顧客配慮/顧客関係	"指示される人" ディスカウント 健康促進 健康維持 医師の紹介 スタッフによる指示 顧客配慮/顧客関係 ボランティアコーチング
裕福でない/社会的サポートの必要性が低い	"自立した人" ディスカウント 自主的 スタッフによる関与が少ない 楽しみ中心	"間接的に指示される人" ディスカウント 健康促進 健康維持 開業医の紹介 自主的 スタッフによる関与が少ない

　最後に示した一連のセグメンテーションにより，可能なプロダクトマーケティング戦略へのさらなる洞察が明らかになった。例えば，楽しく，社交的で，高品質および健康

的な活動（例 ラインダンス）は，"楽しむ人"，"健康を求める人"，"親しみやすい人"，"指示される人"など，異なるモチベーションを持ったいくつかのグループをひきつける。同様にお金のかかる個人的活動（例 フライフィッシング）は，"裕福な人"および"健康を求める人"をひきつける。

さらに重要なことは，リレーションシップマーケティング戦略の前後関係において，各セグメントのモチベーションは戦略上非常に重要である。社会的交流とスタッフの関与の重要性を考えた場合，これらの市場で成功するには，人的資源と教育が重要である。スポーツセンターのスタッフは顧客に価値を提供するための主要な構成要素である。

セグメンテーション分析の妥当性を確認するための実例を紹介しておく。イギリスのMoore Hallのヘルスクラブは熟年市場に的を絞り大成功を収めていた。ヘルスクラブ市場は，オープンしたかと思うとすぐに閉鎖されてしまうケースが多いことで知られていたが，Moor Hallは会員になるためのキャンセル待ちが多く，顧客維持率が76％であった。効率的なセグメンテーションから，その成功の要因を知ることができる。

セグメンテーション考察	Moor Hallが提供する価値
多くのメンバーは"楽しむ人"と"健康を求める人"のモチベーションを持つセグメントに属する。	グループで行うスポーツ活動が多数ある。メンバーがスポーツと社会活動の計画立案に参加できる。
多くのメンバーは"裕福な人"と"裕福な健康を求める人"のモチベーションを持つセグメントに属する。	個人で参加できる活動も多数ある。
スタッフとの交流	スタッフは選抜されており，顧客サービス，さまざまなセグメントの心理的なニーズにおいて十分に訓練を受けている。ファーストネームで呼ぶ。暖かく，フレンドリーで柔軟性のあるスタッフ
医師の紹介	骨粗しょう症などの健康状態のためにスタッフがスポーツセラピーの教育を受けている。
質の高い施設	高品質の設備 樹木で覆われた田園の魅力的な環境にある。

Moor Hallにとってこのセグメンテーションは創発的な戦略であったにもかかわらず，彼らがそれから得た利益は明白である。セグメンテーション戦略のない競争相手はやみくもにもがいている。そんな企業に，熟年市場を明白にターゲットとしたかと質問したとき，そんな考えはおろかなことだと即座に片付けた答えが多かった。そうではなく彼らは，従来どおりの若者市場を積極的にターゲットとしている，そして熟年者が多いと，ターゲットセグメントのイメージを崩すと答えた。この地域の人口の38％が高齢者と

いう金脈であることを考えると，Moor Hallsの会員になるために長いキャンセル待ちができていることは驚きに値するものではない。

Source: Reprinted frmo *Long Range Planning*, Vol. 32 No. 2, M. Carrigan, "'Old Spice'—Developing Successful Relationships with the Grey Market," pages 253-262, Copyright 1999, with permission of Elsevir Science.

ステップ3：戦略的ポジショニング

このステップは，競争相手が提供するものに対し，自社製品またはサービスをどのように戦略的にポジショニングするかにかかわっている。この分析はマーケティングミックスの4Pをどのようにマネージすれば最善かについて，多くの洞察を提供する。13章では，コンジョイント（結合）分析，コンペティタマップ，パフォーマンスマトリックスを含む，戦略的ポジショニングを分析するための手法をいくつか紹介する。

4Pは基本的には，戦略的なポジショニングを実現するための戦略である。

1. Product（製品）：顧客価値が埋め込まれたもの
2. Price（コスト）：高い，低い，同一
3. Promotion（プロモーション）：宣伝，人的販売
4. Place（場所）：流通チャンネルの管理

サービスが特に顧客価値の重要な要素である場合，5番目のP，つまり「People（人）」がこれに加わる。4Pを取り巻く財務上のパラメータは，生涯価値を評価するのに使用したものと同じでなければならない。

FAROUTのまとめ

	1	2	3	4	5
F					
A					
R					
O					
U					
T					

未来志向性　　低から中。顧客価値の定義の変化，企業の経営資源の陳腐化，競争相手がより優れたものを提供することによる権利侵害などの可能性が高くなるために一定の限界が

ある。セグメンテーション分析を補完するものとして，継続的に顧客価値に焦点を置く必要がある。

正　確　性　　中。(1) 正しいセグメンテーション基準の選択，(2) 顧客価値との正確な関係の決定に依存している。

経営資源効率性　　低から中。データ収集および分析に時間がかかってしまう場合がある。また，さまざまな方法論における分析のための知識と技能は高度に専門的である。

客　観　性　　中。セグメンテーション基準の選択には盲点がつきまとう。セグメンテーションを繰り返すプロセスでもまた盲点が浮き彫りになる。

有　用　性　　高。顧客に関する知識の増大は非常に貴重で，競争優位にとって戦略的に適切である。

適　時　性　　低。セグメンテーション分析は，実行するまでに綿密な計画とリードタイムが必要である。

関連するツールとテクニック

- 比較原価分析
- 競争相手のプロファイリング
- 職務能力と経営資源分析
- 業界分析
- SWOT 分析
- ベンチマーキング
- 顧客価値分析
- GE ビジネススクリーン
- STEEP 分析
- 価値連鎖分析

参　考　文　献

Aaker, D. A. (1998). *Strategic market management*. New York: John Wiley & Sons.

Ansoff, H. (1957). "Strategies for diversification." *Harvard Business Review*, September/October, Vol 35, No. 5. 113-124.

Carrigan, M. (1999). " 'Old Spice'—Developing successful relationships with the grey market." *Long Range Planning, 32*(2), April, 253-262.

Chamberlain, E. H. (1965). *The theory of monopolistic competition*. Cambridge, MA: Irwin. (Reprint of original 1933 manuscript.)

Croft, M. J. (1994). *Market segmentation*. London: Routledge.

Davis, S. M. (1989). "From 'future perfect': Mass customizing." *Planning Review, 17*(2), 16-21.

Davis, J., & Devinney, T. (1997). *The essence of corporate strategy: Theory for modern decision making*. St Leonards, Australia: Allen & Unwin.

Datta, Y. (1996). "Marketing segmentation: An integrated framework." *Long Range Planning*, *29*(6), 797-811.

Disckson, P. R., & Ginter, J. L. (1987). "Market segmentation, product differentiation, and marketing strategy," *Journal of Marketing*, *51*(2), 1-10.

Duboff, R. S. (1992). "Segmenting your market: Marketing to maximize profitability." *The Journal of Business Strategy*, *13*(6), 10-13.

Gilmore, J. H., & Pine, J. II. (1997). "The four faces of customization." *Harvard Business Review*, *75*(1), 91-101.

Ries, A. (1992). "Segmenting your market: The discipline of the narrow focus." *The Journal of Business Strategy*, *13*(6), 3-9.

Shaw, Arch W. (1912). "Some problems in market distribution." *Quarterly Journal of Economics*, August, 703-765.

Shapiro, B. P., & Bonoma, T. V. (1984). "How to segment industrial markets." *Harvard Business Review*, *62*(3), 104-110.

Smith, W. R. (1956). "Product differentiation and market segmentation as alternative marketing strategies." 3-8. (Reprinted in *Marketing Management*, 1995, Winter, *4*(3), 63-68.)

Weber, A. (1996). "Using lifetime value to prospect." *Target Marketing*, *19*(4), 20-22.

Weinstein, A. (1987). *Market segmentation: Using demographics, psychographics, and other segmentation techniques to uncover and exploit new markets.* Chicago, IL: Probus Publishing.

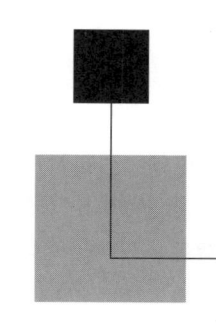

13. 顧客価値分析

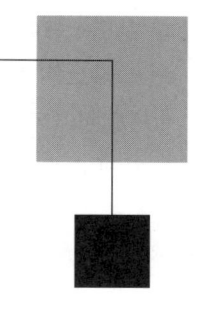

顧客価値分析（Customer Value Analysis）は，顧客，競争相手そして市場をより深く理解するためのいくつかのツールおよび技法からなっている。これは，おもにつぎの二つの目的で使用される。第一に，収益の上がる市場セグメントを選択するためには不可欠な要素として機能する。二番目に，顧客価値分析は企業の競争優位の基礎をモニタリングするために，セグメンテーションを選択したあとに継続的に使用される。

13.1 背　　　景

顧客価値分析は1947年に当時，GE の企画部に勤務していた Lawrence Miles によって開発された。のちにこのテーマについて影響力あるテキストを執筆した Miles は，顧客価値分析の最初の正式な定義をつぎのように明示している。「価値分析の哲学には，顧客のために製品の有用性および審美的機能を完全に維持することが内在している。顧客が要求している品質，安全，生命，信頼性，依存性，そして魅力的な特性をわずかでも損なうことなく，不必要なコストを識別そして排除することで価値を高めていかねばならない。プロの仕事では，必要な品質が低下することは許されない。有用性と審美的機能を達成するための代替物を開発する結果として，品質がしばしば向上するということが経験からわかる。」（Miles, 1972, Sprague に引用，1996）この新しい技法は，最初に GE の購買部に導入され，しだいに新製品の設計と既存製品の分析を行うために使用されるようになった。Miles のアプローチは，ビジネスプロセスリエンジニアリング（BPR）の観点から，静的な製品品質に焦点を限定していたにもかかわらず，顧客をビジネス哲学の中心に据えたものだったため，重要な新しいアイデアを意味した。

1950年代，学界でも市場志向の哲学が発展しだしたが，それは Miles の内部プロセスへの焦点よりもさらに広い領域を含んでいた。市場志向の枠組みとして，つぎの三つの主要な見解が最終的に展開された。

1. 現在および将来の顧客ニーズに関するマーケットインテリジェンスを組織全体で生成する。

2. 部門を横断してインテリジェンスを配布する。
3. 組織全体でそれに反応する。

　市場志向のアプローチは，長年無視されていたように見える。しかしそうではなく，その後の25年間の企業戦略はプッシュ経済に合わせられていた。つまり，まず新製品が開発および製造され，その後どのようにして製品を最も上手く販売できるかについて，一致した努力が向けられた。やがて多くの企業は，情報技術，ますます洗練された消費者，グローバル化，激しい国際競争などの結果，急速に形成されたプル経済においては，このアプローチは有効ではないことに気づき始めた。その結果，市場調査機能が前向きに検討される必要性があると考えられるようになった。不幸にも，悲惨なほど高い新製品の失敗率，既存製品が着実に弱体化する競争上のポジションから明らかのように，この展望が進展することはなかった。問題は，市場調査が企業戦略のほかの構成要素とほとんど統合されていなかったという事実にあった。新しいアイデアは，ほとんどマーケティング部門外で語られることがなかっただけでなく，マーケティングおよび営業スタッフだけによって生み出された。したがって，企業の需要志向は，企業の供給局面から切り離されていた。

　企業戦略の供給側だけに焦点を当てるべく，振り子を振り戻したのは，皮肉にも最もダイナミックな最初の戦略モデルを構築した日本であった。トータルクオリティーマネジメント（TQM）のパラダイムは，1970年に日本から吹き込んだ変化の強風であり，1980年代には西欧のマネジメント概念を席巻した。十分に意図したことではあるが，TQMが適応されたその現場の熱意は，企業にそれ自体すべてを焼き尽くすほどの目標として品質を追求させた。TQMアプローチのおもな問題は，品質が顧客満足の縮図であり，どのような犠牲を払っても追求すべき崇高な目標であるという暗黙の主張にあった。TQMを追求する企業は，製品品質を取り巻く内部のビジネスプロセスを改善することに取りつかれてしまい，そのプロセスで顧客が本当に必要としているものを無視してしまうことさえあった。消費者は，自分の目で見ることができる品質に対してのみお金を払うものだという現実を戦略家も理解してきた。

　顧客価値分析は，この明らかな異説を擁護するものであった。TQMの中核にある原理，すなわち製品品質を通じた顧客満足を，エンジニアリングあるいはオペレーション部門ではなく，顧客が定義する良心的で望ましい製品・サービス品質によって提供される顧客価値という，よりバランスのとれた観点で置き換えた。顧客価値分析とTQMとの間には多くの類似点があるが，これらの二つの概念は別々に発展してきた。顧客価値分析は1990年代半ばになって，それにふさわしいパラダイムとしてのポジションを獲得しだした。一方のモデルの強みが，もう片方のモデルの弱みを補完することで，二つのマネジメント哲学はおたがいに絡み合ってきた。例えばSprague（1996）は，TQMの継続的な改善のコンセプトは，顧

客価値分析が単発で使われがちな以前の傾向を補うものだと述べている。同様に，顧客価値の等式にコストおよびサービス品質が認識されていることは，TQM 遂行の偶然の見落としをうまく補完している。

顧客価値分析は，Miles の当初の業績，市場志向の原則，そして TQM の考えを統合した全体論的なマネジメント哲学に発展していった。同じように意義深いのは，顧客価値分析はこれらのもとになる考えを拡大し，つぎの三つの重要な概念を付け加えたことだ。それらは，すでに確立されている製品品質の原則を補完するサービス品質の概念，総顧客価値の等式に対するコストの概念，そして品質は企業ではなく顧客によって適切に定義されるという認識である。

今日，多くの企業は，顧客を獲得し維持するのに必要な市場志向を達成するための効果的な経路として，顧客価値分析の原則を受け入れている。

13.2 戦略的根拠と意味

顧客価値分析の戦略的根拠は非常に単純である。簡単にいうと，顧客価値は競争優位の最も重要な源泉だということだ。顧客セグメンテーションに関する 12 章では，この顧客価値と競争優位の関係について解説した。簡単にまとめると，企業が追求すべき最も利益を上げることができる戦略は，特定の価値におおいに魅力を感じるセグメントだけにその優れた顧客価値を提供するため，その経営資源を揃えるということである。この立場に立つと，収益性を上げるための四つの強力な源泉が得られる。第一に，顧客は優れた顧客価値に対して割り増しコストを払うということである。2 番目に，企業の既存の強みを梃子（レバレッジ）に，コスト効率のよい顧客価値を提供できる。3 番目に，収益を伴う市場シェアの拡大には，口コミ広告が最も安価でしかも価値のある方法である。最後に，当然ながら優れた顧客価値は，顧客の離反による企業の最も貴重な資産の流出から企業を守る。したがって顧客価値の提供が適切になされれば，優れた財務パフォーマンスを長期にわたって享受できる。これらは競争優位と企業戦略の根本的な目的という，二つの必要にして十分な条件である。

顧客価値分析を推進するこの論理は，強力な証拠によって支持されている。顧客価値の提供をめぐって，収益性と市場志向を持った企業との間を関係づけるいくつかの有力な研究がある。その一つに Strategic Planning Institute が行った The Profit Impact of Marketing Strategy Study（PIMS）の膨大な研究がある。この研究は 1970 年初頭より 3 000 以上の企業を追跡している。注目すべきことに，収益性を生む最も重要な要因は，競争相手が提供するものと比べて，より優れた品質の製品およびサービスであることがわかった（この詳細については Gale，1994 を参照）。ほかのいくつかの研究でも，市場志向を前提とした戦

略と組織の業績との間に，一貫した正の相関関係を見つけている。1990年に行われたある日用品と非日用品140社の研究では，市場志向と収益性の間に強い関連があることがわかった（Narver and Slater, 1990）。同様に1993年の452社の研究では，市場志向と，部門間での利害の衝突が少ないこと，組織のコミットメントがあること，社員に高いモチベーションがあることなど優れた組織上の業績との間に強い相関関係があることがわかっている（Jqworski and Kohli, 1993）。

相関関係が因果関係を証明するものではないが，Motorola, XeroxやToyota/Lexusなどとりわけ市場志向の企業の財務業績に関する事例を通じて得た証拠は，高い収益性が顧客価値のコンセプトと密接に調和していることを示唆している。

おそらく顧客価値の論理を支える最も強力な議論は，既存の顧客を維持することがつねに新しい顧客を獲得しようするよりも，収益につながるという事実である。伝統的マーケティング手法はしばしば，ライバル（競合）企業の顧客向けのディスカウント価格や販売促進によって新規顧客を獲得することに重点が置かれてきた。しかしこれらの顧客は，引き寄せるのにお金がかかるだけではなく，本質的にロイヤルティが低い傾向にある。その上，そうした販促プログラムはしばしば，企業の経営資源が提供できるものとは密接に合致しない価値観を持つ顧客を引き付けてしまう。そのため，これらの新規顧客のほとんどは長期的に見た場合，収益には結びつかないであろう。最終的にはこれらの新規顧客を満足させようとすると，企業のもとの顧客基盤を魅了した顧客価値を薄めることになるというトレードオフを伴う。顧客価値分析のコンセプトを無視する伝統的マーケティングは，企業の収益性に二つの脅威をもたらす。企業が引き寄せる新規顧客から収益を得ることはめったになく，これら新規顧客に供給しようとすると，しばしば収益の上がる既存の顧客基盤を遠ざけることになる。これはおきまりの利益なき成長につながってしまう。

このアプローチの欠点を，既存顧客に向けたマーケティングに顧客価値の焦点を置くことで，収益性が高まることと比較してほしい。図13.1は，顧客の維持が収益性に与える驚くべきインパクトを示す1990年の結果が示されている。

顧客のロイヤルティが収益性に与えるインパクトは多面的で，価格，コストおよび販売面によい影響を与えている。特に，いくつかのインパクトが経験的に認識された（Reichheld and Sasser, 1990; Birch, 1990; Naumann, 1995）。

1. **顧客維持がコストに与えるインパクト**　顧客を獲得しようとすると，相当なマーケティングコストがかかる（宣伝，プロモーションなど）。ロイヤルティの高い顧客は直接営業経費があまりかからず（より効率的な顧客サービス機能によって間接費と変動費が低く済む），また保証，返品，交換などの直接費が低く済む。ロイヤルティの高い顧客は，失った販売に関連する間接費が低く済み，また，好意的な口コミで宣伝できるた

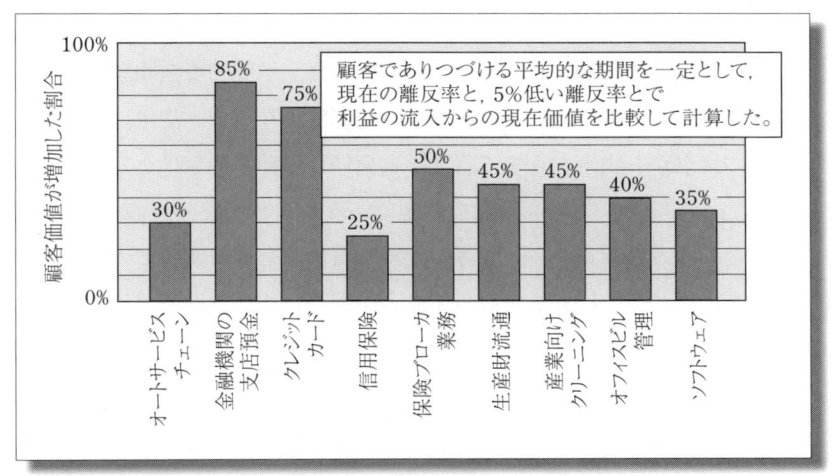

図 13.1 離反率を 5%減少させると利益を 25%から 85%増加させる （Source: Reprinted by permission of *Harvard Business Review,* (*Reducing Defections 5%, Boost Profits 25% to 85%*). From "Zero Defections: Quality Comes to Services," by F. F. Reichheld and W. E. Sasser Jr., Sept./Oct. 1990. Copyright 1990 by the President and Fellows of Harvard College; all right reserved.）

め，宣伝にかかる費用が相殺される。

2. **顧客維持が価格に与えるインパクト**　ロイヤルティの高い顧客は，その企業との取引の経験によって信頼できると感じた優れた価値に対して，より高い値段を払う。

3. **顧客維持の売上げに与えるインパクト**　ロイヤルティの高い顧客は，企業に対する信頼が増すに従い，長い間により多量の製品を買う傾向にある。ロイヤルティの高い顧客はまた，自分と同じようなプロフィールを持つ人にしばしば口コミで宣伝を行ってくれるため，販売を伸ばしてくれる。これによって収益の上がる顧客セグメンテーションの基盤を拡大する。

顧客ロイヤルティが収益に与えるこれらのインパクトの組み合わせは，顧客価値分析のコンセプトを強く支持する。顧客価値分析はマネージャに，組み込まれた製品品質とサービスをコストと考えるのではなく，かなりのリターンを得られる投資とみなすことがより適切だと働きかける。

顧客価値の重要性については，反論することはできない。それはまず，企業の経営資源を，その経営資源が提供できる価値に最も引き寄せられる顧客にきっちり整合させるために，顧客セグメンテーションの手引きとして使用される。次いで顧客価値分析は，顧客維持率を最大化し，利益ある成長を実現するために，顧客ロイヤルティを構築すべく使用される。どちらの応用においても，顧客価値分析は最適な収益そして競争上のポジションを確実にする。

顧客価値を戦略的にマネジメントするために，それをどのように明確に定義するかという，

より困難な問題が残っている。この時限での顧客価値分析は，TQM でなじみ深い顧客満足原理とは区別される。顧客価値と顧客満足の間の違いは，学問的な意味論における練習というよりは現実的なもので，最終的な損益にかなりの影響を与える。簡単にいえば，顧客満足は内部プロセスの観点から物事をうまく行うことを伴う。顧客価値は正しいことをうまく行うことを伴うという意味で，より高次元な問題である。顧客価値分析の用語で正しいとは，品質とコスト属性の両方の観点から，顧客が定義する価値を提供するということである。この違いは，顧客満足度が高いにもかかわらず，企業が高い割合の顧客離反を経験していることを説明している。顧客満足は，企業の製品・サービスについて顧客の現在の経験から得られる際限のない改善の源泉として，品質を追求しているのに対し，顧客価値は，ライバル企業が提供するものと企業の収益性とを比較し，品質とコスト属性を追求するものである。この違いについてはおそらく Reichheld（1996）が最も的確に表現している。「重要なことは，顧客をどれだけ満足させておくかではなく，満足した，しかも収益の上がる顧客をどれだけ確保しているかである，ということを企業が念頭に置けば，満足のわなを避けることができる。」この観点から考えると，顧客価値分析は TQM を戦術ツールから企業戦略に不可欠な構成要素に引き上げながら，TQM の約束を満たすのに必要な橋渡しとなるメカニズムと考えることができる。

　顧客価値は，製品またはサービスの総所有利益から総所有コストを差し引いたものとして定義される。これらの利益とコストを運用上定義する二つの異なる，しかもたがいに補完する方法——属性コストモデルとゴール／モチベーションモデル——がある。

顧客価値の属性／コストモデル

　顧客価値の最も有用な属性モデルは Naumann（1995）によって開発された。**図 13.2** に示すように，このモデルは，顧客価値を期待される利益と期待されるコストの組み合わせとして見る。

期待される利益

　期待される利益は製品属性とサービス属性からなり，それらはさらに顧客が利益を定義するのに使用する三つのカテゴリーの属性に分類される。

- 販売前属性は，顧客が購入前に評価できる，すべての有形の製品属性と探索属性を含む。例えばパソコンを購入する前，顧客は所有利益と所有コストを比較検討するため，そのパソコンの特性と能力を評価し，数分間オペレーションするかもしれない。
- 販売後属性は，製品またはサービスをしばらくの間使用したあとにのみ評価できる，しばしば無形の製品属性とサービス属性を含む。例えば新しいブランドのチョコレート

13. 顧客価値分析

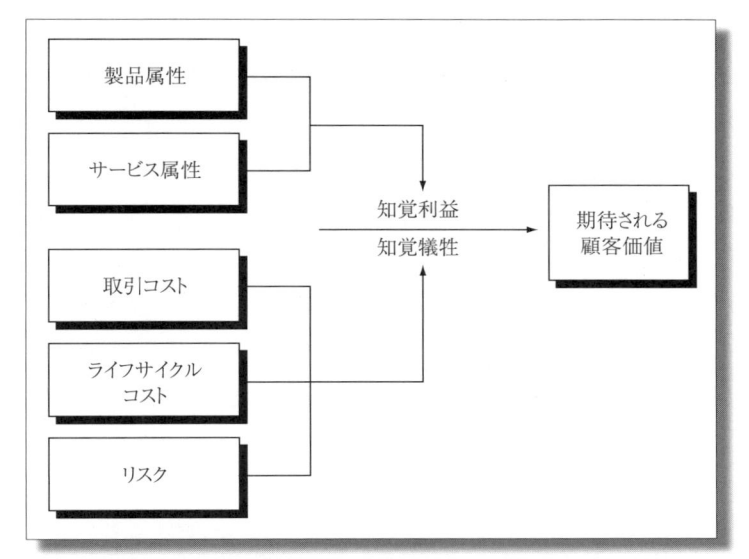

```
┌─────────────────────────────────────────────┐
│  ┌────────────┐                             │
│  │ 製品属性   │──┐                          │
│  └────────────┘  │                          │
│  ┌────────────┐  │                          │
│  │ サービス属性│──┤                          │
│  └────────────┘  │                          │
│                  ├─知覚利益──┐              │
│                  │           │ ┌──────────┐ │
│                  │ 知覚犠牲  ├→│期待される│ │
│  ┌────────────┐  │           │ │顧客価値  │ │
│  │ 取引コスト │──┤           │ └──────────┘ │
│  └────────────┘  │           │              │
│  ┌────────────┐  │           │              │
│  │ライフサイクル│─┤           │              │
│  │ コスト     │  │           │              │
│  └────────────┘  │           │              │
│  ┌────────────┐  │                          │
│  │ リスク     │──┘                          │
│  └────────────┘                             │
└─────────────────────────────────────────────┘
```

図 13.2 顧客価値の属性－コストモデル （Source: *Creating Customer Value: The Path to Competitive Advantage*, by E. Naumann, 1995, Cincinnati, OH: Thompson Exective Press.）

バーの味と風合いは，二口，三口味わってみないと十分には判断できない。ほとんどのサービスは，経験に基づいた使用属性に大きく依存している。その例としてサービスを受けてからでないと評価できない美容師のケースがある。販売後属性を前提とする市場では，企業が優れた製品およびサービス経験を確実に提供するように配慮することが最優先事項である。

・長期販売後属性は，長期間使用したあと，初めて評価できる製品およびサービスの価値を含む。例えば株式仲買サービスの価値は，長い期間を経てリターンが実現されてからでなければ判断できない。同様に脊柱指圧師（カイロプラクタ）の価値も，施療後数日経ってから背痛がなくなったかどうかを判断して，初めて評価できる。

販売前属性を前提とする市場は，多くの有形な属性が容易に模倣され，それが製品差別化による競争優位の源泉をむしばむため，一般に激しいコスト競争を経験する。逆に販売後属性または長期販売後属性を前提とする市場は，優れた経験を提供できる企業に競争優位をもたらす可能性が高い。

期待されるコスト

顧客価値を示す図13.2には，3種類の異なるコストからなる期待されるコストのコンセプトが含まれている。

・**取引コスト**は，製品またはサービスの前払いのキャッシュコストあるいは店頭価格であ

る。

- **ライフサイクルコスト**は，製品またはサービスを所有している全期間の間に顧客が負担しなければならない追加コストである。これには，配送，設置，また最初の使用にかかわる経験曲線，メンテナンス，修理，処理などが含まれる。
- **リスク**とは，実際のコストが期待されるコストよりも高かった場合，顧客が負うコストである。総所有期間が長いとき，リスクは通常より高い。

製品の寿命が短い日用品市場では，取引コストが購買決定に最も影響する。製品の寿命がより長い製品・サービスの場合，ライフサイクルコストとリスクがより重要となる。

TQMは製品属性の品質の問題に適切に対応しており，そしてサービスは製品の差別化と拡大する経済の両方に対して，ますます重要な要点になりつつあるので，サービスの品質

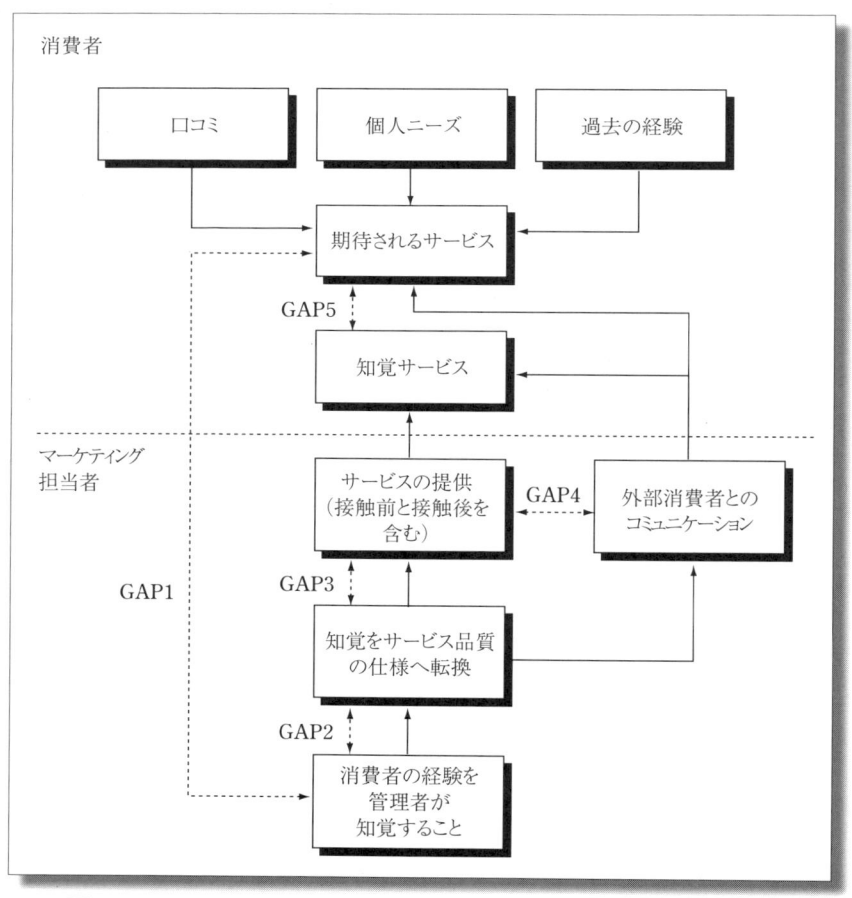

図13.3 サービス品質のモデル （Source: Reprinted with permission from the *Journal of Marketing*, published by the American Marketing Association, A. Parasuraman, V. A. Zeithaml & L. L. Berry, Fall 1985, *49*(4), pp.41-50.）

にも同じように注意を払うことが重要である。サービス品質の主要なモデルの一つは，図 13.3 に示されるように Parasuraman et al.(1985)によって開発された，サービス品質(Service Quality：SERVQUAL) モデルがある。

SERVQUAL モデルの開発者は，知覚サービス品質は図 13.3 の GAP5 のサイズと方向（＋か−か）に依存していると提唱している。つぎに GAP5 は，GAP1 から 4 に分解することによってマネジメントできる。サービスの本質のゆえに，顧客の購買行動は販売後および長期販売後の両方の基準に基づく，経験を基本とした属性に最も大きく影響を受ける。SERVQUAL モデルのさまざまなすき間を埋めるのに，サービス品質を決定する 10 の決定要因を使用することができる。

1. 信　頼　度： 　一貫した業績と信頼性
2. 対　　　応： 　社員がサービスの提供に応じられるか。
3. 能　　　力： 　サービスを提供するのに必要なスキルと知識を社員が保有しているか。
4. アクセス： 　顧客が社員に容易にアプローチし，接触できるか。
5. 礼儀正しさ： 　丁寧さ，敬意，心遣いそしてフレンドリーさが担当者にあるか。
6. コミュニケーション： 　顧客が理解できる言葉で情報を与え，社員が顧客に耳を傾ける，双方向で対称的な対話
7. 信　頼　性： 　信頼できるか，信憑性，正直さなどの特性と態度
8. 安　全　性： 　顧客が危険，リスク，疑いを持たずにすむか。
9. 顧　客　理　解： 　社員が顧客ニーズを理解しようと努力する範囲と性質
10. 具　体　性： 　サービスの物理的証拠

顧客価値の目標／モチベーションモデル

今日最も信頼のおける目標／モチベーションモデルは，Woodruff (1977) によって構築された図 13.4 の顧客価値階層モデルである。顧客価値の目標／モチベーションモデルは，属性／コストモデルを終えてから始める。より高いレベルに抽象化されたこのモデルは，モチベーションの出現だけを分析する属性モデルとは反対に，顧客の購買モチベーションを中心としている。その上，顧客の使用状況が変化するにしたがい，モデルのほかのすべての局面もまた変化するという動的なモデルである。つまり，顧客価値はたえず変化していると考えることができる。このモデルはまた，なぜ製品属性を取り巻く顧客満足を実現するだけでは十分でないかを説明している。製品属性に関して満足している顧客は，自分のゴールまたはモチベーションがライバル企業の提供するものによってもっと十分に満たされれば離反する。同様に，顧客の未充足ニーズが競争相手の製品・サービスによって満たされた場合，以前の顧客価値の標準は無意味となる。そのため，顧客との親密さは顧客価値分析のプロセス

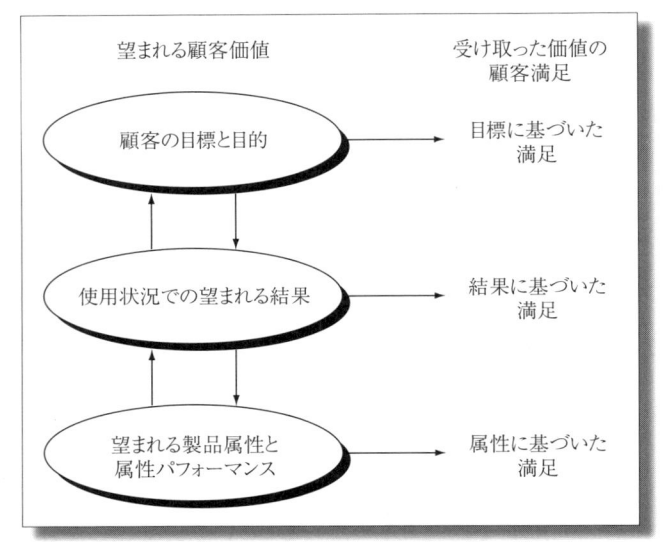

図 13.4 顧客価値階層モデル （Source: *Journal of the Academy of Marketing Science*, by R. B. Woodruff. Copyright 1997 by Sage Pubns Inc. (J). Reproduced with permission of Sage Pubns Inc. (J) in the format Textbook via Copyright Clearancec Center.）

の重要な要素である。

　顧客価値分析の最も重要な戦略的意味は，価格，製品品質，サービス品質そして顧客価値間の相互関係である。顧客価値分析の戦略的意味を短く表現すれば，製品品質，サービス品質および価格について，企業が顧客の期待を満たすあるいは期待値を超えるときだけ，顧客価値が実現されるということである。もしこれらのうちいずれかが満たされていなければ，企業は顧客価値を提供することができないという意味で，これは厳密なテストである。もし顧客がさらなる品質に価値を置かなければ，状況により企業は製品・サービス品質を追求することに限界を悟るということを意味する。その代わりに顧客価値分析のコンセプトは，ターゲット顧客を取り込み，維持するための相当に背伸びをした目標を提示するだろう。

　Naumann（1995）は顧客価値分析実施の手引きとなる，五つの有用な戦略的意味を挙げている。

1. 顧客価値（製品品質，サービス品質，価格）は顧客が定義する。
2. 顧客価値はライバル企業が提供するものと比較し定義される。
3. 顧客価値は時間の経過とともに変化する。
4. 顧客価値は価値連鎖全体を通じて作られる。
5. 顧客価値は企業内のすべての人を巻き込む協同の取り組みである。

　これらの五つのガイドラインは，一つ一つが必要条件であり，どれも等しく厳しいもので

ある。顧客価値を効果的に提供するには，五つとも同時に追求しなければならない。

13.3 強みと利点

　顧客価値分析は競争優位を実現するのに非常に有用な戦略的枠組みである。分析のすべての段階で顧客と競争相手に密接にリンクしていることで，戦略上の提言が現実的なものとなる。多くのほかのモデルが定性的な決まり文句であるのとは対照的に，顧客および競争分析に関して定量化できるアプローチとなりうる数少ないツールの一つである。また，顧客価値分析は包括的なツールであり，TQM，サプライチェーンマネジメント，競争分析，経営資源分析などほかの多くのマネジメント技法とともに活用できる。

　このモデルのもう一つの強みは，それまでの品質志向のアプローチから欠落している二つの重要なコンセプト，すなわちコストと顧客が決定した価値という概念を含めることでTQMアプローチを改善している点である。しかし顧客価値分析の最大の貢献は，非常に前向きな方向性を探るという点である。今日の激動する競争環境において，変革および顧客という主要な指標に戦略マネジメントシステムの前提を置くことは非常に健全な戦略である。

13.4 弱みと限界

　顧客価値分析のおもな弱みは，経営資源および時間集約型という点である。顧客分析は，多様な個別の情報源から多くの複雑なデータを収集することを必要とする。同様に，適切な調査技法の設計とデータ分析にかなりのレベルのスキルと専門能力が必要とされる。しかし顧客価値分析が経営資源集約型であるのは，最初のセグメンテーション後，顧客価値を継続的または頻繁にモニタリングすることを伴うという側面である。この高いコストは，顧客価値分析が報告書の提出にあたって十分に実証されているという，関連した利益に比べるとき，相当緩和される。

　顧客価値分析のもう一つの潜在的弱みは，厳格な必要十分条件があることである。すでに述べたように，優れた価値を提供するには，優れた製品品質，サービス品質そして価格が必要である。同様に，顧客価値分析を実施するには，すでに述べた五つの手引きにつねに留意しなければならない。市場志向に向けて相当な組織変革がなければ，顧客価値分析は時間と努力の無駄になり，付随的な利益が生じてこない。

　顧客価値分析はまた，GIGO（Garbage In Garbage Out―屑入れ屑出し）の原則に依存している。ほとんどすべてのインプットデータは外部情報源から調達される。こうした現実において，まず適切な調査方法を策定し，次いでそれを正しく解釈することが重要になってく

る。例えば顧客価値マップをプロットするのに，適切なスケーリングテクニック（尺度構成法）が使用されないと，すべての作業が恣意的なものとなり，実際の戦略的意味がほとんどなくなってしまう。適切な注意と専門知識がなければ，顧客価値分析の証明された原則は，無意識の手続き上の誤りによって簡単に破壊されてしまう。

13.5 テクニック適用のためのプロセス

顧客価値分析を行うプロセスは，つぎの三つの主要な段階からなる。
(1) 会話を通じた顧客との親交
(2) 正式な顧客価値分析
(3) 顧客価値の戦略的マネジメント

第一段階：顧客との親交

伝統的な顧客との会話の形態は，顧客側が企業に接触を図り，肯定的あるいは否定的なフィードバックをする機会からなる。

このコミュニケーションの流れは，通常，企業の顧客サービス部門あるいは前線の営業担当者を介して行われる。もっぱらこの種のフィードバックだけに依存することの問題点は，離反する顧客はだまって離れていき，めったに意見をいうことがないということである。その上ロイヤルティの高い顧客は，自分たちの目標またはモチベーションを自発的に述べることはほとんどない。通常，彼らの会話は製品属性またはサービス属性に限られる。

こうした伝統的な顧客との会話は企業にとって貴重で，奨励されるものではあるが，つぎに示すようなより有益でより主体的な方法から生み出される洞察とくらべると見劣りする。

- **顧客調査** このツールは，主要な製品・サービスの品質属性において，企業が効果的に価値を提供しているかを測定するため，現在または潜在的な顧客に行う郵便や電話インタビューを意味する。返答を増やすには，属性の数を最小にまで減らすことが重要である。

- **フォーカスグループ** このツールは，計画中の製品やサービスのプロトタイプをターゲット顧客のグループに示し，フィードバックを求めるものである。グループの口頭による返答は，裏から透かして見える鏡やパネルの後ろに隠れた評価者が観察するボディランゲージで補完される。手続き上注意すべき重要な点は，グループ内の支配的なメンバーがグループシンク（集団思考）を生み出しかねないということである。

- **コンジョイント（結合）分析** このツールは，フォーカスグループにそれぞれ異なる組み合わせの品質属性を組み入れたオプションを提示する。選択したものを分析するこ

とによって，最大の顧客価値を生み出す属性を判断できる。

- **価格感受性分析**　このツールは品質属性と特徴が価格に比較され，その逆に価格が品質属性と特徴に比較されるという点を除き，コンジョイント分析と類似している。サンプル顧客の価格弾力性は，彼らに価格とトレードオフするさまざまな品質属性の閾値を明示的に述べてもらうことによって決定される。逆に，品質属性または特徴とトレードオフするさまざまな価格の閾値もまた質問される。基本的にはこのツールは，より高い品質を追求するにあたり収益性の限界を定量化する。

- **モチベーション分析**　モチベーション分析は一対一のインタビューで行われるのが最善であるが，顧客の購買基準の根底にある心理的理由を解明する。基本的にはモチベーション分析は，製品およびサービス属性分析の前に行うのが自然である。

- **未充足ニーズの分析**　未充足ニーズの分析もまた詳細な個人インタビュー形式で行うのが最適で，モチベーション，ニーズ，あるいは現在提供されているもので満たされていない属性を明確にしようとする。顧客はしばしば未充足ニーズの存在にすら気が付いていない。そしてそれを明確にしようとするのを企業が助けるとき，喜びを感じる。そのため，解決策の提供者になって顧客の満たされていないニーズを解決することが，しばしばロイヤルティの高い顧客を得る豊かな源泉となることがある。

- **リードユーザのインタビュー**　リードユーザとは，製品またはサービスの応用面で「時代の先を行く」顧客のことである。彼らはしばしば新製品開発ですばらしいパートナーとなり，解決策を探るための共同研究に快く応じてくれる。

- **離反分析**　しばしば成功よりも失敗から多くのことを学ぶことができる。離反分析はこの格言どおり，実際なぜ顧客が企業から離反したのか，その理由を離反した顧客から探り出そうとするものだ。疎遠になった顧客から根本的原因を割り出すのは困難であり，時間がかかり，そして回答をもらうまで平均で「なぜですか？」という質問を平均5回は繰り返さなければならない（Reichheld, 1996）。

顧客情報は多量で多種にわたるため，企業が優先順位を付ける，あるいは分析を行うための枠組みを構築するのは困難である。このために Parasuraman（1997）は，どのような情報をだれから収集するのかを決定するために有用な枠組みを開発した。

- 初めての顧客および離反した顧客からの属性情報は，新しい顧客を引き付けるための戦略に特に関連している。
- 短期の顧客および離反した顧客からの結果情報は，既存の顧客基盤を強化するための戦略に特に関連している。
- 長期の顧客と離反した顧客からのモチベーション情報は，顧客と親交を深めるための戦略に特に関連している。

・支持者（すなわち，初めての顧客が短期の顧客に，そして長期の顧客に移行するなど，企業との密接度が徐々に深まっていく顧客）からの顧客価値の認知が変化していることは，将来の競争戦略の構築に特に関連している。

第二段階：正式な顧客価値分析

顧客価値分析を実行するための，いくつかのツールと技法が開発されてきた。これらのツールの多くは，第一段階で収集した情報の多くを組み入れる。ここでは一般的な七つの技法を紹介する。

市場の知覚品質プロフィール　このツールは，分析を行う製品またはサービスの主要な顧客購買基準を調査する。自社とライバル企業双方の顧客に自分たちの購買基準を，全体を100としたウェイトづけをしてもらう。次いで，自社とライバル企業がそれぞれの主要な購買基準で，提供するにあたっての業績を，10ポイントを満点としてランクづけしてもらう。それからそれぞれの企業の各購買基準のスコアに，各基準に割り当てたウェイトを掛けてもらう。各企業のスコアの合計を足すと，市場で知覚されている品質のプロフィールができあがる。多くの企業は業績をランクづけするために，この一定和アプローチではなく，さらなる統計分析となじみやすいという理由で，コンジョイント分析あるいは回帰分析を使用する。同様に，恣意的なマッピングを避けるため，間隔尺度よりも比率尺度の使用が推奨される（Higgins, 1998）。

図 **13.5a** は，ファーストフードのハンバーガー市場における Burgers R U のプロフィールを示している。市場で知覚されているプロフィールは，この企業が顧客価値をいかに上手く満たしているかについて，いくつかの貴重な洞察を与えている。全体的に見て Burgers R U は，競争相手よりも9.25％勝っている。さらに，このツールは業績の合計点を，関連する強み弱みに分類している。

市場の知覚価格プロフィール　相対価格のプロフィールは，知覚品質のパラメータの代わりに顧客の知覚する総所有コストが使用されている点を除いて，市場の知覚品質のプロフィールと，非常によく似ている。相対価格のプロフィールを構築するには，市場の知覚品質のプロフィールと同じ方法が使用される。図 **13.5b** は高級車の相対価格のプロフィールを示す。

顧客価値マップ　顧客価値マップは，上述の二つの市場知覚プロフィールを四つのセルのマトリックスに組み合わせる。図 **13.5c** のとおり，市場知覚品質は水平軸に，市場知覚価格は垂直軸にプロットされる。この市場では，ます目上に45度の対角線が引かれ，公正価格ラインを表す。この線にそって，品質と価格は1対1の割合で釣り合っている。しかしほかの市場では，品質と価格の割合が50％以外のウェイトづけになる場合，それを反映し

13. 顧客価値分析

ハンバーガー ファーストフード市場の知覚品質プロフィール

品質属性 1	ウェイト 2	業績のスコア		割合 5 = 3/4	ウェイト×割合 6 = 2×5
		Burgers R U 3	競合企業平均 4		
味	20	9.5	7.4	1.28	25.6
TV の宣伝	20	7.1	8.5	0.835	16.7
子供へのアピール	10	8.8	6.5	1.35	13.5
便利な立地	20	7.5	7	1.07	21.4
清潔さ	15	7.6	8.2	0.93	13.9
プロモーション（映画との抱き合わせ, 景品, おもちゃなど）	15	8.2	6.8	1.21	18.15
	100				109.25
顧客満足		8.1	7.4		
	市場の知覚品質の割合				

意味すること：
- Burger R U の品質は全体的に 1.09：1 の差でよりよくランクされる。
- 味, 子供へのアピール, 立地, そして店内でのプロモーションに相対的な強みがある。
- TV の宣伝および清潔さが相対的に弱い。

図 13.5a 顧客価値分析ツール （Source: Adapted from *Managing Customer Value*, by B. T. Gale, 1994, New York: Free Press）

高級車の市場知覚価格プロフィール

価格満足属性 1	重要性のウェイト 2	満足スコア		割合 5=3/4
		Acura 3	他 4	
購入価格	60	9	7	1.29
下取り価格	20	6	6	1.00
再販価格	10	9	8	1.13
ファイナンスレート	10	7	7	1.00
	100			
価格満足スコア		8.2	6.9	
価格競争力スコア				1.18
相対的な価格スコア				0.85

図 13.5b 顧客価値分析ツール （Source: Reprinted with the permission of the Free Press, a Division of Simon & Schuster, Inc., from *Managing Customer Value: Creating Quality and Services That Customers Can See* by Bradley T. Gale. Copyright © 1994 by Bradly T. Gale.）

て異なる角度が選択されるかもしれない。

いずれにせよ公正価格ラインの下および右に位置する企業は，現在の価格レベルで市場シェアを増加させるのに最適なポジションにいる。公正価格ラインの上あるいは左に位置する企業は，おそらく市場シェアを失うであろう。その上，これらの企業は市場シェアを拡大するために，おそらく価格を下げなければならないだろう。これらの結論は，顧客価値マッ

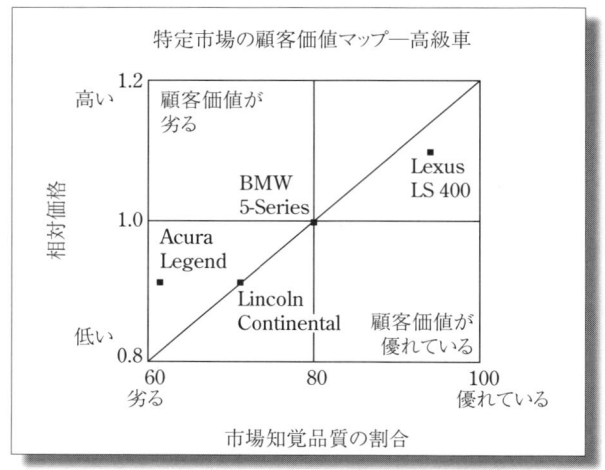

図 13.5c 顧客価値分析ツール （Note: Data for relative performance based on *Consumer Reports* ratings, April 1993, p.228.; Source: Reprinted with the permission of the Free Press, a Division of Simon & Schuster, Inc., from *Managing Customer Value: Creating Quality and Services That Customers Can See* by Bradley T. Gale. Copyright © 1994 by Bradly T. Gale.）

プの重要な戦略的意味から導き出される。優れた品質の製品が価格プレミアムを得るには，顧客が品質プレミアムを価格プレミアム以上の価値があると知覚することが不可欠である。そのときになってようやく，品質プレミアムがすばらしい顧客価値と強いポジションに転化される。

　顧客価値マップは，各戦略的事業単位や部門，あるいは製品が提供している顧客価値を，ライバル企業が提供しているものと比較・分析するのにも使用できる。**図 13.5d** はその応用例を示す。

　顧客価値分析の応用は両方とも二つの機能を満たすことができる。一つには，それらが相対的顧客価値の観点から，企業の競争ポジションの静的な寸描を与えることである。二つ目には，公正価格ラインのスロープを知ることで，企業がより大きな顧客価値を獲得しようと追及することが必要な価格と品質の改善を判断できることである。

　ウィン（獲得）/ロス（損失）分析　この単純であるが強力なツールより，最近の市場シェアの増加および減少のおもな理由を分析できる。特に，ウィン/ロス分析は，最近の市場シェアの増加および減少の原因であった品質属性および価格属性に注目する。ウィン/ロス分析は，企業組織が顧客の経験と知覚に関して，重要な側面を体系的に学ぶ場といえる。分析者

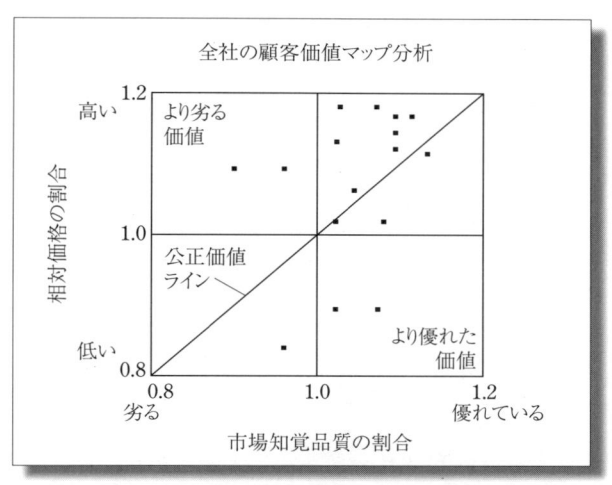

図 13.5d 顧客価値分析ツール (Source: Reprinted with the permission of the Free Press, a Division of Simon & Schuster, Inc., from *Managing Customer Value: Creating Quality and Services That Customers Can See* by Bradley T. Gale. Copyright © 1994 by Bradly T. Gale.)

は，市場シェアがこれ以上失われるのを防ぐためのコスト効率のよい是正措置を構築し実施できるよう，危ない顧客セグメントと改善が必要な領域を識別しようとする。組織はこのために，顧客の意思決定の主要な要因と正当性をしっかりと理解する必要がある。組織はこの理解に基づいて，市場シェアのウィンとロスを理解する。組織はこの実行可能な情報に基づいて，営業およびマーケティング担当者にライバル企業に対する最も効果的なポジショニングを伝え，長期にわたりマーケットポジショニング戦略の影響をモニターできる。

直接対決領域での顧客価値チャート　この顧客価値ツールは，主要な競争相手が2社しか存在しない市場において，顧客価値マップよりも有用な分析結果が得られる。**図 13.5e**は自動車の Mercedes と Lexus を比較した場合の直接対決領域での顧客価値チャートを示している。このツールでは，相対的な競争パラメータは市場内のすべての競争相手の集合ではなく，企業の第一の競争相手を中心とする。水平軸上には，いくつかの主要な品質属性が示されており，その部分のバーの太さはトータルな品質を定義することで，その属性の相対的な重要度を示している。各水平バーの長さは，10 ポイントを満点とした，Lexus のランク割る（÷）Mercedes のランクの割合を示している。例えば Lexus にとって，「故障なく走る」という品質属性は，Lexus が Mercedes を最大に上回る品質属性だった。おそらく，もし Mercedes が同様のチャートを作ろうとした場合，「安全」，「ブランドイメージ」および「名声」が Lexus よりも相対的に高くランクされる。価格競争力の観点から見ると，Lexus

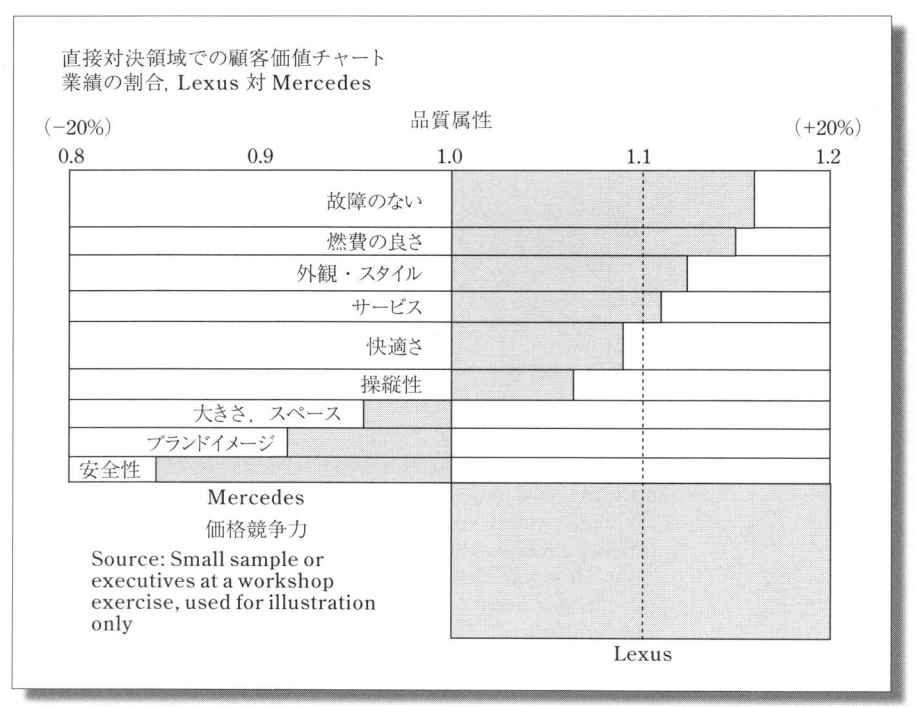

```
直接対決領域での顧客価値チャート
業績の割合, Lexus 対 Mercedes
                                品質属性
 (-20%)                                                      (+20%)
   0.8          0.9          1.0          1.1          1.2
                    故障のない
                    燃費の良さ
                    外観・スタイル
                    サービス
                    快適さ
                    操縦性
            大きさ, スペース
            ブランドイメージ
         安全性
                 Mercedes
             価格競争力
Source: Small sample or
executives at a workshop
exercise, used for illustration
only
                                   Lexus
```

図 13.5e （Source: Reprinted with the permission of the Free Press, a Division of Simon & Schuster, Inc., from *Managing Customer Value: Creating Quality and Services That Customers Can See* by Bradley T. Gale. Copyright © 1994 by Bradly T. Gale.）

は Mercedes に対し同等である．この直接対決チャートから導き出される重要な結論は，企業が重要な品質属性および価格属性をめぐっておもなライバル企業とどこで，どのような競争をしているかを明確に描写することである．いい換えれば，このツールは，企業のおもな競争相手に対する競争優位と弱みを，目盛り付きではっきり識別させるものである．

主要な出来事の年表 主要な出来事の年表は，製品またはサービス市場での重要な出来事の概要を示すものである．主要な出来事とみなすための基準には，つぎの二つの要素がある．企業とそのライバル企業の戦略が，顧客価値の知覚にどのように影響を与えるかということと，顧客価値の知覚が，時間の経過とともに属性の種類とウェイトづけにどのようにダイナミックに影響するかということである．

図 **13.5f** は高級車市場における主要な出来事の年表を示す．

What/Who マトリックス What/who マトリックスは，企業の顧客価値の改善目標達成に向けて，その進捗を追跡するための戦術的な遂行ツールである．それは企業内の"WHO"だれが（プロセスおよび機能領域），企業の価値供給物に組み込まれた"WHAT"なに（どのような重要な製品属性）を提供する責任があるかを割り当てるツールである．こ

13. 顧客価値分析

- 1993年10月20日 — Wall Street Journalが「Mercedes Benz，価値でも競争」というタイトルで，つぎのような有力なコメントを報じた。「…今年のモデルであるCクラスは，いままでの古い傲慢なやり方から脱皮しようとする点で，Mercedes-Benzにとって新しい局面の象徴である。」
- 1993年9月29日 — MercedesがWall Street Journalにつぎのようなテーマでもう一度2ページ広告を掲載し，価値価格へのコミットメントを再確認した。「それは競争をまったく振り出しに戻すことになるだろう。…新Eクラスが…。」
- 1993年9月24日 — MercedesがWall Street Journalにつぎのようなテーマで2ページ広告を掲載し，価値価格へのコミットメントを示唆した。「実用本位のMercedes-Benzなんて，矛盾した表現だ，とお考えのすべての方に。新Eクラス発売。」
- 1993年9月23日 — Mercedesは，顧客価値の点でLexusとAcuraにより近い位置に再ポジショニングしようと，14.8％もの価格の引き下げを発表した。
- 1992年夏 — ドイツのメディアの批評家たちは，Mercedesが大きすぎて重すぎる車を作ることで市場を読み間違えたと激しく攻撃した。
- 1991-1992年 — 日本車への顧客の移行と，多くのヨーロッパ諸国とアメリカにおける景気後退が重なり，Mercedesは売上げが減少し，損失が発生し，一時的解雇に至った。
- 1991年 — Mercedesは優れた品質における伝統的な競争優位という点で，さらに強力に競争することを選択し，Sクラスを発売した。Sクラスは長さ17フィート，重さ5 000ポンド，コスト60 000-135 000ドル。
- 1989年から1991年 — BMWは故障しない性能および操縦性という属性で，改善を試みた。Cadillacは，設計および新製品導入のプロセスを改革した。
- 1988年 — ToyotaはLexusによって高級車市場の「最高品質」セグメントに参入した。しかし顧客価値マップでは，高品質／平均価格の象限で戦っていた。
- 1986年 — Hondaは故障なしで走るという競争優位を高級車市場に移転し，新しい高級車部門Acuraを作った。これはその市場の「エコノミー」セグメントを急速に獲得した。
- 1986年以前 — 高級車市場はドイツとアメリカ企業によって独占されていた（例，Mercedes，BMW，Cadillac，Lincoln）。
- 1980年以降 — エコノミーおよび中間セグメントで，日本の自動車企業は故障なしに走るという，主要な属性において一貫してヨーロッパおよびアメリカのライバル企業に勝っていた。

図13.5f 高級車市場の主要な出来事の年表　（Source: Adapted from *Managing Customer Value*, by B. T. Gale, 1994, New York: Free Press.）

What/Whoマトリックス

品質属性	設計	適合性保証	製造	販売およびサービス	流通	製造
故障のなさ	X	X	X	X	X	
快適さ	X	X				
安全性	X	X	X	X		
操作性	X	X				
サービス				X	X	
外観・スタイル	X					X
ブランドイメージ	X			X		X

図 13.5g　（Source: Reprinted with the permission of the Free Press, a Division of Simon & Schuster, Inc., from *Managing Customer Value: Creating Quality and Services That Customers Can See* by Bradley T. Gale. Copyright © 1994 by Bradly T. Gale.）

のマトリックスを構築する際，顧客の知覚価値と実際の顧客価値を区別することが重要である。例えば，顧客価値が劣ると知覚されるために企業の相対的なポジションが損なわれるならば，責任は明らかにマーケティングおよび営業部門にある。もし劣勢が事実ならば，根本的な原因を探し出すことが重要である。例えば製品が輸送中に破損してしまった場合，製造部門や製品設計部門ではなく，明らかに配送部門に責任がある。**図 13.5g** は，典型的なWhat/Whoマトリックスを示す。ハイライトされたカテゴリーは，それぞれの重要な属性に最も直接的影響を及ぼす機能とプロセスである。

根元原因分析 — 品質ツリー

	ビジネスプロセス	顧客ニーズ	社内測定基準
総体品質	製品(30%)	信頼性(40%)	修理のコールのパーセント
		使いやすさ(20%)	支援の要請のパーセント
		特徴/機能(40%)	機能パフォーマンステスト
	販売(30%)	知識(30%)	管理者の観察
		レスポンス(25%)	時間通りの提案のパーセント
		フォローアップ(10%)	行ったフォローアップのパーセント
	設置(10%)	配送間隔(30%)	平均オーダー間隔
		破損しない(25%)	修理レポートのパーセント
		約束した時間に設置(10%)	期日に設置のパーセント
	修理(15%)	同じトラブルの繰り返しがない(30%)	繰り返しレポートのパーセント
		迅速な修理(25%)	修理の平均スピード
		状況をよく知らせてくれる(10%)	顧客への情報提供のパーセント
	請求(15%)	正確，サプライズがない(45%)	請求書に関する質問のパーセント
		最初の電話で解決(35%)	最初の電話での解決のパーセント
		理解しやすい(10%)	請求書に関する質問のパーセント

図 13.5h （Source: Copyright © 1993 by The Regents of the University of California. Reprinted from the *California Management Review*, Vol. 35, No. 3. By permission of The Regents.）

根本原因分析：価格および価値ツリー　このツールは通常顧客価値マップの作成後に使用される。価格および価値ツリーは，企業が顧客価値を向上させるために，どのようなアクションが価格と品質性能の改善に結びつくかを決定するのに使用される。企業のプロセスを最も基礎的な構成要素に分けることにより，顧客価値に最もインパクトがある改善領域を特定することができる，実行可能な機会が識別可能となる。**図13.5h** は，それぞれのプロセスにインパクトのパーセントを割り当てることで，最も影響力のある領域を識別する価格ツリーと価値ツリーの両方の例を示す。

第三段階：顧客価値の戦略的マネジメント

第一段階と第二段階の知識で武装している企業は，顧客価値分析を実施することができるであろう。企業は，顧客価値分析を完了したら，どの製品・サービス属性が優れた顧客価値を提供するかを知ることができる。最初のステップは，その価値を提供する活動，プロセス，および経営資源を守り，そして将来それらを強化しようとすることである。企業がつまずいている属性に関しては，戦略的行動をとるための，関連した"梃子（レバレッジ）"が識別されているはずである。その"梃子（レバレッジ）"を改善することで，測定可能な成果が生み出される筈である。なぜならば，(a) 顧客価値分析は，それらを優れた価値の創造に密接に関連したものとして識別している。そして (b) 顧客価値分析は，それらを (a) で識別されたほかの"梃子（レバレッジ）"に比べて，顧客価値に対して不釣合いなほどのインパクトを持つものとして識別しているからである。最後に，顧客価値とまったくリンクされていないプロセスは合理化の対象となるかもしれない。最適な収益性を得るための最後の分析では，企業はバリュー価格と製品・サービス品質のコストの間の差が最大になるような点でオペレーションすべきである。

図13.6 は顧客価値分析を実施するにあたっての一般的なプロセスマップである。顧客価値分析の本質は，製品品質，サービス品質そして価格の優れた組み合わせを提供することによって，顧客価値と企業の経営資源をマッチさせることである。これには2組の平行した構成要素に分解しなければならない。第一に，顧客価値は，使用時における望ましい結果と，目標やモチベーションの最終的満足をもたらす製品品質，サービス品質，そして結果としての価値価格に分けられ描写される。第二に，コアコンピタンス，能力，および究極的にはビジネスプロセスと活動の集合の階層を支えるため，企業の経営資源が戦略的にマネジメントされなければならない。利益は内部および外部の構成要素の二つのレベルが交差するところで生まれる。もしこの力の中心が市場で最もしっかりしていれば，競争優位が生み出されるかもしれない。もし企業の経営資源，コアコンピタンス，能力そしてプロセス間のリンクが，競争相手が事実上模倣不可能なほど顧客価値に複雑に編み込まれていれば，持続可能な競争

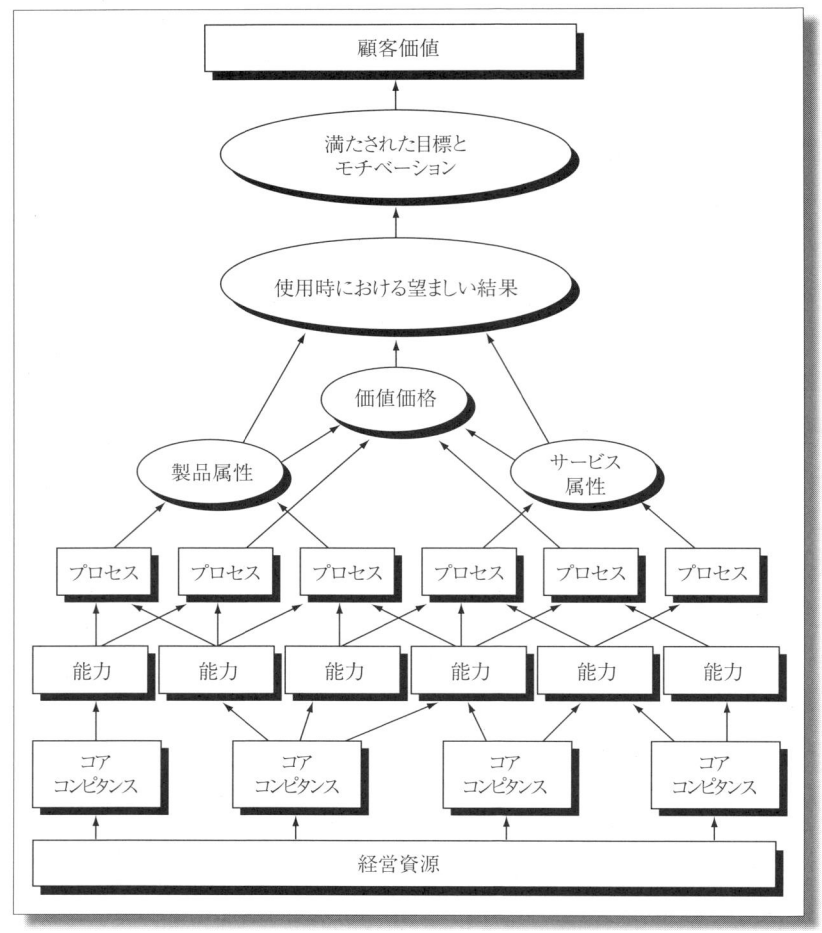

図 13.6 顧客価値の戦略的マネジメント

優位が生まれる可能性がある。

　内部あるいは外部の動的な変化にはつぎの三つの原因があるので，顧客価値分析の二つの基本的なプロセスは，理想的には継続的に，あるいは少なくとも頻繁に行われねばならない。

・顧客の目標とモチベーションの変化
・ライバル企業がより優れた価値を提供すると，顧客はそちらに逃げていく。
・内部経営資源，コアコンピタンス，能力，プロセスは時間の経過とともに劣化するか，あるいは上記二つの要因により陳腐化する可能性がある。

Old San Francisco レストランで顧客の期待を上回る

　顧客価値分析を採用する企業の数が増えるにつれ，顧客のニーズを満たすだけでなく，期待を上回ることが重要な競争上のパラメータとなりつつある．この戦略によって，Texas 州 San Antonio に本拠を置き，4 店舗を持つ Old San Francisco というチェーン店は相当に利益を上げている．悪名とどろくほどに競争が激しいレストラン業界では，市況はつねに不安定なものである．一例として，最近 Cornell 大学と Michigan 州立大学が共同で行った研究によると，60％のレストランは 5 年未満で倒産，新規開業の 25％は営業を開始して 1 年未満で倒産している．勝ち組と負け組みを選び抜くのに，レストラン業界以上に顧客価値が決定的な決め手となる業界をほかで目にしたことはない．

　Old San Francisco チェーンは 28 年間も収益を上げつづけていて，明らかな勝ち組のうちの一社である．この企業のオーナは，成功の最大の要因として，客の期待を上回ることに断固としてコミットしていることを挙げている．ここに挙げるのは，彼らが目標を達成するのに実行しているいくつかの創造的な方法である．

テーマ

　1968 年，Old San Francisco は，現在では非常に人気のある市場セグメントだが，カジュアルダイニングをテーマとするレストランのはしりだった．1890 年代をテーマとして，その時代のアンティーク，2 台のピアノ，35 フィートの天井，有名な "red girl on the swing" —ホステスが赤いベルベットのブランコに 30 分ごとに乗る—がその売りだった．この独特なテーマにより Old San Francisco は，ほかのステーキハウスや Planet Hollywood などのテーマレストランと十分に戦うことができた．

レストランのマネージャ

　ほとんどのレストランチェーンは，一貫した規範で運営されているのに反し，このチェーンではマネージャがユニークでクリエイティブなメニューを自由に提供できる．例えば San Antonio 店ではエミューやダチョウが，Austin 店と Huston 店ではハンドペイントのお皿にのったデザートが，Dallas 店ではブルーチーズバーガーが出されている．これらの違うメニューは，本部が各マネージャに，顧客の期待を上回ろうとする研究において革新的であれ，と励ました結果である．業界のトレンドに反し，Old San Francisco は自分の「製品とサービスはつねにすばらしく，また必ずしもつねに同じではない」ことを請合おうとした．同社は多くの顧客に満足を与えない安い値段のレストランとは競争しないことを選んでいる．Old San Francisco は価格ではこれらと競争でき

るようなものではない。マネージャは自由な発想以外に，収益が上がる活動にだけ時間を使うよう推奨されている。このため，どのようにすれば利益を上げながら顧客の期待を上回ることができるかを考える時間がある。

社　　　員

駐車係は顧客が車に残してきたものがあれば，ただちに回収するよう指示されている。財布やハンドバッグなどのデリケートな個人の持ち物については，手に触れられていないことを知ってもらうために，車を顧客のところにまで運んでいく。

料　　　理

Old San Franciscoでは，ステーキに100％認証されたアンガスビーフしか使わない。鴨をメニューに加える決定がなされたとき，何年もかけ適切なサプライヤを探しだした。新しくメニューに追加する基準は，ほかでは食べることができない独特の食材であるということが前提とされる。

価　　　値

チェーン店では，ほとんどの食事の値段はおよそ30ドルである。Old San Franciscoは，一回100ドルを支払うレストランに相当する食事の経験を提供するよう努めている。

食 事 の 経 験

Old San Franciscoのミッションは，「世界で最も思い出に残るような食事の経験」を提供することである。客で混雑する時間帯に待たなければならない顧客には，フリードリンク，食前酒，パーティハット，ハンカチが提供される。顧客はこの予期せぬ気配りにしばしば感激し，待つことに対するネガティブな感情は消えうせてしまう。

競争相手を模倣するのではなく，より知恵を絞って勝つ

アメリカの多くの都市のレストランでは，集客のためにワインテイスティングを催すことがはやっている。たいへん人気があったため，同じようなイベントが同じ日に同じ都市で5件のレストランで開催されることもあるほどだった。これを受け，Old San Franciscoは地域のワインストアと提携し，ワインストアの膨大なデータベースの顧客に招待状を送付した。その結果，レストランにはワインの熱狂的な愛好者が100人も引き寄せられた。

Old San Francisco レストランチェーンの経験が例示するように，顧客価値は大企業の専属物ではない。また，顧客価値は通常一つの特定な活動に帰せられるものでもない。むしろ，多くの小さな活動の組み合わせである。Old San Francisco ではつねに顧客の期待を上回ることに集中することで，顧客基盤の中核，つまりそれまでの並外れた食事の経験に基づくリピート顧客と，好意的な口コミ宣伝が引き寄せた新規顧客を育て上げた。これらはまた，30 年にもわたる成功—世界で最も競争の激しい業界ではめずらしい快挙—の中核でもあった。

Source: Adapted from "The 'WOW' Effect: How One Restauranteur Continues to Delight Customers," by B. Cohen, 1997, *Cornell Hotel and Restaurant Administration Quarterly, 38*(2), pp.74-81.

FAROUT のまとめ

	1	2	3	4	5
F					
A					
R					
O					
U					
T					

未来志向性　　高。継続的に改善することが強調されるため，企業は環境変化への対応に熱心に集中する。さらに，変化する顧客価値は，しばしば変化する市場のダイナミックスの主要な指標となる。

正　確　性　　中。顧客価値の構成要素に関する必要な情報を入手し，正確に解釈するのは困難である。これに失敗すると，正確性に影響を及ぼす。

経営資源効率性　　低。顧客価値分析は，企業の全社員およびほとんどのビジネスプロセスを必然的に巻き込むので，非常に経営資源集約的である。その上，情報の要件は多様で複雑であり，入手するのにお金がかかる。経営資源集約的であるということは，顧客価値分析がほかのマネジメントツールや技法—TQM，サプライチェーンマネジメント，価格戦略，競合企業分析，経営資源分析を含む—で，多様に活用できることで相殺される。

客　観　性　　高。顧客が価値を決定するという顧客価値分析の前提は，本質的に分析を

客観的なものにする。定量的な方法の弱さのため，分析に偏りが生じることがある。

有　用　性　　高。競争優位と密接にリンクしているため，おそらく最も有用なマネジメントツールおよび技法の一つである。

適　時　性　　低。企業の複雑さの程度に応じ，顧客価値分析モニタリングシステムの構築には数年かかる。

関連するツールとテクニック

- 比較原価分析
- 職務能力と経営資源分析
- 競争的ベンチマーキング
- 価値連鎖分析

参　考　文　献

Andreasen, A. R. (1985). " 'Backward' market research." *Harvard Business Review, 63*(3), 176-182.

Birch, E. N. (1990). "Focus on value." *Creating Customer Satisfaction*. (Research Report No. 944, pp.2-39). New York, NY: The Conference Board.

Cohen, B. (1997). "The WOW effect: How one restaurant continues to delight customers." *Cornell Hotel and Restaurant Quarterly, 38*(2), pp.74-81.

Gale, B. T., & Buzzell, R. D. (1989). "Market perceived quality." *Planning Review, 17*(2), 6-15.

Gale, B. T. (1994). *Managing customer value*. New York: Free Press.

Griffin, J. (1995). *Customer loyalty: How to earn it, how to keep it*. New York, NY: Lexington Books.

Heskett, J. L., Jones, T. O., Loveman, G. W., Sasser, E. E. Jr., & Schlesinger, L. A. (1994). "Putting the service profit chain to work." *Harvard Business Review, 72*(2), 164-174.

Higgins, T. (1998). "The value of customer value analysis." *Marketing Research, 10*(4), 38-44.

Ho, D. C. K., Cheng, E. W. L., & Fong, P. S. W. (2000). "Integration of value analysis and total quality management." *Total Quality Management, 11*(2), 179-186.

Jaworski, B., & Kohli, A. (1993). "Market orientation: Antecedents and consequences." *Journal of Marketing, 57*, 53-70.

Jones, T., & Sasser Jr., W. E. (1995). "Why satisfied customers defect." *Harvard Business Review*, November/December, Vol. 73, No. 6, 88-99.

Kohli, A. K., & Jaworski, B. J. (1990). "Market orientation: The construct, research propositions, and managerial implications." *Journal of Marketing, 54*, 1-18.

Korduleski, R. E., Rust, R. T., & Zahorik, A. J. (1993). "Why improving quality doesn't improve quality (or whatever happened to marketing?)." *California Management Review, 35*(3), 82-95.

Korduleski, R. E., & Laitamaki, J. (1997). "Building and deploying profitable growth strategies based on the waterfall of customer value added." *European Management Journal*, April, 158.

Miles, L. D. (1972). *Techniques in value analysis and engineering*. New York: McGraw-Hill.

Narver, J. C., & Slater, S. F. (1990). "The effect of a market orientation on business profitability." *Journal of Marketing, 54,* 20-35.

Naumann, E. (1995). *Creating customer value: The path to competitive advantage*. Cincinnati, OH: Thompson Executive Press.

Parasuraman, A., Zeithaml, V. A., & Berry, L. L. (1985). "A conceptual model of service quality and its implications for future research." *Journal of Marketing, 49*(4), 41-50.

Parasuraman, A. (1997). "Reflections on gaining competitive advantage through customer value." *Journal of the Academy of Marketing Science, 25*(2), 154-161.

Reichheld, F. F. (1996). "Learning from customer defections." *Harvard Business Review, 74*(2), 56-69.

Reichheld, F. F. & Sasser, W. E. Jr., (1990). "Zero defections: Quality comes to services." *Harvard Business Review, 68*(5), 105-111.

Society of Management Accountants of Canada (1997). *Monitoring customer value*. (Management Accounting Guideline 36) Toronto, Ontario, Canada.

Sprague, D. A. (1996). "Adding value and value analysis to TQM." *Journal for Quality and Participation*, January/February, 70-73.

Treacy, M., & Wiersema, F. (1993). "Customer intimacy and other value disciplines." *Harvard Business Review, 71*(1), 84-93.

Woodruff, R. B. (1997). "Customer value: The next Source of competitive advantage." *Journal of the Academy of Marketing Science, 25*(2), 139-153.

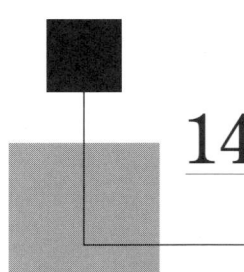

14. 職務能力と経営資源分析

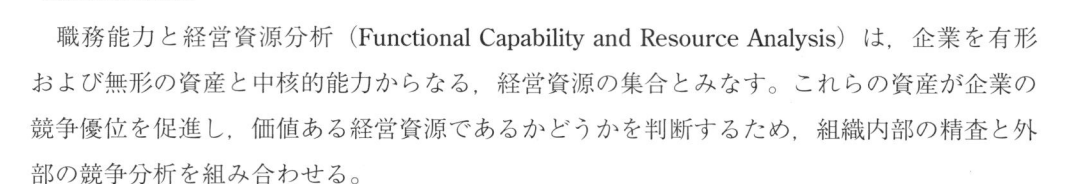

職務能力と経営資源分析（Functional Capability and Resource Analysis）は，企業を有形および無形の資産と中核的能力からなる，経営資源の集合とみなす。これらの資産が企業の競争優位を促進し，価値ある経営資源であるかどうかを判断するため，組織内部の精査と外部の競争分析を組み合わせる。

14.1　背　　　景

職務能力と経営資源分析の起源は，経済思想の歴史の中のいくつかの重要な発展と現代の戦略理論から展開している。その概念的な基礎は，最初に企業を異質な経営資源の集合であるとみなした何人かの影響力ある経済学者たち（最も著名なのは Ricardo, 1981; Schumpeter, 1934; Penrose, 1959）により構築された。彼らは，企業によって所有または制御されている経営資源の差別化できる特徴が，なぜ一部の企業だけがレント（経済利益）を獲得することができるかを部分的に説明しているとして，さまざまな主張をした。

つぎの大きな発展は主要成功要因（Critical Success Factor：CSF）の概念であった（Daniel, 1961）。収益性が特定の内部要因と直接関係しているという考えは，組織内部の精査の発展にさらにはずみを付けた。その上この考え方は，経営資源に応用される能力，活動およびプロセスもまた収益性を実現する重要な要因として考えられる，とする概念を含むまでに経営資源の定義を拡大させる基礎となった。

それ以降，職務能力と経営資源分析は，現代の戦略理論において徐々に発展しつづけた。その中で際立っているのは，1971年に Kenneth Andrews によって構築され，いまでは広く使われている SWOT パラダイム（強み，弱み，機会および脅威）であった。SWOT モデルの中心的な見解の一つは，競争環境における企業の強みと弱み，そして機会と脅威の間の最良の適合，または調和を探すことをマネージャに勧めた。このモデルは，経営資源の異質性が競争優位へのキーだという考えに基づき，戦略的な成功は強み（すなわち優れた経営資源の代理と考えられる）を競争上の機会とマッチさせることであるとの主張に基づいて構築された。

しかしSWOT分析を基盤として構築する戦略理論の最初の発展は，SWOTパラダイムの「外的な半分」，つまり機会と脅威に焦点を置いたものであった。例えば，1970年代のポートフォリオモデルは，製品の外的なマーケティング側面と，個々の戦略的事業単位のマネジメントだけにほぼ焦点を当てていた。1980年代になると，業界構造を分析するPorterの五つの力モデルもまた，企業戦略の外的領域を相当詳細に述べた。五つの力モデルは，競争優位の根源が移動障壁の入念な調査とそのオペレーションに基づいて，魅力ある業界で最適なポジションを見つけることにあると主張する点において，戦略理論の産業構造派の主張を反映していた。

1980年中ごろになり，ようやくSWOT方程式の「残りの片方」，つまり内部の強みと弱みがより注目されるようになってきた。この流れは，戦略理論が企業の直面する外的な脅威および機会に不釣合いなほどに集中することへの不満に対応するものであった。戦略理論の産業構造派の四つの主要な弱みがますます明らかになってきた（Black and Boal, 1994）。第1に，五つの力モデルは，魅力のある業界にいる企業は成功しており，企業は魅力のある業界にいるから成功していると論じているため，堂々巡りの論理に陥ってしまった。2番目に，それは魅力ある業界の中で，どのようにして企業を最適なポジションに置くかについて，戦略的な手引きを示さなかった。3番目に，業界構造を成功裡にオペレーションすることの利益は，それを行った企業だけに帰するものではなく，ライバル（競合）企業にもしばしば享受され，競争上の利益が薄れてしまうことになった。4番目に，企業の収益性に対する業界構造のインパクトを疑問視する研究が出始めた。これらの批判は，業界構造分析の妥当性ということよりも，その不完全さに向けられた。とはいえ，戦略意思決定者は，企業の外部からと同様に，内部からも競争優位の根源を探さなければならないことを認識し始めた。

1990年初頭になると，この内部精査の欠如を解決しようとする有望な新理論として，コアコンピタンスの概念がクローズアップされるようになった（Prahalad and Hamel, 1990）。業界分析は企業の外部にある競争優位の外部ソースのみを描写していたが，コアコンピタンス分析は，企業がどのようにして実際に競争優位を実現するかの内部的な洞察を提示した。同様に，ポートフォリオ理論は，企業を製品・サービスのポートフォリオとしてみなしていたが，コアコンピタンス分析は企業を，競争優位に必要な主要成功要因を企業に実行させる，五つまたは六つのスキルの集合としてみなした。企業がこれらのスキルを学習し，種々の製造能力を通してそれらを技術と調整する能力は，優れた顧客価値と競争優位への道として提示された。

業界分析の欠点と同様に，コアコンピタンス分析の問題は，SWOT方程式の「片方の半分」，つまり内部の強みと弱みだけに焦点を当てるということであった。それはまた高度に抽象的であったため，運営化するのがたいへんに困難であった。職務能力と経営資源分析は統合す

るメカニズムを提供し，企業が使用できる経営資源の定義を広く拡大した。経済学の伝統的カテゴリーは，経営資源を資本，土地と工場，そして労働力と定義していた。主要な成功要因の概念は，この定義を拡大し，活動とプロセスも包含したものであった。職務能力と経営資源分析は，経営資源分析の視野のもとにコアコンピタンスと関連する無形資産，つまり個々の人材のスキルと，組織の集合的学習能力を含めることで，戦略理論の中の経営資源の領域をさらに拡大した。

職務能力と経営資源分析は，まだ発展途上ではあるが，無形資産とコアコンピタンスの厳密な分析を統合する重要な一方法となった。これ以前は，これらの「ソフト」な競争上のパラメータの分析は，しばしば運用できる分析の枠組みがなかったため，貧しい従兄弟の状態に追いやられていた。

職務能力と経営資源分析は，この問題に取り組むために，企業の強みを構成するものをより正確に定義する。主要な成功要因の概念，SWOTモデルのS（強み）とW（弱み）の部分，そしてコアコンピタンス分析でのこれまでの経験が，戦略意思決定者に強みと弱みの識別はあいまいな作業だという感情を抱かせた。業界分析は，彼らに機会と脅威を判断する方法を提供したが，職務能力と経営資源分析は，強みと弱みを識別するとともに，しっかりとした分析の枠組みを提示した。

やがて職務能力と経営資源分析のさまざまな構成要素は，資源ベースの企業観（Resource Base View：RBV）として知られる一つの包括的な分類のもとにグループ化された。有形資産，無形資産，主要成功要因，能力，コアコンピタンスの戦略的分析がRBVに含まれる。RBV理論は，内部精査の構成要素と外部の競争分析を，競争上の価値を判断するために一連のしっかりとした市場テストを通過させることによって統合する。RBV理論は，包括的かつ統合的であるため，戦略理論の主要なパラダイムとなった。現在多くの研究者たちは，競争優位を確保しそして維持する助けとして，内部精査を運用化し，RBVを環境分析と統合する包含的な枠組みとして，この有望な新理論を研究している。

14.2　戦略的根拠と意味

RBV理論の根底にある基本的な前提は，企業がユニークな強みを支える一連の経営資源を所有または制御しており，それがライバル企業よりも活動をより上手に，かつ低コストで実行することを可能にしているという認識である。RBV理論は，競争優位の潜在的なソースとして，四つの広いカテゴリーの経営資源からなる構成を定義している。

1. **有形資産**　顧客価値の提供において消費される物理的な生産要素。その例に，工場，設備，土地，在庫および建物がある。

2. **無形資産** 見たり触ったりすることができない生産要素で，顧客価値の提供に消費されることなく貢献する。その例に，ブランドネーム，顧客の暖簾(のれん)，特許，企業の評判そして著作権がある。
3. **組織能力** 有形および無形資産を製品やサービスに変換させるプロセスと活動。
4. **コアコンピタンス** 有形および無形資産を競争力のある顧客価値に変換するために，企業が重要なプロセスや活動を実行することを可能にする，個々の人材のスキルや才能，全体的な組織能力，および学習。

企業が保有する競争優位の源泉は，通常それが1種類の経営資源だけに帰することができないという点で，しばしば多因子性である。むしろ，競争の前後関係におけるこれらの異なる4種類の経営資源間の相互作用こそが，企業の競争優位を促進する。

経営資源間の関係を見るもう一つの方法は，経済学者のレント（経済利益）の概念と，戦略家の競争優位の概念を考えることである。競争優位を証明する持続的で優れた財務成績は，4種類の経済的レント，すなわち企業の機会費用から生まれるリターンから派生している（Mahoney and Pandian, 1992）。

1. **リカードのレント（Ricardian Rent）** 希少な価値ある経営資源を所有することからのリターン
2. **独占的レント（Monopoly Rent）** 合法的な談合のメカニズム，または市場の力からのリターン（特許，参入障壁など）
3. **起業家的レント（Entrepreneurial Rent）** リスクおよびイノベーションからのリターン
4. **準レント（Quasi Rent）** 企業固有の異質な経営資源からのリターン

レントの最後のカテゴリーはRBV理論を理解するのに重要である。企業が普通以上の経済的レントを得ようとするには，準レントを得る必要がある。つまり，リカードのレント，独占的レント，そして起業家的レントを通常の利益よりも桁違いに増やそうとするには，企業は自らを競争優位に立たせるいくつかの固有な特質を持つ経営資源を所有または制御しなければならない。それができて初めて，企業は生み出される経済的レントの不釣合いな分け前——これが持続的で優れた財務成績を促進するのだが——を，競争相手のレベルを超えて得ることができる。

図14.1は，同じ基本概念を持つこれら二つの観点を，経営資源ベースの企業観で統合している。RBV理論は，競争優位が個別の経営資源に帰される可能性を排除してはいない。むしろ図14.1の方程式のとおり，競争優位の根源は，しばしば，4種類の経営資源の一部またはすべてが組み合わさった製品にあると主張している。能力が企業の有形および無形資産に対して応用された製品は，競争優位を生み出す。しばしばコンピタンスは，最も高い価値

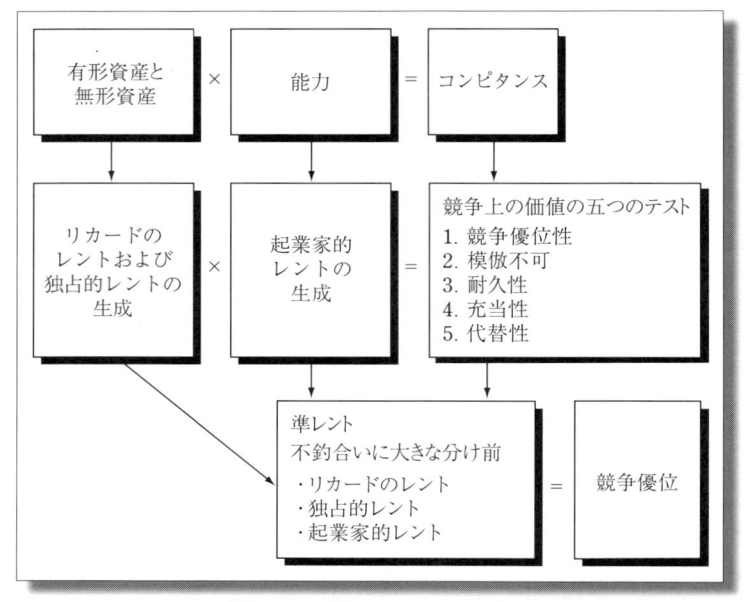

図14.1 資源ベースの企業観

をも持つ，序列の高い経営資源を意味する。しかし，すべての経営資源が必ずしも準レントを確保することによって競争優位を生み出すわけではないという点で，それらがすべて競争上価値があるわけではない。したがってRBV理論の重要な特徴は，資産，能力そしてコンピタンスの競争上の価値を明らかにするために，価値を厳密にテストすることである。

五つの市場テストアプローチ

経営資源が準レントを獲得し競争優位を提供できるかどうかを判断するために，五つの一連の外部市場テストを通過しなければならない。これらのテストはRBV分析の中心的なものであり，経営書にしばしば記述されている（例：Collis and Montgomery, 1995）。

テスト1：競争優位性 競争優位性のテストは，三つの局面を含んでいる。第1に，経営資源が価値あるものであるために必要な条件は，顧客の需要である。経営資源は絶対的顧客価値をサポートしていなければならない。資産，能力，そしてコンピタンスは，最低限の顧客ニーズ，志向，好みおよび価格に見合う製品またはサービスの条件をサポートしていなければならない。

2番目に，企業の経営資源の競争上の価値を正しく判断することもまた，相対的な競合比較に付随する。このことは競争優位性の必要かつ十分な条件である。コアコンピタンスを分析する際，「われわれはどの活動を最も上手く行うか」という間違った質問に解答することを前提として，しばしば直感的に内部に焦点を当てようとする誘惑が存在している。しかし

そうではなくRBV理論はつぎのようなより洞察に満ちた質問をする。「われわれはどの活動を競争相手よりも上手く行うか」と。この質問は，競争優位性のテストがその中で表現される，より徹底的な分析の枠組みを組み込んでいる。

　3番目に，競争優位性は，しばしば経営資源の組み合わせによって保護される。企業は，いくつかの経営資源の組み合わせで競争優位性を得られるかもしれない。それ自身では競争優位にならないかもしれないが，創造的な組み合わせの製品は，競争相手の提供物に対して優れた効果を発揮する。

　テスト2：模倣不可　　模倣不可とは，ライバル企業が，同じ経営資源を入手あるいは模倣することがどれだけ困難であるかを意味する。もしライバル企業が経営資源をコピーできるならば，その経営資源によって生成される利益は短命であろう。模倣不可が永続的であることはまれだが，いくつかの隔離機構が経営資源の模倣不可を長引かせるだろう。

- **物理的ユニークさ**　　物理的にユニークな経営資源は，定義上簡単に模倣することはできない。著作権，特許あるいは最高の工場立地は，物理的にユニークな例である。
- **経路依存性**　　経営資源は，それが開発されたユニークな歴史的プロセスと条件のために，模倣から保護されることがある。経路依存性は購入したり内部で開発することができないので，ライバル企業が模倣するのは非常に困難である。多くの場合，経営資源を作り出したプロセスや条件を正確に複写することはできない。例えばCoca Colaのブランドネームは，きわめて経路依存的である。このブランドは，市場に出て以来の長い年月のために，米国文化の偶像となっている。Pepsiはこの経路依存性を認識し，その代わりに若い，それほど感傷的でない世代に向けて製品をポジショニングすることにした。
- **因果関係のあいまいさ**　　上述の説明と図14.1のとおり，経営資源は多くの場合，多数の有形資産，無形資産，能力およびコンピタンスの複雑な組み合わせの産物である。これらの相互関係により，企業の経営資源は，ライバル企業にとり経営資源の模倣不可をさらに隔離するために，なぞに包まれた不可解なものに見えてくる。3Mの革新的な製品技術は，しばしばその例として引き合いに出される。なぜならば，3Mの製品を支える根底にある経営資源が3Mの企業文化であるからである。これらは多数の相互に絡み合った経営資源の製品で，模倣するのは非常に困難であることがわかってきた。
- **経済規模の抑止力**　　生産能力の拡大あるいは新規市場への参入に先制的に投資することは，そうでなければ同様な計画をいだいていたかもしれないライバル企業をしばしば挫折させる。もしライバル企業が追随しようとしても，限定された市場の需要で全供給量を吸収することはできないであろう。ライバル企業は，コスト戦争を仕掛けるか，あるいは資本集約的および規模依存的業界において成功に必要な規模を実現できなくなるよりも，むしろ通常は手を引くことになる。こうして先手を打ったものが，参入障壁を

介して模倣不可の源を獲得する。規模の抑止力の例として，冷戦後のポーランドにおいて，巨大な工場の建設に先制的投資を行った北米の自動車メーカの例が挙げられる。ポーランドの自動車市場の需要が限定的であると考えるライバル企業は，おそらく同じような巨大な支出をすることに躊躇するであろう。ポーランドで中流階級が台頭してくるにしたがって，先手を打ったメーカは規模の抑止力の報酬を勝ち取ることができるであろう。

テスト3：耐久性　耐久性とは，経営資源の価値が下がるスピードを意味する。多くの市場環境における絶え間ないイノベーションおよび激しい競争によって，以前は価値があった経営資源が，しばしば競争優位を確保できなくなる。経営資源がその耐久性への外的挑戦に耐える力は，企業の競争優位を守る隔離機構としての役割を果たす。競争が非常に激しいコンピュータ業界が，ふさわしい例を提供している。パソコンの基板を模倣することは比較的容易であるため，IBMはかつて強力な競争資源であったものを奪われてしまった。その一方で，Microsoftは，特許の組み合わせと，Windows技術がプロダクトイノベーションの中心にとどまること，あるいは少なくとも最新のイノベーションと互換性を持つことを確実にする積極的な取り組みを通して，Windowsオペレーティングシステムの耐久性を維持できている。

テスト4：充当性　充当性とは，だれが経営資源によって生成された利益を獲得するかを意味する。もし競争上価値のある経営資源が不動のものであれば，企業はそれから流出する準レントを獲得する可能性が非常に高い。逆に，もしこれらの経営資源が企業と密接にリンクされていなければ，つまりそれらが簡単に購入でき，あるいは開発できれば，それから流出する利益は，ほかのサプライヤ，顧客，ライバル企業あるいは社員によって容易に安値で引き取られるかもしれない。例えばプロの運動選手や映画スターのスキルは，所属しているチームや映画会社のビジネスモデルと密接に統合されていない。そのため，彼らは非常に流動性のある経営資源となり，そして自分たちが生み出す利益の大部分を得ようと交渉する中で，しばしばこの流動性を梃子（レバレッジ）として使う。

テスト5：代替性　代替性とは，企業の現在の競争資源の価値を満たす，あるいはそれを超える，代替的資源が入手可能かどうかを意味する。ライバル企業は，より低コストまたはより差別化された価値を提供することを可能にする，代替的資源へアクセスする方法を確保するかもしれない。過去には代替品で置き換わった例は山積している。例えばアルミ缶がガラスに取って代わったことで，ガラスメーカへ与えたインパクトを考えてみるのがよい。最近の例では，プラスチックがアルミに取って代わることで，アルミ缶メーカは大きな影響を受けた。代替性は製品やサービスに影響を与えるだけでなく，製品やサービスの根底にある能力やコンピタンスにも影響を及ぼす。実際，多くの場合，ライバル企業が優れた顧

客価値を提供できるようになるのは，製品の性質そのものの大幅な変更というよりは，代替的能力やコンピタンスが入手できるということによるものである。

VRIO モデル ── もう一つの有用なアプローチ

外部環境と市場を分析するという課題が経済界で大きすぎるほどの学術的注目を浴びてきたが，内部市場を分析するという課題のほうはそれほどの注目を集めなかった，あるいはそれほどの明快さを得なかったと異議を唱える人はほとんどいない。SWOT 分析の SW 部分，つまり企業の強みと弱みは，外部局面と比べてよりあいまいで主観的なプロセスである。例えば強みあるいは弱みを構成するものの定義は，分析を行う個人によって容易に操作でき，その結果意思決定の主観的基準として，勢力拡大と駆け引きの懸念を払拭できない。経営学者たちは10年ほど前，主観性をある程度取り除く一つの方法は，外部環境の評価にその有効性が証明済みのモデルの利点を持った内部環境分析モデルを開発することだと認識した。分析と意思決定を改善しようとするこの探求から VRIO モデル（Value, Rarity, Inimitability, Organization）が生まれた。

Barney（1991）によって最初に提唱された VRIO モデルは，マネージャが競争優位の触媒としての個々の経営資源を分析できるようにする簡単な四つの質問の枠組みである。経営資源の使用は比較的簡単である。分析者は，評価する経営資源を選択し，順に四つの主要な質問をする。質問への回答が「はい」の場合，つぎの質問に移る。「いいえ」の場合，分析は停止し，分析者はその経営資源が競争優位につながらないと結論づける。

価値の質問　伝統的な戦略マネジメントにおける価値（Value）の定義は，内部経営資源を外部環境に適合させるものである。それを応用するキーは，その適合の配置，調和，あるいは適性を評価することである。その前後関係においては，もし経営資源が機会を探索し，脅威を減少させるならば，それは企業に価値を与える。VRIO モデルは，経営資源が価値あるものになるには，それが組織に収益の純増加またはコストの純低減を提供しなければならないと論じている。もう一つの適合は，これらの最終的な効果もまた，リスクの低減と，コストおよび収益への時間効果により間接的に関連していることを示唆している。

希少性の質問　価値ある経営資源は競争優位につながるためには，希少（Rareness）でなければならない。組織資源は，ほかの多くの組織が保有していない場合，希少となる。この基準を適用することの難しさは，希少性の基準を客観的に設定することである。もし二つの組織だけが価値ある経営資源を保有しているならば，それは希少といえるか？　4社あるいは12社だったらどうか？　もしその経営資源を保有している企業の数が，寡占的あるいは独占的な経済的リターンをもたらすほど少数であるならば，経営資源が希少であるとする。

模倣不可の質問　模倣不可（Inimitability）とは，ほかの組織が希少な経営資源の性質

あるいは実行を模倣する能力を意味する。希少性は経営資源の現在の性質を扱うが，模倣不可は希少な経営資源の展開を扱う。もし価値ある希少な経営資源が競争優位の源泉になるとするならば，それらは長い間その状態を保たねばならないという点で，模倣不可は競争優位の持続可能性と関連する。簡単に模倣され，代替され，そして作り上げられる経営資源は，組織が競争優位を持続させるのに不十分である。Barney（1991）は，固有の歴史的条件，因果関係のあいまいさ，そして社会的複雑さの三つの要因が模倣不可と密接に関連していると述べている。

組織固有の歴史は，空間と時間に依存しており，競争相手にとって管理不能で，模倣困難な価値ある経営資源を企業に与えることができる。これらの経営資源は，企業が過去からたどってきたユニークな道筋から開発される。

因果関係のあいまいさは，組織の経営資源と競争優位間の関係が競争相手に理解されないか，あるいはあいまいにしか理解されない場合に発生する。それは原因と結果の関係が簡単に理解されないところに存在する。これは，明確なビジョンを持ったリーダが，社員にエネルギーとビジョンを注ぎ込むことができるような状況，あるいは業界参加者間の草の根的な努力などが，長年にわたって重要性を増すような状況で発生する。

社会的複雑さとは，「企業が組織的にマネジメントし，影響を与える能力を超えた，非常に複雑な社会現象」の周りに展開する経営資源を意味する（Barney, 1991, p.110）。社会的に複雑な現象の例として3Mのイノベーション主導の企業文化，GEのリーダ主導のスタイル，あるいはMarsなどのように団結した同族経営の企業に発生する内部の力のダイナミックスなどがある。

組織の質問　この基準は，組織（Organization）が価値ある，希少な，そして模倣不可能な経営資源を実際に活用する能力を持っているかどうかを，管理者に質問させる。分析者は通常これを評価するのに，人的資源の方針，技術，企業文化，支配的連携の価値観，あるいは特定の経営資源の使用にインパクトを与える法律などを考慮する必要がある。McKinseyの7SとSERVOアプローチは，組織の質問を評価するのに有用な手段である。

RBV分析の厳密さへの証しである五つのテスト，あるいはVRIOをパスする経営資源はわずかしかない。各テストをパスした経営資源のみが，企業の競争優位を促進することができる競争力を持った価値ある経営資源とみなされる。**図14.2**のとおり，競争優位の真の源泉は，経営資源価値のすべての市場テストが交差するところに存在する。

多くの経営資源がRBVテストをパスしないという事実は，持続可能な競争優位，いわんや強力な競争優位でさえ持っている企業はわずかであるという観測とも一致する。しかし競争優位を持つことの計り知れないメリットを考えた場合，RBV分析は実行する価値がある。それは，少なくても四つの非常に重要な方法で，戦略マネジメントの本質に語りかける。

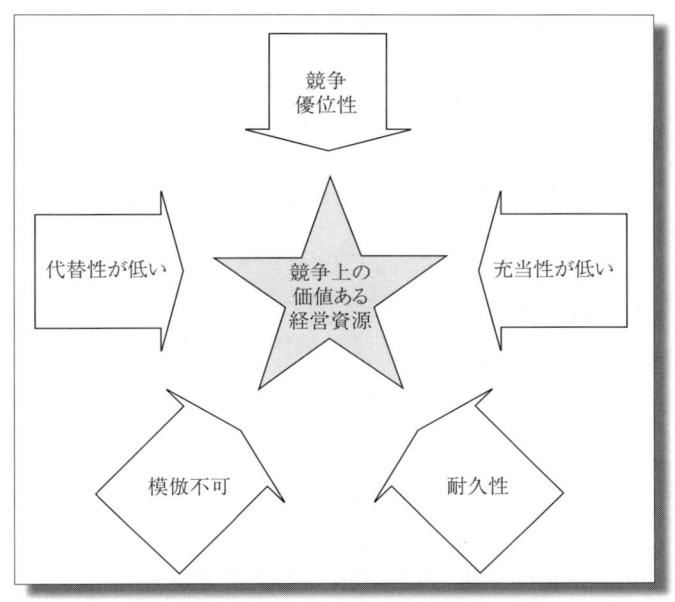

図14.2 競争上の価値ある経営資源の位置

1番目に，業界構造分析はRBV分析を補完するために必要で価値あるものであるが，業界内の特徴は，業界間の特徴よりも収益性により多くの影響を与えるということが，多くの研究からわかってきた（例：Buzzell and Gale, 1987; Schmalensee, 1988; Rumelt, 1991; Rocquebert, Phillips and Duran, 1993）。グローバリゼーションと情報技術の変換能力を通じた価値連鎖の移動は，業界間よりも企業間の競争を激化させた。この展開により，なぜ企業によって収益性のレベルが異なるのか，ひいてはなぜ競争優位のレベルが異なるのかという質問に再度焦点が当たることになった。それに対して出されるようになった答えは，ライバル企業の経営資源の競争上の価値に違いが観察されるということであった。

2番目に，RBV理論はマネージャたちに，低コスト，差別化または範囲の三つの基本戦略を運用化させる実行可能な枠組みを提供する。しかしこれらの戦略の選択には，各戦略を支える競争上価値ある経営資源が利用できるかどうかを先験的に考えることが必要である。それゆえRBVは，基本戦略を策定するのに，つぎの三つの重要な役割を果たすことができる。

・企業の現在の戦略の強さをテストする。
・企業が計画した戦略の実行可能性をテストする。
・ストレッチ戦略の目標設定を支援する。

3番目に，業界分析とRBV理論の違いは，純粋に分類上の問題にすぎないかもしれない。つまり，五つの力モデルの中心的手段である移動障壁は，実際は競争上価値ある経営資源の所有と見ることができる。つまり，その核にあるそれぞれの移動障壁は，つきつめれば特定

の経営資源を所有することである。例えば特許，ブランドエクイティ，規模の効果などは，すべて競争優位性，模倣不可，耐久性，充当性，そして代替性という点で，企業間で異なる競争上価値ある経営資源の所有にさかのぼることができる。

4番目に，企業はコアコンピタンス分析を1回行うだけでは，次善の多角化および成長戦略を追求することになるかもしれない。コアコンピタンス分析は，競争優位の根源が企業に内在するものであると考える。そのため，企業の現在の経営資源のストックが静的で限定されているという間違った仮説により，成長および多角化戦略が限定されてしまうかもしれない。RBV分析は，内部経営資源の価値を，その価値の正当性を立証する市場の力と比較し測定することにより，この不完全な論理に対抗するものである。市場の力はたえず変化するので，RBV分析はマネジメントがこれらの変化の波動を把握することを助ける。同様に，企業はこの知識を活用することで，投資を行い，グレードアップし，あるいは競争上価値ある経営資源を梃子として活用し，戦略的成長および多角化戦略を正しく追求できるようになる。この方法により，成長および多角化は，競争優位に付随する利益ある成長を実現する可能性が高まる。RBV分析を実行するプロセスは，ダイナミックな戦略を支えてどのように投資を行うか，グレードアップするか，あるいは競争上価値ある経営資源を梃子（レバレッジ）として活用するかを議論するものである。

14.3 強みと利点

統合性　RBV理論の最大の強みは，以前は共通点のなかった多数の戦略理論を一つのしっかりとした分析の枠組みに統合する能力である。競争分析，業界構造，および内部精査を効果的に結び付ける数少ない戦略マネジメントシステムの一つである。

統制のとれた，現実的，客観的，そして実行可能であること　経済理論に強力な基礎を置くRBV理論は，市場での妥当性確認を組み入れることで，非常に有用な分析ツールとなる。

成長および多角化の新理論　RBVは，限定された経営資源サポートを関数とする成長および多角化の戦略的挑戦に，重要な洞察力を与える。これまでの成長および多角化理論が数多く失敗してきたことを考えると，RBV理論は非常に有望である。

新しい戦略言語　RBV理論は，戦略分析を表現するための戦略的な語いを大幅に増大させる。RBV理論に精通している人はマネージャも学者も一様に，戦略理論をより細かく明確に表現できるようになるだろう。高度な抽象性に悩まされたほかのアプローチと比べ，これは相当な改善である。

14.4 弱みと限界

実証的支持が少ない　RBV理論は直感的で論理的訴求力はあるが，理論的推測にとどまっている。これはおそらく妥当性の疑わしさというより，相対的な新しさの関数である。RBV理論を増強するために，事例による証拠が選択的に引用されているという主張など，寛大さに欠ける批判もある。多くの研究では，実験対照を考慮することを軽視していたが，成功している戦略はRBVのバリエーションの結果である。失敗している企業は，RBV戦略の欠如が彼らの失敗につながったかどうかという質問には，未回答のまま無視されている。

今日までの研究は，RBV理論の一般的概念の全体像にしか焦点を当てていない。異なる前後関係が経営資源の競争上の価値に与えるインパクトについては，いまだ十分に研究されていない。これらの未解決の問題に取り組むために，RBV理論の妥当性に関する多くの実証的研究が始まることが期待される。

重複している　RBV理論の批判家たちは，それが堂々巡りの論理を内在すると主張する。Porter（1991）はこの潜在的な欠陥を，「RBV理論によると，戦略的成功は価値ある経営資源を所有していることによってもたらされるが，戦略的に成功するには，企業がそれらの経営資源を獲得しなければならない」と指摘している。とはいうものの，批評家たちはこの批判に対して，RBV分析の独立変数（経営資源）は，従属変数（競争優位）—ビジネスまたは企業の集合のより高い機能レベルに位置しているのだが—よりも低いレベルの機能集合に位置していると，この批判に反論している（Black and Boal, 1994）。したがってRBV理論は類語重複とはいえないであろう。

複雑であいまいな分類　RBV理論で使用される分類はあいまいになりやすく，戦略家たちに，分類は一貫せず，置き換え可能で，一部概念的にオーバーラップすると感じさせる。使用される用語（例：無形資産，能力，コンピタンス，経営資源）の定義が不鮮明に見え，RBV理論に初めて接近することをためらわせている。この複雑でやや不明確な専門用語は，おそらくRBV理論の相対的な新しさと一時的に関係している。またこの問題は，RBV理論が多くの理論と概念を広範囲に統合することにも関係している。その結果，明らかな矛盾の例は，多様な分野の研究者がそれぞれ自己の固有の分類を紹介することによって起きている。

RBVは特に新しい理論ではない　RBV理論には，多くの古典的な経済理論の概念がしみこんでいることを考えると，これを戦略マネジメントの新しいパラダイムと呼ぶのは早計であり，おそらく正しくないと批判する者がいる。同様に，RBV理論を1971年に構築された使い古されたSWOTパラダイムの焼きなおしにすぎないと見る者もいる。しかし一方で，RBV理論は，マネージャが通常の合理的分析の中で，暗黙のうちに追求する戦略を明確に

示すものだと主張する者もいる。

14.5　テクニック適用のためのプロセス

ステップ1：企業の主要成功要因を割り出す

　主要成功要因（CSF）は，競争優位を確保し維持するのに必要な，比較的数少ない要因である。それらは，特定のスキルまたは才能，競争上の能力，あるいは企業が顧客を満足させるために行うなんらかの要因で構成されている。CSFとしてあるべき明確な基準は，その組織の業績との直接的なリンクである。CSFを取り巻く優れた業務遂行は，企業の競争力と不可欠な優れた財務成績を約束する。逆にCSFを取り巻くお粗末な業務遂行は，競争力の低下，そしてやがて哀れな財務成績となって現れる。CSFとしてあるべきほかの基準としては，それらが通常企業の最も重要なビジネス領域の一つを中心に展開し，多額の資金を伴い，そしてなんらかの方法で顧客に直接インパクトを与えるということである。

　Rockart（1979）はCSFの主要な源泉として，つぎの四つを特定した。

- **マクロ環境的特質**　　企業の政治，環境，社会または技術環境の変化は，企業のCSFに影響を及ぼすことがある。
- **業界の特質**　　CSFは，一般的なものではなく業界固有である。例えば，自動車業界での成功要因は，設計工学，強力なディーラの流通ネットワーク，原価管理，そして環境汚染対策のプロセスと技術である。その上CSFは業界構造の関数であり，業界の発展とともに変化することに注意することが重要である。
- **競争上のポジション**　　またCSFは，ライバル企業と比較した企業ポジションの関数でもある。ライバル企業にイノベーションがあれば，潜在的な一連の新しいCSFを評価しなければならないであろう。
- **企業固有**　　これらは，企業の内部組織が正しく機能することにとって重要な成功要因のことである。企業は，上記のほかの種類のCSFを考慮する前に，これらのCSFが正しく遂行されていることを確認しなければならない。

　LeideckerとBruno（1984）は，CSFの特定に使用できるいくつか有用な方法および源泉—例えば環境分析，業界構造分析，業界およびビジネスの専門家，ライバル企業がどのように競争するかの分析，そして内部分析など—を提示している。CSFを探すもう一つの優れた源泉は，業界団体によってしばしば発表されるベストプラクティス，ベンチマーキングなどの研究がある。

ステップ2：企業の経営資源の特定

このステップでは，企業が制御または所有する有形経営資源，無形経営資源，能力そしてコンピタンスを特定する必要がある。有形資産は特定するのが最も容易だが，簡単に模倣できるので一般的には分析上の価値はほとんどなく，したがって競争優位を支える裏づけにはなりにくい。企業の財務諸表には現れないほかの種類の経営資源，つまり無形資産，能力そしてコンピタンスを特定することのほうがより困難である。企業の無形資産の価値の大きさを測る一つの方法は，企業の資産の帳簿価格と収益還元価値を比較することである。もし企業がABC（活動基準原価計算）またはTQM（総合的品質管理）を実施しているならば，企業の能力，活動およびプロセスに関して，管理会計とオペレーション機能から多くの情報が収集できる。コアコンピタンスを特定することがステップ2で最も困難な課題である。PrahaladとHamel（1990）は，コアコンピタンスを特定するために，つぎの三つの基準を開発した。

・コアコンピタンスは，多様な市場へのアクセスを可能にする。
・コアコンピタンスは，顧客価値に大きな貢献をする。
・コアコンピタンスは，しばしば製造スキルと技術が複雑に組み合わされたものであり，模倣するのが難しい。

その上彼らは，ほとんどの企業が5あるいは6を超えるコアコンピタンスを保有していることはないであろうと述べている。このステップでは，経営資源分析をできるだけ適切に分解することが重要である。分析者は，これを実現するために，競争優位に共通する特徴の最小単位にまでできるだけ近づいて掘り下げなければならない。この重要なステップを達成できなければ，RBV分析は，本来それに取って代わるべく設計された，限界のある直感的アプローチにとどまるだろう。これらの高品質なインプットで最も重要なのは，分解した経営資源を特定することである。

ステップ3：企業の経営資源の評価

特定された経営資源が，実際に競争上価値ある経営資源であるかどうかを判断するために，五つのテストまたはVRIOを実施する。一緒に作用する一群の経営資源は，おそらく企業の競争上価値のある経営資源をいくつか形成するという可能性を忘れないことである。さらに分析者は，企業の価値ある経営資源のほとんどは，無形資産，能力およびコンピタンスの形であることを発見するであろう。

ステップ4：企業の経営資源とCSFの間のギャップを特定する

企業の経営資源が特定され評価されたら，それらをステップ1で特定したCSFと比較する。

もし企業が最近までよい業績を上げていれば，多くのCSFが企業の競争上価値ある経営資源とマッチする可能性が高い。もしそうでなければ，このステップはCSFと，企業の競争上の経営資源のストックとの間のどこにギャップが存在するのかを判断するユニークな診断ツールとなる。この情報はRBV戦略を形成するのに重要で，SWOTパラダイムのさまざまな構成要素に正確にマッチする強固な分析の枠組みの基礎となる。

ステップ5：現在の戦略の診断

分析者は，ステップ4の診断に基づき，いまや企業の現在の競争力をテストする最適なポジションにいることになる。企業のCSFとその経営資源の競争上の価値を詳細に知っているので，つぎの二つの選択肢が現れる。

- もし企業の現在の戦略がうまく行っていれば，企業の競争上価値ある経営資源（例：競争優位性，模倣不可，耐久性，充当性，代替性）の知識は，分析者が企業の競争優位を拡大するために中核的資産を守る戦略を策定するための分析に使用される豊かな源泉となる。
- もし企業の現在の戦略が困難に直面していれば，企業の競争上価値ある経営資源（例：競争優位性，模倣不可，耐久性，充当性，代替性）の知識は，企業の経営資源，戦略そして競争環境の間に存在するギャップを浮き彫りにする。

ステップ6：合理的な将来の戦略を策定する

このステップは，おそらくRBV分析の最も重要な局面を含む。競争環境がつねに変化していることを考慮すると，企業の競争上価値あるストックは陳腐化したり，安値で手放さねばならなかったり，あるいはライバル企業に追い抜かれてしまうリスクとつねに隣り合わせにある。同様に，企業は，成長および多角化を追求するための多数の潜在的な可能性を提示される。RBV分析は，投資，アップグレード，および競争上価値ある経営資源を梃子として活用することで，これら両方の戦略上の挑戦のための手引きとなる（Collis and Montgomery, 1997）。

- **経営資源への投資**　RBV理論の単純な解釈は，競争上価値ある経営資源が競争優位を通して準レントを取得する唯一の経営資源であり，これだけが十分な投資に値するということを示唆している。しかしこの意思決定は，ダイナミックな競争の前後関係の中でははるかに複雑で，連続性と適合性，およびコミットメントと柔軟性の間の難しいトレードオフを伴う。
    1. **連続性　対　適合性**　企業は環境が変化するとき，どこに，そしてどのように投資するかに関して，基本的に三つの選択肢を持つ。1番目に，現在の競争優位の源泉

を支える企業の現在の経営資源のストックに投資すること。2番目に，将来のCSFのビジョンを前提に，新しい経営資源に投資することで新しい戦略を支持しようとすること。3番目に，不確実性が消えるまでは投資を控えること。どの選択肢にも相当なリスクがある。最初の選択肢は，企業の競争上のポジションを悪化させるかもしれない。2番目の選択肢は，必要とされる価値ある経営資源を開発できないか，あるいは環境の変化を読み間違えてしまうか，どちらかのリスクを持つ。3番目の選択肢は，企業に危機が到来するまで行動を凍結させるかもしれない。

2. **コミットメント 対 柔軟性** コミットメント対柔軟性とは，1のトレードオフと関連して，現在または将来の戦略のいずれかにコミットメントすることを回避する，企業のよくある意思決定を意味する。多くの経営資源への投資は撤回および回収不能であり，戦略的コミットメントは，成功しない戦略から抜け出せなくなってしまうリスク，あるいは成功したかもしれない戦略から締め出されてしまうリスクを伴う。その結果，多くの企業は，環境変化のいかんにより二つの戦略のいずれかを選択できるコンティンジェンシー戦略に二股をかけることで柔軟性を保とうとする。

興味深いことに，この不確実性こそが競争優位の根源に存在している。もしこれがなければ，すべての企業は同じ戦略を追求し，準レントのすべての可能性を排除してしまうことになる。

・**経営資源のアップグレード** ほとんどの企業の経営資源のストックは，厳格な市場に立脚した競争上の価値のテストに合格しない。そのため一つの選択肢は，将来，経営資源が競争上価値のあるものになることを見込んで，価値をアップグレードするということである。競争上価値のある経営資源を所有または制御している企業にとっては，経営資源をアップグレードしようとする戦略的要請は類似している。これらの企業にとって経営資源をアップグレードするということは，環境変化および競争相手がその価値を奪ってしまうという絶え間ない脅威から経営資源の価値を守ろうとする合理的な戦略を提示するものである。どのような理由であれ，企業が経営資源をアップグレードするには，三つの方法がある（Collis and Montgomery, 1997）。

a. **既存の経営資源の強化** 開発，教育，経験の共有または多様なほかの改善テクニックを使用し，現在の経営資源の質を向上させる。

b. **補完的経営資源の追加** 提携，ネットワーク，あるいは戦略的アウトソーシングにより既存市場での企業のポジションを強化する。

c. **新しい経営資源の開発** 企業が新しい，より魅力的な市場に参入できるようにする。

・**経営資源を梃子（レバレッジ）として活用** この選択肢は，戦略的成功が同じ競争優位の源泉を前提としている市場へ，企業の競争資源の範囲を広げることを意味する。こ

こでは競争上の価値の五つのテストが，その可能性を判断するのに非常に有用である。

RBV分析のユニークな戦略的価値は，投資，グレードアップおよび経営資源の活用という戦略的要請を考慮することで浮き彫りにされる。競争上の価値の五つのテストは，企業の現在の戦略の中の経営資源を分析するのに効果的に使用できると同様に，計画された成長および多角化戦略のための効果的スクリーニングとしても使用することができる。既存のあるいは計画された経営資源が，違う環境の前後関係と市場において競争優位を獲得できるかどうかをテストするのに，これは有用で非常に現実的な方法である。将来の戦略を評価するうえで，この種の積極的な市場に立脚したアプローチは，おそらくRBV分析が果たした最大の貢献であろう。

ハリウッドでのRBV理論のテスト

1936年から1965年にかけてハリウッドの大手映画会社の間で，RBVをテストした研究が行われた。研究対象の競争相手はMGM，Twentieth-Century Fox，Warner Brothers, Paramount, United Artists, UniversalそしてColombiaであった。研究の目的は，資産ベースおよび知識ベースの経営資源の格差が，これらハリウッドの映画会社の競争優位に与える影響を調査することであった。

1950年代初頭にテレビが広範囲に普及したことが，多くの外部のダイナミズムと映画会社にとっての不確実性の触媒となった。したがって，1936年から1950年の間は，安定的な競争環境であると分類され，一方1951年から1965年の間は，不安定な競争環境であると分類された。つぎに示す表は二つの期間に存在した，非常に異なる業界構造と競争優位の源泉を要約している。

安定期：1936-1950	混乱期：1951-1965
A. 寡占的な映画会社システム	A. テレビとの直接競争：1950年までに25％の家庭でテレビを保有するようになり，1952年までに普及率は2倍の50％となる。
B. 安定した需要：毎週8 000万人から9 000万人の入場者数，需要は緩やかな上昇	B. 需要の減少：1953年までに毎週の入場料は4 000万人から5 000万人に。
C. 安定した顧客の嗜好，興行の失敗は事実上ない。	C. 映画会社は失われた観客を取り戻すため，映画の差別化を図り始める。観客は気が変わりやすくなる。興行の失敗頻度の増加
D. 映画スター，ディレクタ，および映画ジャンルの賞味期限は長い；同じ映画制作のコンセプトに基づく大量の映画の製作	D. 映画はカラー，大画面，立体音響などのイノベーションを取り込み，より壮大で贅沢なものに。
E. 多数の異なる映画プロダクションのために，同じプロデューサのもと同じスタッフがおきまりの製作プロセスで映画を作る。	E. 映画会社の技術的および創造的スキルが競争上価値ある経営資源に。

F. 多くの人気スターにとって低リスク，排他的な長期の契約	F. 映画会社が人気のある期間は限られていると考える相対的に少人数のスター，ディレクタおよびプロデューサと高リスクの短期契約。
G. 劇場の所有あるいは制御によって，観客数を映画会社に保証	G. 司法省が劇場に劇場の所有権を売却するように要請。しかしほとんどの都心部の劇場は競合する郊外の劇場にすでに客を奪われていた。
H. 映画会社が多数のスターと流通の大部分を制御しており，競争優位を守っていた。	H. スター，プロデューサ，ディレクタが映画会社から独立し，業界の交渉力の多くを制御するようになる。映画会社の競争優位は変化し，非常に複雑で多様な作品において非正社員の役者を集合させ指示するのに必要な調整力に焦点が置かれるようになった。

つぎの概念的な枠組みは，これらの二つの時代のハリウッド映画産業における，資産ベースおよび知識ベースの経営資源を区別するために使用される。

経営資源の種類と例	価値の源泉	作成者または保護者	適した環境
資産ベース			
個々のもの：特許と排他的契約	要因の制御	法律，先取り，本質的欠乏	安定または予測可能
組織的なもの：統合された制作または流通システム	全システムの制御	所有権，先発優位性，システム構成の補完性	安定または予測可能
知識ベース			
個々のもの：機能的で創造的スキル	適合とリニューアル	不確実な模倣不可柔軟性	不確実性
組織的なもの：調整力とチーム力	適合とリニューアル	資産特異性，不確実な模倣不可堅牢性	不確実性

つぎにこれら二つの異なる環境に基づき，資産ベースおよび知識ベースの経営資源がそれぞれの時代の映画館の財務成績の差異を説明できるかどうかを判断するために，30年間の業界データに対して厳密な統計分析が行われた。つぎのような統計的に有意な関係が分析から生み出され，RBV理論の妥当性が基本的に確認された。

1. 個々の資産ベースの経営資源は，安定した環境では競争優位を確保するが，不安定な環境ではそうならない。
   - スターとの長期契約は，安定した時代には売上高収益率，利益，および市場シェアに相当なインパクトを与えたが，混乱した時代にはそうならなかった。
2. 組織的な資産ベースの経営資源は，安定した時代には競争優位を確保するが，不安定な時代にはそうならない。
   - 劇場の所有および制御は，安定した時代には売上高収益率と市場シェアに相当な

インパクトを与えたが（収益性には影響なし），混乱した時代にはそうならなかった。

3. 個々の知識ベースの経営資源は，不安定な環境では競争優位を確保するが，安定した環境ではそうならない。
   - 映画会社が受賞するアカデミー賞（技術的および創造的スキルの代理）は，混乱した時代には売上高収益率，市場シェアおよび収益性に相当なインパクトを与えたが，安定した時代にはそうならなかった。

4. 組織的な知識ベースの経営資源は，不安定な環境では競争優位を確保するが，安定した環境ではそうならない。
   - 一本の平均制作費（調整および共同制作スキルの代理）は混乱した時代には売上高収益率および収益性に相当なインパクトを与えたが（市場シェアには影響なし），安定した時代にはそうならなかった。

これらの研究は，RBV理論の正当性を確認するのと同時に，特定の経営資源が価値あるものとなる前後関係を判別することにより，理論の許容範囲をも拡大している。異なる種類の競争環境における資産ベースおよび知識ベースの経営資源の競争上の価値の違いは，戦略論の産業経済派の研究とRBV信奉者の研究を統合する有望な道筋となる。妥当なRBV分析は，ダイナミックでなければならない。経営資源が競争優位を確保する能力は，固有の経営資源の特徴がそうであるのと同様，経営資源が使われる環境の前後関係の関数である。同様に，価値ある経営資源が企業環境において競争優位を確保できる一方，環境の変化は比較的短期間にその価値ある経営資源を日用品（ありふれたもの）に変えることができるということに注意することが重要である。これはダイナミックなRBV分析の必要性をさらに肯定することとなる。

Source: Adapted from "The Resource-Based View of the firm in Two Environments: The Hollywood film Studios from 1936-1965," by D. Miller and J. Shamsie, 1996, *Academy of Management Journal*, June, *39*(3), pp.519-543.

FAROUT のまとめ

	1	2	3	4	5
F	■	■	■	■	
A	■	■			
R	■	■	■	■	■
O	■	■	■	■	■
U	■	■	■	■	
T	■	■	■	■	■

未来志向性　中から高。RBV分析は，経営資源の競争上の価値を侵害する環境変化を継続的にモニターする必要性に取り組む。

正　確　性　低から中。競争上価値ある経営資源の基準は，しばしば自由に使われすぎることがある。競争上価値ある経営資源が支える持続的な競争優位と同様，競争上価値ある経営資源はきわめてまれである。

経営資源効率性　高。多くの情報インプットがすでにあるので，最低限のコストで実行可能である。ほとんどの経営資源の支出は分析に使われる。

客　観　性　高。経営資源価値のテストを市場で検証することにより，分析に高レベルの客観性をもたらす。

有　用　性　中から高。競争上価値ある経営資源にのみ焦点を当てていることで，膨大な量の"知っておいて悪くない"というレベルの分析から，管理できる量の戦略的に関連のある"知る必要がある"分析に絞り込むようになる。RBV理論のあいまいな分類が有用度を減じている。

適　時　性　高。RBV分析は比較的短期間で実行できる。

関連するツールとテクニック

- 比較原価分析
- 競争相手のプロファイリング
- 顧客価値分析
- SERVO分析
- 戦略グループ分析
- バリューチェーン分析
- 競合のベンチマーキング
- 顧客セグメンテーション分析
- 業界分析
- STEEP分析
- SWOT分析

参 考 文 献

Aaker, D. A. (1980). "Managing assets and skills." *California Management Review, 31*(2), 91-106.

Anonymous. (1998). "Strategic management: Which way to competitive advantage?" *Management Accounting, 76*(1), 32-37.

Barney, J. (1989). "Asset stocks and sustained competitive advantage." *Management Science, 35*, 1511-1513.

Barney, J. (1991). "firm resources and sustained competitive advantage." *Journal of Management, 17*(1), 99-120.

Black, J. A., & Boal, K. B. (1994). "Strategic resources: Traits, configurations and paths to sustainable competitive advantage." *Strategic Management Journal*, (Summer special issue) *15*, 131-148.

Buzzell, R. D., & Gale, B. T. (1987). *The PIMS Principles*. New York: Free Press.

Collis, D. J., & Montgomery, C. A. (1995). "Competing on resources: Strategy in the 1990s." *Harvard Business Review, 73*(4), 118-128.

Collis, D. J. & Montgomery, C. A. (1997). *Corporate strategy: Resources and the scope of the firm*. Chicago, IL: McGraw Hill/Irwin.

Daniel, R. D. (1961). "Management information crisis." *Harvard Business Review*, September/October, Vol. 39, No. 5, 111-121.

Diereckx, I., & Cool, K. (1989). "Asset stock accumulation and sustainability of competitive advantage." *Management Science, 35*, 1504-1511.

Garvin, D. A. (1993). "Building a learning organization." *Harvard Business Review, 71*(4), 78-91.

Grant, R. M. (1991). "The resource-based theory of competitive advantage: Implications for strategy formulation." *California Management Review, 33*(3), 114-135.

Hamel, G., & Prahalad, C. K. (1993). "Strategy as stretch and leverage." *Harvard Business Review, 71*(2), 75-84.

Hall, R. (1992). "The strategic analysis of intangible resources." *Strategic Management Journal, 13*(2), 135-144.

Leidecker, J. K., & Bruno, A. V. (1984). "Identifying and using critical success factors." *Long Range Planning, 17*(1), 23-32.

Mahoney, J. T., & Pandian, J. R. (1992). "The resource-based view within the conversation of strategic management." *Strategic Management Journal, 13*(5), 363-380.

Miller, D., & Shamsie, J. (1996). "The resource-based view of the firm in two environments: The hollywood film studios from 1936 to 1965." *Academy of Management Journal, 39*(3), 519-543.

Penrose, E. (1959). *The theory of the growth of the firm*. New York: John Wiley & Sons.

Peteraf, M. (1993). "The cornerstones of competitive advantage: A resource-based view." *Strategic Management Journal, 14*(3), 179-191.

Porter, M. E. (1991). "Towards a dynamic theory of strategy." *Strategic Management Journal*, (Summer special issue), *12*, 95-117.

Prahalad, C. K., & Hamel, G. (1990). "The core competence of the corporation." *Harvard Business Review*, *68*(3), 79-91.

Ricardo, D. (1891). *Principles of political economy and taxation*. London: G. Bell.

Rockart, J. F. (1979). "Chief executives define their own data needs." *Harvard Business Review*, *57*(2), 81-93.

Rocquebert, J., Phillips, R., & Duran, C. (1993). "How much does industry matter?" Presentation at the National Academy of Management Meeting, Atlanta, GA.

Rumelt, R. P. (1991). "How much does industry matter?" *Strategic Management Journal*, *12*(3), 167-185.

Schoemaker, P. J. H. (1992). "How to link strategic vision to core capabilities." *Sloan Management Review*, *34*(1), 67-81.

Schmalensee, R. (1988). "Industrial economics: An overview." *Economic Journal*, *98*, 643-681.

Shumpeter, J. A. (1934). *The theory of economic development*. Cambridge, MA: Harvard University Press.

Wernerfelt, B. (1984). "A resource-based view of the firm." *Strategic Management Journal*, *5*(2), 171-180.

15. マネジメントプロファイリング

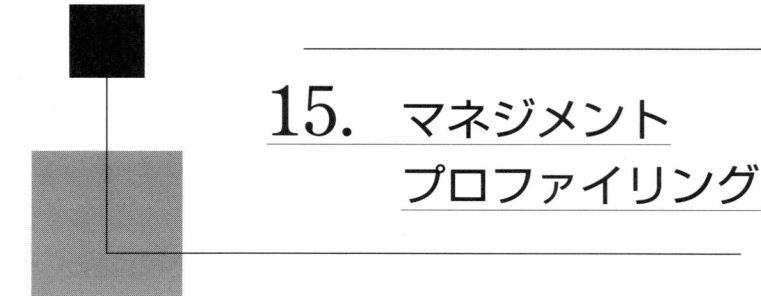

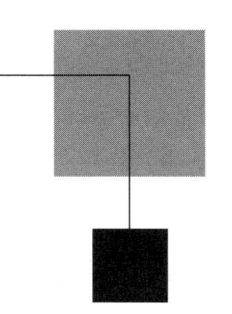

　経営者のパーソナリティプロファイリングは，組織の意思決定者に，ライバル（競合）企業の意思決定者の背景，目標，パーソナリティおよび心理的特質を提供する分析ツールである。この情報は，パーソナリティは長い間変わらないもので，人はパターンを繰り返すという前提に基づいており，ライバル企業の経営者の将来の戦略的意思決定を予測するために使われ，そして競争相手がどのように考え，運営し，マネジメントするかについてのユニークな洞察となる。

　マネジメントプロファイリング（Management Profiling）により，分析者は競争相手のリーダシップ，経営スタイルおよび意思決定のスタイルを評価できるようになる。競争相手が取りそうな反応，あるいは市場イニシアティブを予測できるようになる。また，合併，買収および戦略的提携の参加者を理解するための有用な戦略を提示できるようになる。そして一連の競争相手のすみずみまで複数のリーダシップチームの強みと弱みを評価することができるようになる。

15.1　背　　　景

　パーソナリティプロファイリングは，長い間軍事的および政治的インテリジェンスの主要な構成要素であった。軍事戦略家はパーソナリティプロファイリングを上手に使用し，ほかの形態のインテリジェンス分析を補完してきた。つまり，旧来のインテリジェンスは，敵のロジスティックス，戦闘能力，インフラなどへの洞察となった。それは基本的に敵の能力についての質問，すなわち「われわれの敵はなにができるか」への回答となった。一方，敵の将軍，司令官，そして政治家のパーソナリティプロファイリングは，この価値ある情報を「われわれの敵はなにをするのか」というきわめて適切な推論によって補完するために使用された。この戦略は，経済界においても共通点がある。伝統的な戦略分析が，初めはライバルの経営資源や能力に焦点を当てたのに対し，その後パーソナリティプロファイリングが追加され，ライバル企業の意思決定者が競争戦略の追求に当たり，どのようにその経営資源を配列するかの考察を含むようになった。

パーソナリティの概念を，人のモチベーションや行動を促進する一連の嗜好あるいは特徴として最初に研究したのは，著名な心理学者 Carl Jung であった。彼の理論の重要な部分は，パーソナリティが非常に若いときに形成され，個人の一生を通じて基本的に変わらないということを示唆している。

パーソナリティの包括的な枠組みを最初に開発した人物の一人に，ドイツの哲学者 Eduard Spranger がいた。彼は 1928 年に，人の価値観を六つの広い分類—理論，経済，美，社会，政治そして宗教—に構築した。その後長い間，多数の価値観分類システムが開発されたが，ほとんどは心理学における価値観に関する理論的な探求を前提としていた。これらのシステムの中で最も有名なものは，1930 年代の Myers-Briggs タイプ指標（aka, Myers-Briggs Type Indicator：MBTI）である。MBTI は，個人がどこに注目したがるのか，どのようにして情報を得たがるのか，どのようにして決定したがるのか，そしてどのようなライフスタイルを選ぶのか，から派生する人々のおもな差異に関係している。

この枠組みは Jung の嗜好に基づいており，**図 15.1a** で示す八つの基本的なパーソナリティグループの組み合わせに基づく 16 の異なるパーソナリティ分類となった。

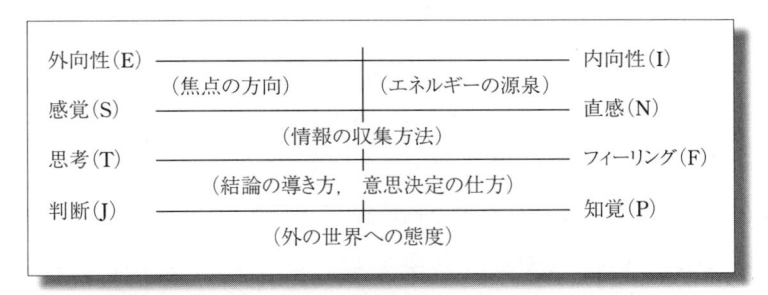

```
外向性（E）─────────────────────内向性（I）
        （焦点の方向）  （エネルギーの源泉）
感覚（S）─────────────────────直感（N）
        （情報の収集方法）
思考（T）─────────────────────フィーリング（F）
        （結論の導き方，意思決定の仕方）
判断（J）─────────────────────知覚（P）
        （外の世界への態度）
```

図 15.1a Myers Briggs タイプ指標（MBTI）のスケール

どの人間もこれらの四つのスケールあるいはグループのどこかに分類され，この四つのスケールを組み合わせることで，人間のパーソナリティが自分のニーズを満たすために，どのように環境と相互に作用し合うのかを理解できる。

16 種類（つまり，すべての可能な組み合わせの中の四つのスケール）はつぎのとおりである。

INFP	ISFP	INTP	ISTP
ENFP	ESFP	ENTP	ESTP
INFJ	ISFJ	INTJ	ISTJ
ENFJ	ESFJ	ENTJ	ESTJ

このパーソナリティ理論の新しい知識は，最初は競争分析に対してではなく，社内の雇用プロセスに応用された。第二次世界大戦後，さまざまなパーソナリティプロファイリングの技法を使った採用試験が普及した。これらのテストの多くは軍で作られ，のちに企業に採用され，雇用プロセスのお決まりの手順となった。1960年代に公民権運動の活動家が，求職者のスクリーニングとしてのパーソナリティテストは侵害的であるとして，その倫理性に疑問を持ち始めた。その結果1970年代初頭になると，いくつかの判例の結果，企業が雇用プロセスでプロファイリングを使うことが，かなりの規制を受けることとなった。しかし，採用決定のまずさに起因するコスト高から，最近では雇用プロセスにパーソナリティプロファイリングを応用することへの関心が復活してきた。

1965年になって初めて，価値観とパーソナリティの特徴が戦略的意思決定に与えるインパクトに展望が向けられた。GuthとTagiuri（1965）の研究は，Sprangerの個人の価値観についての最初の分類に基づいたものである。彼らは，価値観が個人のパーソナリティのかなりの構成部分を定義し，個人の行動を動かす強力な力であると主張した。彼らは988人の幹部ビジネスマン，科学者，そして研究部長に対して行った研究で，それぞれの人間をSprangerの価値観のカテゴリーに分類しようと試みた。その結果，幹部ビジネスマンの価値観は，大部分が経済，理論および政治に向けられていることを示した。なお読者には，これらの結論は平均に基づいていて，ビジネスマン個人個人によって相当なばらつきがある，ということを留意いただきたい。とはいえ，この研究は，幹部ビジネスマンが戦略を構築するとき，競争環境で機会を探すために，どうすれば企業の経営資源を組織化するのが最善かについて判断を下すのに，自分の支配的な価値観およびパーソナリティの特徴を使用することを明示的に提示した最初の研究の一つであった。

それ以降，パーソナリティプロファイリングは，個人のパーソナリティをさまざまな職位の要件と合致させる手引きとして，企業内部での昇進のイッシュー（問題）に応用された。最もよく用いられた例の一つは，ポートフォリオグリッド上の職位という観点から，戦略的事業単位（SBU）のマネージャとしての要件間での適合の緊密さに応じて，さまざまな戦略的事業単位にマネージャを割り当てるための情報提供としてであった。マネージャは，しばしば製品ライフサイクル（PLC）の異なる段階でうまくマネジメントするには，違うパーソナリティとスタイルが必要だという根拠から昇進することがあった（**図15.1b**を参照）。

伝統的には，経営者のパーソナリティプロファイリングは，より定量的な志向の戦略ツールやテクニックに比べ，重視されてこなかった。ほとんどの幹部の支配的な価値観を考えた場合，これは驚くに当たらない。しかし，10年間で，コンペティティブインテリジェンス（CI）は，戦略分析に使用できる「よりソフト」で，より定性的なツールに関心が芽生えてきた。そのおもなものが経営者のパーソナリティプロファイリングである。

グループA	外向性	人間や物事を心地よく感じる，感情を容易に表現できる，フレンドリーで，おしゃべりで，わかりやすい
	内向性	アイデアや考えを心地よく感じる，感情を容易に表さず，控えめで，静か，わかりにくい
グループB	感覚	物事を認知するのに五感を使う，正確で決まった仕事を好む，新しい問題の解決は苦手，現在を楽しむ
	直感	物事を認知するのに無意識のアイデアまたは連想を使う，問題の解決，将来計画の立案，新しいアイデアの推進を好む
グループC	思考	論理的で，事実に基づいて意思決定する，分析し組織化することを好む，対立したり感情を表現することを嫌う，問題に取り組むとき懐疑的
	フィーリング	うまく仕事を進めるために関係性を好む，人といるのが好き，ほかの人の感情に敏感，価値観および人々へのインパクトを基準に意思決定を行う，問題に取り組むとき疑問を抱かない
グループD	判断	秩序だった整理された考えを持つ，課題を終わらせるのを好む，迅速な意思決定を下すのを好む，計画を立てるのを好む
	知覚	好奇心旺盛で，変化にうまく対応できる，多数のプロジェクトを開始したがるが最後まで完遂できないことがある，意思決定に困難を感じることがある

図 15.1b Myers Briggs タイプ指標 （Source: *Production and Inventory Management Journal*, by D. W. Krumiede, C. Sheu, and J. Lavelle. Copyright 1998 by AM Production & Inventory Co. Reproduced with permission of AM Production & Inventory Co. in the format Textbook via Copyright Clearance Center.）

15.2 戦略的根拠と意味

　戦略的な決定をするのは企業ではなく個人である。これは自明の理ではあるが，このことは伝統的な戦略分析の重大な見落としであった。Barndt（1991）は，CI の分析キットにパーソナリティプロファイリングを取り巻く正式な分析が明らかに欠如していると指摘している。Bain & Company の後援のもとに行われた Rigby（1997）の研究によると，パーソナリティプロファイリングは Bain 社が定期的にトラッキングしている最も普及したマネジメントツールおよびテクニックの中で，上位 25 に含まれていなかった。それは，例えば ABC（活動基準原価計算），ベンチマーキング，顧客維持，およびマスカスタマイゼーションなどを取り巻く，より伝統的な情報と比べて，使用されていないツールとして下位にランクされていた。この使用の低さは，戦略的意思決定にギャップあるいはブラインドスポットを生み出すことになる。

　経営者のパーソナリティプロファイリングは，この重要なギャップを埋める。それはライバルの意思決定者を動かす目標やモチベーションについての洞察を与える。競争相手がなに

をするかということに関し，価値ある定性的な洞察を与えるのが，まさにこの種の情報である。これは，競争相手はなにができるかという概念を取り巻く伝統的な戦略分析の，より伝統的な定量的視野を補完するアプローチとなる。

　ライバル企業の意思決定者のパーソナリティを知ることは，非常に価値あるCIとなる。特にそれは，個人の意思決定プロセスが，ストレスのもとでどのように影響されるかに取り組む。ほとんどの人間は，通常の環境下では意思決定の際に柔軟でいられる。しかし戦略的な意思決定は，しばしば不確実性，あいまいさ，そしてストレスを生み出すトレードオフを伴うものである。個人はストレスのもとでは，パーソナリティの特徴によって支配される主要な促進要因に訴える。この特質こそが，パーソナリティプロファイリングの核となるもので，この分析の応用から得られる最も豊かなCIの源泉である。パーソナリティプロファイリングは，分析者に競争相手のマネジメントがどのように意思決定するのか，そしてもっと重要なことは，彼らはどのような意思決定を下す可能性があるかということについての推論と手がかりを与える。

15.3　強みと利点

　パーソナリティプロファイリングを企業の分析ツールキットに組み込むことの主要な利益は，より完全な戦略分析をコスト効率よく進められるということである。パーソナリティのプロファイルを知ることは，ほかの分析ツールではあまり得られない競争相手の戦略に関するユニークな洞察を与えるものである。その結果，競争相手の反応をしっかりと予測することにより，より効果的な意思決定が下される。ライバル企業を顔のない実態と考えるのではなく，パーソナリティプロファイリングはライバルに人間的側面を加え，マネージャが競争の現実により敏感にさせる。パーソナリティプロファイリングは，ライバルがどのような戦略を追求しそうなのかについての分析を与え，それはライバルがどのような戦略を追及できるのかについての，企業の不釣合いなほど多量なCIをうまく補完する。プロファイリングは，それを実行する企業に，つぎのようないくつかの競争優位の源泉を与える。先制的な業界拡大または社内での製品開発の成功を支援する。競争相手の不測の意思決定を十分に考慮しなかったことに起因する，よくあるブラインドスポットを排除する。ライバル企業の意思決定の際のプライオリティを知ることにより，機会と脅威を識別できるなどがある。

15.4　弱みと限界

　パーソナリティプロファイリングの主要な弱みは，妥当性のない仮説をたてる可能性にあ

る。第一に，ライバルの幹部のパーソナリティは不変であると想定される。現実的には，パーソナリティは学習の結果により変わることがある。その上，幹部の多くは，状況に応じて不測の際のリーダシップを発揮するため，自分のパーソナリティをマネジメントできる。このカメレオンのようなパーソナリティの変化により，分析にいくつかの不連続性が入り込む。技術の急速な発展が，これらの不連続性の原因の一つである。この状況は，過去の行動についての目に見える観察を，将来の活動についての予測に転換しようとするプロファイリング分析の方法への挑戦である。もし将来の競争の前提が新奇なパラダイムに基づいているならば，激動の環境下では，過去はもはや将来についての情報を伝達しないであろう。その上，ますます盛んになってきている提携および合弁によって，さらに複雑性が増している。企業間あるいは企業グループ間での共同の意思決定が与えるインパクトの分析を適切に調整しなければ，不正確な分析に陥りがちである。階層型の意思決定構造の人気が低下し，その代わりに権限委譲と一時的な意思決定チームが盛んになるにつれ，パーソナリティプロファイリング分析の予測能力が弱まる。最後に，多くの企業では非合理的な意思決定が珍しくない。そのようなものとして，もう一つの不連続性が分析に持ち込まれる。

15.5 テクニック適用のためのプロセス

経営者のパーソナリティのプロセスは，背景分析，経営者のパーソナリティ分析，そして環境／企業文化の三つの領域に分けられるが，これらは順を追ってというよりは，むしろ同時に実行される。

1. 背景分析
ライバル企業の経営者のパーソナリティプロファイルを構築するには，各幹部の背景から始めるのがよい。この分析は，将来の意思決定に影響を与える，経験や職務上の専門分野の個人的履歴への手がかりとなる。それらの情報には，つぎのようなものがある。

- **経歴とポジション**　マーケティング畑のマネージャは，イノベーションや差別化に焦点を置く傾向がある。会計畑のマネージャは，原価管理に焦点を置く傾向がある。財務または法務畑のマネージャは，買収や合併を通じた成長を強調する傾向がある。科学や技術畑のマネージャは，社内の研究開発を通じた新製品開発に焦点を置く傾向がある。
- **学歴**　幹部は自分たちが学校で専門的に学んだ領域を重視する傾向がある。
- **年齢**　若い幹部は，年齢が上の幹部よりもリスクを回避しない傾向がある。
- **在職期間（すなわち経験）**　新しい経営陣のほうが再建や業績回復戦略に優れていることがある。

- **社内昇進　対　社外採用**　　社外から採用されたマネージャのほうが，チェンジマネジメントをより積極的に追求する傾向がある。
- **過去の意思決定**　　特定の種類の戦略で大きな失敗をしてしまったマネージャは，将来それを再び採用するのに躊躇するであろう。その一方，成功した戦略を繰り返す可能性が高い。
- **趣味，（大学・系列など）協力関係，同好サークル，会員制クラブ，興味**

上記の観点から入手した情報は，以降のセクションで幹部の行動やパーソナリティを分析するのに有用な背景となる。

2. 経営者のパーソナリティ分析

分析者は，ここでも二次情報と一次情報の両方を収集し，組み合わせて使用しながら，パーソナリティ評価に必要な情報源を入手できる。リーダの背景，心理的プロフィール，以前の活動と不活動を組み合わせることにより，分析者はライバルの考え方，運営方法，情報の処理方法および組織をリードする方法についての相当な洞察が得られる。

MBTIの長年にわたる開発により，分析者は，プロファイリングされる幹部に直接アクセスすることなくこのツールを使用できる。その幹部を知っていて交流したことがある一次情報源の何人かから話を聞くだけで，簡単にマネジメントできる。その上，分析者は幹部の記者会見やその他の講演を調べ，彼らの対処方法，コミュニケーションの際の言葉遣い，スムーズさなどを知ることができる。彼らは，背景と過去の活動を組み合わせ，どのような行動をとったのか？　このテクニックの幅により，非常に価値ある洞察が得られる。

しかし，MBTIをツールとして使用するとき，最初に四つのスケールと，パーソナリティと気質の組み合わせを深く理解する必要がある。

外交的（E）対　内向的（I）　　外交性を好む人は，外部の人々の世界と外部環境に焦点を置く。通常，外交的な人は，書くことよりも対話によるコミュニケーションを好む。内向的な人は，自分の中の世界に焦点をおき，多くの活動が自分の頭の中で静かに行われるような仕事を心地よく思う。つぎのような記述子が挙げられる。

外交性	内向性
外部に注意が向けられる：人，物，活動	内部に注意が向けられる：概念，考え，フィーリング
他人と一緒にいることによってエネルギーを得る	一人でいることによってエネルギーを得る
外的	内的
幅の広さ	深さ
相互作用	集中
複数の関係	密接な関係
社交的	なわばり

15. マネジメントプロファイリング

広範囲な	集中
行動	内省
外部の出来事に興味を持つ	内部の反応に興味を持つ
わかりやすい	わかりにくい

感覚（S）対 直感（N） 情報は，五感と直感の2通りの方法で入ってくる。感覚型の人は情報を収集する際，一貫して五感を使用することを好む。彼らは「〜とはなんだ？ー what is」に焦点を置く。直感型の人は，意味，関係，そして可能性を探そうと大局を見る。直感型は想像力とひらめきに価値を置く。

感覚	直感
事実	意味
詳細	大局
現実	可能性
経験	直感
細目	パターン
いまここで	将来
現実的	独創的
逐語的	比喩的
具体的	抽象的
連続的	ランダム
努力	ひらめき
足に地がついている	現実離れした

思考（T）対 フィーリング（F） 意思決定あるいは結論に至るには二つの違う方法がある。一つは客観的で論理的なプロセスで，もう一方は主観的な評価プロセスである。思考とは，個人にかかわらない客観的で論理的な意思決定を表現するのに使われる語である。思考型の人は，意思決定についてだれがではなく，なにがに焦点を置く。彼らは真実の客観的な基準を求める。フィーリングとは主観的で，価値観の観点からなされる意思決定を表す。意思決定は，人を中心とする価値観に基づいて下される。彼らは意思決定プロセスにおけるだれが，を注目する（注：ここでフィーリングとは，価値観に基づいて意思決定することを指す。人のフィーリングや感情を指すものではない）。

思考	フィーリング
客観的	主観的
原則	個人的価値観
政策	状況
正義	慈悲
分類する	調和をとる
批評する	評価する
分析する	同情する

堅固 論理 なぜ	説得 人への影響 だれが

判断（J）対　知覚（P）　このスケールは，われわれがどのように外界に対応するのかに関係している。判断型の人は，計画に従った規則正しい生き方を欲し，人生を規制し制御したいと考える。彼らは自分たちが物事を処理し，計画を立て，そのとおりに実行できるような整理されたライフスタイルを好む。知覚型の人は柔軟で自然な生き方を好み，しばしば「流れとともに」進む。彼らは物事を理解したがり，それが出現するとオープンにそれを利用しようとする（注：ここで判断とは断定的という意味ではない。どのタイプもみな断定的になることがある）。

判断	知覚
閉鎖	選択肢
決然とした	広い心
将来のプランニングを立てる	進むに従い適応
スケジュールされた	自然な
プランニングされた	自由な
解決済み	未解決
固定的	柔軟な
完成した	創発的
時間どおり	のんびりと
目的がある	順応する
出来事を制御	瞬間に反応

　分析者は，上記のそれぞれのスケールの中の選択を識別し組み合わせることにより，特定のプロファイルを識別できる。それぞれのプロファイルは，われわれが観測可能な人間行動を理解しようとする中で，大まかな画像を提示する。MBTIプロファイルの簡単な概要が**表15.1**に示されている。

　MBTI内のもう一つの要素は，気質の識別である。行動は，ある気質に固有な中心的テーマあるいは価値観の周りにまとめられたように見える活動パターンに集約される。人の気質は，「身に付けたものではなく与えられたもの。つまり生物の生まれつきの形」である（Keirsery and Bates, 1941, p.27）。気質は，パーソナリティとその構成全体のテーマと中核的価値観に注目する。実際，これらのパターンは，何度も何度も観察される。**表15.2**は，気質または行動の集合を示している。一方，**図15.2**は気質または行動のクラスタを示している。

　全体を通じたプロセスは，特定のパーソナリティが世界一般に関して，どのように作用するかについての行動パターンを識別するために，一次および二次情報源から得た観測可能な

情報を変換するプロセスのことである。

競争相手のマネジメントチームのプロフィールを理解し，それを個人の職歴と組み合わせることにより，分析者は起こりうる意思決定のスタイル，行動，そして全社的な戦略が成功するかどうかを予測できる。

表 15.1　MBTI プロファイル

INTJ	INFJ	ISTJ	ISTP
ほかに依存せず，革新的で論理的，通常独創的精神を持ち，自分の考えや目的に非常に意欲的。内省的で，自分の考えや意思決定を導くため，論理的分析と直感を信じる。仕事を準備し，人の助けがあろうがなかろうがやり遂げることができる。懐疑的で批判的，決然としており，調査の理論的および分析的領域に魅了される。	直感的で，面倒見がよく，静かで平和を好み，忍耐強さによって成功する。独創性に富み，必要とされることはなんでも実行したいと考える。はっきりとものをいい，断固たる態度，理想主義。公益にどのように奉仕するのが最良かということに関し明確な信念を持っており，尊敬および追随されやすい。他人の役に立つことを好む。	静かで，まじめで，責任感が強く，思慮深く，忍耐強く，忠実。集中および完全さによって成功を収める。なにを達成しなければならないか判断し，障害を乗り越えそれに向かって取り組む。現実的で，規律正しく，率直。すべてが整っているよう取り計らう。論理的で，現実的で信頼できる。	事実に基づき，常識があり，論理的で内省的。好奇心旺盛で現実的でしばしば機械に強い。因果関係および物事がどのように，そしてなぜ機能するのかに興味がある。冷静に理性的であり，第三者的好奇心と予想もしなかったようなユーモアで人生を観察し分析する。論理的な原則を使用し事実を整理する。
INTP	INFP	ISFJ	ISFP
引っ込み思案で，知的，分析的，および内省的。アイデア，原則，抽象的な考え方，そして論理的な考え方，そして論理と分析を使用した問題解決に価値を置く。明確に定義された関心を持つ傾向がある。独自の考えを持つ。システム，オペレーションまたは問題の基本的な原理を，忍耐強く徹底的に解決するところに強みがある。	静かで，創造力があり，感受性があり，観察眼がある。学習，アイデア，言語そして自分の個々のプロジェクトを大事にする。深く思いやり度量があり，人および人が理想とする大義にコミットメントしている。強い内的価値観に導かれた行動。非常に哲学的，精神的および宗教的で，所有や物理的な環境にはあまり関心がない。	引っ込み思案で，誠実で，常識があり，まじめで感受性がある。義務を果たすために働き，プロジェクトまたはグループに安定感をもたらす。他人がどのように感じるかに関心があり，思いやりがあり，情け深い。几帳面で正確であり，技術面よりはむしろ人間にかかわることに興味がある。	静かで，内気で現実的，感受性があり，やさしく，自分の能力に対し謙虚。他人に意見や価値観を強制しない。不一致，あるいは不愉快で制約の多い，または要求の多い状況を避ける。現状を楽しみ，過度の性急さまたは頑張りによってそれを台なしにしたくない。通常は人に従順に従う。
ENTP	ENFP	ESTJ	ESFP
熱心で，迅速，器用で，外交的，多才。企業を刺激し，警告し，率直。ほかに依存せず，同調しない。賛否どちらの立場でも議論を楽しむ。新しい困難な問題の解決に使用できる資源に富んでおり，細かい仕事や単調な仕事からは身を引く。次々と新しい興味を追い求める。	心が広く，創造力に富んでおり，面倒見がよく外交的。多才で，興味を抱くほとんどのことを行うことができる。つねに人を助ける用意がある。熱心で，元気があり，器用。事前に用意しておくよりも即興で行おうとする。ほしいものはなんでも，それがどうしてもほしい理由を探し出す。	主張が強く，実践的，現実的で，率直で，自分の意見を曲げない。まじめで，自分で取り仕切る。活動をまとめ実行することを好む。既存の方針，手順，直線的情報伝達を強制したがる。他人を一列に並べる。合理的，伝統的，保守的。他人の感情や視点を考慮する必要がある。	温かく，陽気で，外向的で，楽観的。おおらかで，面倒見がよく，いつも楽しむ準備ができている。人生，仕事および関係性は楽しく報いのあるものでなければならない。理論を取得するよりも事実を覚えるほうが容易。愛嬌があり，賢く，心が広く，常識と実践的能力が必要な状況でだれにも負けない。

表 15.1 （つづき）

ENTJ	ENFJ	ESFJ	ESTP
外向的で，フランクで，論理的で決断力がある。直感によって見通しを立て，目標を定義する。生まれつきのリーダで，制御するのに推論能力を用いる。主張が強く，分析的で，客観的。通常物事に精通しており，学習することを楽しむ。目的を達成するのに人的な要素を無視することがある。創造的自発性と秩序への欲求の間でもがく。	社交的で，直感的で，感受性があり，整理されている。他人が考えていることや必要としていることに本当に関心を持っており，他人の感情を十分に考慮して物事に取り組む。責任感があり，粘り強く，理想主義的。コミットメントを尊重する。楽々と如才なくプレゼンを行い，あるいはグループディスカッションをリードする。温かい双方向の交流を重視する。	心が温かく，外向的で，社交的。まじめな生まれつきの協力者で，活動的な委員会メンバー。他人と融和し，楽しませ，そして育てる。伝統的で，保守的で，忠実。家族や友人に時間とエネルギーを注ぎ，一生懸命働く。激励され賞賛されるとよく働く。最大の関心事は，他人と一緒に働き，人や出来事を整理すること。	適応能力があり，忍耐強く，外向的で実践的な考え方をする。観察力と因果関係の分析に優れている。その場で問題解決をするのを得意とし，伝統と感情の偏った影響を受けにくい。資源に富んでおり，自発的で，団結心があり，何事も楽しむ。

表 15.2 仕事の世界における気質

名前	ビジョナリー（NT）	触媒（NF）	問題解決者／交渉者（SP）	伝統主義者／安定装置（SJ）
世界を見て，これを知る。	可能性，意味および関係性	可能性，意味および関係性	事実と現実	事実と現実
そしてこれをしたいと思う。	その結果を分析的に非個人的に調べる。	それが人に，また人のためにどんな価値があるのかを判断する。	もっと収集し，オペレーションする。	それらをまとめる。
生涯を通じて，こんな意欲を持つ。	コンピタンスと知識	意味，信頼性，アイデンティティ	活動，刺激，競争	意味ある社会団体に貢献する。
そしてこんなことに有能である。	変化の設計者として，組織内の起業家として。	組織の目標を達成するために，人々をともに効果的に働かせる。	危機において，火事場から救い出し，よい成果を生む。	組織を安定させる人として，伝統を維持する者として。
こんな強みがある。	先を見越す，新しい可能性を見る。概念化する，特に組織改定について設計する。特に知性に関して高い標準を設定する。複雑なイッシューや問題の核心を捉える。大局と大きな前後関係を見る。根底にある原則，ダイナミックス，法律を把握する。	人から最高のものを引き出す。人と一緒に，そして人とともに働く―参加的リーダシップ。言語能力，聴く力に優れる。組織風土に感受性が高い。共感を示す。創造力がある。人々を共に効果的に気持ちよく働かせる。	危機への対処。交渉可能なものを探す。なにかを成し遂げるのに器用で資源に富む。どうやって物事を進めるかをよく知っている。正直で率直―ありのままを話す。具体的な問題に実践的なアプローチをとる。	現実的で実践的。決断力がある。ルール，ポリシー，規制に注意を払う。計画を立て，整理して仕事を行う。頼りになり，着実に働き，やり抜く。特に細部が徹底的で，手順がよく，正確。

表 15.2 （つづき）

名前	ビジョナリー (NT)	触媒 (NF)	問題解決者／交渉者 (SP)	伝統主義者／安定装置 (SJ)
	だれかが「それは不可能だ」というとき，本領を発揮する。	特に自分や他人に関する新しいことを学ぶ。	順応性，柔軟性がある。リスクをとる。	
こんな潜在的な弱みを持つ。	神経の細やかさや人への感謝を簡単には示さない。決まりきった仕事には飽きてしまい，細部を完遂しない。複雑さに興味がありすぎて，人がついてこないことがある。エリート主義。能力がないとみなす人を我慢できない。	他人に自分の時間や自分自身を気前よく使いすぎる。個人的な好き嫌いで意思決定をする。自主性と自由を与えすぎる。傷つきやすい—批判を自分のせいにする。人に過度の焦点をおき，組織の目標に十分な焦点を置かない。特に人を傷つける可能性がある場合，「歯を食いしばってこらえる」ことに耐えられない。	理論的，抽象的，概念的なことを嫌い，我慢できない。気まぐれになる。解決すべき危機がないと退屈する。刺激を求め危機を作る。文書にして提出する。明確な態度を示さず，優柔不断に見える。衝動的—行動を起こす前によく見ない。	変革の必要性にいつも敏感というわけではない。「規則は規則だ」，「例外を許すと，ほかの人にも例外を許さなければならない」というタイプ。判断が性急すぎる。遅れや複雑な状態をがまんできない。起こりそうもない危機に強い関心を持つ。
作業チームでこのような貢献をする。	思考プロセスをトラッキングする。問題を解決する。理論的なインプットをする。アイデアに対する熱心さが伝染する。	個人的なものの見方を追加する。自分がよいと信じる組織あるいは大義を売り込む。他人の貢献を引き出す。	なにかを起こさせる。実践的な問題を発見する。同意を取り付けたり，実行計画を交渉する。	実行しなければならないことに焦点を当てる。やり抜くことに焦点を当てる。重要な細部に焦点を当てる。
このようなことで感謝されたい。	アイデアの質と知的能力	重要な貢献をする人として。	物事を起こさせ，あるいは成し遂げる賢い手腕	注意深く，徹底的で正確な仕事
これを与える。	アイデアのカリスマ	人のカリスマ	危機のカリスマ	カリスマからの救済！
彼らのモットーは。	「あるがままの現実を見て，なぜだという人がいる。私はこれまで存在しなかった物事を夢見る。そしてやってみよう，という。」Robert F. Kennedy	「なにより肝心なのは，汝に忠実であれということだ。そうすれば，それは夜が昼に続くように続くはずだ。それで汝は他人に対して不誠実であることはできない。」William Shakespeare, Hamlet	「おのれ憎っくき水雷め，全速前進」David Farragut, Battle of Mobile Bay, 1863	「雨も，雪も，みぞれも，夜の闇も，われわれ配達人に与えられた巡回を迅速に終えることを妨げるものではない。」郵便局のモットー

Source: Reprinted by permisstion of The Human Resources Management Press, Inc.

理想主義者 — 直感・フィーリング （NF - ENFJ, INFJ, ENFP および INFP を含む）	合理主義者 — 直感・思考 （NT - ENTJ, INTJ, ENTP および INTP を含む）
理想主義者は，信頼され，情け深く，そして共感したいと欲する。彼らはアイデンティティ，意味，そして重要性を探す。実際，人生は一貫してアイデンティティを探すことである。彼らは関係性を重視し，人生が生きる価値を持つためには意味ある関係性を必要とする。彼らはそれらの関係性を育てるのに多くの時間を費やす。彼らはロマンチックで理想主義になる傾向があり，世界をよりよい場所にしたいと考える。彼らは未来志向である。NF は自分の直感，想像および空想を信じる。これは彼らにとって実際の木や椅子のように現実のもので重要である。彼らは，可能性を開発し，コーチング，指導，カウンセリング，そしてコミュニケーションを通じて成長を育成し，促進することに注力する傾向がある。彼らは担当するいかなる仕事にもこの視点を加える。たとえ職務記述書にこれらの傾向が含まれていなくても，彼らは自らそれを行う。その結果，潤滑油となり，緊張を拡散することによって職務記述書どおりのことを行うよりももっと大きな価値をしばしば組織に与えることになる。一般的に彼らは，自分が興味を持っているアイデアや大義に熱心である。彼らに備わった思考スタイルは，類似点を統合し観察するものだ。彼らは普遍的な原則を探し，通常グローバルな視点を持つ。NF は通常，話す，書く両方ともに，言語を使う才能に恵まれている。彼らは隠喩を多用し，それによって異なる見解の溝を埋め，調和をもたらす。理想主義者は通常如才ない。彼らは，自分たちの理想と士気を奉仕するのに，多くの人々とコミュニケーションの才能を働かせる。	合理主義者は，知識，コンピタンスおよび達成を求める。彼らはなにが世界を動かし，人々を働かせるかを理解しようとする。合理主義者は理論に魅了され引き付けられる。すべてのものは条件付きで，それが発見されあるいは表現される前後関係に関連している。彼らは理想主義者同様，未来志向である。理論および理由を信用する。すべては論理的でなければならず，注意深く定義された前提から開始されなければならない。合理主義者はすべてに論理的根拠を求め，生まれつき懐疑的である。彼らは差異，カテゴリーの線引き，定義，構造，そして機能という観点で考える。もし彼らの仕事があまりに決まりきったものならば，彼らはそれを面白くさせるため仮説と理論を作り上げる。特に思想と言語に正確性を求める。彼らは長期計画，発明，設計および定義の領域に強く，これらの質が求められていなくても，これらの才能をどんな仕事にも導入する。通常落ち着いた雰囲気を持っており，平和な環境を好む。彼らは順応よりも個人主義を育成する。彼らはしばしば技術と科学を重視しすぎ，エンジニアリングと戦略立案にむいている。
保護者 — 感覚・判断 （SJ - ESTJ, ISTJ, ESFJ および ISFJ を含む）	職人 — 感覚・知覚 （SP - ESTP, ISTP, ESFP および ISFP を含む）
保護者は帰属意識を持ち，自分のグループであればなんでもメンバーシップを持ちたいと思う。彼らは責任と説明責任を渇望する。彼らはしばしば責任を負いすぎ，働きすぎになる。彼らは他人が一生懸命働き，責任を持つことを期待する。寛大，奉仕，義務を好む。彼らは制度と標準的な運用手順を確立し維持する。SJ は世界を維持し，義務を守りたいと考えるので，いわば見張り番をしている。だれかが，またはなにかが針路から外れたとき，また規範から大きくそれるとき，彼らが警告を発するのが見受けられることがある。	職人は，つぎの行動を選択する自由を欲する。彼らは衝動的に経験し，行動しなければならない。彼らは優美で，大胆で，印象的で，そして観客にインパクトを与えたいと思う。彼らは一般的に活気があり，楽観的で，運が自分にあることを期待する。SP はその瞬間の行動にばかりに気を取られ，遠い先の目標を見失ないがちだ。しかし他人が見失った機会（彼らはもし可能であればそれを捕らえる）を見つける。職人は現在志向で，冒険と経験を求める。彼らは自発性を渇望する。SP は自分の衝動，運，そして直面する問題の解決能力を信じる。

図 15.2 行動のクラスタ （Source: Adapted from "Working Together," by O. Isachsen and L. V. Berens, 1988, San Juan Capestrano CA, Institute for Management Development, pp.48-51.）

彼らは安全と基準を確認するため，過去のやり方と伝統に頼る。彼らはしばしば作法，規則，そして儀式によって文化を作る。保護者は契約と権威を信用し，チャンスを信じない。安全と安定を欲する。SJ は慣習，連想および慎重な要素の観点で考え，したがって記憶とドリルを熟達への道として強調する。一般的に彼らは運命論者的なスタンスを持っていて，真面目で，心配性だ。保護者は，物と人がしかるべき場所に，しかるべき数だけ，しかるべき品質で，そしてしかるべき時間に確実に配置されるようにすることに長けている。彼らはしばしばビジネスおよび商業，特に保管とロジスティックスが要求される分野に引き付けられる。	したがって，他人が恐怖と躊躇からひるんでいるところに，しばしば突入する。職人は生まれながらの交渉人で，ごくわずかであっても他人から譲歩を引き出すのを楽しむ。彼らはバリエーションという観点から考えるので，職人と呼ばれる。一つのテーマでバリエーションを作り出す能力は，美術および工芸のセンスだけにとどまらず，なにをやっても発揮される。彼らはどのような職務であろうと，それを変える方法を見つける。彼らは細部に気づき詳述する鋭い能力がある。彼らは動き回る自由，行事そしてゲームを好む。彼らはその瞬間にとるべき最良の行動を見つけ出す，生まれつきの戦術家である。職人は，無難な，友好的な，あるいは論理的なことではなく，目的にかなったことをする。彼らはしばしば，ビジネスの起業家的側面と同様に，手工芸，視覚芸術，パフォーマンスアートに引き付けられる。

図 15.2　（つづき）

　戦略分析のこの領域の構築を支援するために，ほかのモデルも開発された。Barndt（1994）によるパーソナリティと組織インパクトモデルは，心理学の分野で開発されたいくつかのモデルを活用する。Barndt のツールは，戦略分析の職務に応用できるところに価値がある。

　このプロセスは基本的に，人間のパーソナリティと行動は，通常，長い間変わらないという事実をもとに，観測可能な情報を操作して，心理学的に推論することを伴う。このモデルは観測可能な情報を，ライバル企業の幹部による将来の戦略的意思決定に影響を与える，価値観，目標，リスク回避，およびほかの多くのパーソナリティに関係する側面についての実行可能なインテリジェンスに変換する，「ブラックボックス」の役割を果たす。それはライバル企業の意思決定者の活動および行動に関する実態のある情報を，その人物の心が実際にどのように動くかについての無形の情報に変換する価値あるメカニズムである。

　パーソナリティと組織インパクトモデルの2番目のおもなメリットは，それが比較的単純であることである。心理学のコースをとった人はだれでも，その学問の範囲が，人生と人間行動のすべての側面を包含し，非常に広範なものであることを知っている。この幅の広さは結果として，扱いにくい，複雑な，そしてマネジメントプロファイリングに実際に応用するには細かすぎるモデルになっている。Brandt のモデルは，分析を九つのコアとなる行動パターンにインパクトを与える，三つの経営スタイルと三つの心理的適合に削減することで，単純化した。分析者はこれら 12 の構成要素で，経営者のパーソナリティプロファイリングを行うのに十分な方法を装備することになる。

　表 15.3 のとおり，モデルの中心には，サポータ，実行者，フォロワ，理想主義者，オー

表15.3 パーソナリティと組織インパクトモデル—その拡大された枠組み

適合→	右脳型	バランスのとれた	左脳型
↓	双方向 感情的 表現力豊か 自発的	組織的 断固とした コミットした 起業家的	個人主義 知的に処理する 慎重な 孤立した
スタイル	フィーリング		超然とした
外向き 理想主義，熱心な ミッション志向 誠実な プランニング者，与える人 将来のために構築する 「準備ができている」 拡大しすぎるとパニックになる可能性がある	サポータ	理想主義者	独立独歩
内向き 自己中心的 ほかに依存しない 個人主義的 利己的 自己満足の いまを生きる/受け取る人 「プロジェクト」ストレス	実行者	オーガナイザ	リーダ
外向き（制御されている） 支配する/支配の必要 圧倒される 受動的（抑制する） ストレスによって過剰反応あるいは不動になる場合がある	フォロワ	支配者	ルールキーパ

Source: Barndt, W. D. Jr. *User-Directed Competitive Intelligence: Closing the Gap Between Supply and Demand*, 1994, Westport, CT: Quorum Books.

ガナイザ，支配者，独立独歩，リーダ，およびルールキーパというコアと呼ばれる九つの異なる行動パターンがある。九つのセルの上部には，右脳型，バランスのとれた，左脳型の三つの適合がある。九つのセルの左側にはポリアクティブ（多重行動的），プロアクティブ（先制行動的），リアクティブ（反応的）という三つのスタイルがある。

このモデルを適用する際に重要なのは，三つの適合と三つのスタイルが九つの行動タイプにインパクトを与えることを理解することである。表15.3のマトリックス上部の三つのセルとマトリックスの左の三つのセルは，マトリックス内の九つの行動パターンを定義するのに役立つ。したがって適合とスタイルの知識は，このモデルを説明する前に必要となる。

適　　合

- **左 脳 型**　左脳の機能性に関係づけられた適合は，知的に処理すること，論理の探求，分析および思考に集中する。考えるタイプの人は，行動しようとする前に脳で熟考する傾向があり，しばしば冷淡で感情的に超然としたように見える。
- **右 脳 型**　右脳の機能性に関係づけられた適合は，反応性，感情，表現，反応およびフィーリングに集中する。感じるタイプの人は，状況に自然に反応し，あとで自分たちの意思決定を分析する傾向がある。
- **バランスのとれた**　右脳と左脳の両方の機能性が同等に組み合わさった適合のこと。

ス タ イ ル

- **プロアクティブあるいは内向き**　このスタイルの人は，人生の難問に効果的に対処するために，絶え間なく計画を立てたり，リストを作成する傾向がある。プロアクティブな人は，自分の影響の範囲を楽観的に見る傾向があるが，危機の際にはしばしば困惑する。
- **ポリアクティブあるいは外向き**　このスタイルの人は，いくつかの異なる活動や心理的プロセスを同時にマネジメントできる。複数の課題をこなすことは彼らにとっては自然なので，彼らはしばしば非常に自信があり，ストレスをうまくマネジメントができ，そして多くの異なる要求のバランスを同時に取ることができる。ポリアクティブな人は，非常に自律しており，権限委譲を通じて，簡単に自分の関心事を他人にも共有させることができる。これは生まれつきのリーダの資質である。
- **反応的あるいは外向き（制御されている）**　このスタイルの人は，自分の個人的影響力に関し，悲観的とまではいえないが，しばしば運命論者的である。反応的タイプの人は計画しようとする，あるいは影響を与えようとする試みを無駄と考え，出来事をそのまま受け入れる傾向がある。彼らは，扱いにくい敵意のある環境と基本的にみなすものを制御するのに，ルール，規制および外部から課せられた秩序に依存する。

適合とスタイルの間には，重要な違いが一つある。一般的に適合とは，右脳と左脳の機能性間の違いを指す。それとは対照的にスタイルとは，個人の右脳と左脳の機能がおたがいにどれだけうまく統合できるかを指す。

行　　動　それぞれの適合とスタイルのインパクトは，九つの行動パターンを定義するために使用できる。

サポータ

- **右脳適合のインパクト**　サポータはいざとなると，最も重要なものを，伝統やルールや規制ではなく関係性に帰着させる。意思決定は，自発的で感覚と反応に基づく傾向にある。分析は，通常意思決定が行われたあとになされる。サポータはすべての人のニーズに対応するが，権限委譲を通じて個人の責任を放棄することはない。彼らは広範囲な戦略上の意思決定に注意を払うことを犠牲にして，戦術的および人間関係のイッシューに巻き込まれる。主観的な偏向が，しばしば判断を曇らせる。

- **ポリアクティブ／外向きスタイルのインパクト**　サポータは，無私無欲の見返りに認知と感謝を必要とする，生まれつき面倒見のよい人である。しかし，リーダシップの役割は，しばしばサポータが切望するだけ十分な量のポジティブなフィードバックを与えることのない孤立した環境である。その結果，サポータは確信が持てず優柔不断になってしまう場合がある。

実　行　者

- **右脳適合のインパクト**　実行者の他人に対する関心は，基本的に利己的なものである。実行者はいざとなると，自分のニーズと目標を企業のそれよりも優先する。

- **プロアクティブ／内向きスタイルのインパクト**　実行者は，自分の重要性を高めることを目的に，自分の払った努力に対する認知と功績を確保するため，しばしば非常に表現豊かなわざとらしい行動をとる。彼らのこの行動は，彼らがどこにいようとも，大きな影響力ある存在感となり，彼らの認知欲求を強める。

フォロワ

- **右脳適合のインパクト**　忠実で，コミットメントしており，自己犠牲的な彼らの傾向が発揮されるには，ルール，伝統的な文化あるいはほかの外部リーダによって，はっきりと定義された構造を必要とする。これらの促進条件がない場合，リーダの立場にあるフォロワは，確信が持てず優柔不断になってしまう。彼らはときおり構造を確立するニーズに促され，そのキャラクターを越えた行動を取り，衝動的になったり，あるいは動揺してしまう。

- **反応的／外向き（制御されている）のインパクト**　フォロワがうまく機能するにはルール，手順，そして外部リーダが必要である。これらの条件が揃っていない場合，彼らは，企業の目標や目的を定義し，実現するのに苦労する。むしろ彼らは，自分たちのリーダと組織の日常業務の望みを満たすことを成功と考える。自分がリーダの立場にある場合，彼らは親密なアドバイザとサポートスタッフにきわめて依存するようになる。効果的なアドバイザがいない場合，フォロワは社内で目標や目的を生み出す能力がないため，優柔不断になる。

理想主義者

- **バランスのとれた適合のインパクト**　理想主義者は，核となる一組の価値観と理想に対して，強い親近感を抱いている。彼らは自分たちが所属する企業や組織が，これらの理想を受け入れているものとみなす。したがって，この幸せなバランスが，彼らの行動を企業の目標と一致させる。その上，彼らは一般的に楽観的で人を励ます。

- **ポリアクティブ / 外向きスタイルのインパクト**　理想主義者は企業の目標に強い親近感を持っているため，組織の長期目標を追及しようとして，短期目標を簡単に犠牲にする。

オーガナイザ

- **バランスのとれた適合のインパクト**　オーガナイザは，企業を自分の一部だと考え，自分自身のことも企業の一部だと考える。そのため，彼らは，企業を最高のものにしようとするとき，非常に起業家的になり，ひいては自分自身のイメージを強化する。オーガナイザは，しばしば不必要に部下の数を増やしたがる傾向があり，通常，非常にエネルギッシュで，決然としており，そして頑固である。

- **プロアクティブ / 内向きスタイルのインパクト**　オーガナイザが持っている起業家としての熱意が，成長のニーズを生み出す。彼らは，企業を自分自身の延長と見ているので，企業の成長を自分自身の成長と同一視する。彼らは成長を支えるには，喜んでリスクをとる。彼らは，さらなる成長を追及するため，ためらいなく権限を委譲する。その上，もし権限委譲された人間が，企業の成長維持に失敗すれば，その責任の役割に不適格な人間を首にすることを恐れない。

支配者

- **バランスのとれた適合のインパクト**　支配者は，企業のすべての局面を制御する必要性を感じている。彼らの展望は悲観的であるため，彼らの運命論がエントロピーとして認めるものが，企業を破壊しようとすることから守ろうとして，企業を支配するモチベーションが働く。彼らの制御傾向および権限委譲への抵抗が，しばしばイノベーション，リスク，そして成長の息の根をとめる。

- **反応的 / 外向き（制御された）スタイルのインパクト**　支配者が率いる企業は，厳格でルール志向で，そして手続きを基本とした組織風土により，しばしば本当の可能性の実現を阻害される。

独立独歩

- **左脳適合のインパクト**　独立独歩タイプは，自分の専門分野におもな関心を持つテクノクラートであることが多い。そのため，自分たちのスキルや経験の視野を越えた企業の広範囲な戦略を無視する傾向がある。バイオテクノロジー，医薬品，コンピュータま

たはエンジニアリングなどの科学志向の企業は，しばしば独立独歩タイプに率いられることがある。

- **ポリアクティブ／外向きスタイルのインパクト**　独立独歩タイプはしばしば，戦略を自分たちの専門分野にしか集中しない。独立独歩が率いる企業の成長戦略あるいはイノベーションの焦点は，通常かなり正確に予測することができる。その上，独立独歩は同じような関心を持つ，あるいは同じようなスキルを所有する人としかかかわらない傾向がある。

リ　　　ー　　　ダ

- **左脳適合のインパクト**　独立独歩タイプとは対照的にリーダはリーダシップへのより広範な願望を持つ傾向がある。しかし，彼らのリーダシップへの探求は，自分の専門分野の追求ではなく，個人的な権力と影響力に関係している。彼らは，一般的に報酬目当てであることが多く，忠誠心とコミットメントの両方を簡単に移植することができる。

- **プロアクティブ／内向きスタイルのインパクト**　リーダは，リーダシップのポジションを占めることを好むが，権力を行使する人に対して大きな影響力を与えることができるポジションに甘んじる。彼らが権力にひきつけられる理由は，ほとんどが自己中心的なものだ。

ルールキーパ

- **左脳適合のインパクト**　ルールキーパは，ルールを考案するよりもそれを実行することにより興味がある。彼らは明確に定義された構造の中で，専門家として働くことを好む。そのため，リーダのポジションに就くと，しばしば創造力の欠如と焦点の狭さを露呈し，細部にこだわりすぎてしまう。

- **反応的／外向き（制御された）スタイルのインパクト**　ルールキーパは，しばしば部門長に昇格され，非常に効果的に秩序を確立する。しかし，より広範なリーダシップのポジションに着くと，非常に支配的になりやすく，イノベーションを通じた成長よりも，既存のビジネスを守ろうとするリスク回避の戦略に陥る。

九つのセルからなるマトリックスには，**図15.3**の力学モデルと**表15.4**の力学表に示されるように，経営者のパーソナリティのかなり正確な定義を書き込むことができる。背景分析からの情報と，観察から得た行動を組み合わせることにより，分析者は狙いとする幹部のかなり正確なプロファイルを構築できる。最初に分類することからはじまるこの枠組みは，競争相手の意思決定者が，将来行うかもしれない戦略的意思決定を推論するのに使用できる。

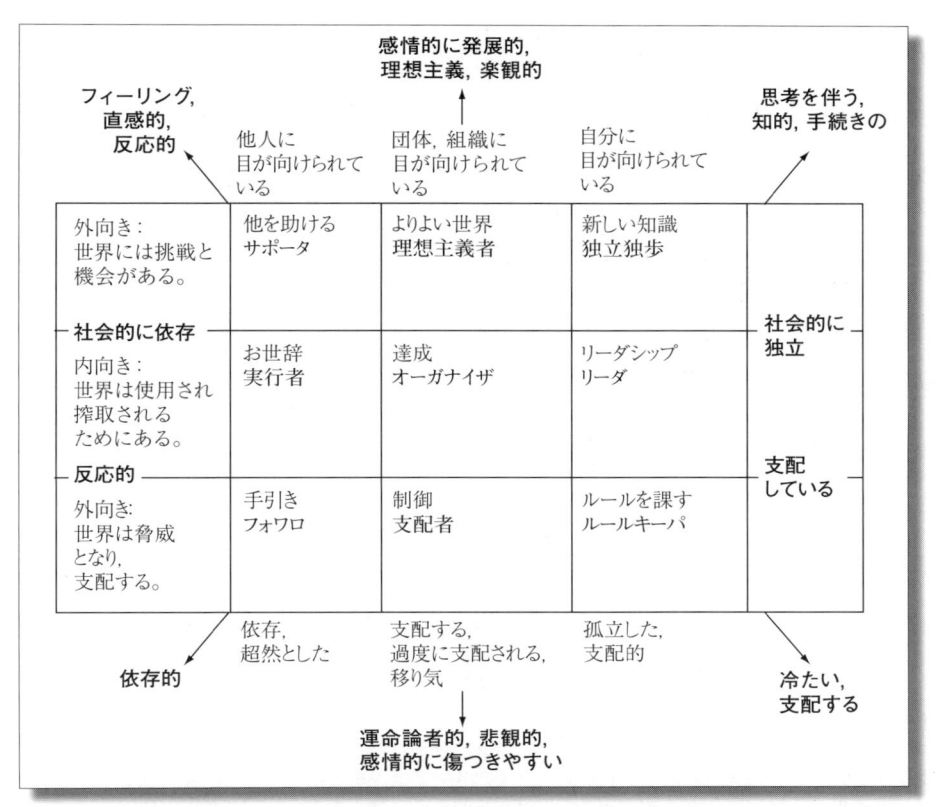

図15.3 力学モデル（Source: *User-Directed Competitive Intelligence: Closing the Gap Between Supply and Demand*, by W. D. Barndt Jr., 1994, Westport, CT: Quorum Books.）

3. 環境／企業文化

　組織は，その規模，構造および目的においてそれぞれ異なるということは，だれもが知っているが，性格もまた違うものである。組織の性格は，部門によっても同様に，大きくまたは微妙に違っている。1992年にWilliam Bridesが行った革新的研究は，組織のタイプまたはグループを16のMBTIプロファイルに従って識別した。分析者は，これまで明らかになったプロセスと同じものを使い，組織の性格も識別できる。組織の性格は，おもにそのリーダあるいは創設者により決まる，ということに着目することは興味深い。一方で，組織の戦略に対して反応する，あるいはそれを策定する能力は，その性格によって定義され，そして組織が特定の戦略的および戦術的行動に抵抗するか受け入れるかについて，分析者に洞察を与える。

　経営最高責任者（CEO）のパーソナリティは，分析にとって非常に重要であるが，役員室，部門長，戦略的事業単位の幹部のプロファイルを作成するだけではなく，意思決定がなされる枠組み，つまり組織の性格の内部を再検討することも価値がある。一般的に，戦略的意思

表 15.4　力　学　表

	サポータ	理想主義者	独立独歩
一般的なスタイル	協力的	理想主義	献身的，コミットメントしている
焦点	他人	中核的価値観，目標	狭量な：利益共同体
プライオリティ	人，サービス	価値観の維持，団体の向上	特別の目標を押しつける
経営スタイル	協力的，和気あいあいとした職場	協力的，激励，計算ずくのリスク	積極的，狭い
脆弱性	過干渉	幻滅	狭い視野
	実行者	オーガナイザ	リーダ
一般的なスタイル	ドラマティック，自己宣伝	楽観的，挑戦的	積極的，支配的
焦点	自己のニーズ，認知	組織，経営資源，人材	リーダシップ，影響力，昇進
プライオリティ	個人的賞賛	成長	責任の引き受け，影響力の行使
経営スタイル	自分の関心を押し付ける	激励，挑戦，権限委譲；"フェア"	積極的，自信がある
脆弱性	広範な義務を無視する	過度な経営資源の拡大，リスクの過小評価	任務以上のことをする，無理のしすぎ
	フォロワ	支配者	ルールキーパ
一般的なスタイル	うまくやっていく	恐ろしい，信用しない	支配する，強制する
焦点	仕事を遂行すること	支配権を維持すること	手順，ルール
プライオリティ	狭い	リスクと混沌を避ける	ルールの強制
経営スタイル	限られたビジョン，優柔不断	支配する，禁じる	些細な，狭い
脆弱性	身動きが取れない，機会を逸す	イノベーションを押さえつける，成長を妨げる	創造性を妨げる，より広範囲なニーズを無視

Source: *User-Directed Competitive Intelligence: Closing the Gap Between Supply and Demand*, by W. D. Barndt Jr., 1994, Westport, CT: Quorum Books.

決定は，それだけが孤立して行われることはない。

　ライバル企業に存在する，企業としての意思決定の文化のインパクトを分析するのに，つぎの二つのツールが助けとなるかもしれない（Ball, 1987）。

- **戦略的イッシューへの幹部の支援の比較表**　このツールは，ライバル企業の意思決定者のさまざまな重要な戦略的イッシューへの相対的支援を判断するために，彼らの背景とパーソナリティのプロファイルを重ね合わせる。これは企業の戦略的焦点を知るヒントになり，分析者の企業への潜在的な脅威を明らかにする。その上，この表により比較的軽視されている領域が明らかになり，分析者の企業にとって潜在的な機会を示す場合がある。図 15.4 は，仮想のケースによる比較表である。
- **企業文化のプロファイル**　ライバル企業の文化のプロファイルをまとめることにより，

15. マネジメントプロファイリング

戦略的イッシュー				戦略的イッシュー	支援			
拒否権の使用	積極的に反対	強く意義を唱える	意義を唱える		同意	重要だと考える	非常に重要だと考える	最優先
				製品				
				プレミアム価格				
				技術的優秀性				
				カスタマイゼーション				
				強い差別化				
				財務				
				利益				
				流動性				
				貸付金融				
				計画				
				買収/合併				
				社内での開発				
				製造				
				特化				
				製造の制御				
				伝説				
				CEO/創設者				
				製造管理者				

図 15.4 戦略的イッシューへの幹部の支援の比較表 (Source: Reprinted from Long Range Planning, Vol. 20, No. 2, R. Ball, "Assessing Your Competitor's People and Organization," pages 32-41, Copyright 1987, with permission of Elsevir Science.)

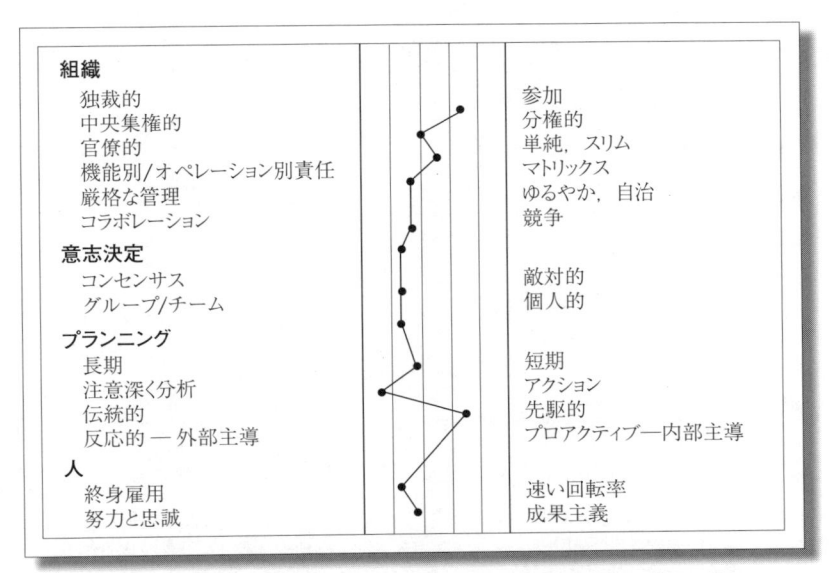

組織
- 独裁的 — 参加
- 中央集権的 — 分権的
- 官僚的 — 単純, スリム
- 機能別/オペレーション別責任 — マトリックス
- 厳格な管理 — ゆるやか, 自治
- コラボレーション — 競争

意志決定
- コンセンサス — 敵対的
- グループ/チーム — 個人的

プランニング
- 長期 — 短期
- 注意深く分析 — アクション
- 伝統的 — 先駆的
- 反応的 — 外部主導 — プロアクティブ — 内部主導

人
- 終身雇用 — 速い回転率
- 努力と忠誠 — 成果主義

図 15.5 企業文化のプロファイル (Source: Reprinted from Long Range Planning, Vol. 20, No. 2, R. Ball, "Assessing Your Competitor's People and Organization," pages 32-41, Copyright 1987, with permission of Elsevir Science.)

戦略的意思決定にあたって個々の意思決定者が持つ自由度を判断する手助けとなる。**図15.5**は，そのようなプロファイルの作成方法を示すものである。

経営者のパーソナリティプロファイリングを行うにあたり，すべての段階で使われる情報源には，つぎのものがある。

- **公開された情報源**　　年次報告書（経営，議論と分析，会長からのメッセージ），証券取引委員会への提出物，伝記，経歴の要覧と索引，新聞の切り抜き，ラジオとテレビのインタビュー，データベース検索，コンサルタントのレポート，証券アナリストの解説，ケーススタディ，インターネット
- **非公開の情報源**　　業界のエキスパート，サプライヤ，ジャーナリスト，業界の組合，顧客，流通網，人事部からのゴシップ，マーケティングおよび営業部門の社員

価値観がもたらす相違点

個人の価値観が戦略的意思決定に与えるインパクトを探る，先駆的な一つの文献の中で，その筆者は Spranger の枠組みを使用し，いくつかの企業の価値観を分析した。

National Duplicating Products（NDP）

NDPは，オフィス機器を扱う小さなメーカであった。同社のマネジメントの主要な中核的価値観は，優先順位では社会的価値，ついで美的価値であった。社会的価値の重要性は，戦略上のいくつかの有形な効果に変換された。同社の現在の戦略は，これらの価値観を多数反映している。

- 低から中程度の成長
- 単一製品への注力
- 営業組織における独立エージェントの形態
- 美的訴求度のある高品質な製品
- コスト競争の拒否

社長が大部分の株式を所有していたので，社長の個人的価値観が最重要であった。したがって，社長は社員との関係悪化を恐れ，生産性基準や成長戦略の実施を拒否した。社員の福利への配慮が，経済的な効果に優先した。社長の社会的および美的価値観はもう一つ，主として社員の楽しみのために建築された手の込んだ施設に具現化された。

Acoustic Research Inc.

拡声器メーカである Acoustic 社では，マネジメントのための価値観の優先順位にお

いて，理論的および社会的価値が上位にきた。同社でも，これらの価値観が企業戦略に明確に現れていた。

- ・広告における科学的事実と完全性
- ・ディーラへのマージンが競争相手よりも低い
- ・サプライヤ，ディーラ，社員との関係で，「真実と誠実」の維持
- ・消費者に対し，できるだけ安い価格で高品質なものを提供する

　Acoustic社は，同社の価値連鎖内の多くのメンバーから成長市場で販売を拡大してはどうかという要請があったにもかかわらず，製品品質，価値価格，そして誠実な宣伝を危うくするだろうとして拒否をした。これらすべてのインパクトは，間接的には，同社の理論的および社会的価値に矛盾するものであった。

Source: Adapted from "Personal values and Corporate Strategy," by W. D. Guth and R. Tagiuri, 1965, *Harvard Business Review*, 1965, *43*(5), pp.123-132.

FAROUTのまとめ

	1	2	3	4	5
F	■	■	■	■	
A	■	■			
R	■	■	■	■	
O	■	■	■		
U	■	■	■	■	
T	■	■			

　未来志向性　　中から高。定義上，プロファイリングの目的は，将来の意思決定行動を予測することである。しかし，プロファイリングは，パーソナリティが基本的に不変であり，過去の行動が将来の活動を示唆するという前提に基づいている。これらの譲歩が二つとも欠けている限りにおいて，このツールはそれほど未来志向ではなくなる。さらにプロファイリングは，不連続性をうまく処理できない。

　正　確　性　　低から中。パーソナリティ特性の最初の分類は，非常に主観的で，それ以降のすべての分析を方向づける。もしこの段階が不正確に行われると，分析は正確ではなくなる。

　経営資源効率性　　高。公開されている資料，インタビューおよび通り一遍のCIテクニッ

クから，多くのインプットが簡単に手に入る。

客 観 性　中。分析は心理学の理論に基づいているので，個人的偏見が入りやすく，その結果観察中の個人のテストを必要とするということに注意しなければならない。観察可能な活動と行動を，無形の観測不可能なパーソナリティ特性に変換するプロセスは，主観的判断に基礎を置いているかもしれない。

有 用 性　高。ライバルの意思決定者の根底にある心理を理解することは，特に不明瞭なコンテキストにおいては，非常に有用である。このツールとテクニックは，ほかのツールでカバーしきれない分析上の真空部分を埋めるものとしてユニークなツールである。

適 時 性　低から中。最近の情報をもとにしたプロファイルは，迅速に作成できる。ターゲットの背景にまでさかのぼる，より拡大されたプロファイルは，長期にわたる多数の異なる情報源を総合したものなので，かなりの時間を必要とする。

関連するツールとテクニック

・ブラインドスポット分析　　　　・競争相手のプロファイリング
・業界構造分析　　　　　　　　　・シナリオ分析
・SWOT 分析

参 考 文 献

Ball, R., (1987). "Assessing your competitor's people and organization." *Long Range Planning*, *20*(2), 32-41.

Barndt, W. D. Jr. (1991). "Profiling rival decision makers." *The Journal of Business Strategy*, *12*(1), 8-11.

Barndt, W. D. Jr. (1994). *User-directed competitive intelligence: Closing the gap between supply and demand.* Westport, CT: Quorum Books.

Bridges, W. (1992). *The character of organizations.* Palo Alto, CA: Davies-Black Publishing.

Briggs Myers, I. (1991). "Introduction to Type". Palo Alto, CA: Consulting Psychologists Press, Inc.

Brownsword, A. W. (1988). "Psychological Type: An Introduction", Human Resources Management Press, Inc. San Anselmo, California.

Giovannoni, L. C., Berens, L. V., & Cooper, S. A. (1990). "Introduction to Temperament." Huntington Beach, CA: Telcos Publications.

Guth, W. D., & Tagiuri, R. (1965). "Personal values and corporate strategy." *Harvard Business Review*, *43*(5), 123-132.

Hirsh, S. K., & Kummerow, J. M. (1990). "Introduction to Type in Organisations—Individual Interpretative Guide," 2nd ed. Palo Alto, CA: Consulting Psychologists Press, Inc.

Isachsen, O., & Berens, L. V. (1988). "Working Together" San Juan Capistrano, CA: Institute for Management Development.

Keirsey, D., & Bates, M. (1984). "Please Understand Me—Character & Temperament Types." Del Mar, CA: Prometheus Nemesis Book Company.

Krumiede, D. W., Sheu, C., & Lavelle, J. (1998). "Understanding the relationship of top management personality to TQM implementation." *Production and Inventory Management Journal, 39*(2), 6-10.

Myers, K. D., & Kirby, L. K. (1994). "Introduction to type® dynamics and development—Exploring the next level of type." Palo Alto, CA: Consulting Psychologists Press, Inc.

Poirer, C. A. (1993). "Personality intelligence: Anticipating your competitor's next move." *Manage, 44*(4), 22-24.

Rigby, D. (1997). *Management tools and techniques: An executive's guide*. Boston, MA: Bain and Company.

Spranger, E. (1928), *Types of men*. Halle, Germany: Niemeyer.

セクション3　環境分析テクニック

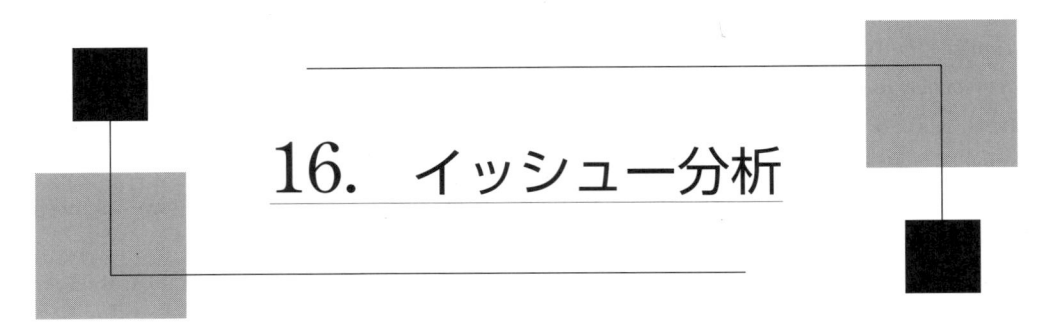

16. イッシュー分析

　イッシュー分析（Issue Analysis）は，つぎのような洞察力をマネージャに与えることによって，戦略およびコンペティティブインテリジェンス（CI）にかかわる取り組みを支援する。その洞察力は，組織が外部環境の変化をよりよく予測すること，そして公共政策の展開に影響を与えながら，外部環境の形成においてより積極的なあるいは主体的なプレーヤになることを可能にする。

16.1　背　　　景

　ほとんどの戦略的マネジメントの処方箋は，企業が機会と脅威を認識するために，その社会的，および政治的（ソシオポリティカル）環境を注意深くモニターしなければならないことを示唆している。これらの機会と脅威は，しばしば戦略的イッシューという形で現れる。Heath（1997，p.84）は，イッシュー（問題あるいは論争点）を「論点，事実，価値観またはポリシーにおける意見の相違で，その解決が組織の戦略計画に影響を及ぼすもの」と定義している。DuttonとAshford（1993）は，イッシューが組織の業績に関連するとトップマネジメントが信じるとき，イッシューは戦略的になると述べている。戦略的イッシューのもう一つの一般的な見解は，企業とステークホルダ間の信念，事実または価値観の違い（ギャップ）である。つまり，組織の業績にかなりの影響を与えうるもの，組織がそれに対して秩序立ててタイムリーに対応しなければならないもの，そして組織がそれに対して当然なんらかの影響力を行使することを期待するものである。

　イッシューは，トレンドと出来事の収斂から発生する。トレンドは，イッシューがたどる軌跡である。なぜならば，それは多くの議論を呼び，そしてそれに影響を与える社会的政治的な力が加わるからである（Heath, 1997, p.84）。こうした収斂は通常，つぎのいずれかの形で出現する。

1. **不都合な現在のポリシー**　自分たちの利害にとって不都合と考えられるポリシーを変えるために，グループはイッシューを引き起こす。製薬業界では，医療用医薬品メーカとジェネリック医薬品（後発品）メーカとの間でイッシューをめぐって何度か論争があった。
2. **予期せぬ出来事**　タンカーからのオイル流出，研究者たちが指摘するアスベストまたはシリコン製品などが疾患につながる可能性，政府のより厳しい運輸規制につながりかねない列車あるいはトラックの事故など，予期していなかった出来事ゆえに，人々はしばしばイッシューに興味を持つ。
3. **公益にかかわる運動**　一部のグループおよび個人は，環境浄化，公の場での喫煙の制限，都心部での失業者の削減など，より広く公益にかかわると考える利害に関心を寄せる。
4. **海外での進展**　イッシューは，しばしば，他国で重大な問題となるため，自国の議題となる。貿易圏（例えばNAFTAまたはAPEC）内または貿易圏同士で，あるいはWTOなどのより大きな貿易機構で協議される貿易条件に関する活動がますます増加しているため，イッシューはより重要になってくる。
5. **政治的起業家精神**　政治家や政党は選挙で注目あるいは票を獲得できるよう，しばしば公の議題にイッシューを提示する。

　イッシュー分析は，企業を取り巻く社会的および政治的環境の中で起きるトレンドや出来事に戦略的影響を受ける大組織，特に企業団体や同業者組合などで広く使用されている技法である。地域関係，政府関係および公共業務などの対外政策を扱う組織領域では，この技法がよく使用されている。競争および戦略の分析者は，分析ツールとして持つべきではあるが，CI機能の中ではそれほど頻繁に使用されていない。

16.2　戦略的根拠と意味

　一部のビジネスリーダや学者は，事業およびビジネスシステムが存続の危機に瀕しており，ビジネスは公共のイッシューに対し，よりよい，より建設的な対応をしなければならないと考えている（Buchholz, 1995）。ほとんどの企業は長い間STEEP要素（17章参照）への対応が不適切であり，事業はステークホルダへの取り組み能力に関し信頼性をやや失ったと見る人も多い。もしこの観察が事実であれば，公共のイッシューに効果的に取り組む組織は，競争優位を得られるはずだということを意味する。

　イッシュー分析は，企業が変化に対応するために自分自身を位置づけるのに役立つので，競争および戦略の分析者の武器庫の中の重要な技法である。主要なステークホルダや大衆が

どんな事実，前提，価値観を用いるのか，そして彼らはそれらからどのような結論を導き出すのかということを，意思決定者が知る手助けとなる（Heath, 1997）。主要なステークホルダの意見は，消費者保護，環境保護，資金調達の選択肢，健康と安全，マーケティング，オペレーション基準，製品のパッケージングと配置，立地などに関する企業の意思決定に影響を与えることができる。

多くの企業が公共政策（Public Policy：PP）に関する意思決定の重要性を理解しているにもかかわらず，PP情報を実際に収集，分析および使用するための組織的なインテリジェンス活動に関して，さまざまな態度および意見が存在する。多くの企業にとって，これらの配慮は業績に大きなインパクトを与える。しかし，CIの文献を幅広く調査して生まれた実証的証拠からは，組織と公共政策のインターフェースが積極的にマネジメントされてきたという明確な兆候は見られない（Prescott and Bhardwaj, 1995; Prescott and fleisher, 1991; Prescott and Gibbons, 1991; Stanat, 1993）。PPのイッシューは，大学で教えられているように，または書店の書棚に置かれたテキストに見つかるように，主流である戦略論またはCIの文献の中にわずかに言及されているのを散見するだけである（Goldsmith, 1996）。

おおまかにいうと，イッシュー分析とイッシューマネジメントは，より大きな公共政策のCI（PPCI）プロセスのサブセットである。PPCIは，企業の戦略の達成に影響を与えるグローバルなPP環境から出現する，脅威および機会の早期警告となる（fleisher, 1999）。PPCIはつぎのようなさまざまな意思決定領域で使用できる。

- 法律または規制を作成，変更あるいは無効にする活動への従事。この例として，日曜日の小売販売を可能にする，関税制度を修正する，そしてコンプライアンスの実施計画表がある。
- 発展するPPに適応するため，オペレーション基準を変更する。現在，暴力または性描写番組を，深夜にしか放送しないメディアが何社かある。
- PPイッシューに適応するため，社員の業績基準/手続きまたは労働慣行を変える。この例として，同性愛カップルに手当てを支給すること，発展途上国で未成年の契約社員を使わないこと，そして人種，宗教などに無関係に採用および昇進の機会を与えることなどがある。
- PPイッシューで，組織のミッションを変更するか，あるいはリーダシップの役割を果たす。この典型的な例として，化学企業がレスポンシブルケア（監督責任管理運動）で行ったことを挙げることができる。企業は，イルカを殺さずにマグロを獲る漁法のように，議論を巻き起こしている慣行を，法的基準が設定される前に自発的に廃止する。
- 主要な政策イッシューに意見広告を出す。大手インターネット企業数社は，プライバシーおよび言論の自由のイッシューに口頭で取り組んでいる。

- PP の結果，ベンダー/サプライヤを変える。米国の小売業 Wal-Mart は，米国のサプライヤが競争力を持つ限り，それらの企業から購買するという優先ポリシーを作った。
- PP イッシュー，賠償責任基準あるいは一般市民の期待に適応するために，製品またはサービスに新しく参入あるいはそれから撤退する。この例として，インターネットサービスプロバイダがいわゆる有害サイトをホスティングするのを拒否したこと，それまで防衛関連の事業を行っていた企業が，以前の契約と関連する商業分野に参入したこと，そしてある国では禁止されている製品を，同様な法律がない他国で販売することなどがある（Heath, 1997）。

イッシュー分析は，より大きなイッシューマネジメントプロセスの一部である。Weller (1982, p.24) によると，イッシューマネジメントとは，「…戦略マネジメントであり，プランニングプロセスである。…その中心は，組織の目標に影響を与える現在のまたは出現しつつあるイッシューやトレンドを識別すること，これらのイッシューおよびトレンドに関する情報を展開し分析すること，そして識別されたイッシューと予想されるインパクトに対応してインテリジェントなマネジメント戦略に着手すること」である。Bartha (1990) は，企業の外部関係の遂行に戦略マネジメントのツールを応用することだと述べている。本書で検討されているほかの多くの環境分析方法同様，イッシュー分析はよくいわれている格言「転ばぬ先の杖」に基づいている。Bartha(1990, p.7)のつぎの記述は，それを正しく表している。「企業の公共環境の中の出来事，プレーヤ，そして関係性についての情報を体系的に追跡し評価することにより，マネージャは今日の〔STEEP〕プレッシャーの中に，明日の政府の政策方針の前触れを認識することができる」

イッシュー分析の戦略的な目的は，意思決定者が組織行動のためにイッシューを識別，モニタリングおよび選択することを支援することである。多くの環境をめぐる展開は，組織の最終損益と競争力に影響を及ぼすことができる。組織は，広範囲の環境の中のすべてのイッシューには対応できないし，またそうすべきでもない。また，イッシュー分析は，戦略的意思決定者が STEEP 環境の変化から生じる意外なことに驚かなくてすむよう，それが機会であろうが脅威であろうが，組織が STEEP のイッシューによりうまく取り組めるように支援する。

多くのイッシューは，組織にとって良い結果をもたらすこともあれば，悪い結果をもたらすこともあるが，直面するすべてのイッシューに対応しきれる経営資源を持っている企業はない。望ましい結果を得ようとして使われた経営資源と，その結果の価値という観点から見ると，イッシューによっては，組織にとってより良い，あるいはより悪い結果をもたらすこともある。したがって，分析者は意思決定者がそれらのイッシューを理解できるよう支援し，その中で組織の対応が期待される費用対効果を生むことができるようにすることがつねに重

要である。これらの計算もまた，不確実性のもとで行わなければならず，十分に経験を積んでいない人にとってはこれらの分析と計算を困難にさせている。この不確実性は，業界内あるいは業界を越えた競争のバランスを崩す大きな要因となるため，イッシューをより正確に分析しなければならない。

16.3 強みと利点

イッシュー分析は静的なプロセスではない。このプロセスを効果的に使うことのできる企業にとって，その競争力を増すいくつかの利点を提供することができる。

1. イッシュー分析は，PP に関して実施された調査と STEEP 環境とを戦略的意思決定プロセスに注入する。マネジメントが，インパクトの低いイッシューに注意をそらされずに，組織が対応しなければならない最もインパクトのあるイッシューを選択する際の利点となる。
2. イッシュー分析は，組織内部の対応と外部環境への対応の両方の調整に役立つ。追加的なリードタイムを提供するために，出現するイッシューの早期識別を可能にする。
3. イッシューを積極的にモニタリングしそれに取り組むことで，組織はイッシューが大きくなる前に，それから身をそらす機会が得られ，そして出現するトレンドを企業の機会に変換する能力を持つことができる。いい換えれば，組織は，最小限の混乱で変革を受容できるようになる。
4. イッシュー分析は，STEEP から発生するイッシューを予測し，それに対処するための全社的プロセスとなる。その結果，組織は社会の期待に沿うことができ，そして重要なステークホルダの信頼を裏切るような，深刻な公共にかかわる間違いを避けることができる。
5. 変化する環境のもとで，意思決定者が企業のイニシアティブを動かす際に感じるリスクの知覚レベルあるいは不確実性を下げることができる。

16.4 弱みと限界

イッシュー分析は組織にとっていくつかの点で有益ではあるが，いくつかの要因によってその適用および有用性は制限される。つぎにその代表例を示す。

1. イッシュー分析は，PP の挑戦に直面している組織の武器庫にある有用なツールであるが，しかし組織が競争優位あるいは戦略的優位を獲得するのに，必ずしも助けとなるわけではない。

2. イッシュー分析は継続的に行わなければならない。継続的に行うには，組織の環境を定期的に精査することから得られるインプットを必要とする。環境には入手できる情報があふれており，そして重要でない側面から重要なものを抽出することは困難であることから，今日多くの企業は環境の精査を行うことを非常に難しいと感じている。
3. 多くのイッシューは，論理的または厳格な組織的評価にそぐわない。これは，多くのイッシューが感情的あるいは個人的姿勢の要因を含むからであり，しばしばメディアの注目を通じて粉飾され，将来の展開の予測を困難にする。
4. イッシュー分析プロセスの効果または成功を評価するものさしはあまり存在しない（fleisher, 1995）。このことから多くの幹部は，イッシュー分析は結果の信頼性いかんにかかわらず，実行しなければならないと認識しているものの，経営資源の投入不足につながる可能性がある。
5. 多くの幹部はイッシュー分析に関連する言語や方法を理解していない。そのため，分析者とそれに関して議論するには不安がある（Chase, 1984）。
6. イッシューと財務あるいは市場に関する数値との間に直接的な相関関係を提示する力が弱いことがある。

16.5　テクニック適用のためのプロセス

　イッシュー分析は，精査およびモニタリングしたときに収集されたすべての環境データを取り込み，それを情報のカテゴリー別にソートし，情報をランクづけし，選択した基準に基づいて評価し，そしてマネージャの意思決定のために結論を引き出す。かつて Imperial Oil の広報マネージャだった Peter Bartha（1982）は，イッシュー分析を行う前の三つの課題として，(1) イッシューのカテゴリーを識別すること，(2) その源泉を識別すること，(3) それが将来どのように展開しそうかを評価すること，を挙げている。
　イッシューを分析する前に，それを識別しなければならない。ここに挙げるのは，イッシューを識別するのに使用する一般的な技法である。

- **コンテンツ分析**　　実際には新聞，雑誌，書籍，記事，ニュースレターやスピーチなど，コミュニケーション媒体を精査することである。このアプローチと結果は，定量的であるか，定性的であるか，そのどちらかである。
- **シナリオの構築**　　シナリオは，関係する環境内の要因（しばしば，社会的，技術的，経済的，エコロジー的および政治的とカテゴリー分けされる — STEEP）と，その相互作用に関する仮説に基づいた，いくつかの起こりうる代替的未来を記述したものである。

・**調査テクニック**　このカテゴリーのおもな技法には，一般あるいはステークホルダに対する意見調査，意識調査，デルファイ法がある。デルファイ法は，複数の専門家に配布される一連の質問表を使用するが，一つの回答がつぎの回答の基礎として使われることで連続して行われる。一部の専門家だけに使用できる情報が，ほかの専門家に渡され，それによってパネル内のすべての専門家が，パネル内で使用できるすべての情報を使って予測することが可能になる。デルファイ法は，匿名性，統計的表示，そして推論のフィードバックに基づく投票を通して，専門家の意見を改良する。

Stanbury（1993）は，イッシュー分析のプロセスはつぎの三つの部分からなると述べている。意思決定者が，組織が取り得る対応の性質を決めることを可能にするための，(1) 予測，(2) 評価，(3) イッシューの選択。

ステップ1：イッシューの予測

ステップ1では，分析者は組織がモニタリングするイッシューの展開の順序と発展の性質を予測しようとする。これを行うのに特に有用なツールがイッシューライフサイクルである。イッシューが組織のレーダースクリーンに現れてから，企業環境の中で勢力を失うまでには，かなり論理的進行を通して発展するという前提に基づいている。

イッシューライフサイクルを使用する際は，つぎの2点に留意する必要がある。(1) イッシューは，ライフサイクルのほとんどの段階において，ほかのイッシューによって脱線する可能性がある。例えば，ほかのイッシューが注目を集めるようになれば政治的および社会的な注目が変化する，メディアがあまり注目しなくなる，あるいは利益団体およびステークホルダのグループがその進展を効果的に加速あるいは妨げる行動をとるなどである。(2) イッシューライフサイクルの各ステージ間の時間的長さは，国，政府，イッシューによって大きく異なる。

時間とともにイッシューが進展するにしたがい，一般市民の注目はピークに達するまで増加し，一方でマネージャの自由裁量が徐々に減っていく。PPイッシューが進展する四つの一般的なステージはつぎのとおりである。

1. **形　　成**　発展は通常構造的変化の合図となり，イッシューを人々に認識させる。この段階の根底にある社会的期待の中で起こるわずかな，そしてしばしば感知できない変化を識別することは通常困難である。Graham Molitor（1975）は，大学，作家，政府系研究者，メディアコメンテータ，社会運動家，PPの研究者，シンクタンクなど，特定のステークホルダを観察することによって，期待の変化を識別する助けになると述べている。組織がイッシューの発展に影響を与えようとするには，その議論の境界および性質を設定するのが最も容易であり，早いステージで行うのが通常は最良である。

2. **政治問題化** このことは，イッシューが最終的に解決されることで大きな利害が生じるような，臨時のまたは正式な組織を発生させる。これらのグループがしばしばその問題をPPの議題に上るよう働きかけることで，個別の問題が公共団体によって積極的に検討される。その問題に取り組む特定の治療法が，議論の中で存在感を高め始める。組織はこの段階では，イッシューの展開に影響を与える点で前の段階と比べ自由裁量が減少するが，イッシューを形作るのに積極的な役割を果たす意思がある場合，まだ影響力を持っている。

3. **法制化** 一般の人々の注目がピークに達したことで，イッシューはより具体的な言葉で（運用上，法的に）定義され，しばしば法律の制定という形をとる。これらの法律は，政府機関や究極的には法律制度によって施行可能となる。通常，組織がイッシューの発展に影響を与えることができる最後のチャンスである。しかしこのステージでイッシューの発展に影響を与えることは，激しいロビー活動，草の根的な活動，意見広告などを伴うために非常にお金のかるものである。

4. **規制／訴訟** 一般の人々の注目が高水準のまま横ばいとなったときに，法の執行が日常茶飯事となり，それを無視したり違反した人にペナルティが課せられるようになる。この段階で，組織がイッシューの変化に影響を与えるのは非常に困難となり，金銭的および時間的な経営資源では最高のコストが必要となる。

図 16.1（Bucholz, 1995）にはイッシューライフサイクルが視覚的に表現されており，四つのステージがどのように発展するかを示す。またこの図は，イッシューがサイクルのどこで発展したかによって組織がイッシューにいつ対応をすべきかを決めるので，組織に与えられた自由裁量の性質を示している。

分析者がイッシューの発展を理解するために使用できるのは，上述の4ステージの一般化されたモデルだけではない。Corrado（1984）は，イッシューがつぎに示す七つの段階で発展すると述べている。

1. **問　　題** 一般の人々はまだ問題の実態についてコンセンサスを得ていないかもしれないが，STEEP環境内の出来事に対してある種の不満足感を持っている。

2. **ラ ベ ル** 通常は利益集団などのステークホルダがイッシューへの取り組みを開始し，それにラベルを付けることができる。

3. **具 体 化** メディアがイッシューを聞きつけ，一般の人々の理解をさらに促進する。この時点で，問題の理由が明らかとなる。

4. **解　　決** メディアがイッシューを扇動しつづけるにしたがって，問題解決に向けて数々の回答が出てくる。問題が一企業にインパクトを与えるものである場合，この時点までに議題を形作ることに関与することが望ましい。さもなければ，後日そうする

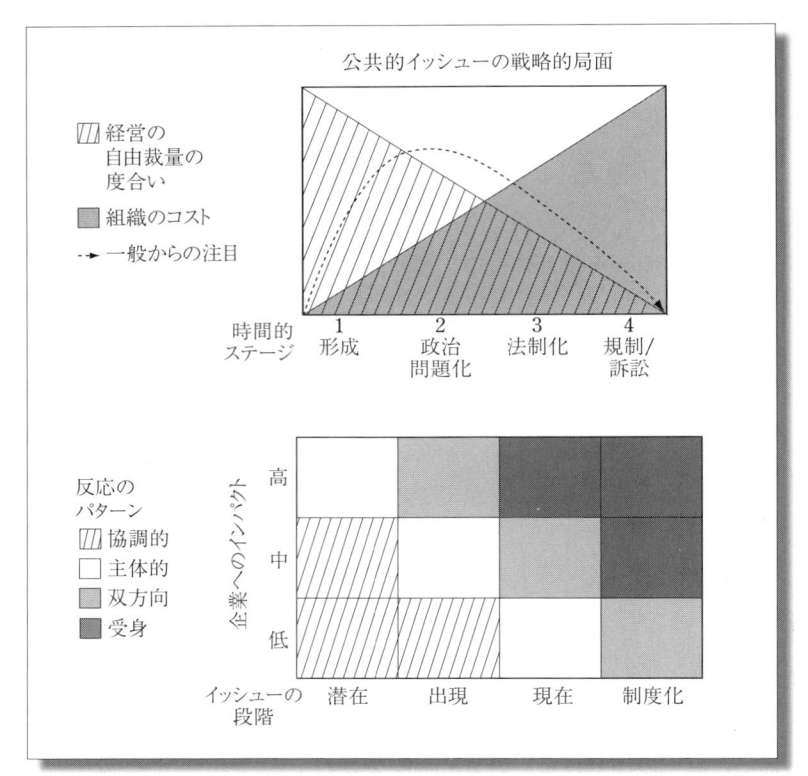

図 16.1 イッシューライフサイクルモデル意思決定志向の応用
（Source: *Business Environment and Public Policy: Implications for Management* (5th ed.), by R. A. Bucholz © Reprinted by permission of Pearson Education, Inc., Upper Saddle River, HJ.）

機会は少ないであろう。

5. **法律** 政治指導者が関与する。彼らはイッシューを解決する法律を上程し，イッシューはいまや公共政策策定者の選挙民が要求する方向に動く。
6. **実施** 新たに通過した法律は，政府関係機関やその部門によって実施される。時には一部のステークホルダのグループが，法律の実施は法の精神にそぐわないと感じるときに訴訟が起きるであろう。
7. **新たな問題の勃興** イッシューはしばしば古いイッシューの解決策の中から生まれる。これによってサイクルがまた最初から始まることがある。イッシューが再発しサイクルが回りだす例として，過度の規制とゆるい規制がある。

イッシュー拡大マップアプローチ イッシュー拡大マップ（Mahon, 1989）は，イッシューがどのように拡大していくか，そしてさまざまなステークホルダがどのようにかかわっていくかを説明している。これは，四つのグループから構成される。

1. **識別グループ**　論争が当初の参加者以外に拡大していくとき，最初に関与するのがこのグループである。彼らはほかのグループと結合するネットワークを形成しない限り，比較的力は弱い。
2. **注目グループ**　彼らは自分たちのメンバーにとって重要な，小さな一組の問題をめぐって組織化される（そして容易に動員される）傾向がある。彼らは経営資源とメディアへのアクセスを持ち，これによって限られたメンバー以外に問題を拡大する力を得る。
3. **注目する一般**　これは社会のオピニオンリーダを含む十分教育を受けた博学の人たちである。
4. **一般大衆**　組織がイッシューを注目グループレベルで抑えることができなかったか，そして／あるいはイッシューが高度に一般化し象徴的なため，イッシューがこのグループに拡大する。

イッシュータイミングアプローチ　イッシューを分類するもう一つの便利な方法は，タイミングによる分類である。この場合，イッシューには四つの大きなカテゴリーがある。

1. **潜在的なイッシュー**　メディアあるいは活動家グループ，そしてほかのステークホルダによってまだ広範囲に議論されていないイッシューである。これらのイッシューを精査する場合，将来このイッシューをさらに重要なものにするかもしれない圧力が増しているかどうかを感知することに焦点を当てるべきである。
2. **出現するイッシュー**　三つの特質を根底に持つ公共政策の問題である。(a) 論争グループのポジションがそうであるように，イッシューの定義もまだ発展中である。(b) イッシューは今後2〜3年の間に正式な行政上の行動のテーマとなる可能性がある。(c) イッシューに対し，企業がまだなんらかの行動を起こし影響を与えることができる。
3. **現在のイッシュー**　政府系機関のどこかのレベルで議論あるいは対処されている。イッシューを解決するための特定のポリシーが法制化されつつあり，選出あるいは指名された当局者により議論されている。
4. **制度化されたイッシュー**　イッシューを解決するための試みとして，公共政策が策定および採用されている。どのような政策が承認されたとしても，それらはおそらく政府機関あるいは官僚機構の中で実施されつつある。

Stanbury (1993) は，イッシューライフサイクルアプローチを分析に使用する分析者にとって，いくつかの重要な教訓があると述べている。

1. イッシューが発展する期間は，大幅に異なることがある。数日あるいは数週間で発展する問題もあれば，10年以上かかるものもある。
2. すべてのイッシューがサイクルの最終ステージまで行くわけではない。政治的な意思決定や行動が取られる前に，突然燃え尽きるものもある。

3. 多くのイッシューは，ライフサイクルを通して発展する際に変化する。公共政策の策定には，イッシューの期待される軌道を変更するために多くの展開がある。
4. イッシューが実際に公共政策策定機関の意思決定の議題にまで進むかどうかをめぐって，多くの不確実性がある。

ステップ2：イッシューの評価

イッシューの識別のセクションで記述されているいくつかの技法，特にデルファイ法とシナリオ作成は，イッシューの評価にも使用できる。イッシューの分析に頻繁に使用される技法はほかにもいくつかあるが，そのうちの最も普及しているものをつぎに解説する。

イッシューディスタンスアプローチ　Frank Corrado（1984）は，組織と検討中のイッシューとの間の「距離」に基づいて，イッシューを分析するアプローチを提案した。彼はつぎの三つのカテゴリーを挙げている。

1. **現在のイッシュー**　すでに公共政策策定者たちによって検討中で（イッシューライフサイクルの第三段階），組織は基本的にそれに対し反応するよう求められている。
2. **出現するイッシュー**　依然形成中で（イッシューライフサイクルでは第一段階から第二段階に移行中），近い将来に法律という形で正式な公共政策策定の議題に上る可能性が高い。これらのイッシューは，組織の主体的そして先制的広報活動によってまだ影響を与えることができる。
3. **社会的イッシュー**　漠然としており，しばしば遠く離れた関心事であり，将来企業の利害に影響を与えるかどうかわからない。当面の間，そしてこれらのイッシューの輪郭がより明確に描かれるまで，企業が積極的に関心を持つイッシューではない。

イッシューインパクトアプローチ　Bartha（1982）は，イッシューを分類する別の有用なアプローチを提供している。彼の分析アプローチおよびそれに続く意思決定は，影響を受ける人の数，イッシューのインパクトの深刻度，イッシューのインパクトの緊急度，イッシューの根底にある問題を解決するコストに分類の基礎を置くものである。これら四つの基準を用いると，つぎのスキームができあがる。

1. **普遍的イッシュー**　多くの人に影響を与えるので，人々に直接的および個人的にインパクトを与え，そして深刻で緊急の関心事とみなされる。これらのイッシューは通常永続的なものではない。エネルギーおよびインフレ危機，あるいは小グループによる地域暴動などが典型的な性質を特徴づける。一般の人々は，政府に早急の対応と解決を求める。
2. **主張イッシュー**　一般の人々が政府に解決策を求めるイッシューであり，普遍的イッシューほど自然発生的であったり，偏在するものではない。これらのイッシューは通常

複雑で，時間をかけて徐々に構築されていく。特定の業界の規制緩和や再規制，デイケアの条項，あるいは外国投資のガイドラインが一般的にこのカテゴリーに該当する。

3. **選択的イッシュー**　典型的には，特定のステークホルダグループにしか関係しない。これらのイッシューは，通常，一般大衆に対してコストを生み出すが，イッシューを促進させた深くコミットしている利害者たちが利益を受け取る傾向にある。このイッシューを促進させているステークホルダは，つぎのようなある種の特質によって識別可能である。人口統計的（つまり，ベビーブーム以降に生まれた世代固有の仕事および引退に関する懸念），地理的（例えば，荒廃した都心部での満足のいく学校のための条項について懸念する都心居住者たち），職業（例えば，出稼ぎ労働者への扶助金の条項），あるいはセクタ（例えば，特定の森林を伐採から保護する活動）などである。

4. **技術的イッシュー**　通常，ほとんどの一般の人には知られていないか，関心の対象ではない。これらのイッシューに最も関心があるのは専門家で，通常規制領域内に落ち着くことになる。

イッシュープライオリティ，梃子（レバレッジ）およびスコアマトリックス　組織環境にはどの時点をとっても多数のイッシューが存在するので，組織がどの問題を選択して行動を起こすのか，あるいは経営資源を配分するのかを意思決定者に推奨するための評価が必要とされる。どんな組織にも経営資源に限りがあるので，組織の行動がどこで最大のプラスの最終効果を生むのかを判断するために，努力が払われなければならない。

このプロセスの中で，つぎのようないくつかの重要な問題に答える必要がある（Bartha, 1993）。

・イッシューは発展のどの段階にあるか？
・政府機関がそのイッシューを採りあげて法制化し，そのイッシューが組織に具体的な影響を与えるまでに発展する可能性はどれくらいあるか？
・予想される新しい公共政策は，組織の最終損益にどの程度の影響を与えるか？
・組織はイッシュー発展のプロセスに影響を与える能力，あるいは起こりうる政府の対応の範囲または性質に影響を与える能力があるか？

分析者は，識別の段階で生成されたイッシューのリストを取り出し，それらを選択した二つの変数によって囲まれたマトリックスのセルに配置する。最もよく使用される変数は確率（イッシューが実際に発生し，組織に影響を与える可能性）とインパクト（イッシューが組織に与えそうな影響の深刻度）である。これらはしばしば，高，中，低の変数を持ち，九つのセルからなる3×3のマトリックスに組み込まれる。各セルは組織としてつぎにとるべきアクションのプライオリティを示唆している。**図16.2**は，このマトリックスのよく見られる例を示す。

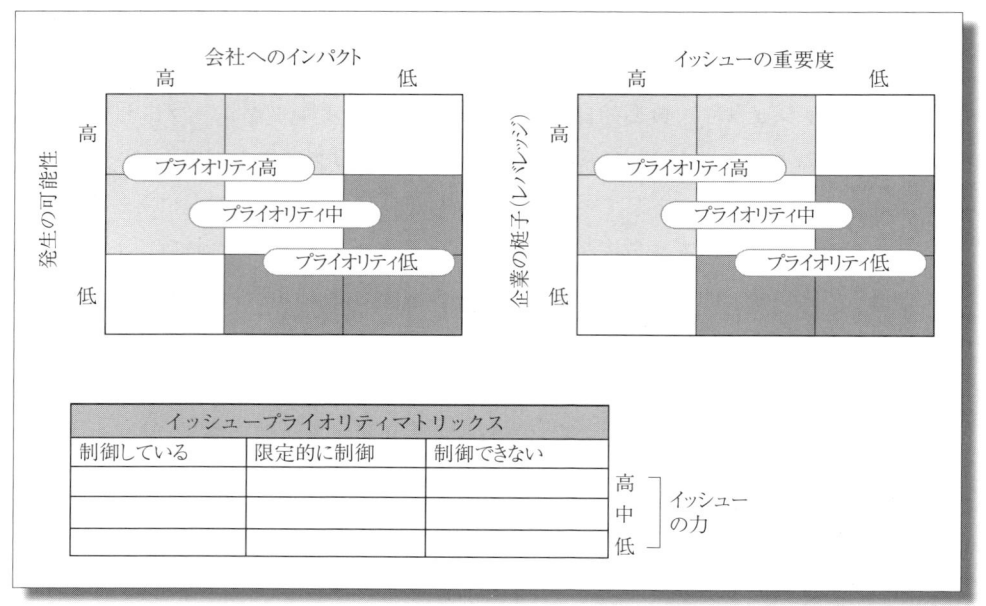

図16.2 イッシュープライオリティ，梃子（レバレッジ），スコアリングマトリックス
（Source: *Social Change and Corporate Strategy: The Expanding Role of Public Affairs*, by A. B. Gollner, 1983, Stamford, CT: Issue Action Publications. *The Critical Issues Audit*, by E. Sopow, 1994, in *The Issue Management Workbook Collection*, Leesburg, VA: Issues Action Publications.）

イッシューを組織にとっての重要度およびインパクトの観点からランクづけするために，定義スキームを使用している企業もある。本章のボックスにいくつかの例を示す。

ステップ3：イッシューへの対応パターンとタイプの選択

企業のイッシューへの対応は，統制のとれた計画された一連の行動でなければならない。そのうちのいくつかは企業内部のものであるかもしれないし，ほかのいくつかは外部あるいは企業を取り巻く公共政策環境の前後関係あるいは背景の中で起きるかもしれない。分析者が組織の意思決定者にとるべき行動を推奨するにあたり，これらの対応パターンを考えることは有用である。組織がイッシューに対応する方法は，つぎを含めいくつかある（Cochran and Nigh, 1987）。

1. 組織は，ステークホルダが感じている圧力を減らしたり取り除くといった方法で，その行動様式，つまりポリシーや活動などを変えることができる。Johnson & Johnson は Tylenol という鎮痛剤に毒物が混入されたことがわかったあと，これを実行した。このような「主体的」な行動の副次的利点の一つとして，その製品のパッケージ仕様を変えるなど，政府が非常にコストがかかる要件を課すことに先手を打つことができたであろう。

2. 組織は，ステークホルダが期待する企業行動を，彼らが知覚する組織の業績により近づけることでギャップを埋めるために，彼等の期待を変えようとする場合がある。
3. 組織が公の場で実際にやろうとしていること，また実際にやっていることに関し，ステークホルダグループとコミュニケーションを取り，教育する。
4. 企業は，公に意見を述べる場でイッシューに異議を唱えるかもしれない。この方法は，公的意思決定者に対しロビー活動を行うこと，法廷制度や法的手段を用いること，イッシューに対し草の根的な圧力をかけること，あるいは意見広告や論説がある。
5. 組織はイッシューを無視したうえで，イッシューが消えてなくなるか，あるいは自社に好都合なように時間が解決してくれるかを期待することができる。

もう一つの選択肢は，**表 16.1** の Mahon（1989）の政治的イッシュー代替マトリックスに示されている。この方法は，イッシューへの対処を計画するとき二つの次元があることを示唆する。最初の次元は，直接的あるいは間接的な攻撃を仕掛ける必要があるかということ，もう一つの次元は，分析の焦点の単位がイッシューであるか組織であるかを見ることである。

表 16.1 政治的イッシュー代替マトリックス

攻撃のモード		方向づけ	
		イッシュー	グループ
	直接的	イッシューを静める。	グループを攻撃する。
	間接的	イッシューをぼやかす。	グループを徐々に弱らせる。

Source: Adapted from Mahon(1989)

これらの二つの次元を考えた場合，つぎのような四つの異なる戦略が浮かび上がる。

1. **イッシューを静める** 例えば，イッシューを検証する特別委員会を設置する，リーダを首にする，実際は変わらないのに公の場では変革するというなど，実態を欠く象徴的な行動である。
2. **イッシューをぼやかす** ほかのステークホルダを引き入れる，イッシューを追加する，現在のイッシューを精緻なものにする，引き続き調査するとして行動を延期する，なぜ組織がどうしても遵守したりまたは対応することができないのかすべての理由（制約）を議論する。
3. **グループを攻撃する** 組織が個人またはグループの信頼性を落とそうとして，彼らの妥当性に疑問を投げるもので，リスクの伴う戦術である。
4. **グループを弱体化させる** ステークホルダを吸収し，リーダを迂回してメンバーに

直接働きかける，そして二次情報源の影響力を使用する。

Mahon（1989）は，公的イッシューへの対応を準備するための，もう一つの代替的分類スキームを提示している。この方法では，組織はイッシューの根底にある活動に対して完全に抵抗，交渉，降伏，終結および中止できる。各戦術および戦略の実際の使用例が，**表16.2** に示される。

表16.2　政治的対応のための戦略および戦術

戦略	戦術	例
抵抗	説得し宣伝する。	Ford と Pinto
	責任を否定する。	Nestle と Infant Formula　Ford Explorer の転覆
	ほかのステークホルダの妥当性に疑問を投げかける。	タバコ業界
	反撃および陽動戦術	喫煙者差別
交渉	積極的な勧誘	Union Carbide と West Virginia 州 Iinstitute 町
	否定的な勧誘	ポリシーの変更を強要するため開業医が診療を休む。
降伏	譲歩する。最良の解決策を探すか免責にする。	J&J と Tylenolnol P&G と Rely Tampon
終結	外部のステークホルダとの関係をやめる。	GD Searle & IUD 中国に参入しない Levis
中止	組織を解散する。	倒産の申請

Source: Adapted from Mahon(1989)

1. **総力抵抗**　組織は変化に抵抗し，すべての挑戦に反発し，あるいは環境自体が変化するか，組織の目標に適応することを強要する。
2. **交　　渉**　すべての関係者の調整が必要になるように，組織は交渉あるいは妥協する。
3. **降　　伏**　組織は自己にとって最善の解決と免責をその間中求めながら，外部の関係者との交渉を終わらせ，代替を求め，あるいは環境を変える。
4. **終　　結**　組織は外部グループとの関係を終結し，代替を求める。
5. **活動の中止**　組織は要求されている変化に適応あるいは対応する意思もなければ，それを実行することもできずに解散する。

イッシュー分析の最終的結末は，組織が対処すべき最も重要な一握りの問題を決定することである。イッシューを識別，分類および優先するいくつかの有用な方法を紹介してきたが，このプロセスが十分な主観性を含んでいないということを示唆するつもりはない。これは大部分が，イッシューの環境につねに存在する不確実性とリスクを分析者が知覚していることによる。

現実にはイッシューの識別，分析および対応のプロセスは，本章の説明にあるような直線的かつ連続的な方法で展開することはめったにない。組織がオペレーションをしている混沌としたSTEEP環境では，イッシュー分析およびそのマネジメントは，進化する条件につねに適応しなければならない，多層で試行錯誤を繰り返すプロセスである。不確実性はつねに存在する。イッシューの分析者が対応のための提案を最適化させたかどうかを判断するのは困難であるが，本章で説明したいくつかのツールを学び適用することで，競争相手よりもうまく対応できることは明らかである。

Minnegascoでのイッシュー優先度の評価

われわれは，われわれの成功に影響を与える外部の力を，つぎのような要素で評価する。それらは，提案を起こしたグループの信頼性，反対派の強みと弱み，州政府予算へのインパクト，知事と州当局の立場，そして連携グループにわれわれと協働してもらう力（あるいはその欠如）などである。

その後，われわれは，それぞれの法的なイニシアティブについての平均スコアをまとめる。そのスコアは企業への財務的なインパクト，成功する可能性，そしてほかの広報活動のインパクトの程度と比較される。

また，われわれは，われわれの広報関係へのイニシアティブのインパクトも検討する。われわれはつぎのような自問をする。われわれはこれらの取り組みを通じて立法当局との関係を悪化させるのか，それとも改善するのか。業界のほかの公益事業はどのように反応するのか。われわれの顧客はどのように反応するのか。ほかのどんな連携活動に対処しなければならないのか。

これらの三つの要素—成功へのチャンス，財務的なインパクト，広報活動のインパクトを統合し平均する。

Source: Adapted from "Using the Tools of Quality to Assess State Government Relations," by K. Sundberg, 1994, in P. Shafer [Ed.], *Adding Value to the Public Affairs Function*, p.195, Washington, DC: Public Affairs Council.

Xeroxワシントンオフィスのイッシューの定義と優先度評価

イッシュー/トピックの定義
・イッシュー：　　行動を必要とする公共政策のこと。それに対して完了時点を明確

にしたプランニングプログラムが展開されることができる。
- トピック：　　　興味の領域のこと。そこではゼロックスが一定の活動と認識を維持したいと思う。

優先度評価

1＝イッシューはゼロックスにインパクトを与える可能性が高い。そして高レベルの政府担当オフィスの活動を必要とする。おそらく長期間にわたる。インパクトの可能性が高いことで，優先順位に従う。

2＝ゼロックスに特有のインパクトは少ないが，積極的なモニタリングを必要とする。第三者組織によって適切に研究・調査されているが，第三者の活動に政府担当オフィスが関与しなければならない。

3＝ゼロックスにインパクトを与える可能性が低いか，あるいは現在特に活動を必要としない長期のイッシューである。政府担当オフィスがモニタリングを試みるが，積極的なモニタリングや関与については第三者に依存するだろう。

Source: Adapted from "Quality in the Washington Office," by R. Sheerschmidt, 1994, in P. Shafer [Ed.], *Adding Value to the Public Affairs Function*, p.256, Washington, DC: Public Affairs Council.

FAROUT のまとめ

	1	2	3	4	5
F	■	■	■		
A	■	■	■		
R	■	■			
O	■	■		■	
U	■	■	■	■	
T	■	■	■		

未来志向性　　中から高。予測およびシナリオと組み合わせたとき特にはそうであるが，最も予想される手法の一つとなり得る。

正　確　性　　中。社会政治学を追跡し理解するのに高度なスキルを必要とする。イッシューが歴史的パターンをたどる限りにおいて正確性は増す。

経営資源効率性　　低から中。多くのイッシュー情報は一次情報源から収集されねばなら

客 観 性　中。イッシューの分類と優先度づけのための具体的カテゴリーは，専門家またはコンセンサスアプローチと組み合わせたときに客観性が増す。

有 用 性　中から高。このテクニックは，社会および政治環境の事柄をカバーするのに最適な手法である。

適 時 性　低から中。組織がイッシューを追跡するシステムを持っていれば，より迅速に対応できる。そうでない場合，分析に相当な時間を要する。

関連するツールとテクニック

・マクロ環境（STEEP）分析　　　・シナリオ分析
・ステークホルダ分析　　　　　　・SWOT 分析

参 考 文 献

Bartha, P. (1982). "Managing corporate external issues: An Analytical Framework." *Business Quarterly*, Autumn, *47*(3), 78-90.

Bucholz, R. A. (1995). *Business environment and public policy: Implications for management* (5th ed.). Englewood Cliffs, NJ: Prentice-Hall.

Chase, H. (1984). Issue management: *Origins of the future*. Stamford, CT: Issue Action Publications.

Cochran, P., & Nigh, D. (1987). "Issues management and the multinational enterprise." *Management International Review*, *27*(1), 4-12.

Corrado, F. (1984). *Media for managers*. Englewood Cliffs, NJ: Prentice-Hall.

Dutton, J., & Ashford, S. (1993). "Selling issues to top management." *Academy of Management Review*, *18*, 397-428.

fleisher, C. (1999). "Public policy competitive intelligence." *Competitive Intelligence Review*, *10*(2), 23-36.

fleisher, C. (1995). *Public affairs benchmarking: A comprehensive guide*. Washington, DC: Public Affairs Council.

Goldsmith, A. (1996). *Business, government, society: The global political economy*. Chicago: Irwin.

Gollner, A. B. (1983). *Social change and corporate strategy: The expanding role of public affairs*. Stamford, CT: Issue Action Publications.

Heath, R. (1997). *Strategic issues management*. Thousand Oaks, CA: Sage.

Mahon, J. (1989). "Corporate political strategy." *Business in the Contemporary World*. Autumn, 50-62.

Prescott, J., & Bhardwaj, G. (1995). "Competitive intelligence practices: A survey." *Competitive Intelligence Review*, *2*, 4-14.

Prescott, J., & fleisher, C. (1991). "SCIP: Who we are, what we do." *Competitive Intelligence Review*, *2*(1), 22- 26.

Prescott, J., & Gibbons, P. (1991). "Europe '92 provides new impetus for competitive intelligence." *Journal of Business Strategy*, November-December, *12*(6), 20-26.

Scheerschmidt, R. (1994). "Quality in the Washington office." In P. Shafer [Ed.], *Adding value to the public affairs function* (p.256). Washington, DC: Public Affairs Council.

Sopow, E. (1994). *The critical issues audit*. Leesburg, VA: Issues Action Publications.

Stanat, R. (1993). "A survey of global CI practices." *Competitive Intelligence Review*, *2*(3), 20-24.

Stanbury, W. (1993). *Business-government relations in Canada: Influencing public policy* (2nd ed.). Toronto: Nelson.

Sundberg, K. (1995). "Using the tools of quality to assess state government relations." In P. Shafer [Ed.], *Adding value to the public affairs function* (p.195). Washington, DC: Public Affairs Council.

Weller, B. C. (1982). "The process of issues management: Some emerging perspectives," (p.4). Boulder, CO: TrendTRACK Company.

17. マクロ環境（STEEP）分析

業界は，業界の競争力および業界内の企業にかなりのインパクトを与える広いマクロ環境（Macroenvironment）内に組み込まれている。どのような戦略分析も，ある種の環境分析から始まる。本章では，競争力に影響を与える，社会，技術，経済，エコロジー，政治あるいは法律の側面をカバーする，STEEP分野に特に焦点を当てる。これらは通常，個々の組織が直接影響を与えることができる範囲を越えるものと考えられている。

17.1 背　　　景

環境分析は以前からビジネスランドスケープの一部であった。実際，最初の商人でさえ，ゆるやかに定義された商取引環境を理解することの重要性，およびその理解がどのように商売上の成功と失敗の違いをもたらすかを認識していた。もちろん，環境分析は，より体系的かつ厳格なものとなり，この研究に部分的にあるいは専門的に取り組む大学の学位プログラムおよび専門家の協会がいくつか存在するほどになっている。環境の研究は，1950年代後半から現在に至るまで，ビジネスおよびマネジメントの研究者たちによって行われてきた。この40年間の組織環境に関する研究を概観するには，Dill（1958），Thompson（1967），Starbuck（1976），LenzおよびEngledow（1986）を参照されたい。

環境という単語は，自然の風景や視覚的な美をイメージさせるかもしれないが，ビジネス戦略の文献ではこの意味では用いられていない。本章では組織環境を，組織の外部から発するあるいは作用する，競争上の成果に影響を与える広範囲な一組の力であると一般的に定義する。もし組織が外部からなんのインプットも受けない閉じられた仕組みであるのなら，その環境はなんの重要性も持たない。組織はオープンな仕組みであるため，広範囲にわたる外部からのインプットおよび影響を免れない。すべての組織は生物同様，金融，人，原材料という形で経営資源を外部環境から「輸入」し，そしてそのほとんどが，製品またはサービスを環境に向けて「輸出」する。環境は組織の形態と行動様式の主要な決定要因であり，組織が競争において成功するには，環境を効果的に評価できなければならない。

単独の，あるいはいくつか組み合わさって起こるさまざまな種類の環境変化は，業界の要

因と力を定義し，促進する助けとなる．ほとんどの環境分析は，業界の力が業界内で起こるすべての事柄を説明する唯一のものではないという仮定に立脚している．業界の境界を超えた環境は，業界の競争環境内で実際に起こることの主要な決定要因であるか，あるいはほとんどつねに影響を与える可能性があるかのいずれかである．変化の外部要因は，グローバルな貿易市場経済において，競争および競争力の主要な決定要因の一つとなりうる．

環境の重要性を表面的に理解している企業は多いが，ほとんどの場合この分析は戦略の分析および構築にわずかしか貢献していない．こうした事態が起きるのは，組織が環境に対してなにかを行うにはあまりに多くの不確実性を含んでいるもの，あるいは企業自身が出来事，イッシューそしてトレンドが姿を表すとき，対応することができるものとみなしているからである．また，多くの環境要因は組織に与える影響が遅れがちであるか，あるいは間接的であるため，日々の業務に追われる経営層の洞察や注意が届かないことが多い．

環境に関するマネジメント研究は，いくつかの異なる観点からなされている．Lenz と Engledow（1986）は，つぎの五つのモデルを呈示している．

1. **業界構造モデル**　ある組織の環境を支配する側面は，企業がその中で完結する業界の内外に存在すると考えられる．業界の環境は，特定の組み合わせの競争上の力によって構成され，脅威と機会の両方を創り出す．Porter の五つの力モデル（6章参照）がこの観点を代表する．

2. **認知モデル**　このモデルは，認知構造の中で具体化されている，上級管理職の環境への包括的な理解を促す．認知構造は，企業戦略を策定するための前後関係としての役割を果たし，必要な力と影響力を持つ人々によって創出，維持される．戦略は，組織が現実と相互に作用し合う方法であるとみなされる．

3. **組織フィールドモデル**　たがいに依存する組織が焦点を当てた組織という観点から，どのように目標および経営資源を追求するのかという階層的そして非階層的概念の両方を含む．階層的概念（本章で使用する3階層アプローチなど）は，環境をカテゴリーまたはレベルに分ける．非階層的概念は，交換，組織のフィールド/セット，あるいはステークホルダを観察し，そしてセット内の組織間で発生する相対的交換（力，経営資源など）を観察する．

4. **エコロジカル経営資源依存モデル**　組織は自己の環境の最も重要な部分とみなされる．組織は数々の階層構造レベルで，継続的に発展する形で経営資源を競い合う．

5. **時代モデル**　時代とは，明確な特徴によって印を付けられた期間のことである．これらのモデルは，ユニークさの順序で，環境を安定期，変化期，再安定期として表現する．これは，社会の制度的取り決めと価値観のパターンが，根底にある特定の構造の特徴に依存しているという仮定に立脚している．

洞察力のある読者にはもうおわかりのとおり，組織の環境をどのように捉えるかについて，見解の一致はあり得ない。組織環境の定義と，環境を戦略的および競争的に分析するアプローチは，組織のメンバーが追求しようとする観点によってしばしば異なる。環境分析でのわれわれの経験に基づいてそのプロセスについていくつかの提案をしたい。同時にわれわれはこのプロセスを実行するのに最良の方法は一つだけではないことを理解している。

環境の基本的な構造

環境分析を実行するために，マネージャは組織環境の基本構造を理解していなければならない。分析者は通常，組織を一般的環境，オペレーション環境，そして内部環境の三つの明確なレベルに区分する。**図 17.1** は，これらのレベルのたがいの関係，および組織一般との関係を図解している。

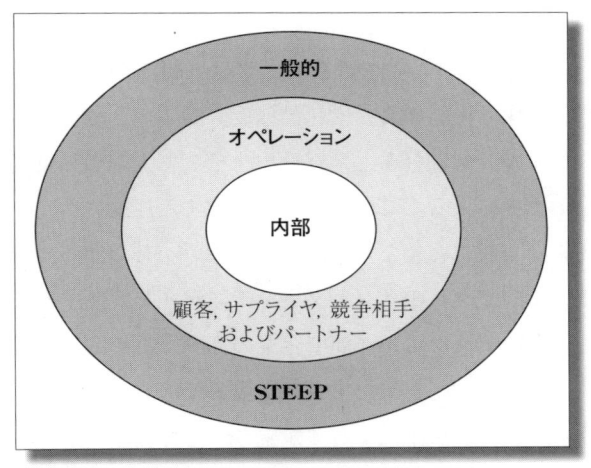

図 17.1　環境の三つのレベル

マネージャはこれらの環境レベルに気づき，それらがどのような要因を含んでいるかを知り，そして各要因と要因間の関係が組織の業績にどのように影響を与えるかを理解しようとする必要がある。彼らはこの理解を踏まえ，組織運営をマネジメントできる。ここでは一般的環境に焦点を当て，オペレーションおよび内部環境については概略するにとどめる。オペレーションおよび内部環境を分析する技法は，本書のほかのいくつかの章で取り上げられている。

　一般的環境　　一般的環境は，範囲が広く，そしてマネージャ，企業，および戦略にとって，長期的意味合いを持つ組織環境のレベルである。これらは通常，単一組織が直接的影響を与えたり，あるいは一次的統制を加えることができないものと理解されている。

環境分析の職務をより意味あるものにするために，一般的環境はより同質でマネジメント可能なサブカテゴリーに分割される必要がある。一つの効果的なサブカテゴリー分けは，STEEP のカテゴリー体系として知られている。STEEP の S, T, E, E, P はそれぞれ社会（**Social**），技術（**Technological**），経済（**Economic**），エコロジー（**Ecological**），政治 / 法律（**Political/legal**）のセクタを意味する。各セクタは，広範な地理的広がり（例えば，グローバル，インターナショナル，マルチナショナル，地域，国，地方 / 州，そして地場）および時間的広がり（例えば，過去，現在，未来）のうえで作用する。

　STEEP の領域は，たがいに重複しないことを意図しているわけではなく，またそう考えられるべきでもない。カテゴリー間の境界線は流動的である。分類のおもな目的は，分析において一般的環境のおもな局面を見逃さないためであることに注意しなければならない。STEEP のセクタ間に厳密な境界が存在しないことで，このアプローチの使用に大きな問題が通常生じることはないであろう。

　以下に STEEP の五つのセクタを詳しく解説する。

1. **社　　会**　　一般的環境の中の社会セクタは，組織がその中で存在する社会的コンテキストの特徴を示す。人口統計，文化的態度，識字率，教育レベル，習慣，信仰，価値観，ライフスタイル，年齢分布，地理分布，そして人口の移動度，これらすべてが一般的環境の社会セクタに入る。このセクタが変化する速度のペースは遅いが，しかしそれがもたらす効果は一般に容赦なく，そして奥深い。したがって分析者は戦略の方向性という観点から，このセクタのインパクトをモニターし評価することが重要である。分析者はまた，主要なステークホルダ間で企業の評判を高める競争戦略を構築する手助けとなるように，主体的な役割を果たすことも重要である。

　　社会の倫理的基準とは，法律によって規定されてはいないが，個人と組織がたがいに期待し合う行動を，より一般的方法で特定する文化的な要素である。多くの法律のリストが意味するように，社会の長期的な将来にとって重要ではあるが，十分に注目されているとは見られない多くの倫理基準（例えば，消費者および労働者の安全と環境保護）は，しばしば法律となる。例えば 1950 年代，近隣の川が工場の排水で汚染されるまま放置していたマネージャは倫理規範を犯していた。2000 年代に同じことをすると，そのマネージャは通例環境保護法に違反をすることになるであろう。

2. **技　　術**　　主要な技術イノベーションによって商業上の新しい競争領域が生まれたのは，ディジタル通信，バイオテクノロジー，化学，エネルギーそして医薬の分野だけではない。一般的環境の中の技術的要素は，製品およびプロセスイノベーションへの科学と技術のインパクトによっても複雑になる。これには，製品およびサービス産出への新しいアプローチ，新しい手順および新しい装置などが含まれる。企業は原材料の調

達の時点から，消費者による製品使用後の修理と回収の時点に至るまで，こうした技術と技術イノベーションの影響を感じている。

　分析者のおもな職務は，技術イノベーションが競争戦略にどのように影響するのかを識別し，そしてモニターすることである。これは，最終製品およびサービス市場だけでなく，製品およびプロセスイノベーション，コミュニケーション，人的経営資源の誘引，そしてマーケティング手法においても見ることができる。このセクタを効果的に評価することに熱心な競争と戦略の分析者にとって，組織の研究開発機能と相互関係を持つことが明らかに必要とされる。

3. 経　　済　一般的環境の中の経済的要素は，社会全体の経営資源の分布と使用を示す。これが重要である理由は，消費パターンが，国際収支，雇用率，為替，金利，インフレ率，未使用借入枠，財政金融政策，債務，支出パターン，可処分所得のレベルなどの経済トレンドにおおいに影響を受けるからである。分析の職務に最も重要なのは，企業の戦略的競争努力が最も敏感に反応する，これらの経済変数を識別，モニター，および予測することである。

　戦略と経済セクタ間の関係は，単に経済が回復すればすべての企業の業績がよくなるというものではない。ほとんどの企業の業績はよくなるだろうが，中には悪化する企業もある。マクロ経済変数の変化はしばしば広範囲なインパクトを持つが，しかし経済セクタによっては非常に異なった形でインパクトを与える。緊急を要する経済問題は，特別に設計された高額な経済市場調査を通じた分析を必要とすることがある。これによって，組織は競争力を最大限に高めるために，総体的な経済要因およびよりミクロレベルの経済要因の両方に注意を払い，それに従って意思決定およびポリシーを調整することが重要になる。

4. エコロジー　エコロジー環境は，組織が相互に作用しあう物理的および生物的環境を包含する。いわゆる「環境保護」は，このセクタが組織の業績に及ぼすことができる力を指し示す。STEEP分析でカバーされるエコロジー環境の局面には，地球上の天候（例えば地球温暖化の影響），環境維持開発（例えば森林開発の慣行），ゆりかごから墓場までの製品ライフサイクル，リサイクル，汚染およびバイオテクノロジーの進歩（例えば農業製品における遺伝子研究の進歩）などが含まれる。

5. 政治／法律　一般的環境の中の政治的要素は，種々の業界に対する政府および一般市民の態度，利益団体によるロビー活動，規制状況，政党の基盤，そしてしばしば政治家の性質にかかわる。一般的環境の中の法律的要素は，社会の一員が従わなければならない法律からなっている。ほとんどの国民国家では，公共政策と規制という形での法的な制約は，組織が行動する際の裁量に影響を与える。政府はそれ自身が大量消費者であ

り生産者でもあることに加え，実際上法律制定によって競争を激化させることもできれば，低減させることもできる。したがって政府はこのセクタの競争および戦略分析者の重要な関心の的となる。防衛関係の契約業者，教育機関，ヘルスケア組織，非営利団体など多くの企業にとって，公共政策の策定者の行動や意向は，競争戦略の構築プロセスにとって非常に重要なインプットとなる。

当然，時間の経過とともに新しい法律が制定され，古いものは廃止される。競争の性質が変化するのは，このセクタの手順と構造の両方が変化するからである。分析者は，意見広告，コミュニティへの貢献，法戦術，ロビー活動，政府関係戦略そして公共およびステークホルダへのコミュニケーションなどの組織行動を評価し提言しなければならない。これらはまた，セクション2のほかの章で採り上げられているイッシュー分析およびステークホルダ分析などの技法を使用することによっても評価される。

表17.1は各STEEP要因に属するいくつかの主要な変数を示す。

表17.1 STEEP変数

社会	技術	エコロジー	経済	政治/法律
イデオロギー的特質	所有特許	空気と水の品質	GDPの成長率	政党のポリシー
組合組織の種類	R&D予算	リサイクル能力	外貨準備高	監督官庁の現状改革路線
社会セグメント間の収入の差	地域の単科大学および大学の数	電力の源泉	インフレ率	所有権保護法の存在
経済および社会セグメント内の人口の割合	技術変革のペース	製品ライフサイクルでの発展の段階	所得配分のレベルと幅	政治的意思決定に影響を与えることができる能力
社会階層のための価値システム	技術クラスタの存在	汚染のレベル	金利	投票率とトレンド
市民の文化的背景	プロセスまたは製品改良のペース	原材料の代替可能性	中小企業への貸し出しレベル	権力と意思決定構造の性質
出生および死亡率	情報処理能力	環境規制のレベル	国際収支	世論

オペレーション環境 オペレーション環境は競争あるいは市場環境とも呼ばれる（6章参照）が，組織をマネジメントするにあたり比較的固有で意味を持つ構成要素をそなえた，組織の外部環境のレベルである。オペレーション環境の主要な構成要素は，顧客，サプライヤ（資金または労働の提供者），競争相手，パートナー，そしてこれらのステークホルダを取り巻くグローバル/インターナショナルなイッシューである。オペレーション環境は，一般的環境とは異なり，単一企業がある程度まで制御あるいは影響を与えることができる。こ

のレベルの分析もまた一般的環境とは異なり，組織固有のものである。

　オペレーション環境における顧客の構成要素は，組織の製品やサービスの購入者，あるいは潜在的購入者の特性や行動を反映する。製品を購入する人たちを詳細に描写することは，一般的なビジネス慣行である。このようなプロファイルは，顧客満足度をどのように高めるかのアイデアを生み出す助けとなる。

　オペレーション環境における競争相手の構成要素は，組織が目標を達成するために打ち負かさねばならない，現在の，あるいは潜在的なライバル（競合）企業からなる。競争相手を理解することは，効果的な戦略を構築するキーとなる。したがって，競争相手の分析はマネジメントにとって根本的な課題である。基本的に，競争分析は，マネジメントが既存および潜在的な競争相手の強み，弱み，そして能力を理解し，戦略的なイニシアティブに対するライバル企業の反応を予測する手助けとなることを意図している。

　オペレーション環境における労働の構成要素は，必要とされる組織が職務を遂行するために活用できる労働者への影響からなる。スキルのレベル，組合の構成員，賃金率，潜在的な労働者の平均年齢などのイッシューは，組織のマネジメントにとって重要である。マネージャがよく見落とすもう一つの重要なイッシューは，潜在的な労働者が感じる，特定の組織のために働くことの魅力度である。

　オペレーション環境におけるサプライヤの構成要素は，非労働経営資源の組織への影響を含んでいる。企業はこれらの経営資源を購入し，製造過程で最終製品およびサービスに変換する。特殊な経営資源を売るベンダーは何社あるか，彼らが提供する材料の相対的品質，納入の信頼性，信用供与期間，そして戦略的リンケージの可能性など，これらすべてのイッシューが，オペレーション環境の要素をマネージすることに影響する。

　オペレーション環境におけるグローバルおよびインターナショナルな構成要素は，グローバルなイッシューに関連するすべての要素で構成される。すべての組織がインターナショナルなイッシューに直接対処しなければならないと考えている企業数は劇的に増加している。インターナショナルな構成要素の中で重要な側面は，企業がビジネスを行う国で優先する法律，政治的な慣行，文化，そして経済情勢を含む。

　オペレーション環境の五つの構成要素は，グループで考えた場合，組織が存在する領域またはドメインを定義する。このオペレーション環境（あるいは，もし企業が複数の業界でオペレーションするときは複数の環境）内の主要な関係の構造は，利益の可能性そして競争優位を達成する見込みをも確定する。

　内 部 環 境　　組織の内部環境は，組織の業績をマネジメントすることに明確なかかわりを持った，組織内部で作用する力を含む。組織の外から作用する一般的環境およびオペレーション環境の構成要素とは異なり，内部環境の構成要素は組織自体から発生する。本書のい

くつかの章，特に14章そして15章は，内部環境の特定の側面の分析を取り上げている。

組織の内部環境の側面（製造，マーケティングなど）は，強化を必要とする問題点と，企業が育成し構築できるコアコンピタンスの両方を合わせて定義する。企業はその内部活動を体系的に調査することによって，どのようにすれば個々の活動が価値を付加できるか，あるいは効果的な戦略の構築に大きな貢献をするのかをよりよく理解できるようになる。Michael Porter はそのような評価に，価格連鎖と呼ばれる方法を提唱した（9章参照）。価格連鎖は，外部の業界構造と呼応し，競争優位と収益性の重要な要素と見られている内部のコアコンピタンスを識別することができる。

内部環境分析は水平的あるいは垂直的に実行できる（Bates and Eldridge, 1984）。水平方向のアプローチによる分析は，企業の主要な機能領域それぞれの強みと弱みを調べ，それぞれを駆動している戦略を描写する。垂直アプローチでは，上級管理職，中間管理職，下級管理職，そして交代勤務従業員など各組織レベルでの強みと弱みが識別される。垂直的内部分析の別の断面では，戦略，オペレーション／マネジメント，および戦術レベルの意思決定を調査する。分析者は通常，水平方向のアプローチを好む。

17.2 戦略的根拠と意味

環境条件は，戦略マネジメントのプロセス全体に影響を与える。効果的な戦略マネジメントのキーは，その中で最終的に実行される前後関係と積極的に一致する組織行動を形作るような，マネジメント上の意思決定を行うことである。この行動の前後関係は，ある程度組織の内部条件，特にその強みと弱みによって決定される。一方，この行動の前後関係は，しばしばその環境の中の組織外の条件に大幅に支配される。企業はある程度自分に有利なように環境を形作ることができるが，しかし別の見方をすれば，しばしば自分をライバル企業よりも不利な立場に置くような方法で適合したり，あるいは反応しなければならないことがある。

したがってマクロ環境分析の基礎となる最も重要な目的は，意思決定者に環境要因における重要なトレンドを正確かつ客観的に予測させることである。その予測は，信頼性を維持するために，現状そして短期的な活動に対して，頻繁にそして思慮深く連携していなければならないが，幹部の思考を現在の活動および短期的な展望を越えて導くという明白な職務を持つ。環境の分析者にとっては，短期と長期の間のデリケートなバランスをつねに維持することが大きな課題である。

2番目の主要な論理的根拠は，組織の分析者と意思決定者が使用できる，環境に関する情報がまったく過剰にあるということである。何百万ビットの外部データが，コンピュータが介在する環境，情報，およびサービスによって促進される経済においては特にそうだが，日々

ほとんどの組織を攻撃する。組織が外部の進展状況の重要性および妥当性を自ら確定させるフィルタリングプロセスを構築できない限り，組織の戦略構築プロセスはかなり弱められる。

　もう一つの重要な論理的根拠は，組織の意思決定者間でSTEEP環境における妥当なトレンド，出来事，そしてステークホルダの期待を識別し分析するための体系化された思考方法を構築することである。組織が属するビジネスに対する環境変化のインパクトを体系的に評価することの重要性および使命を実現するために選択するアクションプランの重要性を分析プロセスが強調することができれば役立つ。上記のことは，特にトップの意思決定者のための広範囲な組織全体にわたるポリシーの役割で実現できる。あるいは分析者が環境データおよび情報を，機能別マネージャや意思決定者のための効果的なアクションに翻訳することで，より限定的で機能に焦点を置いた方法によって実現できる（例えばマーケティングマネージャのための新製品，あるいは政府関係のマネージャのためのロビー戦略について）。

　環境分析のもう一つの重要かつ関連する職務は，組織の戦略構築あるいは計画システムに仮説を提供することだ。戦略の根底に誤った仮説が山積するとき，効果のない計画になりやすい。

　組織の成功または失敗は実質的に，意思決定者がどれだけ正確に環境を読み，どれだけ効果的に環境に対応するかにかかっている。したがって組織のさまざまなレベルおよび機能部門のマネージャは，自分たちが重要な環境要因と考えるデータの収集と分析に膨大な時間と労力を費やす。大企業はしばしば，長期的な政治的あるいはマクロ経済的事象のアドバイスや相談を，外部の取締役会メンバーに依存している。CEOは，マーケティング，研究，新製品開発または製造部門からの内部の機能別専門家の助けを借り，競争環境の中で進行中の戦略的イッシューをしっかりと把握する必要がある。計画立案者，財務アナリスト，人事，広報およびステークホルダ担当スペシャリストなどの内部スタッフは，プロセスへの自分たちのインプットの価値を維持するために，それぞれの専門分野のベストプラクティスを定義する新しいテクニックおよび方法にいつも遅れずについて行かねばならない。

　明らかに組織の中に散らばっている多くの人々が環境分析に貢献する。このことは，関連するSTEEPの変化に関する多様な見解を共有し議論するための継続的なフォーラムを作り上げることができるので，重要である。より多くの人がかかわればかかわるだけ，環境の中に発生する機会と脅威を識別する機会が増えてくる。この事実は環境分析のための効果的な組織作りの重要性を強調する。トップマネージャは，戦略的な意思決定に必要な情報を確実に入手できるよう，だれがどの情報を集めるのか，そして情報を最も効果的に使うために，どのように情報の流れを体系化するのかを注意深く検討する必要がある。組織は多様な情報をタイムリーに収集しそれに対応しなければならないので，内部の専門家によるクロスファンクショナルチームにより環境分析を効果的に行うことができる。

環境分析のための多様な理論的根拠は，どのような組織にもある程度は存在するが，特定の理論的根拠や機能の重要性や優先度はさまざまな理由で異なっているかもしれない。環境，環境の範囲，組織レベルおよび支持基盤の違いを考えた場合，われわれの経験から環境分析のための一つの理論的根拠あるいは理論的根拠の組み合わせが，すべての組織の目的にかなう可能性は少ないと考える。いずれにしてもこれらの理論的根拠を満たすには，組織の戦略，風土，計画プロセス，意思決定者および彼らの独自のスタイルに適合しなければならない。

17.3 強みと利点

組織は自分の競争上のゴールを達成するための手助けとして環境分析を行う。当然，環境分析の作業にはほかより優れたものとそうでないものがあり，環境分析の品質に基づいて，競争相手よりも優位な立場に立つことができるということを実証した研究がある（Miller and Friesen, 1977; Grinyer and Norburn, 1977/1978）。

優れた環境分析は，概念的にそして実際的に現在の計画オペレーションとリンクしている。もし環境分析システムが計画とリンクされていなければ，分析結果は，組織が長期にわたってとるべき方向性を確立することはできない。この重要な統合を実現するのによく用いられる方法は，環境分析のいくつかの局面で重要な組織の計画立案者を巻き込むことだ。例えばAtlantic Richfield（訳注：石油会社ARCO）では，計画と環境分析の間の強いリンクを確実にするために，環境イッシュー担当マネージャはイッシューと計画担当役員に直接レポートする（Arrington and Sawaya, 1984）。

優れた環境分析は，多くの効果的な競争分析の技法と同様，意思決定者の情報ニーズに対応する。環境分析は，企業の経営陣の中の意思決定者たちのために実行される。環境分析は組織の重要な意思決定者の情報ニーズを完全に理解し，それに適合しなければならない。効果的な分析者は，これらの情報ニーズが時間の経過とともに変化しがちであることを認識し，その変化に従って環境分析を調整する。

どのような組織的取り組みも，成功するには経営幹部のサポートと激励が必要である。環境分析の活動も例外ではない。組織のメンバーは，経営幹部のサポートが明らかな場合のみ重要であると感じる。

環境分析者は，企業環境の構成要素が示唆する既存の，および潜在的な強み，弱み，機会および脅威を識別することに集中するべきである。戦略家は企業のオペレーションを徹底的に理解したうえで環境分析の結果を解釈しなければならない。分析者は戦略家のスキルを共有し，効果的な戦略に貢献しなければならない。

効果的な環境分析は，(1) 適切な行動が取られ，(2) 適切な評価がされ，(3) タイムリー

な行動が長期間にわたってよい結果を生む場合にのみ，ポジティブな競争上の業績を得る結果につながる。

17.4 弱みと限界

環境分析は容易な分析課題ではない。この形式の分析は，長期にわたって効果的に実行するのが難しいということを，いくつかの研究が実証している（Stubbart, 1982）。異なる形式の環境の前後関係（例えば，ダイナミックか静か，単純か複雑か，連続的か非連続的か）もまた，この分析プロセスの効果の知覚と現実に影響を与える（Diffenbach, 1983）。

環境分析の問題は，つぎに詳述するいくつかのカテゴリーに分類できる（Diffenbach, 1983）。

1. **解　　釈**　　組織の意思決定者は，自社の環境がなんであるかを概念化あるいは定義する場合，その範囲を定めることに非常な困難さを感じる。したがって，環境分析の結果を環境変数が与える特定の種類のインパクトに変換して解釈すること，そしてまた組織が追求することを選択する効果的な対応という観点から解釈することが困難な場合がある。意味のある研究を構築すること，財務へのインパクトを示すこと，短期的および長期的影響を合成すること，分析への上級管理職者のかかわりの欠如，潜在的な機会を行動計画に変換することの困難さ，正確な分析を行うのに必要な時間と経営資源，これらすべてが環境要因を解釈することの潜在的な弱みである。

2. **不正確性および不確実性**　　ここでの問題は，分析のアウトプットが不正確であること，結果を信頼するのにはあまりに多くの不確実性が存在すること，あるいはこの両方である。これらが起きるのは，環境の出来事やトレンドを効果的に表現することが困難であることによる。意味のある言葉で不確実性を適切に表現すること，予測の不連続性，STEEPの力の大きさまたはレベルを予測することの困難さ，そして社会的あるいは技術イノベーションおよびトレンドを予言あるいは予測しようとするときの問題などがある。

3. **短 期 志 向**　　多くの組織は，短期の四半期ごとの意思決定および行動に過度にとらわれているため，環境分析のプロセスを回避する。多くの意思決定者は，明日の思索的行動のために今日"本当の"お金を使うのを嫌い，特別調査団などの組織構造と四半期ごとの予算編成のプロセスが，短期の事柄に関心を向けるのを促す。多くの企業は，経済的に厳しいとき，環境分析に費やす経営資源を贅沢な出費と考え，それを削減する。しかしこのようなときこそ，組織は最も分析を必要としている。そしてこれは，よいときも悪いときも分析への取り組みを維持することができる企業にとって優位性を生み出

す，直感に反する見方である，ということは教訓的である．最後に，STEEPセクタの多くの変数は，発展するのに長い年月がかかり，それらにインパクトを与えることに熱心な組織の分析者や意思決定者よりも長く続くことがある．

4．**受容の欠如**　一部の企業は環境分析の価値を受け入れない．これは，経営幹部がその価値を理解していないこと，ラインマネージャにそのアウトプットに参加させ，または使用させることが困難であること，予測方法の変更に抵抗があること，そして多くのマネージャがすでにこのプロセスの実行および管理の専門家だと考えていることによる．もう一つの関連したイッシューは，STEEP分析を競争上の意味合いに関連づけることができないことである．STEEPはおもな目標として，環境分析に基づいた組織にとっての競争上の意味合いをつねに明確にしていなければならない．

5．**間違った認識**　多くの意思決定者は，環境について狭い，限られた，妥当性のない認識を持っている．例えばグローバルな視野で考えるのではなく，一国の視野で考える．教育を受けたときにSTEEPの事柄への対処の仕方を準備しなかったため，正式な訓練あるいは教育を受けた領域と比べSTEEPをより重要性が低いと考える．

6．**多角化したビジネス**　環境分析者は，多数の環境上および組織上の双方向ダイナミックスの意味合いを把握しなければならないので，上記のことは彼らにとって多大な複雑性をもたらす．人的限界，過去の経験，そして偏りは環境分析に影響を与える．これは，本国での偏りおよび態度のせいで，組織が自分の経験，見解，および理解をこれらの要素が作用しない変数に重ね合わせることになりがちな多国籍環境において特に当てはまる．

17.5　テクニック適用のためのプロセス

　環境分析は通常，組織の意思決定者が環境の境界を定義することによって始まる．これらの境界は，分析の幅，深さ，そして予測視野を拘束する．幅は，収集される環境データの局所範囲を指す．深さは，探索および分析されるSTEEPデータの詳細の程度を決める．予測視野は，通常，短期，中期，長期にわたり，関連する組織の特定の環境内で決められる．

　環境の境界は，地理的多様性に関する組織の戦略的姿勢（例えば，どこで競争し，どこで競争していないか），製品またはサービスの市場範囲，固定的経営資源のコミットメントについての利益視野，技術およびイノベーション，経営資源の源泉（資本，人材，その他の財務，原材料），規制指令，そして柔軟性などを調査することによって通常は確立できる．そのプロセスは，考慮しなければならないほかのFAROUT要因とともに，職務に費やすことができる経営資源の量によっても制約される．

いったん定義および境界が設定されれば，つぎの5段階からなるプロセスを使用し，五つのSTEEPセグメントが分析される。

1. 分析される環境のセグメントを理解する。
2. トレンド間の相互関係を理解する。
3. トレンドをイッシューと関連づける。
4. イッシューの将来的な方向を予測する。
5. 意味合いを引き出す。

ステップ1：分析される環境のセグメントを理解する

セグメント内での現在の主要な出来事およびトレンドはなにか　これはなにが起こっているのかということを広い意味で伝え，そして出来事およびトレンドの発展と関係している。出来事は，異なるSTEEP領域で起こる重要なものである。トレンドは，一般的な傾向あるいは出来事の経過と見ることができる。例えばライフスタイルと呼ばれるセグメントにおいて，あなたは仕事とレジャー，消費と貯蓄，教育，旅行，宗教活動，家事を取り巻くトレンドを探し求めるだろう。

これらのトレンドの存在を支える証拠はなにか　トレンドの方向および進展を継続的にモニターし，予測するために，トレンドの存在の根底にあるデータあるいは証拠を捕らえることが重要である。

歴史的にトレンドはどのように進展したか　トレンドは業界，製品および組織のように，複数の段階が識別できるライフサイクルを持っている。トレンドは出現し，発展し，ピークに達し，衰退する。分析者は，ライフサイクルのどこで重要なトレンドが発展したかを識別することが望まれる。トレンドのサイクルの理解は，つぎの発展を識別するのに重要である。

トレンド内での変化あるいは混乱の性質と度合いはどうか　トレンドは，発展，規模，細分化の割合によって変動する。分析者は，トレンド内の変化の割合によって，トレンドがそのライフサイクルにおいて加速しているのか，減速しているのか，あるいは横ばいになっているのかに焦点を当てる必要がある。規模は，トレンドと関連する広がりの程度と，そしてそれがより多数のあるいはより少数の人々に，より大きなあるいはより少ない影響を与えているかどうかを見る。細分化は，焦点を置いたトレンドがほかのトレンドにインパクトを与えているか，あるいはインパクトを受けているかを調べるために，ほかのトレンドとの関係を見る。

トレンドは組織にどのような種類のインパクトを与えているか　概念的には，トレンドが組織に与えるインパクトには，つぎの異なる3種類のものがある。

1. **負のインパクト**　組織の目的達成能力への脅威と関連する。また，組織が現在の戦

略に従って行動するのを妨げ，既存の戦略をもとに前進することに伴うリスクを増大させ，戦略を運用可能にするのに必要な経営資源のレベルを増大させ，あるいは戦略がまったく適切ではなくなったということを示唆する。

2. **正のインパクト**　組織がゴールを達成する機会と関連する。それは，トレンドが既存の戦略を支えたりまたは強化することを意味し，組織がプランニングされた戦略を実施できる可能性を増大させる。あるいは，組織の既存のミッションの枠組みの中で，一つあるいはそれ以上の戦略が変更された場合，使用できる新しい機会を示唆する。

3. **中立あるいはゼロインパクト**　安定させる力か，あるいは無関係な力であり，意思決定者が戦略に対していだいている自信を増大させるかもしれない。

ステップ２：トレンド間の相互関係を理解する

トレンド間の相互関係とはなにか　分析者がマクロ環境のサブセグメント間の相互関係を識別するのに，創造力を発揮することを要求する。分析者は，トレンドが再定義または期待される発展の道筋からの変化を示唆する領域，あるいはトレンドがたがいを強化している領域を探す必要がある。

トレンド間の衝突はなにか　トレンドはしばしば反対方向に進む。例えば，人々は仕事によりコミットメントする一方で，職場外で家族と過ごす時間をより多く求めている。

ステップ３：トレンドをイッシューと関連づける

すべてのトレンドが組織または業界にとって同じように重要というわけではない。組織に直接インパクトを与えるトレンドもあれば，トレンドがどのように組織の戦略と関係するかによって，わずかなインパクトしか与えないものもある。分析者は，組織の目標追及に最も大きなインパクトを与えそうなトレンド，およびトレンドの組み合わせを識別することが重要である。それらのうち最も重要なものは，組織にとっての「イッシュー」と定義される。

ステップ４：イッシューの将来的な方向を予測する

根底にある力を評価する　イッシューの中で，あるトレンドあるいはトレンドのセットの将来の進展を予測するには，イッシューの背景にある推進力を分析する必要がある。分析者が兆候と原因を区別できるということが重要である。これらの推進力はたがいに相反する働きをし，同時に複数の方向に進むため非常に困難である。一度原因が正確に特定されれば，分析者はイッシュー進展の別の予測を立てることができる。

問題の別の予測を立てる　一つの予測から生じる限界を避けるには，分析者は複数の予測やシナリオを構築することが有用である。シナリオはそれぞれ，明確に特定されたトレン

ドの周りに注意深く構築され，将来の異なる視点を呈示する．例えば，分析者はイッシューの展開のための最良のケース，最悪のケース，あるいは中立的なケースのシナリオを識別することができる．分析者はシナリオからその真実性をテストするため，シナリオを一連の質問にさらす．根底にあるどのような力がトレンドを推進しているか？　それが続く見込みおよび可能性はどれくらいか？　その構成要素のトレンドが正確であるという証拠はどれくらい確かか？　トレンド間の相互関係は意味あるものか？

ステップ5：意味合いを引き出す

マクロ環境分析は，組織の戦略計画へのインプットとして，実際に貢献し役立つことが重要である．意味合いは特につぎの三つのレベルに焦点を置かなければならない．(1) あなたの業界および業界内の戦略グループを取り巻く構造的な力，(2) それらがあなたの組織の戦略にどのように影響するか，(3) それらが競争相手の戦略にどのように影響すると期待されるか．この評価は，将来の戦略がどうあるべきかを決定するために重要なインプットを提供する．

つぎのチェックリストは，環境のイッシューに焦点を当てる戦略マネジメントの問題を分析するための質問を要約したものである．

1. 戦略マネジメントの問題は環境のイッシューを引き起こすか．
2. 一般的環境の要因は，環境分析の一部として適切に考慮されているか．
3. オペレーション環境の要因は，環境分析の一部として適切に考慮されているか．
4. 内部環境の要因は，環境分析の一部として適切に考慮されているか．
5. 組織は，環境分析のプロセスを評価および改善するのに，十分な時間を使っているか．
6. 環境の予測は，環境分析のプロセスの中で，正確に実施されているか．

FAROUTのまとめ

	1	2	3	4	5
F	■	■	■	■	
A	■	■			
R	■	■			
O	■	■			
U	■	■			
T	■	■			

未来志向性　　中から高．トレンド，推進力，漸進的展開に焦点を合わせていることで，

かなり将来を見通した方法となっている。現在に方向を合わせると，あまり有用でなくなる。

正　確　性　　低から中。この方法では，しばしばたがいに影響しあう，多様な定性的および定量的要素の両方を深く理解し，そしてトラッキングする必要がある。

経営資源効率性　　中。政府機関，専門誌，コンサルティング会社，人口調査の資料などの二次情報源から多くの情報を収集できる。

客　観　性　　低から中。トレンドの相互関連性と推進力を理解するには，有用で信頼性のあるデータに加えかなりの創作力と洞察力が必要である。

有　用　性　　中。このテクニックを明示的にあるいは成功裡に実行している組織は少ない。それゆえ，もし効果的に実行されれば，競争優位を達成する機会となる。

適　時　性　　低から中。この方法では，組織はかなりのデータ源を収集およびトラッキングしなければならない。効率的なトラッキングシステムがない場合，かなりの開発時間を必要とする場合がある。

関連するツールとテクニック

- イッシュー分析
- S字曲線分析
- シナリオ分析
- ステークホルダ分析
- SWOT分析
- 技術の予測

参　考　文　献

Ackoff, R. (1981). *Creating the corporate future*. New York: John Wiley & Sons.

Aguilar, F. (1967). *Scanning the business environment*. New York: Macmillan.

Arrington, C., & Sawaya, R. (1984). "Issues management in an uncertain environment." *Long Range Planning, 17*(6), 17-24.

Bates, D., & Eldridge, D. (1984). *Strategy and policy: analysis, formulation, and implementation* (2nd ed.). Dubuque, IA: Brown.

Diffenbach, J. (1983). "Corporate environmental analysis in large U.S. corporations." *Long Range Planning, 16*(3), 107-116.

Dill, W. (1958). "Environment as an influence on managerial autonomy." *Administrative Science Quarterly, 2*(2), 409-443.

Fahey, L. (1989). "Understanding the macroenvironment: A framework for analysis." In L. Fahey, (ed.), *The Strategic Planning Management Reader, Englewood Cliffs*, NJ: Prentice Hall, pp.38-43.

Fahey, L., King, W., & Narayanan, V. (1981). "Environmental scanning and forecasting in strategic planning-The state of the art." *Long Range Planning, 14*(1), pp.32-39.

Grinyer, P. H., & Norburn, D. (1977/1978). "Planning for existing markets: An empirical study."

International Studies in Management and Organization. Vol 7, pp.99-122.

Lenz, R., & Engledow, J. (1986). "Environmental analysis: The applicability of current theory." *Strategic Management Journal, 7,* 329-346.

Miller, D., & Friesen, P. (1977). "Strategy making in context: Ten empirical archetypes." *Journal of Management Studies, 14*(3), 253-280.

Starbuck, W. (1976). "Organizations and their environments." In M. Dunnette (Ed.), *Handbook of industrial and organizational psychology.* Chicago: Rand McNally.

Stubbart, C. (1982). "Are environmental scanning units effective?" *Long Range Planning, 15*(3), 139-145.

Thompson, J. (1967). *Organizations in action.* New York: McGraw-Hill.

Wilson, I. (1982). "Environmental scanning and strategic planning." In G. Steiner et al. (Eds.) *Management Policy ad Strategy* (Reading 7). New York: Macmillan.

18. シナリオ分析

　シナリオとは，未来がどのような姿であるかを詳細かつ内部的一貫性を持って描写したもので，経済，産業，または技術の発展にとって重要な仮説に基づいている。シナリオ計画とシナリオ分析は二つの一般的な意思決定の誤り，つまり，変化の過小予測あるいは過大予測を補正するために，複数のシナリオを構築する体系的な方式である。シナリオ計画とシナリオ分析の全体的な目的は，戦略思考のために共有される基準を構築することである。

　シナリオ分析（Scenario Analysis）は，激動のそして急激に変化する状況の中で環境を分析するときの予測的計画ツールである。シナリオ分析は，統制のとれたしかし創造的なアプローチを通じて，定量的および定性的分析を組み合わせる。環境変化の中で起こりうる未来を想定し，多くのシナリオを管理可能な数まで削減する。また，従属変数の関係を判別するために，感度分析を統合する。戦略的意思決定の際の盲点をなくすために，トレンドとパターンをくくりだすことで，戦略的方針を取り巻く将来の意思決定を表現するための枠組みを提供する。

18.1　背　　　景

　環境分析は昔から，戦略の基本的な構成要素であった。長期計画は定義上そして必要性から，分析者が現在の状況の先を見越し，不確実な将来における競争のために，企業の経営資源と能力を準備することを求める。これは長い間，トレンド外挿法や計量経済学モデルなどの予測テクニックの範囲であった。しかし予測は，将来が過去のトレンドやパターンから外挿できるという前提に基づいているため，概念的な欠陥を伴っている。この弱点は，短期間を越える予測が一般に失敗することで明白になってきた。

　多くの研究が従来の予測方法の妥当性に挑んできたが，それらが正確性と有用性に欠けることを発見した。1970年から1975年の間に行われた米国の計量経済学モデルの包括的な研究では，9箇月を超える予測は信頼性が伴わないと結論づけられた（Spivey and Wrobleski, 1980）。同様に，定量的計量経済学モデルと，予測へのより定性的なアプローチとの間に，正確性においてほとんど違いがないことがわかった。1978年に米国が支援したもう一つの

研究は，エネルギーコストの予測テクニックを調査した。この結果も類似しており，どの種類のエネルギーコストの予測テクニックも惨憺(さんたん)たる成績だったが，定性的アプローチは計量経済学モデルよりも優れた結果を残す傾向にあった。別の大規模な研究は，予測がしばしば不正確になるのは，特定の方法を使用したというよりは，不正確な仮説の結果であるとした（Ascher, 1978）。したがってシナリオ計画とシナリオ分析は，長期にわたる計画を前提とする仮説に明示的に焦点を当てていたため，脚光を浴びることとなった。

将来を予測によって描き出すことができないことへの一般的な失望が重なって，従来の予測テクニックは追いやられてしまった。予測が戦略的計画のツールとして限定的な価値しか持っていないことは，戦略の教祖である Peter Drucker の思想（1973）により，最も上手に要約されている。彼は，われわれは予測ができないがゆえに戦略的計画が必要だと明確に主張している。

1970年代になると，企業の企画部門は伝統的な予測テクニックの落とし穴を克服するためにシナリオ分析を採用した。ギリシャ語で戦略の語根が軍事行動の計画を意味することを考えた場合，シナリオ分析が軍事面での応用に最初に開発されたということは理解できる。1942年マンハッタンプロジェクトの原子物理学者によって，原子爆弾を投下することが地球を巨大な火の玉にして破壊するかどうかを判断するために，コンピュータのシミュレーションモデルが最初に使用された。

シナリオ分析の発展の中で大きな展開は，RAND Corporation が U.S. Air Defense Missile Command のためにコンサルティングを行った過程で生まれた。RAND の軍事戦略家たちがシナリオを，「偶然の出来事や意思決定のポイントに焦点を当てることを目的に構築された，一連の仮説上の出来事」（Kahn and Wiener, 1967）と初めて正式に定義した。目的をこのように定義することは，確立された予測方法からの劇的な思考の変化を意味した。シナリオ分析は，将来を正確に予測しようとするよりは，現在と将来のトレンドの相互依存関係と意味合いをよりよく理解することで，意思決定の助けとなるよう設計された。

RAND でのこの先駆的な研究に続いたのは，有名な持続的グローバル経済成長のシナリオ分析，Limits to Growth（Meadows et al., 1972）と Mankind at the Turning Point（Pestel and Mesarovic, 1974）である。これらの研究がもたらした重要な貢献は，シナリオ分析に組み込まれている要因間の相互依存関係が，個々の要因の重要性に取って代わるということを明示的に認識した点であった。つまり，シナリオ分析は「ポジティブフィードバックループ」のインパクト，いい換えると最初の動的な要因に再度インパクトを与える，原因・結果の関係の相互に組み合った鎖のインパクトを適切に組み込まなければならない（Zentner, 1982）。例えば，組み込まれている要因の一つである経営資源の利用可能性が変わった場合，それはポジティブフィードバックループを通じて経営資源の利用可能性に影響を与えるほかの要因

（環境汚染，食料の収穫，人口，資本の利用可能性など）においても，一連のインパクトを作動させる。

　シナリオ分析は SRI International によって1982年に行われた研究，Seven Tomorrows (Hawken, Ogilvy, and Schwartz, 1982) でさらに信任を得た。このシナリオは，経済成長，エネルギーの利用可能性，農業の生産性，社会価値システムそして気候の変化のトレンドを分析することにより，つぎの20年間の未来を想定しようとした。彼らはそれぞれのトレンドを動かしている異なる変数を操作することにより，ポジティブフィードバックループを通じていくつか異なる未来のシナリオを構築した。

　これらの初期のシナリオテクニックは非常に定量的であったにもかかわらず（すなわち，中には数十万の相互依存的関係を組み込んだものもあった），より定性的なシナリオ分析もこの時期に同時に発展していた。最も有名なシナリオ分析への定性的なアプローチは，デルファイ法（1960年に Olaf Helmer によって開発）とクロスインパクト分析（1960年代初頭に開発）であった。基本的にはデルファイ法は，複雑な数学的モデルよりも，専門家のパネルからの繰り返されるインプットに依存する。

　1970年代中盤から後半にかけて，シナリオ分析が知的信頼性のクリティカルマスに達したとき，それは戦略的計画プロセスの重要な一部として多くの大企業に採用された。1970年代の石油危機は，シナリオ分析の重要性を強調した。当然，最も熱心にこれを採用したのは，Royal Dutch Shell などの石油会社であった。同社は1977年に正式なシナリオ分析を分析の枠組みに取り入れた。シナリオ分析は，Shell がそのグローバルな競争ポジションを，1973年の6位から1980年代後半の2位に引き上げた主要なインパクトだったと指摘する人もいる（Grayson and Clawson, 1996）。

　シナリオ分析は，基礎をなす経済，政治そして社会的要因の大きな変化—それらに対し石油会社は不釣合いなほど脆弱だったのだが—に対応するのに適切であるため，石油会社で人気となった。当然そのようなものとして，シナリオ分析は，大企業によってマクロ環境の評価やワールドワイドな計画のためにおもに使用された。1977年までには，フォーチューン1 000社を対象に行った調査によると，そのうちの16％の企業が積極的に複数のシナリオ計画を使用していた（Linneman and Klein, 1985）。1982年までには，同じ調査によると1 000社のうち32％の企業がこの戦略的マネジメントツールを使っていた。

　グローバリゼーション，貿易の自由化，情報技術が生み出す絶え間ない変化の力を考えた場合，シナリオ分析はあらゆる規模の企業が未来について戦略的に考えるときの基本的なツールとして現在認識されている。

18.2 戦略的根拠と意味

　現代の組織と業界は，著しい構造変化，不確実性，そして莫大なチャンスとリスクを伴う意思決定に直面している。このような不安定な環境で未来を予測するには，コンティンジェンシー計画，センシティビティ分析あるいはコンピュータシミュレーションでは不十分である。創造性，洞察力そして直感もまた必要となる。シナリオ計画およびシナリオ分析は，分析者がこのような要求を構造化するのを助ける。

　Schoemaker (1995) は，つぎのような状況に直面している企業は，シナリオ計画およびシナリオ分析から特に得るものが大きいと述べている。

- マネージャの予測能力および調整能力に比べ，不確実性が高い。
- 過去に何度もコストのかかる予期せぬ驚きがあった。
- 企業が新しい機会を知覚していないか，あるいは生み出すことがない。
- 戦略的思考の品質が低い。
- 業界が大きな変革を経験したか，経験しようとしている。
- 企業は，多様性を殺すことなく，共通の言語および枠組みを必要としている。
- 大きな意見の相違があるが，そのうちの複数の意見に利点がある。
- 企業の競争相手がこのテクニックを使用している。

　業界は発展するにつれ，魅力のレベルが変わる。この発展がどのように展開するかを予言することは，いくらよく見ても不確実な職務である。不確実性のレベルがたいへん高いとき，シナリオ分析はその未来に備えるための助けとなる。

　すでに述べたとおり，シナリオとは，未来がどのような姿であるかを詳細に，かつ内部的一貫性を持って描写したもので，経済，産業，または技術の発展にとって重要な一組の仮説に基づいている。それは書かれたものであれ口述されたものであれ，注意深く構成された筋書きの上に組み立てられた，起こりうる未来についてのストーリーである。ストーリーは複雑な出来事について，複数の見解を表現することができる。シナリオはこれらの出来事に意味を与える。業界シナリオは，将来業界がどのような姿であるか詳細かつ内部的一貫性を持った描写を作り上げることで，未来がどのようであるかに取り組む。

　一つのシナリオがもたらすものは，業界にとって起こりうる一つの構造であるが，複数のシナリオは，広範囲な起こりうる構造を包含するのに使われる。複数のシナリオを使用すれば，競争相手のアクションや動きを構築・評価することができる。

　つぎは，シナリオ分析への4種類の一般的なアプローチである。

定量的方法

1. **コンピュータによって生成された計量経済学モデル** このモデルは，トレンド要因間の多数の識別された相互関係を統合しようとするものである。一つの変数を変更することにより，一連の下流のインパクトが，最初の変数へのポジティブフィードバックループの影響とともに分析される。

定性的方法

2. **直感的方法** この方法は定量的なアプローチを拒否する代わりに，未来に過度にインパクトを与えると考えられる定性的な変数を強調する。基本的なトレンドが識別され，そして予期せぬ驚きのない未来を構築するため，それが未来に投影される。このあとに，別の起こりうる未来のイッシューを調査するため，トレンドの一部が変更される。この直感的アプローチは魅力的なほどシンプルではあるが，非常に抽象的で，体系的な応用に欠けるため運用しにくい。

3. **デルファイモデル** この方法では，専門家のパネル（内部と外部の両方）に，自分たちのそれぞれの専門分野の現在および起こりうる未来のトレンドに関する一連のインタビューを通して，個別に（同じ仲間同士の偏りを減らすために）質問する。何度か繰り返したあと，結果を統計的に操作して，多数の一致した意見と，異なる意見の領域の両方を描写する。デルファイアプローチは，将来展開する出来事とイッシューの一連の因果関係を判断することに焦点を当てる。

4. **クロスインパクト分析** このアプローチもまた専門家の意見を求めるが，加えて将来のトレンドまたは起こりうる出来事の可能性と時期についての専門家の推測を求める。この分析から生まれるものは，未来の出来事の可能性と時間枠の確率分布であり，それは一つのトレンドまたは出来事を除外するときの，残りのトレンドまたは出来事へのインパクトを判断するのに使われる。クロスインパクト分析は，識別されたさまざまな要因，出来事，イッシュー間において，将来に影響を与える相互依存性に焦点を当てている。

定性的アプローチの方向に寄った複合的シナリオ分析が，今日，採用すべき最も効果的な方法のように思われる。これらの包括的なアプローチは，未来についての主要な仮説に挑戦する定性的な物語に焦点を当てている。最初に多数のシナリオを構築し，演繹的または帰納的なアプローチを通してシナリオの数を減らしていく。演繹的に減らすとき，最初に各シナリオの一般的な物語のテーマを考え，次いで各シナリオで支配的な影響力を与える要因に集中する。一方，帰納的に減らすとき，分析者がまず要因の数をマネジメント可能な数にまで減らし，次いで起こりうるシナリオを引き出すために，潜在的な将来価値をこれらの要因の

複数の組み合わせに投影する。

　演繹的方法も帰納的方法もそれぞれに長所とリスクがある（Schnaars, 1987）。演繹的に減らす方法では，分析者が多数の要因を，未来を描写するいくつかの物語に組み合わせることができるが，重要な要因の組み合わせを省略してしまう場合がある。したがって，重要なシナリオを見逃してしまうことがある。逆に帰納的に減らしていく方法では，最初に要因の数を減らしてしまうので，重要な変数を省略してしまうことがある。両方のブラインドスポットに対する防衛策として，Schnaarは両方のアプローチを追及することを推奨している。いったんマネジメント可能な数の分析インプットが決定したら，シナリオはより厳格な分析に耐えるようになる。

　シナリオ分析にどのアプローチを使用するかということにかかわらず，通常つぎの五つの目的が追求される。

- **STEEPシナリオ**　　企業の外部の出来事に焦点を当てる。社会，技術，経済，環境そして政治など制御しにくい要因が含まれている。STEEPシナリオと伝統的STEEP分析の重要な違いとして，前者は，後者ではただちに識別できない新しい競争条件をもたらす要因依存性を組み込んでいることが特徴である。
- **センシティビティシナリオ**　　企業がしっかり制御できる内部要因が分析対象であるという点で，STEEPシナリオの逆である。このタイプのシナリオ分析の一般的な例は，財務部門によって使用される表計算によるアプローチである。
- **業界シナリオ**　　これは，企業の確立されたビジネスモデルに関係する業界固有のイッシューやトレンドに焦点を当てる。伝統的な業界分析との違いは，これが相互に関係している一連のトレンド，出来事，イッシューを長期にわたって分析することである。
- **多角化シナリオ**　　これは，企業が将来追及するかもしれない潜在的なビジネスモデルに関係する，業界固有のイッシューやトレンドに焦点を当てる。これは基本的に調査としての性質を持ち，業界における現在および将来のトレンドを識別しようとする。さらに，この種のシナリオ分析は，業界移動の可能性を想定している。
- **公共的イッシューシナリオ**　　はっきりと定義された公共的イッシューに過度にさらされている企業はしばしば，公共的イッシューシナリオを実行する。例えば石油会社は，現在および将来のビジネスモデルについて，カルテルの強さ，発見，税などのインパクトに関して考えられるシナリオを構築することで，エネルギー経済にシナリオ分析の重点を置くかもしれない。

　シナリオ分析においては「ソフト」な定性的要因が重要であるため，いくつかの組織上の特徴がシナリオ構築プログラムの成功に劇的な影響を及ぼす。最も重要な要因は，トップマネジメントの積極的な関与である。これは，一見，抽象的で漠然としているシナリオ分析を，

将来の競争のために企業に準備させる責任を持つマネジメントチームのさまざまなメンバーに，より具体的で目に見えるものにする助けとなる。もう一つの重要な成功要因は，さまざまな背景を持つ分析者が関与することである。この点について，リベラルアート，人文科学，そして社会科学などをしっかりと学んだ分析者は，確かにシナリオ構築の過程に価値を付加することができる。彼らは，将来の環境により深く関連する無形の定性的要因に，技術志向あるいは定量志向の同僚よりも順応する。彼らは，聖域を当然なものとはせず，ほかの人とは違った見方をとることで，戦略的な挑戦者の役割を果たすことになりそうだ。

18.3　強みと利点

資源ベースの企業観（RBV）の戦略選択肢をテストする

シナリオは，業界が進展するにつれ，競争優位の源泉または重要な成功要因の識別に使用できる。それぞれの競争相手のためのシナリオの結果は，防衛的および攻撃的動きの両方を予測するのに使用できる。

組織上の柔軟性

シナリオ構築におけるもう一つの価値ある側面は，業界の進展に適応することの重要性を気づかせることである。シナリオ分析を支配する内部的一貫性の条件は，考えられる将来のシナリオに結実することになる，多数の相互に関係した連続的な因果関係に関して，分析者が明示的に取り組むことを求める。よいシナリオのテストは，それが未来を正確に表しているかどうかではなく，組織が学習し，適応し，進行中の「戦略的会話」の品質を高めることを可能にするかどうかである。この理解のプロセスを通じて，企業はリスクコンティンジェンシー戦略としての戦略選択肢に投資することの漠然とした重要性をよりよく把握できるようになる。

シナリオ分析はまた，採用されたシナリオアプローチの定量化／定性化の相対的な度合い，あるいは公式／非公式な特徴が個々の企業の風土や能力に合わせられるという点で，非常に柔軟である。

予測のすき間を埋める

シナリオ分析にはしばしば分析上の生データのための予測テクニックが組み込まれているが，それよりさらに一歩踏み込んでいる。シナリオ分析は物語のストーリーによって，伝統的予測が終わるところからスタートする。シナリオ分析は，起こりうる未来環境の非公式な定性的評価を含めることにより，確立された予測テクニックの定量的限界を超える，より多

くの関連する変数を包含することができる。

情報過多管理ツール

シナリオ計画は，膨大な量のデータや情報を，アクショナブルインテリジェンスに結び付けることができるというユニークな能力を持っているため，非常に有用な分析ツールである。シナリオ分析はその性質上，マネジメントが将来の競争環境を理解するのを助けるよう構成されている。この点で詳細をすべて捉える必要はないので，手続き的な観点からすると自由度が高い。

18.4 弱みと限界

戦略の策定をシナリオ分析のみにゆだねること

シナリオ計画の潜在的な破綻は，組織がシナリオ計画を戦略策定の代わりに使用するときに起こる。シナリオ計画は，企業が所定の戦略——それが現在の戦略であるか，将来の戦略であるかにかかわらず——の起こりうる結果を知ることを可能にする。そのため，シナリオ計画は分析のために使用されなければならない。したがって，特定の戦略を支え，分解し，正式なものとするかもしれないが，新しい戦略を作るものではない。

内在する偏り

企業の現在の強みに最も適合するシナリオを選択する傾向は，避けなければならない。分析者はこの自然の傾向と絶縁し，それぞれのシナリオの真の可能性に対して客観的にならなければならない。その結果，それぞれのシナリオが，現在の競争ポジションから独立している状態を実現できる。

グループでコンセンサスを得ることの困難さ

グループがシナリオに合意することは重要であるが，必ずしも容易ではない。シナリオは「ソフト」で「ファジー」な面と，定量的で分析的な面の両方を含むので，合意してもらうのには多大な労力と時間を必要とする。簡単なシナリオを構築することと，複雑なシナリオを構築することの間には，いつもトレードオフが存在する。

シナリオを競争および財務的な関心事に結び付けること

シナリオは概念的なシンプルさゆえ，訴求度が高い。シナリオを構築する際の困難なトレードオフは，「正確性」と「方向性」との間のトレードオフである。しかし，マネージャや意

思決定者に，基本的なシナリオから競争上および財務上のレベルまで掘り下げてもらうことは，ほとんどのシナリオが広範囲なマクロレベルで構築されているので，困難な場合がある。

18.5 テクニック適用のためのプロセス

シナリオ計画は物語のような特質を持つにもかかわらず，体系的で認識できるフェーズをたどる。このプロセスは双方向的かつ真剣であり，そして創造的である。それは，なすべき意思決定を孤立させ，人の知覚を形作るメンタルマップに厳格に挑戦し，そして変則的な情報源から情報を探し出して収集することから始まる。シナリオ分析を実行するのに正しい方法は一つではないが，このアプローチの経験を集約していくつかの実際的なガイドラインが開発された。ここで説明するシナリオ構築のためのプロセスは，Schoemaker（1995）によって推進されているものである。

1. **分析の範囲を定義する**　製品，市場，顧客グループ，技術または地域の観点から，時間枠と分析の範囲を設定する。時間枠は，製品ライフサイクル（PLC），政治選挙，競争相手の計画の視野，技術変化の割合，経済のサイクルなど，いくつかの要因に依存している。いったん適切な時間枠を決めたら，その時点で，組織にとってどのような知識が最も高い価値をもたらすか，質問する。

2. **主要なステークホルダを識別する**　どの団体が，将来重要なイッシューの発展に興味を持つのか。だれがそれらの団体によって影響やインパクトを受けるのか，そして彼らに影響やインパクトを与えるのか。ステークホルダの現在の役割，利害，そして権力ポジションを識別し，それからそれらが時間の経過とともにどのように変わってきたかを評価する。

3. **基本的な傾向を識別する**　業界とSTEEPのトレンドのうちでなにが，最初のステップであなたが識別したイッシューに影響を与える可能性があるのか。それぞれのトレンドがあなたの組織にどのように（負に，正に，中立に）影響するのか，そしてなぜ影響するのかを含め，簡単にそれぞれのトレンドを説明する。その継続の可能性について意見の不一致が見られるトレンドは，つぎのステップで取り扱われている。

4. **不確実性を識別する**　どのような結果および出来事が不確実か，あるいはあなたが懸念しているイッシューに相当な影響を与えるか。それぞれの不確実性に対し，起こりそうな結果を判断する（つまり，法案が通過するか否決されるか，技術が開発されるかあるいはされないかなど）。また，不確実性の間に関係が存在するのかを判断し，起こりそうもない組み合わせを除外する（例えば，政府と民間の負債と赤字が着実に増える一方で金利も着実に下がる）。

5. **最初のシナリオのテーマを構築する**　つぎのようないくつかのアプローチをとることができる。(a) 不確実性の高いもの上位二つを選び，それらを評価する，(b) さまざまな起こりうる一連の結果を，連続性の高いものと低いもの，準備の度合い，混乱などを切り口に一まとめにする，(c) すべての正の要素を一つのシナリオに入れ，そしてすべての負の要素を一つのシナリオに入れることで，極端な世界を識別する。

6. **一貫性があるか，そして起こりうることかをチェックする**　つぎの項目を評価する。(a) トレンドは選択した時間枠の中で適合しているか。もしそうでなければ，適合しないトレンドを除外する。(b) シナリオは，相互に適合する不確実性の結果を組み合わせているか。もしそうでなければ，そのシナリオを排除する。(c) 主要なステークホルダは，自ら好まない，そして変更可能なポジションに置かれているか。その場合，シナリオは別のものに発展する。

7. **学習のシナリオを構築する**　これまでのステップを実行することで，一般的なテーマがいくつか浮かび上がってきたはずである。あなたの目標は，戦略的に関連があるテーマを識別し，それからそれらのテーマの周りに起こりうるトレンドや結果を整理することである。トレンドはそれぞれのシナリオの中に現れるが，シナリオが違えば適時より比重を置いたり，あるいはより多くの注意を払ったりする必要がある。

8. **調査の必要性を識別する**　自社のブラインドスポットについてより深く掘り下げ，不確実性やトレンドに関する理解を深める必要があるかもしれない。例えば，ステークホルダが特定のシナリオにおいてどのような行動を取りそうなのか，本当に理解しているかどうかを考える。

9. **定量的モデルを構築する**　シナリオが内部で一貫しているか再度調べ，そしてある種の相互作用を，定量的モデルを通じて公式化する必要があるかどうかを評価する。定量的なモデルは，さまざまなシナリオの結果を定量化でき，そしてマネージャが起こりそうもないシナリオに向けて迷走することを避ける手助けとなる。

10. **意思決定シナリオに向けて発展させる**　あなたの戦略をテストし，革新的なアイデアを創造するために，あなたは最終的に使うシナリオに何度も立ち戻る。あなたは，シナリオが自社の直面している本当のイッシューに取り組んでいるか，そして組織の意思決定者の創造性や理解を刺激するものであるかを自問する。

これらのステップを実行することによって三つまたは四つの注意深く構築されたシナリオができあがる。もしシナリオが学習のためのツールとして機能するのであれば，シナリオが教える教訓は，意思決定の成功にとって重要なイッシューに基づいていなければならない。十分に構築され，記憶に残るシナリオは，わずかしかない。それぞれのシナリオは，最良または最悪のケースではなく，起こりうる代替的未来と最もありそうな連続体を提示しなけれ

ばならない。一度シナリオが肉づけされ，物語になれば，チームはそれらの意味合いと，継続してモニターすべき主要な指標を特定する。

一度シナリオの「プロット」の数を決定したら，企業の戦略的な意図を主体的に決定する必要がある。ここでシナリオ分析は終了し，戦略的意思決定が開始される。Courtney et al.（1997）は，企業が将来の不確実性に対応するとき，基本的につぎの三つの選択肢があると述べている。

1. **未来を形作る**　最も激しいスタンスは，企業が，技術の断絶や移動障壁の衰退などの将来のトレンドに賭けることによって，未来のシナリオの競争上のパラメータを再定義し，それによって姿を変えようとすることである。

2. **未来に適応する**　基本的にこれは，トレンドが出現するや否やそれを使用できるように，企業をオペレーション上の卓越したポジションにポジショニングするベンチマーキングアプローチである。

3. **戦略選択肢**　これは，戦略選択肢を追求するために最低限の投資しか行わないが，明白な脆弱性を回避する，より保守的でかつ主体的な戦略である。

冷戦後の世界の防衛産業におけるシナリオ計画

1990年代初頭の世界の防衛産業を取り巻くビジネス環境は，非常にダイナミックで多数の大変革があった。その中で最も注目に値するのは，旧ソ連と西側諸国との間の冷戦の終わりと，環太平洋経済の台頭であった。1990年代初頭まで，世界の防衛支出は急激に増加していた。ソ連の脅威が一見かなり減ってきたとき，世界の防衛市場全体は成長を止めるか，下降を開始するかのどちらかの状態になっていた。冷戦のインパクトを悪化させるものとして，アジアの新興工業国が世界の防衛市場に参入をし始め，その結果，世界の防衛産業の生産能力は増加した。

これらの環境上のトレンドのため，米国の防衛関連企業のマネジメントは多大な不確実性に直面した。海外の防衛市場に販売を拡大すべきか。防衛とは無関係の産業に多角化すべきか。一時的な冷戦の平和は続くのか。伝統的な二極対立からの市場の需要が失われたいま，地域紛争がそれに取って代わるのか。テロの増加によって，すべての国で防衛上の必要性が増大するのだろうか。多くの防衛企業は，不確実性の枠組みを作るのに，積極的にシナリオ分析に取り組んだ。ある企業―社名を明らかにしていない―はFuture Groupにシナリオ分析の構築を依頼した。

シナリオ分析を取り巻く主要な問題は，米国政府が1995年から2005年の計画期間においておもな顧客でありつづけるかどうかということだった。この時間枠が選ばれたの

は，防衛の研究開発サイクルが平均 10 年から 15 年であるという理由からであった。防衛関連企業は，シナリオ分析が確実に現在の製品サイクルを越えることを希望していた。

最初のステップは，米国の安全保障と防衛の要件にインパクトを与えるおもなドライビングフォース（推進力）を特定することだった。長いリストの中からつぎの四つの主要な力に絞られた。(1) 世界情勢への米国の外交的，経済的および軍事的関与，(2) 軍事的対抗力の特徴，(3) 米国経済のバイタリティ，(4) 世界の不安定さの度合い。

四つの主要な力から「シナリオスペース」が作られ，それらの力を 13 の起こりうる代替の「世界」に組み入れた。16 の可能性（4×4 のマトリックスを使用）があったが，三つは非論理的であったか，あるいは起こりそうもないとの理由でなかったので即座に却下された。

将来の世界防衛市場のためのシナリオスペース　2005 年～2010 年

名前	可能性	米国の世界情勢への関与の度合い		軍事的対抗力		米国経済のバイタリティ		世界の不安定さの度合い	
		高	低	集中した	拡散した	力強い	弱い	高	低
1 米国主導の市場	Y	●		●		●		●	
2	Y	●		●		●			●
3 危険な貧困	Y	●		●			●	●	
4	Y	●		●			●		●
5 地域市場	Y	●			●	●		●	
6 平和と繁栄	Y	●			●	●			●
7 混乱したプライオリティ	Y	●			●		●	●	
8	N	●			●		●		●
9	Y		●	●		●		●	
10	N		●	●		●			●
11	N		●	●			●	●	
12	N		●	●			●		●
13	Y		●		●	●		●	
14 孤立主義者の夢	Y		●		●	●			●
15	Y		●		●		●	●	
16	Y		●		●		●		●

可能性あり＝その世界は，推進力の組み合わせが内部的一貫性を持ち，論理的に理にかなっているという意味で，可能性があるか？
米国の世界情勢への関与の度合いは，軍事的，経済的，そして外交的関与を含む。
軍事的抵抗力は，つぎの質問を投げかける。「世界の軍事力は"アメリカの優位性"に対抗することに焦点を置くのか，あるいはそれはもっと一般的に種々の地域的脅威に向けられるのか？」

防衛関連企業が直面したおもなイッシューは，これらのシナリオが具体化したとき，それぞれのシナリオが業界の競争上のパラメータにどのように影響を及ぼすかということだった。シナリオ分析は，それぞれのシナリオのための詳細な予測を準備することによって，この疑問に答える助けとなった。その結果，政府のさまざまな防衛支出の将来的なトレンド，軍事関連ハードウェアの需要の伸びなどのイッシューに取り組んだ。残りの13の可能な世界のうち，より起こりうる六つのシナリオがこの種の分析のために選択された。以下はそれぞれのシナリオの簡単な概要である。実際には，それぞれのシナリオは念入りに記述されている。

シナリオ1：米国主導の市場
- 米国が世界最大の軍事関連製品の買い手でありつづける。
- 非常に競争力のある貿易圏がヨーロッパ，アジア，北米で形成され，エネルギーと資源を得るために競うとき，発展途上国で緊張と不安定に取り組まねばならない。
- 自国の軍需産業を支配する強力な発展途上国が台頭する。
- 発展途上国での地域紛争と西欧諸国の介入は，継続的な軍事支出を保証する。

シナリオ2：危険な貧困
- 世界が非常に不安定で，米国に対し敵意が向けられる。
- 巨大な経済問題が軍事支出の増加を抑制する（東ヨーロッパでの不安定な状態，EU内で統一がない，日米間での貿易上の紛争，米国の赤字，GATTの貿易交渉の破綻）。
- 世界的な景気後退が発展途上国と中東での政治闘争を扇動する。

シナリオ3：地域市場
- 米国の予算削減に加え，世界が非常に不安定であることで，地域防衛市場が生まれる。
- 西欧諸国が経済の回復に集中し，民族主義の拡大を封じこむためには，選択的にしか地域紛争に軍事介入しない。

シナリオ4：平和と繁栄
- 米国の国策の主要なツールとして，経済政策が防衛に取って代わる。
- 世界経済が自由貿易によって繁栄する。
- 世界の防衛産業が停滞する。

シナリオ 5 : 混乱したプライオリティ

・世界的な景気後退と防衛政策の先行き不透明の組み合わせ
・米国の防衛支出が減少する。
・地域の防衛市場が目立ってくる。

シナリオ 6 : 孤立主義者の夢

・米国が積極的な軍事介入から完全に撤退する。
・強い経済，低い不安定度，そして平和主義的政治情勢
・一部の防衛関連企業は生き残るために，国際的移転を必要とするかもしれない。

Future Group がつぎに行ったことは，これら六つのシナリオについて米国の防衛支出を図表にすることであった。

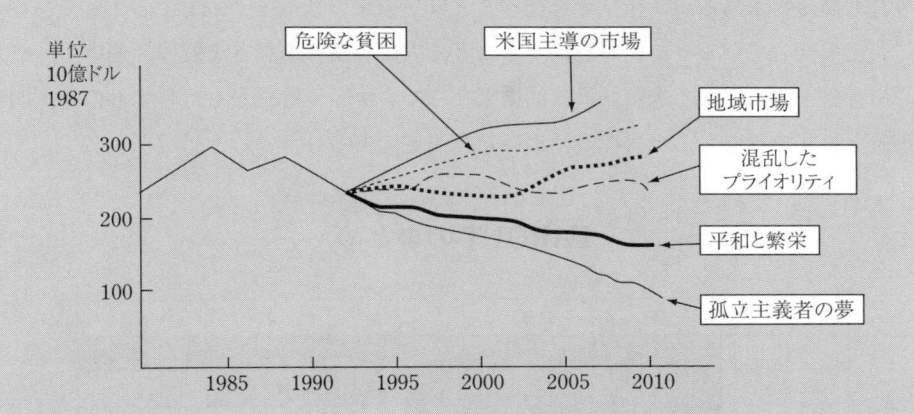

この図は，それぞれのシナリオが防衛関連企業の長期戦略計画に及ぼす意味合いにおいて，多大な差異があることを示している。つぎのステップは，それぞれのシナリオと上手く折り合うためにどのような戦略が必要かを決定することであった。シナリオ分析は，未来についての戦略的会話を行うのに必要なツールを与えた。Futures Group が構築した六つのシナリオは，未来戦略の信頼性をテストし，戦略選択肢を構築し，そして劇的に変化する未来において，戦略的成功と競争優位を確保するのに必要な経営資源と能力を増強するための枠組みとなった。

Source: Adapted from "Alternative Scenarios for the Defense Industry After 1995," by M. A. Boroush and C. W. Thomas, 1992. *Planning Review, 20*(3) pp.24-29.

これらの三つの戦略的な方針はリスクのレベルが異なるために，シナリオが実現したとき得られる潜在的な報酬のレベルも異なる。シナリオ分析は，分析者がさまざまな戦略的意図の選択を表現することができるレベルまで，不確実性をマネジメントできる枠組みとなる。

　シナリオ分析は，未来が予測できないものであるため，強力な計画ツールである。シナリオは伝統的予測または市場調査とは異なり，現在のトレンドを外挿する代わりに，代替的イメージを提供する。また，シナリオ分析は，計量経済学と安定した状態で使用できるほかの定量的モデルが排除する，定性的な見解や急激な不連続性の可能性も含んでいる。その結果，シナリオ構築は，マネージャが見過ごしてしまうか否定してしまうかもしれない意思決定を予想できるように，世界がどのように動くのかについて，自分たちの最も幅広い仮説に疑問を投げかけることができる。シナリオは組織において，複雑な条件や選択肢を伝えるための共通言語と効果的基盤となる。

　よいシナリオとは，起こりうるもので予期せぬ驚きがあり，そして古いステレオタイプの考えを打ち破る力がある。シナリオを使うことは，未来のリハーサルをすることである。警告サインと展開しているドラマを認識することで人は予期せぬ驚きを避け，適応し，そして効果的に行動することができる。最終的結果としてシナリオ計画がもたらすものは，明日のより正確な描写ではなく，今日のよりよい意思決定である。

FAROUT のまとめ

	1	2	3	4	5
F	■	■	■	■	■
A	■	■	■	■	
R	■	■			
O	■	■	■		
U	■	■		■	
T	■				

　未来志向性　　高。シナリオは，計画が行われる時間枠を，ほかの多くの方法よりもより遠く未来にまで押し広げるように特別に構築される。

　正　確　性　　中から高。ほとんどのシナリオ計画と分析方法には，より強固な結果を生み出す助けとなる一貫性と起こりうる可能性のチェック機能がいくつか組み込まれている。それにもかかわらず，インプットソースの仮説がこれらのスクリーンをくぐりぬけることがある。さらに時間の経過とともにこれらの仮説の正確性が変わることがある。

　経営資源効率性　　低から中。シナリオ構築は通常，中程度の調査事実にサポートされた

少人数のグループで行われる。シナリオ分析自体は，大人数の意思決定者グループが協力しあって行うので，より多くの時間を要する。このプロセスは，多数あるグループの意思決定をサポートするシステム（Group Decision Support Systems：GDSS）の一つを使用することにより，加速することができる。しかしこのシステムは高額の費用がかかる。より詳細なシナリオ分析にはさらに費用がかかる。そのためどのテクニックを選択するかが総合的な経営資源効率性に大きく影響する。

客 観 性　中。未来について，そして未来に取り組むべき最も適切な戦略について，マネジメントチームが一致した見解を持つことができる能力に大きく依存する。さらに，トレンドとイッシューの定性的な解釈を強調することが，分析に多くの主観性をもたらす。

有 用 性　中から高。過去の戦略的思考の妥当性を減じたことがあるような状況が存在する場合，非常に有用なことがある。複雑さ，不確実さ，あるいは変化のペースを経験していない業界や組織の場合，有用性は減少する。

適 時 性　低から中。強固なシナリオを構築し，それを分析するためにマネジメントチームを集めるには時間がかかる。

関連するツールとテクニック

- ブラインドスポット分析
- 業界分析
- S字曲線分析
- STEEP分析
- 職務能力と経営資源分析
- 公共的イッシュー分析
- ステークホルダ分析
- SWOT分析

参 考 文 献

Ascher, W. (1978). *Forecasting: An appraisal for policy-makers and planners*. Baltimore, MD: Johns Hopkins University Press.

Boroush, M. A., & Thomas, C. W. (1992). "Alternative scenarios for the defense industry after 1995." *Planning Review, 20*(3), 24-29.

Courtney, H., Kirkland, J., & Viguerie, P. (1997). "Strategy under uncertainty." *Harvard Business Review, 75*(6), 67-79.

Drucker, P. F. (1973). *Management: Tasks, responsibilities, practices*. New York, NY: Harper & Row.

Gilbert, L. G. (2000). "Using multiple scenario analysis to map the competitive landscape: A practice-based perspective." *Competitive Intelligence Review, 11*(2), 12-19.

Grayson, L. E., & Clawson, J. G. (1996). *Scenario building*. (UVA-BP-0338). Charlottesville, VA:

University of Virginia Darden School Foundation.

Hawken, P., Ogilvy, J., & Schwartz, P. (1982). *Seven tomorrows*. New York, NY: Bantam Books.

Huss, W. R., & Honton, E. J. (1987). "Scenario planning: What style should you use?" *Long Range Planning, 20*(4) pp.21-29.

Kahn, H., & Wiener, A. J. (1967). *The year 2000*. New York, NY: Macmillan.

Klein, H. E., & Linneman, R. E. (1981). "The use of scenario planning—Eight case histories." *Long Range Planning, 14*(5), 69-77.

Leemhuis, J. P. (1985). "Using scenarios to develop strategies." *Long Range Planning, 18*(2), 30-37.

Linneman, R. E., & Klein, H. E. (1979). "The use of multiple scenarios by U.S. industrial companies." *Long Range Planning, 12*(1), 83-90.

——. (1985). "Using scenarios in strategic decision making." *Business Horizons, 28*(1), 64-74.

Meadows, D., Randers, J., & Behrens III, W. (1972). *Limits to growth*. New York, NY: Universe Books.

Malaska, P., Malmivirta, M., & Hansen, T. (1984). "Scenarios in Europe—Who uses them and why." *Long Range Planning, 17*(5), 45-49.

Pestel, E., & Mesarovic, M. (1974). *Mankind at the turning point*. New York, NY: Readers Digest/Dutton.

Schnaars, S. P. (1987). "How to develop and use scenarios." *Long Range Planning, 20*(1), 105-114.

Schoemaker, P. J. H. (1992a). "How to link strategic vision to core capabilities." *Sloan Management Review, 34*(1), 67-81.

——. (1992b). "Multiple scenario development: Its conceptual and behavioral foundation." *Strategic Management Journal, 14*, 193-213.

——. (1995). "Scenario planning: A tool for strategic thinking." *Sloan Management Review, 36*(2), 25-39.

Schoemaker, P. J. H., & vanderHeijden, A. J. M. (1992). "Integrating scenarios into strategic planning at Royal Dutch/Shell." *Planning Review, 20*(3), 41-46.

Schwartz, P. (1991). *The art of the long view*. New York, NY: Doubleday Currency.

Simpson, D. G. (1992). "Key lessons for adopting scenario planning in diversified companies." *Planning Review*, May/June, 10-17, 47-48.

Spivey, W. A., & Wrobleski, W. J. (1980). *Surveying recent econometric forecasting performance* (Reprint No. 106). American Enterprise Institute, Washington, D.C.

von Reibnitz, U. (1987). *Scenario techniques*. Hamburg, Germany: McGraw-Hill.

Wack, P. (1985). "Scenarios: Uncharted waters ahead." *Harvard Business Review, 63*(6) 73-89.

Wack, P. (1985). "Scenarios: Shooting the rapids." *Harvard Business Review, 63*(5), 139-150.

Zentner, R. D. (1975). "Scenarios in forecasting." *Chemical and Engineering News, 53*, 6 October, 22-34.

——. (1982). "Scenarios, past, present and future." *Long Range Planning, 15*(3), 12-20.

19. ステークホルダ分析

　ステークホルダ分析（Stakeholder Analysis）は，組織とその競争相手にかなりの影響を及ぼすことができる重要な集団あるいは個人を体系的に識別する。ステークホルダ分析は，どのステークホルダが企業とその競争相手の活動とオペレーションにとって重要であるか，彼らの関心事はなにか，彼らに関する活動をいつどのように開始すればよいか，そして競争上の成功の可能性を最大限にするために，重要なステークホルダ間でどのように組織の経営資源を配賦するかを幹部が決定するのを助ける強力な技法となる。

19.1　背　　　景

　ステークホルダ分析はビジネスと社会の関係の中心的概念であり，より大きな概念であるステークホルダマネジメントの主要な構成要素である。ステークホルダマネジメントは，投資家あるいは企業のオーナであるストックホルダ（株主）についてのよく知られた見解から発展し展開されたが，1980年代に一般的となった。そのことは，企業がその目的を達成するために，企業のオーナという明白なカテゴリーの人たちに加え，多くの集団が相対的に満足していなければならないということを，マネージャが認識したことを意味した。戦略的なステークホルダマネジメントの基礎となる主要な見解は，ステークホルダの行動や振る舞いを予測し，それらに積極的に取り組むために，意思決定者が彼らを理解し，その情報を使用する必要があるということである。

　ステークホルダという考え方をよりよく理解するには，ステークとはなにかを理解するのが助けとなる。ステークとは，事業の利害，要求，権利およびシェアである。ステークは，事業に単純な利害を持つことから，法的な所有権を持つことまで幅広く及ぶ。

　主要なステークホルダとは，企業の行動，意思決定，目標，ポリシーおよび慣習に実質的な影響を与える，あるいはそれらから影響を受ける個人あるいは集団である。焦点となる組織とステークホルダの間の相互作用には二つの方向があるということ，そしてステークホルダは組織に影響を与える事ができ，組織はステークホルダに影響を与えることができるということを明確にしなければならない。

ステークホルダ分析の前提は，ステークホルダと焦点となる組織との関係が時の経過とともに変化することを示唆しているが，企業と競争の分析にとって重要ないくつかの一般的なステークホルダはつぎのとおりである。

- **コミュニティ集団** コミュニティ集団は，工場建設計画を中止させ，労働力を提供し，あるいは特定の社員を引き寄せる魅力ある環境を構築することができる。
- **顧客** 顧客は，製品，変化するニーズおよび利害と交換に経営資源を提供する。
- **社員** 社員は組織に「頭脳」または「汗」の資本を提供し，主要なスキルを提供し，経営資源活用の主要な源泉となり，そして組織と顧客間の主要なリンクとなる。
- **政府** 政府は，ゲームのルールを設定し，財政および金融政策を通じて収益に影響を与え，ライセンスを与え，あるいは無効にし，そして製品の主要な購入者となる。

ステークホルダをカテゴリーに分けそして分類する方法はいくつかある。ステークホルダのカテゴリー分けの一般的な形式には，つぎのものがある。

1. **生産，経営，ステークホルダの企業観（Freeman, 1984）** 伝統的な生産の企業観は，主要なステークホルダが，企業の価値連鎖に関連する人々，および特にそのサプライヤと顧客を含むことを示唆するものである。経営の企業観は，資本を提供する個人（オーナ，貸し手，投資家など）と，企業内で実際に顧客のためのアウトプットを生成する人たち（例えば社員）を追加することで，生産の企業観を拡大することを示唆するものである。最後にステークホルダの企業観は，ステークホルダに関して，最も広範囲で最も多面的な見解で，企業の活動，意思決定，目標，ポリシーあるいは慣習に影響を与え，あるいはそれらから影響を受けることのできる，STEEP環境内のほとんどすべての個人または集団を含む。

2. **一次，二次ステークホルダ（Wheeler and Sillanpaa, 1997）** 一次ステークホルダは組織とその成功に直接の利害を持つため，非常に影響力を持つ場合がある。二次ステークホルダもまた，特に組織の評判あるいは一般の人々の認知にインパクトを与える意味で，影響力があるが，組織の中での利害は相互作用の観点から直接的というよりも象徴的である。

3. **コア，戦略，環境ステークホルダ（Clarkson, 1994）** コアステークホルダは，組織の生き残りに必須な戦略ステークホルダの特定のサブセットである。戦略ステークホルダは，組織と，組織がある時点で直面する機会および脅威の特定の組み合わせにとって非常に重要なステークホルダである。環境ステークホルダは，組織の環境内のほかのすべてのステークホルダである。

19.2 戦略的根拠と意味

　ステークホルダ分析は，さまざまなステークホルダの利害が衝突するとき，経営資源が限られているとき，そしてステークホルダのニーズのバランスをとる必要があるときなど，意思決定の状況を支援するために使用されるツールである。マネージャは，つぎのようないくつかの重要な理由で，ステークホルダ分析を使用する。組織あるいはその競争相手のイニシアティブに肯定的あるいは不利な影響を与える可能性がある個人や団体および機関を識別するため。これらのステークホルダが計画された市場のイニシアティブに対して与えるプラスまたはマイナスの影響の種類，程度または大きさを予測するため。組織のイニシアティブにとって最も効果的なサポートを得るための戦略を構築し，戦略の実行を成功させることへの障害を減らすためである。

　ステークホルダ分析は，意思決定者およびマネージャが，競争が行われる市場および非市場環境を評価し，ステークホルダとの議論の中で組織の交渉ポジションを伝えるのを助ける。より具体的には，ステークホルダ分析はつぎの点に関して実行できる。

1. プロジェクトが取り組もうとしている問題（識別の段階において），またはプロジェクトの目的（開始されたとき）と関係しているステークホルダの利害を引き出す。
2. 組織が資金配賦の前に，商品あるいはイニシアティブの危険性を評価することに影響を与える，ステークホルダ間の利害の衝突を識別する。
3. 構築可能で，有益な「提携」が，プロジェクトまたは製品の市場での成功の可能性を向上させるステークホルダ間の関係を識別するのを助ける。
4. 新製品，プロジェクトまたはサービスを市場に導入する一連の段階において，異なるステークホルダが，ふさわしい形で参加することを評価するのを助ける。

　調査によると，ステークホルダ分析は戦略開発で効果的に，あるいは広範囲には使用されていないことが示されている（Gib and Gooding, 1998）。ステークホルダ分析を中傷する人たちは，それが特定の行動または方向を十分に呈示していないために，テクニックの定量的（例えば経済的または財務的）局面を扱うことが難しいと述べている。一方，ステークホルダ分析を支持する人たちは，適切な分析を行うのに必要な分析スキル，あるいはステークホルダ戦略主導のマネジメント姿勢の中でその使用を評価する適切な風土やリーダシップを持っている組織はごくわずかであると述べている。

　経営政策と競争，そしてマネジメントにおける社会的イッシューなどの学問領域の研究者は，ステークホルダ分析とマネジメントを，より大きな戦略マネジメントプロセスの一部として包含している。これらの研究者は，長期間にわたって効果的にステークホルダとの関係

をマネジメントする組織は，市場のそうではない競争相手と比較し，やがて競争優位を得ていくとみなしている。この見解を示唆する理由はつぎのとおりである。

1. 一部のステークホルダは，「ゲームのルール」に影響を与えるポジションにいる。例えば，公共政策立案者は，市場で競争が行われる条件をしばしば確立し執行する。公共政策立案者とそのニーズを最もよく理解する組織は，競争ルールの確立から最も利益を得られる優勢なポジションにいるはずである。実際，多くの業界および製品は，公共政策上の意思決定によって生み出されたか，あるいは破壊されてきた（Fleisher and Baetz, 1994）。
2. 優れたIR機能を備えている企業は，投資アナリストおよび投資家からの支持を受けていることが研究から明らかになった（Hoffman, 1996）。
3. WaddockとGraves（1997）は，CollinsとPorras（1995）の「Visionary Companies」（日本語訳「ビジョナリー・カンパニー」）の書評の中で，著者等の研究が，社員，コミュニティ，環境，顧客などの処遇と優れた財務成果との関連を強く証明したと結論づけた。

19.3 強みと利点

ステークホルダ分析は，ほかの分析ツールおよびテクニックと比較し，つぎのような強みがある。

1. 市場のイニシアティブを最も支持しそうな，あるいはそれに抵抗しそうな個人または集団を見るという点で，ほかの計画ツールとは異なる視点を持つ。そのため，組織がだれと同盟およびパートナーを組むかを戦略的に計画し，抵抗を最小限にする活動をとることが可能になる。もちろん同様のことが競争相手に対しても実行され，組織が競争相手のイニシアティブに対するステークホルダの抵抗を最大限にするよう働きかけることができる。
2. それは，人々がどんな場合でも自然に行うことを体系化する方法である。多くの計画立案者は，イニシアティブに対する個人および集団のリアクションを非公式に考慮する傾向があるが，これは計画にこれらの考えを正式に組み入れていく方法である。
3. ステークホルダ分析は，企業が国際的なイニシアティブを考えるとき，彼らがパートナーを組む必要のある適切な個人あるいは集団を積極的に考慮する方法を提供するという点で，国際競争時代の強力なマネジメントテクニックとなる。
4. 今日の競争環境において，提携，ネットワーク，そしてパートナーシップは市場での成功および失敗を二分する。ステークホルダ分析は，競争相手と補完企業との両方を明確に捉え，そしてコーペティション（Co-opetition）と呼ばれる競争と協調の両方がで

きるようにする，少ないツールの一つである（Brandenburger and Nalebuff, 1997）。
5. また，ステークホルダ分析は，企業活動の社会的および倫理的な局面の考察を明示的に求める，数少ないツールの一つである。これらの局面が顕著になってきた今日，このツールは展望を理解し使用できる企業にとって強力な差別化の武器となる。

19.4　弱みと限界

　ステークホルダ分析が戦略家に貢献する多くの特長を持っているにもかかわらず，つぎのような理由で，計画と意思決定の際に生み出される価値に限界がある。

1. ほとんどのマネージャのビジネス教育において，ステークホルダに関する展望はリップサービスとして与えられている。ビジネス専攻の学生は，ほかの多くのツールと比べ，ステークホルダ分析に触れる機会が少ないため，例えば財務分析などと比較し，このアプローチを必須であると考える人は少ない。
2. ステークホルダは周知のとおりのことだが，予測をしたり，予知するのが困難である。彼らはしばしば世論の風評に従い，彼らに影響を与える事態に，論理的というよりは感情的に反応することで知られている。よくあることであるが，ステークホルダは，しばしば矛盾した異なる肩書きを同時に持っていることがある（例えば原子力発電所の拡張を考えている電力会社の社員が，環境保護者でもあったり，そして地域の都市計画委員会のメンバーであったりする）。ステークホルダをマネジメントしようとすることは，ステークホルダが組織化しているイッシューへの対応を組織がマネジメントしようとすることよりも格段に難しいであろう。
3. ステークホルダがとりそうな反応を調査している分析者は，分析において高度な主観性に頼らざるを得ない。過去の行動は必ずしもステークホルダの将来の行動を正確に予言するものではない。また，ステークホルダによっては，あることを信じていると主張しながら，別のことをする場合がある。いい換えれば，彼らの態度や意見は，必ずしも相関関係のある行動に移されるわけではない。
4. ステークホルダの優先づけは，意思決定を計画するマネージャに強く依存する。彼らはこの種の企業の意思決定に影響を与える多くのブラインドスポット（10章参照）にしばしば陥ることがある。例えば，ある労働組合が組合員にとっても同時に利益となる，その組織の市場イニシアティブを支持するとき，その労働組合のマイナスの反応をつねに軽視する上層部の意思決定者が存在することがある。
5. ステークホルダ分析が価値あるものになるには，長い間規則的に実践されなければならない。つねに環境およびイッシューを精査し，モニターすることが必要である。長期

にわたってこれらの職務を効果的に実施する能力を育成するために，必要な経営資源を配置するという戦略的展望を示してきた企業は少ない。

19.5　テクニック適用のためのプロセス

　ステークホルダ分析は，たとえステークホルダの名前とその利害をリストにするだけであっても，つねに新製品，プロジェクトまたはサービスの開始または策定段階で実施されなければならない。また，組織が市場における製品範囲，姿勢または目標を大幅に変えようと考えているときには，実施されるべきである。分析者は，いずれにしても非公式に行うことになる。このようなリストは，もし製品，プロジェクトまたはサービスが実現可能であれば必要とされる，主要な仮説を引き出し，そして主要なリスクを指摘するのに使用できる。

　ステークホルダ分析は，参加型の方法で実施される。この方法でリストや図を作り上げることにより，グループ内で迅速に情報を共有し，明確化することができる。一人で分析するよりも，チームで実施する方式がより効果的である。しかし，ステークホルダ分析には，しばしば社内だけの，あるいは機密のデータや情報が含まれている。多くの利害は内密にされており，議題は故意にカモフラージュされる。このような場合，議題を公にすることの利益はあまりない。

　戦略および競争分析を目的としてステークホルダを分析するプロセスでは，分析者はつぎの質問に回答しなければならない。

1. 組織のステークホルダはだれか。
2. ステークホルダのステーク（利害）はなにか。分析者は組織がステークホルダに負っている責任，イニシアティブの成功にとってのステークホルダの重要性，そしてステークホルダの相対的な力と影響力を理解する必要がある。
3. ステークホルダは組織および競争相手にどのような挑戦とリスクをもたらすか。
4. ステークホルダの挑戦と機会に対し最善の対処をするには，組織はどのような戦略と行動をとればよいか。

ステップ1：だれが組織のステークホルダか

　分析者はこの段階では，組織が検討しているイニシアティブに関連して，組織の潜在的なステークホルダを識別し，リストアップしなければならない。実際，「だれが組織のステークホルダか」という質問に答えることは，時間の経過とともに展開し発展するプロセスである。これはより広範囲な環境を精査するプロセスの一部で，ステークホルダの特定という，より具体的な名前で通常知られている。多くの競争相手は（かりに言っていたとしても）ス

テークホルダに，どのように対応するかを注意深く特定していないので，組織にとって有利となる。

分析者は，組織の一般的なステークホルダ集団と特定のステークホルダ集団の両方を識別しなければならない。一般的なステークホルダ集団とは，消費者，社員，政府，利益団体，および株主を指す。特定のステークホルダ集団とは，企業が直面するイッシューあるいは潜在的なイッシューに関連した具体的なステークを持つカテゴリーの中のサブグループである。分析者は，「政府」と呼ばれる一般的なグループではなく，ビジネスあるいは競争上のイッシューと関係する特定の政府の部局，あるいは政府機関を識別したいであろう。例えば，カナダの電気通信のイッシューは，一般的には Canadian Radio and Telecommunications Commission（CRTC）と関係し，特に競争上のイッシューを取り巻く状況を聴取する指定された委員会に関係する。具体的には，ステークホルダ分析は，特定のステークホルダに影響を与える接点となる特定の個人を識別することを求めるものである。ステークホルダ表（**表 19.1** 参照）は，この分析の第一歩としては役立つ。

表 19.1　ステークホルダ表

ステークホルダ	利害または要求	インパクト	ステークホルダの重要性	ステークホルダの強み	ステークホルダの弱み
1.					
2.					
3.					
n.					

ステークホルダの利害はしばしば重複するので，複数のステークホルダ間のつながりを示すステークホルダマップを作ることもまた有用である。この場合，ステークホルダは類似する目的を持つほかのグループと提携または協力する可能性がある。

ステップ 2：ステークホルダのステーク（利害）はなにか

いったんステークホルダが識別されたら，つぎのステップは組織が計画している市場イニシアティブに関係する彼らのステークの性質——明白な場合もあれば，隠れている場合もあるが——を判断することである。分析者にとっての課題は，グループのステークの性質または合法性，およびそのイッシューにかかわっている組織へのグループの影響力を識別するということである。ステークホルダは，複数の利害，ときには内部で相反する利害を持つことがあるので，このステップを複雑なものにしている。

例えば，企業オーナと呼ばれる一般的なステークホルダ集団には，機関投資家（基金や信託），大手のミューチュアルファンド組織，株式を所有する取締役会メンバー，マネジメントおよび社員株主，そして数多くの少数個人株主など，より特定のグループが含まれている。これらのグループが要求するものの性質は，企業の法的な所有者として合法的である。しかしながら彼らはイッシューの結果に影響を与えることに関して，同等な力を持ってはいない。イッシューの方向を決定するのに最も影響力があると思われるのは，機関投資家やミューチュアルファンドなどの外部のグループと，所有権と経営の両方の役割を持つ取締役会メンバーと企業幹部の「内部」グループである。

ステークホルダ集団が，なぜあなたの市場イニシアティブに関係するイッシューの周りに結集するのかを考察することが重要である。WeinerとBrown（1986）は，つぎのような可能性を挙げている。

1. あなたのイニシアティブによって彼らが経済的損失をこうむる。
2. 彼らはあなたのイニシアティブ（例えば新技術を応用すること）が，彼らの健康および安全に対する潜在的な脅威と見る。
3. 政治家が，有権者および一般大衆への配慮を示す方法として関与する（例えばNIMBY — Not In My Back Yard）。
4. あなたのイニシアティブが，それに最も直接的に関係している人たちにとって重要である（例えば，あなたが棚上げになっていた新工場の計画を再検討することで，ステークホルダに新しい仕事の機会が生まれる）。
5. あなたのイニシアティブが，ステークホルダ集団に特有の価値観またはライフスタイルの変化を反映する（例えば，恋愛関係にあるカップルを引き離そうとする独身者を描写する，きわどいテレビの新番組）。
6. あなたのイニシアティブが日和見主義者に魅力的に映る。
7. あなたのイニシアティブが，不満を抱いているグループの攻撃の矢面に立つかもしれない。
8. あなたのイニシアティブが，ステークホルダ集団間での支援を交換する通貨になりうる（例えば，彼らは自分たちに特に関心のあるイッシューをグループAが支援してくれることで，あなたのイニシアティブに反対しているグループAを支援する）。

Wood（1994）は，ステークがいくつかの便利な分析カテゴリーに分類できると述べている。

1. **一つまたは複数のイッシューのステーク**　　一つのイッシューのステークホルダは，企業運営の一つの局面にしか関心がないが，複数のイッシューのステークホルダは多くに関心がある。
2. **経済的または社会的なステーク**　　経済的な関心がある人たちは，財務または物的経

営資源の分配に関心がある（株主は企業の収益性に関心があり，社員は賃金のレベルに関心があるなど）。一方社会的な関心がある人たちは通例信念または価値観を持っている（企業の社会的責任，雇用の均等機会，自然保護など）。

3. **具体的または象徴的なステーク**　　具体的な利害は，物的経営資源の配賦と関係する。一方，象徴的な経営資源は，なにかを行ってもらうための要求，元気づけ，ジェスチャー，そして善意など定義しにくい言葉で示される。

4. **地域，国，またはインターナショナルな利害**　　さまざまなステークホルダの境界は，地域のイッシューから国の政治課題，そしてインターナショナル，さらにはグローバルな枠組みにまで及ぶことがある。

組織がステークホルダに対しどのような責任を負っているのかを，この時点で判断することも役立つ。分析者が考慮しなければならない責任は，通常，つぎの四つのうちのいずれかである（Carroll, 1991）。

1. **経　　済**　　企業の経済的責任は，収益を上げることである（例えば，株主が受容できる収益率を生み出す責任）。

2. **法　　律**　　企業の法的責任は，社会の善悪を法典化した関連法規に従うことである（例えば，政府機関に監査済みの会計報告書を提出する責任）。

3. **倫　　理**　　企業の倫理的責任は，正しく，公正で，公平なことを行い，そして害を与えないことである（例えば，企業の経営資源を投資する際，いくつかの選択肢の中から賢明な選択をする責任）。

4. **自 由 裁 量**　　企業の自由裁量の責任は，ステークホルダの生活の質の向上に経営資源を提供することにより，よい企業市民になることである（例えば，企業がその主要工場を持つコミュニティに経営資源の一部を投入すべきかどうか）。

ステークホルダの利害は，つぎのような質問を投げかけることによって引き出されるだろう。ステークホルダは，組織の市場イニシアティブになにを期待しているのか。ステークホルダは，このイニシアティブからどのような利益を得られそうか。ステークホルダは，このイニシアティブにどのような経営資源をコミットしたいのか（あるいはコミットを避けようとするのか）。ステークホルダはプロジェクトと対立する可能性のある，ほかのどのような利害を持っているか。最後にステークホルダは，市場イニシアティブの領域内のほかのステークホルダをどのように見ているか。

ステップ3：ステークホルダは，企業と市場の競争相手に対しどのような機会と挑戦を提示するか

分析者は，この段階で，市場イニシアティブがこれらの利害一つ一つに与えそうなインパ

クト（プラス，マイナス，または不明）を簡単に評価する。ステークホルダと関係する機会と挑戦は，同じ刀の諸刃となる。機会は，ステークホルダとの調和のとれた，長期にわたる，積極的かつ建設的な関係を築くことを含む。通常，挑戦は，さまざまな度合いの期待または要求という形式をとり，なんらかの方法で損害を受けたり危害を加えられたりすることがないように，企業がそのステークホルダとの相互作用をうまくマネジメントしなければならないという形で現れる。危害とは，経営資源の撤収（例えば，ミューチュアルファンドがある企業の幹部が適切な構造改革を行っていないと判断し，その持ち株を売却する），または評判（例えば株式を所有する多数の取締役が，長い間にわたる企業の方向性との意見対立のため，取締役を辞任するとともに持ち株を売却する）という形で現れる。機会と挑戦は，協力あるいは対立の可能性という観点からも見ることができる。

機会または脅威を評価する最良の分析カテゴリーには，つぎのものがある。

1. **影響の方向**とは，企業からステークホルダへ（例えば，煙突から出る煙が住宅地域の上空を浮遊する），またはステークホルダ集団から企業へ（例えば，労働者が職を海外に移さないよう要求する）流れる主要な影響である。
2. **影響の重要性**とは，ステークホルダの利害および行動が企業の業績にどの程度深刻に影響を与えるかをいう。
3. **影響の即時性**とは，企業がステークホルダの要求と行動によって，どのような時間枠で（短期，中期，長期）影響を受けるかを意味する。
4. **解決の可能性**とは，企業がステークホルダの要求に対応する能力および経営資源を持っているかどうかである。

表 19.2 は，ある地域コミュニティに新しい工場を建設する計画を立てている企業の一般的なマトリックスである。この表は，ステークホルダの環境を評価するのに，この節で説明したいくつかのカテゴリーがどのように使われるかを簡単に説明している。

一部の企業は，上記の各項目（あるいは独自で決めた関連するカテゴリー）を定量的尺度（例えば，1 から 5 の尺度で，1 は協力的／友好的，5 は非協力的で敵対的）で評価し，マネージャの主観的な判断に基づき，カテゴリーに加重する。その結果，幹部は，どのステークホルダがどのような注意と経営資源を必要としているかを判断することができる。分析者によっては，自分たちの判断についての信頼性を評価し付け加える。これは 1（非常に信頼性がある／強力な証拠がある）から 5（信頼性は低い／まったくの推測）の尺度で評価できる。

主要なステークホルダは，組織の市場イニシアティブに大きな影響を与えることができる人々，あるいはその成功にとって重要な人々である。影響力とはステークホルダがどれだけ力があるかをいう。重要性とは，それらの人々の問題，ニーズおよび利害が，組織イニシアティブの優先事項であるステークホルダのことをいう。もしこれらの重要なステークホルダ

表 19.2　新工場を開く企業の一般的なステークホルダ分析のマトリックス

	組織からのコミュニケーション	ステークホルダからのコミュニケーション	ステークホルダの重要性	ステークホルダの関与の可能性	ステークホルダの目標	ステークホルダの強み
地域の消費者	製品およびサービスに関する十分で正確な情報	ニーズ，ウォンツ，購買	適度に高い	消費者がイッシューに実質的に影響されない限り低い	宣伝どおり機能する製品とサービス，最高の製品のために最小の出費	世論に影響を与え，メディアの注目を集めることができる
社員	人的資源の管理ポリシー，監督	組合の要求，解雇されないこと，新社員を魅了する	高い	現社員および将来の社員へのインパクトに依存する	よりよい労働条件，仕事を楽しむ，より高い賃金，責任の増加，昇進および認知	組織は生き残り繁栄するために彼らが必要
地方自治体	申請，許可，要請	法律，公共政策，規制	高い	経済状態およびコミュニティにおける新しい工場の役割についての相対的見解に依存	税金の受け取り，雇用の増大，コミュニティのインフラの改善	行動にインパクトを与えるため法律の効力を課すことができる
投資家	年次報告書，アナリストミーティング，IR 活動	株の売買，年次総会での動議	中程度	新工場がリスクの高い試みと見られない限り低い	利益を生む，工場がプラスの ROI と将来の成長見込みを持つこと	成長に必要な資金を提供したり，あるいは引き上げることができる

がイニシアティブから利益を享受できない場合，それは成功とはみなされない。マトリックス図（**図 19.1**）を使用し，影響力と重要性を結合することによって，ステークホルダをグループに分類できる。それは市場イニシアティブの設計を通じてマネジメントしなければならない仮説とリスクを識別する助けとなる。図 19.1 の英文字に対応するグループについて解説

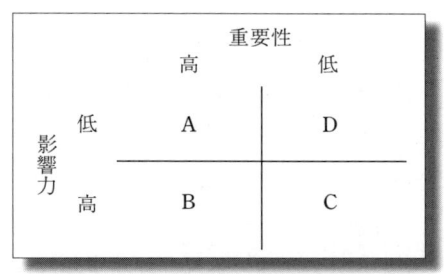

		重要性	
		高	低
影響力	低	A	D
	高	B	C

図 19.1　ステークホルダへの影響力 / 重要性のマトリックス

する。

A. イニシアティブにとって非常に重要なステークホルダではあるが，影響力は低い。彼らの利害を守るには，特別なイニシアティブが必要であることを意味する。

B. イニシアティブに大きな影響力があるように見えるステークホルダであり，成功にとっても重要である。組織が彼らの支持を確実にするために，ステークホルダとよい関係を構築しなければならないことを意味する。プロジェクトの成功に非常に影響力があり，かつ重要なステークホルダは，イニシアティブの支持同盟の基礎となる可能性があり，計画および実行の際にパートナーとなってくれる可能性がある。

C. 非常に影響力があり，イニシアティブの結果に影響力を与えることができる。しかし彼らの利害はイニシアティブのターゲットではない。このグループのステークホルダは，相当なリスクの源泉となる可能性があり，注意深いモニタリングとマネジメントが必要である。このカテゴリーの主要なステークホルダは，相談を持ちかけたり，情報を提供することでマネジメントできる。

D. このボックスのステークホルダは，イニシアティブの目的にとって影響力が少なく，重要でもない。限定的なモニタリングと評価を必要とするが，優先度は低い。マネジメントされた活動またはマネジメントの対象となることは少ない。

影響力とは，ステークホルダが市場イニシアティブに対して持っている力で，どのような意思決定がなされるべきかをコントロールすることで実行を促進し，あるいは計画された行動に否定的な影響を与える力のことである。影響力は，ステークホルダが他人を説得し，あるいは強要して意思決定をさせ，特定の行動を取らせることができる度合いであるとするのが，たぶん最も理解しやすい。力は，ステークホルダの組織の性質，またはほかのステークホルダと比較した彼らのポジションに由来するかもしれない（例えば，予算とほかの部門を統制する主務省庁）。ほかの形式の影響力には，より非公式なものがある（例えば，公共政策の意思決定者との個人的なつながり）。

プロジェクトによって導入された経営資源のために，彼らの力，そしてその影響力が増大するステークホルダを考えることもまた必要となる。影響力の評価はしばしば困難で，広範囲な要因の解釈を伴う。例として，いくつかの関連する変数を**表19.3**に示す。

ステークホルダが組織にとって脅威になるのか，あるいは機会になるのかを判断するもう一つの方法は，ステークホルダがイニシアティブあるいはイッシューに関して協力する可能性（つまり機会），あるいは抵抗する可能性（つまり脅威）を理解することである。Savage, et al., (1991) は，脅威と協力の評価は，ステークホルダに対処する戦略を識別するために，マネージャにとって重要だと述べている。分析者は，機会または脅威の可能性を判断するのに，組織が対峙する特定のイッシューに対するステークホルダの相対的な力または影響力を

表19.3　ステークホルダの相対的な力と影響力に影響を与える変数

正式な組織内あるいは組織間	非公式な利害集団および主要なステークホルダ
確立された階層構造（命令と統制，経営資源を配賦する人たち）	社会経済的および政治的な立場
リーダの権限（例えば，公式と非公式，カリスマ，政治的，家族性やほかのつながり）	組織，コンセンサス，グループ内のリーダシップの度合い
イニシアティブのための戦略的経営資源の統制（例えば土地の所有または特定の土地を利用する許可）	組織の市場イニシアティブにとって重要な戦略的経営資源の統制の度合い
専門のノウハウの所有	ほかのステークホルダとのつながりを通じた非公式な影響力
ほかのステークホルダとの関係における強みに由来する交渉ポジション	ほかのステークホルダへの依存度

考慮する必要がある。Savage, et al. は，つぎのようないくつかの変数を評価することを推奨している。

1. ステークホルダは，組織が必要とするいくつかの重要な経営資源を統制しているかどうか。統制している場合，協力の可能性同様，脅威の可能性が増大する。統制していない場合，脅威の可能性は減る。

2. ステークホルダは組織よりも強力かどうか。彼らが組織よりも強力な場合，脅威の可能性は増大する。一方で組織よりも強力でない場合，脅威の可能性は減るが，実際に組織と協力する可能性も同時に増える。

3. ステークホルダは組織を支持する行動を取る可能性が高い。彼らが脅威となる可能性は減り，協力する可能性が高くなるが，一方，ステークホルダが組織を支持しない行動を取る可能性が増える場合，彼らが脅威となる可能性は増え，協力する可能性は減る。なんの行動も取りそうにないステークホルダは，協力する可能性は低いが，組織の脅威になる可能性も少ない。

4. ステークホルダは，ほかの協力的あるいは敵対的なステークホルダと手を結び協力しようとする。ほかのステークホルダと提携しそうなステークホルダがいる場合，組織の脅威となる可能性は増え，組織と協力する可能性は増えるかあるいは減る。組織と提携するステークホルダは，脅威となる可能性が減り，協力する可能性が増える。どのような提携もしようとしないステークホルダは，脅威あるいは協力する可能性が減る。

組織の市場イニシアティブが成功するかどうかは，さまざまなステークホルダに対する仮説の妥当性と，イニシアティブが直面するリスクに一部依存する。これらのリスクの一部は，衝突する利害から生じる。目に見えるイニシアティブはしばしば，ステークホルダの相互作用とプロジェクト活動への反応に影響される。したがって分析者はイニシアティブを成功させるには，主要なステークホルダに関する，最も起こりうる仮説の重要性を識別し評価しな

主要なステークホルダの影響力と重要性を評価することにより，マトリックス図からいくつかのリスクが浮かび上がる。一般的には，図19.1のCのステークホルダは，影響力が強く，イニシアティブの目的と一致しない利害を持っているので明らかなリスクとなる。これらの主要なステークホルダは，市場でイニシアティブを妨害したり，あるいは邪魔することができる可能性がある場合，リスクが「困難を極める仮説」となることがある。要約すると，ステークホルダに関する起こりうる仮説のうちどれがプロジェクトを支持するか，あるいは脅威となるかを分析者が理解することが重要である。

これらの仮説を引き出すキーとなる質問にはつぎのようなものがある。プロジェクトを成功させるために想定されねばならない，主要なステークホルダの役割および反応はなにか，それらの役割は現実的に起こりうるか，ステークホルダの利害を考えた場合予期できるマイナスの反応はあるか，そのような反応があった場合にはイニシアティブに対してどのようなインパクトがあるか，このようなマイナスの反応がどの程度起こる可能性があるのか，そしてそれは主要なリスクとなるのか。

ステップ4：ステークホルダに関して，経営者はどのような戦略あるいは行動をとるべきか

どのようなイッシューの状況においても，組織とその競争相手には多数の行動の選択肢がある。MacMillanとJones（1986）は，ステークホルダに対応するとき，つぎの質問に答えることで，いくつかの基本的なアプローチを考慮する必要があると述べている。ステークホルダへの対応は直接的に行うのか，あるいは間接的に行うのか。ステークホルダには，攻撃的に対応するのか，あるいは防御的に対応するのか。ステークホルダのクレームについて，受け入れるのか，交渉するのか，操作するのか，あるいは抵抗するのか。上記戦略の組み合わせを採用するのか，あるいは一つの手段をとるのか。

FleisherとBaetz（1994）は，組織がステークホルダ分析に基づいていくつかの戦略的な対応をとることができると示唆している。彼らの考えは，ステークホルダ戦略の実行計画書のもとに構成されている。ステークホルダ分析を実行する際，(1) タイミング，(2) テクニック，(3) 手段，(4) スタイルの四つの要素が考慮される。四つの要素それぞれには，いくつかの選択肢がある。選択肢を評価する際，つぎのような質問を考える必要がある。イッシューを解決するのに，どの選択肢がわれわれの目標実現に最も助けとなるか，そしてそれはなぜか。類似するイッシューの解決にどの選択肢がこれまで効力があったか，そしてそれはなぜか。そして最後にその選択肢を選択するリスクと機会，およびコスト（必要とされる経営資源，損害／利益を含む）はなにか，そしてそれはなぜか。

1. **組織の対応のタイミングを決める**　ここでは組織が策定段階で決定した行動の基礎となる意思決定の理論的根拠を含む手順または年表を作る。われわれの目的がイッシューの発展段階ごとに，組織の対応になるようにタイミングが定義される（Buchholz, 1992）。

   組織は，反応の戦略的タイミング（すなわち主体的—双方向—反応的—不活発）を含む一組の連続体とともに，固定的な時間軸（すなわち直近—短期—中期—長期）を使いながらタイミングの選択肢を確立できる。

2. **目的を達成するのに使用するテクニックを選択し行動に移す**　われわれはテクニックを，組織の対応の形式として定義する。組織はいくつかの直接的および間接的な戦略実行選択肢を使用できる（Buchholz, 1992）。それに含まれるものとして，イッシューに関して意見をいうコミュニケーションテクニック（意見広告／イメージ広告，年次報告書，CEOのスピーチ，プレスリリース，メディアへのプレゼンテーションなど）。参加型テクニック（ロビー活動，一般的なビジネス団体，業界団体，支持者の構築，政治献金など）。コンプライアンステクニック（規制当局との協力，法的抵抗，訴訟手続き，新しいイッシューの創出，コンプライアンス欠如など）。

3. **策定された戦略を実行する手段を判断し活用する**　われわれは手段を，選択したテクニックおよび戦略を実際に実行する個人およびグループと定義する。企業は，つぎのようないくつかの選択肢を使用できる。組織対超組織の手段（おもに組織内部のステークホルダあるいは第三者の請負業者など組織外部のステークホルダを使うことで戦略を実行する），および個人対提携手段（組織は自分の努力で，または組合，専門家グループ，活動家／利益集団などほかの組織と協働で戦略を実行する）。

4. **スタイルを決める**　スタイルを決めるとは，組織がイッシューの解決に関して，ステークホルダに対応する傾向または態度のことをいう。本章の目的として，スタイルはテクニックを実行する態度として定義される。スタイルを実行するには，対立的，中立，懐柔的などいくつかの選択肢が使用できる。

Savage et al.（1991）が提示する別のモデルは，ステークホルダが組織と協力する可能性，あるいは組織に脅威となる可能性が高いか低いかによって，組織の対応戦略が決まるとする。その中での対応はつぎの形式をとる。

1. ステークホルダと協働する（脅威の可能性および協力の可能性が高い）。
2. イッシューにステークホルダを巻き込む（協力の可能性は高いが，脅威の可能性は低い）。
3. 企業を守る（つまり，ステークホルダは脅威となる可能性は高いが，協力する可能性は低い）。

4. モニタリング（つまり，ステークホルダは脅威となる可能性も協力する可能性も低い）。

FAROUT のまとめ

	1	2	3	4	5
F	■	■			
A	■	■			
R	■	■	■		
O	■				
U	■	■			
T	■	■	■		

未来志向性　長期にわたるイッシューの予測ではなく，通常実際面で出現するイッシューと関連しているので，低から中。

正確性　低から中。一般にほとんどの企業には現存しない社会経済学を理解するのに，高度な分析スキルが必要。ステークホルダは動的で，違うイッシューに違う方法でかかわる。

経営資源効率性　中。多くのステークホルダに関する情報は，以前の経験や二次情報源から集めることができる。しかし最も重要なステークホルダのインテリジェンスは，人的インテリジェンスから得るため，上手に行うには経営資源のボリュームを増やさなければならない。

客観性　低。一般に，ステークホルダの責任を知るにはかなりの主観性を必要とする。分析者と組織の信念，経験または価値に非常に影響される。

有用性　中。ステークホルダ分析は，より大きな戦略的ステークホルダマネジメント手法の一貫として用いられるとき，最も価値観がある。この手法をとっている競争相手が少数の場合，競争に関するユニークな識見を得られるので，価値が高くなる場合がある。

適時性　中。ステークホルダを定期的にトラッキングする場合，迅速に行うことができる。分析者は，ステークホルダを特定のイッシューに向けて位置づけるだけですむ。

関連するツールとテクニック

・顧客セグメンテーション分析
・イッシュー分析
・シナリオ分析
・業界分析
・マクロ環境（STEEP）分析
・SWOT分析

参　考　文　献

Brandenburger, A. & Nalebuff, B. (1997). *Co-opetition: 1. A revolutionary mindset that redefines competition and cooperation; 2. The game theory strategy that is changing the game of business.* New York: Doubleday.

Buchholz, R. (1992). *Public policy issues for management* (2nd ed.). Englewood Cliffs, NJ: Prentice-Hall.

Carroll, A. B. (1991). "The pyramid of corporate social responsibility: Toward the moral management of organizational stakeholders." *Business Horizons*, July-August, *42*. Vol. 34. No. 4, pages 39-48.

Clarkson, M. B. E. (1994). *A risk based model of stakeholder theory.* Toronto: University of Toronto, The Center for Corporate Social Performance & Ethics.

Collins, J. C., & Porras, J. I. (1995). *Built to last: Successful habits of visionary companies.* New York: HarperBusiness.

fleisher, C. S. & Baetz, M. (1994). "The strategic management of public affairs/government relations (PA/GR): A comprehensive framework." *Proceedings of the fifth Annual Meeting of the International Association of Business and Society.* Hilton Head, SC.

Freeman, R. E. (1984). *Strategic management: A stakeholder approach.* Boston: Pitman.

Gib, A., & Gooding, R. (1998). "CI tool time: What's missing from your tool bag?" *Proceedings of the Annual Meeting of the Society of Competitive Intelligence Professionals*: 25-39.

Hoffman, A. J. (1996). "A strategic response to investor activism." *Sloan Management Review*, *37*(2), 51-64.

MacMillan, I. C. & Jones, P. E. (1986). *Strategy formulation: Power and politics.* St. Paul, MN: West.

Savage, G., Nix, T. W., Whitehead, C. J., & Blair, D. (1991). "Strategies for assessing and managing organizational stakeholders." *Academy of Management Executive*, *5*(2), 61-75.

Waddock, S., & Graves, S. (1997). "Quality of management and quality of stakeholder relations." *Business and Society*, *36*(3), 250-279.

Weiner, E., & Brown, A. (1986). "Stakeholder analysis for effective issues management." *Planning Review*, *14*(3), 27-31.

Wheeler, D., & Sillanpaa, M. (1997). *The stakeholder corporation: A blueprint for maximizing stakeholder value.* London: Pitman.

Wood, D. J. (1994). *Business & Society* (2nd ed.). New York: Harper Collins.

セクション 4　発展分析テクニック

20. 経験曲線分析

　経験曲線分析（Experience Curve Analysis）は，多くの業界で，累積的な生産量または経験が2倍になると，付加価値コストがコンスタントな要因によって減少することを前提とした概念の枠組みである。この統計的法則から，競争分析，コスト予測，マーケット参入決定とそれに続く価格戦略，予算管理，コスト管理，ベンチマーキング，およびコスト競争に関する戦略的で広範囲なガイドラインを得ることができる。

20.1　背　　　景

　経験曲線分析の先行理論である学習曲線は，第二次世界大戦で航空機を製造した米国Wright-Patterson空軍基地で最初に研究された。Wright-Pattersonのマネジメントは，垂直軸に労働時間を，水平軸に生産量をプロットする生産スケジュールを作った。この簡単なツールから，飛行機一機を製造するごとに製造時間の短縮が見られた。つまり生産量の増加に応じて生産性が向上することが明らかになった。航空機製造の作業者が，繰り返し作業に慣れていくたびに，効率的になり，1936年2月のJournal of Aeronautical SciencesにT. P. Wrightは，工場の生産スケジュールグラフで，労働コストと生産量の間に定量的な関係があったと発表した。これは，航空機工場の平均労働コストは，工場での製造が倍になるたびに20％減少し，対数（log）グラフでは学習曲線の80％を意味している。1940年代中盤になると，J. R. CrawfordもLockheedにおいて生産量と労働コストの間に類似する規則正しい関係があることを発見した。これらの要因の規則性から，マネジメントは生産性を増やすのにどれだけ労働時間が必要かを推測できた。

　その後，生産量が増えると，マネジメントや技術サポートスタッフも学習曲線の要因となったが，基本的な理論は，数十年間変化していない。この組織的学習要因は，コスト削減の25％のみが労働力の学習に影響することを示したGeneral Dynamics社の研究成果で，残

りのコスト削減のほとんどは，エンジニアリング（30％）と機械設備（30％）での学習効率性と関連した。この現象は，繰り返しの多い労働集約型の製造プロセスを持つ業界で，組織が学習するとコストが減るという理論を普及させた。

1960年代中盤から後半になると，ボストンコンサルティンググループ（BCG）の創設者Bruce Hendersonは，経験曲線という新しい概念を提唱した。

経験曲線は学習曲線と非常に似てるが，水平軸に累積生産量，そして垂直軸にインフレ率を考慮した調整後コスト（原料，流通，マーケティング，間接費およびほかのすべての単位コストを構成している要素）を使用する。つまり，学習曲線は生産率と労働コストからなるが，経験曲線は，総実質コストと累積生産量の二つをプロットすることで作成される。

1966年に，BCGはGeneral Instrument Corporationの情報システム技術のコスト動向を予測するために，この新理論を推奨した。また1968年になると，HendersonとBCGは，経験曲線理論を「Perspectives on Experience」という書籍で正式に公表した。

経験曲線理論の概念的基盤

理　　論　BCGの経験曲線理論の説明は，その考案者Bruce Hendersonのものがわかりやすい。

　　経験曲線とは，キャッシュ（インプット）の累積を物的生産量の累積で割ったもので，分母も分子も累積値である。そのため，経験曲線は指数関数的に平滑化されている。経験曲線のコストがコンスタントに減少し，累積経験が倍増してくると，現在コスト単価は累積平均コストに近づく。キャッシュの累積と物的アウトプットの累積関係は，経験曲線においては重要なポイントであり，これが2倍の生産量と単位コストの減少率変化の割合である（Henderson, 1984a）。

図　　解　図20.1は，繰り返し作業を行う総コストは，生産量が倍になるたびに一定の割合で減少することを示す経験曲線である。図の経験曲線の傾斜が75％だとすると，

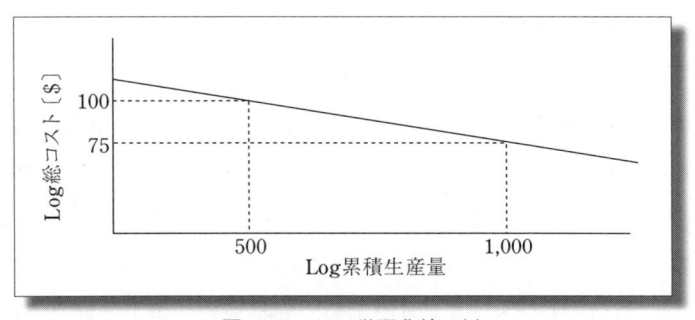

図20.1　Log学習曲線の例

製造にかかる総コストは生産量の累積が倍になるたびに25％減る（つまり，500単位から1 000単位に生産量が増えると，コストは1 000ドルから750ドルに減る。また，1 000単位から2 000単位に生産量が増えると，コストは700ドルから562.5ドルに減る。）。

代　　数　経験曲線理論は，次式のとおり代数表現も可能である。

$$C_t = C_0(V_t/V_0)^{-E}$$

ここでは，

C_t：n番目に製造された単位当りの実績キャッシュコスト
C_0：1番目に製造された単位当りの実績キャッシュコスト
V_t：n番目が製造されたときまでの累積量
V_0：分析の開始時の累積量
E：累積製造量に対する単位コストの弾力係数

経験曲線の傾斜は次式から得られる。

$$傾斜 = C_t/C_0$$

したがって製造ボリュームが倍になるたびに（つまり$V_t/V_0 = 2$），傾斜と弾力係数の関係を説明する方程式はつぎのようになる。

$$C_t/C_0 = (V_t/V_0)^{-E} \text{ または}$$
$$\log \text{slope} = -E \log 2$$
$$E = -(\log \text{slope}/\log 2)$$

例えば図20.1で，プロットされている75％の経験曲線の弾力係数Eは，$(C_t/C_0) = 0.75$で$(V_t/V_0) = 2$の場合，つぎのようになる。

$$C_t/C_0 = (V_t/V_0)^{-E}$$
$$.75 = 2^{-E}$$
$$E = -(\log \text{slope}/\log 2)$$
$$= -(\log 0.75/\log 2)$$
$$= 0.415$$

経験立証　経験曲線を広範囲な分野にわたり立証するため，BCGやほかのコンサルティング企業や大学は，企業約2 000社に対し経験曲線分析を行った。**表20.1**は米国の業界別に研究をした結果を示す。イギリスのオートバイ業界や日本の鉄鋼業界など，海外の多数の企業も同時に研究された。その結果は，累積生産量が2倍になるたびにコストは20から30％減少した。特に注目すべきは，労働集約，資本集約，および繰り返しの多い製造プ

表 20.1 米国における業界別経験曲線の例

例	改良パラメータ	累積パラメータ	学習曲線傾斜〔%〕	期間	生産量が倍数
T型Ford製造	価格	生産された単位	86	1910-1926	10
航空機組み立て	単位当りの直接工数	生産された単位	80	1925-1957	3
製油用触媒の分解単位	100万バレル当りに必要な日数	100万バレルの実施	90	1946-1958	10
流体の加熱分解にかかるコスト	1バレルのコスト	設計されている工場の分解能力	94 80*	1942-1958	5
GE工場での設備のメンテナンス	オペレーションを停止し，部品を交換する平均時間	交換数	76	1957ごろ	4
石油業界でバレル当りの工数	バレル当りの精製平均工数	米国で精錬された数100万バレル	84	1860-1962	15
発電	KW·hごとのMils	数百万kW·h	95*	1910-1955	5
鉄鋼生産	労働者の一単位製造にかかる工数	生産量	79	1920-1955	3
集積回路の価格	単位当りの平均価格	生産量	72*	1964-1972	10
MOS/LSIの価格	単位当りの平均価格	生産量	80	1970-1976	10
電子腕時計の価格	工場の平均売価	生産量	74	1975-1978	4
小型計算機の価格	工場の平均売価	生産量	74	1975-1978	2
DRAM価格	ビット当りの工場の平均売価	ビット数	68	1973-1978	6
ディスクメモリドライブ	ビット当りの平均価格	ビット数	76	1975-1978	3
セミコンダクタ製品の最小アクティブ電子機能の価格	半導体の最小機能の価格	セミコン業界で生産された機能の数	60	1960-1977	13

*一定価格（ドル）

Source: "Using the learning Curve As a Management Tool," by J. A. Cunningham, 1980, *IEEE Spectrum*, June.

ロセスを持つ重工業に対して有用であった。そして1960年代中盤に急速に成長した化学，自動車および電子産業は経験曲線分析を多用していた。

経験曲線の要因 経験曲線においては，下記のいくつかの要因を企業が明示的にマネジメントしなければ，利益を得ることはできない。

・**学　　　習**　経験曲線の証明は，人は繰り返し作業をすると徐々にうまくなるという事実である。量をこなすことによって経験を積み，効率と生産性が上がり，製造にかかわる総コストおよび平均単位コストが減少する。

・**特　　　化**　製造プロセスを標準化およびフロー化することで，個々の作業者は，最適数の作業だけを学ぶことに集中することにより，生産性を最大化できる。

- **製品設計と製造プロセスの改善**　生産量が増えるにしたがって，技術の改善，工場のレイアウトの効率化，メンテナンス技術の向上，製品工学の改善が起こり，多くの業務効率上の改善も発見実施される。
- **規模の経済**　生産量に対して一定の固定費が配分され，生産量が増えると単価が減る。また企業買収などで不良資産を取得しても，規模の経済により結果的に妥当となる。
- **組織の構造**　累積生産量が増えると，社員がうまく協力して働ける方法を考案したり，システムを効率化したり，部門間で技術統合などの改良が行われる。
- **イノベーション**　イノベーションをもたらすには，ある一定以上の生産量がなければ必要な研究開発への投資や参照可能な顧客情報の収得もできない。
- **資金面でのコスト削減**　生産および販売量の大きい大企業では，債務と資本を安く調達できる。
- **調達面でのコスト削減**　通常，大企業は規模の小さい企業より安いコストで原料を調達できる。

　表20.1で示した経験曲線は，規模の経済と学習，そして技術の組み合わせであることを示している。経験曲線分析は，業界によってはうまく結論を得ることができないが，下記の点において論議することが重要である。

20.2　戦略的根拠と意味

市場シェアの重要性

　経験曲線分析から得られる戦略は，市場シェアと密接に関係している。この重要な関係を最初に提唱したのは，BCGであった。

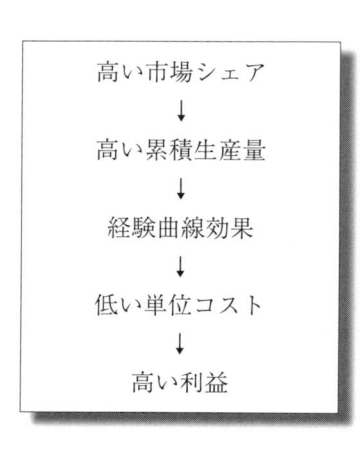

```
高い市場シェア
    ↓
高い累積生産量
    ↓
経験曲線効果
    ↓
低い単位コスト
    ↓
高い利益
```

経験曲線分析を有名な戦略分析手法にさせたのは，1960年代後半に提唱されたBCGのポートフォリオマトリックス理論である。

経験曲線は，成長／シェアマトリックスの水平軸（相対的市場シェア）を理論的に支えている。これは，経験曲線分析が示唆する高い累積生産時でのコストの優位性が考慮されている（4章参照）ためである。経験曲線，製品ライフサイクル（PLC），BCGポートフォリオマトリックス間の関連性は，**図20.2**に図示される。

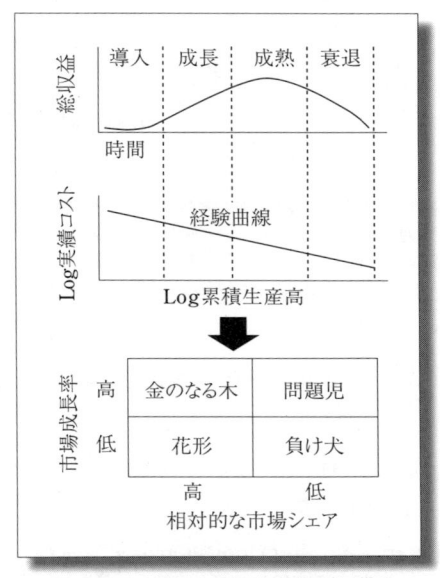

図20.2 関連する経営理論と経験曲線との関係

これに関連した理論は，ハーバード大学ビジネススクールの教授らが戦略計画研究所（Strategic Planning Institute）との提携を通じて広範囲に及ぶ研究をしたことにより，さらに社会的信頼を得た。「Profit Impact of Market Strategies」（PIMS）では，戦略計画と収益性の関係を620の異なる事業に携わる57社を研究した。その結果，企業の収益性は市場シェアと密接に関係しているというBCGが提唱している理論を支持した（Schoeffler, Buzzell, and Heany, 1974; Buzell, Gale, and Sultan, 1975）。

業界内の全企業が同じ経験曲線でマネジメントされていたとしたら，示唆される戦略は自明である。つまり，市場シェアが高い企業が低コストにより（生産量が多いため経験曲線効果が強くなる）業界内で競争優位を確立でき，生産量が低い企業は高コストのため（生産量が少ないため経験曲線効果が弱くなる），収益を上げることができず競争上不利な立場となる。

図20.3は，この業界構造のシナリオを図で示している。シェアが低い企業は，市場シェアを増やすことによって競争上のポジションを上げる戦略が推奨される。市場シェアが高い企業は，業界内で固定したポジションを築くための投資をすることによって，さらに収益を上げることができる。しかし，生産量／収益の低い企業が，BCGの提案する方法で市場シェアを拡大することは困難である。

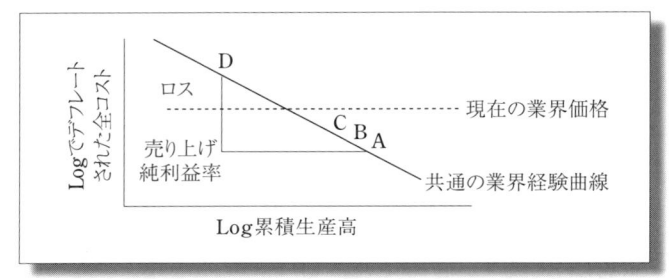

図20.3 共通の経験曲線上の業界構造 （Source: Adapted from "Competitive Cost Dynamics: The Experience Curve," by A. C. Hax and N. S. Majluf, 1982, *Interfaces*, *12*(5), pp.50-61.）

共通経験曲線を持つ業界では，一般的に競争が安定しており，3社以下の大企業が存在し，中小企業の総シェアは業界シェアの25％以下である。生産量の少ない企業（例：企業D）は，業界内の3大企業（企業A, B, C）に対し，厳しいコスト的に不利な立場を余儀なくされる（図20.3を参照）。市場シェアの上位3社以外の企業は，市場シェアを拡大するために，赤字経営を続けるか，ニッチ戦略を探すか，業界から撤退するかの選択がある。経験曲線分析は，トップ3企業には戦略を推進することを勧め，それ以外の企業の選択肢は，戦略の再構築または撤退である。この理論は1970年代に普及し，GEが1位か2位の市場シェアを確保できない場合，業界または市場から撤退するという戦略をとっていた。

業界構造のモデル化と分析に経験曲線を用いる

経験曲線分析から得られる戦略は，PLCの概念と密接に関係している（PLCの詳細については，23章を参照）。経験曲線分析から得られる戦略は，PLCの各段階においてつぎのとおりである。

- **導入段階** 企業は（1）価格を高く設定し高い利益を上げる。（2）市場シェアを獲得するためにコストを抑え価格を下げ，同時に競争相手の市場シェア獲得を阻止する。
- **成長段階** 業界または市場の収益性が向上し市場参入企業が増える。価格競争が激しくなり，経験曲線によってコストがさらに下がるため，業界内の企業淘汰が進む。

- **成熟および衰退段階**　成長段階を耐え抜くことができるのは低コスト企業のみである。これは生産量が多いことで経験曲線効果を得ることが可能となり，市場シェアを獲得できるためである。

図 **20.4** は，経験曲線コスト分析と PLC の関係を示している。この関係が，市場シェアを増やすために重要な役割を果たすことを強調している。

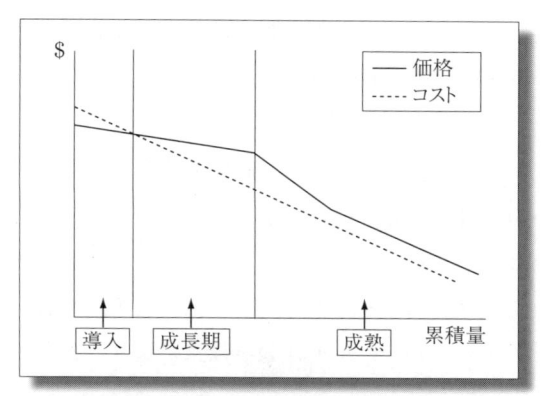

図 **20.4**　経験曲線と製品ライフサイクルコスト間の結合がもたらす戦略的意味　（Source: Adapted from "Competitive Cost Dynamics: The Experience Curve," by A. C. Hax and N. S. Majluf, 1982, *Interfaces*, *12*(5), pp.50-61.）

市場参入の判断

業界構造の知識を得れば，企業は市場参入の判断ができる。業界構造を知るには，経験曲線の要因分析が必須であり　Ghemawat（1985）は，その要因をつぎの三つに区別し，それぞれの戦略的対応を示した。

- **技術の進展**　この要因での正しい戦略的対応は，注意深いサプライヤと卸業者の選択，サプライヤと卸業者との交渉，垂直統合の脅威への対応，上方あるいは下方企業へのコスト転嫁に集中することである。
- **規模の経済**　このシナリオでの正しい戦略的対応は，競争相手が競争力のあるレベルに達成する前に，積極的に市場シェアを増やすことである。しかし，ライバル（競合）企業が同様な戦略で対抗する場合，過剰な設備，コスト戦争，低い収益を特徴とする行き詰った業界とするリスクをとることになる。
- **学習経済**　この要因での正しい戦略的対応は，市場の将来需要を見越して生産量を増やし，競争相手が競争力のあるコスト水準を実現するのを妨げる。

経験曲線効果の要因を理解できたら，市場で成功する可能性について環境分析を行う。

Ghemawat（1985）は，三つの環境分析を実施することを提案している。

- **技術的リスク**　技術的な環境分析は二つの戦略に要約できる。（1）初期技術に投資し，経験曲線を効率化する。ただし，経験曲線を利用した後発技術に侵害される可能性がある。（2）初期技術が確立されるまで待つ。ただし，コストリーダシップおよび市場での優位性を実現する戦略を逃す可能性がある。
- **市場での潜在的なライバル企業分析**　一般的に，弱い競争相手はコスト構造が高く，資金不足に陥り，戦略計画に経験曲線分析を組み込めない。一方，強力で危険な競争相手は，コスト構造が低く，資金力があり，経験曲線で効率的な戦略を実行する意欲を持っている。
- **政府の介入**　二つの特別な制度の制限は経験曲線分析に関係がある：政府の財政上と競争政策である。画一化された国の財政上の政策が不一致のため，介入主義産業政策の長所により，資本コストの低い国で競争をするライバル企業と比較し，資本コストが高い国で競争している企業には不利となる。また公共政策立案者によって企業が侵略的あるいは独占的だと見られる場合，政府が競争政策により，経験曲線での戦略を侵害する場合がある。

価　格　戦　略

　企業が業界の経験曲線の要因をコントロールできる場合，経験曲線分析を活用した市場への参入は妥当である。業界の経験曲線の知識は，新製品導入時の価格戦略の判断材料となる。PLCの概念を統合することで，経験曲線効果を得るための市場シェアを確保し，初期段階での低価格戦略を追求できる。低価格戦略は同じ経験曲線効果上のライバル企業や，潜在企業の参入を妨げる。

　累積生産が増加し，経験曲線効果によりコストがさらに低下すると，圧倒的な市場シェアを持つ企業は，強力な市場ポジションを競争に利用することが可能である。

　もし企業が経験曲線効果を活用できない場合（独占的とはならない，ライバル企業が簡単にコピーできる革新的な技術により，競争優位が侵害される），別のコスト戦略を採用できる。これは先駆者の優位性から，初期コストを高く設定し，少しずつ下げることで短期間の利益を最大化する。

　どちらの価格のシナリオも，業界の経験曲線の知識と競争企業との関係するポジションの分析は，実態のない業界分析と一貫したビジネス戦略におけるマネジメントツールの本質的な部分である。

入札，コスト管理，ベンチマーキング

長期契約の獲得とそのマネジメントに経験曲線分析は重要な役割を果たす。企業は生産量増加による経験曲線効果を前提として入札する。その低コストが顧客に恩恵を与え，落札後は，経験曲線分析がコストマネジメントの中心要素となる。実際のコストとターゲットとなるコストの差を分析し，必要な収益を実現するために修正を加える。経験曲線はターゲットとなるコストのベンチマークを形成する。政府関係機関では学習曲線分析を，長期プロジェクトの総費用算出に利用している。例えば米国航空宇宙局（NASA）では，将来のプロジェクトコストを算出するのに経験曲線を利用している（www.jsc.nasa.gov/bu2/learn.html を参照）。

20.3 強みと利点

経験曲線分析のマネジメントは，戦略立案の枠組みとして有用である。つぎの条件を満たし正しく利用すれば，業界のコスト構造，コストがどのように企業とその競争相手に影響するか理解できる。

・分析を長期にわたって活用する。
・業界の規模，技術，経験を分析に含める。
・重要なコストを下げる要因を識別する。
・技術イノベーションによるリスクは低い。
・独占技術を外部から導入できるリスクは低い。
・政府の規制行動（例えば独占禁止）のリスクは低い。
・製品の価格弾力性が高い。
・市場の顧客はかなりコストを気にする。
・業界に同種の標準化された製品がある。
・付加価値がついた部品が多数使用される。
・すべての競争相手は，類似する業界や市場インフレ率の影響を受ける。
・業界の中で成長著しい市場が存在する。
・成長するのに必要な経営資源および能力を持つ。

これだけの分析条件があるということは，経験曲線分析が競争および戦略マネジメントツールの中でよく利用されていることを意味する。これらの条件の一部あるいはすべての条件が満たされていない場合，経験曲線分析を企業内で適用するのが難しい。

20.4 弱みと限界

経験曲線分析は，多くの企業の戦略マネジメントと実践ツールとして採用されているが，その一方でいくつかの弱みもある。

柔軟性を欠いた戦略 ― 隠れたブラインドスポット（盲点）

経験曲線分析の最大の欠陥は，コストマネジメントが中心となり，戦略が柔軟性を欠くという点である。企業が経験曲線分析を中心とした戦略立案をすると，すべての経営資源をコスト低減に費やしてしまう。工場規模を最大化し，社員を専門職化するような，効率追求の企業風土となる。一部の業界では，この企業風土だけで競争優位を確立できる場合もあるが，つねに変化する顧客の要求やイノベーション（詳細については10章を参照）に対して盲点が生じる可能性が高くなる。確立された技術をマネジメントし，徹底的にコストマネジメントをすると，経験曲線の改善は減少し，企業は市場変化に柔軟に対応できない硬直した状態になる。これは顧客や市場に戦略の焦点が当たらず，コストマネジメントが焦点となってしまうためである。

経験曲線の偏重によりつぎの四つの盲点が生ずる。

- **ライバル企業による技術イノベーション**　ライバル企業が優れた新技術を導入した場合，確立されていた既存の経験曲線が急速に役に立たなくなる。新技術が描く新しい経験曲線は，業界のコスト構造に大きな変化をもたらし，新たな経験曲線を形成する。その結果，古い経験曲線に依存する企業の競争優位は，生産量とは無関係に低下する。図20.5には，この例を示したものである。

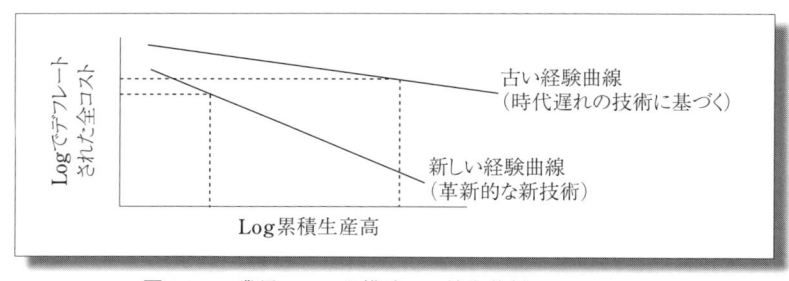

図20.5　業界のコスト構造への技術革新のインパクト

- **変化する顧客の好み**　顧客が低コストを優先するという市場では，付加価値を付けた製品開発が盛んになる。顧客にとって新製品の付加価値が，既存製品コストとの差より

大きい場合，新製品への移行が起こる。既存製品を販売する企業は，コスト削減のために設備投資などを積極的に行い，高い固定費となるため，新製品の開発費が削減される。この理由から，企業は製造規模の確立だけではなく，ほかにも投資を分散する戦略が重要である。(「経験曲線分析 — 失敗」ケーススタディを参照)。

・**ライバル業界の移行** 業界の経験曲線分析にのみ集中していると，ほかの業界が保有している技術に気が付かないことがある。そのため，ほかの業界の企業が市場に参入し，顧客を盗んでしまう場合がある。

・**顧客ベースを拡大する機会** 経験曲線ばかりに集中すると，ほかの業界に既存製品あるいは技術を導入するチャンスを見過ごしてしまう。

AbernathyとWayne (1974) は，経験曲線分析を利用している企業は，競争相手からの脅威を受けやすいことを指摘する。生産量を上げコストを削減するには，ますます大きな市場シェアを必要とする。この場合，競争相手は簡単に，差別化された製品で市場をセグメント化することができるようになる。この時点で，既存企業の戦略は規模の拡大を止め，製品の差別化を進めることになり，既存の経験曲線からの利益は減少する。

選択の妥当性

経験曲線分析はすべての業界および製品市場に適しているわけではない。航空宇宙産業，エレクトロニクス，造船，建設，防衛，石油精製，化学，設備産業など，労働集約型および資本集約型の業界には適している。コストが重要でないサービス業界，ニッチな業界，特殊な業界には適していない。また，製品が生活必需品からかけ離れ差別化されるほど，経験曲線は不適切となる。経験曲線分析を不適切な業界に適用すると，誤った戦略ができあがり，市場におけるポジションも不利となる。

経験曲線分析は，PLCが成熟期にある業界にも適していない。この段階は，市場の成長が遅いため，累積生産量を倍増するのに時間がかかる。経験曲線の理論では，コスト削減と生産量は定量的な関係を示唆しているが，成熟段階でのコスト削減は現実的に限界がある。さらに売上げを増加させるには，製品の差別化戦略が必要であるが，すでに経験曲線理論で企業を組織化している場合には，その達成が困難である。

危険な仮定

経験曲線分析をシステム的に適用するには (Sallenve, 1985)，少なくとも三つの仮定が必要である。(1) すべてのライバル企業が同じ標準化された製品を製造している。(2) すべてのライバル企業が同じような費用で同じ技術を使用している。(3) すべてのライバル企業は同じインフレ率の影響を受けている。しかし，これらの仮定を完全に満たすことは非現実的

である。経験曲線分析にこの現実が考慮されていない場合，戦略の推奨が不完全なものとなる可能性がある。AakerとDay（1986）は，経験の蓄積がライバル企業とのコスト差を生み出さない理由を挙げている。(1) 市場参入が遅い企業は，リバースエンジニアリングや主要なスタッフの引き抜きができるなど，市場調査の間違いから学ぶこともできる。(2) 初期技術開発段階を飛び越え新しい技術で業界に参入ができる。(3) 多くの業界で，サプライヤが提供するコスト効率からも利益を得る。(4) 市場参入が遅い企業は，立地，政府援助，そしてコスト構造など，経験曲線以外の競争優位を持っている可能性がある。

　もう一つの危険な仮説は，市場シェアを確立するための損益は，経験曲線効果が出たあとに回収できるという期待であり，この仮説はけっして正しいものではない。

データの正確性と導入問題

経験曲線分析を効率的に導入する際に，つぎの問題がある。

- **製品市場の定義**　経験曲線分析を実施する業界または市場を正確に分類するのは困難である。一つの業界で全競争相手が同じ顧客ベースを持つことはまれであり，顧客がほかの業界に点在することもある。これは経験曲線分析が，その業界以外を含むため，分類定義に間違いが生じ正確さを欠く。
- **分散コスト**　製品のコストの合計は，さまざまな異なるコスト要因の混合物である。各コスト要因は，すべて経験曲線分析に組み入れられなければならない。しかし，分割して共有するコストがあるので，すべてのコストを構成している要因を経験曲線に定義するのは困難である。

戦略の推奨

　経験曲線分析を企業の戦略立案に適用すると，市場シェアの拡大が推奨され戦略が単純化する。現在では，ほとんどの製品市場に経験曲線があると理解されているが（Day and Montgomery, 1983），より完全な分析を行うには，企業別の経験曲線，競争相手の経験曲線，業界コストの三つの経験曲線分析を行わなければならない。そして企業の戦略立案には，経験曲線分析だけでなく，ほかの分析も組み込み，最終的に解釈しなければならない。

強みと弱みの結論

　経験曲線分析は，企業の戦略立案で重要な分析ツールとして位置づけられる。経験曲線分析を効果的に利用するキーは，正しい状況と利害関係を知ったうえで応用しなければならない。この分析のシステム的な応用は乱用と同類である。経験曲線理論の有用性は，低コスト戦略か差別化戦略のどちらかを検討できることである。

具体的には，経験曲線分析は低コスト戦略の強みが定量化できる．ここでは，戦略に柔軟性が残るよう気を付け，競争の環境（ライバル企業の数や強さ，顧客の嗜好の変化，革新的な技術）が変化したり，経験曲線の限界に変化があった場合は，選択肢をオープンにしておくことが大切である．市場シェアが小さい企業が戦略の柔軟性を維持する方法とし，低コスト戦略を止め，市場シェアが大きいライバル企業が参入しない市場に差別化された製品(サービス)を提供する．また，市場シェアが大きい企業の場合，AbernathyとWayne（1974）は，二つの選択肢を提案している．一方には，断続的に製品を差別化し市場をリードする一方で，製品開発の狭間で，低コスト／高生産量の戦略を追求する．他方には，同一市場に二つの異なる製品を導入し，一つの製品は経験曲線から最大の利益を得る戦略で，もう一つの製品には革新的な差別化を行う戦略を課す．

20.5 テクニック適用のためのプロセス

ステップ1：製品市場が経験曲線分析に適合するかを判断

経験曲線分析の「強みと利点」より，製品市場で経験曲線分析の使用が適切であるかを判断する．

ステップ2：製品市場を定義する

製品市場の境界線は，他製品からのコストの影響を最も受けない範囲とする（Day 1981）．最終的な製品市場の境界線を定義するには，いくつかの境界線を繰り返し再定義することが必要である．

ステップ3：企業の経験曲線を定義する

内部コスト，製品データ，方程式より企業の経験曲線を判断する．これにはいくつかのサブステップを踏む必要がある．

- **どのコストを含めるか判断する**　製品の付加価値的なコストを識別する．共同負担しているコストも分析に含む．異なるコスト要因は異なる経験曲線を描くため，調整が必要である．それぞれの総コスト合計が企業の経験曲線となり，税金は資本コストの一部として含める必要がある．
- **会計処理原則に合った調整**　コストの割り振り，支払猶予，会計プロセスおよび政策の変更は，会計原則にないコスト要因を生むため除去する．
- **適したコスト対象を決定**　理想的には，分析単位の選択は，将来の製品統合や分割に対して十分に包括的である．

- **経験曲線の原動力となる偶然の要因を判断する**　規模の経済や技術，そして経験がコスト低減に与える影響を判断する。これは専門家の判断や統計的な回帰分析によって行うことができる。この判断がどの戦略を追及するかに重要な指針となる。
- **インフレーションの中でのコストが図形を調整**　インフレーションが業界に与える影響は，経済全体に対するインフレーションよりも大きな影響がある。短期の分析には，業界固有のコストデフレータが必要である。長期の分析には，標準の GDP あるいは GNP デフレータを使用するとよい。

ステップ4：競争相手の経験曲線を判断する

経験曲線分析は，ライバル企業の収益をさまざまな価格および生産量で予測できるので非常に有効である。しかし，ライバル企業のコストデータを入手するのは困難であり，通常は自社の経験曲線から評価および推定し，自社の経験曲線をライバル企業の市場シェアと組み合わせる。競争相手の経験曲線は，しばしば実際より「急傾斜」と評価されるので調整が必要である。失敗した企業の間違いから学んだり，技術的に抜きつ抜かれつの状態があったり，経験以外の要因でコストを削減できたり，間接費用が異なるなど，競争相手の経験曲線は，自社の経験曲線と平行となることはめったにない。

競争相手の経験曲線を評価する際に考慮すべき要因は，共通コストの調整である。これは，自社の経験曲線に共通コストが与える影響を，企業内の専門家が判断することにより行える。そしてライバル企業に適用できる共通コスト要因を予測する。このとき予測リスクの感度分析にコンピュータモデリングを利用することができる。Hax と Majluf (1982) は，思いやりのある分析は価値連鎖の終わりだけを見て行うことではない。手続き上の指示に起因する争いとして：異なる活動は異なる経験曲線スロープを示す，そして異なる製品ミックスは異なる学習曲線スロープ（マーケティング，研究開発，組み立て，流通）から構成する。

例えば，企業 A は企業 B の 4 倍の市場シェアがあり，流通効率が 4 倍よい。一方，企業 B は企業 A より 3 倍製造効率がよい。もし分析者が価値連鎖の終わりだけを見て行ったとすれば，市場シェアの計算として，企業 A は企業 B の 4 倍の市場シェアを持っていることになる。しかし，すべての価値連鎖を考慮に入れたときは，極端に異なる市場シェアを導き出すことになる。簡単な前提として，それぞれの活動が同じスロープの経験曲線を持ち，そしてそれぞれの活動が最終製品価値に対して同じ価値を与えるものと想定：

企業 A 市場シェア：$(4:1 \text{ または } 4/5)(0.5) + (1:3 \text{ または } 1/4)(0.5) = 0.525$

企業 B 市場シェア：同じ計算で 0.475

企業 A の競争上のコスト優位性の加重平均は $0.525/0.474 = 1.10$ で，市場シェアの 4 倍よ

りはるかに低くなる。この例は，競争相手のコスト要因を継続的に監視しなければならないことを示唆している。

ステップ 5：業界の価格経験曲線の見極め

業界の価格経験曲線は，競争相手の経験曲線を判断するよりもさらに難しい。難しい理由は，つぎの三つがある。(1) 業界内の非公式な割引が表示価格に反映されることはまれである。(2) 業界内にさまざまな戦略が存在するので（サービス，製品機能の差別化，売上品構成），価格の単一化は非現実的である。(3) 業界の生産量予測に関するデータは，入手困難な場合が多い。

このような困難にもかかわらず，業界の経験曲線の見極めは，業界構造を理解するために重要である。

ステップ 6：経験曲線での価格弾力性を決定する

価格弾力性の予測方法に，業界の生産量と価格の関係から弾力係数を求める方程式がある。この価格弾力性の予測から PLC の見直しができる。Henderson（1984b）は，「経験曲線でのコストの下落率は，すべての経験の上昇率と対応する。コスト削減が価格低下につながる場合，価格弾力性により生産量が増える。生産量が増加しても，コストの削減目標に達しない場合，生産量と経験の成長率は下降する。コスト削減が高い場合は，生産量が複利で増加する」と述べている。価格の弾力性は，業界の競争環境により大きく変化することに注意が必要である。

経験曲線分析 ― 成功事例

> **Bausch and Lomb**
> 技術と生産能力拡大の二つの戦略目標のもと，同社は 1980 年にソフトコンタクトレンズ業界で経験曲線を減少させた。レンズの設計をコンピュータ化したことにより，多くの製造プロセスを自動化させることができた。同時に，ソフトレンズの工場の生産力は大幅に拡張された。それにより同社の市場シェアは 55％（1980 年）から 65％（1983 年）に上昇し，企業の粗利益はライバル企業よりも 20％から 30％高くなった。
>
> **Du Pont**
> 同社は，1970 年代にイルメナイト塩化物の製造プロセスに多額の投資を行った。この製造プロセスが完成すると，ただちに商業化のため工場を拡張した。そしてライバル

企業が業界の経験曲線上で同じ位置に到達するのを防ぐため，市場に先駆けて断続的に生産力を拡張し，競争優位を堅持した。

Source: Adapted from "Building Strategy on the Experience Curve," by P. Ghemawat, 1985, *Harvard Business Review*, 63(2), pp.143-149.

経験曲線分析 ― 失敗事例

Ford Motor Company

1908年から1923年にかけ，Ford Motor Companyは，経験曲線戦略をもとに経営を行った。当初，会社はミシガン州のRiver Rougeに大きな工場を建設し，管理職を全社員の3%に削減し，垂直統合を行い，流れ作業のラインを作ることにより，85%の経験曲線の達成に成功した。T型モデルの価格は，850ドル（1908年）から290ドル（1924年）になり，売上げは5 986台（1908）から77 694（1914）に増えた。Fordのひたむきなコスト削減の努力は，「黒色であれば，安く，どのような車でもお望みのものを作る」というスローガンからもわかる。

1920年代初頭になると，顧客は重いシャーシ，密閉された車内，乗り心地のよさを求めるようになった。それに対し，GM（General Motors）は新しいデザインの車で対応したが，フォードは経験曲線を追及することを選択し，T型モデルにいくつかの高級な機能を追加することを選択した。また，Ford Motor Companyは，表示価格を下げることによって市場シェアを拡大するという経験曲線理論で対応したために，利益が低下した。さらにFord Motor Companyは，新しいデザインを発表することができなかったため，急速にT型モデルを陳腐化させてしまった。1927年5月には，工場の機械設備を2億ドルかけて改善し，約1年ほど工場の生産を完全に停止した。そして，消費者ニーズ認識の遅れと，GMという競合の台頭により，Ford Motor Companyは，ついに経験曲線に依存することを止めた。

Ford・T型モデルの事例は，経験曲線での戦略を追求した場合の典型的な失敗例である。高い固定費，広範囲な垂直統合，そして標準化によって，企業は顧客ニーズが変化したこと，競争相手の対応，技術イノベーションを認識することができなかった。さらなるダメージは，Ford Motor Companyが自動車業界の新しい競争の舞台でGMと再び戦うために，戦略，経営資源および能力を変更するのに非常に時間がかかったことである。

Source: "Limits of the Learning Curve," by W. J. Abernathy and K. Wayne, 1974, *Harvard Business Review*, 52(5), pp.109-119.

ステップ 7：定期的にステップ 1 から 6 を繰り返す

このステップは業界に新技術が導入されたときに重要である。新技術がコストのみを削減する場合は，新たな経験曲線分析は必要でない。しかし新技術が新製品機能も提供する場合，新しい経験曲線分析を利用するのが現実的である。

ステップ 8：戦略を構築する

経験曲線分析の戦略的価値を議論することにより，適切な戦略を構築できる。最終的には，経験分析の「弱みと限界」から調整しなければならない。

FAROUT のまとめ

	1	2	3	4	5
F	■	■	■		
A	■	■			
R	■	■	■		
O	■	■	■		
U	■	■	■	■	
T	■	■	■		

未来志向性　現状と中期的な未来。市場サイクルと関連した将来戦略を立案する。

正確性　低。多くの推定と予測に加え，概念的な妥当性に欠ける。予測はすべて過去の傾向，判断，推定であり正確性は限定的なものである。

経営資源効率性　中。分析の枠組みを反復し構築するため，時間と労力が必要である。定期的に競争における変化または技術イノベーションがあった場合，定期的に更新する必要がある。

客観性　中。製品市場を定義するため，分析が偏ってしまうことがある。

有用性　中から高。分析を中心的に適用することで，間違った方向に進んでしまうことがある。しかし分析に限界があるということをしっかり理解していれば，低コストか差別化戦略の選択が可能である。

適時性　中。情報の有無によって，経験曲線分析は早期に実行できる。

関連するツールとテクニック

- 業界構造分析
- 製品ライフサイクル（PLC）
- 競争相手分析
- 戦略的コストマネジメント
- ポートフォリオマネジメント
- 環境分析

参 考 文 献

Aaker, D. A., & Day, G. S. (1986). "The perils of high growth markets." *Strategic Management Journal*, 7(5), 409-421.

Abernathy, W. J., & Wayne, K. (1974). "Limits of the learning curve." *Harvard Business Review*, 52(4-5), 109-119.

Alberts, W. W. (1989). "The experience curve doctrine reconsidered." *Journal of Marketing*, 53(3), 36-49.

Boston Consulting Group. (1968; 1970; 1972). *Perspectives on experience*. Cambridge, MA: Boston Consulting Group.

Buzzell, R. D., Gale, B. T., & Sultan, R. G. M. (1975). "Market share—A key to profitability." *Harvard Business Review*, 3(1), 97-104.

Cowley, P. R. (1985). "The experience curve and history of the cellophane business." *Long Range Planning*, 18(6).

Day, G. S. (1981). "Strategic market identification and analysis: An integrated approach." *Strategic Management Journal*, 2(July-September), Vol 2, No. 3, 281-299.

Day, G. S., & Montgomery, D. B. (1983). "Diagnosing the experience curve." *Journal of Marketing*, 47(2), 44-58.

Fuller, C. B. (1983). "The implications of the 'learning curve' for firm strategy and public policy." *Applied Economics*, 15(4), 541-551.

Ghemawat, P. (1985). "Building strategy on the experience curve." *Harvard Business Review*, 63(2), 143-149.

Hall, G., & Howell, S. (1985). "The experience curve from the economist's perspective." *Strategic Management Journal*, 6(3), 197-212.

Hax, A. C., & Majluf, S. N. (1982). "Competitive cost dynamics: The experience curve." *Interfaces*, 12(5), 50-61.

Hedley, B. (1976). "A fundamental approach to strategy development." *Long Range Planning*, 9(6), 2-11.

Henderson, B. D. (1979). *Henderson on strategy*. Cambridge, MA: Abt Books.

———. (1984a). "The application and misapplication of the experience curve." *The Journal of Business Strategy*, 4(3), 3-9.

――. (1984b). *The Logic of Business Strategy.* Cambridge, MA: Ballinger.

Hirschmann, W. B. (1964). "Profit from the learning curve." *Harvard Business Review, 42*(1), 125-139.

Kiechel, W. III. (1979). "Playing by the rules of the corporate strategy game." *Fortune, 100*(6), 110-115.

――. (1981). "The decline of the experience curve." *Fortune, 104*(7), 139-146.

Pattison, D. D., & Teplitz, C. J. (1989). "Are learning curves still relevant?" *Management Accounting, 70*(1), 37-40.

Sallenave, J.-P. (1985). "The uses and abuses of experience curves." *Long Range Planning, 18*(1), 64-72.

Schoeffler, S., Buzzell, R. D., & Heany, D. F. (1974). "Impact of strategic planning on profit performance." *Harvard Business Review, 52*(2), 137-145.

Yelle, L. E. (1983). "Adding life cycles to learning curves." *Long Range Planning, 16*(6), 82-87.

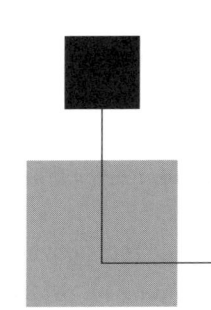

21. 成長ベクトル分析

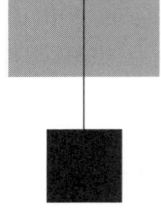

　企業の戦略立案においては，多くの戦略を理解したうえで，その中から最適な戦略を選択しなければならない。成長ベクトル分析（Growth Vector Analysis）は市場選択との関係で組織として選択可能な異なる製品を検討する。市場を組織的に評価することにより，競争相手と市場成長機会を識別し，多くの戦略を理解することができる。

21.1 背　　　景

　H. Igor Ansoff は，初期の企業戦略論の著者であり，成長ベクトルの概念を普及し貢献した。彼は新製品のターゲット市場の選択に失敗した経験により，「戦略」の定義に関心を持った。

　Ansoff は，戦略策定の共通のテーマを定義するために，製品対市場領域，成長ベクトル，競争優位と相乗作用の四つを定義した。

1. 製品対市場領域とは，製品と市場ポジションの範囲を限定した業界を指す。
2. 成長ベクトルとは，現在の製品対市場状況で企業が動いている方向を指す。これを**図 21.1** のマトリックスで説明する。
    a. マトリックスの中の市場浸透とは，市場シェアの拡大を通じて現在の製品市場の方向を定義する。つまり，現在の製品またはサービスを既存の顧客に対してマーケティ

市場＼製品	現在	新規
現在	市場浸透	製品の開発
新規	市場の開発	多角化

図 21.1　Ansoff のオリジナル製品−市場マトリックス
（Source: Adapted and reprinted by permission of Harvard Business Review(Ansoff's Original Review—Market Matrix). From "Strategies for Diversification" by I. Ansoff, Sept./Oct. 1957. Copyright 1957 by the President and Fellows of Harvard College; all rights reserved.）

ングをすることで得られる。

b. 市場の開発とは，現在製品の新規市場での販売機会である。現在製品やサービスを変更せず，新しい顧客ターゲットに販売する。この例としては，企業が新しい地域や国に現在製品を輸出あるいは売り込むことである。

c. 製品の開発とは，既存の顧客を対象に，現在製品に代わる新製品を開発することである。時代遅れになった製品の代わりとなる，革新的なサービスまたは製品を開発する。毎年モデルチェンジ（通常はほんの少しの改良がなされる）する自動車メーカは，製品開発のよい例である。

d. 多角化は，将来参入できる市場や製品の機会を識別できる。多角化には2種類あり，関連性がある多角化と関連性のない多角化があり，前者は，企業が精通している製品またはサービス市場にとどまることである（シャツの小売業者がズボンと靴下の市場に参入する場合など）。後者の関連性のない多角化とは，まったく経験がない市場をターゲットとする場合である。（シャツの小売業者がコカコーラ製造ビジネスに投資をする場合など）である。

　多角化戦略は，水平，垂直および巨大複合企業体の3タイプに分けることもがきる。水平的多角化とは，組織の既存製品やサービスを補完するため，競合製品の開発である。垂直多角化とは，既存製品やサービスの前後にあるサプライヤや卸業者に関係する製品の開発である。巨大複合企業体の多角化とは，既存の製品市場とはまったく関係ない製品の開発である。

3. Ansoffが定義する競争優位とは，企業に強力な優位性を与える市場の属性である。

市場のオプション		現在製品	改良製品 代替製品	新製品
	既存の市場	市場浸透	製品の拡張（例えばバリエーションや模倣品）	製品の開発（例えば製品ラインの拡大）
	拡大された市場	市場の拡張	市場セグメンテーション 製品差別化	製品の開発/市場の拡張
	新規市場	市場の開発	製品/サービスの拡張と市場の開発	多角化

図21.2　成長ベクトルマトリックス　(Source: Adapted from *Marketing Management: Analysis, Planning and Control* (6th ed.), by P. Kotler, 1989, Upper Saddle River, NJ: Prentice Hall.)

4. 相乗作用とは，新製品が市場参入を成功するための企業能力である。企業の経営資源を組み合わせた結果，その効果は倍増しなければならないことを意味する（例えば 2 + 2 = 5）。

Ansoffの先駆的な研究は，その後，図21.2の3×3で示すマトリックスに改良された。

21.2　戦略的根拠と意味

　成長ベクトル分析の前提は，企業の成長は期せずして起こるものではないということである。もちろん，企業は成長を目標とし，マネジメントしなければならない。企業の経営資源には制限があるため，市場を限定したうえで戦略を検討する。そこでは，つねに変化する市場，変わる競争優位，潜在的なライバル（競合）企業との競争こそが，企業に成長機会を与える。戦略マネジメントの課題は，成長のみを追及するのではなく利益を得るための成長も追及するということである。

　顧客セグメンテーション分析は，収益を上げることができる顧客を探すことから始まる。複数の顧客グループが存在し，規模の経済効果がある市場では，顧客ニーズを理解することにより，差別化された競争優位なポジションが確立でき，妥当な成長および多角化戦略を構築できる。

　成長ベクトル分析は，無数の成長機会をマネジメント可能な枠組みの中にまとめる。これは成長機会を戦略的に捉えることで，収益率の高い成長機会を判断する。結果的に，成長ベクトル分析は，利益のある企業成長を一貫して強要する戦略となる。

21.3　強みと利点

　成長ベクトル分析の利点の一つに，市場戦略を構築する分析者の訓練がある。この分析は比較的単純なもので，戦略の選択肢を整理できるという点と，新たなビジネスチャンスを体系的に見いだす方法として優れている。

　この分析の強みは，特定の市場または製品を選択したら，戦略を選択する分析ができるという点である。例えば，ある市場を選択すると，いくつかの製品を比較できるようになり，ある特定の製品を選択すれば，戦略を実現できる市場と比較することができる。つまり，市場戦略を選択したら，現在の製品，改良製品，新製品をさらに分析することができ，市場の開発，販売促進と顧客への製品の浸透に線引きをして分析できる。

　成長ベクトル分析は二つの視野から分析できる柔軟なツールである。一つ目は，特定の市場と製品を選び，そこでの選択肢をまとめたり比較することができる。二つ目は，市場また

は製品を選択したら，それぞれの中で代案を詳細に調整し比較することができる。この二つの視野から，分析者はすべての選択肢を十分に理解できる。

　成長ベクトル分析は，複数の戦略を立案できる。現実的には限られた数の戦略しか選択実行できないが，市場はたえず変化しており，追加的な戦略の策定は，ダイナミックな市場の先を見越した戦略を採用することである。

　将来成長する可能性があるさまざまな方向を分析する際に，競争相手が持っている選択肢を判断するために，この分析を利用すると便利である。これによって，収益成長，競争優位性，製品改良の条件を考慮したり，特定な製品市場において競争相手はどこまで発展するかなどを見極めることができる。

　成長ベクトル分析は多くの市場成長戦略を簡略化する効果的方法であり，すべての潜在的な成長戦略を九つに分類されるマトリックスにまとめ，分析者は戦略を比較することに集中できる。

21.4　弱みと限界

　このモデルの弱点は，単純であるという点である。つまり，製品および市場戦略のみを考えることに分析が限定されている。今日，多くの成長戦略は，企業提携やインターネットを介した情報および通信技術を前提としなければならないが，従来の成長ベクトル分析では取り扱えない。Daniels（1983）によれば，成長ベクトル分析は，合弁や水平統合などの成長戦略を十分に考慮するものではないと述べている。そのため，多くの選択肢を考える際に，意識的にこの弱みを調整し，成長している領域や収益を得ることができる領域のみに集中せず，企業のコアコンピタンスを考慮しなければならない。

　成長ベクトル分析は，分析者の考えにより分析が制限されてしまうことがあり，戦略のすべてを考慮できない。これは，業界外で研究されていたり，製品ライフサイクル（PLC）の初期段階の技術を必ずしも考慮に入れているわけではなく，より広範囲な社会的傾向を含むものでもない。分析の枠組みの中に，多くの外部要因を含めるかどうかは分析者の考えにかかっている。

　成長ベクトル分析の選択肢を評価するプロセスは，非常に複雑となる場合がある。これを正しく行うには，売上高，売上げ伸び率を丁寧に分析し，既存市場内の現在の製品またはサービスの利益を予測しなければならない。競争相手に対し同様な予測も行い，現在の製品またはサービスの強みと弱み（脆弱性を含む）の評価を加えることも有効である。最後に，市場に特殊な能力を梃子（レバレッジ）としている企業を警戒することも重要である。

　この分析は戦略的な結論が推奨がされないという弱みがある。成長ベクトル分析は有用な

枠組みであるが，一度マトリックスを作成してしまうと，どの成長戦略を追及すべきかという判断基準を提唱していない。

　成長ベクトル分析は企業が成長しなければならないということを前提としているが，いかなる成長も利益を上げる可能性が同等であるわけではなく，場合によっては製品またはサービス市場での後退や休止を容認するために適用できない。

21.5　テクニック適用のためのプロセス

　成長ベクトル分析では，製品が特定市場で成長することを予測する簡単なマップを作ることができる。また，初期段階で適切な戦略を実行できるよう，ニッチなども含めたすべてのビジネス機会を予測できる。

　企業の現在における戦略ポジションと，製品と市場の代替案を評価し，どのような市場に製品（サービス）を移行できるか決定する。その一方で，競争相手が目指している新市場と製品（サービス）を知ることができる。

　幅広い製品またはサービスを扱っている企業は，同時にいくつかの異なる市場戦略を適用することができる。これらの戦略には弱みも強みもある（**図 21.3** と **図 21.4** を参照）。

　Varadarajan（1984）は，成長ベクトル分析の結果から，戦略の選択プロセスについて，定量的および定性的な両方の手法を提案している。

定 量 的 判 断
・最大の収益と成長性を提供する成長ベクトル分析上での市場の選択

製品戦略の範囲	現在の製品	明確なコンピタンスの構築 規模の経済の活用 目的の明確さと一貫性 人材の有効活用
	関連する製品	広範囲な製品のアピール 販売員と流通ネットワークをより上手に使う 新企画へのモチベーションの向上 変化する市場状況に対応する柔軟性
	新しい製品	競争上の圧力の削減 市場浸透のリスクの削減 売上げ全体の変動幅が減少

　図 21.3　単一市場における製品戦略の違いによる強みと弱み　（Source: Reprinted by permission of Alan J. Rowe.）

市場戦略の範囲	現在の市場	市場浸透率の最大化 市場でリーダシップを取る 特定の市場での専門知識の活用 市場認知度の向上
	関連する市場	安定成長の追及 安定したキャッシュフローの確立 工場の稼働率の増加 専門技能と技術の拡大
	新しい市場	企業の名声の拡大 競争上の圧力の削減 より収益の上がる市場への多角化 相乗作用効果

図 21.4 単一製品における市場戦略の違いによる強みと弱み　(Source: Reprinted by permission of Alan J. Rowe.)

・PLC の成長段階と一致する市場の選択は，競争相手の抵抗を最も受けない。市場の成長が早いとき，新規売上げが，既存企業のシェアを奪う可能性は低い。つまり，市場の新たな成長によって新規顧客への需要が増える。
・成長ベクトル分析により判断された最適市場は，早期成長と利益に焦点を当てるのではなく，既存のコアコンピタンスとの統合によって得られる利益を考えるほうがよい。

質的判断
・企業のポリシーを考慮
・受け入れ能力と経営資源の入手能力
・技術および運用上の問題
・マーケティングミックスの問題
・企業内部の競争，足の引っ張り合い
・企業イメージとブランドへの考慮
・移り変わる競争勢力
・コストと需要の関係
・STEEP の局面
・顧客のライフスタイルおよび嗜好の変化

成長ベクトル分析の応用方法の一つに，国際市場での成長戦略立案がある。今日の，多くの市場でのグローバリゼーションを考えると，成長ベクトル分析は新しい国際市場の戦略を構築するツールとなる。

国際的な市場には多数の成長選択肢があり，十分な範囲で代替案を考慮するための方法と

なる。Daniels（1983）は,成長ベクトル分析が国際市場でのどのように機能するかを試した。図 21.5 には，海外市場が関係する特定の戦略アクションプランを示し，図 21.2 で示した成長ベクトルマトリックスの九つのセグメントごとに記載されている。この例は，多様化，ジョイントベンチャーなど 従来の企業成長を考えるとき見落とされる戦略に関して考慮できる。

代替アクションプラン	国際戦略	例
象限 1：既存市場 / 現在の製品（市場浸透）		
A. 値下げ，宣伝資金を得るためのコスト削減	A. 海外の企業または自社の海外工場から，より安価な製品または部品を入手できる企業を探す。設備を輸入したり，製造プロセスを模倣したり，プロセス技術をライセンシングすることにより，海外からコスト節約をする技術を入手	グローバルな事業展開を行う Warnaco という大手アパレルメーカは，コストを下げるために台湾から White Stag Sportwear をアウトソース
B. よりよい製品またはブランドを獲得	B. 商標をライセンシングすることにより，知名度の高い，または高級外国ブランド名を使用する権利を得る。	Warnaco は，Christian Dior からネクタイの商標権を得て，米国でブランド力の強化
象限 2 ：既存市場 / 改良製品（製品の拡張）		
A. バリエーションの導入	A. 製品を差別化するため，海外の製品技術を模倣あるいはライセンスする。	
B. 品質を一貫化させることで差別化	B. 設備を輸入したり，品質管理方法を真似たり，プロセス技術をライセンス化することにより海外の品質管理技術を獲得	Chrysler は 1970 年より小型で燃費のよい自動車を安く開発するために三菱自動車とジョイントベンチャーを設立
象限 3：既存市場 / 新製品（製品の開発）		
A. 既存顧客に水平的な製品ラインを販売	A. 海外メーカの製品を流通させることにより製品ラインを補完	
B. 既存顧客に別の製品ラインを販売	B. A と同じであるが，海外メーカの類似製品を販売	大手の製薬会社である American Home Products は多くの海外企業と相互ライセンス契約を結び，おたがいの新製品および販売チャンネルにアクセス
象限 4 ：拡大市場 / 現在の製品（市場拡張）		
A. 製品の新しい用途で，新しい流通業者にマーケティング	A. 製品の使用率が高い海外市場を探し，その市場にいる企業から支援を受けて類似したマーケティングを実施	三菱の農業部門は Kentucky Fried Chicken と合弁し，日本市場で骨なしチキンは成熟マーケットとされていたが，日本市場への参入を果たした。

図 21.5 戦略代替案の例

象限5 拡大市場／改良製品（製品を差別化）		
A. 製品のバリエーションを一つ以上開発することでマーケットを分類化	A. 象限2と同じ	急速に成長している電気カミソリマーケットですばやくポジションを確立するため，Gillette社はドイツの企業Braun社を買収した。
B. 垂直的に製品ラインを拡大する。	B. 象限4と同じ	

象限6 ：拡大市場／新製品		
A. 製品ラインを水平的に拡大	A. 新規顧客に販売する必要がないことを除き象限3と同じ	メキシコの大手企業Groupo Industrial Alfa社は，テレビ，電動機，オートバイ，化学繊維業界に多角化するため，ライセンスや合弁の契約を結ぶ。その後，これらの製品は，かれらの伝統的なビールや鉄のようにメキシコ市場で販売される。
B. 製品ラインを垂直的に拡大	B. 前方統合し，海外のサプライヤまたは製品技術を買収	天然ガスを生産している米国大手Internorth社は，ドイツのBASFからポリプロピレン技術のライセンスを得た。これによって電池および旅行かばん製造企業に従来から提供している天然ガス製品に加えポリプロピレン製品を販売する。

象限7 ：新規市場／現在の製品		
A. 新しい地域に市場を拡大	A. 自社で研究開発を行い，必要な製品技術を買収することで差別化する以外は象限6（A）と同じ	水を扱うフランスのSource Perrier社は，フランス市場が成熟してきたため，ソフトドリンク，ミルク，チョコレートを製造する3の戦略で失敗。その後，フランスでのマーケティングとは異なる戦略で米国市場に輸出を開始

象限8：新規市場／改良製品		
A. 新しい地域市場の心を引くバリエーションを製造	A. 自社で研究開発を行うか，製品技術を買収することにより差別化をすること以外は7（A）と同じ	レジの世界的な大手NCR社は，発展途上国に市場を拡大げるため，手動式レジを開発

象限9：新規市場／新製品		
A. 新しい地域市場に参入するため，関連のない市場に多角化	A. 国内外の技術を獲得，または海外の企業を買収し，自社で研究開発をして新製品を追加。ほかは象限8（A）と同じ	北米での売上げを増やすため1970年代にNestle社はStouffer社を買収した結果ホテルチェーンを所有。ドイツの洗剤，化粧品メーカ・Henkel社は，米国市場では競争できないと考え，General Mills社の化学部門を買収

Source：Reprinted by permission of the Management International Review.

図 21.5 （つづき）

成長ベクトル分析の事例

　成長ベクトル分析の多くは，製品戦略に関係するものであるが，サービス業にも利用することができる。ここでは銀行の成長戦略に応用してみる。

銀行への適用例

　1980年代，米国の金融業界で大幅な規制緩和が行われ，中小の地方銀行はつぎのような困難に直面した。

- 大手企業が資本市場から直接融資を受けるため，大規模な商業貸付の市場が枯渇した。
- 大手企業が給与支払業務をアウトソーシングし，社内の信用組合がこのサービスを行うようになったので，中小の地方銀行の必要がなくなった。
- 中小の地方銀行が商業銀行市場に参加することを，規制当局は快く思わなかった。
- 自営業者への小規模な商業貸付は，大規模な貸付と同等な管理費がかかり，利益幅が薄くなった。
- 不動産融資に大きく依存することは，長期債務と短期資産とでミスマッチが生じるためにリスクを伴う戦略であった。
- かつては順調であった自動車ローンは，自動車の信販会社に奪われてしまった。
- 中小の銀行はクレジットカード市場で競争できるほどの顧客数がない。
- 利益が保証されている学生ローンは，大学の所在地で契約される。

　これらの要因のため，中小の地方銀行には成長する機会が少ないと判断される。ここで成長ベクトル分析を用いると，すべての成長機会が明確になる。ほとんどの銀行は規制が緩和されたら，いかにして預金を獲得するかを考えた。しかし実際には，魅力的な資産を探し，そこに投資させることがおもな挑戦であることがわかった。つぎの成長ベクトルマトリックスは，この分析で得た戦略の一部を示している。

　この表からわかるように，マトリックス内のすべてのセグメントを埋める必要はない。これらの戦略の中には戦略的に筋が通らないものもあり，空白でもかまわない。この成長ベクトル分析を行った銀行は，通常ならば除外されていた戦略も検討対象になったことにより，分析の範囲を広げた。これらの銀行の中には，成長ベクトル分析を管理部門の戦略立案ツールの中心として利用し始めた銀行もあった。具体的な戦略の実施には，壁に大きなベクトルマトリックスを貼り利用を促した。このような経験を通じて銀行は，成長ベクトル分析が成長戦略を大局的に捉える最も効果的で有効な方法であると主張している。

市場にある選択肢（サービスと製品の代替案）			
	現在	改良	新規
既存	サービスパッケージ，個人優遇プログラム，財務計画セミナー，残高がたくさんある顧客にローンの利率を下げる，金利の「ホットライン」，信託などの既存のサービスを現在の顧客に利用してもらうように抱合せ販売を行う。市場金利以下にローンの利率を引き下げるために担保ローンを増やし，預金金利を下げ，キャッシュでの担保を増やすための積極的なマーケティング	個人の信用限度を変更し，高所得顧客を引き付ける。	税制改革の結果，スィープアカウント，変動金利型抵当証券，ホームバンキングなどポートフォリオが拡充
拡大	トラベラーズチェック，貸し金庫，さまざまな手数料が取れるサービスを積極的に売り込む。新規顧客にクレジットカードをテレマーケティング		
新規	他州のターゲット顧客のクレジットカードで事前承認　地域を拡大し支店を増やす。裕福な顧客向けの財務相談，新規顧客プログラム，ATMネットワークの拡大，中小企業／専門家向けパッケージの開発	裕福な顧客にとって魅力となるよう個人の信販枠を調整	ビジネスシステムのためのターンキーソリューションの開発　家を探したり，買ったり，そのための金融を受けたり，売ったり，維持するための不動産サービス分野への進出

Source: Adapted from following sources: "The Service Marketing Planning Process: A Case for Accounting firms and Banks," by J. H. Lindgren and W.K.Carter, 1986, *Journal of Professional Service Marketing*, *1*(3), pp.35-47; "Bank Marketing Strategist: Marketing Help via Vector Analysis," by R. O. Metzger, 1986, *Bankers Monthly*, *103*(12), p.8; "Vector Analysis II," by R. O. Metzger, 1987, *Bankers Monthly*, *104*(1), p.7.

FAROUT のまとめ

	1	2	3	4	5
F	■	■			
A	■	■			
R	■	■			
O	■	■	■		
U				■	
T	■	■	■		

未来志向性　中。製品および市場が変化するたびに，定期的レビューが必要である。

正　確　性　中。分析により偏りがあるので正確性が異なる。成長率と売上高の測定は，業界の捉え方により問題となることがある。外部の専門家たちと再確認することによって，分析の正確性を増す。

経営資源効率性　中。Varadarajan（1984）が提案している方法に沿って，分析者が正確に定量分析すれば効率性は向上する。

客　観　性　中。将来予測によって異なり，内部および外部の専門家の支援がある場合，客観性は増す。

有　用　性　中から高。企業の製品とサービスが既存または新しい市場で利用できるかどうかをすばやく判断する。

適　時　性　中。市場および製品の代替案をレビューするのに幾分時間がかかる。

関連するツールとテクニック

・競争相手分析
・顧客セグメンテーション分析
・製品ライフサイクル（PLC）
・SWOT分析
・顧客価値分析
・戦略的資金プログラミング
・職務能力と経営資源分析

参　考　文　献

Ansoff, I. (1957). "Strategies for diversification." *Harvard Business Review*, Vol. 35, No. 5, 113-24.

Daniels, J. D. (1983). "Combining strategic and international business approaches through growth vector analysis." *Management International Review*, *23*(3), 4-15.

Kotler, P. (1989). *Marketing management: Analysis, planning and control* (6th ed.). Englewood Cliffs, NJ: Prentice Hall.

Lindgren, J. H., & Carter, W. K. (1986). "The service marketing planning process: A case for accounting firms and banks." *Journal of Professional Services Marketing*, *1*(3), 35-47.

Metzger, R. O. (1986). "Bank marketing strategist: Marketing help via vector analysis." *Bankers Monthly*, *103*(12), 8.

———. (1987). "Vector analysis II." *Bankers Monthly*, *104*(1), 7.

Rowe, A. J., Mason, R. O., & Dickel, K. E. (1986). *Strategic management—A methodological approach*. Reading, MA: Addison-Wesley.

Varadarajan, P. (1984). "Product-market growth considerations: A microanalytic perspective." *Akron Business and Economic Review*, *15*(1), 12-19.

22. 特許分析

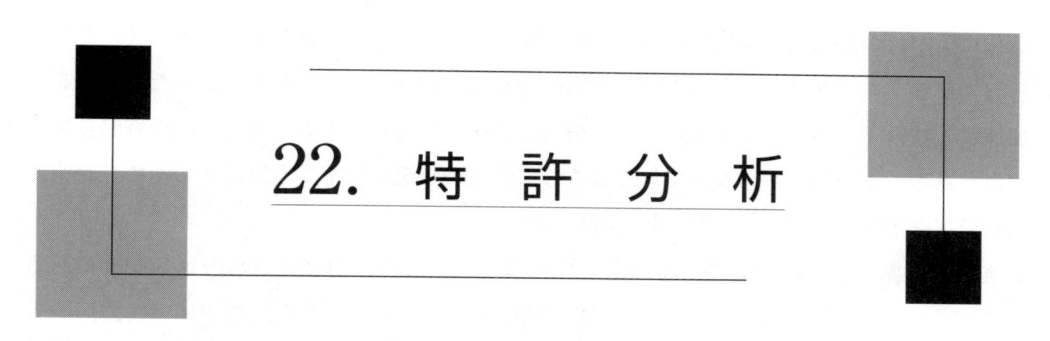

特許分析（Patent Analysis）は，企業の技術，製品およびサービスの開発プロセスをマネジメントするためのツールである。企業が特許データをコンペティティブインテリジェンス（CI）的に解釈すれば，技術上の競争力を測り，技術の傾向を予測し，新技術の戦略立案ができる。

22.1 背　　　景

米国の特許商標局は，特許は発明者に所有権を付与すると定義し，近年の特許取得や更新は簡単になっている。特許は（1）運用とプロセス，（2）物理的な構造，（3）製品の機能などに対して取得できる。プロセス特許の場合は，各単体がよく知られたものであったとしても，それらを特定の順番で組み合わせるとほかに例を見ない結果となる場合，特許取得ができる。また，古い機能や構造を新分野に適用した場合にも特許取得が可能である。

特許システムは技術イノベーションを推進するための社会的なメカニズムとして構築された。長い間，世界の法律家は，価値ある発見や発明に対し褒賞を与えることを考え，模倣や侵害から守ることが技術イノベーションを継続的に生み出す政策手段と考えた。法的な枠組みで知的所有権（IP）が守られる国家は，技術進歩を促進でき，やがては社会すべての人の利益となると考えた。

特許第1号の一つに1421年にイタリアのフローレンス州が荷船ギアを発明した filippo Brunelleschi に与えたものがある。その後，1449年には，英国政府が John of Utynam のステンドグラスプロセスに20年有効な特許を与えている（Ganguli and Blackman, 1995）。この時以来，特許発行は徐々に増加し，産業革命によって激増した。20世紀の科学探求の進展に伴い，特許の激増は続き，1993年には一日平均1000件の特許発行が（Narin et al., 1993），1997年に倍の2 000件になったと推測される。また，1995年までに，世界で累積3 200万の特許が発行された（Ganguli and Blackman, 1995）。

この驚くべき特許件数の増加率は，現代の企業が競争優位性を特許により守るという価値観の証しである。近年，経済界は，やっと大規模な特許データベースに埋もれている情報の

価値に気が付いた。いままでにも，顧客ニーズに関するマーケティング上のマネジメントツールおよびテクニックは多数あったが，技術的戦略の策定ツールは存在しなかった。ますます加速する技術イノベーションが新市場を創造し既存市場を破壊する一方で，技術戦略理論が空白であることが明らかになってきた。そして，この状況を一部でも解消するため，企業が技術変革を予測するツールとして特許分析が構築された。

第二次世界大戦終結の直後，特許引用分析の概念を最初に明確にしたのはSeidelである（Seidel, 1949）。特許引用とは，参考文献の特許引用のページで引用回数が多い特許，つまり多数の特許に引用されている特許技術は，重要な技術であるという仮定である。革新的な技術特許が，ほかの特許に何度も引用されているのが証明されたのは1981年になってからである（Carpenter et al., 1981）。この研究は，2年後に別の研究で，何度も引用されている特許と，技術価値に関する専門家の意見に強い関連性があることで，さらに補強された（Carpenter and Narin, 1983）。この例として，ハロゲン化銀に関する77件の特許の重要性に関し，Eastman Kodakの研究員20人がランクづけしたものと，それ以降，これらの特許が引用された回数との間に強い相関関係があることが1991年に確認された（Albert et al., 1991）。

以降，戦略的な妥当性も確認され，ますます開発期間が早くなる技術を分析する必要性が指摘されたが，特許の手作業にかかる制約や，データベースアクセスの制限，データベース構築が不完全であったため特許分析は近年まであまり広く浸透しなかった。しかし，インターネットにより広範囲な特許データベース大量データを効率的に検索し分析できるようになり，特許分析は重要なマネジメントツールとして理解され始めた。例えば1997年に米国で特許の約600万件がデータベースされ，他国もそれと同等数のデータベース利用できるようになった。

22.2　戦略的根拠と意味

近年，技術が有力な競争パラメータになっているにもかかわらず，多くの企業の意思決定者は技術変化が与える潜在的な影響について十分な情報を持っていない。顧客調査や市場調査はマーケティング部門のデータとして活用され，金融データは財務部のデータとなったが，技術を明確にデータ管理することは難しかった。その結果，企業はしばしば他企業で開発された優れた技術に気が付かないことがあった。

特許分析のおもな利点は，技術に関するインテリジェンスを補うことである。市場で目に見える形になった優れた技術はすでに長い開発期間を経ている。さらに，革新的な技術は，研究所で開発されてから店頭に並ぶまで，より長い時間がかかる。また，多くの技術はイン

キュベーション時期にきちんと企業内で守られている。これらの情報を間接的にビブリオメトリックス（Bibliometric）という手法で発掘できるところに，特許分析の価値がある。

ビブリオメトリックスとは，数学と統計の定量化テクニックを，書籍や雑誌などの情報源に応用するものである。特許分析ではビブリオメトリックスを，大量特許データの中から技術変化を探すために使用する。特許引用回数から，どの技術が市場クリティカルマスを実現するか，どのライバル（競合）企業や業界が積極的に技術を追求しているか知ることができる。

将来の技術戦略を立案作成するのにS曲線分析（24章を参照）を展開できる。技術衰退時期を知ることで，企業は革新的な技術の開発，または既存技術の改良準備に十分なリードタイムを持つことができる。

特許分析が効果をもたらす理由は，全特許の70％は特許引用されることがなく（Karki, 1997），残り30％のうち6回以上引用回数が多いものは，10％だからである（Narin and Olivastro, 1988）。そして，特許取得技術は研究開発の約30％がすでに完了しており，研究開発費が削減できると専門家は述べている（Ganguli and Blackman, 1995）。特許分析が非常に効果があるといわれる理由に，新特許が引用される情報の80％は，ほかでは入手できないからである（Ganguli and Blackman, 1995）。

特許分析は，競争相手の技術情報源として卓越したものである。また，この分析価値は，広範囲の戦略手法に応用できることが明らかである（Campbell, 1983; Ashton and Sen, 1988; Pavitt, 1988; Mogee, 1991）。

・**技術競争分析**　ライバル企業が保有する特許をすべて分析し，特定分野の技術のみに焦点を当て分析することにより判断する。特に，後半の方法では，他業界の技術情報が得られるため企業の技術的な盲点を減らすことができる。また，ライバル企業が特許を申請する国を知ることにより，グローバルな市場戦略を推測することができる。

・**新規ベンチャー評価**　適切な技術購入を手引きすることにより，拡大および多角化の判断を補足する。

・**特許ポートフォリオ管理**　新製品の市場選択的な導入，ライセンシング契約，特許販売，提携，そして合弁での製品開発など，企業が技術を商用化するための判断をサポートする。

・**研究開発管理**　プロセス/製品の改良と革新的な技術開発を比較し，研究開発プログラムに焦点を絞り込むための最適化を行う。特許分析は，もともと二者択一の決定に根ざしている。

・**製品領域または市場調査**　競争相手のプロファイリングと競争環境を理解するための基本的な構成要素として機能する。

・**合併/買収（M&A分析）**　企業が保有している特許とそれに続く関連特許のわかり

にくい相乗作用を正確に定義する。特定企業とのM&A戦略では，技術的脅威を減らす。
- **価値連鎖分析**　サプライヤの特許活動を分析することによって，サプライヤが技術の向上に専心しているか知ることができる。また，サプライヤの前方統合の脅威と，顧客の後方統合の脅威が特許分析で監視できる。

図 22.1（Ashton and Sen, 1988）は，これら特許分析の応用を要約している。

ビジネス戦略での適応分野	ユーザの利益
技術競争分析 企業のポートフォリオと戦略を比較 競争相手の低成長技術の特徴を知る。	製品戦略と判断が改良 長期的な利益に焦点を当てる。
新規ベンチャー評価 可能性のある技術買収を評価 合弁を組む機会を分析	よりよい技術の買収 投資リスクの軽減 計画の不確定さを低減
特許ポートフォリオ管理 価値ある特許，製品領域，予期せぬ副次的な技術を識別 潜在的な技術顧客を識別	特許からのリターンの向上（ライセンス化，販売，新開発） 潜在的な企業の新しい副産物を早期に識別
研究開発管理 プロセス／製品計画を評価 中心技術を評価	研究開発費の配分の改善（勝者を選び，敗者を捨てる） 技術の創造性に注意深くなる。
製品領域の調査 新しい特許の内容と所有者を認識 侵害行為がないか確認	潜在的な技術イノベーションの早期警告 技術開発傾向の変化と新規市場参入者の識別 知的所有権保護の改善

図 22.1　特許トレンド分析の応用　（Source: *Technology Management* by B. Ashton and R. K. Sen. Copyright 1988 by Industrial Res. Inst. Inc. Reproduced with permission of Industrial Res. Inst. Inc. in the format Intranet via Copyright Clearance Center. The following conditions apply: on the first page copy should credit Research/Tech. MGT. and date.)

特許分析は，顧客ニーズから構築する戦略理論に対する明示的な挑戦である。これは，従来アプローチを否定するものではないが，今日の恐ろしいまでの技術変化の速度を考えた場合，従来アプローチの不完全さを暗示している。そして，技術が顧客ニーズから推奨される戦略の構成要素になることで，特許分析が企業戦略のバランスをとる。

22.3　強みと利点

特許分析のおもな強みは，技術変化を感知する指標として機能するという点である。このテクニックは，不連続な技術を戦略的にマネジメントするための優れた分析である。衰退す

る技術をマネジメントする際にも役立つ。また，特許分析は競争分析やM&A分析など，いくつかの戦略に貴重な見識を与える。

　特許分析が効果的であると，企業の重要技術を守ることができる。これは，企業内またはその競争相手の収益に特許が与える影響を推測できるためである。特許調査を後回しにしてしまい，市場で負けてしまう企業や起業家は多く，企業は特許出願に十分な資金を割り当てないため競争優位が確立できない。

　特許分析のもう一つの強みは，分析のインプットが信頼性のある外部の客観的な技術情報にあるという点である。多くの言語でアクセスできるグローバルな特許データベースをきちんと体系立ててあり，技術情報を入手できる唯一の情報源である場合が多く，多数の分析手法によっていろいろな角度から分類できる。

22.4　弱みと限界

　特許分析への一般的な非難は，特許引用が革新的な技術でないという事実による。これは，すべての特許によって商業的な技術イノベーションが起こらないためで，多くの企業は特許出願せず，代わりに企業秘密とすることが要因である。また，特許分析の範囲は商業技術に限定されているため，長期的な技術変化の原動力となる基礎研究の分析に適切かは疑問視されている。

　特許分析のもう一つの弱みは，すべての特許引用が等しく重要であると仮定している点である。しかし，実際には，単に以前の技術を改良した特許もあり，革新的な技術の特許もある。この両タイプの特許が同等にと判断されることが問題視される。

　また，特許引用は新しい特許が古い特許より重要であると判断される場合が多い。さらに，研究者は専門分野によって異なる引用をするため，すべての特許引用はそのまま同等に比較できないことに分析者は注意しなければならない。
したがって特許分析の結論を出す前に，ほかの情報や戦略分析で調整を行う必要がある。

　ほかの問題は，特許出願から公開までの期間である。この期間（タイムラグ）は，米国で最大2年，欧州では18箇月になる。したがって特許分析の推奨戦略はタイムリーなものではなく，特許の出願された場所や特許データベース質と性質に注意しなくてはならない。

22.5　テクニック適用のためのプロセス

　特許分析の適用方法は複数あり，それぞれのアプローチには，以下の共通点がある。
　まず初めに，分析の対象となる技術領域を定義することである。これは，特許分析の目的

に応じ検索する際に，経済全体，国家間，大陸間，国内，業界，市場セグメントを設定する。

特許検索には二つのアプローチがあり（Ashton and Sen, 1988），一つは，特定企業に焦点を当てること。もう一つは，特定の技術に焦点を当てることである。

つぎに，データベース検索から導く指標を決定する。特許分析指標は，一般的につぎの六つの種類のものが使用される（Campbell, 1983; Karki, 1997）。

- **引用回数が多い特許**　　特許引用されている絶対的な回数
- **技術インパクト指標**　　特許引用回数の上位10%がインパクトがあるとし，これを基準に重要特許を分別する。技術インパクト指標（Technical Impact Index：TII）は期待値1を標準とし，1未満の特許は重要度が低いことを意味する。
- **流動インパクト指標**　　流動インパクト指標（Current Impact Index：CII）は，企業の毎年変化する特許価値を相対的に解釈する。

$$CII = \frac{企業の保有する特許の年間引用回数}{全データベースの特許が引用される平均回数}$$

（CIIが1よりも大きい場合，企業の保有する特許の引用率が平均より高いことを示す）

- **技術サイクル期間**　　企業の最新取得特許に引用した特許の，取得日から現在までの期間を平均する。業界によってこの期間は5年から15年に及ぶ。技術サイクル期間（Technology Cycle Time：TCT）が低いということは，技術更新を短期間にできる有力な競争相手であることを意味する。今日の技術開発サイクルの短縮化を考えると，これは重要な競争上の指標である。
- **技術的な強さ**　　これは企業の技術競争力を示す。

$$技術的な強さ =（企業の特許数）\times CII$$

- **技術の優位性と傾向性の指標**　　これは，各企業の特許引用パターンから理解できる技術戦略のポジションである。

分析指標はこれら六つに限定されるものではなく，ほとんどの企業は技術特許分析に独自の基準を設けている。しかし技術戦略を理解するために，この六つが重要な第一歩となることは事実である。

データベースの検索を開始する前に，分析者は特許資料の構造に精通していなければならない。**図22.2**は特許資料のさまざまな項目を要約している。

つぎに，どのデータベースを検索するか判断する。米国の特許データベース，世界最大の特許市場でもあるため，最初に検索をするのに最適である。そしてつぎに，他国で特許を検索することにより結果の包括性を増したり，特定の分析目的を満たすことができる。**図22.3**が示すように，多くの国の特許庁は独自または複数国間との提携データベースをオン

タイトル・ページ	
発行された国	出願番号
国の特許分類	特許のシリアル番号
国際的な特許分類	申請日
タイトル	優先日
概要	優先番号
発明者	優先国
出願者	調査官の資料引用
テキスト	
発明の目的	
ほかの特許との関連性 — 類似する科学または技術的コンセプトまたはアイデアに基づく特許引用（参照）	
必要に応じて図や式を含む発明の明細／説明	
裏づけデータや特定の具体的表現（機材，図表，フローシートなど）	
主張する独占権を定義（特許侵害を探すのに役立つ）	

図 22.2 特許資料の構造 （Source: Adapted from "Patent Documents: A Multi-edge Tool," by P. Ganguli and M. J. Blackman, 1995, *World Patent Information*, *17*(4), pp.245-256.）

ライン化している。近年インターネットはつねに発展をしているので，分析者は新しい特許データベース検索サービスがないか定期的に探すべきである。検索エンジンのキーワードに「Patent Database」と入力するのが最初の第一歩である。さらに，優秀な法学部を擁する大学の Web サイトには，さまざまな特許データベースへのリンクや，特許情報が掲載されているので参考になる。

インターネットを利用した特許検索は，米国特許商標局（USPTO，www.uspto.gov 参照）が六つのステップを推奨している。

1. 米国特許商標局の Web サイトから入手できる特許分類マニュアルから技術をクラス分けする。これには，技術のキーワードをリスト化し，対応するクラス分類コードと適合させる。
2. 米国特許分類システム（U.S. Patent Classification System：USPCS）を使用し下位分類する。下位分類コードから，より狭い分野に分類できる。
3. 分類定義を調べ，キーワード，クラスと下位分類コードの対応が正しいか確認する。
4. 米国特許商標局（USPTO）のデータベースで，下位分類コードペアで特許検索を行う。目的とした結果が得られない場合は，ステップ 1 に戻る。
5. 検索特許の特許分析への関連性を判断する。最初のフィルタとして概要部分を読み，本文に移るのが効率的である。
6. さらに，関連特許の前文を検索（画像やテキストすべて）する。

これらのステップは機械的であるようだが，正確で包括的な分析を行うには，創造性，決

海外および複数政府によるデータベース 欧州特許庁（European Patent Office）：www.european-patent-office.org/ 欧州連合（European Union）：oami.eu.int/en/default.htm 世界特許機構（World International Patent Organization）：www.wipo.int/
米国のデータベース 米国特許商標局（U.S. Patent and Trademark Office：USPTO）：www.uspto.gov
商用データベース Derwent：www.derwent.com Dialog：www.dialog.com/ GetThePatent：www.getthepatent.com/ MicroPatent：www.micropatent.com/ Patent Miner：www.patentminer.com/LIVE/cgi-bin/pm.cgi Questel Orbit：www.qpat.com/ SurfiP：www.surfip.com/
特許検索 Patent Gopher：www.patentgopher.com/
主要な国の特許庁のWebサイト（多くにデータベースあり） Andorra：www.ompa.ad/ Algeria：www.inapi.org/ Argentina：www.mecon.gov.ar/inpi/default1.htm Australia：www.ipaustralia.gov.au/ Austria：www.patent.bmwa.gv.at/ Belgium：www.european-patent-office.org/patlib/country/belgium/ Benelux：www.bmb-bbm.org/ Brazil：www.bdt.org.br/ Canada：strategis.ic.gc.ca/sc_consu/trade-marks/engdoc/cover.html China：www.cpo.cn.net/ Croatia：jagor.srce.hr/patent/ Cuba：www3.cuba.cu/OCPI/ Czech Republic：www.upv.cz/ Denmark：www.dkpto.dk/english/start.him Estonia：www.epa.ee/eng/index.htm Eurasia：www.wipo.int/news/en/index.html?wipo_content_frame=/eng/newindex/links.htm finland：www.prh.fi/ France：www.inpi.fr/inpi/accueil.htm Georgia：www.global-erty.net/saqpatenti Germany：www.dpma.de/ Greece：www.european-patent-office.org/patlib/country/greece/index.him Hong Kong：info.gov.hk/ipd/ Hungary：www.hpo.hu/ Iceland：www.els.stjr.is/vefur.nsf/pages/default.htm Indonesia：www.dgip.go.id/ Italy：www.european-patent-office.org/it/ Japan：www.jpo-miti.go.jp/ Lithuania：www.is.lt/vpb/engl/ Luxembourg：www.etat.lu/EC/ Macedonia：www.ippo.gov.mk/ Mexico：www.impi.gob.mx/Contador/index.html Monaco：www.european-patent-office.org/patlib/country/monaco/

図22.3　主要なオンライン上の特許データベース

```
Mongolia：www.mongol.net/ipom/
Morocco：www.mcinet.gov.ma/mciweb/sipic/defaut.htm
Netherlands：www.bie.minez.nl/
Malaysia：kpdnhq.gov.my/
New Zealand：www.iponz.govt.nz/search/cad/DBSSITEN.Main
Peru：www.indecopi.gob.pe/
Philippines：www.dti.gov.ph/ipo/
Poland：www.uprp.pl
Portugal：www.inpi.pt
Romania：www.osim.ro
Russia：www.rupto.ru
Uhited Kingdom：www.patent.gov.uk/
Singapore：www.gov.sg/molaw/rtmp/
Slovakia：www.indprop.gov.sk
Slovenia：www.sipo.mzt.si/
Spain：www.oepm.es/
Sweden：www.prv.se
Switzerland：www.ige.ch/
Taiwan：nt1.moeaipo.gov.tw/eng/
Thailand：www.dbe.moc.go.th/DIP/index.html
Turkey：turkpatent.gov.tr
Ukraine：www.spou.kiev.ua:8101/eng/emenu1.html
Uzbekistan：www.patent.uz
注：サイトのアップデートとアドレス情報は www.wipo.int を参照
```

企業のデータベース
IBM Patent Database：www.patents.ibm.con

特許のポータル
Yahoo：dir.yahoo.com/government/Law/Intellectual_Property/patents/

業界
Chemical：casweb.cas.org/chempatplus/
DNA：www.dnapatent.com/home.html
Biotechnology：www.nal.usda.gov/bic/Biotech_Patents/

法科大学のポータル
Law Guru List of U.S. Law School Internet Libraries：
www.lawguru.com/ilawlib/114.htm

図 22.3　（つづき）

断力そして繰り返しが必要である．このプロセスに関する詳細情報は，USPTO の Web サイトとから得られる．完全な分析は，古い（つまり 1971 年以前）特許を紙ベースで検索することが要求されるため時間と専門の知識が必要となる．そのため，多くの企業は特許コンサルタントと行う．

特許分析を使った戦略立案 — 事例

背　　景

ナトリウム硫黄バッテリー業界の特許分析は，特許分析の戦略的価値を示す優れた例である。この技術特許を最初に取得したのは Ford Motor Company（1966 年）で，それ以降 1966 年から 1982 年の間に 285 件の特許が発行された。ナトリウム硫黄バッテリーの技術価値は，潜在的な商用アプリケーション（電気自動車と電気の負荷平準化）と考えられた。

分　　析

最初に，特許活動が国ごとに比較された。

	合計 1965-1982	発行年					
		1965-67	1968-70	1971-73	1974-76	1977-79	1980-82
米国 特許	165	11	10	15	36	69	24
発明者数	29	3	1	4	9	9	3
日本 特許	17	–	3	5	6	1	2
発明者数	7		2	2	1	1	1
イギリス 特許	55	–	–	4	23	16	12
発明者数	5			2	3	–	–
西ドイツ 特許	28	–	–	–	3	14	11
発明者数	5				2	2	1
フランス 特許	19	–	–	2	9	6	2
発明者数	4			1	1	2	–

最初に技術イノベーションをもたらしたのは米国企業であったが，日本企業は 1960 年代後半に特許を取得し，1970 年代初頭にはイギリスとフランスの企業が続き，数年後には西ドイツの企業も参入した。そして，1982 年以降，開発活動は世界的に活性化したが，近年では西ドイツとイギリスの企業がしっかりとしたポジションを築いた。

この分析は，285 件の特許を，四つの技術に分類することから開始された。

1. 電極（ED）
2. 電解液（EY）
3. 容器密閉技術（SC）
4. デザイン全般（DS）

これらの分類カテゴリーを使用し，つぎの結果が得られた。

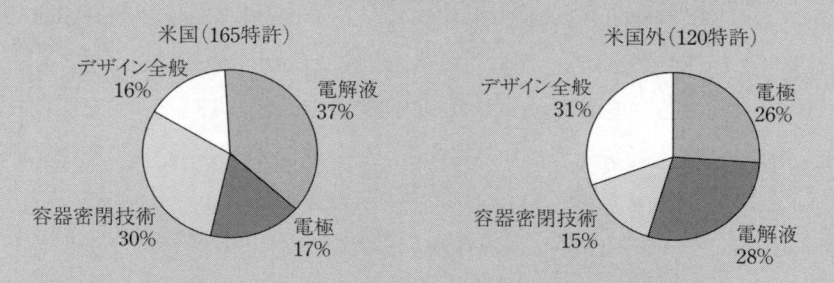

米国（165特許）
- デザイン全般 16%
- 電解液 37%
- 電極 17%
- 容器密閉技術 30%

米国外（120特許）
- デザイン全般 31%
- 電極 26%
- 電解液 28%
- 容器密閉技術 15%

グラフから，米国の研究開発は電解液と容器密閉技術に集中しており，その他の国の研究開発はほぼ均等に分散している。米国以外の企業が比較的デザイン全般に力を入れており，早い時期での商用化を念頭に入れていたことが分析できる。これは，米国企業がまだ解決されていない技術的問題を探求していることも示す。

特許分析から業界の競争相手を分析した結果は下記のとおりである。

	特許総数	発明者数	1974年から現在までの特許数	技術の種類別特許数 ED	EY	SC	DS	明確な引用数	自己引用数	引用/特許（合計）
Ford	45	23	33	11	6	16	12	223	57	5.0
U-Utah/Ceramatec	5	9	5	1	3	0	1	6	0	1.2
Dow	17	12	9	3	8	1	5	85	26	5.0
Dupont	5	3	5	0	5	0	0	4	0	0.8
Corning	5	2	5	0	1	2	2	0	0	0.0
General Electric	38	24	27	4	17	15	2	97	24	2.6
EPRI	22	10	22	7	0	12	3	36	14	1.6
Toyota	6	5	2	2	4	0	0	32	2	5.3
Agency Ind. Sci/Tech	4	3	3	2	0	0	0	16	1	4.0
Yuasa Battery	2	2	0	1	0	0	1	31	0	15.5
Chloride Silent Power	31	26	31	10	7	8	6	75	20	2.4
Electric Council	9	4	7	5	3	0	1	51	4	5.7
Sec./State Industry	8	10	8	4	1	0	3	35	2	4.4
British Railways	5	3	3	1	1	1	2	24	0	4.8
Brown Boveri & Cie	23	21	23	7	1	7	8	15	6	0.7
Generale d'Electricite	13	12	11	1	5	0	7	44	1	3.4
Others	44	–	38	4	27	5	8	80	–	1.8
Total	285	–	235	63	92	67	63	855	–	3.0

Key： ED：電極　　EY：電解液　　SC：容器密閉技術　　DS：デザイン一般

業界のリーダは，米国4社（Ford，GE，EPRI，Dow Chemical）と海外3社（Chloride Silent Power（イギリス），Brown Boveri & Cie（ドイツ），Compagnie General d'Electicite（フランス））であることが特許数からわかる。1974年以来，Fordの技術開発がが最も活発で，次いでGEとChloride Silent Powerである。研究開発活動の規模を示す発明者の数は，米国企業が他企業より特許1件当りの投資額が少ないことを示す。技術の種類別特許数では，GE，EPRI，DowおよびDupontは集中した分野にしか力を注いでおらず，Ford，Chloride Silent Power，Brown Boveri & Cieはすべての技術分野に焦点を当てていることがわかる。明確（In-Set）な引用数は，各企業が保有している特許の重要度を示し，小数の特許しか保有していない企業（例えば，Yuasa Battery，Toyota，British Railways Board，The Electric Council，British Secretary of State of Industry）がイノベーション技術を開発している。自己引用数は，Ford，DowおよびGEは自社技術の改良に焦点を当てている傾向があることを示し，他企業はライバル企業の研究開発から技術を得ていることがわかる。最後の欄の引用／特許は，特許数は多いが画期的な研究開発が生まれない企業があることを示す（Brown Boveri & Cie，GEおよびDow）。

ここでは説明されていないが，このつぎの段階では，累積特許引用パターンを調べることにより，どの企業がどの競争相手の特許を引用したかを相互引用マトリックスで構築した。このマトリックスから得られた結論は，各企業の特許価値や技術力の評価を明確にした。

つぎに13回以上引用された重要特許を分析した。

特許番号	譲受人	出願日	引用回数
340435	Ford Motor	10/22/65	28
3404036	Ford Motor	5/0/66	21
3476602	Dow Chemical	7/25/66	18
3413150	Ford Motor	9/28/69	31
3679480	Dow Chemical	5/8/69	23
3811943	Ford Motor	2/16/71	24
3758337	General d'Electicite（仏）	12/21/71	16
3770502	Yuasa Battery（日本）	8/11/72	17
3841912	Yuasa Battery（日本）	4/2/73	14
3993367	Toyota（日本）	10/17/73	13
3982957	Electric Council（イギリス）	2/14/75	19
3946751	General Electric	2/18/75	15
3959013	General Electric	6/11/75	16
4048391	Chloride Silent Power	4/23/76	22

米国企業の特許が最も古く，引用回数が多いことがこの表からわかる。米国の研究開発をさらに改良した日本の特許が続く。そして近年技術的に重要な技術を開発したのは，いくつかのイギリスの企業である。

業界にて主要な企業である，Ford，Chloride Silent Power および Brown Boveri & Cie について，さらに分析した。

技術カテゴリー	Ford					Chloride Silent Power					Brown Boveri & Cie				
	T	ED	EY	SC	DS	T	ED	EY	SC	DS	T	ED	EY	SC	DS
特許の発数数															
合計	45	11	6	16	12	31	10	7	8	6	23	7	1	7	8
1974年以後	33	10	2	15	6	31	10	7	8	6	23	7	1	7	8
引用された数															
合計	223	55	23	38	107	75	34	6	28	7	15	7	–	2	
1974年以後	70	31	3	28	8	75	34	6	28	7	15	7	–	2	6
自社特許	57	15	3	14	25	20	11	1	6	2	6	3	–	1	2
引用率															
総合計	4.9	5.0	3.8	2.2	8.9	2.4	3.4	0.9	3.5	1.2	0.6	1.0	–	0.3	0.8
1974年以後	2.1	3.1	1.5	1.9	1.3	2.4	3.4	0.9	3.5	1.2	0.6	1.0	–	0.3	0.8

T：トータル　　ED：電極　　EY：電解液　　SC：容器密閉技術　　DS：デザイン一般

特許の発行数データから，1974年以降，Ford の技術競争力が落ちていることがわかる。また Ford と Brown Boveri & Cie は電解液技術のみ技術力が同等で，Chloride Silent Power は四つのカテゴリーすべてで Ford と同等であることがわかる。

引用率の分析からは Ford と Chlorine Silent Power が所有する特許は，Brown Boveri & Cie の特許より引用頻度が高い。Ford は電極とデザイン特許において多く引用されており，Chlorine Silent Power は，電極と容器密閉技術で多く引用されている。さらに Ford と Chlorine Silent Power は自社特許の引用からわかるように，改良や改善にも力を入れているのに対し，Brown Boveri & Cie はライバル企業の特許を開発する傾向がある。

戦略的統合

以上の分析からいくつかの戦略的な見識を得られる。

技術競争力の分析　　特許分析から，ナトリウム硫黄バッテリー業界でのライバル（競合）企業と技術ポジショニングについて理解することができる。そして，将来の市場参入戦略に重要な各企業の技術的な強みと弱みも識別できる。例えば Ford，GE および Chloride Silent Power は電解液とデザイン分野のリーダで，この市場に新規参入する企業は，このことを念頭に入れておくこと必要である。デザイン特許の調査では，日本企

業の商用化の意図を知ることができるので有用である。

ニューベンチャー分析　技術カテゴリー内で企業の強みと弱みを識別すれば、ライセンス契約やジョイントベンチャーにおいて有用な情報を得ることができる。例えば、デザイン技術で優れている企業は、電解液技術に能力がある企業との（Ford と Chloride Silent Power）提携を考察できる。また特許分析は、企業が業界からの撤退を考えているとき、技術を購入してくれる企業を見つけるときにも使用できる。これは 1982 年以後に業界を去った GE の所有していた技術特許のバイヤの例がある。

ビジネス領域調査　特許を継続的に監視することにより、競争相手の動向、技術発展、新規参入企業に関する技術データベースを維持できる。

Source: Adapted from "Using Patent Information innTechnology Business Planning II," byW. B. Ashton and R. K. Sen, 1989, *Research Technology Management*, *32*(1), pp.36-42.

　つぎのステップでは、特許検索から得られる膨大なデータを統計的に処理し、指標という形式データを変換する。このプロセスのために特許コンサルタントを雇う企業も多くあるが、アウトソーシングするときに注意しなければならないのは、社内で分析するよりも詳細な知識を得られないという点である。

　つぎに企業は、これを技術インテリジェンスとして解釈しなければならず、それにはつぎのような方法がある。
- 技術競合分析
- S 曲線分析との統合
- ニューベンチャー評価
- 特許ポートフォリオ管理
- 研究開発管理
- 製品領域または市場の調査
- M&A 分析
- 価格連鎖との関連

　最後に、競争相手を監視するため特許分析を定期的に継続する必要がある。将来、技術的な脅威または機会があった場合、これが早期警告システムとして機能する。ボックス、"特許分析による戦略上の挑戦"は、世界的なナトリウム硫黄バッテリー業界に応用され、この分析を理解するためのケーススタディとして提供。

FAROUTのまとめ

	1	2	3	4	5
F	■	■	■	■	
A	■	■	■		
R	■	■			
O	■	■	■	■	
U	■	■	■	■	
T	■				

未来志向性　高。技術の衰退と関係する将来的な脅威やビジネス機会は，企業の将来予測を容易にする。

正　確　性　中から高。正確性は，分析技術と関係する適切な特許を調査できるかによる。技術予測には特許分析が正確な手法である。

経営資源効率性　低から中。大量のデータから必要な指標を抽出するのは時間がかかり，専門知識が必要である。インターネットのデータベース分析テクニックが利用できれば，経営資源が少なくてすむ。

客　観　性　中から高。特許制度と科学的な分析方法から，信頼性のあるインプットが得られる。異なる特許データベース分析の客観性を強める。

有　用　性　高。特許分析は，競争分析や戦略分析のさまざまな局面に利用できる。

適　時　性　低。包括的な特許分析は時間がかかる。

関連するツールとテクニック

- ブラインドスポット分析
- 業界分析
- 戦略グループ分析
- 競争相手のプロファイリング
- S曲線分析
- バリューチェーン分析

参　考　文　献

Albert, M. B., Avery, D., Narin, F., & McAllister, P. (1991). "Direct validation of citation counts as indicators of industrially important patents." *Research Policy, 20*(3), 251-259.

Ashton, B., & Sen, R. K. (1988). "Using patent information in technology and business planning I." *Research Technology Management, 31*(6), 42-46.

———. (1989). "Using patent information in technology and business planning II." *Research Technology Management, 32*(1), 36-42.

Campbell, R. S. (1983). "Patenting the future: A new way to forecast changing technology." *The Futurist, 12*(6), 62-67.

Carpenter, M. P., & Narin, F. (1983). "Validation study: Patent citation as indicators of science and foreign dependence." *World Patent Information, 5*, 180-185.

Carpenter, M. P., Narin, F., & Woolf, P. (1981). "Citation rates to technologically important papers." *World Patent Information, 3*, 160-163.

Ganguli, P., & Blackman, M. J. R. (1995). "Patent documents: A multi-edge tool." *World Patent Information, 17*(4), 245-256.

Karki, M. M. S. (1997). "Patent citation analysis: A policy analysis tool." *World Patent Information, 19*(4), 269-272.

Minister of Supply and Services Canada. (1985). *Patents as indicators of invention*, (pp.1-42) Ottawa, Canada.

Mogee, M. E. (1991). "Using patent data for technology analysis and planning." *Research Technology Management, 34*(4), 43-49.

Narin, F., & Olivastro, D. (1988). "Technology Indicators Based on Patents and Patent Citations." In A. F. J. Van Raan (Ed.), *Handbook of quantitative studies of science and technology*. Amsterdam: Elsevier Science Publishers.

Narin, F., Smith, V. M. Jr., & Albert, M. B. (1993). "What patents tell you about your competition." *Chemtech, 23*(2), 52-59.

Pavitt, K. (1988). "Uses and abuses of patent statistics." In A. F. J. Van Raan (Ed.) *Handbook of quantitative studies of science and technology*. Amsterdam: Elsevier Science Publishers.

Seidel, A. (1949). "A citation system for Patent Office." *Journal of the Patent Office Society, 31*, 554.

Sharpe, C. C. (2000). *Patent, trademark, and copyright searching on the Internet*. London: McFarland & Company Inc.

Van der Eerden, C., & Saelens, F. H. (1991). "The use of science and technology indicators in strategic planning. *Long Range Planning, 24*(3), 28-25.

23. 製品ライフサイクル分析

製品ライフサイクル（Product Life Cycle：PLC）分析は，生物学的に製品進化を表現する。つまり，すべての製品は導入期，成長期，成熟期，下降期の四つの段階が生物と同様であると仮定する。この4段階をPLCとし；動的な市場の理解，利益の最大化，各段階において特定のマーケティング戦略の推奨という模範的な製品マネジメントの概念的な枠組みが作れる。

23.1 背　　景

明確な概念モデルとしてPLCを最初に扱ったのは，1950年にHarvard Business Reviewに掲載されたJoel Deanの「Pricing Policies for New Products」という研究であった。Deanは，PLCを通じ，つねに変動する販売促進や製造および流通コストに対し，戦略的に価格調整を行うべきであると述べた。コストの積み上げと市場力学の推察から製品価格を決定する方法とは反対に，PLCの概念は変化する市場から製品価格を決定する理論的根拠とされる。Deanの先駆的な研究以来，製品価格の決定において変化する複合要因がPLC理論に組み入れられるようになった。そして，PLCは外部市場要因をマーケティング戦略に組み入れる方法として受け入れられた。それ以後の数十年間，PLCを実証するため，学問的に多くの研究が行われた。

図解すると，PLCは**図23.1a**と**図23.1b**のようなベルの形をしたロジスティック曲線である。

古典的なPLCの理論の根拠は，Everett Rogers（1962）の，技術イノベーションの拡散理論と採用理論に強く支えられている。拡散理論とは，新製品が市場で広がり，顧客に浸透していくのはつぎの四つの要因であると指摘している。

1. 競争相手が提供する製品（サービス）と比較した場合の，新製品の優位性
2. 品質，技術の陳腐化，そして経済的リスクなど，新製品の採用が顧客に与えるリスクが少ない。
3. 価値観の不一致，心理的な違い，現状への愛着，古い製品に費やしたコスト回収など，新製品を採用することへの障害が低い。

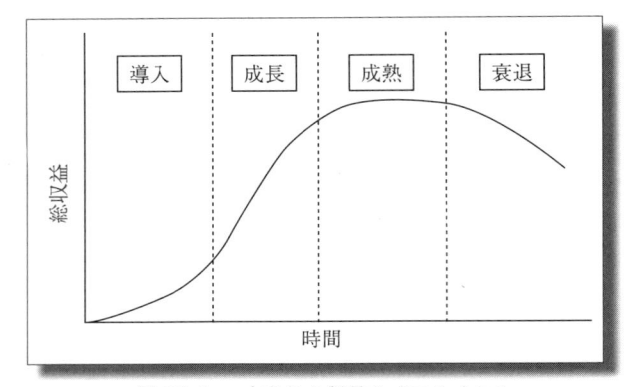

図 23.1a 古典的な製品ライフサイクル

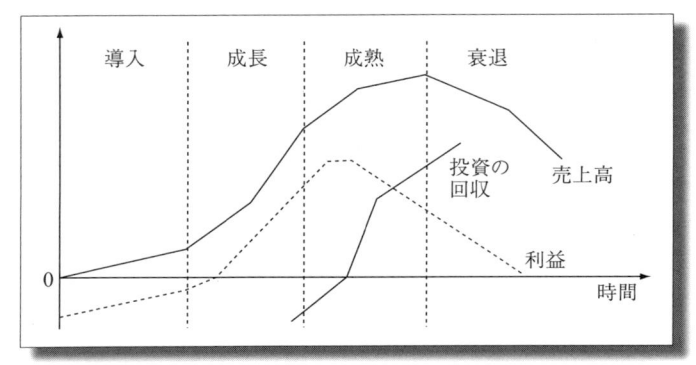

図 23.1b 売上げ，利益および投資回収の要因を識別する製品ライフサイクル

4. 消費者は新製品の存在を知り，簡単に購入できる。

PLC は，各段階の定義が明確なため，企業の製品開発やマーケティングに有益であると考えられている。PLC 理論の大部分は，マーケティング変数をオペレーションし，導入と成長段階時期での顧客への製品浸透に重点が置かれている。ここでは，各段階で顧客のニーズ，競争相手，そして市場が変化するので，それぞれにあった戦略立案が必要となる。

PLC 四つの段階

第一段階：導　　入　導入段階とは，新製品の開発から市場導入初期までの時期をいう。一般に，製品は長い時間をかけて開発され，市場に導入するための時間とコストもかかるが，売上げは低い。新製品が初めて市場に導入されるとき，顧客が製品を理解していないため，購入の利点とリスクを判断できない。したがって市場で顧客からの抵抗を受けるため，製品はわずかしか売れない。

第二段階：成　　長　初期参入企業が大々的に製品とその利点を宣伝することで，製品は顧客に認知される。顧客が製品を受け入れるようになり，売上げが急増する。この急成

長が成長段階の特徴である。このとき，企業は競争優位性を確立するため，製品やブランドの差別化を開始する。需要が供給を上回り，卸売りや製造レベルでの主要な指標の改善がさらに市場の成長を刺激する。そして，売上げと利益が向上するため，他企業も市場に魅力を感じ，改良あるいは模倣製品が市場に出回る。より競争が激しくなることで，一部の企業は価格競争を始める。これが成熟段階の始まる兆候である。

　第三段階：成　　熟　　多くの企業が成長段階の利益に引き付けられ市場参入する。同時に，潜在顧客の大多数は製品を購入し，市場が飽和状態となり，売上げが停滞する。これが，製品の買い替えを促進する要因となる。成長段階が終わる兆候は，図23.1で示したPLCグラフの屈折地点で，そこから成熟段階が始まる。成熟段階が発展するにつれ，価格競争は激化し，製品機能などの違いが細かくなり，市場はニッチなセグメントへと急速に発展する。

　第四段階：衰　　退　　この段階で業界構造は急変し，成熟段階の売上げと比べ激減する。顧客は新製品を購入し始め，過剰生産能力によって業界は急反落し，激しい価格競争，合併と買収，倒産によって企業淘汰が促進される。残った数社が，製品の市場撤退を検討する場合もある。また，売上げが低いレベルで安定したり，若干回復する場合もある。これは一部の研究者が硬直段階と呼ぶ第五段階である（Michael, 1971）。

23.2　戦略的根拠と意味

　PLC段階で簡単に戦略立案ができるよう，具体的な推奨戦略が用意される。これによって，古典的な理論の枠組みから，PLC分析はシステム的な戦略立案をできるよう発展を遂げた。**表23.1**と**表23.2**に具体的な推奨戦略を要約する。

　第一段階：導入時の戦略

　PLC理論では，この段階で積極的なマーケティングを推奨する。市場を確立するために，製品の存在を知らせ，製品の利点を消費者に教育するので，大規模な投資が求めらる。そのマーケティングとは，既存製品と比較した新製品の利点を潜在的な初期購入者に知らせることである。この戦略は，潜在的な初期購入者にたどりつく販路の確保を目指す。製品への初期投資を回収するため，小売価格は高く設定される。また，製造戦略は需要の拡大まで，大量の先行投資は先送りされる。

　ここでの推奨戦略は，つぎのとおりである。

- **上澄みを素早くすくう**　　製品を大々的に宣伝し高価格で販売。この戦略は製品が市場に浸透するのを加速させる（例：米国におけるLexusの場合）。
- **ゆっくりと上澄みをすくう**　　宣伝をあまりせず製品は高価格で販売。この戦略は激し

表 23.1 PLC での一般的な戦略立案

戦略	導入段階	成長段階	成熟段階	衰退段階
コスト設定	二つの選択肢から選ぶ： 1) 製品の初期投資コストを回収するため高くする。 2) 購入を促すため低くする。	二つの選択肢から選ぶ： 1) 最大限に利益を得るため高くする。 2) 製品を市場に浸透させるため低くする。	市場に受け入れられる価格を維持。価格戦争を避け，競合が新規参入できない程度に低くする。	不良在庫のリスクを避けるため低くする。
取引先への販売	集中的に広告し，大幅に割引する。	大規模な広告を控える。	棚スペースを確保するため大々的に広告・割引する。	大規模な広告を控え，利益の上がらない流通チャンネルを閉鎖する。
消費者への販売	サンプル，クーポンなどで，初期購入者を集中的に取り込む。	宣伝費を使い，顧客への割引などは低から中程度にする。	ブランドへの切り替えを促す。	なし
宣伝	製品機能について初期購入層に焦点を当てる（宣伝規模は大）	大量に売れる市場を中心とし，ブランド属性に焦点を当てる（宣伝規模は中）。	代替製品とのブランド力による差別化をはかることに集中（宣伝規模は中）	在庫をなくすことに集中（宣伝規模は小）
製造	ジョブ単位プロセス	バッチ処理	組み立てライン	流れ作業ライン

Source: Adapted from *Strategic Management*, (p.156), by A. Rowe, R. Mason, and K. Dickel, 1986, Reading, MA: Addison-Wesley.

い競争を招く可能性がある（例：Bang & Olufsen の製品）。

- **急速に浸透させる**　製品を大々的に宣伝し，低価格で販売。これは家庭用の消費財でよく使われる戦略である。
- **ゆっくりと浸透させる**　あまり宣伝せず低価格で製品を販売。これは中小企業が新製品を市場に投入する特徴である。

第二段階：成長時の戦略

成長段階では，製品の購入者が増え，潜在的な初期購入者層から市場全体の消費者層へ顧客ターゲットが移る。マーケティング戦略は，自社ブランドの確立に集中する。販売が伸び，生産能力の限界に到達するので，宣伝費は導入時期と比べ控える。また増加する需要を支えるため，製造プロセスをバッチに移行する場合がある。需要が増えるにつれ，多くの販売代理店からの製品取り扱い希望が増える。

この段階で重要なのは価格戦略であり，企業は「上澄みをすくう」か「浸透させる」かを選択できる。

「上澄みをすくう」戦略は，初期参入企業の優位性から，高い価格を設定する。つぎに，

表 23.2　PLC からの戦略立案

	導入段階	成長段階	成熟段階	衰退段階
競争相手	少数の先駆者が独占	競争相手が参入	業界編成が行われ競争相手減少	少数企業からなる市場
製品	一つのみ	バラエティに富んだブランドの構築	ブランド間の競争	撤退
製品の差別化	少ない	模倣およびバリエーションの増加	ニッチ市場の増加により増える	競争相手が撤退するにつれ減少
参入への障壁	高い（製品情報が守れる場合）	低くなる（技術移転などによる）	高くなる（資本集約度が増す）	高い（資本集約度が高く，低い利益率）
撤退への障壁	低い（少ない投資で済む）	低いが増加してくる	高い	低くなる（投資回収し最終段階）
価格	製品の初期投資を回収するため高くするか，購入を促すため低くする	競争相手と同等にするために価格を引下げ	競争相手と同等にするたに価格を引下げ	競争相手と同等にするたに価格を引下げ
需要による価格弾力性	弾力性がない（少数の顧客のため）	弾力性が増す	顧客セグメントによっては弾力性がなくなる	弾力性がある（バイヤの交渉力によって変化）
固定費の占める割合（変動費と比較）	低い	増えてくる	高い	減ってくる
規模の経済	少ない（この時期に重要でない）	高くなり始める	高い	高い
経験曲線効果	大きい（効果が出れば）	非常に高い（生産量が大い）	減少する	少さい
競争相手の垂直統合	少ない	増える	多い	多い
ビジネス全体のリスク	少ない	増える	増える	減少

Source: Adapted from *Strategic Management*, (p.156), by A. Rowe, R. Mason, and K. Dickel, 1986, Reading, MA: Addison-Wesley.

PLC 理論研究の先駆者による「上澄みをすくう」の理論的根拠を示す（Dean, 1950, 1976）。

・消費者の需要に対し，市場におけるライバル（競合）企業の製品が不足している場合，この価格戦略は保証される。また，製品が新しいために購入者は価値比較ができず高価格を容認する。

・顧客ターゲットを高価格で購買する層に絞り，その顧客を満足させることにより限られた製造能力から最大のリターンを得る。その後，製造能力を拡大できたら，ほかの顧客ターゲットにも価格を下げて提供する。これは，全市場の需要を満たす販売価格にするより利益を上げることができる。

・新しい市場における利益の不確実性から考えた場合，高価格により，市場拡大しな

かった場合の新規投資のロスを低減できる。
- 成長段階で必要な市場戦略の資金調達となる。
- 市場規模が小さい場合，規模の経済における経験効果が見込めず高価格となる。これは，競争相手の参入の脅威も低く，市場シェアを獲得する戦いは起きないと仮定する。

「浸透させる」という価格戦略は，大きな市場シェアを確保するため競争相手よりも現時点で安く売ることである。これは，経験曲線効果により（高い生産量で効率が向上），企業は将来的に競争力のあるコスト構造を構築できることを前提としている。つまり，成熟段階まで利益回収の先送りであり，成長段階で市場シェア獲得のロスは成熟段階の利益で回収することになる。以下に，この理論的根拠を示す（Dean, 1950, 1976）。

- 短期的な価格変動が大きい製品は，市場シェアを確保するために低コストは有効である。
- 初期市場でマーケットシェアを確保すると，経験曲線効果を得るための生産量を確保でき，競争力のあるコスト構造を構築できる。
- 競争相手の参入の障壁が低く，市場の潜在成長力が高いとき，将来の経験曲線効果を見越し低価格戦略を導入する。また，製品技術が独占的ではなく，製品が簡単に模倣される場合，低価格戦略は最良の場合がある。ただし，いずれの場合も無理な低価格戦略は一時的なもので，最終的な目標は長期的な競争優位を確保することである。

新製品が初期購入者層に受け入れられると，一般消費者が追随する。ここで，市場の将来性と利益に魅了され新規競争相手が参入する。市場が拡大するにつれ，多くの新機能が開発され，価格は安定か微下降し，利益幅はピークに達する。ここでの戦略には，品質の向上，新機能や新モデルの追加，新市場セグメントの発掘，新販売チャンネルの開発，マーケティング戦略を一般消費者に移行，価格に敏感な顧客への価格の引き下げなどがある。

第三段階：成熟時の戦略

ここでの戦略は市場シェアの保持である。価格は顧客が決めるため，重要なのは，ほかのライバル企業間でだれも勝つことがない価格競争を引き起こさないことである。つまり，価格競争は企業の利益を顧客にそのまま渡すのみで，企業になんら利益をもたらさない。企業は成熟段階の始まりを認識し，ブランド力により市場価格を維持する必要がある。成熟段階の価格戦略は，市場内の広範囲な顧客獲得のため，低価格か差別化の二つが選択肢である。

販売促進は，販路を拡大するより，大切な棚スペースを確保するため小売業者へ割引を行う。製品の宣伝はブランドイメージと製品の差別化のみとし予算を抑える。競争相手は，顧客に対しブランドの切り替えを促す販売促進を盛んに行う。ここで利益を得るには，コストを低く抑えて利益を得るためには，組み立てラインによる製造手法が採用される場合があ

る。

　成熟段階の共通した特徴は，競争の激化による設備過剰であり，成長成熟（流通が飽和し売上げが下がり始める），安定成熟（市場が飽和状態になるにつれ，売上げは横ばい），衰退成熟（顧客が新製品に移行し既存製品の売上げが下がる）の三つに細分化される。

　一般的な成熟時の戦略はつぎの三つがある。

- **マーケット変更**　　既存製品の新市場や新たな顧客セグメントを探す。これはブランドの再ポジショニングを含む。
- **製品の修正**　　製品の品質を改良し，製品の機能やスタイルを向上させる。
- **マーケティングミックスの修正**　　価格，宣伝，販売チャンネルなど，マーケティングの要因を再検討する。これは，競争相手によってすぐに真似されるという危険性もある。

第四段階：衰退時の戦略

　PLC理論では，衰退段階の戦略で二つの選択肢が提供されている。一つは急速に衰退する市場で損失を食い止めるための市場撤退である。二つ目は，マーケティングなどの間接費に投資をせず，できるだけ多く利益を搾り出す。これには，利益のない販売チャンネルの廃止，宣伝，ポイント還元プログラム，業者割引を段階的に中止することで，低価格戦略による不良在庫処分も行う。

　また，撤退するライバル企業を買収し生産量を増やすことも選択できる。ここでの製造プロセスは，最小コストを実現するため流れ作業に移行する場合もある。

　衰退製品の売上げは徐々に減り，やがて市場から排除されるが（表23.1と23.2参照），この段階で問題となるのは，企業に衰退製品に対する戦略がないことである。通常，トップマネージャは，新製品か成熟製品に戦略焦点を移行してしまい，衰退製品の販売可能性や，利用できるマーケティング，製品撤退などの検討を行わない。

　マネージャは，衰退製品から新製品への切り替えで二つの危険にさらされる。一つは，新製品の導入で多くの人的資源が必要となり，衰退製品への必要な投資が減少する。二つ目は，既存製品のブランド力確立の投資と信用が新製品に受け継がれないため，新製品を孤立化させる。

23.3　強みと利点

　PLCは多くの研究者が実証を試みたが，結果は明確化されなかった。PLC理論のベル曲線は，一部業界での適用が実証されているが，全製品には適合しない。ある研究者はPLC分析から市場特有の12曲線を識別したが，その証明において偶然要因の定量的な評価が問

題となっている。また，PLC理論のほとんどの研究対象は，低価格で購入頻度の多い，広域に流通している消費財について行われた（Rink and Swan, 1979）。

PLC分析による戦略的価値は，PLCの段階への移行を予測できることである。ただし，この予測理論は適用が確認されている業界の固有製品に限定される。

十分な理論実証の不在にかかわらず，PLCは企業経営者の考え方に大きなインパクトを与えている。PLC理論は1970年代にポートフォリオマトリックス理論とともに，一般的な戦略手法として受け入れられた。最も有名なのは，BCG成長／シェアマトリックス（4章参照）の要因として，PLC分析を市場成長率の垂直軸とし，経験曲線を市場シェアの水平軸（20章参照）としたことである。その結果PLC理論は，長年にわたり企業マネジメントの重要分析手法となり，今日におけるマーケティング教材でもPLC理論は取り上げられている。

近年のPLC短縮化と，増える技術イノベーションにおいて，PLC理論からS曲線分析（24章を参照）への発展は企業の戦略立案ツールを充実させた。

23.4 弱みと限界

PLC分析は，顧客ニーズよりも製品開発に焦点を当てるため，市場を狭く定義し，市場での製品衰退を後押しする（Levitt, 1960）。

PLC分析に反し，製品によってはマーケティングの影響を強く受け，価格が成熟段階で安定後に上昇したり，衰退段階を迎えない成熟段階を維持する製品がある。その顕著な例は，デザートのJell-O，マウスウォッシュのListerine，洗剤のTide，ソーダの7up，鎮痛剤のAnacin，歯磨き粉のColgate，ビールのBudweiser，風邪薬のDristan，ティッシュのKleenex，コーヒーのMaxwell，ピーナッツのPlanter'sである。同様にナイロン，スコッチウィスキー，イタリアンベルモット，フランスのシャンパンや香水，朝食のシリアルなどの製品は，PLC理論に当てはまらない。これらの特徴は，人の持っている基本的なニーズを満たす製品であり，創造的なプロモーションやマーケティングによって支えられるユニークな製品属性を持っている。

このように，PLC理論の前提には欠陥があり（Lambkin and Day, 1989），分析者は以下を念頭に入れることが大切である。

- PLC分析において，成熟および衰退時期を認識し，その推奨戦略を実行すると，製品への投資が減少し市場の衰退を助長する（PLC分析において，安い価格か差別化かを選択する場合，ポートフォリオマトリックス理論と経験曲線を組み合わせ，安いコスト戦略を採用する偏りがある）。
- PLC分析での一般化された推奨戦略は，市場ダイナミックスを考慮していない（大企

業と中小企業の違い，確立された企業と新企業の違い，買収，ライセンシング，ジョイントベンチャー，PLC 分析の推奨戦略を無視する参入者）。
・PLC 理論は，競争激化と生産過剰が原因による企業の生き残り戦略を提供しない。

PLC 理論での推奨戦略は，成長率の低い成熟した市場で競争することに偏りがある。多くの企業がこれら製品市場で成功していることは，PLC 分析を採用するための注意である。

23.5　テクニック適用のためのプロセス

ステップ 1：潜在需要の評価

PLC 理論を適用する最初のステップは，市場の需要を理解することである。ターゲット顧客を識別し，総需要量を評価し，顧客のニーズを理解し，代替製品を知るために市場調査を行う必要がある。また，市場調査は，成功のための市場が存在するのかも評価する。

ステップ 2：価格帯の決定

競争力のある小売価格を決定するには，つぎの方法がある。

・**専門家に相談**　内部および外部専門家より販売価格を聞く。エンジニア，製造マネージャ，ほかの技術スタッフより，価格に関する見識を得る。また，競合製品と価値比較し，販売チャンネルから豊富にコスト情報を得る。
・**消費者調査**　物々交換基準の分析や，インタビュー手法により，消費者への価格調査を行う。その結果，よりよい価格弾力性を得ることできる。

ステップ 3：販売可能価格帯の売上げ予測

顧客価値分析（13 章を参照）から，各 PLC 段階の総価値を判断する。この顧客価値分析は，競合製品に対しても行い，相対的な価格競争力を比較する。

ステップ 4：競争相手の価格引下げリスク

直接競争する代替製品がない場合や，既存製品市場を侵害しない場合は，価格低下の可能性は低い。それに対し，新製品が既存製品市場シェアを奪うときは，市場の価格低下が起こる可能性があり，新製品が将来に利益を出せるように価格の決定を判断する。

ステップ 5：成長段階の市場戦略決定

前 4 ステップの分析結果から，「上澄みをすくう」または「市場に浸透する」のどちらかを選択する。PLC 推奨戦略をガイドラインとし，成長段階の価格戦略を決定する。ここでは，

市場の特性すべてを捉えることができないので注意する。

上澄みをすくう戦略	浸透する戦略
・新製品は独特である。	・新製品の機能属性において優越性が低い。
・市場の総需要が低いと予測される。	・需要の価格弾力性が高い。
・需要に価格弾力性がない。	・経験曲線効果を実現できる。
・需要の交差弾力性は低い。	・市場の総需要は大きいと予測される。
・販売促進弾力性が低い。	・経験曲線が急勾配である。
	・市場競争が激しい。

ステップ6：分類の定義

製品をどう分類するかは，PLC分析において重要である。製品クラス，形状，ブランドなどの分類定義が独自の分析結果を生む。分類定義は通常，理論的ではなく製品の適用状況から決定する。

PLC分析では，製品形状の分類で一つにまとめる傾向があり，この大きな枠組みでは異なる製品を多数含むため，長期的な製品の傾向しか判断できなくなる。また，製品をブランドで分類化するのは，ブランド製品の変化が激しいため分析が難しいとされる。Abell（1980）は，分類化の定義をつぎのように述べている。「製品とは，特定技術を応用し，顧客の特定ニーズまたは欲求を満たす」。しかし，最後は分析者の判断で分類定義を決めなければならない。

ステップ7：転換期を予測

PLC分析では，各段階ごとに戦略が異なるため，従来のマーケティング戦略との違いが明白になる。そして，PLC分析による推奨戦略を実施できるかは，製品の転換期を識別できるかによる。ほかにも短期的な経済予測するテクニックは多数あるが（回帰分析，指数平滑法，先行指数，市場調査），これらのすべては過去のデータからの推定であり，独立変数の仮定が変化すると使えない。

しかし，PLC分析は，製品についての長期ビジネス予測であり，その中で要求されるのは転換期を予測することである。転換期を予測することはPLC分析の中で最も難しく，つぎの予測手法が存在する（Dean, 1950, 1976; Moyer, 1981）。

- **価格の下落**　小売価格の値引き，大幅割引などの方法で値崩れが発生する。これは観察しなければ気づかず，製品の割引率が転換期の判断基準である。
- **購買抵抗の増加**　市場が弱体化している兆しは，営業担当者の増員，電話セールスの増加，個別顧客ニーズへの対応，製品の陳列時間の増加などがある。

- **在庫の増加**　市場の需要が減ると，在庫過剰となる。在庫変動データは，調査会社の市場在庫データや政府の在庫データから入手する。在庫データは長期継続的にモニターし，一時的な変動要因を避けるため移動平均法を使用する。
- **バックオーダーの減少**　バックオーダー情報の入手は，企業の告知，会計報告，政府統計および業界団体データがある。ここでは，比較的新しいデータが転換期の判断には必要となる。
- **内部売上データ**　売上げの変化が，成長段階から成熟段階への転換期を示す場合がある。一時的な変動要因を避けるため移動平均法を使用することを推奨する。
- **メディア分析**　製品に対する，報道機関や社説の否定的コメントにより，転換期が予測できる。
- **バブル症候群**　皮肉にも転換期は「市場は底なし」と企業が主張するときに起こる。このような楽観主義はしばしば市場が飽和状態に近いことを示す。
- **ブランド依存の衰退**　弱体化する市場では，消費者のブランド依存が消える（交差弾力性が高い）。
- **製品の標準化**　製品の差別化が減る。これは，成熟期への転換期を示す。
- **自社ブランドの市場参入**　卸売り会社などが自社ブランドの製品を発売し始める。
- **市場の飽和**　全体の売上げに占める買い替えの率が高い。これは市場の需要が飽和していることを意味する。
- **製造プロセスの共用化**　市場成熟の兆しは，全企業が特定の製造プロセスを画一的に採用するこで，これは業界全体が経験曲線効果に集中するためである。

ステップ8：各段階での戦略修正

PLC各段階の推奨戦略を，企業は転換期と認識した際に実施する。ただし，表23.1と23.2で要約されるマーケットミックスにより推奨戦略には修正が必要である。

ステップ9：新しいPLCに注意

革新的な技術や予期しない変化のパラメータは，新しいPLCを促進することがある。この場合，ただちに分析の変数を変更し，新しいPLC分析を行う。

事　例

DU PONTのナイロン

1940年代と50年代初期のナイロン市場は軍用であった。製品の売上げが下がりだすと，ナイロンを開発したDu Pontは大胆にも一般市場をターゲットとした。ナイロン製ストッキングはシルクストッキングの代替製品として宣伝し，売上げはすぐに回復した。Du Pontのマーケティング活動がナイロンを不可欠なファッションアイテムに変えたとき，売上げはさらに伸びた。これはPLC分析からマーケティングの創造性を展開した例である。

IPANAの歯磨き粉

1968年に歯磨き粉のブランドIPANAは衰退製品と位置づけられ，開発チームは新ブランドに焦点を合わせた。その結果，IPANAブランドは1969年にミネソタの二人のビジネスマンに売り渡された。彼らは製法だけを変え，パッケージはそのまま使用し，あまり宣伝もせず販売した。そして，最初の7箇月間で25万ドルの売上げを記録した。その後，大規模な消費者調査からIPANAは152万人の顧客が存在していたことが1973年にわかり，その後も売上げは増えつづけた。これはPLC理論で戦略を実行したIPANAの失敗例である。

Kelloggのシリアル

ベビーブーム世代が成人するにつれシリアル市場が下降すると予想された。PLC理論では，市場撤退か新製品で市場シェアを伸ばす戦略が推奨された。しかし，大人向けの朝食の代替製品として積極的にシリアルを宣伝した。その結果1983年には37億ドルであった市場が1988年には54億ドルに増え，25〜49歳の人たちが26％増でシリアルを消費するようになった。

Source: Adapted from "Forget the Product Life Cycle," by N. K. Dhalla and S. Yuspeh, 1976, *Harvard Business Review*, 54(1), pp.102-111; "Controllintg the Uncontrollable: Managing Your Market Environment," by P. R. Varadarajan, T. P. Clark, and W. Pride, 1992, *Slaon Management Review*, 33(2), pp.39-50.

FAROUT のまとめ

	1	2	3	4	5
F	■	■			
A	■	■			
R	■	■	■		
O	■	■			
U	■	■			
T	■	■	■	■	

未来志向性　低から中。PLC分析は，つぎの製品転換期，つまり比較的近い将来に戦略の焦点を当てるようになる。革新的技術への対応が難しく，製品供給側の一方的な理論であるため長期戦略性に欠ける。

正確性　低から中。分析パラメータをしっかりと定義しないと正確なものは得られない。多くのパラメータや製品分類は分析者の判断による。

経営資源効率性　中。PLC概念では，定量的かつ質的な分析が要求される。分析をどの程度広く，深く行うかによるが，社内に市場調査部門があれば有用である。

客観性　中。製品分類の定義などの重要部分があいまいで，分析者の判断に依存する。

有用性　中。製品市場戦略の構築および競争相手を理解するのに便利なツールである。

適時性　中から高。企業内にマーケティング部門が存在する場合，迅速に戦略実施できる。

関連するツールとテクニック

・経験曲線分析
・BCG 成長／シェアポートフォリオマトリックス
・S 曲線分析　　　　　　　　　　・顧客価値分析
・競争相手分析

参 考 文 献

Aaker, D. A., & Day, G. S. (1986). "The perils of high growth markets." *Strategic Management Journal*, 7(5), 409-421.

Abell, D. F., (1980). *Defining the business: The starting point of strategic planning.* Englewood Cliffs, NJ: Prentice-Hall.

Ayres, R. U., & Steger, W. A. (1985). "Rejuvenating the life cycle concept." *The Journal of Business Strategy*, 6(1), 66-76.

Cox, W. E. Jr. (1967). "Product life cycles as marketing models." *The Journal of Business*, 40(4), 375-384.

Day, G. S. (1981). "The product life cycle: Analysis and applications issues." *Journal of Marketing*, 45(4), 60-67.

Dean, J. (1950; 1976). "Pricing policies for new products." *Harvard Business Review*, 29, 45-53. (Reprinted with retrospective commentary in 54(6), 141-153.)

Dhalla, N. K., & Yuspeh, S. (1976). "Forget the life cycle concept!" *Harvard Business Review*, 54(1), 102-111.

field, G. (1971). "DO products really have life cycles." *California Management Review*, 14(1), 92-95.

Fruhan, W. E. Jr. (1972). "Pyrrhic victories in the fights for market share." *Harvard Business Review*, 50(5), 100-106.

Hayes, R. H., & Wheelwright, S. G. (1979). "The dynamics of process-product life cycles." *Harvard Business Review*, 57(2), 127-136.

Hamermesh, R. G., & Silk, S. B. (1979). *"How to compete in stagnant industries." Harvard Business Review*, 57(5), 161-168.

Hunt, S. D. (1976). *Marketing theory: Conceptual foundations of research in marketing.* Columbus, OH: Grid Inc.

Lambkin, M. & Day, G. S. (1989). "Evolutionary processes in competitive markets: Beyond the product life cycle." *Journal of Marketing*, 53, 4-20.

Levitt, T. (1960). "Marketing myopia." *Harvard Business Review*, 38(4), 45-56.

———. (1965). "Exploit the product life cycle." *Harvard Business Review*, 43(6), 81-94.

Michael, G. C. (1971). "Product petrification: A new stage in the life cycle theory." *California Management Review*, 14(1), 88-91.

Moyer, R. (1981). "Forecasting turning points." *Business Horizons.* 24(4), 57-61.

Polli, R., & Cook, V. (1969). "Validity of the product life cycle." *The Journal of Business*, 42(4), 385-400.

Rink, D. R., & Swan, J. E. (1979). "Product life cycle research: A literature review." *Journal of Business Research*, 7(3), 219-242.

Rogers, E. (1962). *The diffusion of innovations.* Glencoe, Ill.: Free Press.

Rowe, A., Mason, R., & Dickel, K. *Strategic Management* (p.156). Reading, MA: Addison-Wesley.

Swan, J. E., & Rink, D. R. (1982). "fitting market strategy to varying product life cycles." *Business Horizons*, 25(1), 72-76.

Tellis, G. J., & Crawford, M. (1981). "An evolutionary approach to product growth theory." *Journal of Marketing, 45*(4), 125-132.

Varadarajan, P., Clark, T. & Pride, W. M. (1992). "Controlling the uncontrollable: Managing your market environment." *Sloan Management Review, 33*(2), 39-50.

Yelle, L. E. (1983). "Adding life cycles to learning curves." *Long Range Planning, 16*(6), 82-87.

24. S曲線（技術ライフサイクル）分析

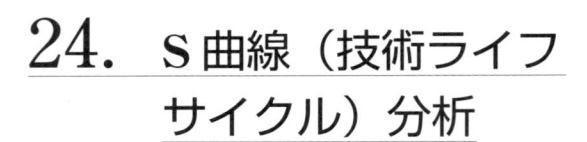

S曲線分析（S-curve Analysis）は，戦略計画の中に技術的変化を統合するものである。技術変化をマネジメントするツールとして，分析者が，新技術を効果的に配置するために，将来的な技術戦略の基本となる競い合うことができる技術と限られた既存技術とを比較するために行う。

24.1 背　　　景

S曲線理論は，1930年代以降に技術変化の研究で利用され（Kuznets, 1930），既存技術が新技術にとって代わるスピードをS曲線で説明しようとした。この理論の前提は，業界における技術変化のスピードが，新技術を採用した企業数に比例するという簡単なもので，**図24.1a**で示す三つの段階から構成される。

1960年代から1970年代に，農機具，家庭電化製品，カラーテレビ，産業用ロボット，電気通信技術，酸化鉄技術，雑種トウモロコシなどさまざまな技術分野で技術拡散（Technological Diffusion）理論が研究された（Nieto et al., 1998）。技術の拡散理論は，マクロ経済や業界での分析に活用されたが，企業の技術戦略の立案には適していなかった。なぜなら，技術拡散のスピードは時間の従属変数となり，企業が戦略的に時間を操作するのが難しいからである。

企業レベルでの意思決定に技術拡散理論を利用するために，Levitt（1965）は，製品ライフサイクル（PLC）を活用した。長期にわたる技術拡散スピードに焦点を当てる代わりに製品ライフサイクルでは生物学的に売上げを説明し（図bを参照），(1)導入，(2)成長，(3)成熟，(4)衰退の4段階でPLCを定義した（PLCの詳細については23章を参照）。PLC理論は，企業の戦略手法の発展に大きく貢献したが，実際の活用では，時間が従属変数であり経営判断が難しい。また，もう一つの従属変数である売上げに技術要因が考慮されることは少なかった。

つぎの戦略手法の発達は，UtterbackとAbernathy（1975）によって提案された技術ライフサイクル（Technology Life Cycle：TLC）である。これは，技術の発展段階で技術イノ

24. S曲線（技術ライフサイクル）分析

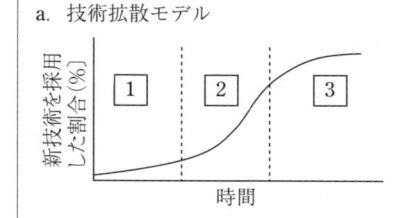

a. 技術拡散モデル

縦軸：新技術を採用した割合（％）／横軸：時間
区分：1　2　3

1. 未発達期：新技術は実績がなく，採用企業はごく少数である。その結果，技術の学習速度は遅く，なかなか技術改善が進まない。
2. 成長期：新技術が改善され，多くの企業が採用する。速いペースで普及するため学習速度が早く，技術改良が急速に進む。
3. 成熟期：新技術を採用した企業が採用していない企業数を上回るにつれ，技術の拡散が遅くなる。技術改善が限界に達し，新技術を取り巻くイノベーションも減少する。

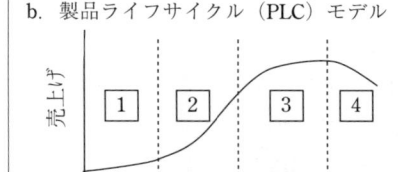

b. 製品ライフサイクル（PLC）モデル

縦軸：売上げ／横軸：時間
区分：1　2　3　4

1. 導入：市場への新製品（新サービス）導入時期。新しい物好きな顧客が購入する。
2. 成長：一般消費者が新製品を購入し始める。売上げは爆発する。
3. 成熟：大多数の消費者が製品を購入すると，圧倒的に買い替え需要が多くなり，売上げは下降し始める。
4. 衰退：売上げが減少し，ゼロに向かい先細りする。

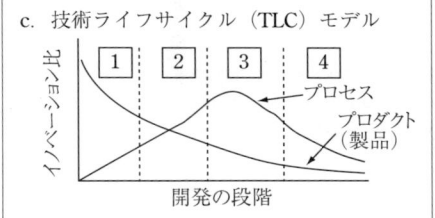

c. 技術ライフサイクル（TLC）モデル

縦軸：イノベーション比／横軸：開発の段階
区分：1　2　3　4（プロセス／プロダクト（製品））

1. 流動期：顧客ニーズが明確に定義されず，起業家または柔軟性のある企業はプロダクトイノベーションに集中する。
2. 変遷期：技術イノベーションは技術の標準化により始まり，変遷期の終わりには構造化された企業が増えることで製造プロセスの改善に集中する。競争は価格と低コストが前提となる。
3. 特定期：企業はますます製造プロセスの改善に集中し，企業組織は構造化する。
4. 成熟：製品が一般消費財となり，イノベーションは終わる。

図 24.1a, b, c　S曲線の先行理論モデル　（Source: (a) Adapted from Kuznets, 1930; (b) Adapted from Levitt, 1965; (c) Adapted from Utterback and Abernathy, 1975.）

ベーションの割合を定義し（図c参照），各段階での製品とプロセスの戦略を推奨する。技術ライフサイクルでは技術から見た戦略の立案を促すが，技術イノベーションを操作することは難しく，技術開発の段階定義が困難であったため活用が進まなかった。

このように，技術マネジメントツールが不十分であったため，ほとんどの業界で技術は戦略立案に無関係なものになった。その結果，最も重要なパラメータの一つである技術イノベーションは，企業が積極的に操作するものではなく，発生後に対応するものであると定義された。

このことは，技術が無視された近視眼的な戦略とし，ビジネス史にとって破壊的な結果をもたらした。

Foster（1986a）は，技術が無視された企業の戦略立案で起こる事例をつぎのように挙げ

ている。

機械式　対　電子式レジスタ　図24.2より，1972年には市場シェアの90％は機械式レジスタの製造企業が占有していた。しかし，1976年にはそのシェアが10％までに落ち込み，DTS，IBM，Burroughsによって提供された電子式に奪われた。機械式の大手メーカNational Cash Register（NCR）は，「古い」技術を追求し大打撃を受けた。翌年にはNCR社は6 000万ドルの損失を出し，35人中28人の幹部を降格，会長を解雇し，そして2万人の労働者を解雇した。その後NCRは1億4 000万ドルの損金を処理した。

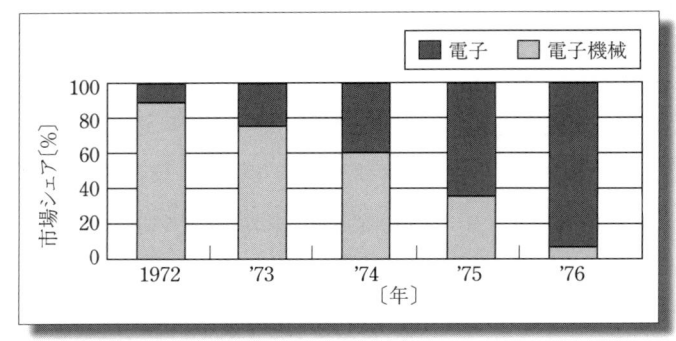

図24.2　米国での新しいレジスタの出荷　（Source: Adapted from *Innovation: The Attacker's Advantage*, by R. N. Foster, 1986, New York: Summit Books.）

バイアスタイヤ　対　ラジアルタイヤ　1970年代中頃，バイアスタイヤの製造企業は18箇月たらずで市場シェアの50％をラジアルタイヤ製造企業に手放した。今日ではバイアスタイヤの市場は事実上消滅した。

オルトキシレン　対　ナフタリン　1970年代初頭に，無水フタル酸市場において，ナフタリン技術に代わり，オルトキシレンが4年間でシェアを30％から80％に増やした。

ゲルマニウムトランジスタ　対　シリコン集積回路　集積回路の製造企業は6年のうちに市場シェアの60％をゲルマニウムトランジスタの製造企業から奪った。同様にPMOS，NMOS，CMOSの技術イノベーションが起きたシリコン集積回路市場では，それぞれの技術採用後1年ごとに10〜15％のシェアを新技術が獲得した。

LPレコード　対　8mmテープ　対　CD　対　DAT　対　MP3　20年足らずのうちに，音楽を録音する方式が大きく変わり，約4〜5年ごとに新しくなっている。近年のウェブベースの音楽配信もこの傾向の継続を示唆する。

　企業で技術を戦略化するために問題となった，「技術の不連続性」を解決するツールとしてS曲線分析は開発された。企業の技術マネジメントツールとしてのS曲線分析の概念は，

1980年代初頭にMckinsey & Co.の社長であったRichard Foster（1982（a），(b)，1986（a)，(b)）により表現された。これは，Union Carbide, NASA, Exxonのコンサルティングを行っているとき，Fosterが技術と企業の成功との関係について疑問を持ち，ほとんどの企業は研究開発が企業戦略に入っていないことを主張した。それは，多くの企業が技術分析ツールを持っていなかったことや，「技術開発にベストを尽くす」という受動的で，「技術イノベーションは創造と才能の結果である」という哲学的考えが受け入れられていたからである。

Fosterは，技術イノベーションはプロセスでマネジメントすべきであると主張し，S曲線分析により技術を戦略に統合した。

24.2 戦略的根拠と意味

S曲線分析は，技術的要因を企業戦略に取り入れる。具体的には，研究開発費（投資または工数）とその開発技術のリターンをグラフ上にプロットする。

S曲線分析の戦略的根拠は，「技術から得られる利益には限界がある」である。これは，技術開発から得られるリターンは**図24.3**（下）に示されるように，ある時期でピークに達し，その後は研究開発の生産性が減少する。この生産性の減少時に既存技術への投資を減らしたり，より高い利益が期待できる新技術への移行を検討できる。

Foster（Foster, 1982（a），1986（a））はS曲線の存在についてオルトキシレン，ナフタリン，

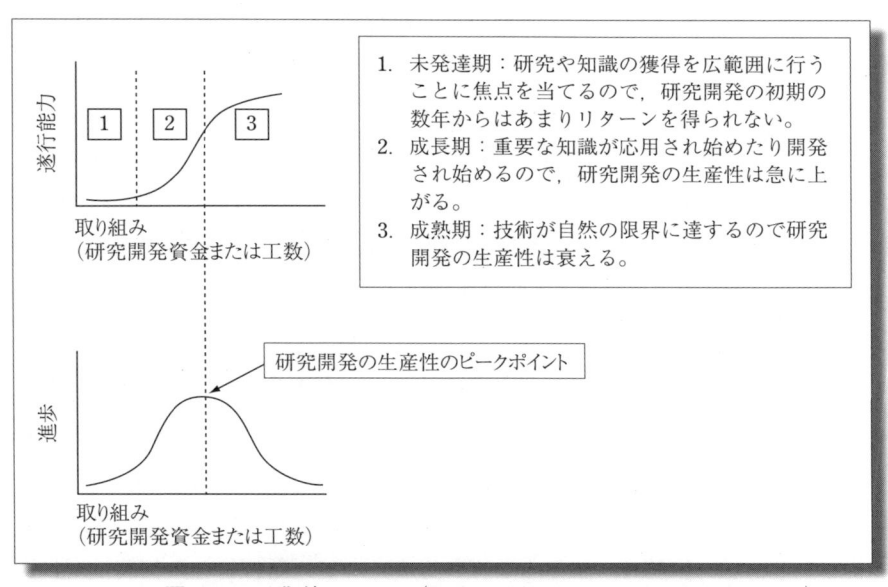

1. 未発達期：研究や知識の獲得を広範囲に行うことに焦点を当てるので，研究開発の初期の数年からはあまりリターンを得られない。
2. 成長期：重要な知識が応用され始めたり開発され始めるので，研究開発の生産性は急に上がる。
3. 成熟期：技術が自然の限界に達するので研究開発の生産性は衰える。

図24.3 S曲線モデル（Source: Adapted from Foster, 1982, 1986a.）

レーヨン，綿，ナイロン，ポリエステルなどの技術を引用することで証明し，ほかの研究者も，農業殺虫剤技術（Becker and Speltz, 1986），ゴム，天然ゴム成型技術（Roussel, 1984），木材，石炭，天然ガス，油および核技術（Lee and Nakicenovic, 1988），航空，そして鉄道輸送技術（Lee and Nakicenovic, 1988）などの分野でS曲線の存在を確認した。図24.3のS曲線グラフは，研究開発の生産性とその技術から得られるリターンの関係をFosterはつぎの方程式で示した。

$$\frac{技術進歩}{研究開発投資} \times \frac{研究開発投資の現在価値}{技術進歩}$$

数式の初めの項は，企業の研究開発の生産性（S曲線の傾斜）を示し，2項目は研究開発からの収益を示す。初項の研究開発の生産性は，技術イノベーション（不連続な技術）の対応とし，2項目の研究開発の収益は技術改善をマネジメントする。そして，両項を掛け合わせると技術戦略の全体的なアプローチとなり，製品の重点技術の決定や，導入時期の判断として活用できる。

特定製品で多くの技術が存在する場合，いくつかのS曲線が観察でき，これはつぎの二つの技術変化の兆候を示す。

1. 新技術のS曲線が，既存技術のS曲線より上または左に位置するとき，新技術のコスト，品質，差別化がより優れた価値を顧客に提供する。
2. 類似技術が，研究開発リターンの増加，売上げの拡大，ライバル（競合）企業との差別化を大きくする。

この場合，企業の戦略判断は，どのS曲線にいつ移行するかである。新技術は不連続であり既存技術との関連が薄いため，まったく新しい製造プロセス，技能そして経営体質を要求する。多くの企業がこのS曲線にタイミングよく移行するのは困難である。そのおもな要因は，企業の技術マネージャが無意識に既存技術の追随者となっているからである。技術マネージャは既存技術の絶え間ない改善が企業に利益をもたらすことを学習しているため，革新的な新技術はリスクがありすぎると考え，既存技術の改良で十分であると結論づける。ここでは，顧客自身もニーズが特定できず，企業は顧客の技術ニーズを明確化できない難しさもある。

新しいS曲線への移行は，既存顧客が新技術のライバル企業の製品に永久移行してからでないとなかなか判断できない。なぜなら，まったく別の業界から新製品の技術が出現するためである。例えば，電子腕時計はスイス時計業界内からではなく，ウレタンフォームはゴム業界の発明ではなく，またボトルはガラスボトル業界の発明ではない（Roussel, 1984）。企業の新しいS曲線への移行が困難な要因のもう一つに，新技術への初期投資に対するリ

ターンが低いという現状がある。これは，技術の未発達期はS曲線が低く平たんであるため，革新的な技術研究開発は「辛抱強く」なることを示唆している。

ほかにも，新しいS曲線への移行が困難な要因として，企業の財務指標が使用できない点がある。財務指標は過去のデータを示すため，技術変化からの損害発生後にしか分析できない。企業は成熟期のS曲線平たん部分で最大の財務結果となるため，新しいS曲線への移行を検討しなければならないときに，既存技術へ追加投資し最大リターンを得ようとする。しかし，成熟期の技術開発は生産性に劣り，技術開発費のリターンが激減する。このように，財務指標の尺度だけに依存すると，企業は現状に盲目的となる。例えば，レコード音楽業界の場合，既存技術はコンパクトディスク（CD）技術で，CD製造費は1枚数セントという技術の成熟期にある。そして，2000年の第三四半期にCDの売上げは最大を記録した（著作権は除く）。しかし，財務指標がよいにもかかわらず，レコード業界のビジネスモデルは，GnutellaやNapsterなど，インターネット音楽配信システム技術の直接的脅威にさらされている。図24.4では，Napsterと既存のレコード会社における研究開発の生産性を比較している。既存レコード会社は，S曲線分析が示唆する新しいS曲線への移行とは反対に，CD技術に追加投資したり，オンライン配信のS曲線を法的な手段で排除することにより，従来のS曲線を維持しようとしている。

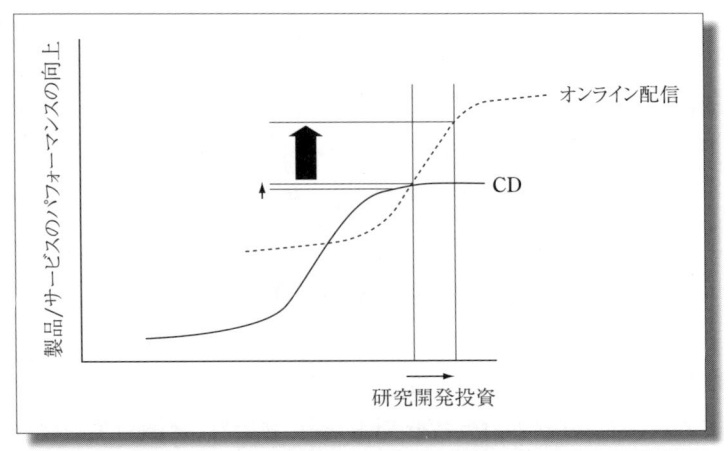

図24.4 レコード産業におけるオンライン配信対CD技術の戦略的な意味 (Source: Adapted from "Boosting the Payoff from R & D," by R. N. Foster, 1982, *Research Management*, 15(1), pp.22-27.)

この例は，技術の不連続性に近視眼的になる企業の二つの要因を示唆している。1) S曲線の一番上の平たんな部分で，最大の財務結果を得ることを経験している。2) 強固な企業の固定観念が新技術の周辺に集まり，無意識に既存技術の追随者となる。

対象的に,製薬業界では遺伝子治療の技術不連続性による脅威から,バイオのスタートアップを買収したり,提携することにより積極的にほかのS曲線を取り入れた。

このように,S曲線分析はレコード業界の近視眼的なアプローチを避け,技術変化に対応できる戦略を立案することができる。企業の技術戦略の立案で重要なのは,タイミングよく新しい技術を採用することであり,そのためには,つぎの二つの理由からS曲線分析の採用が不可欠である。

- 製品(サービス)技術のS曲線上におけるポジションを識別し,技術改良か技術イノベーションで研究開発の焦点を絞る。
- 潜在的な新技術のS曲線を識別することにより,技術の不連続性の脅威を研究開発のチャンスとする。

S曲線分析のもう一つの戦略的根拠は,製品の購買層と関連する(Rogers, 1995)。新しい製品技術が市場に導入されると,まず技術イノベーションに好意的なごく一部の人たちが購入する。つぎに,新しいもの好きな消費者が購入し,ここで新技術とその消費者価値を市場に普及する。ここから,一般消費者に普及するまでにはギャップ(断絶)が存在し(Moore, 1991),マーケティングによりこのギャップを越えることができると一般消費者に急激に広まる。最後に,保守派と呼ばれる懐疑的な人たちが製品を購入し市場全体に普及する。S曲線の段階はこれらの購買層と関係しており,特に保守派の購買層への普及は既存技術が限界に達していることを示す。

近年のめまぐるしい市場変化から,技術の企業戦略化が必要となっている。研究開発部門の投資リターンはマネジメントされ,企業は継続的に技術イノベーションを発生させなければならない。そのために,企業は技術のアウトソース,特許分析,S曲線分析などのツールが必要であり,特にS曲線分析は技術競争に対し有効な戦略を提示するものである。

24.3 強みと利点

S曲線分析の本来の強みは,企業の戦略開発の理解の範囲を広げ技術を融合する能力を統合できることである。このモデルは,技術戦略について冷静かつ理性的なアプローチを啓蒙するだけでなく,確実な結果を導くためのはっきりとした原理を持つ強力な方法である。S曲線分析は具体的に,企業の技術戦略について以下の価値ある見識を提供する。

- 既存技術の限界
- 企業の技術ポジション(S曲線上にて)
- 技術向上に必要な取り組み
- 潜在的な新技術S曲線の認識

・企業に最も適した技術の選択
・ほかのS曲線に移行するタイミング

　S曲線分析は，技術の不連続性の問題を解決する数少ない分析ツールである。技術開発費とビジネスチャンスの2点から，企業戦略立案時の技術の融合を強制する。

　S曲線分析のもう一つの利点は，企業経営者が技術変化を脅威とせず，新技術から生まれるビジネスチャンスへ絶え間なくチャレンジできる。そして，技術の不連続性を企業が観察し，自己満足的な技術から脱却できる。

　また，S曲線分析は技術的な意思決定を行うときにシステム的なアプローチを提供する。技術分析は難しいという事実にもかかわらず，S曲線分析は技術戦略の構築時に多くの企業で活用されている。

　S曲線分析は，組織の業績を改善するツールとして活用することもできる。企業の戦略立案に技術開発を含めることは，技術開発部門の研究員モラルの向上に役立つ。また，企業内の技術部門とビジネス部門のコミュニケーションを促進し，アイデアの相互交流が盛んになる。

24.4 弱みと限界

　S曲線分析を批判する人たちは，技術戦略の推奨が単純すぎると指摘する。特に，成熟技術の開発費削減は，場合によって早計であると考える。なぜなら，成熟技術に開発投資することでさらなる利益を得たり，市場が再生する場合があるからである。

　S曲線分析を盲目的に活用すると，新しい技術の研究開発費を増やすために既存技術の研究開発費を削減することのリスクに鈍感になる。このリスクとは，「新しい技術が需要を創造するとしても，顧客価値，業界での競争，環境の変化のために新技術を開発した企業がそれを活用できない」「まだ利益を上げることができる成熟技術に対し，技術開発サポートを減らしてしまった場合，新技術からのリターンが得られるまで資金不足となる」「新技術の開発は，既存技術のコスト削減や製品改良ができる追随者に市場をとられる」などである。

　これらのリスクから多くの企業は，新しい技術への移行に消極的になり，成熟技術への研究開発費を減らすことができない。しかし，成熟技術へ依存するリスクは，新技術へ移行するリスクよりも大きく，特に複数技術のS曲線の屈折点が重なるとき，技術の不連続性が発生し，新しいS曲線への移行が必須となる。

　S曲線の指標の一つである，技術的な性能を定量化するのは難しい。技術的な性能の入力値は主観的な判断となり，精度の予測も難しい。さらに，S曲線を分析するとき，曲線の非対称性から技術的な性能のピークを判断しづらく，最大利益が将来発生する可能性もあり，

新技術の移行にはリスクがある。

すべての企業が，S曲線が推奨する新技術への移行に必要な組織的要因を備えていない。例えば中小企業は，新技術で発明したり試作することは得意だが，経営資源，製造体制，技術イノベーションはマネジメントできないため，商業化できない。これとは逆に，大企業は新技術を発明したり試作がうまくできない場合がある。理想的には各企業がすべての組織的要因を持っていることが望まれるが，経営者は顧客への技術価値提供において自社企業の能力不足をしっかり認識することが重要である。

24.5 テクニック適用のためのプロセス

Foster（1982, 1986（a），（b））は，S曲線分析の適用プロセスが，つぎの二つ段階に分割できると述べている。
1. 企業が直面する技術的な脅威を評価
2. 技術的な脅威に対するタイムリーな対応

段階1：企業が直面する技術的な脅威を評価

直面する技術的脅威を知るために，S曲線分析の初めの調査は，つぎの四つのアプローチから構成される。

1. **潜在的な代替技術のリストアップ**　分析者が仮定している代替技術をただちに詳細分析および評価したいという誘惑に耐える必要がある。その代わりとして，業界内外の代替技術をリストアップし，他部門および技術経験を持つ多数の同僚とブレインストーミングする。

2. **顧客の価値観を変化させる可能性のある技術を識別**　どの技術やプロセスが顧客の価値観を将来変化させるか識別する。分析は，顧客にとって購入動機となる製品の特徴を技術的要因としてまとめる。つぎに顧客価値が変化する可能性を列挙する。顧客価値の変化とは，顧客嗜好，顧客ニーズ，製品を使用する背景，購入モチベーションなどである。また，新技術でできた製品と既存製品を比較したときにのみ気づく，顧客が気づいていない価値もあり，注意が必要である。発展するSTEEP環境から価値の変化が起こることもある（このテクニックの詳細については，17章を参照）。

　これら変化の要因を識別できたら，将来の顧客価値を変化させる技術要因を予測する。その後，技術変化の割合とタイミングの予測を行う。

3. **既存技術の限界を確立**　識別された技術要因に関し，既存技術の物理的な限界を定める。これを行うには，技術担当者と戦略立案者が密接にコンタクトし，異なる立場か

らおたがいに意見を交換する。これにより技術の物理的な限界を設定し，技術担当者がこの限界に定量的な値を割り当てる。つぎに，この限界値を既存技術と比較する。そして，既存技術に改良余地があるかを判断し，ある場合には，研究開発費を増やし対応する。ほかの技術と一緒に開発すると，研究開発の効率が増す場合もある。しかし研究開発の「非効率化」は，一般的に既存技術が限界に達している場合が多い。

4. S曲線のプロット　企業の一般的な製品開発サイクルの把握を最初に行う。つぎに，xy軸をプロットするためのデータ入手として，過去10年間（あるいはほかの適切な時間枠）の該当技術を使用した各製品の性能をy軸にプロットする。つぎに，製品の開発コストがx軸にプロットされるが，このコストはマーケティング費用や試作費などの付加コストを含んだ工数である場合もある。

「3. 既存技術の限界」は，製品／技術の性能の限界線でもあり，一般的にS曲線の上部平たん部と近い位置にプロットされる。

S曲線をプロットする最終段階は，既存技術からなる製品やプロセスの性能の将来予測である。これにはつぎの三つの方法がある。

- 簡　　単　　既知の始点と終点（既存技術の限界）の2点から，S曲線を対称に引く。
- 中　　間　　曲線上の3点よりS曲線をプロットする。このうちの2点は，既存技術を使用した前製品から得る。3点目は既存技術の限界であり，既存技術からどのくらいで限界点まで到達するかをプロットする。
- 複　　雑　　つぎの式（Putnam）より，それぞれの技術の性能と研究開発（プロジェクト）コストを判断する。

　　プロジェクトコスト＝プロジェクト遂行能力 *／［（効率性）×（時間）］

　　　*ここでのプロジェクト遂行能力と時間は，各研究開発所で固有の定数

段階2：技術的な脅威に対するタイムリーな対応

まず初めに，競争相手の技術的脅威を列挙する。簡単な方法は，社内のマーケティングおよび研究開発部門の研究員が作成したライバル技術（製品）を参考にする。ここで，分析にどの技術を選ぶかは，かなりの創造性が必要となる。つぎに，市場機会コスト，参入および撤退コスト，切り替えコスト，社会順応コスト，垂直および水平統合コストなど，さまざまなコストについて代替技術を分析する。これらのコストを理解することが，既存技術が生存できるか，代替技術が台頭してくるかの判断となる。ここまでで，ライバル企業の技術の脅威を詳細に理解できる。

つぎのステップは，既存技術のS曲線を続けるか，ほかのS曲線に移行するかを判断する。

まず，ほかのS曲線に移行するタイミングを測る有用なツールとして，既存技術の将来コストをプロットする（**図24.5**）。このグラフは初めに，既存技術で開発した製品やサービス（現在の製品）の変動費をプロットしている（P_c）。

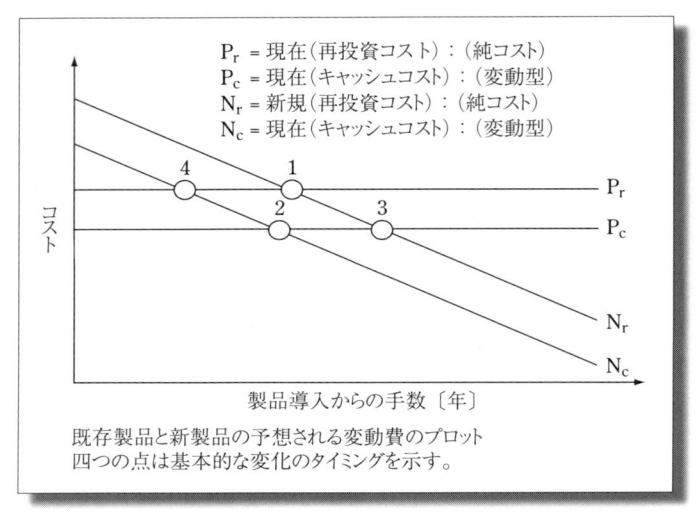

```
P_r = 現在（再投資コスト）：（純コスト）
P_c = 現在（キャッシュコスト）：（変動型）
N_r = 新規（再投資コスト）：（純コスト）
N_c = 現在（キャッシュコスト）：（変動型）
```

既存製品と新製品の予想される変動費のプロット
四つの点は基本的な変化のタイミングを示す。

図 24.5　価 格 の 推 移　（Source: Reprinted with permission of Simon & Schuster from *Innovation* by Richard N. Foster.）

つぎに，現在の製品の総コスト（減価償却，金利，資本費用などすべて）をプロットする（P_r）。新しい技術で開発した製品（新製品）について，予想変動費と総コストを，同一グラフ上にプロットする（N_c, N_r）。グラフ上の各コスト線の交点4ポイント（1, 2, 3, 4）が明らかになり，それぞれには，企業の技術戦略に関する意味がある。

- **ポイント1**　競合技術を持つライバル企業からの脅威が最初に現実となる。新製品と現在の製品のマージンは同じになり経済的な生存可能性も同等になる。
- **ポイント2**　競合技術を持つライバル企業からの脅威が最後の警告を鳴らす。N_c上のこの点より右は，いままで新製品には不可能であった変動コスト戦略を可能にする。
- **ポイント3**　現在の製品が新製品に与える脅威が終焉する。このポジションで，新製品の総コストが現在の製品の変動コストと同じになる。
- **ポイント4**　新製品の脅威をストップする最後のチャンスである。このポジションで，現在の製品の総コストが新製品の変動コストと同じになる。

現在の製品と新製品のマージンを比較することにより，企業はほかのS曲線に移行する時間枠を認識できる。各時間枠の収益を予測するのに，この四つのポイントとマクロ経済理

論が適用される。

- **ポイント 1 より前の時間枠**　価格は義務としてかかってくる総コストを追跡する。
- **ポイント 1-2，2-3，3-4 間の時間枠**　業界が設備過剰の状況下で，価格は義務としてかかってくる変動コストまで下がる可能性がある。
- **ポイント 4 以降の時間枠**　価格は新製品の技術を開発した企業の総コストを追跡する。

　現在の製品と新製品のマージンが同じになった時点で，既存の技術を保有する企業の市場シェアが激減する。よって，既存の技術を保有する企業は，この時点を迎える前になんらかの戦略を実行することが必要である。この分析を通じて，既存の技術を保有する企業は，技術の不連続性による経済的インパクトが起こるタイミングと競争上のポジションを予測でき，財務収益を見積もることができる。この知識により，将来の革新的技術について，いつ競争を開始するかが判断できる。

　また，既存の技術を保有する企業にとって将来の技術イノベーションが約束されている場合，既存技術の管理に S 曲線分析を役立てることができる。既存技術の限界に関する知識は，研究開発費の管理や技術パフォーマンスの経営目標を設定する。

　S 曲線分析は，革新的な新技術を開発する企業の技術戦略の立案にも使用できる。それは，既存の技術を保有する企業のコスト攻撃に対する反撃のタイミング判断である。

　S 曲線分析は，複雑で分析費用がかかるため，定期的な分析実施のタイミングが難しい。Foster（1982）は，定期的に分析するよりも，既存技術が限界に達したり，ライバル企業の新 S 曲線の出現などの下記の兆候による分析実施のタイミングを奨励する。

1. 研究開発の生産性が弱まっていることを直感で感じる。
2. 研究開発部門が締め切りに間に合わない傾向が強くなっている。
3. 製品の性能の改良よりもプロセスの改善技術に研究開発が集中する。
4. 研究開発機能が以前よりも創造的あるいは革新的でなくなってきていると直感で感じる。
5. 研究開発部門でつまらない内紛がある。
6. 組織改善のため研究開発スタッフを解雇や配置転換したあとも性能の改善がない。
7. 明確に定義した顧客ターゲットに収益が依存するようになってきている。
8. ライバル企業のニッチ戦略を前提とした製品に市場シェアを失う。
9. 研究開発費を増やしても性能において識別できるような改善がない。
10. ライバル企業は「遅かれ早かれ失敗するに違いない」という非論理的な開発戦略を追求している。

S曲線分析で高いレベルの企業戦略を実現

　航空機エンジン技術の進歩から，複数のS曲線分析が重要となった。この図は航空機エンジン技術の不連続性を示す。

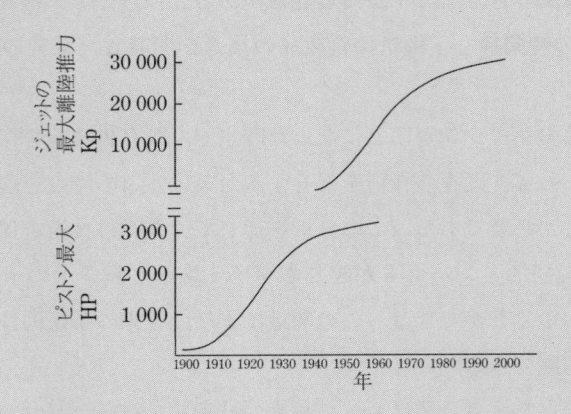

（図：縦軸上段「ジェットの最大離陸推力 Kp」10 000〜30 000，縦軸下段「ピストン最大 HP」1 000〜3 000，横軸「年」1900〜2000）

1. ジェットエンジンの離陸推力（Kp）の増加
2. 航空機用ピストンエンジンの馬力（hp）の増加

　もし，S曲線分析を1930年代に活用できたら，ピストンエンジンhpの技術限界は約3 800hpであると結論づけ，ジェットエンジンなどの競争相手の潜在的技術を調査したであろう。さらにS曲線分析を行えば，間違った技術への投資を防げたかもしれない。

　しかし1940年代の航空市場は急成長を遂げ，この時代は経験曲線理論が脚光を浴びていたため（経験曲線理論は航空工場で最初に開発された），経験曲線効果のためにピストンエンジンの研究開発費を増やし，製造工場への投資を拡大した。ジェットエンジン技術への移行が近いことを考えると，この戦略が企業にとって破壊的な結果をもたらした。

Source: Adapted from "Technology Life Cycles and Business Decisions," by T. H. Lee and N. Nakicenovic, 1988. *International Journal of Technology Management*, 3(4), pp.411-426.

CyanamidでのS曲線分析

　1983年に同社の農業研究所は，有機リン酸エステル殺虫剤技術のS曲線分析を行った。グラフで示されるように，独特なSカーブが描かれた。

　矢印はCyanamidが有機リン酸エステルの殺虫剤技術への投資をやめた1974年を示す。もし，CyanamidがS曲線分析を早く導入していたら1968年に投資をやめ，何百万

24. S曲線（技術ライフサイクル）分析　419

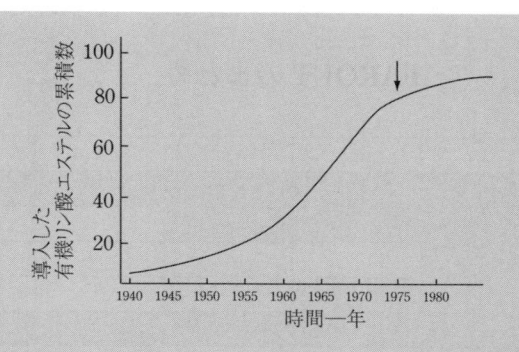

ドルという研究開発費を削減できていたはずである。

　技術は売上げや利益よりも早く成熟するので，早い時点で新技術に投資するリスクを負うが報酬はない。つまりCyanamidが成熟技術に投資しつづけたように，非論理的な技術戦略が下記の二つの理由から選択されてしまう。

1. 新しいS曲線の未発達期は平たんであり，大きなリスクがある。
2. 研究開発費のリターンを示すのは困難である。

　新しい技術への投資が要求されるのは，図の「マネジメントが不快に感じているゾーン」である場合が多く，「マネジメントの快適ゾーン」での投資は遅れた対応となる。研究開発で成功するためには，これを理解することが重要であり，S曲線分析はこの知覚的障害を取り除く役目をする。

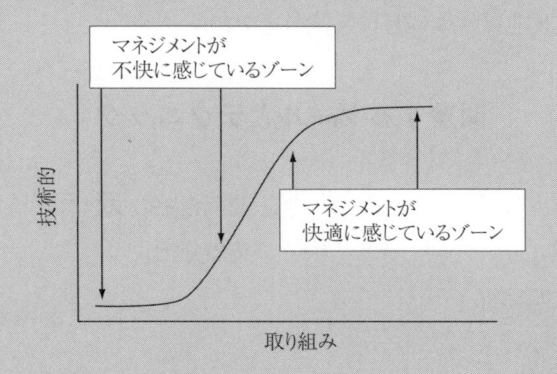

Source: *Research Management* by R. H. Becker and L. M. Spetz. Copyright 1986 by Industrial Res Inst Inc. Reproduced with permission of Industrial Res Inst Inc. in the format Intranet via Copyright Clearance Center. The Following conditions apply: credit research tech mgt and date on first page.

FAROUT のまとめ

	1	2	3	4	5
F	■	■	■	■	■
A	■	■	■		
R	■	■			
O	■	■	■		
U	■	■	■	■	■
T	■				

未 来 志 向 性　　高。技術の不連続性を明示的に解決できる未来志向的なツールである。

正　確　性　　中。将来の技術を主観的に評価し，製品技術に依存してしまう。「水晶玉をずっと凝視する」ようなものである。S曲線分析は分析者に経済全体の技術イノベーションをすべて考慮することを求めるが，潜在的な技術は広範囲に及ぶため困難である。S曲線分析は新技術予測のツールではなく，技術戦略の評価ツールとして使用されるべきである。

経営資源効率性　　低。分析に，多くの時間と費用がかかる。

客　観　性　　中から低。将来の技術パフォーマンスなど，分析者の主観的なインプットの影響を受けやすい。

有　用　性　　高。S曲線分析の推奨戦略を実行することは，企業の競争優位性を高める。

適　時　性　　低。S曲線分析は実行に時間がかかる。

関連するツールとテクニック

・ブラインドスポット分析　　　　・競争相手のプロファイリング
・経験曲線分析　　　　　　　　　・業界分析
・製品ライフサイクル分析

参 考 文 献

Becker, R. H., & Speltz, L. M. (1983). "Putting the S-curve concept to work." *Research Management, 16*(5), 31-33.

——. (1986). "Making more explicit forecasts." *Research Management, 19*(4), 21-23.

Foster, R. N. (1982a). "Boosting the payoff from R&D." *Research Management. 15*(1), 22-27.

——. (1982, May 24). "A call for vision in managing technology" *McKinsey Quarterly*, Summer 1982(b), pp.26-36.

———. (1986a). *Innovation: The attacker's advantage.* New York: Summit Books.

———. (1986b). "Assessing technological threats." *Research Management, 19*(4), 17-20.

Kuznets, S. (1930). *Secular movements in production and prices.* Boston: Houghton Mifflin.

Lee, T. H., & Nakicenovic, N. (1988). "Technology life cycles and business decisions." *International Journal of Technology Management, 3*(4), 411-426.

Levitt, T. (1965). "Exploit the product life cycle." *Harvard Business Review*, November/December, 81-94.

Moore, G. A. (1991). *Crossing the chasm: Marketing and selling high-tech goods to mainstream customers.* New York: Harper Business.

Nieto, M., Lopez, F. & Cruz, F. (1998). "Performance analysis of technology using the S-curve model: The case of digital signal processing (DSP) technologies." *Technovation, 18*(6,7), 439-457.

Pogany, G. A. (1986). "Cautions about using S-curves." *Research Management, 19*(4), 24-25.

Rogers, E. M. (1995). *Diffusion of innovations* (4th ed.). New York: Free Press.

Roussel, P. A. (1984). "Technological maturity proves a valid and important concept." *Research Management, 17*(1), 29-34.

Utterback, J. M., & Abernathy, W. J. (1975). "A dynamic model of process and product innovation." *Omega, 3*, 639-656.

セクション5　財務分析テクニック

25. 財務比率と財務諸表分析

　企業が発行しているレポートや会計諸表には，膨大な数の数字が含まれている。分析者は，どのようにして自分の企業あるいは競争相手が，効率的あるいは効果的に企業を運営しているのかがわかるのであろうか。これを判断する一つの方法に，財務比率と財務諸表分析 (financial Ration and Statement Analysis：FRSA) がある。財務比率と財務諸表分析により，マネージャは企業の競争における業績を理解することができる。

25.1　背　　　景

　総売上高と販売費との関係，および資産と負債との関係は，比率で測定される。比率は片方の数をもう片方の数で割ることによって算出される。比率には多くの種類があるが，これらはビジネスの五つの主要な局面，つまり流動資産，梃子（レバレッジ），資産回転率，収益および市場価値を反映するように，伝統的な分類がなされている。

　財務比率と財務諸表分析は，企業の財務状態および将来の競争を見通すための識見を得ることができるすばらしいツールである。分析者は，比率から現在の業績の評価，景気動向の判断，ビジネス戦略の評価をすることで，進捗状況を監視することができる。

1. **業績を評価する**　　比率は，期中の売上総利益，資産の利用および原価管理という点で，企業の業績を測定する分析ツールの役割を果たす。また，比率分析では，存在する資産と負債の構成を参照し，企業の資産の流動性および安定性を分析することができる。
2. **景気動向を調べる**　　比率分析では，比率を何年間かの結果に適用することにより，企業の既存のビジネス戦略の状況と背景の中で，その傾向と業績を評価することができる。
3. **ビジネス戦略を評価する**　　分析者は，ビジネス計画に比率を適用することによって，比率分析により代替のビジネス戦略との関連で，業績を評価できる。

4. **進捗を監視する** マネージャは，最適なビジネス戦略を選択したあと，選択した主要な比率の検討を続けることにより，進捗を監視できる。

比率分析は，企業の財務諸表の二つあるいはそれ以上の数字の関係を分析する技術である。実際の比率の結果は，企業の過去の業績や業界標準と比較した場合，さらに意味のあるものとなる。分析者は，個々の数字はあまり価値がないために財務比率を使用する。財務諸表の数字の真の意味は，ほかの数字と比較されたときのみ明らかになる。このような比較は，いかにビジネスおよび財務比率が展開されたかの真髄である。特に，財務比率は，企業の業績を業界に対して評価するために重要である（業界分析そして競争相手に対する業界の影響の詳細については，6章を参照）。

比率は，通常，企業の財務諸表より生成される。財務諸表は，多種多様な利用者にとって，企業に関する知識を得るためには不可欠なソースである。分析者以外で財務諸表を使用する人たちには，企業のマネジメントチーム，投資家，債権者，政府の監視機関が含まれる。財務諸表の情報を使用するのに，会計の知識がすべて必要であるというわけではない。しかし，それを効果的に使用するには，いくつかの簡単な概念と財務諸表の基本的かつ基礎的な特質を理解している必要がある。これらの基礎については，つぎに説明する。

財務比率および財務諸表の根底にある基本的な概念

会計等式は，財務比率および諸表を分析するのに不可欠な概念である。これらは資産に由来する資産に対する権利である。資産とは，売掛金，建築物，キャッシュ，設備，在庫品など企業が保有するものである。資産に対する権利には，負債および所有者の株主資本が含まれる。負債は，債務勘定，債券，支払手形，未払い税など企業がほかに対して負うものである。資本とは，事業に対する所有者の権利で，普通株，優先株，資本余剰金および内部留保という形式をとる。資産と負債および資本との間の基本的な関係を表現する等式は，会計等式と呼ばれるつぎの式で示される。

　　　資産＝負債＋資本

資産は，通常，つぎのような三つのカテゴリーに分類される。
1. 流動資産とは，1年以内にキャッシュに交換される予定の有価証券，売掛金，受取手形，在庫，前払い費用などやその他の資産である。
2. 固定資産（土地，建物および設備など）とは，比較的長期保有の事業用資産である。これらの資産は通常売却されず，製造あるいはほかの製品やサービスの販売のために使用される。この例には，設備，機器，事業用備品，土地および建物がある。
3. 繰延資産とは，企業の株や債券への証券投資，特許，フランチャイズ費用および著作

権などの無形資産である。

負債は，通常，つぎのような二つのカテゴリーに分類される。

1. 流動負債とは，債務勘定，見越し債務，支払手形など1年以内に債権者に返済しなければならない負債である。
2. 固定負債とは，1年以内に支払期日がこない債権者の権利である。このカテゴリーに含まれるのは，債券で保証された負債，長期の銀行ローン，不動産に対する抵当権である。

資本とは，事業に対する所有者の権利である。これは資産から負債を引いた残りである。この差は，事業での収益により増え，損失で減る。

財務諸表を研究する際に，これは異なる企業が使用するツールであるということを覚えておく必要がある。この章は，分析者の視点から記述されている。効果的な判断を下すためにマネージャが必要とする情報，およびその情報をどのように使用するかについて考えてみる。分析者が一般的に使用する諸表には，損益計算書，貸借対照表，財務状態の変化について記載した諸表および自己資本の変化について記載した諸表がある。

損益計算書は，会計期間と呼ばれるある期間における企業の経営結果である収入と費用を，利益と損失という観点から要約したものである。純益は，収入と費用の発生を測定することにより得られる。いくつかの理由から最も重要な財務諸表だと一般的には考えられている。特に，配当の調整や取引のあと，組織内の株主の利益がその期間に増えたかどうかが現れる。また，損益計算書は利用者が将来のキャッシュフローの額，タイミングそして不確実性を評価するのを助ける。

貸借対照表と損益計算書は，ほとんどの企業に共通な基本的な計算書である。貸借対照表とは，特定の日付に企業が企業に対し資産あるいは債務および自己資本を負っているかを詳述している計算書である。一部の分析者は，貸借対照表を企業の財政面での健康状態を示す写真に例えている。貸借対照表は，事業のあり方または複雑さによってかなり詳細である場合がある。

もう一つのグループの計算書は，資金がどのようにビジネス内でフローするかという概念に基づいている。自己資本の変動表としても知られている財務状況表は，企業がどのようにお金を獲得し使ったかを説明する助けとなる。自己資本の変動表は，期間の初めの自己資本の額と期間の終わりの資本の額のすき間を埋めるのに使用される。

25.2 戦略的根拠と意味

財務比率および財務諸表分析の主要な目的は，企業の財務の意思決定と業績を見抜くことである。これにより分析者は，推量，勘，直感を減らし，結果的には意思決定における不確

実性を最小限にとどめることができる。包括的な分析には，業界および経済の分析と組み合わせた財務比率，財務の履歴，および将来の成長見込みに関する詳細な計算が必要である。企業について分析すればするほど，企業およびその製品についてますます詳しくなる。

財務諸表からは有用な情報を得られるが，企業はさまざまな規模で多数あり，会計慣行も違うので，特に多国間にわたる企業と企業の業績を比較することや，また，単一企業の財務諸表でも，年を追って比較するのはかなり難しくなる。比率分析は，企業のさまざまな財務における特質を評価する有用なテクニックである。

分析者は，財務諸表に比率分析を適用することにより，同じ業界の類似する企業と比較し競争相手の成功，失敗，および長い間の企業の発展，また企業がどのように事業を行っているかを評価することができる。また比率分析により組織内部のマネジメントにおける，企業の強みと弱みを知ることができるようになる（8章を参照）。そして分析者が弱みを見つけた場合，修復不可能な被害をこうむる前に是正するアクションをとることを推奨できる。分析者が競争相手の業績に弱みを見つけた場合，企業は市場で弱みを利用することができる。

分析者は，比率の適切性をベンチマークを規準に，また比較の規準として評価できる。ベンチマークの主要なものは，つぎの三つである。一つ目は，企業自身の業績の履歴である。企業の今年の比率を何年か前のものと比較し，再考するのはつねに有用である。これにより分析者は，徐々に発展した好ましいあるいは好ましくない傾向を発見したり，定義した時間内に劇的に変化した数字を指摘することができる。

二つ目の分析としてのベンチマークは，企業を特定の競争相手と比較することである。競争相手が株式を上場している企業である場合，簡単に年次報告書を入手できるので，焦点の企業の比率を競争相手と比較することができる。このアプローチは，焦点の企業がなぜ特定の競争相手よりも業績が良かったり悪かったりするのかを特定するのに特に価値がある。比率のどこが違うかを識別することにより，焦点の企業が競争相手より，どこでよい結果を出しているのか識別することができる。

三つ目のベンチマークは，業界全体にわたっての比較である。ほとんどの業界や同業者組合では，メンバーの報告から組合がデータをまとめて業界平均比率を出している。多種多様なメーカが業界平均を出しているので，かなりの量のデータが簡単にインターネットや政府筋を通じて入手できる。Dun & Bradstreet と Robert Morris Associates は，営利目的で財務データを収集し，業界ごとに比率を計算し，結果を公開している企業の例である。業界平均が得られるだけでなく，しばしば企業の規模ごとにも分析されているので，その企業が平均からどの程度はなれているかを判断することができる。

財務比率や計算書の分析については，多くの有益性がある。それらは本章の参照部分で示唆しているが，課題として詳述している書籍もある。

25.3 強みと利点

　財務諸表分析は，債権者や投資家もよく行うが，組織の戦略や業績を解釈および評価しようとする戦略，および競争相手を分析する人たちの目的とは異なる。企業の財務状態を丁寧に分析すると，競争相手や戦略を分析するプロセスが大幅に改善される。財務データは企業の戦略，構造そして仕組みの実際および具体的な結果を示し，企業の戦略の選択肢が意味するところを理解する助けとなる。われわれは財務分析と財務諸表分析なしに，競争相手および戦略に関する包括的な分析をすることを想像することができない。

　また，財務分析と財務諸表分析は，大量の情報の過負荷ツールとして有用である。CIを扱ううえで，バラバラの情報の中からどのようにパターンを見いだすかということが重要な挑戦の一つになる。財務分析と財務諸表分析は，これを二つの方法で実現している。まず，財務分析と財務諸表分析は，財務データを管理可能な少量の意味のあるアウトプットに変換し，動的な損益計算書と静的な貸借対照表を一つの分析に統合している。

　財務比率分析のもう一つの利点に，その汎用性がある。企業内部の分析あるいはライバル（競合）企業分析や業界双方に対して簡単な分析を行い，扱いやすいものとなる。厳格に分析するには，一般的に各カテゴリーごとに二つあるいは三つの主要な比率を計算するのがよい。

　また，財務分析と財務諸表分析では，低コストの製造業，ニッチ市場の追及者，差別化の推進者などの汎用的な戦略を適用することにより，企業が成功する能力を判断することができる。分析者は，財務分析と財務諸表分析を本書で説明しているほかの関連するテクニックと組み合わせることにより，企業が戦略的にそして競争において成功する可能性の最も完全な姿を得ることができる。

25.4 弱みと限界

　分析者が，企業を分析するときに考えなければならない制限が財務比率にはいくつかある。

　財務比率は過去に発生した会計情報に基づいている。そのため財務比率は，価値ベースマネジメントの重要な構成要素であるキャッシュフローに関する直接的な識見は得られない。これは，その初期に資金回転率と資金需要が比較的に高い起業直後の企業にとってはなおさら重要である。

　企業を判断するために，一つの比率からは十分な情報は得られないので，多種のデータが必要である。これらのデータ源は，比率を業界標準や過去の企業の業績と比較したものであ

るかもしれない。長い期間にわたる企業内のトレンドも，分析者にとっては啓蒙的である場合がある。個々の比率の深い意味は，初期のサイズ（つまり分母）の大きさに反比例している傾向がある。したがって，初期のサイズが小さいときの大きな比率の変化は，分析する価値があまりない。同様に，負の分母から得た比率は丁寧に解釈する必要がある。

　会計担当者は，企業の成長および安定にとって，重要な項目を資産として含めない。おそらく社員の質は，多くの企業にとって最も重要であるが，これはバランスシートには反映されていない。財務諸表は情報化または知識化経済において競争優位の主要な源泉であり，ますます重要になってきているこれら無形資産を実質的に無視している。財務分析と財務諸表分析は，価値あるブランドを擁していたり，評判のよい企業，また知的スキルのある従業員やその他知的資産がある企業にとって，分析ツールとしては限定的である。

　すべての財務諸表の価値は同一ではない。入手できる限り，監査済みのものを使うべきである。監査済みの諸表を使用することで，財務情報の精度は向上する。しかし公開されている比率は，一株当りの利益（EPS）比率は別として，公に監査を受けているわけではないことを念頭に入れておく必要がある。

　業界のほかの企業と自社の財務業績を比較するのに，業界標準を使用することが重要であるが，その結果を解釈するには注意する必要がある。業界の比較に過度に依存する分析者は，Michael Porter が放射状の利益曲線で身動きが取れなくなっていると表現しているように（Porter, 1980），地獄の世界に自分の企業を導いてしまうというリスクがある。これがどのように起こるかを見るには，ライバル（競合）企業の半分が低コスト戦略を追及し，残りの半分が差別化戦略を追及している業界を考えて見ることである。あなたの企業の比率を業界の標準と比較することは，明らかに平均的な業績をターゲットとしていることを意味している。ターゲットである平均を実現できたとしても，企業は業界の利益曲線の最も下の点に追いやられてしまうことになる。一方，平均的な企業のコスト構造は，低コストの専門家のそれよりは高くなるであろう。もう一方で，優秀な企業は差別化の平均企業レベルをしのぐことになる。業界標準を過度に信頼することは，ベストプラクティスではなく，月並みなもののためにベンチマークを行っているといっても過言ではない。

　分析者は，業界標準を使用するとき，異なる業界グループを比較するときの問題を念頭に入れていなければならない。業界外のライバル企業の財務と直接比較することは，短期的にしか役に立たないことがある。選択した低コスト，差別化または集中戦略のおかげでライバル企業が業界の利益曲線の違うところにいるときでさえ，比較してしまうことがある。さらに，ほとんどの業界標準は，いくつかの財務諸表をまとめたものから計算されているため，事業区分が大きく異なるとき，あるいは多角化企業の財務成績と自社の財務成績を比べることは，大きな比較上の問題を引き起こしてしまう。

過去の企業の業績の内部比較に固定してしまうこともリスクを伴う。この例として，一見，十分な改善をしたことで満足しているが，実際は企業がより優れた成績を残したライバル企業に対し間違った判断をしていることがある。この問題は，相対的な競争上の業績の違いは短期的には苦痛にはならないが，長期の競争上のポジションには成長の早い市場で特に深刻な影響を与える。

閉鎖的な私的企業の財務諸表では，必要な一般的な事業活動費の記載に限定されているのとは対照的に，企業所有者の自由裁量が反映されていることが一般的である。分析者は，財務諸表に報告されている業績結果に対して，どのようなマネジメントを選択したかその影響について注意深く検討する必要がある。ときおりビジネスの状態を正確に現すために，かなりの調整を行い財務諸表を書き直ししなければならないことがある。

また，同じ会計手法を用いて財務情報を構築したかどうかということも考えなければならない。選択した会計手法によっては，損益計算書に報告されている損益や貸借対照表に記載されている資産価値に大きな影響が及ぶ場合がある。これは比較対象が海外の競争相手で，その競争相手が多国間で事業を展開しており，特に違う会計基準を使用している可能性があるときに関係する。ほかに技術的に配慮すべきことは，比較の妥当性をゆがめる可能性がある会計方針（減価償却期間，棚卸資産の評価，資本化の違い），勘定科目一覧，および会計年度の違いに目を光らせる必要がある。

企業の財務比率が業界標準と一致するように見えても，企業に財務またはほかの戦略マネジメント上の問題がないという意味ではない。例えば，業界の平均的な業績を凌駕（りょうが）することができる明確な差別化の機会を企業が無視してしまっている場合がある。また，そのときは企業の財務状態はよく見えたとしても，深刻な競争上の脅威によりそうでなくなってしまうことがある。つまり，財務比率分析は戦略管理を分析するのに非常に有用なツールであるが，多くの分析ツールを適用しても求める結果を得られないことがある。

25.5 テクニック適用のためのプロセス

財務比率分析の実行手順はいくつかのステップに分けることができる。まず，分析者が分析する適切な比率を選択する。つぎに，比率を計算するもととなる加工されていない的確なデータ源を探し出さなければならない。なお，これについては，より大規模なCIデータの収集プロセスについて説明しているほかの多くの書籍で詳しく説明されている。これに従って分析者は，比率の比較を行う。最後に，機会や問題をチェックする。

主要な比率の種類

主要な比率の種類はつぎのとおりである。

1. 活動または効率比
2. 梃子（レバレッジ）または支払能力比率の分析
3. 流動性分析
4. 収益性
5. その他（株主へのリターンまたは資本市場）の比率

活動または効率比

活動または効率比には，在庫比率，売上債権比率，固定または総資産の回転率が含まれる。

在庫分析を実行するのに使用される一般的な比率がいくつかある。在庫とは，顧客の需要を満たすために企業が手元においておく在庫品，部品，補充品やその他の製品である。事業の業種によって（つまり，小売，卸売り，サービス，製造），在庫管理を効率的に行うとキャッシュフロー，そしてやがては企業の成功または失敗に大きなインパクトを与えることがある。

1. 平均在庫投資期間　平均在庫投資期間（Average Inventory Investment Period）は，現在の在庫の残高を日々の製品売上げにかかる平均コストで割ることで算出する。

$$平均在庫投資期間 = \frac{現在の在庫の残高（Current Inventory Balance）}{日々の製品売上げ平均コスト（Average Daily Cost of Goods Sold：COGS）}$$

製品売上の日々の平均コストは毎年のCOGSを360で割ることにより算出する。

平均在庫投資期間は，在庫を購入するのに使用したキャッシュを在庫を売ることにより，ドル（円）か売掛金を通じてドル（円）キャッシュに変えるのにかかる時間で測定する。在庫の平均投資期間は，売掛金の平均回収期間と似ている。平均在庫投資期間を長くするには，在庫により多くの投資をしなければならない。在庫の投資を増やすということは，請求書の支払いなど，ほかのキャッシュの支払いで使用できるキャッシュが少なくなることを意味する。

2. 在庫の売上高比率　在庫の売上高比率（Inventory to Sales Ratio）は，在庫の残高をその月の総売上で割ることにより算出する。

$$在庫の売上高比率 = 在庫 / その月の売上げ$$

在庫の売上高比率は，企業のその月の売上げに対する企業の在庫への投資を見る。分析者は，在庫の売上高比率により，最近の在庫に増加があったかどうかを識別することができる。これとは対照的に，その期間について計算する唯一の利用可能な情報であった場合，平均在庫投資期間からは前年の投資情報しか得られない。

3. 回転率分析　回転率分析（Turnover Analysis）は，組織の在庫への投資を評価する最も基本的なツールである。回転率分析は，在庫全体を作り上げる個々の製品または製品グループへの企業の投資をみる。それから分析者は，在庫製品，製品グループへの企業の投資が多いか少ないかちょうどよいかを見ることができる。キャッシュフローの観点から見た場合，回転率分析を行うことは，在庫過剰の製品を探すのに特に有用である。在庫への過剰投資は，請求書の支払いなどほかの事柄に使用するキャッシュを減らしてしまうということを念頭に入れておく必要がある。在庫の回転率の計算式は，つぎのとおりである。

　　　在庫の回転率＝売上げ／製品の在庫

　回転率分析は，平均在庫投資期間により作られた平均的予測をはるかにしのいでいる。現在，手元にあるもの，売った数，各製品が売れる割合と関連する手元にある数を考慮に入れ，分析者は回転率分析で個々の製品やその区分を見る。したがって回転率分析は，キャッシュフローの問題を生む在庫で過剰投資となっている在庫製品を正確に特定するのに使用できる。

4. 売掛金勘定　まだ支払いを受け取っていない売上げのことを指す。企業が顧客に対する信用を拡大すると，売掛金勘定（Accounts Receivable）がキャッシュ流入の源泉として，最も重要で唯一のものとなる。

　つぎの分析ツールを使用して，企業の事業の売掛金勘定がキャッシュフローに与えている影響を判断することができる。

　平均回収期間は，平均売上高をキャッシュに変換するのにかかる時間の長さを測ることで，売掛金勘定と企業のキャッシュフローとの関係を定義することで求まる。平均回収期間が長いのは，売掛金勘定により多く投資しているからである。売掛金勘定により多く投資をするということは，請求書の支払いなどキャッシュの流出をカバーするのに使用できるキャッシュが減ることを意味する。

　平均回収期間は，現在の売掛金勘定の残高を1日当りの平均売上高で割ることで算出する。式はつぎのとおりである。

　　　平均回収期間＝現在の売掛金勘定の残高／1日当りの平均売上高
　　　1日当りの売上高＝年間売上高／360

　売上高に対する売掛金比率は，売掛金勘定を総売上高で割ることで算出する。

　　　売上高に対する売掛金比率＝売掛金／総売上高

　売上高に対する売掛金比率は，売上高に関連する企業の売掛金勘定への投資とみる。売上高に対する売掛金比率は，売掛金が最近増えたかどうか分析者が識別する助けとなる。それ

とは対称的に平均回収期間は，計算に使用する情報が制限されている場合，前年の売掛金の情報しか出せない場合がある。売上高に対する売掛金比率では，簡単かつ迅速に売掛金への最近の変化を調べることができるとともに，事業の売掛金と関係するキャッシュフロー上の問題をすばやく特定することができる。

売上高に対する売掛金比率のもう一つの形態に，売掛金回転率（Accounts Receivable to Sales Ratio）がある。これは企業が信用の売上を回収するのにかかる時間の平均を測定する。これはつぎの式で算出する。

$$売掛金回転率 = 売掛金 / 1日当りの平均売上高$$

5. 資産回転率　これは（貸借対照表上の）企業の資産に対する（損益計算書上の）売上高の割合である。これは企業が，売上高を上げるために資産をどのように有効活用しているかを示す。一般的にこの率が高いほど，企業は，総売上高が各ドル（円）を資産として拘束していないことを意味するので，よい状態であることを示している。この率が下落しているということは，工場，設備やその他の固定資産に過剰投資をしていることを示す。利益幅が薄い企業は，資産の回転率が高い傾向にあり，利益幅が厚い企業は資産回転率が低い傾向にある。これは価格戦略を示唆している。

$$資産回転率（Asset Turnover）= 収益 / 資産$$

（バランスシート上の）総資産に対する（損益計算書上の）総売上高の比率は，収益を生成するための在庫または固定資産だけでなく，企業がすべての資産をどの程度効率的に使用しているのかを示す。資産回転率が高ければ高いほど，総資産利益率（ROA）が高いということがわかり，これは薄い利益幅を補うことができる。比率を計算する際に，会計期間の始まりと終わりに総資産を平均化すると総資産を計算するのに有用である。

梃子（レバレッジ）あるいは支払能力比率分析（Leverage or Solvency Analysis Ratios）

この比率のグループは，企業が直面する財務上のリスクの度合いを分析者が評価する助けとなる。この状況における財務上のリスクとは，キャッシュフローにかかわらず企業が支払わなければならない債務責任のことを意味する。分析者は，これらの率を見ていくことにより，企業の債務のレベルを評価でき，このレベルが適切であるかどうか判断することができる。一般的に使用される支払能力比率は，自己資本に対する債務，資産に対する債務，固定費の範囲および金利負担能力である。

1. 自己資本に対する債務の率（Debt to Equity Ratio）　自己資本または正味資産に対する債務の比率は，リターンを増やすのに企業が使用している借入資本をテコにして自己資本

利益率を高めることすなわち財務梃子（レバレッジ）の度合いを示す。これは債権者が提供する資金と所有者が提供する資金との基準を提供する。

自己資本に対する債務＝負債総額／自己資本総額

自己資本に対して債務が上昇していることは，在庫または固定資産の購入が原因の債務を，さらに増やすことはやめるべきであることを示唆している。

この率を改善するには，債務を返済するか，貸借対照表の日付以降まで企業にとどまっている収益の額を増やす。例えば，内部留保を増やすために貸借対照表の日付以降に支出を一定期間保留することができるか，ボーナスはどうか，予定しているボーナスの支出を延期する，などで効果的に内部留保を増やすことができる。別の例として，企業は貸借対照表の日付前に回転債務（Revolving Debts）（信用枠など）を返済し，貸借対照表の日付のあとに再度借りることを検討する場合がある。

2. 資産に対する債務の比率　資産に対する債務の比率（Debt to Assets Ratio）は，企業の所有者から調達した資産の割合に対する債権者から調達した資産の割合を示す。過去の例から，資産に対する債務の割合を50％未満にするのが賢明であると考えられている。割合が高いということは，梃子（レバレッジ）の酷使が示唆され，債務能力上問題がある場合がある。資産に対する債務の率の計算式は，つぎのとおりである。

資産に対する債務＝負債総額／資産総額

この割合を改善するということは，企業の資産の価値を増やす措置を講じること，あるいは債務を返済することを意味している。例えば，分析者は在庫やほかの資産に，現在よりも高い価値を付けることができないかを考える場合がある。債務を返済する道を選択した場合，同時に現在の割合と資産に対する債務も改善される。

3. 固定費の範囲　これは固定費回転倍数（Times fixed Charges Earned）とも呼ばれることがある。結果の数字はすべての種類の固定費返済義務を企業が満足させる能力があるかどうかを示す。数字が高ければ高いほどよい。

$$固定費の範囲（Fixed\ Charge\ Coverage）＝\frac{税引き前利益および利息＋リース債務}{利息総額＋リース債務}$$

企業が固定費返済義務を果たすことができない場合，企業の健全さを脅かす。多くの資本融資契約には，企業が特定のレベルでこの割合を維持しなければならないと規定しており，それは返済を続けることが可能であるという保証を貸し手に与える。

4. 金利負担率　これは金利回転比率（Times Interest Earned Ratio）とも呼ばれることがある。これは固定費回転比率（Times fixed Charges Earned Ratio）とも非常によく似てい

るが，より限定して債務支払能力の利息部分に焦点を当てている。

$$\text{金利負担率（Interest Coverage Ratio）} = \text{営業利益} / \text{支払利息}$$

営業利益と支払利息の割合を比較することにより，分析者は企業運用の収益で何回企業の金利債務を補うことができるかを測る。この割合が高ければ高いほど，企業に対する衝撃を和らげるものは大きく，利子の支払い能力が高いことを示す。この割合が長期的に見て減っている場合，財務リスクが増大していることを強く示唆している。

流動性分析率（Liquidity Analysis Ratios）

この割合は，資産をキャッシュに変える容易度を示し，流動比率と当座比率を含む。流動性比率は，運転資本を測定しているので運転資本比率と呼ばれることもある（流動資産と流動負債の違い）。これらの三つの流動性比率を全般的に見た場合，特に企業が資産の資金調達に債権者の資金を使用しているとき，その程度にかかわらず高ければ高いほどよい。

1．流動比率 流動比率（Current Ratio）とは，財務的な強さを測定する最も一般的な手段の一つである。企業が短期の債務を支払う能力があるかどうか見るのに，よい指標となる。

$$\text{流動比率} = \text{流動資産総額} / \text{流動負債総額}$$

この比率が解決するおもな問題は，「企業には，棚卸差損や回収可能金など，流動資産のロスが安全な範囲にあり，流動負債を支払う十分な流動資産があるのか」ということである。この比率が高ければ高いほど，企業にどれだけ流動性があるのかを示す。一般論では，容認できる流動比率は2：1であるといわれている。しかし特定の比率が満足できるものであるかどうかというのは，企業のあり方とその流動資産と負債の特質にもよる。容認できる最低の流動比率は1：1であるが，これは潜在的なリスクや問題があることを示唆している。

2．当座比率 当座比率（Quick Ratio）は，酸性試験（Acid Test）比率と呼ばれることもあり，流動性を計測する最良の方法の一つである。これは，企業がどれだけ早く資産をキャッシュに変えることができるかを示している。

$$\text{当座比率} = \text{現金} + \text{政府発行有価証券} + \text{売掛金} / \text{流動負債総額}$$

当座比率は，流動比率より優れた測定である。在庫を除外し，価値が比較的確実な高度流動資産に集中するので，「すべての売上げ収益がなくなってしまったら，自分の企業は手元にすぐに交換できる"当座"資金で，現在の債務を支払うことができるのか？」という質問に回答する助けとなる。

自分の企業のほとんどの"当座資産"が受取勘定に入っていて，当座の負債を支払うた

めの売掛金勘定の回収パターンがスケジュールよりも遅れている場合以外は，1：1の酸性試験で十分であると考えられている。

3．運転資金　運転資金（Working Capital）とは基本的に，企業が事業を構築したり，成長に投資したり，株主利益を創造するのに，現在どれだけ資金があるかを表すものである。

流動資産と流動負債を見る最良の方法は，これらを運転資金と呼ばれるものに統合することである。運転資金はプラスである場合もあり，マイナスである場合もある。企業に十分な運転資金がある場合，購入する必要があるものに対して，支払いをする十分なキャッシュが手元にある健全な状態だということができる。企業の運転資金がマイナスである場合，流動資産よりも流動負債が多いということを意味し，プラスの運転資金を持つ企業として積極的に消費する能力が不足している。ほかの条件が等しければ，運転資金がプラスの競争相手は運転資金がマイナスの競争相手よりもつねに優れている。

　　運転資金＝流動資産－流動負債

収益性分析比率（Profitability Analysis Ratios）

企業の収益性の変化と収益性を評価するのに使用できる比率がもう一つある。これらの比率は，企業の財務的な成功において，おそらく最も重要な指標の一つである。これらの比率は，企業の業績と成長の可能性を実証することができる。これらの中の最も一般的なものに，総資産利益率（Return on Assets：ROA），株主資本利益率（Return on Equity：ROE），利幅（グロスあるいはネットのいずれかの形態），および資産回転率があり，いずれも対象の企業がどれだけ収益を上げているかを評価するために使用する。

1．総資産利益率　これは総資産に対する純利益の比率である。これは基本的に，企業が資産を使用して利益を生むのに，どの程度うまくやっているかを測定する。これは，売上純利益（売上げに対する純利益の比率）と資産回転率（総資産に対する売上の比率）の二つの比率の組み合わせと見ることもできる。資産に対するリターンが多いということは，利幅が多い，資産の回転が速い，またはこの二つを組み合わせて行っている場合がある。

　　総資産利益率（ROA）＝純利益／資産

（損益計算書からの）純利益と（貸借対照表からの）純資産または株主持分に対する比率は，会計期間において，企業が投資から得たものを示す。この比率はしばしば，投下資本利益率（ROI）と呼ばれる。

2．株主資本利益率　企業のROEと同じ会計期間内に，株式市場で得ることができたかもしれないものを比較することができる。長期で見た場合，より消極的な投資である銀行

預金と少なくても同じ程度のリターンを企業は生成していなければならない。ROEが高いということは，ROAが高いということであり，借入金融を広範囲に使用している，またはこの二つを組み合わせて行っている場合がある。

株主資本利益率（ROE）＝純利益／自己資本

ROEとROAの両方を分析する際に，資産の帳簿価格に対するインフレを念頭に入れて行う。財務諸表の資産はすべて帳簿価格で記されているので（つまりもとの価格から減価償却を引いたもの），多くの古い資産の取り替え価値が帳簿価格よりもかなり高い場合がある。古い資産を所有している企業は，一般的に，新しい資産を使用している企業よりもリターンの割合が高くなければならない。

3. 売上総利益　売上総利益（Gross Profit Margin）とは，売った製品のコストを引いたあとの売上高の額である。企業の売上総利益が徐々に減っているということは，在庫管理を改善しなければならないということを意味している場合がある。さもなければ，販売価格は販売している製品のコストほど早く上昇しない。企業がメーカなどの場合，製造コストは価格よりも早く上昇し，いずれか（または両方）で調整をしなければならないことを意味している場合がある。

売上総利益＝総利益／売上高

売上純利益は，分析者に企業の最終的な収益を示す。例えば，ビジネスから撤退するのに，売上げで得たドル（円）のどの程度を利用できるのか，あるいは配当としてどの程度受け取ることができるのかなどである。おそらく最も見慣れている数字であり，この比率は法人税および利息を含む企業のすべての支出を考慮に入れている。

目先が利く分析者であれば，過去の業界標準から判断して，企業の採算の幅がどの程度であるか予想することができる。企業がこの目標を実現できない場合，非現実的な目標を設定したか，可能な限り効率的または効果的なマネジメントを行っていないことを意味している場合がある。しかし比率自体は，企業の誤りを指摘していない場合がある。この問題を正すには，粗利益や売上高営業利益率を見るのがよい場合がある。

企業が目標を実現できた場合でも，分析者はつねに採算に気を配っている必要がある。これが下がることがあった場合，コストが高くなりすぎているかどうか企業は考える必要がある。

利益の絶対的なレベルは，ビジネスの規模を示唆している場合があるが，それだけでは企業の業績についてはあまり多くがわからない。利益は事業に投資した資本の量や総売上高と比較する必要がある。

利益率は，必然的にそのときのビジネス環境を反映する。したがって，一つの企業の収益の傾向を長期にわたってみる場合，ビジネス環境や景況にもつねに考慮に入れる必要がある。同じ業界にあるほかの企業と比較することは，同じビジネス環境においてほかの企業がどのようにうまくマネジメントをしているか知ることができる。

その他の分析比率（資本市場または株主へのリターン）

資本市場または株主へのリターンの比率を使用することは，戦略または競合分析を目的とするよりも，投資家にとってのほうがおそらく重要である。これらは，業績を測るための手段としてよりは，投資のための手段であると一般的に考えられている。

1. 一株当り利益（EPS） これは一株の価格を指図する唯一の，そして最も人気のある変数の一つであり，企業の収益性を示す。

$$一株当り利益（EPS）＝\frac{純利益－優先株の配当}{平均発行済み株式}$$

企業の収益とは，売上げまたは投資からの収入から支出を支払ったあとの合計である。企業がどのように運営されているかというのは，企業の収益を理解するうえで重要な要素である。新製品を作るのに大量の経営資源を投入している企業は，現在の収益は少ない。しかし，その製品が顧客の人気を得始めたら，利益は急上昇し，収益も急激に上がる場合がある。現在はかなりの収益があるが，その間，それを持続するためになにも投資を行っていない企業は，将来大きな問題を抱えることになる場合がある。

2. 株価収益率 これはしばしば倍数（The Multiple）とも呼ばれている。

$$株価収益率（Price/Earnings：P/E）＝1株の現在の市場価格／一株当りの収益$$

一株当りの純利益の数字は，通常，前の四半期のものが使用されるが（前期 P/E 比），つぎの四半期に予想される収益の推定（予想 P/E 比）または前とその前の四半期と以降の二つの四半期の合計の推定が使用される場合もある。

だいたいの場合，P/E が高いということは，将来における予想利益が高いことを意味する。P/E 比率自体からは実際に多くを知ることができないが，同じ業界のほかの企業の P/E 比率を比較したり，市場全般と比較したり，企業の過去の P/E 比率と比較することは有用である。

比率または測定の比較の方法

比率は一つだけでは意味がないということは強調しても強調しすぎることはない。いい換えれば，比率を比較するということは，効率的な財務分析には非常に重要であるということ

である。分析で近視眼的にならないようにするには，業界標準，推移分析／内部のベンチマーキング，外部のベンチマーキングアプローチを比較検討することである。

財務比率を使用する基本的な方法は二つある。まず，企業の比率を業界内のほかの企業のそれと比較することである。もう一つは，企業の比率を企業の過去の比率と比較することである。

業界内比較　業界内で比較をするとき，企業の業績を競争相手と比較してみる。企業をほかと比較すると，経営の効率性になんらかの違いがあるとき，問題が露呈する。問題が明らかになったら，企業はそれを正すための措置を取ることができる。これらの業界平均は，Dun & Bradstreet の Key Business Ratio などの出版物から得ることができる。

業界内の類似する企業の比率と比較したい場合，分析者は業界情報を見る必要がある。業界に関する情報を得られる一般的なソースをつぎに示す。

- Annual Statement Studies　Robert Morris Associates によって出版されたもので，150部門以上を毎年計算して出した 16 の財務比率を含む。各部門は四つのカテゴリーに分類される。
- Dun & Bradstreet は，100 部門以上を毎年計算して出した 14 の比率を提供している。
- The Almanac of Business and Industrial financial Ratios は Prentice-Hall によって出版されている。この研究は，22 の財務比率の業界平均を掲載している。約 170 の企業と業界が掲載されている。
- The Quarterly financial Report for Manufacturing Corporations　Federal Trade Commission と Securities and Exchange Commission によって共同で出版されている。この研究は，業界グループと資産別のカテゴリーで貸借対照表および損益計算書に関する情報を提供している。
- 同業組合や個々の企業は，自分の業界の比率を計算し分析者に提供している。
- Standard & Poor の工業統計と企業情報
- 価値部門投資調査
- インターネットから入手できる公開されている財務諸表には，上記の情報源で扱われていない企業の情報がある。

特定の業界のかなり規模が違う企業を扱う場合，百分率財務諸表を作成すると便利である。通常使用される規模は 100 である。この手順は，競争相手が業界標準から逸脱しているとき，それを識別するのに役立つ。この現象を引き起こしている原因を理解するのに，分析者はこれを使用するとより洗練された質問ができるようになる。

長期にわたる業績　分析者は，企業の現在の業績を過去数年間のものと比較することによって問題を特定することができる。これにより，問題の是正とその経過がうまく行ってい

るかどうかわかることができる。過去の傾向を見ることにより，企業が目的を達成するのにどれだけ効率的であるか判断できる。比較をするとき，必ず同じ時間枠を使用する。同じ時間枠を使用しないと，景気後退や季節変動による影響が原因で判断や結論が誤ったものになってしまうことがある。

この時点で分析者の助けとなるもう一つの方法は，財務分析と財務諸表分析の外に分析方法タイプでないものとの情報を組み合わせる方法がある。

いままでに説明したすべての比率の種類は，会計等式の根本的な構成要素と関係している。

$$資産 = 負債 + 自己資本$$

この等式は，企業の収益を診断する Du Pont の公式を通じて利用できる。Du Pont の公式は，自己資本収益率を成分に分解する。

$$ROE = 資産収益 \times レバレッジ$$
$$= 利益幅 \times 資産回転率 \times レバレッジ$$
$$= \frac{純利益}{売上高} \times \frac{売上高}{資産} \times \frac{資産}{自己資本}$$
$$= \frac{純利益}{自己資本}$$

分析者は，この式で長期にわたる自己資本収益率の業績の中間的な意味を判断する方法を得ることができる。分子の値の数が増えるということは ROE に正の影響を与え，数が減るということは負の影響を与える。Du Pont の公式の分子の場合は，逆の関係がある。純益の差が最終的な ROE を決定する。これは企業の ROE の構成要素の動力となっているおもな力をさらに調べるための手がかりとなる。

・利益幅の低下は，市場でのポジションおよび需要の低下とコスト制御が下手であることを示す。
・資産回転率の低下は，運転資金の運用管理の悪化，売上げの低下または固定資産の集約を示す。
・梃子（レバレッジ）の変化は，次善のリスク局面を負っている場合のみマイナスである。さもなければ，梃子（レバレッジ）の増加は支障なく ROE を増やす。

Du Pont の公式は，競争相手の財務分析をするときの統合的なアプローチともなる。特に，競争相手の財務情報を理解するうえで非常に簡明な方法である。分析者は，Du Pont の公式と戦略グループという概念を統合することにより，業界構造と関係する財務成績のマップを作成することができる（Sammon et al, 1984）。さらに，この種の分析を磨いて，各戦略グループ内の企業をさらに詳細に分析することができる。図 25.1 には，典型的な戦略グループが示

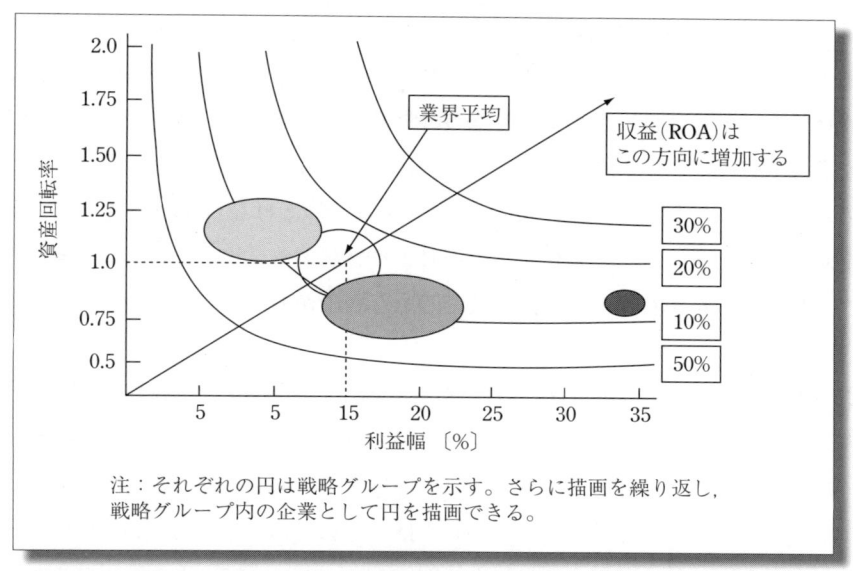

図 25.1 戦略グループ Du Pont 収益マトリックス （Source: Adapted from *Business Competitor Intelligence: Methods for Collecting, Organizing and Using Information*, by W. L. Sammon, M. A. Kurland, R. Spitalnic, 1984, New York: John Wiley & Sons.）

されている。

分析者は，資産回転率対利益幅の ROA 計算式のパラメータに従って，さまざまな戦略グループを図示することで，戦略グループがどのように経営資源で競争しているか知ることができる（図 25.1 を参照）。そこから各戦略グループ内の企業を比較する図を構築することができる。これらの図は，変数をマネジメント可能な数に減らし，より詳細な CI の方向を指示する強力な基礎となる。財務比率戦略グループマップは，業界構造の一局面を描画する重要な財務比率の説得力のある視覚的なマップを提供する。

連結およびセグメント分析

公開企業は，財務諸表を連結だけでなくセグメントについても報告するよう法律で義務づけられている。ほとんどの国では，公開企業に企業の三つの四半期の収入に関する十分な情報を提供するよう求めている。しかしセグメント情報が競争上機密であるという理由から，公開企業のほとんどは法の精神に従うよりは法律の条文に従っている。つまり，一般に情報を公開することよりも，所有権に関する懸念のほうが大きい。したがってセグメント情報は各セグメントの収入，純利益，総資産の最小限の情報しか含んでいない。この不十分な情報に唯一補足されているのは，業界に関する情報と工場と顧客がどの地域に分散しているかということだけである。

多角的なライバル企業と比べるとき，連結の情報よりもセグメント情報のほうが確かに価値はあるが，それに依存してはいけない。セグメントの収益は社内振替価格から得るものであり，正確性と比較可能性は最小で，外部の分析者には原価配賦の基準がわかりにくい。

連結財務諸表にセグメント情報を調整あるいは統合し直さなければならないにもかかわらず，セグメントデータは多くの比率を計算する十分な情報とはならない。さらに，分析者は，比率を計算できるときでも，多角化企業の同じような部署や業務を比較するとき，セグメントデータで比率分析を実行する際に，ここで示した制限があることを認識していなければならない。

企業の財務諸表は，分析の開始地点でしかあり得ない。例えば財務諸表で売掛金勘定が，この数年間でかなり下落していることを示している場合，企業が（良い意味で）より積極的にその回収に取り組んでいるか，あるいは（悪い意味で）回収不能として時期尚早に帳簿から消していることを意味している。個々の数字は，それ自体で良いあるいは悪いということはできない。分析者は悪い原因の背景にある問題を調べなければならない。肝心なのは，傾向や変則性を探るために財務比率と財務諸表分析を使用し，さらに調査を行いフォローアップを行うことである。

状況を完全に把握するためには，市場で競争優位のもととなる可能性がある企業の製品，人，技術およびほかの経営資源の情報をさらに収集する必要がある。補足情報を得る最もよい情報源の一つに年次報告書の財務とは関係のないセクションがある。通常，年次報告書の冒頭にあるこのセクションには，トップマネジメントが企業の未来と競争する能力をどのように見ているかが書かれている。

財務分析と財務諸表分析は，より大きな統合された財務諸表の分析計画の重要な一部である。この計画には，つぎの主要な手順を含んでいる必要がある。

1. 財務諸表分析の目的を決定する。
2. 企業が業務を行っている業界の現在そして将来の経済状況を再検討する。
3. マネジメントと企業の会計方法の情報を収集するため，年次報告書と規則による提出物を調べる。
4. 本章で説明した方法を用いて，財務諸表を分析する。
5. 最初の目的に基づいて結論を出す。

FAROUTのまとめ

	1	2	3	4	5
F	■				
A	■	■	■		
R	■	■	■	■	■
O	■	■	■	■	■
U	■	■			
T	■	■	■	■	■

未来志向性 低。財務比率分析は過去の情報と過去の傾向の分析に基づいている。

正 確 性 中。インプットに対する正確に識別した戦略グループ，会計方針，国の会計原則（Generally Accepted Accounting Principles：GAAP）制度，時間枠などの収集物の比較可能性などによる。また，分析者がこれらの注記事項をどのように理解しているかにもよる。さらに収益管理や「粉飾」などの問題により，インプットが本来の目的を測定しない分析結果になってしまうことがある。

経営資源効率性 高。財務比率分析は，方法も非常に体系的に確立されており，インプットの変数も自由に入手できるのであまり投資が必要ではない。

客 観 性 高。公の監査を通ったインプット変数に基づいている高定量分析である。

有 用 性 低から中。財務比率分析は，過去の情報に基づいた現象のみを識別する。そのため，すでに起こっているか発展中の問題を分析者が得てしまう遅行指標であるということができる。これらが将来の戦略の手引きとなることはあり得ない。

適 時 性 高。すでに利用できるようになっているほとんどの公開企業のデータを使用し，財務分析をほかの方法より早く実行できる。公開企業に求められている量的な財務データの公開を求められていない私企業の場合は，時間がかかることがある。

関連するツールとテクニック

- 職務能力と経営資源分析
- 戦略グループ分析
- 持続的成長率分析
- 価値連鎖分析
- 業界分析
- 戦略的資金プログラミング
- SWOT分析

参 考 文 献

AICPA Web site at www.aicpa.org/cefm/index.htm

Atrill, P., & McLaney, E. (1997). *Accounting and finance for non-specialists* (2nd ed.). Englewood Cliffs, NJ: Prentice-Hall.

Beechy, T. H., & Conrod, J. E. D. (2000). *Intermediate accounting.* New York: McGraw-Hill Ryerson Limited.

Foster, G. (1986). *financial statement analysis* (2nd ed.). Englewood Cliffs, NJ: Prentice-Hall.

Fraser, L. M., & Ormiston, A. (2001). *Understanding financial statements* (6th ed.). Upper Saddle River, NJ: Prentice-Hall.

Internet finance Resources Web site at www.lib.lsu.edu/bus/finance.html

Porter, M. (1980). *Competitive strategy.* New York, NY: Free Press.

Revsine, L., Collins, D. W., & Johnson, W. B. (1999). *financial reporting and analysis.* Upper Saddle River, NJ: Prentice-Hall.

Sammon, W. L., Kurland, M. A., & Spitalnic, R. (1984). *Business competitor intelligence: Methods for collecting, organizing and using information.* New York, NY: John Wiley & Sons.

Schoenebeck, K. (2001). *Interpreting and analyzing financial statements* (2nd ed.). Upper Saddle River, NJ: Prentice-Hall.

The financial Data finder, Ohio State University. Web site at
   www.cob.ohio-state.edu/dept/fin/overview.htm

The Syndicate finance Web site at www.moneypages.com/syndicate/finance/

Van Horne, J., & Wachowicz, J. (1998). *Fundamentals of financial management* (10th ed.). Englewood Cliffs, NJ: Prentice-Hall.

26. 戦略的資金プログラミング

戦略的資金プログラミング（Strategic Funds Programming）は，企業の目的，戦略およびプライオリティの定義，企業の目的と一致する潜在的な戦略の範囲を明らかにすることであり，どの戦略プログラムを追及するかの決定，正式な資本予算および制御システムを通じて経営資源および責任の割り当てを選択するためのプログラムを実施することである。また，戦略の構築と実施との間を結合する正式な戦略計画プロセスである。

26.1 背　　　景

企業にとって既存の戦略を追及するのと同時に，新しい戦略を追求することも重要である。環境や需要が変化するのに伴い，古い戦略の効率も徐々に悪くなっていく。将来の繁栄を確実にするには，あるいは生き残ろうと思うのであれば，確立された戦略が崩壊してしまう前に，新しい戦略を積極的に構築する必要がある。しかし，戦略の構築を助ける戦略理論は多数あるが，分析者は，経営資源をいかに配分して，実行するために構築する少数の戦略を指導する。

戦略を実施することは，長い間，競争および戦略理論において弱い関係にあった。これが非常に抽象的であるとの理由で，マネージャや意思決定者は，しばしば不満をもらしてきた。慎重に決めた企業戦略が，効果的な実施方法がないために完全に失敗してしまうことがよくある。多くの戦略理論では，これが一般化されてしまい，実施が非現実的なものになっている。不満の理由は，つぎのとおり多数でまたさまざまである。

- **ビジネス戦略は基本的に社会学である**　　基礎および応用科学とは異なり，ビジネス戦略には世界的な慣行のようなものはない。人間性や不穏な環境などの制御不可能な要因が採り入れられることにより，ビジネス戦略の研究は科学というより芸術といってもよいくらいである。
- **将来をあまり見据えていない**　　ほとんどのマネージャが確立された過去の会計システムの拡散的な影響により，結果として，短期の結果とつぎの四半期の財務結果にこだわることになってしまう。さらに，マネージャは，日々経営に挑戦するその責任に注意を

払っていなければならないため, 長期計画または戦略計画を軽視してしまうことがある。
- **優先順位の規準が欠如している**　短期の事柄にとらわれてしまうことを拒絶することに成功した少数の企業でも, 戦略計画のさまざまな構成要素の相対的な重要性を判断するしっかりとした枠組みが欠如していると, 取るべき最適な行動がしばしばあいまいになってしまう。
- **組織の構造が欠如している**　多くの企業には豊富な人材がいるが, それでも戦略計画の実施には失敗している。これは組織構造やシステムがおそまつなものであるというところにさかのぼることができる。戦略を構築しても仕事は半分しか終わっていない。企業は最も価値のある経営資源である人材を利用し, 夢を現実に変えなければならない。これを実行するためにふさわしいツールをマネージャに提供しないと, 戦略は走路の半ばで停止してしまうことになる。

　なぜ長期計画がうまく実施されないかの理由として, 上手な論理的説明がある。つまり, 目的をマネジメントするには, マネージャには見通しの枠を構築するとともに, 意思決定の枠組みが必要である。ここで, 実務における判断をマネジメントするパラメータを考えてみる。多くの企業では, 効率性をマネジメントするために必要な実務変数のマネジメントには卓越している。これは, 予算, 実務マネジメントおよびマネジメントが業績の測定と補償システムにしっかり結びついた意思決定の枠組みがあることを考えた場合, 驚きに値しない。これらのメカニズムのすべてが, 特定な財務および実務的なゴールのために取ることのできる行動とインパクトの間の明示的なリンクとなる。したがって, マネージャは, 競合する経営資源を配置する機会の間で, トレードオフの関係を克服するために必要な資源を与えられていることになる。

　これとは対称的に, 戦略計画には, マネージャが長期の計画を実施するために必要な, しっかりとした意思決定の枠組みがない。戦略計画は, 競合する経営資源を配置する機会の間で, トレードオフの調整を行う基礎をマネージャに提供していないことになる。つまり, 一般的に「はっきりとしない」練習になっている。

　戦略的資金プログラミングは, 戦略の構築と実施との間に基本的なリンクを提供することにより, この空白部分を埋めるように設計されている。マネージャは, 戦略的資金プログラミングを実行することにより, 効果的な長期の判断をするためのツールを与えられたことになる。マネージャは, 長期の目的をマネジメントするために, 体系的な意思決定の枠組みで武装することで, 戦略を成功に導くために必要な長期にわたる資源の配分をめぐるトレードオフな戦略がよりうまく正しく識別できるようになる。

26.2 戦略的根拠と意味

　計画のサイクルを立案する一般的な方法は，**図 26.1** のとおりである。最初の段階は戦略の構築であり，つぎに戦略的資金プログラミング，そして最後に予算編成である。スループットがだんだん狭くなっていくのは，一般から特定へと連続するサイクルのため範囲が狭くなっていることを反映している。企業は，しばしば計画サイクルのごく初期に戦略を構築するが，特定の戦略を導入するための手引きは最後の段階でしか与えられない。つまり，毎年の年度予算のプロセスでは，翌年の特定な目的，ゴール，経営資源の配置，組織のツールしか起草されないことになる。したがって，最初の段階での正式な計画と三番目の段階での予算編成では，多大な焦点が当てられている。プロセスのどこかで，戦略的資金プログラミングは，混沌とした状態の中で，失われるか見落とされていることになる。

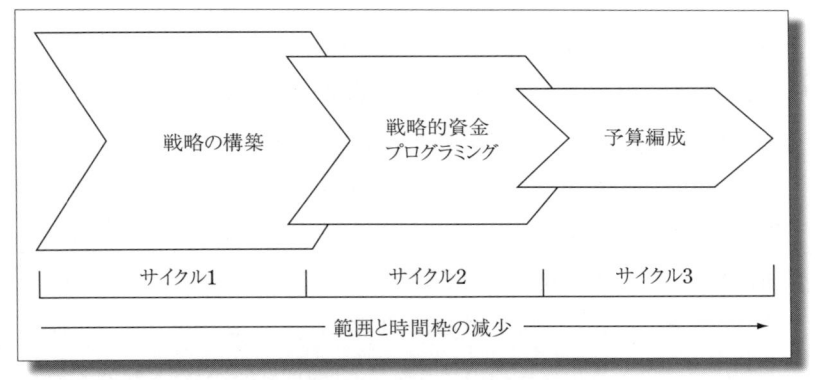

図 26.1　計画プロセスの三つのサイクル

　三つの関連する要因が，非常に一般的なシナリオを引き起こしてしまう。つまり，(1) 戦略的資金プログラミングでは緊急性が欠如していると認められている。関連する費用は年度中に負うが，資金計画のメリットは翌年以降に企業のものとなるからである。(2) 多くのマネージャは，戦略的資金プログラミングの範囲内で，あいまいで定性的かつ不確実な長期にわたる判断よりも，予算が関係するはっきりと定義された計画に従って働くようしむけられている。(3) ほとんどの業績の評価や報償システムでは，「短期の事柄」に非常に合理的なインセンティブが与えられている。しかし，戦略的資金プログラミングが「価値観の共用」の戦に挑んだ結果，予算編成サイクルに敗北するのもそれほど不思議ではない。戦略的資金プログラミングは，つぎのようないくつかの重要な目的を果たすことで損害を少なくするこ

とができる。
- 企業が利用できる戦略の選択肢をさまざまなマネージャが協力し分析できるようにしている。
- 一つの戦略から別の戦略へ経営資源を配置するのに伴うトレードオフを明示的に組み入れることにより，戦略の選択の手引きとなる現実的な意思決定の枠組みを構築できるようにしている。
- 経営資源の配置のために，測定可能かつ制御可能な長期にわたる意思決定規準を通じて，「戦略が目的どおり機能するように」導入の方法を開発する。
- 企業の計画を行動に移すために必要な組織のツールをマネージャに提供する。

戦略的資金の目的は，既存の成長しつつある戦略のために同時に経営資源を提供したり，新しい戦略のためにキャッシュのストックを構築したり，実際に新しい戦略のために資金調達をすることである。これは現在の戦略，既存の生産能力，運営費，そして現在の運転資金のために投資する資金とは違う。むしろ戦略的資金は，戦略的資金と関係する戦略の変更に必要な要因，または成長の機会がある場合のために，遠くはなれたところを見ている。戦略的資金源には，つぎの三つがある。

1. **追加の運転資金**　企業の既存の製品またはサービス属性の範囲を広げるために，現在の資産に投資する。例えば大手の産業設備メーカが，市場シェアを獲得するために，リースサービスの提供を決定する場合などがある。同様に，より魅力的な支払構造を提供するために，企業が代金の受取期間を延長しようと考える場合がある。

2. **設備投資**　既存の戦略の大規模な拡大を図るため，または新しい競争分野に進出するために，工場や設備など有形固定資産に投資する。設備投資は，しばしば企業を新しい製品またはサービス市場に進出させたり，既存戦略の規模や範囲を拡大させる。

3. **投資のイノベーション**　研究開発，宣伝，技術プロセス，マネジメントインフォメーションシステム（MIS），流通経路，そしてコンサルティング料などは，開発における初期投資である。これらの投資は，通常，無形で既存の戦略を大きく拡大するため，または完全に新しい戦略のインフラを構築するために設計されている。

分析者は，戦略的資金と短期の支出を明確に区別しないと，近視眼的な投資をしてしまうリスクがあり，伝統的な会計予測をしばしばゆがめることになる。このように見方が限定的であると，有形資産の対価についてデフレによって毎年発生する差額の部分を減価すべきなのに資産の増加として扱ってしまうことがある。代わりに会計士が，無形の回収不可能なコストを，それを負った年に帳簿から抹消することが求められる。公開する帳票処理で必要なこの方法は，1年の期間に集中しており，現在の投資が将来の利益にどのような影響を及ぼすかということを見落としてしまいがちである。逆に，戦略的資金のアプローチは，投資の

将来へのインパクトをはっきりと理解している。つまり，戦略的資金プログラミングは，長期にわたるキャッシュの流入と流出の正味現在価値の概念を組み込んでいる。

投資への会計アプローチの実際は，現在および将来のインパクトの間に，重要な区別がほとんどあるいはまったくない年間間接経費として整理されたものである。現在のインパクトは，年間予算の懸念事項と年間業務のゴールに関係する。しかし，将来のインパクトは，何年か先の企業の戦略的ポジションと関係する。戦略計画を効果的に導入するには，会計士の元帳で経費扱いされる前に，これらの投資を明示的に計画およびマネジメントしなければならない。

戦略的資金プログラミングは，この点において非常に先を見ているということができる。その目的は，企業として正しく将来の投資および長期の投資機会のリターンをきちんと分析することである。そうすることによって，経常経費勘定における使途不明の集積化や単に項目が羅列されたありきたりの予算化から重要な情報を守ることになる。戦略的資金プログラミングでは，企業のビジネスモデルを構築する際に，体系的かつ正式な分析アプローチを提供する。長期のコストとさまざまな戦略のメリットを強調することにより，重要な経営資源の配置を決定し，決定後に制御するためのしっかりとした意思決定の枠組みができる。

基本的に，戦略的資金プログラミングは，戦略計画プロセスの最初と3番目のサイクルとの間に，しばしばある空白部分である戦略の構築と予算編成との間で重要なリンクとしての役割を果たす。表26.1は，従来の損益計算書と戦略的資金プログラミングとの関係が，隔離されたアプローチであることを比較している。マネージャが，業績リターンと戦略的資金の両方で評価されるとき，短期の懸念事項と長期の焦点のバランスをとることを促している。この方法では戦略的資金プログラミングは，マネージャが二つの戦略的な必須用件，つまり現在の業績と将来の競争の土台を構築する際に，設計されている戦略的投資の業績を使用し

表26.1 従来の損益計算書対戦略的資金プログラミングのアプローチ例

従来のアプローチ		戦略的資金プログラミングのアプローチ	
売上げ	$12 000	売上げ	$12 000
売上原価	$7 000	売上原価	$7 000
粗利益	$5 000	粗利益	$5 000
販売，一般および管理経費（諸経費を含む）	$2 500	販売，一般および管理経費（業務経費のみ）	$2 000
営業利益	$2 500	営業利益	$3 000
		戦略的投資の収入	$0
		戦略的資金投資	$1 000
		戦略的資金収入	($1 000)
		（または，中期から長期にわたってリターンを期待しているときの適切な業績評価）	・完了している市場調査の研究 ・技術の導入25%完了

てマネジメントすることができる重要な枠組みを提供している。

26.3 強みと利点

統合 戦略的資金プログラミングのおもな強みの一つは，この計画を導入することで，いわゆる戦略マネジメントのすき間を埋める機能にある。戦略的資金プログラミングは，戦略の構築と開発を予算編成のサイクルとリンクさせることにより，戦略をオペレーションできるようにする。さらに，戦略的資金プログラミングは，それ自体にメリットがあることから，既存のプロジェクト，競合するプロジェクト，そして企業戦略全体または制約を実行する可能性とは結合していない。

最適な経営資源の配置 現在の戦略的な投資そして予想される業績のターゲット，または新しい機会を継続的に比較することにより，経営資源を最も適したところに配置できる。図 26.2 からわかるように，戦略的資金プログラミングを活用しない企業は，情報疲労をおこしたり，不完全な分析をしてしまったり，いくつかの妥当な選択肢を完全に軽視してしまうなど，非生産的な結果を招いてしまうことがある。これとは対照的に，戦略的資金プログラミングを活用している企業は，広い選択肢があるという意味で，企業の戦略目標と一致す

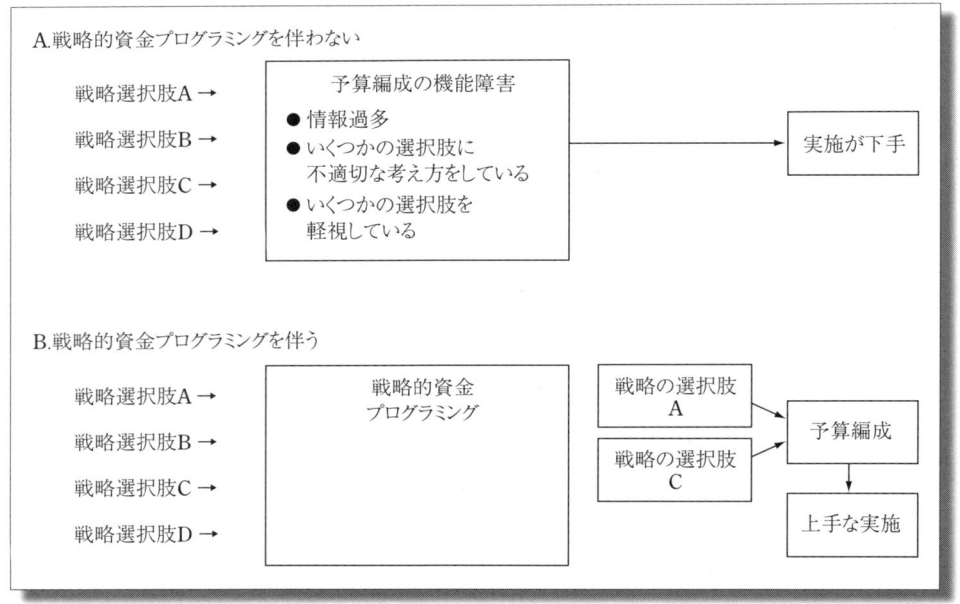

図 26.2 戦略的資金プログラミングを伴うまたは伴わない戦略的予算編成 （Source: Adapted from *Management Control System*, (9th ed.), by R. N. Anthony and V. Govindarajan, 1998, New York: Irwin/McGraw Hill.)

る実行可能なものに絞ることができる。そのようなことから各戦略投資は，必要なことに配慮できることとなる。

包括的　戦略的資金プログラミングは，組織の学習を助長する優れた媒体である。その包括的なアプローチは，企業の戦略そしてマネジメント自身の役割に多くの識見を与え，それが相乗作用を生む場合がある。

前向きな考え方を促す　戦略的資金プログラミングは，成長に投資された経営資源と，投資の結果として起こる業績を明確にする。このアプローチなしに企業を経営するということは，「コンパスは持っているけれども舵なしに船を操縦する船長」に似ている。戦略的資金プログラミングは，マネジメントに戦略の概念から強力なリンクを提供する。マネージャは，戦略コストと業務コストとを分離することにより，現在の業務を最適にマネジメントするとともに，企業に将来的な競争上のポジションを戦略的に管理することを促す。

戦略的な挑戦者　戦略的資金プログラミングプロセスの各サイクルでは，既存のプログラムの根底にある戦略を想定し，新しい考えを生み出す。これらはイノベーションを促進するのに必要な条件である。

マネジメントのトレーニングツール　戦略的資金プログラミングは，そのプロセスの中で有望な幹部を訓練するためのよい機会を生み出す。実力で出世したマネージャは，戦略的資金プログラミングに没頭したあと，より能率的で優れたマネージャとなる。

業績の測定　継続して業績を測定することを強調することにより，提供しようとしているものを確実に提供できるため，戦略マネジメントシステムに強い規律がもたらされる。これは多くの企業で，従来あいまいであった説明責任を促すことになる。

補助的なメリット　開発に伴う投資を運転資金と分離することにより，コスト削減の機会，または業務の生産性を高める機会がしばしば発生する。

26.4　弱みと限界

導入が困難　戦略的資金プログラミングを厳しく統合すると，潜在的な弱みの源泉ともなる。統合に伴う組織の変更を同時に管理することは，マネージャにとって大きな挑戦となる。戦略的資金プログラミングが，マネジメントインフォメーションシステム（MIS），業績測定システム，報酬制度ときちんと統合されていなければ失敗する可能性が高くなる。

官僚化の傾向　モデルは形式的かつ体系的であるため，実態を伴わない形式だけの不毛な訓練になってしまう危険がある。これを防ぐには，正式なプロセスに多くのマネージャを巻き込むことが重要である。インプットする人を選ぶとき，側面的で「独創的」な考え方をする人に直線的かつ分析的なタイプの人を補い，創造性と現実性が最適に組み合わさるよう

にする。顧客に最も近く，最も有用な識見を得られる可能性があるスタッフからも経営陣はアイデアを募るようにする。

時間と費用がかかる　戦略的資金プログラミングは，時間と費用がかかるため規模の小さい企業が実施する場合，価値がない場合がある。むしろ予算のプロセスに非公式に戦略計画を組み込むのがよい場合がある。最上層部が完全にコミットしていたり，企業が大きく複雑であったり，企業が比較的不安定な環境で経営されている場合でも，予測がかなり正確にできるようであれば，価値がある（Anthony and Govindarajan, 1998）。環境が安定していれば，非常事態に対応する計画が満足される。環境が不安定で正確な予測ができないようなときには，無駄になることがある。

26.5　テクニック適用のためのプロセス

　戦略的資金プログラミングプロセスを実践するには，組織の風土により企業ごとに違う。戦略的資金プログラミングは，明示的に戦略を計画する方法というよりは，戦術の計画ツールであるといえる。そのため，業績測定，マネジメント管理，幹部の報酬および業務の予算編成方法を包含する，より大きな枠組みの一部でしかないということができる。

　しかし，戦略的資金プログラミングアプローチを開始するには，戦略的事業単位（SBU）を定義し，事業の境界や各企業の戦略的事業単位における戦略を構築する必要がある。これには，戦略的資金プロセスで，新しい戦略を構築したり既存の戦略を変えることを含む。それぞれの企業の戦略は，戦略の開発プロセスにおいて精巧に作られているが，戦略計画プロセスの三つのサイクルにおいて透過性がある細胞膜が結合組織内で養育されているような場合，企業の業績はしばしば向上する。

ステップ 1：企業の既存の財務能力を判断する

　異なる戦略的事業単位が生み出すキャッシュの量は，既存の戦略的事業単位が必要とするキャッシュと差し引きを行い，企業の純資金ポジション（Net Fund Position）を決める必要がある。これは戦略プログラミングで利用する資金の最低必要額を決定するものである。

　この段階で使用する方法として Du Pont の公式がある。これは ROE の公式を分解したものである。

$$\text{ROE} = 梃子（レバレッジ）\times 資産回転率 \times 利益幅$$

$$\text{ROE} = \frac{総資産（年\ t-1）}{自己資本（年\ t-1）} \times \frac{売上高（年\ t）}{総資産（年\ t-1）} \times \frac{純収益（年\ t）}{売上高（年\ t）}$$

ここでは，年 t は当期，年 $t-1$ は前期を示す。

財務業績を分析するツールとして，従来の使用方法とは別に Du Pont の公式を使用することで，各戦略的事業単位の翌年の財務結果を見積もることができる。

翌年の売上高＝資産回転率×総資産（年 t）

翌年の純収益：利益幅（年 t）×売上高（年 t）

翌年の資本増加：留保率×純収益（年 t）

翌年の資産：梃子（レバレッジ）×自己資本（年 t）

翌年の総負債：総資産（年 $t+1$）－総負債（年 $t+1$）

もちろんこれらの見積もりはおおざっぱな概算である。しかし既存の戦略的事業単位が生み出す資金の最低必要額を定義し始めるにはよい基礎となる。市場の需要と戦略的事業単位との相対的な競争上のポジション，安定した財務政策などの現状の維持が，Du Pont のアプローチでは絶対となっている。環境内での衝撃的な問題，財務方針または資本構造に大きな変化があった場合などは，これらの概算に大きな影響を与える。

同じ方法でより直接的な方法としては，持続可能な成長率を直接計算し，既存の財務方針，業務の生産性，資本集約度，資本構造という点で戦略的事業単位が，内部での資金調達により最大の成長率を確保することが可能かどうかを判断することである（持続可能な成長率分析の詳細については，27 章を参照）。戦略的事業単位の見込み成長率が持続可能な成長率を超えるような場合は，戦略的事業単位はキャッシュ不足となり，さらに資金調達をしなければならない。一方，戦略的事業単位が持続可能な限界以下しか成長が見込めない場合には，戦略的事業単位は戦略資金の内部資金源として，実際に使えるキャッシュを放出することになる。これらの見積もりから，各戦略的事業単位がキャッシュをどれだけ十分に所有しているかを推定するための概算を出すことができる。分析者はこれらの概算が「ほかの事情が同じならば」という状態にあることに留意しなければならない。いずれの推定も大きな変化があった場合は，戦略的事業単位がキャッシュを十分に保有しているかどうかを大きく変えることになる。

ステップ 2：オペレーショナルメインテナンスとは別の戦略プログラム

現在の業務内部の資金調達バランスを判断するために使用する基準は，ベースラインと呼ばれる（Stonich and Zaragoza, 1980）。極端なことをいえば，企業の戦略的事業単位のすべての活動基準原価計算分析を完全に行えば，業務，開発あるいはその両方の各活動を完全に分析できる。この段階で重要なことは，業務コストから戦略コスト（例えば，開発費，インフレ率以上の労働資本の上昇，設備投資）を分離することである。分析者は，正しくは業務

ではなく戦略に分類されなければならない定期的な間接費の割合に驚くであろう。もう一つのメリットは，有益な結果を生み出していない間接費の未定義領域を識別できることである。しかしこの幅の広い分析には，時間とお金がかかる。戦略的資金プログラミングは，あまり頑強ではない活動基準原価計算分析として十分に使用することは可能であるが，正確性に欠ける場合がある。

　本格的なABC（活動基準原価計算）分析の代わりに，分析者はベースラインを定義するために，ほかのいくつかの規準を使用できる。ほかの可能な定義された規準には，つぎに示すものがある（Stonich and Zaragoza, 1980）。

・日用品業界の企業は，ベースラインとして生産効率変数のメンテナンスを使用することができる。
・消費財を製造している企業は，ベースライン変数として市場シェアのメンテナンスを使用することができる。
・成長著しい企業は，広い意味でベースラインを使用し，急激なイノベーションのためだけに戦略的資金プログラミングを使用することを選択できる。
・資本集約型企業は，ベースラインとして連続的な生産を使用できる。

　ベースラインとして活動を定義したら，戦略コストから業務コストを分離する。業務コストは，予算の段階で含められており，戦略コストは戦略的資金プログラミングの段階で含められている。分析者は，予想されたキャッシュの源とすべての戦略的事業単位での使用を純量化することにより，企業の現在の業務でキャッシュはどれだけ潤沢か，また戦略プログラムを内部で資金調達する能力はどれくらいあるかについて，しっかりとした指標を得ることができる。戦略成長率分析の使用は，現在の業務から利用できる資金を増やすための潜在的な梃子（レバレッジ）を分析者が識別するのを助ける。内部での資金生成を最大にするすべての選択肢を使い尽くしてしまった場合，戦略的に資金調達できる最大額を判断するのに，内部で利用できる見積もられた資金に外部から利用できる資金が追加される。

ステップ3：競合する戦略的投資機会を分析する

　ステップ2では，戦略的事業単位を資金計画案として，さまざまな投資機会に分類することで，統合のレベルがさらに線引きされる。ステップ1を正しく行った場合，運転資金，設備投資，イノベーションのための開発投資，または，これら3種類の戦略的資金すべてを組み合わせることで，それぞれの資金計画案は未来志向の提案とみなされる。さらに，それぞれの提案は，企業が中期または長期において利益を得ることができるよう，企業にかなりの経費を短期的に負うことを求める。

　それぞれの資金調達の勧告は，それに投資することの相対的なメリットが記述された書面

にて正式に導入される。少なくとも，それぞれの提案書にはつぎのような事柄が含まれている必要がある。

- 費用／便益分析
- 将来の成功を測るマトリックス
- 将来の業績目標
- さまざまなシナリオおよび想定下の感度分析。一般的なのは，悲観，現状／中立，楽観の枠組みである。
- 企業戦略全体と既存のプロジェクトの統合

ステップ4：競合する戦略投資機会をランクづけする

各提案の相対的なメリットを判断する規準がこれでできあがったことになる。ランキングの規準に普遍的なものはないので，厳密かつ偏らないように適用しなければならない。最低限含めなければならない一般的な規準をつぎに示す。

- 過去の戦略的資金投資の業績
- 既存のプロジェクトまたは戦略で，現在そして予想される業績を比べた，新しい提案で予想される費用／便益を比べたもの
- 企業の戦略と過去の投資の背景に対する新しい提案の戦略的適合度
- 全リスク概要への影響および同様な各提案のリスク概要
- 提案のために外部から借入金融をする必要がある場合，金融における梃子（レバレッジ）のメリットとして考慮すべき事柄
- 短期，中期および長期における提案の資金調達パターンにおいて，実際に考慮すべき事柄および企業の総キャッシュフローバランスへのインパクト

ステップ5：戦略的資金提案を選択する

これらのフィルタでそれぞれの提案をふるいにかけると，最適な投資提案が選択されている。このステップでは，提案を変えて磨きをかけるためにかなり多くの繰り返しを行う。また，異なる多くのタイプのマネージャからアドバイスを求めることも有用である。これは戦略的資金プログラミングの最も大きな強みの一つである。内部で専門的な助言があればあるほど，提案はしっかりとしたものになる。マネージャは，企業の戦略を詳しく知るようになり，企業の機能領域ビジネスとの間の相乗作用により，プロセスはすぐに自己補強される。その結果，戦略的資金プログラミングアプローチが，企業の風土に定着するにしたがって，企業は戦略をさらにうまく導入できるようになっていく。

ステップ6：戦略的資金を正式に導入する

資金調達のための提案を選択したら，総額，タイミングそして戦略的資金プログラミングを実施するための手順を決めなければならない。これが第三段階，つまり予算編成の開始点である。戦略的資金の一年目を年度予算およびマネジメント情報システムに組み入れる必要がある。

ステップ7：業績を評価および制御する

選択した戦略的資金に関する提案の進捗管理を行うために，分散分析，財務分析，バランススコアカード測定など，多くの確立されたテクニックが使用できる。このステップで得た知識は，将来行う戦略的資金プランニングのための選択基準を調整するために使用することができる。

この段階では，組織の風土が，業績の評価，そして制御のタイプと変化の激しさに影響する。異なる組織の風土や業界では，ステップ7がどのように実施されるかにより大きな影響

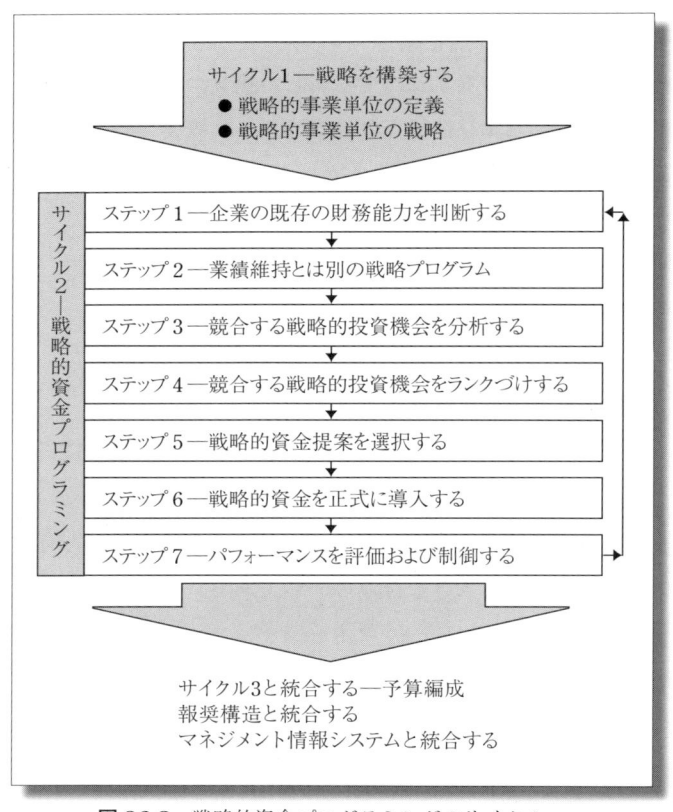

```
サイクル1―戦略を構築する
 ● 戦略的事業単位の定義
 ● 戦略的事業単位の戦略
           ↓
サイクル2―戦略的資金プログラミング
 ステップ1―企業の既存の財務能力を判断する
 ステップ2―業績維持とは別の戦略プログラム
 ステップ3―競合する戦略的投資機会を分析する
 ステップ4―競合する戦略的投資機会をランクづけする
 ステップ5―戦略的資金提案を選択する
 ステップ6―戦略的資金を正式に導入する
 ステップ7―パフォーマンスを評価および制御する
           ↓
サイクル3と統合する―予算編成
報奨構造と統合する
マネジメント情報システムと統合する
```

図26.3 戦略的資金プログラミングのサイクル

を受ける。極端な違いの例として，つぎのような事柄がある。

- 公式　対　非公式
- 中央集中　対　分散
- 階層的　対　横断的
- 製品／プロセス志向　対　市場志向　対　財務志向

戦略的資金プログラミングでは，組織が未来志向の考え方を採用する場合，構造または組織を大規模に変えなければならない場合があるということを考慮に入れておくことが重要である。例えば，不適切な報奨制度のために，最適な結果が得られないことがある。そのため，幹部，マネージャ，そしてスタッフの報奨制度を変え，未来志向的な行動を推奨したり報いるものに変えなければならない。同様に，プロセスの観点から，戦略的資金プログラミングをマネジメントインフォメーションシステム（MIS）に組み込む必要がある。

図 26.3 は，戦略的資金プログラミングプロセスを要約している。また，ボックス「ケースの抜粋：Merck & Co. における戦略的資金プログラミング」には，実際にこの方法を導入した例が示されている。

ケースの抜粋：Merck & Co. における戦略的資金プログラミング

製薬業界には危険がたくさんある。回収不可能な研究開発の大規模投資は，大きな不確実性がある中で実施しなければならない。このリスクに，たえず増加している基礎および応用研究にかかるコストが加わる。これらのリスクが発現したときのことを考えてみる。

- 一つの薬の発見のために何千という化合物を精査しなければならない。
- 見込みのある薬が 7 年間の開発フェーズをパスするチャンスは 1/8
- 市販薬で開発にかかったすべてのコストを回収できるのは三つに一つしかない。
- 新薬は平均で 2 300 万ドルかかる。

これらのリスクを考慮に入れ，資本コストを上回るように Merck は，研究開発を精査した。同社の非常に複雑な定量的な計画モデルでは，戦略的資金プログラミングに割引キャッシュフロー分析と確率的危険分析が統合されている。同社の計画モデルが複雑であることを証明するものとして，つぎのような事柄がある。

対象期間	20 年	
金融的要因	単位数量予測 製造コスト	コスト予測 製造資本

	為替レート予測	インフレ率予測
	特許のライフサイクル	競合製品
	市場の規模	楽観的／通常／悲観的なシナリオ
	年間名目ドル売上げ予測	キャッシュフロー
	投資回収率 ROI	正味現在価値
非金融的要因	治療および診断プロファイル	投薬量
	発売日	技術的成功の可能性
統計分析	一点でのデータではなく度数分布としてインプット	期待収益とプロジェクトリスクの財務分析

　個々のプロジェクトマネージャは，承認を得るために上級マーケティングマネージャに対して，売上げレベルの楽観的／通常／悲観的なシナリオ分析を提示する。承認の前にその薬に対し多数の財務統計分析を実施する。これを各製品に対し何百回と繰り返す。これらのテストには，リスク概要を構築するため，また期待収益を判断するため，正味現在価値，キャッシュフロー，ROI，売上げ予測などのいくつかの重要な変数を確率分布に描画することも含む。描画された例をつぎに示す。

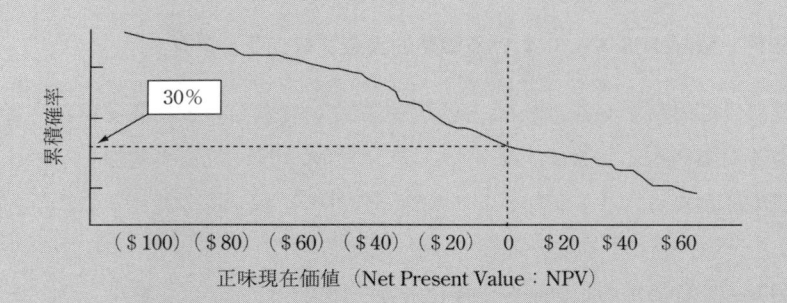

　この図では，特定の薬の正味現在価値は，資本コストを上回る可能性が30％あることが示されている。Merckは，この種の感度分析で多数の正味現在価値をターゲットにしたリスクを定量化した。

　しばしば承認された薬は，モデルの妥当性と正確性のテストだけでなく，インプット変数のぶれを想定したテストをするために，業績を測定しなければならない。

　Merckでは，このモデルをつぎの三つの重要な方法に使用している。

1. ビジネスの機会を評価する。
   a. 提案されている製品をライセンスする候補を評価する。
   b. 資本支出
   c. 既存のビジネス

d. 買収の候補
2. 研究開発をマネジメントする。
   a. 研究開発への投資を継続するか中止するか決定する。
   b. 製品開発のポートフォリオを最適化する。
   c. 研究開発機能の業績を測定する。
3. 長期にわたって計画する。
   a. 5年の業務計画の対象期間を10年から15年に変える。
   b. イッシュー分析
   c. 提携を行った場合の長期成長見込みへのインパクト

Source: Adapted from *Management Control Systems*, (9th ed.) by R. N. Anthony and V. Govindarajan, New York: Irwin/McGraw Hill.

FAROUT のまとめ

	1	2	3	4	5
F	■	■	■	■	■
A	■	■	■		
R	■	■	■		
O	■	■	■		
U	■	■	■	■	
T	■	■			

未来志向性　高。戦略的資金プログラミングは，通常5年以上の期間をカバーする。

正確性　中。戦略的資金プログラミングは，エリアマネージャの定量的なスキルや客観的なインプットに依存する。

経営資源効率性　中。コストはプログラミングの包括性と範囲，およびどのくらい広くベースラインが定義されているかによる。

客観性　中。予測およびシナリオ分析に大きく依存する。

有用性　中から高。安定した，あるいは不確実な環境で極端に不安定な環境で経営されている大規模あるいは複雑な企業に有用である。小規模企業では，有用性は限定的である。

適時性　中から高。戦略的資金プログラミングは，巻き込まれている人数の多さか

ら考えた場合，長引き時間がかかるプロセスとなる場合がある。

関連するツールとテクニック

・BCG 成長シェアマトリックス
・機能能力と経営資源分析
・シナリオ分析
・価値連鎖分析
・比較コスト分析
・GE ビジネススクリーン
・持続的成長率分析

参 考 文 献

Anthony, R. N., & Govindarajan, V. (1998). *Management control systems* (9th ed.). New York, NY: Irwin/McGraw Hill.

Salter, M. S. (1973). "Tailor incentive compensation to strategy" *Harvard Business Review, 51*(2), 94-102.

Stonich, P. J. (1980). "How to use strategic funds programming." *The Journal of Business Strategy, 1*(2), 35-40.

――. (1981). "Using rewards in implementing strategy," *Strategic Management Journal, 2*(4), 345-352.

――. (1984). "The performance measurement and reward system." *Organizational Dynamics, 12*(2), 45-57.

Stonich, P. J., & Zaragoza, C. E. (1980). "Strategic funds programming: The missing link in corporate planning." *Managerial Planning, 29*(2), 3-11.

Vancil, R. F. (1972). "Better management of corporate development." *Harvard Business Review, 50*(5), 53-62.

Vancil, R. F., & Lorange, P. (1975). "Strategic planning in diversified companies." *Harvard Business Review, 53*(1), 81-90.

27. 持続的成長率分析

持続的成長率分析（Sustainable Growth Rate Analysis）は，競合する戦略の強みと弱みを分析するために，戦略計画と財務／運営変数との間の重要な関係を説明し，企業の成長目的が財務方針と合っているかをテストし，企業の財務成長における既存の能力を判断し，そして既存の財務方針を判断することで，財務分析を戦略マネジメントに結合させた動的な分析の枠組みである。

27.1 背　　景

古典的な経済理論では，成長こそが持続的生活水準向上の原動力であると説明されており，社会のゴールとなっている。強い確信に基づいてつねに企業は成長をもたらすのではないかと期待されている。実際，成長は，多くの国で企業の存在を認めた不文律の社会憲章の中心的な教義になってきた。企業の成長とその当然の結果である利益の向上は，完全雇用，高収入，そしてやがてはすべての人に対する生活の質の向上を生み，社会にとって大きなメリットをもたらすということで，多くの意見は一致している。成長は，永続する人間が前進するための感情をたきつけるものとして見られている。

多くの初期の戦略理論は，この企業成長の目的を支えるために開発された。これらの戦略の根底を支える哲学は，生態系同様，企業が生き残るには成長が必要であるということである。成長は，発展する環境に適用するのに必要な過剰な経営資源（しばしばスラック（Slack）と呼ばれる）を確保する。しばしば変化のときに，スラックは成功裏に発展過程を支援しつづける。一度，環境の変化が安定すると，企業の成長は新しく占有した適所を維持できるよう，またつぎの新しいイノベーションの準備ができるようになる。

急成長に伴うおもなリスクには，売上げを効率的にキャッシュに変えることができるかという問題がある。このリスクに効率的に対処し，リスクを競争優位に変換してきた企業にDell Computersがある。Dellは，業績を測定する主要なものとして，現金変換サイクル（Cash Conversion Cycle：CCC）を使用したことでよく知られている。売上債権回転日数（Days Sales Outstanding），棚卸資産回転日数（Days Sales in Inventory），そして満期債務未払日

数（Days of Payables Outstanding）などのメトリックに集中することにより，Dell は在庫の回転，回収活動を加速させ，サプライヤへの支払いのペースを落としていった。CCC を競争相手よりも低くすることにより，Dell は強力な市場優位を獲得した。

初期の戦略理論は，企業の生き残りと繁栄に必要な条件として，この成長の概念を中心に展開してきた。最も有名なものとして，ポートフォリオモデルがこの概念を取り入れ，現在の成長と将来の生き残りを支えるものとして経験曲線と製品ライフサイクル（PLC）を適応ツールとして採用した。多くの意味で，これらのツールは，ダーウィン説的相似（Darwinian Analogy）をビジネスモデルに拡大したものである。占有している適所で環境が安定している期間は，経験曲線は受け入れられる方法論として考えることができる。製品ライフサイクルは，企業が現在占有している適所と考えることができる。環境が安定している間は，競争は無視され，経営資源の温存は企業内を豊かにし，必然的に別の適所への移行をサポートする。現在のニッチ環境が成長し，企業の既存の価値に対して，ますます敵対的になるとき（つまり，製品ライフサイクルの衰退段階），これらの余剰の経営資源は別の適所へと進化するプロセスに応用できる（つまり，現在の業界で別の経験曲線を探すか，別の業界に移動するかである）。すなわち，分散投資理論の基本的な根拠である。

ポートフォリオモデルを受け入れるための方法論に勇気づけられ，および方法論に支えられた大規模な多角化企業は，ほかの適所に斬新的な移行をするのに多くの余剰経営資源を必要とした（つまり，製品市場または競争のための異なる規準）。高成長の市場で成長，維持，および市場シェアを獲得するよう設計されているポートフォリオ戦略は，異なるキャッシュフローと収益のインパクトを保持しており，企業戦略を強力に推進するためのキャッシュ残高が必要であることを，明示的に理解する必要があった。同様に，インフレ率が高く，その結果金利も高かった 1970 年代では，外部の負債または実行不可能な自己資本（Equity）化できないことによりキャッシュ不足をよりいっそう悪化させた。したがって，多くのポートフォリオモデル（特に BCG 成長/シェアマトリックス）は，内部で経営資源を配分することを想定し組み入れた。多角化した複合企業が恐竜と同じ運命をたどらないようにするには，別の方法論が必要であることが明らかになってきた。このような背景の中で，持続的成長率分析が状況に組み入れられるようになった。

この概念は，最初 Manown Kisor Jr.（1964）によって「持続可能な成長」と表現された。Kisor は，すでに確立されていた Du Pont の公式を金融理論と組み合わせ，外部の負債または株式発行による資金調達をする前に，企業が経験できる最大の成長を予測する金融モデルを構築した。したがって，企業の金融方針は，企業が成長する能力に直接影響を与えるものとして考えることもできる。ポートフォリオのアプローチに備わっている内部金融という考えを前提とし，このモデルはすばやくポートフォリオ分析に組み入れられた。多品種および

多くの市場に関係している企業は，自社が保有する経営資源以上の投資機会に直面する。持続的成長率分析は，内部金融で成長を抑制するしきい値を判断するための，しっかりとしたテクニックを提供している。

　持続的成長率分析が開発される前は，売上げが増えるということはキャッシュフローと収益も増えると考えられていた。ポートフォリオモデルでは，市場シェアは必要なキャッシュを十分に提供し，市場の成長は必要なキャッシュを正しく予測すると楽観的に考えられていた。多くの高成長企業が失敗しているという直感とは異なる状態が，このポートフォリオの中心的な前提が間違いであることを証明した。この現実を理論的に支えたKisorのモデルは，資本集約度が高いときや移動障壁が強いとき，企業がポートフォリオ戦略をマネジメントするために使用できる金融モデルとなった。

　ポートフォリオ理論が，よりしっかりした形の戦略理論にとって代わられたにもかかわらず，持続的成長率分析は価値のある分析テクニックでありつづけている。効率的な資本市場の構築が，内部金融の制約を取り除いた。今日，企業は定期的に持続的成長率分析を使用し，企業の現在の金融方針がさらなる成長を制約してしまうかどうかを判断し，自社の企業戦略の実行可能性をテストしている。その後，成長がどのように金融梃子（レバレッジ）に影響するか，また企業戦略の金融方針と成長目的間のバランスを回復するために，どのような変数を企業がオペレーションできるかを調べるのに使用することができる。さらに，持続的成長率分析は，ライバル（競合）企業の戦略の強みと弱みを評価するインテリジェンスツールとして，ますます使用されるようになっている。

27.2　戦略的根拠と意味

　成長志向の企業戦略に投資する場合は，長期の金融方針として流動性リスクがある。営業サイクルを支えるための設備投資は，最後の回収を受け取る前にしなければならない。急成長を遂げるには，以前の設備投資によってもたらされた既存の営業サイクルの財務能力を，しばしば圧倒してしまう新しい資本経営資源に投資しなければならない。

　持続的成長率分析は，運転資金と関係する短期の金融方針からも必要とされている。CCCとは，原料投入から最終的な売上げの売掛金の回収までの期間である。CCCは，企業が経営資源を確保するために現金を最初に支払い，それと関連する現金を回収するまでの時間を説明している。CCCの構成要素はつぎのとおりである。

　　　キャッシュコンバージョンサイクル（CCC）＝営業サイクル－支払サイクル

　なお，営業サイクルと支払サイクルはつぎのとおりである。

営業サイクル＝在庫の変換期間＋売掛金の回収期間

支払サイクル＝支払勘定期間

　これらの式から，成長は，しばしば企業のキャッシュ流動性を強調していることがわかる。成長志向の企業戦略に投資することによるキャッシュの流入の前に，関連するキャッシュの流入が究極的に実現することがある。これは，CCCを強化するすべての効率的な手段が実行されたと想定し，成長の規模を小さくしたり，外部金融を行うことによってしか救済できない持続不可能なキャッシュフローのポジションに企業を陥らせる。

　持続可能性に関する概念の重要性を見るよい例として，1975年に倒産した米国の専門小売店 W. T. Grant Company がある。1966年から1974年の間，Grantは，上向きの収入と運転資金を享受しており，定期的な配当も行っていた。1973年までGrantの株式の株価収益率（P/E）は20であった。さらに，株主資本利益率（ROE），回転率，経常，そして負債比率もよく，Grantの財務状態は外見上しっかりしたものに見えた。Grantは急成長し，1973年には米国で最大の専門小売店であった。しかし，この成長は持続せず，Grantの営業活動からのキャッシュフローは，1966年以来急落しつづけ，倒産の前年には10億ドルの落ち込みがあった。

　W.T. Grant倒産の例は，持続的成長率分析の重要性を強調している。流入するキャッシュがキャッシュの流出と同じかそれを上回るとき，企業の成長率は持続的である。つまり，過去と現在の投資から生成されたリターンは，企業の将来の戦略を支えるのに十分な投資資金を生み出すかということである。生み出さない場合，深刻なあるいは致命傷となりうる副産物を生んでしまう前に，金融方針を変えなければならない。持続的成長率分析は，この目的を実現する実行可能な方法を探すのに効率的なツールである。キャッシュの流入と流出にインパクトを与える要因を徹底的に理解することは，持続的成長率分析を理解するための前提である。ほかの持続的成長率分析の応用例は，本章の最後で紹介している「Contrarian Strategy and Sustainable Growth Rate Analysis」がある。

キャッシュの流入

キャッシュは，つぎの三つのソースより流入する。

1. 内部で生成。最近の営業からの内部営業のキャッシュフローおよび/また資産処分あるいは譲渡
2. 負債
3. 自己資本

キャッシュの流出

キャッシュの流出は，つぎの六つの要因により生成される。

1. 既存または新しい戦略からの売上げの増加と関連する CCC を運転資金（キャッシュ，支払勘定，在庫，受取勘定）に投資
2. 有形固定資産など既存の固定資本を維持するための再投資
3. 既存あるいは新しい戦略により，売上げが増加することを支えるための新しい資本投資
4. 税
5. 債務返済コスト
6. 配当性向

キャッシュの流入は，企業が持続的に成長するには，最低でもキャッシュの流出と同じでなければならない。上記の六つの要因を包含する方程式は，資金源と資金の使用との間で定量的かつ同等機能であることを示している。**図27.1a** と **図27.1b** では，持続的成長率の公

A. キャッシュの流入のコンポーネント

ROA＝利益幅×資産回転率
なお，利益幅＝金利税引前利益（EBIT）/売上げ
資産回転率＝売上げ/資産総額

梃子（レバレッジ）＝資産総額/自己資本

税効果＝1−税/税引き前利益（EBT）

配当性向効果＝1−配当/課税後収益（EAT）

利用可能な資金＝　　ROA　×レバレッジ　　　　×　税効果　×配当性向効果

$$= EBIT - 金利 \times 自己資本 = \frac{EBIT - 金利}{自己資本} = ROE \times \left(1 - \frac{税}{EBT}\right) \times \left(1 - \frac{配当}{EAT}\right)$$

B. キャッシュの流出のコンポーネント

運転資本への投資＝
売上げの増大×CCCコンポーネントへの比例投資率
$（円）売上げの増大×

$$\left[\frac{CCC流動資産_{time=1} - CCC流動負債_{time=0}}{CCC流動資産_{time=1} - CCC流動負債_{time=0}}\right]$$

例えば，売上げが1ドル（円）増えるたびに，
在庫は0.25セント（銭）と増える。
各CCCコンポーネントごとに繰り返し，
1ドル（円）当りの売上げ増に掛ける

固定資産への投資＝
[$（円）売上げの増大×
固定資産を維持するための比例投資率]+
[$（円）売上げの増大×
固定資産を構築するための比例投資率]

C. 持続的成長率:
キャッシュの流入（A）＝
既存の金融方針（新規自己資本，配当，あるいは負債なし）を前提とするキャッシュの流出（B）

$$= ROE \times \left(1 - \frac{税}{EBT}\right) \times \left(1 - \frac{配当}{EAT}\right)$$

図27.1a 派生の持続的成長率の式

```
┌─────────────────────────────────────────────────────────────┐
│ 1. 新規売上げを金融するために新規資産が要求されている。      │
│                    新規資産＝新規金融                        │
└──────────────────────────┬──────────────────────────────────┘
                           ▼
┌─────────────────────────────────────────────────────────────┐
│ 2. 増大する負債または自己資本によって新規資産を金融する。    │
│               新規金融＝新規自己資本＋新規負債               │
└──────────────────────────┬──────────────────────────────────┘
                           ▼
┌─────────────────────────────────────────────────────────────┐
│ 3. 企業が外部資本を調達しない場合，内部留保より新規資産を生成しなければならない。│
│               新規株主資本＝純収益×留保率                    │
│               ＝(純収益)×(1−d)  なお，dは配当性向           │
└──────────────────────────┬──────────────────────────────────┘
                           ▼
┌─────────────────────────────────────────────────────────────┐
│ 4. 安定した負債/自己資本比率を維持するには，負債は新規資産に比例して増える。│
│         新規負債＝新規資本×負債/株主資本比率                 │
└──────────────────────────┬──────────────────────────────────┘
                           ▼
┌─────────────────────────────────────────────────────────────┐
│ 5. 方程式3と4を方程式に代入する。                            │
│         新規資産＝(NI)(1−d)×(1−D/E)                         │
└──────────────────────────┬──────────────────────────────────┘
                           ▼
┌─────────────────────────────────────────────────────────────┐
│ 6. 新規資産は売上げの変化に，総資産に投資した1ドル（円）が生成した売上げの量│
│   新規資産＝(ΔS)(TA/S)  なお，ΔS＝売上げの変化，TA＝総資産，S＝売上げ│
└──────────────────────────┬──────────────────────────────────┘
                           ▼
┌─────────────────────────────────────────────────────────────┐
│ 7. 増大は売上げの変化を売上げで割ったものと等しいので（ΔS/S），式6は式5に代替し，│
│   G（Growth）を求めることができる。                          │
│     G＝(ΔS/S)＝(NI)(1/TA)×(1−d)(1＋D/E)                     │
└──────────────────────────┬──────────────────────────────────┘
                           ▼
┌─────────────────────────────────────────────────────────────┐
│ 8. 式7のRHSの分子と分母を売上げ（S）に掛けることによって，持続的成長率の式が得られる。│
│     G＝(NI/S)(S/TA)(1−d)×(1＋DE)                            │
│   なお，G＝持続的成長率，NI＝純収益，S＝売上高，TA＝総資産   │
│     d＝配当性向比率，D/E＝負債伯己資本比率                   │
└─────────────────────────────────────────────────────────────┘
```

図27.1b 持続的成長率の式の派生プロセス (Source: Adapted from "The financial Implications of Growth," by T. A. Ulrich and P. Arlow, 1980, *Journal of Small Business Management*, 18(4), pp.28-33.)

式を提供する，この同等機能とプロセスを図示している。

分析者は，外部からのキャッシュの流入を一定にするために（つまり，負債または自己資本を追加しないと想定し），一つの企業が維持できる売上げの最大増加を判断できる。この成長率では，営業によって生成された内部資金は，企業の労働資本要件，固定資産の維持，売上げ率を維持するのに必要な固定資産の拡大を満たす負債と過不足がない。キャッシュフローは均衡している。したがって持続的成長率に達している。

この率を上回るとき，資金源と使用との間のバランスの均衡は破られる。企業のビジネス

戦略の中には，キャッシュを放出するものもあれば吸収するのもあるので，企業レベルの戦略ゴールの一つは資金のソースと使用との間でバランスを維持することになる。ほとんどの企業は，持続的成長率を上回る成長率を達成するために現実的な見込みを一様に提示している。つまり，企業の現在の金融能力を上回り，企業の資本コストを上回る，リターンを約束するプロジェクトの数がある。そのため，分析者には，この状況を管理するのに二つの選択肢が提示される。(1) 正味現在価値を積極化するものであったとしても，一部のプロジェクトに投資しないことで成長を減らす (2) 図 27.1a および 27.1b にある流入，あるいは流出するキャッシュの構成要因を一つあるいは組み合わせてオペレーションする。

一度，分析者が売上げの増大は利益がある，または戦略的に価値があると判断すると，持続的成長率を上げるため，別の選択肢のもと，金融方針に関する変数をさまざまに操作することができる。

キャッシュ流入の梃子（レバレッジ）

1. **金利税引き前利益**　営業をより生産的にするか（コスト削減，ビジネスプロセスリエンジニアリングなど）または，金利税引き前利益（Earning Before Interest and Taxes：EBIT）を動かすコスト—生産高—価格—利益の関係を分析し，より営業を効率化することにより金利税引き前利益を増やす。

2. **CCC コンポーネントを強化する**　CCC を減らすことは，キャッシュの経営資源を開放することになる。これは，在庫変換期間を減らしたり（与信関係にネガティブなインパクトを与える可能性があることを念頭に入れ），仕入債務を増やすことで（顧客ロイヤルティにネガティブな影響を与える可能性があることを念頭に入れ），受取手形の期間を短くすることによって実現できる。

3. **既存の負債へのサービスコスト**　より有利な金融条件を通じて，総売上の割合としての支払利息を減らすか，リースの支払いに借入利息を移転する。

4. **税計画**　税を減らす金融方針を導入し，納期限前に納税し法定金利より実際の税を減らす。

5. **配当方針**　潜在的にネガティブな市場への影響を考慮に入れて，配当性向を低くまたは頻度を少なくする。

6. **梃子（レバレッジ）**　負債を増やすと，リスクもある一方，つぎのようないくつかポジティブなインパクトもある。

    a. 成長を支えるためのキャッシュフローの増加
    b. 既存のコスト方針で企業が高い ROE を得られるように，高い金融梃子（レバレッジ）を許容する。

c. ライバル企業と比べ金融梃子（レバレッジ）が高いと，企業は同じ ROE を得ながら競争のために値段を下げたり，製品またはサービス属性の質や豊かさを上げることができる。

d. 総資産を最終的には増やすため（つまり再投資利潤）積極的なコスト設定を通じて得られた高い市場シェアは，成長の財源とするために負債の拡大を可能にする余地を作る。

7. **新たな自己資本の発行**　この選択肢は，分析のためのアクションリストではあまり魅力がない。現代の企業金融理論で最も著名なものは Modigliani と Miller（1958）のものであるが，配当が低いということのほうが，さらに自己資本を発行することによって自己資本の希薄化をすることよりも，株主の資産価値に影響を与えると考えられている。

キャッシュ流出の梃子（レバレッジ）

1. **運転資金への投資を減らす**　運転資金への投資を減らし，キャッシュ回収のスピードを増やすことは，価値連鎖にわたって在庫を減らす，支払いを遅くするために企業の市場における力を利用する，顧客への「コスト」を理解することによって売掛金を減らす，すべての顧客のニーズを認識し，企業に積極的な投下資本利益率（ROI）を示す必要があることなどを行う必要がある。

2. **資本維持のための投資を減らす**　新しい戦略のためにキャッシュを開放するには，企業の既存の能力を維持するために行われた投資を削減することができる。分析者は，不注意に費用を持ち越してしまう潜在的なリスクを理解している必要がある。例えば，メンテナンス費を減らすと稼動休止時間が長くなったり，注文のミスが増えたり，質が低下したり，顧客が離反するなど，よりコストが高くついてしまうことがある。最適なバランスを得るのには活動基準原価計算（ABC）分析が有用である。

3. **固定資産を拡大するための投資を減らす**　新しい戦略の資本集約度または既存の戦略の拡大は，キャッシュ流出を減らすために削減されることがある。ここでもまた，このアクションが関連する戦略の効果に影響を与える可能性があるということに注意する必要がある。資本集約度を下げるということは，コストを下げたり，差別化をするためにイノベーションをもたらそうとしているライバル企業に対して，企業が脆弱になってしまう可能性がある。したがって，この梃子（レバレッジ）は，企業の業界での戦略的なポジションを減らしてしまう可能性がある。

多くの変数は相互依存している。持続的成長率の式には，これらの変数がすべて組み入れられているので，これらのトレードオフを定量化するのに最適である。これらの梃子（レバレッジ）に対し感度調査を行うことにより，企業が思いどおりにできる選択肢に関して，重

要な識見を得られる場合がある。GovindarajanとShank（1986）は，一つの主要な方針の梃子（レバレッジ）を除き，つねに公式の定数のすべての梃子（レバレッジ）を保持することが，持続的成長率の感度調査をうまく応用する方法だと述べている。分析者は，一つの主要な変数を解くことにより，資金源または資金の使用に対する売上げ増大のインパクトを判断できる。**表 27.1** は，そのような感度分析の結果である。

表 27.1 簡単な感度分析の例

指定した 梃子（レバレッジ）	不特定の梃子（レバレッジ）で15％の変化があったとき，資金源と資金の使用に与えるインパクト（ほかの梃子（レバレッジ）は変えない）	
キャッシュ流出の 梃子（レバレッジ）	キャッシュの源〔％〕	キャッシュの使用〔％〕
CCC を強化		7.2
資本の維持		3.6
資本の拡大		2.1
キャッシュ流入の 梃子（レバレッジ）		
EBIT	3.2	
利子	7.2	
税プランニング	1.2	
配当性向比率	0.85	
新規負債	2.1	
新規資本	1.5	
戦略的に示唆されること	キャッシュの源を開放することの最大のインパクトは，負債金融の交渉を再度行うことやあるいは高い債務費用を低いリース料に置き換えることに焦点を当てることとなる。逆に 15％フルに配当の支払いを減らしても，利用可能な資金は 0.85％しか増えない。配当を削減したことによって市場がネガティブな反応をする可能性があることを考えると，これは最も好ましくないトレードオフである。キャッシュの使用を減らすのに焦点を当てるのに最も効果的な領域は，CCC の構成要素を強化することにより短期的に財務管理を行うことである。	

表からわかるように，持続的成長率の式から，企業のビジネスモデルの構造の識見を多く得ることができる。これは，企業の金融上の流動性に対する将来の売上げの増大のインパクトを評価するために，すべての戦略が通過しなければならない実行可能性なフィルタである。分析者は，すべての感度分析がそうであるように，これらの相互依存性は，関係する範囲のみにおいて有効であるということを念頭に入れておく必要がある。にもかかわらず，企業の成長予測が持続的成長率を上回る可能性が高いように見えるときは，感度分析によってどこに分析の焦点を当てるべきか正確に示すことができる。分析者は，この情報で武装すれば，将来の戦略を支えるための金融方針を最も効果的な梃子で掘り下げて調査することができる。広範な戦略上のトレードオフがないときには，この独立変数は，しばしば企業の成長

持続的成長率分析は，CIにも応用できるところにもう一つの価値がある。ライバル企業の持続的成長率を評価することにより，脅威と機会の両方を識別することができる。競争相手が自分たちの持続成長率と同等あるいは近い場合，企業がすでに確立している競争優位に対して，脅威となるようなことを始める金融能力がないことになる。また，ライバル企業の金融能力に制限があるとき，分析者の企業が戦略的に進入するための戦略の窓がそこにある場合がある。逆に，ライバル企業に成長の余地があるように思われるとき，企業のレーダースクリーンを，その潜在的な競争の源泉により焦点を当てることができる。また，成長のために資金を出す潜在的な梃子（レバレッジ）を考慮することによって，ライバル企業に対する多数の選択肢を分析することもできる。これはしばしば将来の競争戦略を示す。持続的成長率分析の最も大きなメリットの一つは，CIを比較的簡単にそしてすばやく強化できるという点である。必要な材料の多くは，公になっている財務諸表から得ることができる。

27.3 強みと利点

現実の確認 持続的成長率分析は，広い意味での戦略と金融方針との間の包括的なリンクを提供する。既存の金融方針下での戦略的な成長の目的は，金融的に実行可能であるかどうかについての現実を確認することができる。このモデルは，ほかの戦略分析モデルでは対応できない実施段階における空白部分を部分的に満たすものである。

未来志向 ほとんどの記述的な戦略モデルは，戦略上の問題を識別することを躊躇する。記述的でもある持続的成長率分析は，将来の戦略が実行可能であるかを識別する以外に，さらなる分析を行うことができる。分析者が，最もインパクトのある領域を判断できるようにすることにより，このモデルは最も効果的な方向へと導くこととなる。梃子（レバレッジ）のオペレーションに関するアドバイスはしないが，どのような梃子（レバレッジ）をとるかは分析者をおおいに助けることができる。

効率 持続的成長率分析は，非常に経営資源効率がよい。分析方法は簡単で，必要な情報は企業の会計データから自由に使用することができる。さらに，広範囲な異なる会計報告の方法が，この種の分析に敏感に反応することである。分析に必要なインプットを取り出すことは十分に可能であり，競争相手の内部財務情報にアクセスする必要はない。このモデルはすばやく実施できるので，非常にタイムリーであるということもできる。

汎用的 持続的成長率モデルは，その多角的機能からわかるように非常に汎用的である。現在の戦略を分析したり，将来戦略の実行可能性をテストしたり，成長のために金融面における障害のアクション上の梃子を正確に示すものとして使用することができるので，

有用な CI ツールである。

27.4 弱みと限界

戦略的に近視眼的になってしまう　分析者は，持続的成長率分析に強く依存してしまうと，成長の最大の障害となっているのは金融面の事柄だと決め込んでしまう。成長にとって同じように障害となる可能性があるものとして，技術，人材の能力，危険回避，マネジメント優先も考慮に入れる必要がある。この意味で，成功する戦略にとって必要ではあるが不十分な前提条件は資金調達可能性である。

利益なき成長　持続的成長率分析に極端に依存してしまうと，分析者は利益なき成長に盲目的になってしまう。モデルは直感に訴えるものであり，かつ応用が簡単であるが，しっかりとした戦略分析にとって代わるものではない。新しい戦略に投資するための資金があったとしても，究極的な戦略の規準として流動資産により変動する成長が，価値創造にとって変わられるべきではない。分析者は，収益性よりも成長性や名声の上に企業帝国を築きたくなる誘惑に注意しなければならない。最適な戦略として，おもに株として富を還元するという選択肢はつねに存在する。

限定的な範囲　持続的成長率分析は，最も高い行為である清算ということから唯一金融変数が隔離している。分析者の創造性は，持続的成長分析率が止まったところから分析を前進させるために重要な構成要素となる。持続的成長率分析は戦略ではない。これは非常に価値ある分析ではあるが，戦略の実行可能性をテストするための戦術的な唯一の金融分析のツールである。

意図せぬ結果　感度分析とさまざまな金融の梃子（レバレッジ）を検証するとき，分析者は敏感でなければならない。このモデルの比較的定量的で定型的なアプローチは，企業の広い意味での戦略に交差効果がある金融変数との間にトレードオフはないと分析者に信じさせてしまう場合がある。むしろ，持続的成長率分析のネガティブな二次的な影響が，企業の戦略に無意識に一時的なダメージを与える場合がある。顧客やサプライヤは，外見上無害に見える CCC を強化するこころみにより疎んじられてしまう場合がある。品質および安全性は資本維持の縮小により危うくなるかもしれない。長期にわたる技術の優越性は，資本集約度を減らすことで資金をプールすることを短期に懸念するために侵食されてしまう場合がある。これらの意図せぬ結果の例のポイントは，持続的成長率分析によって提供されるさまざまな梃子（レバレッジ）に対して行動を起こすと，広範囲な戦略的な派生物をしばしば生み出す。

潜在的に危険な想定　持続的成長率分析は，予測期間中の市場の成長率は一定であることを想定している。計画期間中に競争構造が劇的に変わることがあり，市場の成長は一様で

なかったり，変わったりするので，この想定はいつも正しいわけではない。例えば，販売手段が激しくなり，業界の支配的な企業が市場に参入したり撤退して，第一次需要を刺激，圧倒，減少させることにより，市場の成長率に大きな影響を与える場合がある（Varadarajan, 1983）。分析者は，これらのインパクトに用心し，予想よりも早く再度持続的成長率分析を再実行しなければならないことを認識すべきである。

27.5 テクニック適用のためのプロセス

ステップ1：企業の財務諸表から情報を収集する

これらの資料は，企業の重要な金融測定や業績の状態をマネジメントしている経理や管理部門の責任ある個人や機構から収集できる。

ステップ2：企業の既存の持続的成長率を計算する

各戦略的事業単位（SBU）の持続的成長率を個々に計算することにより，企業全体の成長をマネジメントするために各戦略的事業単位の成長率を相殺決済することにより，分析の偏りを取り除いた調整ができる。分析者が確保した情報により，企業の既存の持続的成長率を出すのに，つぎの式とは違う式を使用することもできる。

分析者は図内の式に必要な内部データを入手できるが，CIを実行するのに持続的成長率

$$G = \text{梃子（レバレッジ）} \times \text{資産回転率} \times \text{利益幅} \times \text{内部留保率}$$

$$= \frac{\text{総資産（過去の年）}}{\text{自己資本（過去の年）}} \times \frac{\text{売上げ（当期）}}{\text{総資産（過去の年）}} \times \frac{\text{純収益}}{\text{売上げ}} \times \frac{\text{純収益（当期）} - \text{配当（当期）}}{\text{総収益（当期）}}$$

G ＝ 税引き前 ROE × 1 − 税 /EBT × 1 − 配当 /EAT
G ＝ 持続的成長率
ここで，
ROE ＝ 自己資本収益率
EBT ＝ 税引き前利益
EAT ＝ 税引き後利益

G ＝ ROE × 留保率
ここで，
ROE ＝ 総収益 / 自己資本
留保率 ＝ （総収益 − 配当）/ 総収入

1. まず見積もる
   - 売上げの限界収益点 $1 ドル（円）ごとの運転資金への限界投資
   - 売上げの限界収益点 $1 ドル（円）ごとの既存の固定資産を維持するための限界投資
   - 売上げの限界収益点 $1 ドル（円）ごとの新しい固定資産への限界投資
   - 利益幅
   - 借入れ金利
   - 売上げの低下割合
   - 税率
   - 配当性向
   - 内部留保の限界収益点　ドル（円）ごとの借入れの限界増

2. 事業による純確定資金
   （利益幅の率－金利%）×（1－税率）×（1－配当性向）＋売上げの減少割合%
3. 総利用可能資金調達および資金需要の確定
   ・平均資金調達式＝事業活動によって生み出された資金×（1＋売上げの増大%）
                      ×（1＋内部留保の限界 $（円）ごとの借入れの増加%）
   ・資金需要式＝（売上げの増大%×限界運転資金投資率）＋（売上げの増大%×新規固定資産投資率）
               ＋（[1＋売上げの増大%]×既存の固定資産を維持するための投資率）
4. 平均資金調達式を資金需要式と一致させ，二つの式を等しくさせる売上げ成長率を出す。この数字が持続的成長率である。

分析を実行するときと同じ式の別バージョンが有用である。

ステップ3：戦略的資金プログラミングと統合する

戦略的資金プログラミングプロセス（詳細は26章を参照）では，予測期間に必要な新規の投資額が予測される。成長率が持続的成長率以上である場合，バランスをとるために式の一つの構成要素または複数の構成要素を変える必要がある。バランスをもとに戻すことができないとき，成長が企業に深刻な金融的なストレスを与える。

分析者には，このシナリオを基本としたつぎの三つの選択肢がある。

1. 分析者は，持続的成長率の式の ROE コンポーネントを拡大するために Du Pont の公式を使用すると，持続的成長率を上げるために使用可能な選択肢を分析できる。

   G ＝総資産／自己資本×売上げ／総資産×純利益／売上げ×留保率

   ・借入れを増やすことによって梃子（レバレッジ）比を増やす。
   ・生産活動を通じて既存の資産から売上げを増やすことあるいは資産の減少により資産回転率を増やす。
   ・コストを削減することにより利益幅の割合を増やす。
   ・配当を減らすことにより留保率を増やす。

2. 自己資本を増やす。
3. 戦略的資金プログラミングを変えることにより成長を抑制する。

これらの三つの選択肢は，たがいに排他的ではない。実際，最適な解決策は，しばしば三つすべてを組み合わせたものである。既述の感度分析と表27.1は，判断をする助けとなる。これらの三つの選択肢の代数による説明は，一つの方程式ですべての変数を使用し計算する便利な分析ツールである（Higgins, 1977）。基本的に，これは感度分析を定量化したものである。

$$\frac{\Delta S}{S} = G = \frac{p_1(1-d)(1+L) - t_1(k_1 - n_1) + \Delta t_1}{t_2(1 + k_2 - n_2) - p_2) - p_2(1-d)(1-L)}$$

ここで

p_1 = 当期の税引き後売上げの利益幅

p_2 = 予測期間の新規税引き後売上げの利益幅

t_1 = 当期の売上げに対する資産の割合

t_2 = 予測期間の売上げに対する資産の割合

Δt_1 = 予測期間における t_1 の変化

k_1 = 当期既存資産価値の維持に要する資本のドル（円）当り投資所要額

k_2 = 予測期既存資産価値の維持に要する資本のドル（円）当り投資所要額

n_1 = 当期の総資産のドル（円）当り減価償却費

n_2 = 予測期間の総資産のドル（円）当り減価償却費

d = 予想配当性向

L = 自己資本比率に対する予測負債

S = 期首売上高

ΔS = 期中売上増加額

この式からは，既述の三つの選択肢は，つぎのように簡潔に定量化できることが示唆されている。

1. 持続的成長率が戦略的資金プログラミングで決定された成長率と合うまで d, L, p および t を調整する。
2. 新規自己資本を調達する。
3. 戦略的資金プログラミングを変え，期待成長率を減らす。

分析者は，各タイプの選択肢と関係する広範囲な意味で，戦略に与える潜在的なネガティブな影響を念頭に入れていなければならない。広範囲な潜在的なリスクを考慮に入れて，金融の視点から最適な変数（つまり，最も持続的成長率を上げる変数）はあまり選択されない。

矛盾戦略と持続的成長率分析

1970年代初頭，従来からの理論であるポートフォリオ理論が，多くの事例によって間違いであることが証明された。ここでの判断に，持続的成長率分析の適用は，確実に実を結んだといえる。

RCA

1970年代，RCAは市場シェアが低かった魅力あるコンピュータ業界から撤退した。コンピュータ業界は，きわめて資本集約的で，そこで市場シェアを増やすために大量に資金を投入するよりもRCAは撤退することを選択した。

B. F. GOODRICH

1978年，B. F. GOODRICHは，すでに大きな市場シェアを持っていたポリ塩化ビニール（PVC）業界に多額の投資を行った。成長の遅い「成熟」していたPVC業界でB. F. GOODRICHが行ったのは，資本集約度が非常に低くてもすばらしいキャッシュフローを生成できるからであった。

GENERAL ELECTRIC

成長の低い電球業界での強力なポジションを譲渡したり，収穫するのではなく，GEは市場シェアを維持することを選択した。資本集約度の低さに加え，圧倒的な市場シェアによって，GEは絶え間なく運転資金を得られ，ほかの成長機会に資金を回すことができた。

BOWMAR

1970年代初頭，コンピュータ業界ですばらしい利益幅を上げていたにもかかわらず，コンピュータ業界と製品市場全般が急成長したが，資金の逼迫が原因でオーナはやがて売却を余儀なくされた。

CONTROL DATA CORPORATION

成長が低く市場シェアも低かった消費者金融業界で，同社が1970年にCommercial Credit Corporationを買収したことは無意味に見えた。しかし，低資本集約型のコスト構造から資金を出すという意味で，この戦略はすばらしく適合するものであった。

Source: Adapted from "Cash Sufficiency: The Missing Link in Strategic Planning," by V. Govindarajan and J. K. Shank, 1986, The Journal of Business Strategy, 7(1), pp.88-95.

FAROUT のまとめ

	1	2	3	4	5
F	▓	▓	▓	▓	
A	▓	▓	▓	▓	
R	▓	▓	▓	▓	▓
O	▓	▓	▓	▓	
U	▓	▓	▓	▓	
T	▓	▓	▓	▓	▓

未来志向性　中から高。定義上，このツールは未来志向のものである。

正確性　中から高。定量的な正確性は，関連する戦略の予測が成功または失敗するかによって制御されるインプット変数による。

経営資源効率性　高。持続的成長率分析は，戦略的資金プログラミングプロセスの既存の企業データおよび予測から計算できる。また経営資源としてスタッフをあまり必要としない。

客観性　中から高。企業の既存の持続的成長率を計算するには客観性が求められる。将来の持続的成長性を予測するには，売上げの増大およびさまざまなキャッシュの流入および流出の梃子（ビバレッジ）の効率性に関して，客観的な見積もりを行わなければならない。

有用性　中から高。企業の成長性の既存の上限と将来の成長の天井を，どのようにすれば最も上げることができるか識別するのに有用なツールである。CI にも有用である。

適時性　高。この方法は迅速に一人か二人の分析者で実行できる。

関連するツールとテクニック

- 競争相手のプロファイリング
- 業界分析
- 製品ライフサイクル分析
- 経験曲線分析
- ポートフォリオアプローチ
- 戦略的資金プログラミング

参 考 文 献

Babcock, G. C. (1970). "The concept of sustainable growth." *financial Analysts Journal*, *26*(3), 108-114.

Clark, J. J., Clark, M. T., & Versilli, A. G. (1985). "Strategic planning and sustainable growth." *Columbia Journal of World Business*, *20*(3), 47-51.

Emery, G. W. (2000). "Sustainable Growth for Credit Analysis." *Business Credit, 102*(2), 35-39.

Govindarajan, V., & Shank, J. K. (1986). "Cash sufficiency: The missing link in strategic planning." *The Journal of Business Strategy, 7*(1), 88-95.

Higgins, R. C. (1977). "How much growth can a firm afford?" *financial Management, 6*(3), 7-16.

Kisor, M. K. (1964). "The financial Aspects of Growth." *financial Analysts Journal, 20*(2), 46-51.

Largay, J., & Stickney, C. (1980). "Cash flow, ratio analysis and the W.T. Grant Company bankruptcy." *financial Analysts Journal*, July/August, 54.

Modigliani, F., & Miller, M. (1958). "The cost of capital, corporation finance, and the theory of investments." *American Economic Review*, No. 48 June, pp.261-296.

Moore, D. M. (1988). "Credit technique: Growing broke." *Business Credit, 90*(8), 49-51.

Robinson, S. J. Q. (1979). "What growth rate can you achieve." *Long Range Planning, 12*(4), 7-12.

Ulrich, T. A., & Arlow, P. (1980). "The financial implications of growth." *Journal of Small Business Management, 18*(4), 28-33.

Varandarajan, P. (1983). "The sustainable growth model: A tool for evaluating the financial feasibility of market share strategies." *Strategic Management Journal*, October/December, 353-367.

索　引

【あ】

アイデンティティ　65, 88, 260
アウトソーシング　8, 118, 372
アクショナブルインテリジェンス　317
アクセス　207
新しい市場　369
新しい製品　368
アップグレード　241
当て推量　142
後知恵　141, 142
粗利益　435, 447
安　全　199
安全性　207
安定期　294

【い】

意識調査　280
意思決定　4, 255, 269, 310, 311, 328
意思決定シナリオ　319
意思決定者　148, 150, 277, 278, 301, 304, 329
意思決定者グループ　18
意思決定者のポジション　14
意思決定プロセス　135, 143, 147, 252, 255
異種混交状態　87
依存性　199
依存的　267
一次情報源　25
一次ステークホルダ　328
イッシューインパクトアプローチ　284
イッシュー拡大マップ　282
イッシュー拡大マップアプローチ　282
イッシュー情報　290
イッシュータイミングアプローチ　283
イッシューディスタンスアプローチ　284
イッシューの選択　280
イッシューの創出　341
イッシューの評価　284
イッシューの予測　280
イッシュープライオリティ　285
イッシュー分析（Issue Analysis）　28, 112, 158, 274, 275, 276, 277, 278, 279, 288, 289, 298, 308, 342
イッシュー優先度　289
イッシューライフサイクル　280, 281, 284
イッシューライフサイクルアプローチ　283
イッシューを静める　287
イッシューをぼやかす　287
五つの市場テストアプローチ　230
五つの力　67, 68, 70, 71, 72, 90, 94, 116, 127
五つの力の業界分析　97, 112
五つの力モデル　227, 235
五つのテスト　239
一般大衆　283
一般的環境　295
移動障壁　64, 81, 82, 85, 87, 92, 93, 94, 95, 227
イノベーション　45, 56, 68, 74, 77, 81, 82, 86, 87, 88, 89, 165, 232, 253, 265, 266, 304, 348, 354, 407, 452, 459
イノベーションのレベル　96
イノベーション比　407
イノベーション分析　77
イメージプロファイル変数　173
因果関係のあいまいさ　231
インキュベーション　376
インセンティブ　65, 115
インダストリアルダイナミクス　115
インターナショナル　296, 299, 335
インターネット　117
インターネットサービスプロバイダ　277
インタビュー手法　399
インテリジェンス　5, 6, 8, 9, 10, 14, 17, 26, 27, 160, 161, 166, 172, 176, 200, 261, 376
インテリジェンスサイクル　167
インテリジェンススタッフ　6
インテリジェンスツール　461
インテリジェンスニーズ（Critical Intelligence Needs）　14, 21, 26
インテリジェンス分析　10, 248
インプット変数　441
インフレ調整　41
インフレ率　297, 355, 460
インフレ率予測　456

【う】

ウィン／ロス分析　214
受取勘定　463
受取手形　423, 465
内向き　262
右脳型　262, 263
売上げ　447, 463, 470, 471
売上高　430, 435, 450, 451, 464
売上高営業利益率　435
売上高の割合　431
売上原価　447
売上債権回転日数（Days Sales Outstanding）　459
売上債権比率　429
売上げ収益　121
売上純利益　434
売上総利益（Gross Profit Margin）　422, 435
売上げデータ　167
売上げの低下割合　470
売掛金　423, 429-431, 433
売掛金回転率　431
売掛金勘定（Accounts Receivable）　430
売掛金の回収　462
売掛金比率　430, 431
運営変数　459
運転資金（Working Capital）　434, 452, 463, 466
運　用　163

【え】

営業サイクル　461, 462
営業スタッフ　169, 200
営業担当マネージャ　166
営業部門　218
営業利益　433, 447
エコロジー（Ecological）　279, 293, 296-298
エコロジカル経営資源依存モデル　294
エコロジー環境　297
エネルギー経済　315
エネルギーの利用可能性　312
演繹的方法　315
エンドユーザ　166

【お】

欧州特許庁　382
欧州連合　382
オーガナイザ
オーガナイザ　261, 265, 268
オーバーヘッドコスト　163
オピニオンリーダ　283
オペレーション　295
オペレーション／マネジメント　300
オペレーション環境　295, 298, 299, 307
オペレーション部門　200
オペレーショナルメインテナンス　451

【か】

外因性　194
回帰分析　191, 212, 400
会計慣行　425
会計期間　424, 431, 434
会計基準　428
会計原則（Generally Accepted Accounting Principles）　126, 357
会計システム　124
会計手法　428
会計諸表　422
会計処理原則　357
会計等式　423
会計プロセス　357

索引　477

会計報告　401
会計方法　440
解　決　281
外交性　254
外向性　249, 251
解　釈　303
回収可能金　433
回収不可能　455
回収不能　440
解析力学　43
外　装　186
階層構造レベル　294
外装戦略　186
階層的　294
回転債務（Revolving Debts）432
回転率　163, 429
回転率分析（Turnover Analysis）430
外　部　109
外部環境　110, 233, 278, 293
外部機会　108
外部脅威　108
外部市場要因　391
外部の機会　102
外部の脅威　102
外部のベンチマーキング　437
外部分析　192
外部変数　53
外部リーダ　264
改良製品　366
外部要因　102
カウンセリング　260
価　格　167, 208, 395, 397, 465
価格感受性　190
価格感受性分析　211
価格競争　350, 393
価格経験曲線　359
価格戦略　223, 344, 352, 394
価格属性　216
価格帯の決定　399
価格弾力性　353, 359, 395, 400
科学的経営　11
価格の下落　400
価格引下げリスク　399
価格プレミアム　214
価格プロフィール　192
価格連鎖　83, 300
価格連鎖との関連　388
価格連鎖分析　88
下級管理職　300
拡散理論　391
確実性の効果　141
学　習　347
学習曲線　344, 345
学習曲線スロープ　358
学習経済　351
革新的　60, 63, 117, 121, 122, 131
革新的技術　403
革新的な技術開発　377
革新的な差別化　357
拡大された市場　365
拡大市場／改良製品　371
拡大市場／新製品　371
確認の偏り　141, 142
過　信　141, 145, 146
学　歴　253
下降期　391
過去の経験　304
過剰生産能力　393

過剰投資　430
過剰な設備　351
可処分所得　297
カスタマーサポート　125
仮　説　18
仮想価値連鎖（Virtual Value Chain）121
価　値　121, 140
価値観　296
価値観のカテゴリー　250
価値観の共用　445
価値観分類システム　249
価値機能　140
価値創造プロセス　123
価値ツリー　219
価値の質問　233
価値判断　8
価値部門投資調査　437
価値連鎖　15, 76, 114–118, 122, 123, 127, 129, 166, 328, 358
価値連鎖間　128
価値連鎖調査　76
価値連鎖内　137
価値連鎖部分　83
価値連鎖プロセス　125
価値連鎖分析（Value Chain Analysis）28, 77, 78, 112, 114–124, 126–128, 130, 132, 158, 176, 192, 197, 224, 441, 458
活動基準会計（Activity-Based Accounting）123
活動基準原価計算（ABC）466
活動基準原価計算分析　451, 452
活動基準マネジメント　133
活動の中止　288
カットオフポイント　41, 44
合　併　118
合併／買収（M&A 分析）377
合併と買収　393
仮　定　162, 170
金のなる木　34, 35, 42, 349
可能性理論価値機能　140
可能な戦略　109
株価収益率（Price/Earnings）436, 462
株主資本比率　464
株主資本利益率（Return on Equity）434, 435
株主持分　434
借入れ金利　470
為　替　297
為替レート予測　456
感　覚　249, 251, 255, 260
環　境　268, 315, 330
環境条件　300
環境ステークホルダ　328
環境セクタ　14
環境的変数　60
環境の調査　62
環境の予測　307
環境分析　78, 104, 179, 238, 293, 296, 301–304, 307, 310, 351, 362
環境分析者　302, 304
環境変数　303
環境要因　300
環境分析テクニック　28
勘定科目一覧　428
感情的執着　67
間接費　345

完全競争理論　178
簡単なシナリオ　317
感度分析　310, 467, 469
カントリーリスク　158
幹部の報酬　450
管理会計　120
管理会計システム　123
管理会計ツール　120
管理会計データ　124
管理過程学派（Management Process School）30, 31
管理スキル　92
管理の迷い　18
関連する市場　369
関連する製品　368
関連するツールとテクニック　47, 62, 78, 97, 112, 133, 158, 176, 197, 224, 272, 291, 308, 325, 342, 362, 374, 389, 403, 420, 441, 458, 474

【き】

機会（Opportunities）6, 100, 102, 107, 109, 302
企画部門　311
機関投資家　334
機　器　423
起業家的レント（Entrepreneurial Rent）229
企業金融理論　466
企業グループ　63
企業固有　238
企業戦略　178–180, 200, 294, 364, 409, 418, 461
企業戦略全体　119
企業の技術ポジション　412
企業の規模　92, 190
企業の顧客　166
企業の戦略分析　150
企業のタブー　138
企業プラットフォーム　67
企業文化　268
危険回避　469
危険な仮定　355
危険な貧困　322
期首売上高　472
技術（Technological）91, 293, 296, 298, 315, 318, 469
技術イノベーション　37, 68, 161, 166, 296, 297, 303, 353, 354, 360, 361, 375, 376, 378, 379, 384, 391, 398, 406, 407, 409, 410, 412, 414, 417
技術インパクト指標（Technical Impact Index）380
技術改善　410
技術開発　115, 409
技術開発サポート　413
技術開発費　411
技術拡散モデル　407
技術革新　354
技術競争　412
技術競争分析　377, 378
技術競争力の分析　387
技術研究開発　411
技術サイクル期間（Technology Cycle Time）380
技術サポートスタッフ　344
技術上　57
技術情報　377

技術情報源 377
技術進歩 410
技術衰退時期 377
技術戦略 377, 406, 410, 413, 420
技術的脅威 414, 415
技術的な性能 413
技術的な強さ 380
技術的な変数 51
技術的要因 409
技術的リスク 352
技術データベース 388
技術特許分析 380
技術のアウトソース 412
技術の進展 351
技術の性能 415
技術の不連続性 408, 411, 413
技術の予測 308
技術パフォーマンス 417
技術部門 413
技術プロセス 446
技術分析 413
技術分析ツール 409
技術変化 378, 406, 414
技術ポジショニング 387
技術マネジメントツール 407
技術マネージャ 155, 410
技術ライフサイクル（Technology Life Cycle）406, 407
希少性 233
規制／訴訟 281
規制状況 297
既存技術 409–411, 414, 415
既存技術の限界 412
既存製品コスト 354
既存製品市場 399
既存製品市場シェア 399
既存戦略への依存 56
既存の市場 365
既存のライバル 81
期待されるコスト 205
期待される利益 204
期中売上増加額 472
帰納的方法 315
機能別専門家 301
機能別能力 192
帰納法 17
機能領域 15
規 模 120
規模依存的業界 231
規模の経済 92, 178, 348, 351, 395
規模の効果 83, 85
基本的なシナリオ 318
客観的 236
キャッシュ 345, 423, 463
キャッシュコスト 416
キャッシュコンバージョンサイクル（CCC）461
キャッシュの流出 463
キャッシュの流入 462
キャッシュフロー 34, 35, 41, 45, 53, 369, 426, 431, 456, 460, 462, 465
キャッシュフロー分析 163
キャッシュポジション 34
ギャップの識別 12
求人広告 169
脅威（Threats）6, 100, 102, 107–109, 302, 389
教育レベル 296
業 界 64

業界価格 350
業界価値システム 116
業界供給特質 92
業界グループ 84
業界経験曲線 350
業界構造 63, 64, 70, 87, 119, 236, 359, 393, 438, 439
業界構造分析 122, 191, 235, 238, 272, 362
業界固有のイッシュー 315
業界紙 169
業界シナリオ 313, 315
業界情報 437
業界全体の収益性 60
業界での競争 413
業界内の競争 116
業界内比較 437
業界の境界 149
業界の競争相手 72
業界の進展分析 94
業界の特質 238
業界のプロフィットプール 127
業界の魅力 51, 52, 58
業界発展 68
業界発展分析 78, 97
業界標準 426–428, 435, 437
業界分析（Industry Analysis）28, 62, 63, 70, 75, 90, 135, 158, 176, 197, 245, 325, 342, 389, 420, 441, 474
業界平均比率 425
業界別経験曲線 347
協議会幹部会議レポート 168
供給過剰 8
供給関数 179
供給サイド 182
競合企業分析 223
競合技術 416
競合製品 456
競合のベンチマーキング 245
競合分析 122
業 績 143, 274
業績回復戦略 253
業績測定 450
業績測定システム 449
業績の測定 449
業績目標 453
競争相手のイニシアティブ 330
競争相手の価格 155
競争相手のプロフィール 173
競争相手のプロファイリング 112, 133, 158, 162, 164, 173, 197, 245, 272, 377, 389, 420, 474
競争相手プロファイリングプログラム 164
競争相手分析（Competitor Analysis）28, 62, 78, 97, 160, 161, 362, 374, 403
競争および顧客分析テクニック 28
競争環境 41, 68, 86, 135, 137, 142, 143, 290, 240, 301, 330, 359
競争環境内 294
競争構造 51, 60, 83
競争資源 232, 241
競争上 57
競争上価値 240
競争上の圧力 71
競争上のポジション 238, 417
競争上の優位 85

競争上の優位性 102
競争的ベンチマーキング 224
競争能力 135
競争の激化 108
競争の決定因 72
競争の範囲の選択 85
競争の類似性 39
競争のルール 64
競争パラメータ 376
競争分析 7, 11, 12, 24, 36, 135, 145, 148, 149, 157, 192, 209, 236, 299, 344, 389
競争変数 83, 90
競争ポジション 214, 317
競争優位と収益性 300
競争優位の源泉 229
競争力 293, 294
競争ルール 330
協 調 186
協調戦略 186
共通ブランド化 65
業務の生産性 451
共有資産 63
協力関係 254
巨大複合企業 31
巨大複合企業体 49, 105, 365
切り替えコスト 65–67, 92, 415
銀行ローン 424
金 融 163
金融市場 14
金融戦略 43
金融的要因 455
金融変数 469
金融モデル 460
金 利 297, 471
金利回転比率（Times Interest Earned Ratio）432
金利税引前利益（EBIT）463
金利負担能力 431
金利負担率（Interest Coverage Ratio）432, 433

【く】

口コミ 202, 203
口コミ広告 201
国 296
国および政治上のリスク分析 112
国の会計原則（Generally Accepted Accounting Principles）441
国レベル 14
グループアイデンティティ 87, 88, 89
グループを攻撃する 287
組み立て 358
組み立てライン 394
クラスタ分析 191
クリティカルマス 312
繰延資産 423
グループシンク（集団思考）210
グループを弱体化させる 287
グレードアップ 242
クロスインパクト分析 314
クロスファンクショナルチーム 301
クロスワードパズル 17
グローバリゼーション 7, 161, 235, 312, 369
グローバルな競争ポジション 312
グローバルな市場戦略 377

グローバルレベル 14
軍事作戦司令室 160, 172
軍事戦略家 160, 248
軍事理論 6
訓練のレベル 163

【け】

経営最高責任者（Chief Executive Officer） 13, 137, 138, 267
経営資源効率 468
経営資源効率性 46, 61, 78, 97, 112, 132, 157, 176, 197, 223, 245, 271, 290, 308, 324, 342, 361, 374, 389, 403, 420, 441, 457, 474
経営資源集約的 223
経営資源の異質性 226
経営資源分析（Resource Analysis） 192, 209, 223, 226, 227, 228
経営者のプロファイリング 176
経営スタイル 248
経営政策と競争 329
計　画 311, 331
計画オペレーション 302
計画グループ 31
計画サイクル 445
計画システム 301
計画スタッフ 169
計画部門 61
計画プロセス 302
経過時間 14
景気動向 422
経　験 33, 120
経験曲線効果 35, 50, 65, 349, 351–353, 356, 395, 396, 400, 401
経験曲線スロープ 358
経験曲線戦略 360
経験曲線分析（Experience Curve Analysis） 28, 32, 47, 78, 344, 347–350, 352–357, 359–361, 403, 420, 474
経験曲線理論 33, 345, 346, 355, 356, 418
経験効果 65, 67, 396
経験則 39
経験的 31
経験立証 346
傾向分析 36
経　済 249, 335
経済規模の抑止力 231
経済市場調査 297
経済上の変数 51
経済成長 312
経済的インパクト 417
経済的価値 2
経済的合理性 140
経済的責任 335
経済的超過利潤 2
経済的付加価値（Economic Value Added） 126
経済的リスク 391
経済的リターン 234
経済的レント 229
経済理論 136, 237
形　成 280
形　状 400
経常経費勘定 447
経　理 15
計量経済学 324
計量経済学モデル 310, 311

経路依存性 231
ゲイン 140
ケーススタディ 31, 355
決定論対戦略的選択 37
ゲームのルール 330
ゲーム理論 136
限界収益 64
限界収益点 38, 470
原価管理 238, 422
減価償却期間 428
減価償却費 472
減価償却 435
研究開発管理 377, 378, 388
研究開発スタッフ 417
研究開発投資 410, 411
研究開発能力 92
研究開発費 413, 417
研究開発部門 412, 415, 417
研究開発プログラム 377
現　金 433
現金変換サイクル（Cash Conversion Cycle） 459
現在コスト単価 345
現在のイッシュー 283, 284
現在の市場 369
現在の市場規模 155
現在の製品 368
現在の戦略 162
現実的 236
現実的（Realistic） 191
現実の確認 468
建築物 423
限定的な範囲 469
原　料 345

【こ】

コアコンピタンス 61, 69, 83, 105, 114, 118, 127, 219, 220, 227–229, 230, 239, 300, 367
コアコンピタンス分析 133, 227, 228, 236
コアステークホルダ 328
公共政策（Public Policy） 276
公共政策策定機関 284
公共政策策定者 284
公共的イッシュー 315
公共的イッシューシナリオ 315
公共的イッシュー分析 325
工業統計 437
攻撃のモード 287
広告会社 169
交差弾力性 39, 400, 401
高収益企業 66
交　渉 288
交渉力 85
交渉力のインパクト 82
交渉力の低減 84, 85
公正価格ライン 212–214
高成長市場 33, 37, 41
高成長率 34, 35
構造グループ分析 176
構造分析 85
交代勤務従業員 300
公的意思決定者 287
行動計画 303
行動タイプ 262
高度流動資産 433
購入価格 120
購買行動 207

購買スタッフ 169
購買モチベーション 207, 414
購買抵抗の増加 400
後発技術 352
合　弁 118
広報業務 115
小売価格 400
合理主義者 260
効率比 429
効率性 415
交流分析 191
高齢者市場 193
コオペティション（競争と協調） 87
顧　客 169, 328, 330
顧客獲得のコスト 192
顧客価値 118–120, 161, 164, 176, 182–184, 186, 192, 196, 201–204, 207–209, 211, 212, 214, 216, 218–220, 227–229, 413, 414
顧客価値階層モデル 208
顧客価値創造活動 117
顧客価値チャート 215
顧客価値の属性 204, 205
顧客価値の目標／モチベーションモデル 207
顧客価値分析（Customer Value Analysis） 28, 117, 133, 158, 163, 176, 192, 197, 199–204, 207–210, 212, 214, 219, 223, 245, 374, 403
顧客価値分析モニタリングシステム 224
顧客価値マップ 210, 212–215, 219
顧客犠牲ギャップ 186
顧客グループ 178, 183, 184, 318, 366
顧客シェア 82
顧客嗜好 414
顧客情報 211
顧客セグメンテーション 97, 180, 182, 189, 201, 203
顧客セグメンテーション分析（Customer Segmentation Analysis） 28, 178–181, 189, 245, 342, 366, 374
顧客セグメント 82, 94, 181, 182, 184, 215
顧客セグメント分析 158, 176
顧客ターゲット 365, 395
顧客調査 122, 210, 376
顧客満足 104, 204, 213
顧客理解 207
顧客ロイヤルティ 182, 203, 465
国際競争 11
国際競争時代 330
国際収支 297
国際戦略 370
国際的なイニシアティブ 330
個人主義 262
コスト 120, 121, 163, 167, 352
コスト管理 344, 353
コスト回収 391
コスト構造 35, 67, 73, 96, 117, 352, 427
コスト効率 37, 147, 201, 215, 356
コスト削減 344, 348, 355, 359, 449
コストシステム 117
コスト水準 351
コスト設定 394
コスト戦争 231, 351

コストデータ 358
コストデフレータ 358
コスト転嫁 351
コスト分析 120
コストマネジメント 118, 353, 354
コストマネジメント
コストモデル 204, 205
コスト優位 92
コスト要因 125, 127, 356, 357
コスト予測 344, 455
固　着 141, 142
固定コスト 67
固定資産 423, 432, 464, 466
固定資本 463
固定的経営資源 304
固定費 355
固定費回転倍数（Times fixed Charges Earned）432
固定費回転比率（Times fixed Charges Earned Ratio）432
固定費の範囲（Fixed Charge Coverage）431, 432
固定費返済義務 432
固定負債 424
コピー戦略 95
個別顧客ニーズ 400
コーペティション（Co-opetition）330
コミットメント 18, 139, 144–146, 240, 241, 266, 304, 306
コミュニケーション戦略 191
コミュニティ集団 328
雇用プロセス 250
雇用率 297
孤立主義者 323
コンサルタント会社 McKinsey & Co. 50
コンジョイント分析 196, 210–212
コンセンサスアプローチ 291
コンティンジェンシー計画 313
コンティンジェンシー戦略 241
コンテンツ分析 279
コンピタンス 2, 229–232, 237, 260, 368
コンピュータ支援設計および製造（CAD/CAM）185
コンピュータシミュレーション 313
コンピュータモデリング 358
コンプライアンス欠如 341
コンプライアンステクニック 341
コンペティタマップ 196
コンペティティブインテリジェンス（Competitive Intelligence）4, 11, 23, 38, 108, 123, 133, 147, 160, 250, 274, 375
根本原因分析 218, 219

【さ】

債　券 423
債権者 423, 424, 426
最高管理職者 15
在庫管理 429, 435
在庫製品 430
在庫の売上高比率（Inventory to Sales Ratio）429
在庫の増加 401
在庫の変換期間 462
在庫比率 429
在庫変換期間 465
在庫変動データ 401
在職期間（すなわち経験）253
財政金融政策 297
再投資コスト 416
財務管理 24
債務勘定 423, 424
財務業績 427, 451
財務志向 455
財務指標 411
財務状況表 424
財務状態 424
財務上の変数 51
財務情報 91, 427, 428, 438
財務諸表 239, 423–425, 427, 428, 435, 437, 439, 440, 470
財務諸表分析 422, 424, 426, 427, 440
財務成績 50, 427, 438
財務データ 426, 441
財務統計分析 456
債務の比率（Debt to Assets Ratio）431, 432
財務比率 422–426, 428, 437, 440
財務比率戦略グループマップ 439
財務比率と財務諸表分析 28
財務比率分析 428, 441
財務部門 315
財務分析 426, 427, 441, 454, 456, 459
財務分析テクニック 28
債務返済コスト 463
財務報告 169
財務方針 451, 459
財務リスク 433
採用理論 391
左脳型 263
サービスコスト 465
サービス市場 3, 180, 216
サービス属性 125, 204, 220
サービスの市場範囲 304
サービス品質（Service Quality）207–209, 219
サプライサイド 87
サプライチェーンマネジメント 118, 133, 223
サプライヤ 64–68, 72, 82, 83, 93, 114, 117, 120, 127–129, 137, 169, 270, 277, 299, 328, 351, 356, 365
サプライヤの交渉力 65, 71, 73, 74, 81, 85, 108, 116
サプライヤの購買力 90
サプライヤの力の決定因 72
差別化 66, 70, 85
差別化された価値 194
差別化戦略 118, 119, 125, 128, 178, 355, 356, 427
差別化分析 125
サポートスタッフ 264
産業経済学 64
産業組織論 63
酸性試験（Acid Test）433
参入限界費用 64
参入コスト 85, 94
参入障壁 64, 67, 68, 72, 231
参入の脅威 90
参入への障壁 395

【し】

シェア勢力グラフ 43, 44
シェアホルダの価値ベースマネジメント 133
ジェネラルマネージャ 155
事業活動費 428
事業区分 427
事業用資産 423
事業用備品 423
時宜を得た（Timely）24
資金回転率 426
資金需要 426, 471
資金需要式 471
資金調達 454
資金調達可能性 469
資源効率性（Resource Efficient）24, 25, 28
資源ベースの企業観（Resource Base View）228, 316
思考スタイル 260
自己資本 424, 435, 438, 450, 451, 462, 463, 466, 470, 471
自己資本収益 470
自己資本総額 432
自己資本に対する債務 431
自己資本利益率 431
自己資本収益率 438
資産回転率（Asset Turnover）422, 431, 434, 438, 439, 450, 451, 463, 470
資産回転率対利益幅 439
資産価値 428
資産収益 438
資産総額 432, 463
資産と負債 422
資産に対する債務 431
資産の流動性 422
自社ブランド 394, 401
市　場 318
市場イニシアティブ 248, 331, 333–339
市場インフレ率 353
市場拡大 182, 184
市場価値 422
市場環境 298
市場規模 396
市場競争 400
市場クリティカルマス 377
市場構造 116
市場参入 351, 401
市場参入決定 150
市場シェア 32–35, 37, 40, 44, 51, 67, 82, 83, 153, 163, 201, 213, 214, 348–352, 355, 357, 358, 364, 396, 398, 452
市場シェア獲得 396
市場シェア分布 93
市場志向 201
市場成長 38
市場浸透 184, 364, 365
市場成長機会 364
市場成長性 73, 74
市場成長戦略 367
市場成長率 40, 41, 44, 349, 398
市場セグメンテーション戦略 184
市場選択 364
市場戦略 33, 91, 367, 396
市場戦略の範囲 369

索引　481

市場ダイナミックス 398
市場知覚価格 212
市場知覚品質 212
市場調査機能 200
市場調査能力 163
市場調査部門 403
市場撤退 393
市場導入初期 392
市場に製品（サービス）368
市場のイニシアティブ 330
市場のオプション 365
市場の開発 364, 365
市場の可能性 51
市場の規模 456
市場の成長性 60
市場のセグメンテーション 47
市場の多様性 60
市場の飽和 401
市場の魅力 33
市場ポジション 352, 364
市場力学 391
市場を評価（Rating）191
指数関数的 345
指数平滑法 400
持続可能な成長率分析 43, 176
持続的グローバル経済成長 311
持続的成長性 474
持続的成長率 163, 463–467, 470–472
持続的成長率分析（Sustainable Growth Rate Analysis）28, 47, 97, 441, 458–462, 468, 469, 472, 474
実行者 261, 262, 264, 267
実　施 282
実証的研究 237
質の重要性 66
失敗事例 360
実務的決定分析 13
実務変数 444
自動車部品業界 70
シナリオ 181, 279, 290, 306, 307, 310, 312–317, 319, 324
シナリオアプローチ 316
シナリオ計画 310–313, 317, 318, 320, 324
シナリオ構築 318, 324
シナリオ分析（Scenario Analysis）28, 69, 97, 112, 133, 152, 158, 176, 272, 291, 308, 310,–313, 315–318, 320, 321, 324, 342, 457, 458
支払勘定 463
支払勘定期間 462
支払サイクル 461, 462
支払手形 423, 424
支払能力比率 431
支払能力比率分析 431
支払利息 433
資本経営資源 461
資本コスト 32, 352, 455
資本集約型企業 452
資本集約度 92, 451
資本余剰金 423
シミュレーションモデル 311
社　員 328, 330, 337
社　会 249
社　会（Social）293, 296, 298, 315
社会価値システム 312
社会経済的変数 189
社外採用 254

社会順応コスト 415
社会政治学（Sociopolitical）69, 163
社会政治上 57
社会セクタ 296
社会的イッシュー 284, 329
社会的変数 60
社外物流 115
弱体化する市場 401
社内昇進 254
社内測定規準 218
社内物流 115
収　益 422, 431
収益還元価値 239
収益性 35, 66, 68, 182, 201, 429
収益成長 367
収益性分析比率（Profitability Analysis Ratios）434
収益の推定（予想 P/E 比）436
収益マトリックス 439
収　穫 52
習　慣 296
宗　教 249
終　結 288
集合的学習能力 228
自由裁量 335
従属変数 310
従属変数（競争優位）237
集団思考 18
集中戦略 35, 118, 427
熟年市場 193, 195
主張イッシュー 284
出現するイッシュー 283, 284
受動的ポジショニング戦略 67
寿　命 206
需要曲線 178
需要サイド 182
需要スケジュール 179
主要成功要因（Critical Success Factor）226, 228, 238
純確定資金 471
純コスト 416
純資金ポジション（Net Fund Position）450
純資産 434
純利益 434–436, 438, 439, 450, 451, 464, 471
準レント（Quasi Rent）229, 230, 240
ジョイントベンチャー 87, 370, 399
生涯価値 196
生涯価値の算出 192
上級意思決定者 9, 10
上級マネージャ 6, 18
上級マネージャグループ 150
上級マネージャチーム 18
商業銀行 169
証券アナリスト 169
証券投資 423
勝者の呪い 138, 145, 146
少数の法則 143
商取引環境 293
消費者広告 96
消費者市場 190
消費者調査 191, 399
消費者への販売 394
情報過多 448
情報過多管理ツール 317
情報技術 122, 235, 312

情報源 166, 169
情報検索コスト 88
情報システム技術 345
情報収集 20
情報ニーズ（CIN）104, 150, 302
情報の戦略分析 168
情報の非対称性 178
情報のフィルタリング 143
情報のボリューム 141, 142
正味現在価値 447, 456, 465
正味資産 431
将来成長 367
将来の市場規模 155
将来予測 389
初期技術 352
初期技術開発段階 356
初期購入者層 396
初期コスト 352
初期参入企業 392, 394
初期市場 396
職務経験 32
職務能力（Functional Capability）226–228
職務能力と経営資源分析 158, 176, 197, 224, 325, 374, 441
ジョブ単位プロセス 394
所有権 92
新 S 曲線 417
新規株主資本 464
新規競争相手 396
新規金融 464
新規参入 146
新規参入企業 64
新規参入者 64, 65, 72
新規参入者の脅威 64, 81
新規参入の脅威 85, 108, 116
新規自己資本 472
新規資産 464
新規市場 231, 365
新規市場／改良製品 371
新規市場／現在の製品 371
新規市場／新製品 371
新規自動車ビジネス 38
新規資本 464, 467
新技術 S 曲線 412
新技術の開発 413
新規負債 464, 467
新規ベンチャー評価 377, 378
人件費 163
人口統計 296
人口統計学 14
人口統計的 285
人口統計調査 17
人口の移動度 296
人材開発 115
人材の能力 469
新市場セグメント 396
新市場と製品（サービス）368
新製品開発 301
新製品開発の弾み 188
新製品機能 361
人的インテリジェンス 25
人的限界 304
新販売チャンネル 396
審美的機能 199
信用供与期間 299
信頼性 199, 207
信頼度 207
心理的プロフィール 254

【す】

推移分析 437
垂直アプローチ 300
垂直的内部分析 300
垂直統合 92
垂直リンク分析 126
推奨戦略 393, 398, 400
衰　退 393, 406, 407
衰退時期 398
衰退時の戦略 397
衰退製品 397
衰退段階 394, 395, 460
スクリーニング 250
スケーリングテクニック（尺度構成法）210
スコアマトリックス 285
スタイル 262, 263
スタートアップ 65
ステーク 327, 332
ステークホルダ 5, 12, 14, 274-276, 280-282, 285-287, 296, 298, 301, 318, 319, 327-342
ステークホルダグループ 285, 287
ステークホルダ集団 333, 334, 336
ステークホルダ戦略 329
ステークホルダ表 333
ステークホルダ分析（Stakeholder Analysis）28, 112, 158, 291, 298, 308, 325, 327-332, 337, 340, 342
ステークホルダマップ 333
ステークホルダマネジメント 327
ステークホルダマネジメント手法 342
ステレオタイプ 324
ストックパフォーマンス 163
ストレッチ戦略 235
スピンオフ 8
スラック（Slack）459

【せ】

正確性 25, 26, 28, 46, 61, 78, 97, 112, 132, 157, 197, 223, 245, 271, 290, 308, 324, 342, 361, 374, 389, 403, 420, 441, 457, 474
制御システム 92
制御に関する錯覚 142
税計画 465
税効果 463
成功事例 359
成功要因の識別 316
政策イッシュー 276
生産効率変数 452
生産高 465
生産能力過剰 67
生産能力の拡大 144
生産率 345
生産量／収益 350
政　治 249, 293
政治／法律（Political/legal）296-298
政治的イッシュー代替マトリックス 287
政治的インテリジェンス 248
政治的要素 297
政治問題化 281
成　熟 393, 398, 406, 407
成熟および衰退段階 351
成熟期 391, 401, 407, 411
成熟技術 413
成熟時の戦略 396
成熟製品 397
成熟段階 35, 394-397, 401
政治リスク 158
製　造 91, 394
製造規模 355
製造コスト 435, 455
製造資本 455
製造戦略 179
製造体制 414
製造能力 163
製造部門 218, 301
製造プロセス 92, 347, 348, 394, 401
成長期 391, 407
成長時の戦略 394
成長性／シェアマトリックス 36, 349
成長性マトリックス 50
成長戦略 181, 367
成長段階 350, 393-396, 399, 401
成長ベクトル分析（Growth Vector Analysis）28, 364, 366-370, 372
成長ベクトルマトリックス 370, 372
成長率／シェアモデル 45
静的分析 72, 89
制度化されたイッシュー 283
正のインパクト 306
税引き後 470
税引き前 470
製　品 218, 318, 395
製品／技術の性能 415
製品／サービス 66, 105
製品／市場をセグメント化 87
製品開発 150, 182, 184, 354, 357
製品価格 391
製品技術 420
製品クラス 400
製品グループ 430
製品差別化 205
製品市場 40, 356, 357
製品市場セグメント 39
製品設計 348
製品設計部門 218
製品戦略 91
製品戦略の範囲 368
製品属性 204, 207, 220, 398
製品対市場状況 364
製品対市場領域 364
製品データ 357
製品撤退 397
製品のイノベーション 76
製品の開発 364, 365
製品の拡張 365
製品の差別化 65, 92, 395, 401
製品の品質 200, 208, 219
製品ライン 92, 371
製品ライフサイクル（Product Life Cycle）33, 37, 40, 47, 54, 68, 80, 124, 250, 318, 349, 362, 367, 392, 460
製品ライフサイクル分析 28, 32, 68, 78, 391, 420, 474
製品ライフサイクルモデル 407
製品ライフサイクル理論 33
製品領域 378
製品領域の調査 378
製品を差別化 371
政府規制 67
政府の介入 352
政府発行有価証券 433
税プランニング 467
税　率 470
世界市場 14
世界戦略 118
世界特許機構 382
石油危機 312
セグメンテーション 181, 182, 184, 185, 187-190, 192, 193, 195, 197, 199
セグメンテーションカテゴリー 189
セグメンテーション基準 190, 197
セグメンテーション手法 186
セグメンテーション戦略 181-183, 195
セグメンテーション分析 181, 185, 187-189, 191, 194, 197
セグメンテーション変数 193
セグメント 35, 181, 192, 201, 393
セグメント化 355
セグメントが競争分析 192
セグメントシェア 185
セグメント戦略 163, 191
セグメントツリー 191
セグメント分析 439
設計戦略 76
絶対的顧客価値 230
設備投資 355, 446, 452
ゼロインパクト 306
先行指数 397
前後関係 233, 242, 300
潜在成長力 396
潜在的参入者 71
潜在的なイッシュー 283
潜在的な技術 420
潜在的な競争相手 165
潜在的な将来価値 314
潜在的なライバル企業 166
潜在的なライバル企業分析 352
潜在的利益 64
センシティビティシナリオ 315
センシティビティ分析 313
戦術的決定 13
戦術的決定分析 13
戦術的マネジメント 188
戦術マネジメント 161
先制的投資 232
選択的イッシュー 285
宣　伝 394, 397, 446
専門家のパネル 314
戦略意思決定 135, 139
戦略意思決定者 166
戦略意思決定プロセス 151
戦略オプション 55, 110
戦略家 237
戦略会議 85
戦略管理 428
戦略機会 94, 95
戦略グループ 63, 64, 80, 81, 83-87, 89-91, 93-95, 166, 438, 439, 441
戦略グループ分析（Strategic Group Analysis）28, 78, 80, 86, 87, 112, 158, 191, 245, 389, 441
戦略グループマップ 80, 90, 95, 96
戦略計画 4, 5, 50, 120, 307, 352, 444, 459

戦略計画研究所（Strategic Planning Institute）50, 349
戦略計画プロセス 443
戦略言語 236
戦略構築経路 151
戦略コストマネジメント 118
戦略策定 364
戦略事業単位 123, 124
戦略資金プログラミング 28
戦略思考 310
戦略実行選択肢 341
戦略修正 401
戦略ステークホルダ 328
戦略選択肢 67, 320
戦略的アウトソーシング 118, 241
戦略的意思決定 4, 135, 148, 251, 268, 310
戦略的意思決定者 139, 141, 277
戦略的意思決定プロセス 135, 278
戦略的イッシュー 268, 269, 274, 301
戦略的価値 242, 398
戦略的脅威 95
戦略的計画 2, 3, 311
戦略的計画プロセス 312
戦略的決定 13, 136
戦略的コストマネジメント 133, 362
戦略的コミットメント 241
戦略的根拠と意味 32, 51, 64, 81, 103, 119, 144, 161, 180, 201, 228, 251, 313, 329, 348, 365, 376, 393, 409, 424, 445, 461
戦略的事業単位（Strategic Business Unit）31-34, 38-44, 49, 50, 52, 53, 56, 58, 59, 124, 227, 450, 451
戦略的事業単位の相対的な市場 40
戦略的資金 446, 447, 454
戦略的資金収入 447
戦略的資金提案 453
戦略的資金投資 447, 453
戦略的資金プランニング 454
戦略的資金プログラミング（Strategic Funds Programming）374, 441, 443-445, 447-450, 452-455, 457, 471, 472, 474
戦略的資金プログラミングアプローチ 450, 453
戦略的資金プログラミングプロセス 450
戦略的資金プロセス 450
戦略的思考 4, 5, 313
戦略的姿勢 304
戦略的成長 236
戦略的対応 351
戦略的タイミング 341
戦略的統合 387
戦略的投資 447
戦略的投資機会 452
戦略的な挑戦者 316, 449
戦略的ポジショニング 189, 196
戦略的マネジメント 4, 6, 12, 100, 210, 219, 274
戦略的マネジメントツール 312
戦略的マネジメントテクニック 132
戦略的優位 278

戦略的予算編成 448
戦略的リンケージ 299
戦略的枠組み 209
戦略投資機会 453
戦略のオペレーション 58
戦略の挑戦者 150
戦略パズル 188
戦略プラン構造 50
戦略プランナ 60
戦略プログラミング 450
戦略プログラム 451
戦略プロセス 2, 55, 161
戦略分析 147, 293, 379, 389
戦略分析手法 349
戦略分析テクニック 28, 30
戦略ポジション 80, 173, 368, 447
戦略マネジメント 234, 237, 277, 300, 307, 366, 428, 459
戦略マネジメントシステム 119, 236, 449
戦略マネジメントツール 353
戦略マネジメントプロセス 329
戦略目的 58
戦略モデル 100, 200
戦略リスク 85
戦略立案 30, 356
戦略立案ツール 372
戦略理論 64, 135, 179, 226-228, 236, 443, 459

【そ】

総売上高 422, 431
総売上高の比率 431
相関関係 279
早期警報システム 147, 187
総キャッシュフローバランス 453
相互依存関係 311
相互依存プライス 39
総資産 439, 450, 451, 464, 470, 471
総資産利益率（Return on Assets）431, 434
総収益 470
総需要関数 179
総需要量 399
相乗作用 138, 139, 146
相乗作用期待効果 369
総所有コスト 180
創造的破壊 68
相対価格 212, 214
相対価値 182
相対市場シェア 41, 42
相対的顧客価値 214
相対的市場シェア 34, 349
相対的品質 299
相対的メリット 191
総体品質 218
総負債 451
総利用可能資金調達 471
属性／コストモデル 207
属性コストモデルとゴール 204
ソシオポリティカル 274
組織イニシアティブ 336
組織インパクトモデル 261
組織運営 295
組織環境 293
組織構造 143, 163
組織行動者 144
組織資源 233
組織上の柔軟性 316

組織的学習要因 344
組織的評価 279
組織内の機能単位 105
組織内部 278
組織のイニシアティブ 329
組織能力 229
組織の機会 108
組織の構造 92, 118, 348
組織の質問 234
組織の戦略 100
組織フィールドモデル 294
損益計算書 424, 428, 431, 434

【た】

耐久性 232, 235, 236, 240
貸借対照表 424, 428, 431, 432, 434
代替アクションプラン 370
代替技術 414, 415
代替性 232, 236, 240
代替製品 64, 71, 72, 83, 365, 399
代替製品／サービス 66
代替製品の脅威 85, 90, 108, 116
代替的能力 233
大量消費者 297
大量生産 178, 185
高い市場シェア 34
高い成長率 34
多角化 38, 92, 182, 184, 364, 365
多角化企業 427
多角化したビジネス 304
多角化シナリオ 315
多角化戦略 181, 236
多角化の経済性 121
多角経営企業 51
多角的企業 33
ターゲッティング 189, 191, 192
ターゲット顧客 208, 399
ターゲットセグメント 192
多国籍企業 30
多国籍レベル 14
棚卸差損 433
棚卸資産回転日数（Days Sales in Inventory）459
棚卸資産の評価 428
単位数量予測 455
短期志向 303
探索属性 204
弾力係数 346, 359

【ち】

地域コミュニティ 336
地域市場 322
地域のイッシュー 335
地域の消費者 337
チェックリスト 307
チェンジマネジメント 254
知　覚 249, 251, 256, 260
知覚価値 218
知覚品質プロフィール 212, 213
知識化経済 427
知識経済 7, 8
知識ベース 8, 243, 244
知的資産 427
知的所有権（IP）375
地方自治体
チームパフォーマンスレベル 105
チームワーク 19
チャンスとリスク 313
中核的能力 226

中間管理職 300
中小企業 414
注目グループ 283
長期計画 310
長期販売後属性 205
長期プロジェクト 353
調査テクニック 280
調整後コスト 345
帳簿価格 239, 435
直　感 249, 251, 255, 260
直感的アプローチ 314
直感的方法 314
地理的多様性 304
地理的変数 189
地理分布 296
地理領域 14

【つ】
追加の運転資金 446
追跡サービス 169
強み（Strengths）100, 102, 107, 109, 228
強みと利点 36, 55, 67, 86, 105, 120, 147, 164, 187, 209, 236, 252, 278, 302, 316, 330, 353, 357, 366, 378, 397, 412, 426, 448, 468

【て】
低価格戦略 352, 396, 397
提　携 118
低コスト 37, 70, 85, 127
低コスト／高生産量 357
低コスト戦略 356, 427
低市場シェア 35
ディジタル資産 121
ディジタル世界 23
ディスカウント価格 202
ディストリビューションアクセス 65
ディストリビュータ 65, 169
低成長率 34, 35
定性的アプローチ 311, 314
定性的手法 191
定性的なアプローチ 312
定性的なシナリオ分析 312
定性的評価 316
定性的方法 314
定性的要因 315
抵当権 424
低付加価値生産 37
定量化テクニック 377
定量的な計量経済学モデル 310
定量的手法 191
定量的なアプローチ 314
定量的方法 314
定量的モデル 319, 324
適　応 186
適応戦略 186
適　合 262, 263
テクニック適用のためのプロセス 39, 57, 70, 90, 107, 123, 148, 165, 189, 210, 238, 253, 279, 304, 318, 332, 357, 368, 379, 399, 414, 428, 450, 470
テクノクラート 265
梃子（レバレッジ）8, 83, 219, 241, 367, 422, 429, 431, 438, 450, 451, 453, 461, 463, 465, 466, 470, 471
データ収集 19

データセット 17
データソース 15
データベース 10
撤　退 52
撤退コスト 415
撤退障壁 67, 73, 74, 145
撤退への障壁 395
デモグラフィック変数 189
デルファイ法 280, 312
デルファイモデル 314
転換期 401
電子データベース 169
伝統主義者／安定装置 258, 259
伝統的 STEEP 分析 315
伝統的経済理論 179
伝統的トレードオフ 185
伝統的マーケティング 202
伝統的マーケティング手法 202
伝統的予測 316, 324

【と】
投下資本利益率（ROI）434, 466
統計的法則 344
統計分析 212, 456
統計分析ツール 191
統　合 118, 448
当　座 433
当座資産 433
当座比率（Quick Ratio）433
投資家 337, 423, 426
投資回収率 ROI 456
投資のイノベーション 446
動的な分析 68
導入期 391
導入段階 350, 392, 394, 395
透　明 186
透明戦略 186
独占技術 96, 353
独占的レント（Monopoly Rent）229
特定期 407
独立独歩 262, 265, 267, 268
独立変数（経営資源）237
トータルクオリティーマネジメント（Total Quality Management）61, 133, 200
特　許 423
特許引用 379, 380
特許引用回数 377, 380
特許引用パターン 380
特許検索 381, 382
特許システム 375
特許出願 379
特許取得技術 377
特許商標局 375
特許制度 389
特許データベース 375, 376, 379, 380, 389
特許のポータル 383
特許のライフサイクル 456
特許販売 377
特許分析（Patent Analysis）28, 375–379, 389, 412
特許ポートフォリオ管理 377, 378, 388
トップマネジメント 60, 188, 274, 440
トップマネージャ 301
トラッキング 308, 342

トラッキングシステム 308
トラブルへの道筋 152
取引コスト 205
取引コストの削減 121
取引先への販売 394
トレードオフ 118, 121, 143, 185, 202, 240, 252, 317, 444, 467
トレンド 305–308, 311, 314, 315, 318–320, 325
トレンド外挿法 310
トレンド要因 314

【な】
内因性 194
内向性 249, 251, 254
内在する偏り 317
内部売上データ 401
内部環境 295, 299
内部環境の要因 307
内部経営資源 220, 233
内部経営資源分析 192
内部コスト 357
内部コスト分析 124
内部財務情報 468
内部資金 464
内部での競争 90
内部能力 100
内部の競争 85
内部の強み 102
内部のベンチマーキング 437
内部の弱み 102
内部留保 423, 432, 470
内部要因 102, 315
流れ作業ライン 394

【に】
二次ステークホルダ 328
二次データベース 25
日用品 67, 202
日用品市場 206
ニッチ 35, 393
ニッチ市場 426
ニッチ戦略 100, 350
ニッチマーケティング 184
入　札 353
ニューエコノミー 8
ニューベンチャー評価 388
ニューベンチャー分析 388
認知構造 294
認知心理学 135
認知単純化 141
認知モデル 294

【ね】
年間売上高 430
年間間接経費 447
年次報告書 440
年齢分布 296

【の】
農業の生産性 312
能　力 162, 170, 207, 237

【は】
背景情報 163
背景分析 253
買　収 118, 399
倍数（The Multiple）436
配　当 470

索引　　485

配当性向　463, 470
配当性向効果　463
配当性向比率　464, 467
配当方針　465
バイヤ　64, 66–68, 71, 72, 82, 83, 93
バイヤの交渉力　73, 74, 81, 85, 108, 116
バイヤの購買力　90
バイヤの力の決定因　72
破壊的イノベーション　68
パーソナリティ　248–250, 252–254, 256, 261, 266, 271
パーソナリティグループ　249
パーソナリティテスト　250
パーソナリティ特性　271, 272
パーソナリティのプロセス　253
パーソナリティ評価　254
パーソナリティプロファイリング　248, 250–253, 261, 270
パーソナリティ分析　253, 254
パーソナリティ分類　249
パーソナリティ理論　250
バックオーダー　401
バックオーダー情報　401
発見教授法（Representativeness Heuristic）　142, 143
バッチ処理　394
発展分析テクニック　28, 344
パートナーシップ　130, 330
花　形　34, 35, 42, 44, 349
ハーバード大学　80
ハーバード大学ビジネススクール　114, 349
パフォーマンス　66
パフォーマンスマトリックス　196
バブル症候群　401
パラダイムシフト　7
バランススコアカード　454
バリエーション　261, 370
バリュー価格　219
バリューチェーン分析　245, 389
バリューマップ　192
半構造的　13
販促プログラム　202
反応（Responsiveness）　191
反応的　267
販売後属性　204, 205
販売価格　435
販売可能価格帯　399
販売可能性　397
販売システム　92
販売スタッフ　166
販売促進弾力性　400
販売チャンネル　397
販売費　422
販売前属性　204, 205
販売量　120
汎用的　468
販路のマネジメント　125

【ひ】

非階層的概念　294
比較グリッド　171
比較原価調査　91
比較原価分析　158, 176, 197, 224, 245
比較コスト分析　97, 458
比較的長期保有　423
比較優位　118

非金融的要因　456
ビジネス機会　389
ビジネス教育　331
ビジネス計画　422
ビジネスシステム　275
ビジネススクリーン　50–57, 59, 61
ビジネススクリーン分析　58, 59
ビジネススクリーンマトリックス　49, 51, 53, 54
ビジネススクリーンモデル　55
ビジネススクール　24
ビジネスチャンス　366, 413
ビジネスの業械　136
ビジネスの強み　52, 58
ビジネス部門　413
ビジネスプロセス　61, 200, 218
ビジネスプロセスリエンジニアリング　133, 199, 465
ビジネス分析　13, 170
ビジネスポートフォリオ　30, 51
ビジネスマネージャ　57
ビジネスモデル　65, 232, 315
ビジネスランドスケープ　293
ビジネスリーダ　275
ビジネス領域調査　388
非集計的財務分析　133
非集計的比率分析　163
ビジョナリー　258, 259
ビジョナリー・カンパニー　330
人　269
一株当りの収益　436
一株当り利益（EPS）　436
一株の現在の市場価格　436
ビブリオメトリックス（Bibliometric）　377
百分率財務諸表　437
費用便益比率　53
比率および財務諸表分析　176
比率分析　425
品質管理方法　370
品質志向　209
品質属性　213, 215, 216
品質ツリー　218
品質プレミアム　214

【ふ】

ファイブフォース　69, 96
ファイブフォースモデル　64, 67–70, 72, 81
フィーリング　249, 251, 255, 260, 267
フィルタリングプロセス　301
フォーカスグループ　210
フォロワ　261, 262, 264, 268
付加価値　353, 354
付加価値コスト　344
不確実性のレベル　313
複合的シナリオ分析　314
複雑なシナリオ　317
負　債　423, 438, 464
負債総額　432
負債伯己資本比率　464
不正確性および不確実性　303
普通株　423
物理的ネットワーク　8
プッシュ経済　179
負のインパクト　305
富の分布　14
普遍的イッシュー　284

不明瞭　19
プライオリティ　252
プライバシー　276
プライベートブランド　74
ブラインドスポット　112, 135–137, 139–154, 158, 161, 170, 251, 252, 331
ブラインドスポット分析（Blindspot Analysis）　28, 97, 110, 112, 135, 136, 144, 147–153, 155–157, 176, 272, 325, 389, 420
ブラックボックス　261
フラットテクノロジーライセンシングフィー　77
プラットフォーム　166
フランチャイズ　153
フランチャイズ費用　423
ブランド　33, 370, 393, 400
ブランドイメージ　215, 396
ブランドエクイティ　236
ブランド化　125
ブランド製品　400
ブランドネーム　229
ブランド力　396
ブランドロイヤルティ　74
プランニングプロセス　277
ブル経済　179
ブレインストーミング　90, 191
不連続な技術　378, 410
プロアクティブ（先制行動的）　262, 263, 265, 266
プロジェクト　329, 332, 335, 338, 340
プロジェクトコスト　353, 415
プロジェクト遂行能力　415
プロジェクトマネージャ　456
プロセス　57
プロセスイノベーション　14, 296, 297
プロセス技術　163
プロセス特許　375
プロダクトイノベーション　96, 407
プロファイリング　104, 164–166, 173, 176, 250, 252, 254, 271
プロファイリング分析　171, 253
プロファイルチャート　57, 58
プロフィットプール　125, 128
プロフィール　163, 170
文化的態度　296
分権組織構造　119
分散コスト　356
分散投資理論　460
分散分析　454
分析カテゴリー　336
分析シナリオ　136
分析スキル　329
分析ソフト　17
分析ツール　147, 356
分析テクニック　10, 26, 135, 147
分析変数　56

【へ】

平均回収期間　429, 430, 431
平均在庫投資期間（Average Inventory Investment Period）　429, 430
平均資金調達　471
平均単位コスト　347

平均投資期間 429
平均発行済み株式 436
平均労働コスト 344
米国航空宇宙局（NASA）353
米国主導の市場 322
米国特許商標局（USPTO）381, 382
米国特許分類システム（U.S. Patent Classification System）381
ベストプラクティス 238, 301
ベル曲線 397
変化期 294
便益分析 453
変更可能なポジション 319
変遷期 407
変則的指標構成要素（Anomalies Indicators Disaggregation）16
ベンダー 277
ベンチマーキング 133, 149, 167, 197, 238, 251, 344, 353
ベンチマーキングアプローチ 320
変動型 416
変動表 424
変動要因 14

【ほ】

ポイント還元プログラム 397
貿易市場経済 294
包括的 86, 147, 449
報酬制度 449
報奨制度 455
法制化 281
法律的変数 60
補外法 17
補間法 16, 17
保険統計 17
保護者 260
ポジショニング 51, 163, 320
ポジション 320
ポジティブフィードバックループ 311, 312, 314
ボストンコンサルティンググループ（Boston Consulting Group）30, 50
ポートフォリオ 30, 31, 36, 38, 59, 60, 77, 378, 460
ポートフォリオアプローチ 51, 80, 81, 474
ポートフォリオ管理 38
ポートフォリオグリッド 250
ポートフォリオ計画モデル 31
ポートフォリオ戦略 460, 461
ポートフォリオ分析 36, 119, 460
ポートフォリオマトリックス 30, 31, 33
ポートフォリオマネジメント 50, 362
ポートフォリオ理論 38, 62, 119, 227, 461, 472
ボトムアップ計画システム 119
ポリアクティブ（多重行動的）262, 263, 264, 266
保留率 464

【ま】

前払い費用 423
マクロ環境（Macroenvironment）14, 103, 293
マクロ環境的特質 238
マクロ環境の評価 312
マクロ環境（STEEP）分析 28, 291, 300, 307, 293, 342
マクロ経済 91
マクロ経済理論 132, 416
負け犬 34, 35, 38, 42, 349
マーケットインテリジェンス 199
マーケットシェア 396
マーケットポジショニング戦略 215
マーケットミックス 401
マーケティング 6, 15, 74, 91, 92, 105, 115, 155, 163, 179, 185, 187, 188, 200, 202, 218, 270, 276, 300, 301, 345, 358, 364, 370, 376, 393, 397, 398, 412, 415
マーケティングキャンペーン 19
マーケティングコスト 192, 202
マーケティングコミュニケーション戦略 191
マーケティング志向 187
マーケティング手法 297
マーケティングスタッフ 168
マーケティング戦略 179, 187, 188, 391, 394, 396, 400
マーケティング担当者 166
マーケティング費用 415
マーケティング部門 200, 376, 403
マーケティング変数 392
マーケティングマネージャ 155, 301
マーケティングミックス 196, 369, 397
マーケティング理論 185
マスカスタマイゼーション 184–188, 251
マスカスタマイゼーション戦略 186
マスカスタマイゼーション能力 163
マスマーケティング 185
マッチング 187
マトリックス 33, 36
マネジメント 289, 299, 353
マネジメントインフォメーションシステム（MIS）16, 446, 449, 455
マネジメント管理 450
マネジメントスタイル 167
マネジメントチーム 257, 316, 325, 423
マネジメントツール 120–122, 135, 148, 157, 223, 224, 251, 352, 376
マネジメント哲学 201
マネジメント判断 13
マネジメントプロファイリング（Management Profiling）28, 158, 248, 261
マネジメント優先 469
マネジメント理論 31, 121
マネージャのプロファイル 163
マルチナショナル 296
満期債務未払日数（Days of Payables Outstanding）459
マンハッタンプロジェクト 311

【み】

ミクロ環境 103
見越し債務 424
未充足ニーズの分析 211
未使用借入枠 297
ミッションとビジョン 163
未発達期 407
未払い税 423
ミューチュアルファンド 334, 336
ミューチュアルファンド組織 334
未来志向性 25, 28, 46, 61, 78, 97, 112, 132, 157, 175, 196, 223, 245, 271, 290, 307, 324, 342, 361, 374, 389, 403, 420, 441, 457, 474
魅力のレベル 313

【む】

無形経営資源 239
無形資産 228, 229, 231, 237, 239, 424, 427
矛盾戦略 472

【め】

メタ知識 141
メディア分析 401
メンタルマップ 318

【も】

目標／モチベーションモデル 207
モチベーション 166, 194, 195, 207, 210, 211, 220, 249, 251, 265, 368
モチベーション情報 211
モチベーション分析 211
モチベーションモデル 204
モデルチェンジ 365
モニタリング 199, 277–280, 338, 342
模倣不可（Inimitability）231–236, 240
模倣製品 393
模倣不可能性 128
模倣不可の質問 233
問題解決者／交渉者 258, 259
問題児 34, 35, 42, 349

【ゆ】

優位性 2
有価証券 423
有形経営資源 239
有形固定資産 446, 463
有形資産 228, 231, 239
有効性 23, 141, 142
融資契約 432
優先株の配当 436
優先度評価 289, 290
有用性（Useful）24, 26, 28, 46, 62, 78, 97, 112, 132, 157, 176, 197, 224, 245, 272, 291, 308, 325, 342, 361, 374, 389, 403, 420, 441, 457, 474
ユーザの技術 92
ユーザの種類 190

【よ】

要因分析 191, 351
予算管理 344
予算編成 445, 448, 454
予算編成サイクル 445
予想配当性向 472
予想利益 436
予測的計画ツール 310
予測テクニック 310, 311, 316
予測能力 313
予測の隙間 316

予測プロセス 17
弱み（Weaknesses）100, 102, 107, 109, 228
弱みと限界 37, 55, 88, 106, 121, 147, 165, 188, 209, 237, 252, 278, 303, 317, 331, 354, 367, 379, 398, 413, 426, 449, 469

【ら】

ライセンシング 370, 399
ライセンシング契約 377
ライバル企業 33, 36, 37, 39–41, 44, 67, 81, 86, 126, 141, 144, 145, 149, 154, 162, 164–166, 168, 170, 171, 173, 181, 184, 204, 207, 215, 216, 231, 232, 235, 238, 240, 248, 252, 253, 261, 268, 299, 300, 352, 354–358, 387, 395, 397, 410, 415–417, 427, 440, 468
ライバル企業間 67, 172
ライバル企業分析 117
ライバル業界 355
ライフサイクル 280, 284
ライフサイクルコスティング 117
ライフサイクルコスト 206
ライフスタイル 249, 256, 296, 305, 334, 369
ラインマネージャ 9, 304

【り】

リアクションテスト 149
リアクティブ（反応的）262
利益／コスト率 147
利益曲線 427
利益なき成長 469
利益幅 438, 450, 451, 463, 470
利益幅の率 471
リエンジニアリング 125

リカードのレント（Ricardian Rent）229
リスク 67, 206, 265, 332, 339, 340, 391, 392, 413
リスクコンティンジェンシー戦略 316
リスクプール 89
リスクプロファイル 81
リース債務 432
理想主義者 260–262, 265, 268
利息総額 432
リーダ 262, 266–268
リーダシップ 165, 248, 253, 264, 266, 267, 276, 329
リーダシップチーム 248
リーチ（Reach）191
リードユーザ 211
リードユーザのインタビュー 211
リードユーザ分析 191
リニアモデル 5
リバースエンジニアリング 356
離反分析 211
流通経路 92, 446
流通システム 92, 154
流通ネットワーク 238, 368
流通の価値連鎖 129
流通インパクト指標（Current Impact Index）380
流動期 407
流動資産 422, 423, 434, 469
流動資産総額 433
流動資産のロス 433
流動性分析 429
流動性分析率（Liquidity Analysis Ratios）433
流動比率（Current Ratio）433
流動負債 424, 434
流動負債総額 433
留保率 451, 470, 471

リレーションシップマーケティング戦略 195
リーン（Lean）製造方法 163
倫理基準 296
倫理規範 296
倫理的基準 296
倫理的責任 335

【る】

類推法 16
累積売上高 32
累積経験 345
累積生産 352
累積生産高 350
累積生産量 33, 37, 345, 346, 348, 355
累積製造量 346
累積特許引用パターン 386
ルールキーパ 262, 266

【れ】

レスポンシブルケア（監督責任管理運動）276
レーダースクリーン 39, 110, 280
レーダーチャート 171
連結財務諸表 440
レント（経済利益）229

【ろ】

ロイヤルティ 181, 202, 203
ロイヤルティプログラム 73
労使関係 163
労働コスト 344
労働資本要件 464
労働集約 346
ロジスティックス 154, 248, 261
ロジスティック曲線 391
ロビー活動 297

【A】

Aaker 91, 172, 356
ABC（Activity-Based Accounting）123, 133, 239, 452
ABCシステム 123
Abernathy 355, 357, 406
Abell 400
Albert 376
Amazon.com 117
American Home Products 370
Anacin 398
Ansoff 182, 365
Anthony and Govindarajan 450
Apple Computer, Inc. 138
Ashford 274
Ashton 377, 380
AST 137
Atlantic Richfield 302
ax 358

【B】

B. F. GOODRICH 473
Baetz 330, 340
Bain & Company 251
Barndt 251, 261
Barney 234

BASF 371
Bausch and Lomb 359
Bazerman 144, 146
BCG（Boston Consulting Group）30, 32, 348, 403
BCG成長／シェアマトリックス 398, 458, 460
BCG成長性／シェアポートフォリオマトリックス 28
BCG成長性マトリックス 33, 39
BCG成長率／市場シェアポートフォリオマトリックス（BCG Growth/Share Portfolio Matrix）30
BCG成長率／製品マトリックス 39
BCGの経験曲線理論 345
BCGポートフォリオ 36
BCGポートフォリオマトリックス 50, 53, 349
BCGマトリックス 30–40, 42, 43, 53–55, 62, 81
Becker 410
Birch 202
Black 237
Blackman 377
Boal 237

BOWMAR 473
British Railways Board 386
British Secretary of State of Industry 386
Brown Boveri & Cie 386, 387
Burroughs 408
Bruno 238
Buchholz 341
Buzzell 235

【C】

Campbell 377, 380
Carpenter 376
CCC（Cash Conversion Cycle）459
CEO（Chief Executive Officer）13, 18, 61, 91, 301, 341
Chase 279
Chloride Silent Power 386, 387
Christian Dior 370
Chrysler 370
CI（Competitive Intelligence）6, 9, 10, 14, 17, 150–152, 167, 251, 276, 468, 474
CII（Current Impact Index）380
CIインフラ 157
CI機能 24, 152, 157
CI構造 151

CI 項目 151
CI 事業 24
CI システム 18, 147, 167, 176
CI テクニック 271
CI データ 428
CI 能力 151, 163
CI パラメータ 155
CI プログラム 149, 151, 158
CI プロセス 6, 26, 151, 187, 276
CI 領域 151
Cochran 286
Collins 330
Collis 241
Compagnie General d'Electicite 386
Compaq Computer Corp. 137
CONTROL DATA CORPORATION 473
CSF（Critical Success Factor） 226, 238, 239, 240
Cyanamid 418, 419

【D】

Daniel 226
Daniels 367
Davis 181, 185
Day 356, 357
Dean 400
Dell 137, 459, 460
Devinney 181
Diffenbach 303
Dill 293
Dow Chemical 386
Dristan 398
DTS 408
Dun & Bradstreet 425, 437
Duran 235
Dutton 274
Du Pont 359, 386, 402, 438, 450, 451, 460, 471

【E】

Eastman Kodak 376
EAT 470
EBIT 467
EBT 470
Edward Chamberlain 178, 179
Engledow 293
EPRI 386
EPS（Earnings per Share） 49
EVA（Economic Value Added） 126
Everett Rogers 391
Exxon 409
E コマース 122

【F】

FAROUT 25, 27
FAROUT システム 3, 15, 21, 24, 26
FAROUT スケール 27
FAROUT ソリューション 24
FAROUT 評価システム 26
FAROUT メソッド 28
FAROUT 要因 304
Federal Trade Commission 437
Fleisher 330, 340
Ford 386, 387
Ford Motor Company 360
Forrester 115
Foster 407, 414, 417
Frank Corrado 284

Friesen 302

【G】

GAAP（Generally Accepted Accounting Principles） 126, 441
Gale 235
Ganguli 377
Gateway 137
GE（General Electric） 50, 53, 59, 61, 199, 386
Gembicki 160
General Dynamics 344
General Electric（GE） 31, 473
GE ビジネススクリーン 51, 52, 81, 197, 458
Gilad 137, 138
Gilmore 186, 187
GM（General Motors） 360
GNP デフレータ 358
Gnutella 411
Graham Molitor 280
Graves 330
Grinyer 302
Guth 250

【H】

H. Igor Ansoff 364
Hahn 121
Hajluf 44
Harvard Business Review 391
Hax 44
Heath 274
Henderson 359
Henkel 371
Higgins 212, 471
Home Depot 153

【I】

IBM 138, 232, 408
Imperial Oil 279
Internorth 371
IPANA 402

【J】

Jack Welch 61
Jell-O 398
Joel Dean 391
John of Utynam 375
Johnson & Johnson 286
Jones 340

【K】

Kahneman 136, 140, 142
Karki 377, 380
Kellogg 402
Ken Andrews 100, 101, 121
Kenneth Andrews 226
Kentucky Fried Chicken 370
Key Business Ratio 437
Kisor 460, 461
Kmart 154

【L】

L.L Bean 153
Lawrence Miles 199, 201
Leidecker 238
Lee 410
Lenz 293
Lexus 202

Listerine 398

【M】

M&A 分析 379, 388
MacMillan 340
Mahon 288
Majluf 358
Manown Kisor Jr. 460
Mascaranhas 91
Maxwell 398
MBA 24, 102
MBA プログラム 31
MBTI（Myers-Briggs Type Indicator） 256
McKinsey 50, 53, 59
McKinsey & Co. 115, 409
McKinsey 7S フレームワーク 103, 234
Michael 393
Michael Hunt 63, 80
Michael Porter 2, 11, 63, 64, 70, 80, 81, 88, 90, 93, 94, 114–116, 119, 122, 124, 127, 136, 137, 144, 161, 168, 227, 294, 300, 427
Microsoft 232
Miller 302, 466
Modigliani 466
Mogee 377
Montgomery 241, 356
Moore 412
Motorola 202
Moyer 400

【N】

Nakicenovic 410
Napster 411
Narin 376
Narver 202
NASA 409
National Cash Register（NCR） 408
Naumann 202
Nestle 371
Newman 80
Nieto 406
Nigh 286
Norburn 302

【O】

Olivastro 377

【P】

P/E（Price/Earnings） 436
P/E 比率 436
Parasuraman 207, 211
Pavitt 377
Pepsi 138
Peter Bartha 277, 279, 284, 285
Peter Drucker 311
Peteraf 88
Phillips 235
Pine 186, 187
Place（場所） 196
Planter's 398
PLC（Product Life Cycle） 350, 352, 355, 391, 392, 401, 406
PLC グラフ 393
PLC 段階 393
PLC 分析 393, 398, 399, 400, 401
Porras 330

【R】

PP（Public Policy）276
PP イッシュー 276, 277, 280
Prentice-Hall 437
Price Waterhouse 75
Price（コスト）196
Product（製品）196
Promotion（プロモーション）196

【R】

Ram 167
RAND Corporation 311
RBV（Resource Base View）228, 237
RBV 戦略 237
RBV 分析 234, 236, 242, 244, 245
RCA 473
Reichheld 202, 211
Richard Foster 409
Rink 398
ROA（Return on Assets）434, 435, 463
ROA 計算式 439
Robert Morris Associates 425, 437
Rocquebert 235
ROE（Return on Equity）434, 435, 438, 450, 465, 470
Roebuck & Co. 153
ROI（Return on Investment）49, 54, 56
Roussel 410
Royal Dutch Shell 312
Rumelt 235
Russo 141, 152

【S】

Sallenve 355
Samier 167
Sammon 438
Sasser 202
Savage 338, 339
Schmalensee 235
Schnaars 315
Schoemaker 141, 152, 313
Schwinn Bicycle Company 137
SCIP（Society of Competitive Intelligence Professionals）17
Sears 153, 154
Securities and Exchange Commission 437
Seidel 376
Sen 377, 380
SERVO アプローチ 234
SERVO 分析 97, 112, 245
SERVQUAL（Service Quality）207

Shaker 160
Shanley 88
Slater 202
Source Perrier 371
SP（Sociopolitical）69
SP 戦略 69
SP 要因 69
Speltz 410
Sprague 199
Standard & Poor 437
Starbuck 293
STEEP 環境 277, 289, 301, 414
STEEP シナリオ 315
STEEP セクタ 304
STEEP セグメント 305
STEEP データ 304
STEEP の領域 296
STEEP 分析 112, 158, 191, 197, 245, 297, 304, 325
STEEP 分野 293
STEEP 変数 298
STEEP 要因 298
STEEP 要素 275
STEEP 領域 305
Steinbruner 143
Stonich and Zaragoza 452
Stouffer 371
Stubbart 303
Sudharshan 91
Swan 398
SWOT 100, 103, 104, 106
SWOT チャート 108
SWOT テクニック 110
SWOT パラダイム 227, 237, 240
SWOT 分析 28, 69, 78, 97, 100-102, 104–108, 110, 112, 120, 133, 158, 176, 191, 197, 227, 233, 245, 272, 291, 308, 325, 342, 374, 441
S 曲線 410, 413, 414
S 曲線の傾斜 410
S 曲線分析 28, 158, 389, 398, 403, 406, 408, 409, 412, 413, 414, 417, 418, 420
S 字曲線分析 308, 325
S 曲線分析との統合 388
S 曲線理論 406

【T】

T. P. Wright 344
Tagiuri 250
TCT（Technology Cycle Time）380
The Electric Council 386
Thompson 293

Tide 398
TII（Technical Impact Index）380
TLC（Technology Life Cycle）406
Toyota 202
TQM（Total Quality Management）200, 201, 204, 209, 223, 239
Tversky 136, 140, 142
Tylenol 286

【U】

Union Carbide 409
USPCS（U.S. Patent Classification System）381
Utterback 406

【V】

Varadarajan 368, 374, 470
VRIO（Value, Rarity, Inimitability, Organization）233, 239
VVC（Virtual Value Chain）121

【W】

W. T. Grant Company 462
Waddock 330
Wal-Mart 153, 154, 277
Warnaco 370
Wayne 355, 357
Weller 277
Wendell Smith 179
What/Who マトリックス 216, 217
White Stag Sportwear 370
Whyte 140
William Brides 267
Windows 232
Windows オペレーティングシステム 232
Wright-Patterson 344
Wright-Patterson 空軍基地 344

【X】

Xerox 202

【Z】

Zajac 144, 146
Zentner 311

【数字】

3M のイノベーション 234
4P（Product, Price, Promotion, Place）163
4R テスト 191
7up 398

― 訳者略歴 ―

菅澤　喜男（すがさわ　よしお）
- 1968 年　日本大学理工学部卒業
- 1974 年　米国ノースロップ工科大学大学院修士課程修了（情報理論専攻）
- 1982 年　工学博士（北海道大学）
- 1994 年　日本大学教授
- 1994 年　米国ボストン大学客員研究教授
- 1999 年　日本大学大学院グローバル・ビジネス研究科教授
- 2001 年　米国ロサンゼルスにて，技術商業化会社である Ji2, Inc. 設立　現在に至る

藤澤　哲雄（ふじさわ　てつお）
- 1986 年　日本大学生産工学部卒業
- 1989 年　米国ノースロップ工科大学大学院修士課程修了（電気工学専攻）
- 1989 年　日本アイビーエム（IBM）株式会社勤務
- 1991 年　米国日立製作所（HAP-LA）株式会社勤務
- 1999 年　南カリフォルニア大学（USC）修士課程修了（ビジネス専攻）
- 2001 年　米国ロサンゼルスにて，技術商業化会社である Ji2, Inc. 設立　現在に至る

岡村　亮（おかむら　りょう）
- 1965 年　慶應義塾大学商学部卒業
- 1965 年　株式会社北海道拓殖銀行勤務
- 1968 年　住友スリーエム株式会社勤務
- 1996 年　マーケティングコンサルタント，JETRO 認定貿易アドバイザとして独立　現在に至る
- 米国 SCIP（Society of Competitive Intelligence Professionals）会員
- 日本ナレッジ・マネジメント学会 会員
- 日本大学大学院グローバル・ビジネス研究科非常勤講師

戦略と競争分析 ― ビジネスの競争分析方法とテクニック ―
Strategic and Competitive Analysis
― Methods and Techniques for Analyzing Business Competition ―
Ⓒ Yoshio Sugasawa, Ryo Okamura, Tetsuo Fujisawa　2005

2005 年 6 月 17 日　初版第 1 刷発行

検印省略	監訳者	菅　澤　喜　男
	訳　者	岡　村　　　亮
		藤　澤　哲　雄
	発行者	株式会社　コロナ社
	代表者	牛来辰巳
	印刷所	萩原印刷株式会社

112-0011　東京都文京区千石 4-46-10
発行所　株式会社　コロナ社
CORONA PUBLISHING CO., LTD.
Tokyo　Japan
振替 00140-8-14844・電話(03)3941-3131(代)
ホームページ http://www.coronasha.co.jp/

ISBN 4-339-02409-0　　（金）　（製本：愛千製本所）
Printed in Japan

無断複写・転載を禁ずる
落丁・乱丁本はお取替えいたします